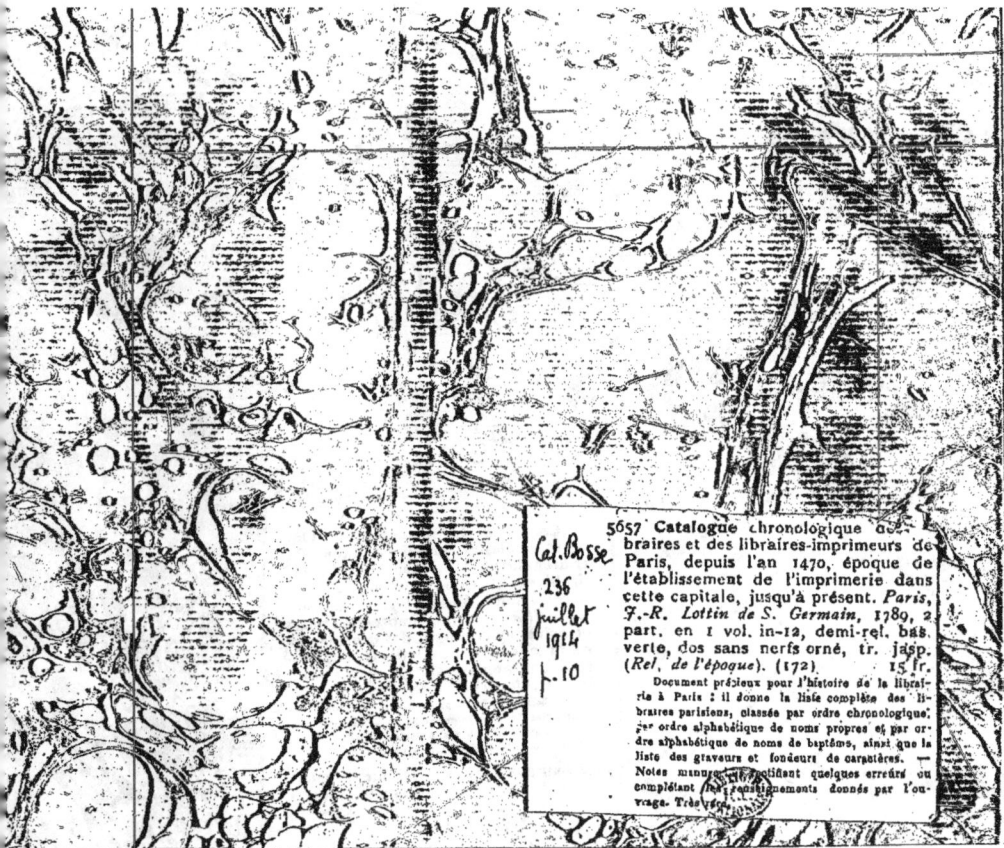

Cat. Bosse
236
juillet
1914
f. 10

5657 **Catalogue** chronologique des libraires et des libraires-imprimeurs de Paris, depuis l'an 1470, époque de l'établissement de l'imprimerie dans cette capitale, jusqu'à présent. *Paris, J.-R. Lottin de S. Germain*, 1789, 2 part. en 1 vol. in-12, demi-rel. bas. verte, dos sans nerfs orné, tr. jasp. (*Rel. de l'époque*). (172)   15 fr.

Document précieux pour l'histoire de la librairie à Paris : il donne la liste complète des libraires parisiens, classée par ordre chronologique, par ordre alphabétique de noms propres et par ordre alphabétique de noms de baptême, ainsi que la liste des graveurs et fondeurs de caractères. — Notes manuscrites rectifiant quelques erreurs ou complétant les renseignements donnés par l'ouvrage. Très rare.

5651 **Cærémoniale episcoporum.** Oninibus Ecclesiis, præcipué autem Patriarchalibus, Metropolitanis, Cathedralibus, et Collegiatis perutile, ac necessarium. *Romæ, typ. R. Cameræ Apostolicæ,* 1651, in-4, impression rouge et noire, mar. rouge, dos orné, comp. de fil. avec orn, aux petits fers et fleurons aux angles, sur les plats, dent. int., tr. dor. (*Rel. anc.*). (105)   40 fr.

1 beau titre-frontispice avec le portrait et les armoiries du pape Innocent X, et 67 figures à mi-page gravées sur cuivre, intercalées dans le texte. (Petite mouill, insignifiante à un coin du titre).

5652 **Campana** (G.-P.). Di due sepolcri romani del secolo di Augusto scoverti tra la via Latina et l'Appia, presso la

p. 158.
176
205
207
226
227
242
244
246
248
250
268
274

7 Barrois
43 Cellot et 223
38 Debure } 221
52 Dhoury }
53 Didot 225. 227. 233 243 245 253
130 moutard
133 pyon
153 Saanson
Saugrain

94 Jombert

173 Vorsin
Richard Beau frère de Debure

CATALOGUE

CHRONOLOGIQUE

DES LIBRAIRES

ET

DES LIBRAIRES-IMPRIMEURS

DE PARIS.

AVIS AUX LECTEURS.

On recevra avec reconnoiſſance, ſous enveloppe à l'adreſſe du Libraire qui débite ce Volume, tous les renſeignemens propres à réparer les erreurs & les omiſſions.

On trouve dans la même Librairie & du même Auteur :

, Plainte de la Typographie contre certains Imprimeurs ignorans, qui lui ont attiré le mépris où elle eſt tombée ; traduction du Poëme latin, intitulé : *Artis Typographicæ Querimonia*, par Henri II. Eſtienne, brochure *in-4°*, de 40 pages. . . . . 1 liv. 4 ſols.

AVIS AUX RELIEURS.

Il ſe trouve dans ce Volume des *Cartons* qui exigent l'enlévement d'un feuillet, & des *Encarts*, qui ne demandent qu'à être intercalés.

PREMIÈRE PARTIE.

1° *Cartons qui exigent l'enlévement d'un feuillet :*

* D. 6. pag. 59. 59, 59. 60. *réclame* 1605.

* E. 3. pag. 69. 69. 69. 70. *réclame* 1613.

* G. 5. & G 6. pag. 105. 105. 105. 106. *réclame* Reçus.

2° *Encarts à intercaler :*

* 1. 5. * 1. 6. pag. 137. 137. 137. 136. *réclame* XXII.

* M. 2. (2°) M. 2. (3°) pag. 181. 181. 181, 181. 181. 181. 181. *réclame* 1716.

SECONDE PARTIE.

Encart ff 4. pag. 231. 231. 231. 221. *réclame*, NOTICE.

CATALOGUE

CHRONOLOGIQUE

DES LIBRAIRES

ET

DES LIBRAIRES-IMPRIMEURS

DE PARIS,

Depuis l'an 1470, époque de l'établissement de l'Imprimerie dans cette Capitale, jusqu'à présent :

ON Y A JOINT

I°. Le Catalogue des mêmes Libraires, &c. disposé par ordre alphabétique des noms propres.

II°. Le Catalogue des mêmes Libraires, &c. disposé par ordre alphabétique des noms de baptême.

III°. Le Tableau des XXXVI Imprimeurs de Paris, avec la chronologie de leurs prédécesseurs, en remontant à l'Edit de 1686, qui les fixe à ce nombre.

IV°. La Notice Chronologique des Libraires, Libraires-Imprimeurs, & des Artistes qui se sont occupés, à Paris, de la Gravure & de la Fonte des Caractères Typographiques, depuis l'établissement de l'Imprimerie dans la Capitale, jusqu'à présent.

In tenuitate copia.

DÉDIÉ A L'UNIVERSITÉ.

A PARIS,

Chez *Jean-Roch* Lottin de S. Germain, Imprimeur - Libraire Ordinaire de la Ville, rue S. André-des-Arcs, N° 27.

M. DCC. LXXXIX.

Avec Approbation, et Privilége du Roi.

(*) TRIBUNAL DE L'UNIVERSITÉ;

Au 30 Novembre 1788.

Messire DU MOUCHEL, Recteur.

M. CHEVALIER, Doyen de la Faculté de *Théologie*.

M. MARTIN, Doyen de la Faculté des *Droits*.

M. BOURRU, Doyen de la Faculté de *Médecine*.

M. MALLET, Procureur de la Nation de *France*.

M. GABOCHE, Procureur de la Nation de *Picardie*.

M. LEMARCHAND, Procureur de la Nation de *Normandie*.

M. BURKE, Procureur de la Nation d'*Allemagne*.

MM. { CAMYER, Syndic.
{ GIRAULT de Kéroudou, Greffier.
{ DELNEUF, Receveur.

A MONSEIGNEUR
LE RECTEUR,
ET
A MESSIEURS
DU TRIBUNAL
DE L'UNIVERSITÉ. (*)

MONSEIGNEUR & MESSIEURS,

VOUS offrir le Catalogue des *Libraires* & *Imprimeurs* de la Capitale, depuis l'établissement de l'Imprimerie dans cette Ville, c'est présenter à l'*UNIVERSITÉ* les noms d'une partie de ses *Enfans*.

LONG-TEMPS avant l'introduction de l'Art Typographique à Paris, la sagesse de nos Rois avoit mis les Ecrivains, commerçans de Manuscrits, sous la direction immédiate de l'UNIVERSITÉ. Aucun d'eux ne pouvoit ni transcrire, ni vendre des Livres, qu'après avoir prêté serment devant le Tribunal, & avoir reçu du Chef une mission expresse.

QUAND les Types & les Presses remplacèrent la plume & la main des Ecrivains-Libraires, cette Jurisdiction, loin de décroître, devint bien plus importante encore. Que n'avoit-on pas en effet à espérer & à craindre d'un Art qui, par sa prodigieuse fécondité & ses impérissables opérations, ajoute tant & au bien & au mal que produit chez les Hommes la communication de leurs pensées?

LA RELIGION & l'État n'ont eu qu'à s'applaudir de voir entre les mains de l'UNIVERSITÉ une Administration si délicate, surtout dans ces temps orageux où l'Eglise se trouva ébranlée, comme la Monarchie, par le choc des opinions nouvelles.

Sous ce double point de vue, & Religieux & Politique, combien il est essentiel, MONSEIGNEUR & MESSIEURS, que la Librairie-Imprimerie soit à la garde de votre Tribunal, dépositaire de l'Enseignement public, par lequel se forment dès l'enfance les Citoyens de tous les Ordres!

C'EST dans ce Corps illustre, Berceau des talens & des vertus, que j'ai eu le bonheur de recevoir l'éducation de ma jeunesse, & de puiser des principes qui, après m'avoir dirigé dans le cours de ma vie, feront la consolation de mes derniers ans. Pouvois-je donc ne pas saisir avec le plus vif empressement cette occasion de rendre à l'UNIVERSITÉ un hommage public de mon amour filial?

JE suis, avec un profond respect,

MONSEIGNEUR & MESSIEURS,

Votre très-humble & très-obéissant Serviteur, A.-M. LOTTIN, l'aîné, Imprimeur - Libraire du Roi, & Ordinaire de la Ville.

Ce 30 Nov. 1788.

EXTRACTUM è *Commentariis Universitatis Parisiensis.*

ANNO Domini 1788, die sabbati, sextâ mènsis Decembris, habita sunt, in Collegio Ludovici Magni, Comitia menstrua Tribunalis Academici. Adfuit Mter SÉJAN, clarissimus Ex - Procurator Honorandi Ordinis, loco Mtri MALLET, Procuratoris absentis. — Art. 4° dixit Amplissimus RECTOR venisse ad se, Litterasque scripsisse Virum honestum Augustinum - Martinum *Lottin*, unum è Librariis UNIVERSITATIS, quibus ipse rogaret UNIVERSITATEM, ut Ea dicari Sibi sineret Opus quod ipse parat in lucem edere sub hoc titulo : *Catalogue chronologique des Libraires & des Libraires - Imprimeurs de Paris, depuis l'an 1470. . . . . jusqu'à présent*, simul cum Epistolâ nuncupatoriâ. Audito eâ de re meritissimo SYNDICO, placuit oblatam Dedicationem admitti ;

Atque ità Conclusit Amplissimus RECTOR.

Signatum DUMOUCHEL, *Rector.*

Extractum & collatum à me Universitatis Scribâ-Generali, ann. 1788, die decimâ-tertiâ mensis Decembris.

Signatum GIRAULT DE KÉROUDOU.

AVERTISSEMENT.

AVERTISSEMENT.

C'est ici un Ouvrage dont le service public a été le seul but, & qui n'offre à l'amour-propre de l'Auteur d'autre jouissance, que le sentiment d'avoir rendu un bon office à ses Concitoyens. Nulle dépense d'esprit pour cette compilation : nulle preuve de talent & de génie ; il n'y a fallu que de la patience.

Nous pouvons donc annoncer, sans craindre d'être taxés d'orgueil, qu'en se servant de notre Catalogue, on en reconnoîtra de jour en jour l'avantage.

Il aura de quoi satisfaire toutes les Familles de la Librairie & Imprimerie de Paris, qui aimeront à y trouver la suite de leurs Ayeux, & les différentes branches de leurs Généalogies.

Il offrira ce même agrément à plusieurs autres Familles du Royaume, qui ont pris leur origine dans la Librairie & Imprimerie de la Capitale.

Il sera d'un service journalier pour les Bibliophiles & les Bibliothécaires, comme pour les Libraires qui s'adonnent au Commerce sçavant de l'ancienne Librairie en ce qu'il les aidera tous à distinguer le véritable Imprimeur ou Libraire qui a rendu public tel ou tel Ouvrage.

Rien n'a été négligé de notre part, dans le désir de voir cet Indice devenir agréable, utile, quelquefois même nécessaire.

a

Il forme trois *Parties* ; de chacune defquelles nous allons rendre compte.

LA première *Partie* renferme le *CATALOGUE CHRONOLOGIQUE des Libraires & des Libraires-Imprimeurs de Paris , depuis l'an 1470 , époque de l'établiſſement de l'Imprimerie dans cette Capitale , jufqu'à préſent.*

On y trouve la date préciſe à laquelle chaque Libraire & chaque Imprimeur ſe ſont fait connoître au Public ſous l'une de ces deux qualités.

Pour atteindre à la plus grande exactitude dans cette chronologie , il a fallu recourir à trois eſpéces de ſources.

La Caille, Chevillier, Maittaire, Marchand & les meilleurs Catalogues de Bibliothéques ont aidé à découvrir (par les Impreſſions faites depuis 1470 jufqu'en 1582) les noms des Imprimeurs & des Libraires de Paris , pendant cet eſpace de 112 ans.

Depuis 1582 jufqu'en 1618 (eſpace de 36 ans) les Noms ont été fournis par le Regiſtre intitulé: *Livre de la Confrérie* (c'eſt-à-dire *Communauté*) dans lequel ſe trouve porté , jour par jour , le paiement que chaque Membre du Corps venoit faire pour l'ouverture de ſa Boutique , conformément à l'Ordonnance de Louis XI , du mois de Juin 1467 (1).

_____

(1) Cette Ordonnance porte qu'il ſera fait une levée de quatre ſols *Pariſis (outre & par deſſus des douze deniers Pariſis) ſur ceux qui ſeront*

Enfin les Regiſtres de la Chambre Syndicale, tenus exactement, depuis le Réglement du 9 Juillet 1618, nous ont fait connoître, juſqu'à la préſente année 1788, chaque Membre de la Compagnie, pour ce dernier eſpace de 170 années.

Notre Catalogue contient donc les noms de tous les Libraires & Libraires-Imprimeurs, pendant 318 ans, c'eſt-à-dire à compter du moment où la Librairie paſſa des mains des Ecrivains en celle des Typo-graphes ; & leur nombre monte à plus de quatre mille, en y comprenant les Veuves.

Afin que l'ordre chronologique ſe fît mieux ſentir dans une telle *Nomenclature*, j'ai cru devoir la diviſer par Siécle, par Régne de nos Rois, & enfin par Syndicat (2). D'ailleurs ce ſont autant de repos pour quiconque voudroit lire de ſuite cette pre-mière *Partie*, fatigante par ſa longueur.

La Caille, qui a le mérite d'être notre premier Hiſtorien, n'a pu donner qu'une Liſte imparfaite & défectueuſe, même juſqu'à ſon temps; parce

dorénavant *créés Libraires, Ecrivains, Enlumineurs, Relieurs de Livres, & Parcheminiers ; ſur ceux qui voudront tenir OUVROIR avant qu'ils puiſſent tenir icelui, & qu'ils ſoient en la dite Confrérie, vingt-quatre ſols Pariſis ; ſur les nouveaux Apprentifs, huit ſols Pariſis ; & ſur chaque Homme & Ouvrier deſdits états, douze deniers par ſemaine ; pour leſdites ſommes être employées au ſervice de ladite Confrérie, & aux dépenſes & affaires d'iceux Confrères.*

Il eſt fâcheux que le Volume qui contenoit la chronologie des Mem-bres de ces divers états, reçus depuis 1467 juſqu'en 1582, n'exiſte plus. Une Nomenclature de 115 années conſécutives, & qui eût précédé de deux à trois ans l'établiſſement de l'Imprimerie à Paris, auroit été d'un grand ſecours pour un Ouvrage tel que celui-ci.

(2) A la ſuite de chaque Syndic, ſont énoncés ſes Adjoints.

qu'il a manqué de différens secours, qui n'ont existé que depuis son Ouvrage (3).

Il y a seulement lieu de s'étonner que ce laborieux Libraire n'ait pas fait usage du Livre de la Confrairie, qui étoit sous sa main, comme l'étoient les Registres de la Chambre Syndicale où il a puisé.

Je ne m'appesantirai pas sur les inexactitudes dont fourmille son *Histoire* : parodiant la pensée de Corneille sur Richelieu, j'avouerai, de bonne-foi, que La Caille m'a causé trop de peines, pour en dire du bien, & qu'il m'a été trop utile, pour en dire du mal.

En travaillant à compléter sa Nomenclature, & à la continuer jusqu'au temps actuel, un des objets vers lesquels j'ai spécialement dirigé mes recherches, ç'a été de donner de nos VEUVES l'indication la plus exacte. Les Veuves font une portion précieuse de toute Compagnie. Comment en effet ne pas considérer des Femmes qui, sans être découragées par la perte de leur Mari, continuent les entreprises du Commerce, souvent les augmentent, pour procurer à leurs Enfans des établissemens avantageux ? En jettant un coup d'œil sur celles qui vivent parmi nous, je dirois, mais d'une manière moins restreinte que Boileau :

Sans doute ; &, dans Paris, si je sçais bien compter,
Il en est plus que trois que je pourrois citer ;

_____

(3) *Histoire de l'Imprimerie & de la Librairie, où l'on voit son origine & son progrès jusqu'en 1689. Paris, Jean de la Caille 1689, in-4°.*

mais, en nous reportant à celles qui n'existent plus, combien de ces Veuves estimables j'aurois à présenter ici, comme dignes d'être offertes pour Modéles (4)! On pourra les remarquer dans notre Liste, sous leurs époques particulières (5).

Je reviens à la première Partie de mon travail.

(4) Dans le nombre, je vais en choisir deux, que je prends à plus de deux siécles l'une de l'autre.

La première est *Charlotte GUILLARD*, femme de *Bertholde REMBOLT*, en 1res nôces, &, en secondes, de *Claude CHEVALLON*. Cette digne femme exerça la profession typographique pendant 54 ans, (de 1502 à 1556) dont 38 avec ses deux maris, & 16 dans ses deux temps de viduité. On a remarqué que, pendant son second veuvage, qui fut de 14 ans, elle imprima presque deux fois tous les Pères de l'Eglise. Son éloge, dans La Caille & Chevillier, inspire le plus vif intérêt.

La seconde Veuve, que je me plais à citer, est *Marie-Anne GUYARD*, Veuve de *Jacques I. ESTIENNE*, Libraire du commencement de ce Siécle. Elle vécut 35 ans dans le commerce de Librairie, dont 13 avec son mari, & 22 en viduité A l'époque où elle devint veuve, elle avoit cinq Enfans, dont l'aîné étoit une Fille, à peine âgée de douze ans. Elle continua les Entreprises de son mari, étendit son commerce, & donna à tous ses Enfans la véritable éducation, celle qui persuade & gagne les cœurs. Son fonds n'étoit composé que de Livres dignes de l'enseigne qu'ils portoient, *La Vertu*. Liée avec les Gaichiés, les Duguet, les Rollin, les Massillon, les d'Asfeld, les Crévier, elle inspira à ceux d'entre ses Enfans qui se sont donnés à la Librairie, le goût du commerce des Livres solides qu'elle avoit adopté, & leur procura à tous des Etablissemens honnêtes.

(5) Qu'on me permette à cet égard une observation. Il paroît singulier que, dans notre *Tableau des Libraires & des Imprimeurs* (qui depuis un siécle, s'imprime de deux en trois ans) on fasse des Veuves une classe separée, & qu'on donne à chacune la date de la réception de son mari. Cette date est toujours fausse, & (ce qui devient ridicule) peut précéder la naissance de la Veuve ; un Libraire de 40 ans, pouvant épouser une Fille de 18. La vraie date de toute Veuve de Négociant est celle de la mort de son mari, lorsqu'elle se décide à en continuer le commerce. Il seroit en outre à désirer que les noms de baptême & de famille de nos Veuves précédassent ceux de leurs maris. C'est un dégré de perfection qu'il seroit facile de donner à la première édition de notre *Tableau* si mes Réflexions étoient agréées, d'après l'application que j'en ai faite moi-même dans le présent Recueil.

Pour y donner un degré d'utilité de plus , j'ai mis , au commencement de chaque Régne , le Tableau des Magistrats qui ont toujours été les Juges & les Protecteurs de la Librairie & Imprimerie de Paris. Ainsi, sous les titres du *Conseil* , du *Parlement* , du *Châtelet* & de l'*Université* , on trouve la chronologie très-exacte, depuis 1470 :

Iº Des Chanceliers & des Gardes-des-Sceaux ;

IIº Des Premiers - Présidens , Procureurs & Avocats-Généraux ;

IIIº Des Lieutenans-Civils , de Police , Criminels, & Procureurs du Roi ;

IVº Enfin des Recteurs de l'Université , qui toujours ont jugé la capacité de ceux qui se présentent pour être Libraires , & reçu leur serment avant qu'ils puissent exercer.

A la suite des Chanceliers & des Gardes-des-Sceaux j'ai placé , 1º les Conseillers-d'Etat & Maîtres-des-Requêtes , composant le Bureau des Commissaires du Conseil pour les Affaires de Chancellerie & de Librairie , depuis 1717. 2º Les Directeurs Généraux de la Librairie & Imprimerie de France , depuis 1672. 3º Les *Secrétaires Généraux* de la Librairie & Imprimerie de France, depuis 1737. 4º Les Censeurs Royaux, depuis 1742. 5º Les Inspecteurs de la Librairie & Imprimerie de Paris , depuis 1737. 6º Les *Secrétaires du Roi*, pour la collation des Lettres de Privilége, & Lettres du Sceau accordées aux Livres , depuis 1688. 7º Enfin les

Officiers de la Communauté, depuis cinquante ans environ (6).

J'aurois vivement désiré pouvoir remonter plus haut que je ne l'ai fait ; mais les indications ont échappé à mes recherches : celui qui reprendra mon Ouvrage, sera peut-être plus heureux.

Je dois à M. DUVAL le père, Conseiller au Châtelet, la chronologie de tous les Officiers supérieurs de sa Jurifdiction ; objet sur lequel ce digne Magistrat a fait un travail immense. Il a bien voulu m'ouvrir ses précieux Porte-feuilles, qui seuls pouvoient me guider pour cet Article.

César-Egasse du Boullai, qui a écrit en latin l'Histoire de l'Université de Paris, m'a fourni la suite non interrompue des Recteurs, depuis 1470 jusqu'à 1600. Mais, son Histoire finissant à cette époque, je ne pouvois plus que recourir au Greffe de l'Université ; & c'est à l'honnêteté & à la patience de feu M. d'Arragon, qui l'occupoit alors, que je dois la Liste des Recteurs, depuis l'an 1600, comme je le dis *page 59 de la I.re Partie* (7).

(6) MM. les Avocats aux Conseils, depuis 1748, — Commissaires au Châtelet, depuis 1751, — Notaires, depuis 1736 ; & Procureurs au Châtelet depuis 1751.

(7) Quelle a été ma surprise, en finissant mes Recherches dans du Boullai, & les reportant sur l'*Histoire de l'Université par Crévier*, de ne pas trouver, dans cette dernière, la chronologie des Recteurs : « Autant vaudroit-il, me suis-je dit, une *Histoire Romaine*, sans la » chronologie des Consuls ». En général cette Histoire est judicieusement écrite ; mais j'y ai remarqué avec déplaisir le soin continuel que se donne l'Historien de relever jusqu'au moindre acte de jurisdiction, exercé sur les Libraires par l'Université, comme si la Librairie de Paris avoit jamais tenté de méconnoître ce droit ? Ce sont

J'ai laiffé en latin la colonne des Recteurs. L'Univerfité ayant été dans l'ufage jufqu'à l'an 1569
(comme je le dis, *page* 41, Iere *Partie*) de latinifer
les noms propres , comment aurois-je habillé à la
Françoife, Meffieurs *Allenfis, Calmus, Citharædus,
Faber , à Fonfecâ , Gemelli , Crinelli , Militis,
de Monafterio , Parvi , Pegus , Ruffi , Simonis,
Soris, Sudoris , Veteris* &c. ?

MM. Les Officiers de la Chambre Syndicale ,
malgré leurs occupations multipliées , ont bien
voulu vérifier avec foin toute cette première *Partie :*
c'eft une fûre garantie de fon exactitude.

La deuxième *Partie* préfente le CATALOGUE
ALPHABÉTIQUE, *par les NOMS PROPRES, des
Libraires & des Libraires - Imprimeurs de Paris,
depuis la même époque de 1470 , jufqu'aujourd'hui.*

Cette *Partie* pourra offrir, dans fes détails, quelque
avantage fur la première.

1o Elle réunit, fous un même coup d'œil , les
Membres épars des diverfes Familles. Si les unes ,
après avoir refté des fiécles dans la Librairie , ont
brillé & brillent aujourd'hui dans les différens
Ordres de l'Etat (8) , d'autres, en participant à la

d'ailleurs les actes de févérité que l'Hiftorien produit avec le plus de
complaifance ; comme s'il n'étoit pas tout naturel que cet illuftre Corps,
qui , dans l'occafion , n'a point épargné fes propres Membres , fe foit
élevé contre quelques Libraires en faute ? L'affectation de M , Crévier fur
ce point eft d'autant plus déplacée, que, s'il a brillé dans l'Univerfité ,
il a eu pour berceau la Librairie de Paris.

(8) Telles font les Familles Orry, Morel, Hénault, Béchet, Léonard.
Dézalier, Thierry, Mariette, &c. encore fubfiftantes ; foit par le côté
paternel, foit par le côté maternel.

même antiquité, font encore exiftantes dans notre Corps, par les Rejettons qui les y perpétuent. (9).

II° Chàque Individu des Familles éteintes, eft préfenté ici avec les principales époques de fa vie.

A la fuite de l'époque à laquelle il a appartenu au Corps, j'ai raffemblé (autant que les recherches ont été heureufes) la date & le lieu de fa naiffance, fa filiation, fes alliances, les diftinctions qu'il a reçues, foit dans le fein du Corps, foit au dehors; fa demeure, fa marque, fon enfeigne, l'indication de fon Portrait gravé; enfin la date, foit de fa mort,

(9) C'eft avec une fatisfaction particu'ière que la Librairie & Imprimerie de Paris, qui n'eft compofée à la fois que d'environ 200 Membres, peut en ce moment compter 27 Familles, dont l'exiftence dans le Corps remonte de 100 à 250 années. Tels font les

Dupuis, qui datent de l'an.	1539	Cavelier, qui datent de	1628
Thibouft.	1544	Le Gras.	1629
Ballard (*).	1551	Clouffier.	1631
Martin.	1573	D'Houry.	1649
Nyon.	1580	Defprez.	1651
Gueffier.	1582	Hériffant, du 5 Février.;	
Lottin l'aîné, le jeune & le fils de l'aîné, Ve Pierres, & fils, Butard, Morin & Onfroy, par le côté maternel des Le Mercier.	1589	Knapen (par le côté mat. des Nego) du 5 Mars.	1654
		De Bure du 11 Mars,	1660
		Quillau du 15 Juillet.	
		Lefclapart.	1662
Saugrain.	1596	Chardon.	1666
Barrois.	1606	Fétil.	1674
Mufier.	1610	Jombert.	1686
Guenard de Monville, par le côté maternel des Brunet.	1614	Leclerc.	1687
Dehanfy.	1621	Robuftel.	1689
		Didot.	1698

(*) Voici le neuvième Souverain que fert la Famille Ballard, en qualité de Seul Imprimeur du Roi pour la Mufique. Les Lettres-Patentes qui confèrent cette Charge à Robert Ier du nom, font du 16 Février 1552; & M. Pierre-Robert Chriftophe, vivant, eft le fixième Defcendant de ce Robert Ier: tout cela dans l'efpace de 237 ans. J'ai peine à croire que les Corps de Négocians de cette Capitale puffent exhiber un pareil exemple de vétérance.

soit de sa cessation, ou abdication du Commerce, & le lieu de sa sépulture.

Chaque Individu vivant est présenté avec les mêmes détails, aux éloges près, qui ne sont tolérables que pour les Morts.

Pour donner à cette *Partie* tout l'intérêt dont elle étoit susceptible, il m'a fallu compulser *Dictionnaires-historiques*, *Journaux*, *Mémoires*, *Mélanges* & *Anecdotes Littéraires*, *Factums*; en un mot, tout ce qui pouvoit me conduire à connoître, sous leurs différens rapports, les Membres de notre Compagnie dès son berceau (10).

Sur tous ces accessoires, qui sont du ressort d'une saine Critique, j'ai à témoigner publiquement combien je dois à M. BEAUCOUSIN, Avocat au Parlement, Homme de Loix & Homme de Lettres, qu'on ne quitte jamais, après l'avoir consulté, sans en remporter plus de connoissances ou plus de goût.

Quant aux dates des décès, outre les secours que j'ai trouvés chez la Caille, j'ai consulté la *Chronologie des Curés de S.-Benoît* (11), la Préface

***

(10) J'ai consulté jusqu'à ces papiers fugitifs, tels que Billets de Naissance, de Mariage, de Mort, &c. qu'on n'estime guères que comme pièces du moment, & qui toutefois assûrent la chaîne des généalogies. Quelques-uns de ces détails peuvent-être regardés comme puérils. Cependant, si La Caille ne les eût pas négligés, il y a un siècle, il auroit conservé, sur plusieurs Individus, des preuves d'existence, qui seroient précieuses aujourd'hui pour bien des Familles.

(11) C'est l'Ouvrage de feu M. Jean Bruté, Curé de cette Paroisse (du 16 Novembre 1734 au 29 Mai 1762). M. l'Abbé BROCAS, digne successeur de M. Bruté, rendroit un service essentiel à la Librairie de Paris, dans le sein de la quelle il est né, s'il nous redonnoit la

du *Propre* de l'Eglife de *S.- Hilaire* , & le *Martyro-loge* , ainfi qu'une partie des *Archives* de l'Eglife de *S.-Severin*, trois Paroiffes auxquelles a été affectée la majeure partie du Corps de la Librairie & Imprimerie, fur-tout dans les premiers temps ; l'Univerfité ne fouffrant pas alors que les Libraires fortiffent de fon territoire, afin de faciliter fon infpection fur leur Commerce.

Pour les temps récens, les *Petites Affiches* & le *Journal de Paris* m'ont auffi fourni des indications, depuis leur origine (12).

La troifiéme *Partie* contient le CATALOGUE ALPHABÉTIQUE, *par les NOMS DE BAPTÊME, des Libraires & des Libraires-Imprimeurs de Paris, depuis notre époque de l'an 1470, jufqu'à ce jour.*

Celui qui me retravaillera , ne regardera pas cette *Partie* comme un objet futile. Un Catalogue *Patronimique* m'auroit fingulièrement aidé , quand j'ai eu à déchiffrer des noms propres dans des Ecritures , prefqu'illifibles , des XVIe & XVIIe Siècles.

En parcourant cette Lifte , on ne pourra s'empê-cher de voir un abus commun à prefque toutes les claffes de l'Etat ; c'eft la complaifance, je dirois prefque l'obftination à donner le même nom de baptême

___

feconde Partie de cet Ouvrage , dans laquelle il auroit à corriger plus d'une inexactitude, & à fuppléer des omiffions importantes.
(12) Les *Petites-Affiches* , depuis le 22 Février 1745 : le *Journal* depuis le 1er Janvier 1777.

aux Enfans qui fortent de la même fouche (13).

Ce devroit être un droit réfervé aux Souverains, de faire porter leur nom de baptême à leur Lignée en directe : la vie de chacun d'eux, confignée dans le grand Livre de l'Hiftoire, empêche qu'on ne les confonde; & d'ailleurs une addition numérique fe trouve toujours inhérente au même nom, pour diftinguer chaque Rejetton qui l'a porté. Mais la claffe des Particuliers ne peut jouir de ce privilége, pour échapper à la confufion.

Voila le compte que j'avois à rendre des trois *Parties* de mon Ouvrage, & qui forment un triple point de vue, fous lequel ma Notice s'offrira fucceffivement aux yeux, pour être plus facilement, comme plus utilement confultée.

Je puis donc réclamer, à titre de juftice, l'indulgence de mes Lecteurs, pour les inexactitudes qui ont du m'échapper dans un travail fi long & fi minutieux. On voit que j'ai eu à y fuivre &, pour ainfi dire, à y étudier plus de quatre mille Individus : à appliquer les vrais noms de baptême; à fixer l'orthographe des noms-propres, &c. &c. recherches d'autant plus pénibles, qu'il s'en faut bien que les fources où j'ai puifé fuffent exemptes d'erreur. Nos

(13) C'eft ainfi que, dans l'efpace de 160 ans, on rencontre *fix ESTIENNES* portant le nom de *Henri*, dont plufieurs fe font trouvés contemporains : auffi aucun des Hiftoriens des *Eftiennes* ne s'eft-il garanti de la confufion; elle étoit prefqu'inévitable.

Regiſtres mêmes & nos anciens Tableaux ne ſont
pas ſans quelques défectuoſités.

D'après des difficultés ſi multipliées, ſerois-je aſſez
préſomptueux pour croire avoir atteint la perfection ? Non ſans doute : elle eſt entre les mains
de mes Survivans : eux ſeuls peuvent ſe la pro-
mettre, ſi chacun veut y contribuer pour ſa part ;
& les moyens exiſtent : en voici quelques-uns.

Iº Les Libraires qui s'adonnent à la Librairie
ancienne (branche de commerce qui exige tant
d'application & de connoiſſance dans les Langues,
les Sciences & les Arts) pourroient, dans les Catalogues des Bibliothéques à vendre, accorder une
faveur ſpéciale à la Librairie & Imprimerie de Paris,
par une indication exacte des noms de baptême
& de famille de chaque Libraire & Imprimeur,
comme de ſa demeure & de ſon enſeigne (14).

II. Les Libraires & Imprimeurs pourroient veiller
plus particulièrement à ces mêmes déſignations,
pour les Livres qu'ils mettent en vente.

Dans l'énorme quantité de Volumes qu'il m'a fallu
ouvrir, j'ai remarqué une inſouciance habituelle
ſur l'expreſſion des noms de baptême ; une affectation à prendre les qualités de *père*, de *fils*, de
petit-fils, de *neveu* ; &, plus récemment, une ſimple
indication de local, deſtituée de noms propres.

___

(14) MM. *De Bure*, l'aîné, & *Née de la Rochelle* ont déjà
donné, dans pluſieurs Catalogues, l'exemple de cette attention, pour
les Libraires du premier ſiécle de l'Imprimerie.

En agir ainſi, c'eſt parler à ſes Contemporains ; mais ce n'eſt pas inſtruire la Poſtérité, qui, au bout d'un certain laps de temps, ne peut reconnoître les défunts que par les noms de baptême.

Qu'on me permette de le dire, pour exciter de plus en plus l'émulation dans notre état : *S'il eſt des noms deſtinés à ne périr jamais, ce ſont ceux des Libraires & des Imprimeurs.* Quelques‑uns ont acquis ce droit par leur propre mérite, comme nos Eſtiennes, nos Morels, nos Turnébe : quelques autres par leur belle exécution Typographique, tels que nos Vaſcoſan, nos De Harſy, nos Vitré, nos Léonard, nos Guérin, nos Cóignard : ceux‑là, par l'importance de leurs entrepriſes, par exemple lorſqu'ils ont formé des *Compagnies* pour des Editions de Pères Grecs, de Pères Latins, de Livres de Juriſprudence, de Livres Liturgiques, & autres grands corps d'Ouvrages : ceux‑ci enfin, par leur profonde connoiſſance des Livres, leur intelligence dans la confection des Catalogues ; tels que les ont rédigés, depuis un ſiécle, nos Boudot, nos Moëtes, nos Martin, nos Guérin, nos Barrois, nos De Bure.

Mais un privilége commun à tous les autres, c'eſt qu'il n'y a pas un ſeul Ecrivain qui, en s'immortaliſant, n'introduiſe avec lui dans le Temple de Mémoire ſon Imprimeur & ſon Libraire, ne fût‑ça que ſous le titre de Pages‑d'honneur : comme

on voit les noms des Secrétaires-d'Etat de Souverains, paſſer à la Poſtérité, avec les Piéces authentiques qu'ils ont contre-ſignées.

Chacun de nous doit donc veiller à tranſmettre fidélement aux derniers Ages les caractères diſtinctifs de ſon exiſtence, qui ſe trouve ſi intimement liée à l'hiſtoire de la Littérature nationale.

Quant à MM. les Officiers de notre Chambre Syndicale, honorés par le choix que le Corps a fait d'eux, & qui l'honorent à leur tour par leur vigilance active ſur les intérêts communs, s'ils ont un motif particulier pour affectionner nos Annales, ils ont auſſi un moyen tout-à-fait ſimple pour les perpétuer; c'eſt de vouloir bien continuer avec exactitude & le Tableau des Membres vivans de la Compagnie, & le Billet de Service annuel pour les Confrères morts dans l'année. Ce ſeul Billet, dont l'origine date du Syndicat de feû Mr J.-Th. Hériſſant, vaudroit l'hiſtoire de la Librairie & Imprimerie de Paris, ſi le premier de tous nos Syndics l'eût imaginé.

Il ne me reſte plus qu'un vœu à former, c'eſt que, dans chacune des Provinces de France (15), un Libraire zélé entreprenne, pour ſa Ville, ce que j'ai tenté pour la mienne.

---

(15) On doit ſur-tout eſpérer de voir ce vœu ſe réaliſer dans les Villes qui ont une Chambre-Syndicale : ſçavoir, *Amiens*, *Angers*, *Beſançon*, *Bordeaux*, *Caen*, *Chalons-ſur-Marne*, *Dijon*, *Lille*, *Lyon*, *Marſeille*, *Mets*, *Montpellier*, *Nancy*, *Nantes*, *Nîmes*, *Orléans*, *Poitiers*, *Reims*, *Rennes*, *Rouen*, *Touloulſe*. Si l'entrepriſe s'exécutoit avec quelque ſoin, que de lumières pour l'Hiſtoire Bibliographique & Typographique de la France!

JE me croyois au terme de mon travail, lorſque celui de M. DE LA RUE, Notaire, m'eſt tombé ſous les yeux. Le Volume où cet Officier raſſemble la chronologie des 113 Notaires de Paris, depuis le XVe Siécle juſqu'à préſent (16), m'a fait naître l'idée de préſenter le Tableau des 36 Imprimeurs de cette Capitale, actuellement exerçans; avec la chronologie de leurs Devanciers, en remontant à l'année 1686, époque où ils furent fixés à ce nombre, par Edit du Roi (17).

ENFIN, pour donner à mon petit Ouvrage ſon dernier complément, j'ai vu qu'il me reſtoit à indiquer ceux qui ſe ſont occupés de la Gravure & de la Fonte des Caractères, depuis l'établiſſement de l'Imprimerie à Paris. Ces Artiſtes méritoient bien une mention ; car, ſans Types, point de Typographie.

J'ai donc donné une *Notice chronologique* des 82 Graveurs & Fondeurs que m'ont fournis l'*Hiſtoire* de La Caille, le *Manuel Typographique* de Fournier le jeune, & les *Tableaux des Libraires-Imprimeurs.*

(16) Il a pour titre : « Regiſtre des Offices & Pratiques des Con-
» ſeillers du Roi, Notaires, Garde-Notes & Gardes-Scel de S. M. au
» Châtelet de Paris, précédé de la Liſte des 113 Notaires en exercice
» au 1er Février 1786, & ſuivi d'une Table Alphabétique; Par M.
» De la Rue, Notaire Délégué & ancien Syndic : aux dépens de la
» Compagnie des Notaires. A Paris, de l'Imprimerie de Monſieur, 1786. »
Cet Ouvrage eſt digne de tout éloge, pour le travail du Rédacteur
& celui de l'Imprimeur (M. Didot le jeune). Le mal eſt, qu'il
n'entrera point dans le Commerce : chaque Exemplaire (d'après
le vœu de la Compagnie, qui en a ordonné la dépenſe) devant ſuivre
l'Office, & non le Titulaire.
(17) Ce Tableau préſente, en 36 Colonnes renfermées dans 12
pages, le nombre de 150 Imprimeurs, que les ſucceſſions ou mutations
ont produits depuis l'Edit de fixation.

TABLE

TABLE DES MATIÉRES.

PREMIÈRE PARTIE.

CATALOGUE *chronologique* des Libraires, & des Libraires-Imprimeurs de Paris, depuis l'an 1470, époque de l'établissement de l'Imprimerie dans cette Capitale, jusqu'à présent.

QUATRIEME SIÈCLE, depuis 1770.

Fin du Régne de *LOUIS XV* , du 1 Janvier 1770,
au 10 Mai 1774.   244

SYNDICATS.

Régne de *LOUIS XVI* , du 10 Mai 1774 , *ad multos annos.* 256.

SYNDICATS.

CETTE première Partie contient exactement la chronologie des Libraires & des Imprimeurs, depuis 1470 jusqu'à 1618, par la date de leur première production, & depuis 1618 jusqu'à ce moment, par la date de leur réception. Mais elle renferme en outre:

1° Tous les Syndics avec leurs Adjoints.

2°. L'indication de toutes les Compagnies de Libraires & de Libraires-Imprimeurs qui se sont formées pour exécuter de grandes Entreprises Bibliographiques :

3°. L'exposé de différens Arrêts, Edits & Faits intéressant la Communauté.

En voici le Tableau succinct, qui prouvera nos soins à n'omettre rien d'important.

ENFIN, à chaque RÈGNE, on trouve :

1° Sous le titre du *Conseil*,

Les Chanceliers & Gardes des Sceaux, depuis 1470 jusqu'à présent. — Les Conseillers d'État & Maîtres des Requêtes, composant le Bureau des Commissaires du Conseil, pour les affaires de Chancellerie & de Librairie, depuis 1717. — Les Directeurs-Généraux de la Librairie & Imprimerie de France, depuis 1672. — Les Secrétaires Généraux de la Librairie & Imprimerie de France, depuis 1737. — Les Censeurs Royaux, depuis 1742. — Les Inspecteurs de la Librairie & Imprimerie de Paris, depuis 1757. — Les Secrétaires du Roi pour la collation des Lettres de Priviléges & Lettres du Sceau accordés aux Livres, depuis 1688. — Les Officiers de la Communauté. — Avocats aux Conseils, depuis 1748. — Commissaires au Châtelet, depuis 1751. — Notaires, depuis 1730. — Procureurs au Châtelet, depuis 1751.

2° Sous le titre du *Parlement*,

Les Premiers-Présidens, Procureurs & Avocats-Généraux, depuis 1470 jusqu'à présent.

3° Sous le titre du *Châtelet*,

Les Lieutenans-Civils, de Police, Criminels, & Procureurs du Roi, depuis 1470 jusqu'à présent : (les Lieutenans de Police, depuis 1666, époque de leur création.)

4° Sous le titre de l'*Université*,

Les Recteurs, depuis 1470 jusqu'à présent,

DEUXIÉME PARTIE.

CATALOGUE alphabétique (par les *Noms Propres*) des Libraires & des Libraires-Imprimeurs de Paris, depuis l'an 1470, époque de l'établissement de l'Imprimerie dans cette Capitale, jusqu'à présent.

On trouve dans cette Partie (*à la lettre* I) la Notice chronologique d'Imprimeries particulières, dont voici le Tableau.

IMPRIMERIES *particulières, par ordre chronologique.*

On trouvera dans cette Partie, la citation exacte de tous ses Portraits gravés des Libraires & des Imprimeurs de Paris ; &, sur cet objet, on doit tout à M. Joly, Garde des Planches gravées & Estampes du Cabinet du Roi ; qui a laissé visiter & dépouiller les Volumes de Portraits que possède S. M. dans ce précieux Dépôt.

TROISIÉME PARTIE.

On peut voir , dans l'*Avertiffement* , pag. xj. & dans l'*Introduction* à cette troifiéme Partie , *pag.* 175 , l'ufage de cette Table , qui , au premier coup d'œil , paroît peu importante.

SUPPLÉMENT.

CET apperçu des Matières ſuffit de juſtifier l'épigraphe *In tenuitate copia* , miſe au frontiſpice de notre mince Volume. Il eſt le fruit de 42 ans de travail , c'eſt-à-dire 36 ans de recherches & de conſection , & 6 ans de réviſion & d'impreſſion. Encore s'il étoit parfait !

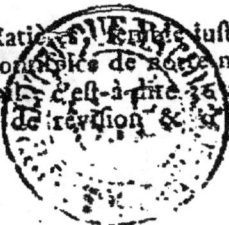

CATALOGUE

CATALOGUE

CHRONOLOGIQUE

DES LIBRAIRES

ET

DES LIBRAIRES-IMPRIMEURS

DE PARIS,

*Depuis l'an 1470, époque de l'établissement
de l'Imprimerie dans cette Capitale,
jusqu'à présent.*

PREMIER SIÉCLE,
de 1470 à 1569.

Fin du Règne de Louis XI,
de 1470 au 30 Août 1483.

UNE Diſſertation critique ſur le Lieu, le Temps & l'Inventeur de l'Imprimerie occuperoit ici trop de place. Il ſuffit de dire que trois Allemands, déjà exercés dans cet Art naiſſant, furent attirés & fixés à Paris en 1469, par Maître Jean de la Pierre, Prieur de Sorbo.... Les trois Imptimeurs qui eurent le courage de s'e.......... nommoient *Martin* CRANTZ, *Michel* FRIEUGER, & *Ulric* GÉRING ; & ils trouvèrent un logement .... leurs caractères & leurs preſſes, dans la Maiſon même de Sorbonne,

A

On aime à voir cette Maison, si justement appellée, le *Concile perpétuel des Gaules*, y devenir le berceau d'un Art qui a si utilement servi la Religion & l'Eglise.

C'est donc de cette premiere époque que doit partir la Chronologie des Imprimeurs de Paris, auxquels nous réunissons les Libraires, qui, émerveillés de la promptitude & de la fécondité des presses, jetterent au feu les plumes qui leur servoient à transcrire les volumes dont la vente formoient leur commerce.

OFFICIERS de la Librairie & Imprimerie;

Les IV Grands Libraires Jurés de l'Université.

LIBRAIRES ET IMPRIMEURS.

❦ 1470. ❧

Martin *Crantz*, Allemand, Libraire & Imprimeur.
Michel *Friburger* ou *de Columbaria*, ou de la Colombière, Allemand, Libraire & Imprimeur.
Ulric *Géring*, Allemand, Libraire & Imprimeur.

❦ 1471. ❧

❦ 1472. ❧

❦ 1473. ❧

Pierre *Césaris*, l'un des IV Grands Libraires-Jurés, & Impr.
Jean *Stol*, Libraire & Imprimeur.

❦ 1474. ❧

Aspais *Bonhomme*, Libraire & Imprimeur.
Pierre *Caron*, Libraire & Imprimeur.

CONSEIL.	PARLEMENT.	CHASTELET.	UNIVERSITÉ.
Chanceliers.	*Premiers Présidens.*	*Prévôts de Paris.*	*Recteurs.*

CONSEIL. — *Chanceliers.*

Guillaum. *Juvénal des Ursins*, depuis le 9 Nov. 1465, époque de son rétablissement, jusqu'à sa mort arrivée le 23 Juin 1472.

Pierre d'*Oriole*, du 26 Juin 1472; déchargé de son Office en Mai 1483, pour être Premier-Président de la Chambre des Comptes.

Guill. *de Rochefort*, du 12 Mai 1483, mort le 12 Août 1492.

PARLEMENT. — *Premiers Présidens.*

Jean *Dauvet*, du 18 Déc. 1461, mort le 23 Nov. 1471.
Jean *le Boulanger*, du 8 Déc. 1471, mort le 24 Février 1481.
Jean *de la Vacquerie*, du ... Mars 481, mort le 21 Juillet 1497.

Procureurs du Roi.

Jean *de Saint-Romain*, en 1461.
Michel *de Ponts*, exerçoit avec le précéd. en 1479.

Avocats du Roi.

Jean *Simon*, en 1459, mort en 1470.
Guillaume *de Ganai*, en 1461. mort en 1483.
Renaud *de Dormans*, mort en 1472.
François *Hallé*, Archidiacre de Paris, reçu extraordinaire en 1465 & ordinaire en 1470.
Pierre *Luillier*, extraordinaire en 1471, se demit en 1486.
Jean *le Maître* en 1482, mort en 1510.
Robert *Thiboust* en 1483, vivant en 1487.

CHASTELET. — *Prévôts de Paris.*

Robert d'*Estouteville*, rétabli en 1465.
Jacques d'*Estouteville*, fils de Robert, en 1479.

Lieutenant - Civils.

Jean *Choart* en 1461.
Pierre *Lamy* en 1471.
Jean *Vilain* en 1473.
Christophe *de Carmone* en 1483.

Lieutenans-Crimin.

Pierre *de la Dehors*, rétabli en 1466.
Jacques *Delorme* en 1479.
Jean *de la Porte* en 1483.

Procureurs du Roi.

Henri *de la Cloche* en 1461.
Robert *Feiffier* en 1471.
Pierre *Quatrelivres* en 1476.

Procureur du Roi en Cour d'Eglise.

Jacques *Charmolue* en 1470.

Avocats du Roi de la Prevôté.

Première création.

Robert *Piédefert* I de 1468 à 1495.
Yves *de la Tillaye* II. de 1466 à 1492.

UNIVERSITÉ. — *Recteurs.*

1469.
[*L'année commençant à Pâques.*]
24 Mars, Joannes *Fanuche*, de Parisius.
1470.
23 Juin, Ægidius *Netteller*, in Theol. Bac. formatus.
10 Octobr. Christianus *Folliot*, Normanus.
15 Dec. Matthæus *Sauquet*, Baccal. formatus, Colleg. Bajoc. posteà Doct. Theolog.
23 Mars, Jacobus *Mangny*, Turon.
1471.
... Juin, Jo. de *Rély*, Baccal. formatus, è Collegio Navarr.
19 Octobr. Jo. *Eschart*, Nat. Gall.
16 Décembr. Jo. *Blancbaston*, Norman. è Collegio Navarr.
24 Mars, Stephan. *Grandis*, Norman.
1472.
23 Juin, Reinerus *Hanegrant*, ou *Hanegreur*, Germ. nat. Licentiat. in Medec. è Collegio Montis-Acuti.
12 Oct. Philippus *Languet*, Baccal. formatus.
16 Dec. Martin. *Briçonnet*, in Theol. Baccal. form.
24 Mars, Joan. *Mene*, Nat. Gall.
1473.
23 Juin, Jac. *Houce*.
10 Octobr. Gantianus *Huë*.
16 Decembr. Jo. *Fanuche*, de Par.
24 Mars, Dionyf. *de Sabrenois*, in Theolog. Baccal.

A 2

❆ 1475. ❉

Pasquier *Bonhomme*, Ier fils d'Aspais, l'un des IV grands
Libraires Jurés, & Imprimeur.

il a imprimé l"

❆ 1476. ❉

N. Libraire & Imprimeur, rue S.-Jacques, à l'enseigne
du Soufflet verd, (*viâ S.-Jacobi, ad insigne viridis Follis.*)

❆ 1477. ❉

❆ 1478. ❉

❆ 1479. ❉

❆ 1480. ❉

Guillaume *Maynial*, Libraire & Imprimeur.
Antoine *Vérard*, Libraire & Imprimeur.

❆ 1481. ❉

Geoffroi *De Marnef*, Libraire-Juré, & Imprimeur.
Nicolas *Philippi*, de Strasbourg, Libraire & Imprimeur.
François *Regnault*, Libraire-Juré, & Imprimeur.
Marc *Reinhardi*, de Strasbourg, Libraire & Imprimeur.
Guillaume *Soldat* (*Miles*) Libraire & Imprimeur.

❆ 1482. ❉

Pierre *Marchand*, Libraire & Imprimeur.

❆ 1483. ❉

Antoine *Caillaut*, Libraire & Imprimeur.
Guy *Marchand*, Libraire & Imprimeur.

UNIVERSITÉ.	UNIVERSITÉ.
Recteurs.	*Recteurs.*

1474.
23 Juin , Hugo *de Virduno*, Baccal. Navarr.
16 Octobr. Petrus *Fabri*, Licenciatus in Med.
16 Dec. Cornelius *Oudendic* , Batav.
23 Mars , Rudulf. *de Monsiquet.*

1475.
23 Juin , Joann. *Collin* , de Colleg. Belvacens.
10 Octobr. Guill. *le Rendu*, Picard. in utroque Jure Licent.
16 Dec. Nicasius *Bergelays*, Picard.
23 Mars , Jo. *de Hirlandia.*

1476.
21 Juin , Joan. *Asperi*, è Collegio Calvico.
10 Octobr. Jacob. *Batellier* , Sorb.
16 Déc. Josephus *Gambier*, in Theol. Baccal. formatus.
24 Mars , Nicol. *de la Harmant* , de Colleg. Sorb.

1477.
23 Juin Gervasius *Munier* , Norman. in Theol. Baccal.
10 Octobr. Jo. *Fressu.*
16 Décembr. Jo. *Cordier* , Prior Sorb. in Theolog. form. {ET} Guill. *Butier* , Navarr.
24 Mars , Guil. *de Caris* , Norm.

1478.
23 Juin , Petrus *Doujan* , de Par.
10 Octobr. Joann. *de Martigniaco.*
16 Déc. Nicol. *Columbi*, Norman.
24 Mars, Cornel. *Oudendic* , Batav.

1479.
23 Juin, Martinus *Delf* , Batav. nat. Germ. manens in Colleg. Gervasio.
21 Octobr. Radulphus *Doresmeaux*, Picardus.
16 Décembr. Jo. *Nolant*, Normanus.
24 Mars, Dionys. *Halligret.*

1480.
23 Juin, Matthias *Kolb*, nat. German.
10 Octobr. Guill. *Guyonis* , Baccal. format. in Theol. Navarr.
16 Décembre, Guillelm. *Brisset*, Picard. è Collegio Laudunens.
24 Mars , Nicol. *Murdras* , Archid. Ebroicens. Bacal. format. Theolog.

1481.
23 Juin , Joannes *de Monasterio* , Norman. in Colleg. San-Gervasiano.
10 Octobr. Eligius *de Vaugermes* , Picardus.
17 Déc. Renatus *Riviers*, in Colleg. Bonbr. puerorum.
23 Mars , Joann. *Simonis*, de Parisius.

1482.
22 Juin, Richardus *Mure* , Baccalaur. Theol. Scotus.
10 Oct. Joannes *Sudoris*, Procurat. nat. German. ann. 1488.
17 Dec. Joann. *Bernhardi* ET *Citharædi*. [Schisma]
24 Mars , Ludov. *de Villiers.*

1483.
23 Juin, Stephan. *Bouet* , Primarius San-Barbarænus.

DU REGNE DE CHARLES VIII.

du 30 Août 1483, au 7 Avril 1498.

OFFICIERS de la Librairie & Imprimerie,
Les IV Grands Libraires Jurés de l'Université.

LIBRAIRES ET IMPRIMEURS.

❮ 1483. ❯

Louis *Martineau*, Libraire & Imprimeur.
N... Libraire & Imprimeur, Maison du Champ-Gaillard, derrière le Collége de Navarre. (*in Domo Campi Gaillardi, retro Collegium Navarræ.*)

Ce libraire est qui Marchand, qui a imprimé la danse des morts

❮ 1484. ❯

Jean *Higman*, Allemand, Libraire & Imprimeur.
Denys I. *Janot*, Libraire & Imprimeur.
George *Mittelhus*, Libraire & Imprimeur.

Simon Vostre

❮ 1485. ❯

Pierre *Levet*, Libraire & Imprimeur.

CONSEIL.	PARLEMENT.	CHASTELET.	UNIVERSITÉ.
Chanceliers.	*Premiers Préfidens.*	*Prevôt de Paris.*	*Recteurs.*
Guill. *de Roche-fort* , du 14 Mai 1483 jufqu'à fa mort, 12 Août 1492.	Jean *de la Vac-querie,* du ... Mars 1481. jufqu'à fa mort 21 Juillet 1497.	Jacques d'*Eftou-teville* , de 1479 à 1509.	1483. [L'année com-mençant à Pâques.]
Adam *Fum.* : C. D. S. du 12 Août 1492 jufqu'à fa mort ... Nov. 1494.	Pierre *de Cour-tardi,* du 28 Août 1497 jufqu'à fa mort 25 Octobre 1507.	*Lieutenans-Civils.* Chriftophe *de Carmone* en 1483.	23 Juin, Stephan. *Bouet,* Primarius San. Barbaranus. 10 Oct. Robertus *Lalongue,* Norman.
Robert *Briçonnet,* du 30 Août 1495 au 3 Juin. 1497.		Jean *Luillier* en 1490.	16 Dec. Thomas *Rufcher,* de Ga-mundia, nat. Germ.
Gui *de Rochefort,* du 9 Juillet 1497 jufqu'à fa mort ... Janv. 1507.	*Procureurs du Roi.* Jean *de S. Romain* 1461, exerçoit en-core en 1483.	Jean *Alligret* en 1496. *Lieutenans Crimin.*	23 Mars, Petrus *Belfar* ou *Bellefor,* nat. Gall. 1484.
	Michel *de Ponts* du 8 Juin 1479, pour exercer avec le précédent.	Jean *de la Porte* en 1483. Jean *Papillon* en 1497.	23 Juin, Petrus *Folioth,* Norman. 10 Oct. Petrus *de Douille,* Picard.
	Jean *de Nanterre,* reçu en 1484, fe démet en 1489.	*Procureur du Roi.* Pierre *Quatre-livres,* de 1476 à 1499.	16 Dec. Joan. *Guimade,* nation. Gall. è Coll. Calvit. 24 Mars, Joann. *de Hayll,* in Decret. Licentiatus.
	Chriftoph. *de Car-mône* en 1489, vi-vant en 1499. Jean *Luillier* en 1496, mort en 1498.	*Procureur du Roi en cour d'Eglife.* Jacques *Charmo-lue,* de 1470 à 1502.	1485. 24 Juin, Joann. *Citharædus,* Nor-manus, Baccalaur. Theolog.
	Avocats du Roi. Robert *Thibouft* en 1483, vivant en 1487.	*Avocats du Roi de la Prévôté.* *Première Création.*	10 Oct. Carolus-Ferhand. *Brugenfis* nat. Picard. 16 Dec. Joann. *Standonk,* Picard. Baccal. format. in Theolog.
	Jean *de Nanterre* en 1483. Pierre *de Cour-tardi* en 1486, juf-qu'au 28 Août 1497.	Robert *Piéd-fert* I. de 1468 à 1495. Nicolas *Quatre-livres* I. de 1495 à 1499.	17 Mars, Nicol. *Burgenfis,* nat. Gall. Colleg. Rem. 1486.
	Jean *de Montmi-rail,* reçu en 1491. Guillaume *Vo-lant,* reçu en 1497, mort en 1504.	Yves *de la Til-laye* II. de 1466 à 1492. Franç. *Goyet* II. de 1492 à 1543.	23 Juin, Joann. *Militis,* Norman. Collez. Harcur. 10 Octobr. Jo. *Golbe,* Picard. 16 Dec. Ægidius *Delf,* Germ. nat. fæpe Procurator.
			24 Mars, Bertr. *Pegus,* Gymnaf. Cardinalitii, nat. Picard. 1487. 23 Juin, Gaufrid. *Bouffard,* Genom.

1486.

Jean I *Bonhomme*, 2e fils d'Aspais, l'un des IV grands Libraires-Jurés, & Imprimeur.
Jean *Du Pré*, Libraire & Imprimeur.
Robinet *Macé*, Libraire & Imprimeur.

1487.

Jean *Carchagny*, Libraire & Imprimeur.
Pierre *Le Rouge*, Libraire & Imprimeur.

1488.

Vincent *Commin*, Libraire.
Louis *De Hacqueville*, Libraire.

1489.

Jean *Bélin*, Libraire & Imprimeur.
Guillaume *Caron*, Libraire & Imprimeur.
Durand I. *Gerlier*, Libraire-Juré, & Imprimeur.
Wolfgange *Hopyl*, Allemand, Libraire & Imprimeur.
Michel *Le Noir*, de Paris, Libraire & Imprimeur.
Philippe *Pigouchet*, Libraire & Imprimeur.
George *Wolf*, de Bade en Allemagne, Libraire & Imprimeur.
N... Libraire & Imprimeur, rüe de Sorbonne (*in vico Sorbonæ.*)

1490.

Jacques *Maillet*, Libraire.
Denys *Roce* ou *Rosse*, Libraire.

UNIVERSITÉ.	UNIVERSITÉ.	UNIVERSITÉ.
Recteurs.	*Recteurs.*	*Recteurs.*

10 Oct. Stephan. *de Refugio* , Carnotenf. Diœcef.

17 Dec. Stephan. *Martini* , Bohem.

23 Mars, Nicol. *Parmantier*, Picard. Pro-Magifter Artift. Nav. actu Regens.

1488.

23 Juin, Petrus *Mefnart* , idem poftea fcriba Univ. & Notarius apoftolicus.

10 Oct. Alanus *Potier.*

16 Dec. Petrus *Mercerii.*

24 Mars, Robert. *Bellefoy* ou *Bellefaye* , de Parifius , Nat. Gall. Magift. in Artib. recept. ann. 1477.

1489.

23 Juin , Joann. *Lantman* , Nat. Germ. è Collegio Burgund.

10 Oct. Philippus *Gilbon* , Picardus è Coll. Choletico.

16 Decembr. Jo. *de Campis.*

24 Mars Joann. *Paerdo*, Nat. Gall. Colleg. Sorbonic.

1490.

23 Juin, Christian. *Folioth* , Norman. Colleg. Thefaur.

10 Oct. {
Joannes *Godet.*
Guill. *Probi-Hominis.*
Anton. *Worfe.*
}

[Schifma.]

15 Dec. Petrus *Tartheret*, Diœcef. Laufan. de Nation. Germ. qui Procur. fuerat, ann. 1480.

24 Mars , Carol. *de Gonda*, nat. Gall.

1491.

23 Juin , Guill. *Cappel* , de Parif. è Colleg. Cocqueretico.

10 Oct. Henric. *Probi-Hominis* , Norman. è Colleg. Juftitian.

15 Dec. Claudius *de Hangeft* (ET) Jo. *Rivole.*

[Schifma.]

24 Mars , Simon *du Gaft* , Norman. è Colleg. Cocquer.

1492.

23 Juin, Bernard. *Roillet* , in Jure Canonico Licent. Primarius Colleg. Burgund. (8 Jan. 1495. fuit Nation. Gall. Receptor electus).

10 Oct. Carolus ..... è Colleg. Atrebatenfi , de nat. Picard.

15 Dec. Michael *Panige*, è Colleg. Navarr.

23 Mars , Petrus *de Furno* , Raufini confanguineus.

1493.

23 Juin , Joann. *Rivole*, Nivernenf. è Colleg. Navarr.

10 Oct. Joann. *Varembon*, Æduenfis , è Coll. Navarr.

16 Dec. Franc. *de Segovia.*

23 Mars, Adam *Pluyette* , nation. Gall.

1494.

23 Juin, Stephan. *Martini* de Bohemià , è Diœcefi Pragenfi.

10 Oct. Simon *Dollatoris*, de Pruffia.

1495.

16 Dec. {
Jo. *Avisa*
Jo. de *Foffatis.*
}

[Schifma.]

23 Mars, Patric. *Laufon* , Scotus , Procurat. Nation. Gall. ann. 1485.

1496.

10 Oct. {
Ruffi.
Gérard. *Militis.*
}

[Schifma.]

15 Dec. Petrus *Mefnart.*

1497.

24. Juin, Joannes *le Munérat*, Bitur. Baccal. Navarr.

10 Oct. Joann. *Andreæ* de Bohem. Diœcef. Pragenf.

1491.

Enguilbert I. *De Marnef*, Libraire.
Berthold *Rembolt*, de Strasbourg, Libraire & Imprimeur.
Nicolas *Soldat* (*Miles*) Libraire.
Simon *Voftre*, Libraire.

1492.

Gilles *Couteau*, Libraire & Imprimeur.
Jean *Ménard*, Libraire & Imprimeur.

1493.

Félix *Baligaut*, Libraire.
Guillaume *Euftace* ou *Euftache*, Libraire du Roi.
Jean *Lambert*, Libraire & Imprimeur.
Jean *Maurand*, Libraire & Imprimeur.
Jean *Petit*, Libraire-Juré, & Imprimeur.

1494.

Nicolas *Comitis*, Libraire.
Claude *Jammart*, Libraire & Imprimeur.
Pierre *Le Dru*, Libraire & Imprimeur.
Jean *Philippi* de Cruczennach, en Allemagne, Libraire
   & Imprimeur.
Jean *Tréperel*, Libraire & Imprimeur.

1495.

Jean *Bouyer*, Libraire & Imprimeur.
Jean *Cobelens* ou *Confluentinus*, Libraire.
Touſſaint *De Montiay*, Libraire.
Etienne *Janot*, Libraire & Imprimeur.
Michel *Morin* ou *Morini*, Libraire.
Pierre *Pouillac*, Libraire & Imprimeur.

1496.

André *Bocard*, Libraire & Imprimeur.
Guillaume *Boucher*, Libraire & Imprimeur.
Pierre *Regnault*, fils de François, Libraire & Imprimeur.

1497.

Jean *Alexandre*, Libraire.
Antoine *De Nidel*, de Paris, Maître ès Arts, Libraire &
    Imprimeur.
Jean *Richard*, Libraire & Imprimeur.
Man. *Sténer*, Libraire.
N. Libraire & Imprimeur, rue S.-Jacques, à l'enseigne
    de l'Ours, près de S. Maturin, (*viâ S. Jacobi, ad insigne
    Urſi, prope S. Maturinum.*)

1498.

Joſſe *Bade* d'Aſc, Libraire & Imprimeur.
Jean *Driard*, Libraire & Imprimeur.

DU REGNE DE LOUIS XII.
Du 7 Avril 1498 — au 1 Janvier 1515.

OFFICIERS de la Librairie & Imprimerie,

Les IV Grands Libraires Jurés de l'Université.

LIBRAIRES ET IMPRIMEURS.

❦ 1498. ❧

Thielman I. *Kerver*, Allemand, Libraire-Juré, & Imprimeur.
Poncet *Le Preux*, Libraire.
Jean *Poitevin*, Libraire.
Michel *Tolofa*, Libraire.

❦ 1499. ❧

N. Vᵉ de Louis *De Hacqueville*, Libraire.
Jean *Mérault*, Libraire.

❦ 1500. ❧

Alexandre *Aliate*, Libraire & Imprimeur.
Nicolas *De la Barre*, Libraire & Imprimeur.
Jean *Dyamentier*, Libraire.
Henri I. *Eſtienne*, Libraire & Imprimeur.
Nicolas *Waultier*, Libraire-Juré, & Imprimeur.
Nicolas *Wolf*, Allemand, Libraire.

❦ 1501. ❧

Jean *Antoine*, de Veniſe, Libraire.
Raoul *Lalyſeau*, Libraire.

Depuis le Table n· 173 Simon Voſtre ſuiters ſi rep imprimeurs

CONSEIL.	PARLEMENT.	CHASTELET.	UNIVERSITÉ
Chanceliers.	*Premiers-Préfidens.*	*Prevôts de Paris.*	*Recteurs.*
			1498.
Guil. *de Rochefort*, du 9 Juillet 1497, jufqu'à fa mort ... Janv. 1507.	Jean *de Ganai*, en 1505, jufqu'en Août 1507.	Jacques d'*Eftouteville*, de 1479 à 1509.	[*L'Année commençant à Pâques.*]
Jean *de Ganai*, du 31 Août 1507, jufqu'à fa mort en Juin 1512.	Antoine *du Prat*, du 8 Février 1507, jufqu'au 7 Janvier 1515.	Jacques *de Coligny*, de 1509 à 1512.	Joann. *Andreas*, de Bohemiâ Diœcef. Pragens. du 10 Oct. 1497. Elig. de 24 Ma{rs} { *Vau-germe.* Jo. *Cave*
Etienne *Poncher*, de Juin 1512, jufqu'au 1er Janvier 1515.	*Procureurs du Roi.*	Gabriel d'*Allégre*, de 1512 à 1526.	[Schifma.]
			1499.
	Jean *Luillier*, de 1496 à 1494.	*Lieutenans-Civils.*	23 Juin, *Philipp. Grinelli.*
	Jean *Burdelot*, du 13 Déc. 1498 jufqu'à fa mort en 1507.	Jean *Alligret*, de 1496 à 1504.	10 Oct. *Georg. Krant*, Scotus S. Andreæ.
	Guill. *Rogier*, de 1508, jufqu'à fa mort, 2 mai 1523.	Jean *Dereuil*, de 1504 à 1511. René *de Beaulne*, de 1511 à 1517.	16 Déc. *Patricius Laufon*, Scotus.
		Lieutenans-Crimin.	24 Mars, *Franc. de Segovia.*
	Avocats du Roi.	Jean *Papillon*, de 1497 à 1501.	1500.
	Jean *Olivier*, de 1502 à 1510.	Gilles *Maillart*, de 1501 à 1514.	23 Juin, *Richard Fleury.*
	Jean *le Liévre*, de 1510 à 1517.	Jean *Morin*, de 1514 à 1529.	10 Oct. *Adrianus Gemelli*, Turonenf.
	Roger *Barme*, 1510.	*Procureur du Roi.*	15 Décemb. *Joan. Ravifius Textor*, Nivernenf.
		Bureau *Boucher*, de 1499 à 1518.	24 Mars, *Dominu. Boucherat*, Nob. Paris.
		Procureur du Roi en cour d'Eglife.	1502.
			23 Juin ..... de *Rentilly.*
		Jacques *Charmolue*, de 1470 à 1502.	10 Oct. *Simon le Roux*, Picard, Scriba Univerfitat.
		Jean *Pouillet*, de 1502 à 1510.	16 Déc. *Guill. Aimery*, Regens in Artibus.
		Nicolas *Charmolue*, de 1510 à 1512.	1503.
		Denys *Deffoubz-le-Four*, de 1512 à 1524.	23 Juin, *Florent. Bafin.*
			1504.
		Avocats du Roi de la Prévôté.	23 Juin, *Joann. le Pelletier*, Cenoman.
		Prémiere Création.	1505.
		Nicol. *Quatre-livre* I, de 1495 à 1499.	10 Oct. *Joannes Bibault.*
		Robert *Piédefert* I, de 1499 à 1538.	1506.
			23 Mars, *Guill. Anineci*, Baccal. format. in Theol.
		François *Goyet* II, fils de François, de 1492 à 1543.	1507.
			15 Déc. *Jacobus*

1502.

Roger *Augrain*, Libraire & Imprimeur.
François *Bigner*, Libraire & Imprimeur.
Robert *De Gourmont*, Libraire & Imprimeur.
Gaspar *Philippe*, Libraire & Imprimeur.

1503.

Remi *Delaiftre*, Libraire.
Jean *Pychore*, Libraire.
Jean *Seurre*, Libraire.

1504.

1505.

Guillaume *Anabat*, Libraire & Imprimeur.
Jean *Barbier*, Libraire-Juré.
Euftache *De Brie*, Libraire.
Germain *Hardouin*, Libraire.
Jean *Marchand*, Libraire & Imprimeur.
Oliver *Sénant*, Libraire.

1506.

Pierre *Bacquelier*, de Grenoble, Libraire.
Jean *Grandjon*, Libraire.

1507.

Nicolas *Crifpin*, Libraire.
Gilles *De Gourmont*, Libraire & Imprimeur.
Thomas *Kéès*, de Wéfalie, Libraire & Imprimeur.
Jacques *Le Meffier*, Libraire & Imprimeur.

UNIVERSITÉ.	UNIVERSITÉ.
Recteurs.	*Recteurs.*
Almain, Senonenſ. in Artib. Regens. 23 Mars, *Jacobus Bonpas.*	*de Bonayre*, Bajoca Regens in Artib. 23 Mars, *Hieron. Alexander.*
1508. 23 Juin, *Petrus de Riancourt.* 10 Oct. *Adrianus Lamet.* 15 Déc. *Maïus Dubreuil*, in Theol. Baccal. format. ... Mars, *Ant. de Mommorancy*, Tornac. Regens in Artibus.	1513. 23 Juin, *Stephan. Laſſilé*, Pariſ. ... Oct. *Anton. Faber*, Noviomenſ. in Artib. Regens. ... Déc. *Petrus Mickault*, Morin. 16 Mars, *Eleuther. de Boufflers*, in Artib. Regens.
1509. 23 Juin, *Martinus Dolet*, Pariſ. 8 Oct. *Franciſc. de Boſco*, Ambian. Regens in Gramm. 16 Déc. *Joannes Aubry.* 23 Mars, *Petrus de Ruella*, Sueſ-ſion.	1514. 23 Juin, *Joannes Finet.* 10 Oct. *Joannes Parvi.* 15 Déc. *Nicol. Bouchard.*
1510. 23 Juin, *Furcæus de Cambrai*, No-viom. Regens in San-Barb. 10 Oct. *Robertus Raulin*, Rotomag. in Artib. Regens. 15 Déc. *Nicolaus Quélain*, Cenoman. 23 Mars, *Carolus de Dormano.*	
1511. 23 Juin, *Petrus Viciſter*, Ambian. Regens in Artib. ... Oct. *Stephan. Girod*, Fiſurinenſ. 16 Déc. *Jacobus Courteville.* ... Mars, *Joann. Jacquinet*, Lingo-nenſis, Regens in Artib.	
1512. 23 Juin, *Robert. Cenalis*, Pariſ. 10 Oct. *Ludovic. Laſſeré*, Turonic. 15 Déc. *Guillelm.*	

❧ 1508. ☙

Antoine *Bonne-Mere* , Libraire & Imprimeur.
Jean *Cabiller* , de Lyon , Libraire.
Jean I. *De Gourmont* , Libraire.
Jean *De la Porte* , Libraire & Imprimeur.
Nicolas *Des Prés* , Libraire & imprimeur.
Thomas *Du Guernier* , Libraire & Imprimeur.
Jean *Frellon* , Libraire.

❧ 1509. ☙

Gilles *Hardouyn* , Libraire & Imprimeur.
Jean *Hongot* , Libraire.

❧ 1510. ☙

Jean I. *De Marnef* , Libraire.
Jean *Scabeler* ou *Wettenshire* , Libraire.
Jean *Vaterloës* , Libraire & Imprimeur.
Pierre *Vidoüe* ou *Vidouvé* , Libraire-Juré.

❧ 1511. ☙

Georges *Biermant* , de Bruges , Libraire & Imprimeur.
Jean *Cléreret* , Libraire.
Jean *Gaultier* , Libraire & Imprimeur.
Louis *Hornken* , Libraire & Imprimeur.
Edmond *Le Févre* , Libraire & Imprimeur.

❧ 1512. ☙

Matthieu *Bolſec* , Libraire.
Jean *De Brie* , Libraire.
Jean *De la Roche* , Libraire & Imprimeur.
Jean *De Strasbourg* , Libraire & Imprimeur.
Galliot I. *Du Pré* , Libraire-Juré.

Godefroi

Godefroy *Hirtorpi* , Libraire & Imprimeur.
Guillaume *Le Rouge* , Libraire & Imprimeur.
Geoffroy *Tory* , Libraire-Juré.

☾ 1513. ☽

François *Birkman* , de Cologne , Libraire & Imprimeur.
Claude *Chevallon* , Libraire & Imprimeur.
Conftant *Fradin* , Libraire & Imprimeur.
Pierre *Petit* , Libraire.
Nicolas *Rouffel* , Libraire.
Pierre *Viart* , Libraire.

☾ 1514. ☽

Jean *Bienaife* , Libraire & Imprimeur.
Jean *De la Garde* , Libraire & Imprimeur.
Charles *Dude* , Libraire.
Jacques *Ferrebue* , Libraire & Imprimeur.
Philippe *Le Noir* , fils de Michel , Libraire.
Martin *Morin* , Libraire.
Jacques *Pouchin* , Libraire & Imprimeur.

B

DU REGNE DE FRANÇOIS I.

Du 1er Janvier 1515 au 31 Mars 1547.

OFFICIERS de la Librairie & Imprimerie,

Les IV Grands Libraires Jurés de l'Université.

LIBRAIRES ET IMPRIMEURS.

1515.

Touſſaint *Denys*, Libraire.
Guillaume *Hardouin*, Libraire-Juré.
Jean *Lalyſeau*, Libraire & Imprimeur.

1516.

N. *Bérauld*, ou *Beraldus*, Libraire.
Regnault I. *Chaudière*, Libraire.
Pierre *Gromors*, Libraire & Imprimeur.
Jean *Huguelin*, Libraire.
Michel *Leſclencher*, Libraire & Imprimeur.
Guillaume I. *Nyverd*, Libraire.
Jean *Severin*, Libraire.

1517.

Jean *Adam*, Libraire & Imprimeur.
Bernard *Aubry*, Libraire & Imprimeur.
Jean *Bade*, frère puîné de Joſſe, Libraire.
Jean *Kerbriant*, Libraire & Imprimeur.
Paſchal *Lambert*, Libraire & Imprimeur.

CONSEIL.	PARLEMENT.	CHASTELET.	UNIVERSITÉ.
Chanceliers.	*Premièrs Présidens.*	*Prevôts de Paris.*	*Recteurs.*
Antoine *du Prat*, du 7 Janvier 1515, au 9 Juillet 1535.	P. *Mondot de la Marthonie*, du 3 Fév. 1515 à 1517.	Gabriel *Dallégre*, de 1512 à 1526.	[*L'année commençant à Pâques.*]
Antoine *du Bourg*, du 16 Juillet 1535 à 1538.	Jacques *Olivier*, de Leuville, du 21 Mai 517 au 20 Novembre 1520.	Jean *de la Barre*, de Mai 1526 à 1533. Jean *d'Estoute-ville*, de 1533 à 1540. Antoine *Duprat*, de 1540 à 1553.	Nicol. *Bouchart*, du 15 Déc. 1514. 24 Mars, Guill. *Merceri*, Bituric. Primarius Collegii Narbon.
Matthieu *de Longue-Joue*, G. d. S. 1538 & 1544.	Jean *de Selve*, du 17 Décembre 1520, au mois d'Août 1529.	*Lieutenans-Civils.*	*1515.*
Guillaume *Poyet*, du 12 Novembre 1538 au 2 Août 1541.	Pierre *Lizet*, du 20 Décembre 1529 au 12 Juillet 1550.	René *de Beaulne*, de 1511 à 1517. Louis *Ruzé*, de 1517 à 1526. Antoine *du Bourg*, de 1526 à 1531. Nicolas *Charmou-lue*, de 1531 à 1532. Jean-Jacques *de Mesmes*, de 1532 à 1544. Jean *Morin*, de 1544 à 1548.	23 Juin, Guillelm. *Pluyette.* 10 Octobr. Joann. *Gillain*, Sagiensis, Regens in Artibus. 15 Décembr. Michel *du Monceau.* 24 Mars, Petrus *Raulin.*
François *de Montholon*, G. d. S, du 9 Août 1541 au 12 Juin 1543.	*Procureurs du Roi.*		*1516.*
François *Errault*, G. d. S. du 12 Juin 1543 au 3 Septemb. 1544.	Guillaume *Rogier*, de 1508 au 2 Mai 1523. François *Rogier*, de 1523 à 1532. Nicolas *Thibault*, de 1533 à 1541. Noël *Brûlart*, du 29 Août 1541 à 1557.		23 Juin, Ægidius *de Maizières.* 10 Octobre, Thomas *de Bures*, (ou *Eperne*, Norman. 15 Décembr. Lud. *Eéable*, Camerac. 24 Mars, Petrus *Michault*, Picardus.
François *Olivier* de Leuville, du 18 Avril 1545 au 2 Janvier 1550.		*Lieutenans-Crimin.*	*1517.*
	Avocats du Roi.	Jean *Morin*, de 1514 à 1529. Pierre *Séguier*, de 1529 à 1544. Jean *Mosnier*, de 1544 à 1556.	23 Juin, Petrus *Courchon.* 10 Octobr. Petrus *Allensis*, Norman. 15 Décembre Mauricius *Soris*, Normanus. 24 Mars, Nicol. *Manuel*, nacion. Gall.
	Jean *le Lièvre*, de 1510 à 1517. Pierre *Lizet*, 1517. Jean *Ruzé*, 1521. Olivier *Alligret*, 1530. Guillaume *Poyet*, 1530. François *de Montholon*, 1532, Pierre *Raimond*, 1534. Jacques *Cappel*, 1534. Jean *Ruzé*, 1536. Gilles *le Maître*, 1540. Gabriel *Merillac* ou Marlhac, 1543.	*Procureurs du Roi.*	*1518.*
		Bureau *Boucher*, de 1499 à 1518. Jacques *Cham-bret*, de 1518 à 1542. Louis *Martine*, de 1542 à 1546. Jean *Martiné*, de 1546 à 1563.	23 Juin, Oliva-rius *de Lugdun*, Rhetor. 10 Octobr. Oron-tius *Finaus*, Del-phinas. 15 Décembr. Ni-colaus *Guarinus*, Suession. 24 Mars, Ludov. *Millet*, è Colleg. Navarr.
		Procureurs du Roi en Cour d'Eglise.	*1519.*
		Denys *Dessoubz-le-Four*, de 1512 à 1524. Eilbert *Clausse*, de 1524 à 1531. Pierre *Rubentel*, de 1531 à 1558.	23 Juin, Thomas *Veteris.* 10 Octobr. Hie-

B 2

Guillaume *Le Bret*, Libraire.
Pierre I. *Le Roi*, Libraire & Imprimeur.
Jacques *Maréchal*, Libraire.

❧ 1518. ☙

Michel *Conrad*, Libraire.
Pierre *Gaudoul*, Libraire.
Thomas *Laifné*, Libraire.
Alain *Lotrian*, Libraire.
Jean *Réal*, Libraire & Imprimeur.
Charlotte *Guillard*, Vᵉ de Bertholde *Rembolt*, Libraire
    & Imprimeur.
Simon *Vincent*, Libraire.

❧ 1519. ☙

Antoine *Auffurd*, Libraire & Imprimeur.
Didier *Maheu*, Libraire.
Jean *Prével*, Libraire.
Conrard I. *Refch*, Libraire-Juré.

❧ 1520. ☙

Guillaume *Defplanis*, Libraire & Imprimeur.
N. Vᵉ de Henri I. *Eftienne*, Libraire & Imprimeur.

❧ 1521. ☙

Jean *Cornilleau*, Libraire & Imprimeur.
N. *Courauld*, ou *Coraldus*, Libraire-Juré.
Siméon *De Colines* ou *Colinet*, Libraire & Imprimeur.
Damien *Hickman*, Libraire & Imprimeur.
Jean *Kerver*, 1ᵉʳ fils de Thielman I., Libraire.
Jacques *Nyverd*, Libraire & Imprimeur.
Jean *Olivier*, Libraire & Imprimeur.
Jean *Saint-Denys*, Libraire.
Jean *Vatel*, Libraire.

CHASTELET.	UNIVERSITÉ.	UNIVERSITÉ.	UNIVERSITÉ.
Avocats du Roi de la Prevôté.	*Recteurs.*	*Recteurs.*	*Recteurs.*

CHASTELET.

Avocats du Roi de la Prevôté.

Première Création.

Robert *Piedefert* I. de 1499 à 1538.

Michel *Piedefert* I, fils du précédent, de 1538 à 1570.

François *Goyet* II. de 1492 à 1543.

François *Goyet*, fils du précédent II. de 1543 à 1559.

Seconde Création.

Par Edits de Février 1522 & Août 1523, & depuis réunie aux deux Offices d'Avocats-du-Roi de la Prevôté, par Déclaration du 24 Septembre 1552.

Abel *le Bourguignon*, premier & dernier Titulaire de 1523 à 1552.

UNIVERSITÉ.

Recteurs.

ronymus *Clichovœus.*
15 Décembre, Anton. *de Alcaras*, Palentinenfis.
23 Mars, Renatus *des Champs*, Cenom. de Fresneyo.
1520.
23 Juin, Petrus *de Francia*, Remenfis.
10 Octobr. Nicolaus *Pastor*, Bellovacus.
16 Décembre, Henricus *le Febvre*, Bajocenf.
24 Mars, Joann. *le Coincte*, Parif. Regens in Colleg. Bonor. Pueror.
1521.
23 Juin, Claudius *le Maistre*, Parif.
10 Octobr. Nicol. *Maillard*, Norman.
15 Déc. Joannes *le Sieurre*, de Bretolio, Belvacenf.
24 Mars, Thomas *Cornet*, Normanus.
1522.
23 Juin, Martin. *Dolet*, Parif. Regens in Artibus.
10 Octobr. Jacob. *Spifame*, Parif.
17 Déc. Nicolaus *Truyart*, Sylvanect.
24 Mars, Francisc. *Guillebon*, Parif. Bacca. Theolog.
1523.
23 Juin, Jacobus *de Maizières*, Parif. Regens in Colleg. Bonor. Pueror.
10 Octobr. Jo. *de Vico*, Picard, Regens in Colleg. Calvic.
16 Décembr. Jo. *Lothon*, Norman. è Colleg. Lexov.
23 Mars, Robert,

UNIVERSITÉ.

Recteurs.

Bouchigny, Carnotenf. è Colleg. Justitian.
1524.
23 Juin, Petrus *Luillier*, Aurelian. è Colleg. Navarr.
10 Octobr. Hugo *de Fontaines*, Catalaun. è Colleg. Pieff.
16 Déc. Joannes *Faverel*, Rothomagenf. è Colleg. Justitian.
1525.
23 Juin, Gaspard *Cognegut*, Narbon. Reg. in Collegio Bonor. Pueror.
10 Octobr. Joann. *Bertoul*, Laudun. Baccal. Theolog. Primarius Colleg. Laudun.
15 Décembre, Guillelm, *Manderston*, Scotigena, Licentiatus in Medic.
23 Mars, Jo. *Gibouyn*, è Colleg. Harcurian.
1526.
23 Juin, Guillelm. *Delaunay*, Cenoman, Primarius Colleg. Cenoman.
10 Octobr. Joann. *Prothais*, Belvac. Soc. Choletæus.
15 Décembre, Claudius *Roillet*, Lugdun. Colleg. Burgund. Primar.
23 Mars, Nicol. *Gombault* Trecenf. Proprimar. Navarr.
1527.
23 Juin, Alvarus *de Moscoso*, Pacenf. Soc. Sorbonic.
10 Octobr. Joann. *Daval*, Rotomag. Regens in Artib.
15 Décembre Thomas *Bolu*, Ni-

UNIVERSITÉ.

Recteurs.

vernenf. Primarius Grammat. Navarr.
24 Mars, Nicol. *Boissel*, Rotomag. Baccal. Theolog.
1528.
23 Juin, Bertinus *Mys*, Regens, Primar. Coll. Bellov.
10 Octobr. Petr. *de la Cousture*, alias *des Fosses*, Picard.
15 Decembr. Natalis *Bélier*, Tornacenf. Baccal. in Medic.
24 Mars, Lud. *Fabry*, Parif.
1529.
23 Juin, Hilar. *Courtois*, Ebroïcenf. Classic. Harcurian.
10 Octobr. Joann. *Prevost*, Carnotenf.
15 Décembr. Petr. *Aprilis*, Belvac. Regens in Lexov.
24 Mars, Hieron. de *Salings*, Burg. Soc. Sorbonic.
1530.
23 Juin, Bernard. Georg. *Crussatenfis*, Nat. German.
10 Octobr. Claud *de Mailly*. Parif.
16 Décembre, Petrus *de Wassebourg*, Virdunenf. Primarius Colleg. March.
24 Mars, Nicol. *de Mante*, Rotom. Regens in Artib.
1531.
23 Juin, Hieron. *le Picart*, Rhetor. Cenoman.
10 Octobr. Joann. *de Gaigny*, Parif.
16 Décembre, Landeric. *Macyot*, Parif.
24 Mars, Joann. *Adam*, Ebroïcenf. Soc. Navarr.

B 3

🕮 1522 🕮

Etienne *Anfray*, Libraire & Imprimeur.
Jacques *Bouchet*, Libraire & Imprimeur.
Yves *D'Englibert*, Libraire.
Yolande *Bonhomme*, Vᵉ de Thielman I. *Kerver*, Libraire-Juré, & Imprimeur (du 24 Novembre).
Guichard *Soquand*, Libraire.
Chrétien *Wéchel*, Libraire & Imprimeur.

🕮 1523 🕮

Robert *Grandjon*, frère puîné de Jean, Libraire-Graveur & Fondeur de Caractères d'Imprimerie.

🕮 1524 🕮

Prigent *Calvarin*, Libraire & Imprimeur.
Nicolas *Couteau*, 1ᵉʳ fils de Gilles, Libraire & Imprimeur.
Jerôme *De Gourmont*, Libraire.
Maurice *De la Porte*, Libraire-Juré.
Guillaume *Godard*, Libraire.

🕮 1525. 🕮

Antoine *Couteau*, 2ᵉᵐᵉ fils de Gilles, Libraire & Imprimeur.
Jean *De Bréda*, Libraire.
Simon *Du Bois*, Libraire & Imprimeur.
Robert I. *Estienne*, 1ᵉʳ fils de Henri I. Libraire & Impr.
Jean *Hérouf*, Libraire.
Pierre *Le Brodeux*, Libraire.
Nicolas *Le Savetier*, Libraire & Imprimeur.

🕮 1526 🕮

UNIVERSITÉ.	UNIVERSITÉ.	UNIVERSITÉ.	UNIVERSITÉ.
Recteurs.	_Recteurs._	_Recteurs._	_Recteurs._

1532.
23 Juin, Richard.
de la Mer, Laudun.
10 Octobr. Joann.
Morin, Primarius
Grammat. Navarr.
16 Décembre,
Thomas _Finche-
maille_, Picard. in
Jure Canonico
Licentiat. Primar.
Colleg. Cardinal.
24 Mars, Mat-
thæus _Paviot_,
Lexov. Regens in
Artib.

1533.
23. Juin, Andr.
de Govæa, Lusitan.
Primar. San-Barb.
10 Octobr. Nicol.
Copus, Parif. Bacc.
in Medic.
16 Decembr. Nic.
Sapientis, Sueffion,
Primar. Collegii
Presl.
24 Mars, Adam
Stquart, Parisienf.
Soc. Navarr.

1534.
23 Juin, Anton.
de Méry, Vimacus,
Licentiat. in Medic.
10 Octobr. Hugo
Lespervier, Tre-
censis, Baccalor.
Theolog.
15 Décembre,
Florent. _Jacquart_,
Virdunensis, Prin.
Colleg. Marchian.
24 Mars. Joann.
Gonsalis, Hispan.

1535.
23 Juin. Guido
de Marœui!.
15 Octobr. Joann.
Aleaume, Parif.
Regens in Colleg.
Burgund.
15 Déc. Jacob.
Houllier, Stempan.
Diœcef. Senon.
24 Mars, Leo
Aubert, Baccalor.
Theol. Soc. Nav.

1536.
23 Juin, Joann.
Marie, Primar.
Colleg. Juftitian.—
Paganus _le Breff_,
Cenoman. Socius
Navarr. [Schifma]
10 Oct. Thom.
de Nobescourt;
Noviomenf. Reg.
in Artib.
13 Decembr. Jo.
Tiercelet, Remenf.
Regens Colleg. de
Mont,—Acut. Soc.
Navarr.
24 Mars, Joann.
Cholet, Primarius
Colleg. Marchian.

1537.
23 Juin, Nicolaus
de Bris, Regens
in Coll. Becodian.
Soc. Navarr.
10 Oct. Aquilin.
Pluyette, Parif.
Soc. Navarr.
15 Déc. Petrus
Duval, Parif. Soc.
Navarr.
24 Mars, Claud.
Berthot, Lingon,
Baccal. formar. in
Theolog.

1538.
23 Juin, Hubertus
Heryot, Glasquenf.
Dialect. Burgund.
10 Octobr. Anton.
Herlault, Belva-
cenf. Marollenf.
Prior Sorbon.
15 Déc. Jacob.
Goveanus, Junior,
Lusitan.
24 Mars, Nicol.
de Godefroy, Ro-
tomag. è Colleg.
Thesaurar.

1539.
23 Juin, Joann.
Tiflinus, aliàs _Ti-
slee_, Vosago-Lo-
tharing.
18 Oct. Anton.
de Mochares, aliàs
de Mouthy, Belvac.

Prior Sorbonic.
15 Déc. Anton.
Sarre, Morinenf.
Primar. Collegii.
Cardinalit.
23 Mars, Simon
Vigor.

1540.
23 Juin, Nicol.
de Martimbos;
Gornacæus, Re-
gens in Colleg.
San-Barbar.
10 Oct. Jacob.
Bridou, Soc. Sor-
bonic. — Petrus
Achard. [Schifma.]
15 Déc. Glaud.
Espencæus, Nobilis
Catalaunenf. Soc.
Navarr.
24 Mars, Joann.
de Bomont, Parif.
Regens in Colleg.
Cenoman. Baccal.
in Medic.

1541.
23 Juin, _idem_
Joann. _de Bomont_,
propter Schifma.
16 Oct. Richard.
Fleury, Constant,
Baccal. Theolog.
16 Déc. Joann.
le Vasseur, Ambian.
24 Mars, Nicol.
du Gast, Parisienf.
Regens in Colleg.
Bonor. Pueror.

1542.
23 Juin, Leodegar.
A Querca.
10 Oct. Guillelm.
Lévesque. Novio-
menf.
15 Déc. Guillelm.
Cranston, Scotus,
Regens Physic. in
Colleg. Calvic.
24 Mars, Joann.
le Vasseur, Regens
Colleg. Cenoman.
Baccal. Medic.

1543.
23 Juin, Petrus
Gallandius, Mo-
tinensis, Primar.

Colleg. Becodian.
10 Oct. Guillelm.
de Montueil, Sueffi-
sion. Primar. Coll.
Belvac.
16 Déc. Guillelm.
Jamyn, Cenoman.
Colleg. Primar.
Baccal. Theolog.
24 Mars, Nicol.
de Mongelos.

1544.
24 Juin, Mich.
du Guernier, Ce-
noman.
10 Oct. Leonard.
Sarrazin, Soc. Na-
varric. Regens in
Colleg. Cardinal.
16 Déc. Ludov.
Charpentier.
24 Mars, Robert.
Bouteren.

1545.
23 Juin, Richard.
du Pré, Rotomag.
10 Oct. Florentin.
Parmentier, No-
viomenf.
15 Déc. Joann.
Calmus, Senonenf.
in San. Barbaran.
& Pleff. Profeff.
24 Mars, Joann.
Dorival, Rotomag.

1546.
23 Juin, Carolus
de la Croix, è Coll.
Laudunenf.
10 Oct. Bernardin.
de Salinas; Bur-
gensis.
15 Décembre,
Joannes _le Maire_,
Carnutensis, Re-
gens in Collegio
Belvac.
24 Mars, Joann.
Grandgerus, Parif.
Soc. Navarr.

◄ 1527. ►

Ambroise *Girault*, Libraire-Juré.
Nicolas *Prevost*, Libraire.

◄ 1528. ►

L..... *Colin*, Libraire & Imprimeur.
Jean *Le Bially*, Libraire.
Simon *Hadrot*, Libraire.
Jean *Longis*, Libraire.
Pierre *Roffet*, Libraire.
Nicole N. Ve de Simon *Vostre*, Libraire & Imprimeur.

◄ 1529. ►

Louis *Blaublom*, ou *Cyanëus*, Libraire & Imprimeur.
Jean *Chéradame*, Libraire.
Claude *D'Avoust*, Libraire.
Guillaume *De Bossozel*, Libraire & Imprimeur.
François *De Colines*, Libraire.
Thomas *De Villiers*, Libraire.
Jean *Roigny*, Libraire-Juré, & Imprimeur.

◄ 1530. ►

Guillaume *Boullé*, Libraire & Imprimeur.
Jean *Boullé*, Libraire.
Thielman II. *Kerver*, 2eme fils de Thielman I. Libr.& Impr.
Pierre *Le Bet*, Libraire.
Gérard *Morrhy*, Libraire & Imprimeur.
Michel *Vascosan*, gendre de Josse *Bade*, Libraire-Juré,
    & Imprimeur du Roi.

◄ 1531. ►

Antoine *Augereau*, Libraire & Imprimeur.
Antoine *De Bladis*, Libraire & Imprimeur.
Pierre *Sergent*, Libraire & Imprimeur.

1532.

François *Gryphe* , de Lyon, Libraire & Imprimeur.
Jean *Pétri* , Libraire.

1533.

Arnold *Birkman* , fils de François, Libraire.
Guillaume *D'Avouſt* , Libraire.
Guillaume *Richard* , Libraire.

1534.

Nicolas *Buffet* , Libraire.
Alexandre *Chouen* , Libraire.
Vivant *Gaultherot* , Libraire-Juré.
Denys *Gaygnot* , Libraire.
Pierre I. *Thierry* , de S.-Fargeau, Libraire.

1535.

Les Héritiers de Joſſe *Bade* , Libraires & Imprimeurs.
Jean *Bignon* , Libraire & Imprimeur.
Pierre *Couſin* , Libraire & Imprimeur.
Louis *De Colines* , Libraire & Imprimeur.
Jacques I. *Kerver* , 3ᵉ fils de Thielman I , Libraire.
Arnoul *L'Angelier* , frère puîné de Charles, Libraire.
Charles *L'Angelier* , frère puîné de Charles & d'Arnoul,
    Libraire.
Jean *Louis* ou *Loys* , *Tiletain* ou *Tiletan* , c'eſt-à-dire de
    Tielt en Gueldres, Libraire.
Antoine *Macoult* , Libraire.
Henri *Paquot* , Libraire.
André *Wechel* , fils de Chrétien, Libraire.

1536.

Jean *André* , Libraire-Juré.
Richard *Du Hamel* , Libraire.

Charles *Estienne*, 3ᵉ fils de Henri I. Libraire & Imprimeur du Roi.

Balthazar *Honorat*, Libraire.

Denys II. *Janot*, fils de Denys I, Libraire & Imprimeur.

Jean *Judet*, Libraire.

Jean *Yvernel*, Libraire.

❦ 1537. ❧

Jean *Barbe-d'orge*, Libraire.

Jean I. *Boucher*, Libraire.

Etienne *Caveiller*, Libraire & Imprimeur.

François I. *Estienne*, 2ᵉᵐᵉ fils de Henri I, Libraire-Juré, & Imprimeur.

Jean *Goult*, Libraire.

Jean *Macé*, frère aîné de Jacques, Libraire.

Jean *Morel*, Libraire.

Jean *Morin*, Libraire.

Etienne *Roffet* dit *Le Faulcheur*, Libraire.

❦ 1538. ❧

André *Berthelin*, Libraire.

Gervais *Chevallon*, Libraire & Imprimeur.

Gabriel *Grégoire*, beau-frère de Jean *Lescalier*, Libraire & Imprimeur.

Pierre *Hermier*, Libraire & Imprimeur.

Denys *L'Ecuyer*, Libraire.

Olivier *Maillard*, Libraire & Imprimeur du Roi.

Guillaume *Merlin*, Libraire-Juré.

Conrard *Néobar*, Libraire-Juré, & Imprimeur Royal en Grec, (du 17 Janvier).

Vincent *Serténas*, Libraire.

❦ 1539. ❧

Maturin I. *Dupuis*, Libraire-Juré.

Jean I. *Foucher*, frère aîné de Jean II. Libraire-Juré.

Nicolas I. *Gilles* , frère aîné de Gilles , Libraire.
Collegium *Italorum* , ou Collége des *Italiens* , & depuis ,
    des *Lombards* , IMPRIMERIE.
Guillaume I. *Le Bé* , Libraire , & Graveur-Fondeur de
    Caractères d'Imprimerie.
Thielman *Vivian* , Libraire.

❈ 1540. ❃

Guillaume I. *Drouart* , frère aîné de Pierre , Libraire
    & Imprimeur.
Nicolas *Le Riche* , Libraire & Imprimeur.
Jean *Mallard* , Libraire & Imprimeur.
Emée *Tufan* , Vᵉ de Conrard *Néobar* , Libraire & Im-
    primeur Royal en Grec.

❈ 1541. ❃

Pierre *Attaignant* , Libraire & Imprimeur pour la Mufique.
Nicolas *Barbon* , Libraire & Imprimeur.
Nicolas *Billequo* , Libraire.
Jacques I. *Bogard* , Libraire.
Luc *Challoneau* , Libraire.
Thibault *Charron* , Libraire.
Pierre *Drouart* , frère puîné de Guillaume I. Libraire-Juré.
Nicolas *Du Chemin* , Libraire & Imprimeur.
Michel *Féxandat* , Libraire & Imprimeur.
Etienne *Petit* , Libraire-Juré.
Oudin *Petit* , Libraire.
Adam *Saunier* , Libraire & Imprimeur.
Antoine *Vincent* , de Lyon , Libraire.

❈ 1542. ❃

Charlotte *Guillard* , Vᵉ de Claude *Chevallon* , Libraire
    & Imprimeur.
Guillaume *De la Motte* , Libraire.
Antoine *Dumée* , Libraire.
Jacques *Gazeau* ou *Gazel* , Libraire.
Louis *Grandin* , Libraire & Imprimeur.

Nicolas *Guinguant*, Libraire.
Nicolas *L'Héritier*, Libraire.
Jean *Maheu*, Libraire & Imprimeur.
Guillaume *Mondet*, Libraire.
Gilles *Paquot*, Libraire.
Jacques *Regnault*, frère puîné de François, Libraire.

❦ 1543. ❧

Jean *De Brouilly*, Libraire.
Nicolas *De Burges*, Libraire.
Michel *De la Guierche*, Libraire.
Antoine *Juviani*, Libraire & Imprimeur.
Jean *Palier*, Libraire.
Robert *Regnault*, frère puîn de François & de Jacques, Libraire.
André *Roffet*, Libraire & Imprimeur.
Ponce *Roffet*, Libraire & Imprimeur.
Guillaume *Rolland*, Libraire.

❦ 1544. ❧

René *Avril*, Libraire & Imprimeur.
Nicolas *Boucher*, Libraire.
Matthieu *David*, Libraire & Imprimeur.
Liénard *Le Sueur*, Libraire.
Jean I. *Ruelle*, Libraire.
Guillaume *Thiboust*, Libraire & Imprimeur.
N., Libraire, au Sauvage (*ad insigne Hominis Silvestris*).

❦ 1545. ❧

Jean *Barbé*, Libraire.
Jean I. *Corbon*, Libraire.
Jean *Dallier*, Libraire.
Claude *Garramont*, Libraire & Graveur-Fondeur de Caractères d'Imprimerie.
Pierre *Gaultier*, Libraire & Imprimeur.
Jeanne *De Marnef*, Vᵉ de Denys I. *Janot*, Libr. & Impr.
Maurice *Ménier*, Libraire & Imprimeur.

Etienne *Mesvière*, Libraire.
Benoît *Prevost*, Libraire & Imprimeur.
Jacques *Rogard*, Libraire & Imprimeur.
Sulpice *Sabon*, Libraire.

❧ 1546. ❧

Conrad *Bade*, fils de Josse, Libraire & Imprimeur.
Claude *Chaudière*, fils de Regnault I, Libraire.
André *Custode*, Libraire.
Jean II. *De Marnef*, Libraire.
Pasquier *Le Tellier*, Libraire & Imprimeur.
N. Libraire, à la triple Couronne, ▬ aux trois Couronnes,
    (*ad insigne triplicis Coronæ*).

❧ 1547. ❧

Jacques *Callius*, Libraire.
Enguilbert II. *De Marnef*, Libraire.
Jerôme *De Marnef*, Libraire-Juré.

Estienne Groulleau

DU REGNE DE HENRI II.

Du 31 Mars 1547 — au 10 Juillet 1559.

OFFICIERS de la Librairie & Imprimerie,

Les IV Grands Libraires-Jurés de l'Université.

LIBRAIRES ET IMPRIMEURS.

❦ 1547. ❧

François *Girault*, Libraire & Imprimeur.
Denyſe *De Marnef*, Vᵉ d'Ambroiſe *Girault*, Libraire.
Etienne *Groulleau*, Libraire & Imprimeur.
Antoine *Le Clerc*, Libraire.
Thomas *Richard*, Libraire.

❦ 1548. ❧

Jean *Bonfons*, Libraire.
Catherine *L'Héritier*, Vᵉ de Maurice *De la Porte*, Libr.
Jean *Dun*, Libraire.
Pierre I. *Le Bret*, Libraire & Imprimeur.
Sulpice *Mérenget*, Libraire & Imprimeur.
Guillaume *Morel*, Libraire & Imprimeur Royal pour le Grec.

❦ 1549. ❧

Louis *Bégat*, Libraire.
N. Vᵉ d'Arnold *Birkman*, Libraire.
Guillaume *Des Bois*, Libraire & Imprimeur.
Jacques *Dupuis* I., frère puîné de Maturin I. Libraire-Juré.

CONSEIL.	PARLEMENT.	CHASTELET.	UNIVERSITÉ.
Chanceliers.	*Premiers-Préfidens.*	*Prevôts de Paris.*	*Recteurs.*
François *Olivier de Leuville*, du 18 Avril 1545 au 2 Janvier 1550.	Pierre *Lizet*, du 20 Décembr. 1529 au 12 Juillet 1550.	Antoine *Duprat*, de 1540 à 1553.	[*L'Année commençant à Pâques.*]
Jean *Bertrandi*, (Premier Préfident du Parlement de Touloufe, le 27 Novembre 1536, puis de celui de Paris, le 12 Juillet 1550, Evêque de Comminges en 1555, Archevêque de Sens, & Cardinal en 1557.) Premier Garde des Sceaux de France en titre d'Office, du 23 Mai 1551 jufqu'en Juillet 1559.	Jean *Bertrandi*, du 12 Juillet 1550 au 23 Mai 1551.	Antoine *Duprat*, fils du précédent de 1553 à 1592.	Joann. *Grangerus*, Parif. Soc. Navarr. (du 24 Mars 1546.
	Gilles *Le Maître*, *de Cincehour*, du 12 Juin 1551 jufqu'à fa mort, 5 Décembre 1562.	*Lieutenans-Civils.*	1547.
		Jean *Morin*, de 1544 à 1548.	23 Juin, Joann. *de la Foffe*, Rotomag. Philofoph. Profeff. in Harcur.
	Procureurs du Roi.	Antoine *Des Effarts*, de 1548 à 1551.	10 Octobr. Alvar. *A Fonfeca*, Soc. Sorbon.
	Noël *Brúlart*, du 29 Août 1541 à 1557.	Jacques *Aubery*, de 1551 à 1556.	16 Dec. Robert. *Fournier*, Picard. Ambian.
	Gilles *Bourdin*, de 1557 jufqu'à fa mort en 1570.	Jean *Mofnier*, de 1556 à 1558.	24 Mars, Ant. *Du Four*, Carnut. Baccal. in Med. Regens Lexov.
		Michel *Vialard*, en 1558 & 1559.	1548.
	Avocats du Roi.	Nicolas *Luillier*, de 1559 à 1567.	23 Juin, Joann. *Rofe*, Picardus Regens in Colleg. Mont. Acut.
	Gabriel *Marillac* ou *Marlhac*, en 1543.	*Lieutenans-Crimin.*	10 Octobr. Petr. *Cavenel*, Proprimar. Colleg. Bellovacenf.
	Pierre *Séguier*, en 1550.	Jean *Mofnier*, de 1544 à 1556.	15 Décembr. Petr. *Bouvaine*, Regens in Artib.
	Denys *Riant*, en 1551.	Jean *Bertrand*, de 1556 à 1563.	24 Mars, Joann. *Le Marefchal*, Parif. Rhetor. Calvic.
	Gilles *Bourdin*, en 1554.	*Procureurs du Roi.*	1549.
	Bapt. *du Mefnil*, de 1556 jufqu'à fa mort en 1569.	Jean *Martine*, de 1546 à 1563.	23 Juin, Nicol. *De Cormeilles*, Belvacenf. Regens in Artib.
	Aimon *Boucherat*, de 1557 jufqu'à fa mort en 1565.	*Procureurs du Roi en Cour d'Eglife.*	10 Octobr. Nicol. *Sonnois*, Æduenf. proprimar. Grammat. Navarr.
		Pierre *Rubentel*, de 1551 à 1558.	15 Décembre, Chrift. *Mabille*.
		Claude *Thudert*, de 1558 à 1567.	24 Mars, Hier. *Garnier*, Cenoman. Soc. Navarr.
		Avocats du Roi de la Prevôté.	1550.
			23 Juin, Joann. *Stuart*, Glafquenf. Colleg. Calvic.
		Première Création.	10. Oct. Joann. *Le Febvre*, Parif. Soc. Navarr.
		Michel *Piêdefert* I, de 1538 à 1570.	
		François *Goyer* II, de 1543 à 1559.	
		Auguftin *De Thou*, de 1559 à 1563.	

Catherine *Barbé*, Vᵉ de Jacques *Gazeau* ou *Gazel*, Libr.
Pierre *Hautin*, Libraire.
Martin *Le Jeune*, Libraire & Imprimeur.

❦ 1550. ❧

Jean *Amazeur*, Libraire & Imprimeur.
Jean *De Brailly*, Libraire.
Les Héritiers de Simon *De Colines*, Libraires & Imprimeurs.
Denys *De Marnef*, Libraire.
Lazare *Grenet*, Libraire.
Michel I. *Julien*, frère aîné de Guillaume, Libraire-Juré.
N. *Le Ber*, fils de Pierre, Libraire.
Robert *Maffelin*, Libraire & Imprimeur.
Sebaftien *Nivelle*, Libraire-Juré.
Charles *Périer*, Libraire.

❦ 1551. ❧

Robert I. *Ballard*, Libr. & Impr. du Roi pour la Mufique.
Jean II. *Bonhomme*, fils de Jean I. Libraire.
Richard *Breton*, Libraire & Imprimeur.
Guillaume *Cavellat*, Libraire-Juré.
Nicolas *Chreftien*, Libraire & Imprimeur.
Lambert *Dodu*, Libraire.
Etienne *Guyot*, Libraire.
Guillaume I. *Le Noir*, fils de Philippe, Libraire.
Adrien *Le Roi*, Libraire & Imprimeur.
Jean I. *Le Sueur*, Libraire.
Pierre *Rathoire*, Libraire & Imprimeur.

❦ 1552. ❧

Pierre *Guymier*, Libraire.
Jean I. *Langlois*, Libraire.
Magdeleine *Bourfelle*, Vᵉ de François *Regnault*, Libraire.
Adrien *Tournebœuf* ou *Turnébe*, Libraire.
N. Libraire, à l'enfeigne des Cigognes, (*fub Ciconiis*).

1553.

UNIVERSITÉ.	UNIVERSITÉ.
Recteurs.	*Recteurs.*

15 Décembre, Jacob. *Charpentier*, Picardus , Regens Colleg. Becod.	1555. 22 Juin , Gasp. *Barry* , Regens Cardinalit.
24 Mars, Guill. *Ruzé*, Turon. 1551.	10 Oct. Nicol. *Bégula* , Regens Cardinalit.
10 Oct. Tuffan. *Gybon* (*Giboust*), Normanus , Socius Sorbon.	15 Déc. Mammes *Courtot*, Lingonens. Primarius Collegii Pleff.
15 Décembre, Joann. *Le Grand*, Regens Lexov.	23 Mars , Nicol. *Deu* , Catalaun. Regens Belvacens.
24 Mars, Joann. *Rougeot*, Cabillonens. Regens. 1552.	1556. 23 Juin, Teffinus *De la Roche*.
24 Juin. Nicol. *Coufin* , Remens.	10 Oct. Nicol. *Audouart*, Argentol. Regens San-Barbaranus.
10 Oct. Joann. *Gaberel* , Colleg. Pleff.	15 Déc. Olivar. *Quillebœuf*, Ebroicensis à Colleg. Harcur.
17. Décembre , Anton. *Latanus* , Lufitan. Philofoph. Profeffor in San-Barbarano.	24 Mars. Joann. *Hariel* , Human. Litter. Profeff. in Pleff.
24 Mars, Jacob. *Du Pré* , Parif. Regens in Genom. & March.	1557. 23 Juin, Richard *Chollet* , Primar. Marchian.
1553. 23 Juin , Nicol. *Pugnantius* , Nat. Germ.	10 Oct. Stephan. *Kerver*.
10 Octobr. Franc. *Du Saix* , Nobilis Matifcon.	15 Déc. Carol. *Chevalier* , (*Carter*.)
15 Déc. Guill. *Thauffe* , Conftantienf.	24 Mars. Audebert. *Maceré*, Parif. Regens Navarric.
24 Mars , Franc. *De Villers*, Picard. 1554.	1558. 23 Juin , Petrus *Gemelli* , Turon.
23 Juin , Joann. *Arroger* , Parif. Colleg. Remens.	11. Oct. Jacob. *Heufte*.
10 Oct. Steph. *Le Chevalier*, Norman.	15 Déc. Petrus *Viel* , Gehoman. è Colleg. Navar.
15. Décembre , Bertrand. *François*.	23 Mars , Petrus *Rauyn* , Primar. Marchian. & Reg.
24 Mars , Joann. *Savary*.	1559. 23 Juin. Joann. *Nestor* , Parif.

C

❰ 1555. ❱

Simon *Calvarin*, Libraire & Imprimeur.
Jean *Caveiller*, Libraire.
Denys I. *Du Val*, Libraire.
Claude *Frémy*, Libraire.
Jean *Gueulard*, Libraire.
Guillaume *Julien*, frère puîné de Michel I. Libraire-Juré, & Imprimeur.
Jean *Le Savetier*, fils de Nicolas, Libraire & Imprimeur.

❰ 1554. ❱

François *Barthélemi*, Libraire.
Annet *Brière*, Libraire & Imprimeur.
Henri II. *Eſtienne*, 1 fils de Robert I., Libraire & Impr.
Claude *Frémin*, Libraire.
Marin *Maſſellin*, Libraire & Imprimeur.
Philippe *Rithoue*, Libraire.
Gilles I. *Robinot*, Libraire.
Pierre II. *Thierry*, fils de Pierre I., Libraire.

❰ 1555. ❱

François *Auvray*, Libraire.
Pierre *Béguin*, Libraire.
Gilles I. *Corrozet*, Libraire.
Gilles *Gorbin*, Libraire-Juré.
Guillaume *Guillard*, Libraire-Juré.
François I. *Huby*, Libraire & Imprimeur.
Jean *Hulpeau*, Libraire.
Jean *L'Eſcallier*, Libraire & Imprimeur.
Bernardin *Turriſan*, Libraire.

❰ 1556. ❱

Jean *Bridier*, Libraire.
Nicolas I. *Cheſneau*, Libraire-Juré, & Imprimeur.

Les Héritiers de Charlotte *Guillard*, Ve de Claude *Chevallon*, Libraires & Imprimeurs.
Olivier *De Harsy*, Libraire & Imprimeur.
Ambroise *De la Porte*, fils de Maurice, Libraire.
Étienne *Denyse*, Libraire suivant la Cour.
Robert II. *Estienne*, 2^d fils de Robert I. Libr. & Impr.
Jean *Gentil*, Libraire.
François *Honorat*, fils de Balthazar, Libraire.
Richard *Roux*, Libraire & Imprimeur.
Guillaume *Thibault*, Libraire.

❦ 1557. ❧

N. Ve de Pierre *Attaignant*, Libr. & Impr. pour la Musique.
Louis *De Banville*, Libraire.
Jean I. *Le Blanc*, l'aîné, Libraire & Imprimeur.
Frédéric I. *Morel*, gendre de Michel *Vascosan*, Libraire & Imprimeur du Roi.
Claude *Picquet*, Libraire.

❦ 1558. ❧

Gabriel *Buon*, Libraire-Juré & Imprimeur.
Philippe *D'Anfrie*, Libraire.
Les Héritiers de Maurice *De la Porte*, Libraires.
Gilles *Gilles*, frère puîné de Nicolas I., Libraire-Juré.
Martin *L'Homme*, Libraire.
Claude I. *Micard*, Libraire.
Barbe *Regnault*, Libraire.
Etienne *Tasset*, Libraire.
François *Terpeau*, Libraire.

❦ 1559. ❧

Guillaume *Barbé*, Libraire.
Thomas *Brumen*, Libraire-Juré.
Benoît *De Gourmont*, Libraire.

C 2

DU RÈGNE DE FRANÇOIS II.

Du 10 Juillet 1559 au 5 Décembre 1560.

OFFICIERS de la Librairie & Imprimerie,

Les IV Grands Libraires-Jurés de l'Université.

LIBRAIRES ET IMPRIMEURS.

❧ 1559. ❧

Pérette *Bade*, Vᵉ de Robert I. *Eſtienne*, (du 7 Septembre);
   Libraire & Imprimeur.
Durand II *Gerlier*, fils de Durand I, Libraire & Imprimeur.
Jean I *Moreau*, frère aîné de François, Libraire & Impr.
Pierre *Richard*, Libraire.

❧ 1560. ❧

Guillaume *Bonnemère*, fils d'Antoine, Libraire.
Rodolphe *La Motte*, Libraire & Imprimeur.
François *Moreau*, frère puîné de Jean I, Libraire.
Nicolas *Péletier*, Libraire.
Pierre I *Ramier*, gendre de Jacques *Bogard*, Libraire.

CONSEIL.	PARLEMENT.	CHASTELET.	UNIVERSITÉ.
Chanceliers.	*Premier-Président.*	*Prevôt de Paris.*	*Recteurs.*
François *Olivier*, de Leuville, remis dans l'exercice de Chancelier en Juillet 1559, & mort le 30 Mars 1560.	Gilles *Le Maître*, de Cincehour, du 12 Juin 1551, jusqu'à sa mort, 5 Décembre 1562.	Antoine *Du Prat*, de 1553 à 1592.	[*L'Année commençant à Pâques.*]
Michel *De l'Hopital*, (Premier-Président-Lai surnuméraire de la Chambre-des-Comptes de Paris en 1554), du 30 Juin 1560, jusqu'à sa mort, 17 Mars 1573.	*Procureur du Roi.* Gilles *Bourdin*, de 1557 jusqu'à sa mort en 1570.	*Lieutenant-Civil.* Nicolas *Luillier*, Lieutenant Conservateur, de 1558 à 1567.	1559. Joannes *Nestor*, (du 23 Juin.) 10 Octobr. Ant. *Prunier*, è Colleg. Pleff.
	Avocats du Roi. Gilles *Le Maître*, de 1540 à 1562.	*Lieutenant-Crimin.* Jean *Bertrand*, de 1556 à 1563.	16 Déc. Nicol. *Chesneau*, è Colleg. Juftitian. 24 Mars. Nicol. *Vignier*, Senonenf.
	Gilles *Bourdin*, de 1554 à 1570. Baptifte *Du Mefnil*, de 1556 jusqu'à sa mort, en 1569.	*Procureur du Roi.* Jean *Martine*, de 1546 à 1563.	Primar. Cardinalit. 1560. 22 Juin. Joann. *Le Hault*, Primar. Collegii Bonorum Pueror.
	Aimon *Boucherat*, de 1557 jusqu'à sa mort, en 1565.	*Procureur du Roi en Cour d'Eglife.* Claude *Thudert*, de 1558 à 1567.	10 Oct. Petrus *Thierry*, Lexov.
		Avocats du Roi de la Prevôté.	
		Première Création.	
		Michel *Piedefert* I, de 1538 à 1570. Auguftin *De Thou* II, de 1559 à 1569.	

COMMENCEMENT DU REGNE DE CHARLES IX.

Du 5 Décembre 1560, au 31 Décembre 1569.

Fin du premier Siécle de l'Imprimerie.

OFFICIERS de la Librairie & Imprimerie,

Les IV Grands Libraires Jurés de l'Université.

LIBRAIRES ET IMPRIMEURS.

❦ 1560. ❧

Amauri *Warencore*, Libraire.

❦ 1561. ❧

Girard *Boucher*, fils de Nicolas, Libraire.
Maturin *Breuille*, Libraire & Imprimeur.
Pierre *Du Pré*, fils de Galliot I, Libraire.
Galliot II *Du Pré*, 2ᵈ fils de Galliot I, Libraire.
Arnoult *Grégoire*, fils de Gabriel, Libraire.
Pierre *Hamon*, Libraire.
Jean *Le Preux*, fils de Poncet, Libraire & Imprimeur.
Jean *Le Royer*, Libraire & Imprimeur du Roi.
Guillaume II *Nyverd*, Libraire & Impr. Ordinaire du Roi.

❦ 1562. ❧

Claude *Bézard*, Libraire.
François II *Estienne*, fils de François I, Libraire & Impr.
Jean II *Foucher*, frère puîné de Jean I, Libraire.
Philippe-Gautier *De Rouille*, Libraire & Imprimeur.

CONSEIL.	PARLEMENT.	CHASTELET.	UNIVERSITÉ.
Chanceliers.	*Premiers Préſidens.*	*Prevôt de Paris.*	*Recteurs.*
Michel *De l'Hoſpital*, du 30 Juin 1560 au 17 Mars 1571. Jean *De Morvilliers*, Evêq. d'Orléans, G. d. S. de 1568 à 1570.	Gilles *Le Maître*, de Cincehour, du 12 Juin 1551 au 5 Décembre 1562. Christophe *De Thou*, du 14 Déc. 1562 au 1er Nov. 1582. *Procureur du Roi.* Gilles *Bourdin*, de 1557 à 1570. *Avocats du Roi.* Gilles *Le Maître*, de 1740 à 1562. Gilles *Bourdin*, de 1554 à 1570. Bapt. *Du Mesnil*, de 1556 à 1569. Aimon *Boucherat*, de 1557 à 1565. Gui *Du Faur de Pibrac*, 1565. Aug. *De Thou*, de 1567 à 1591.	Antoine *Duprat*, de 1553 à 1592. *Lieutenans-Civils.* Nicolas *Luillier*, Lieutenant Conſervateur de 1558 à 1567. Gabriel *Miron*, de 1567 à 1572. *Lieuten. Crimin.* Jean *Bertrand*, de 1556 à 1563. Thomas *De Bragelongne*, de 1563 à 1571. *Procureurs du Roi.* Jean *Martine*, de 1546 à 1563. Etienne *De Milly*, de 1563 à 1569. Charles de *Villemonlée*, de 1569 à 1591. *Procureurs du Roi en Cour d'Egliſe.* Claude *Thudert*, de 1558 à 1567. Christophe-Hect. *de Marle*, de 1567 à 1569. Jacques *Château*, de 1569 à 1575. *Avocats du Roi de la Prevôté.* Michel *Pirdefert* 1, de 1558 à 1570. Augustin *de Thou* II, de 1559 à 1569. Denys *Dumesnil* II, 1569. Bertrand *Soly* II, de 1569 à 1575.	[L'Année commençant à Pâques]. Petrus *Thierry*, Lexovæus, du 10 Octobre. 1560. 15 Décembre, Claudius *Roullet*, Regens Becodian. 23 Mars, Simeon *Malmedianus*, à Colleg. Lexov. 1561. 23 Juin, Joann. *De la Moihé*. 16 Octobr. Ludov. *Dalençon*, Primar. Harcurian. 16 Décembre, Joann. *De Verneuil*. 24 Mars, Godefridus *De la Faye*, Primar. Burgund. 1562. 23 Juin, Claud. *Arnoul*, Lingon. 19 Oct. Jacob. *Nodot*, Æduens, Gramman. Navarr. Primar. 16 Décemb. Hugo *Prévosteau*, Colleg. Calvic. Primar. 23 Mars, Robert. *Crozon*. 1563. 23 Juin, Joann. *Sabot*. 10 Oct. Joann. *Coifereau*, Remens, Regens in Justit. & Navarr. 16 Décembre, Julian. *De S. Croix* (aliàs *De S. Germano*), à Societate Sorbonica. 24 Mars, Anton. *Muldræ*, Suession. Regens Harcurian. 1564. 23 Juin, Nicol. *Marchant*, Sagiens. 19 Octobre, Joannes *Prevost*, Pariſin.

C 4

❧ 1563. ❧

Claude *Blihart*, Libraire.
Jean *Crispin*, d'Artois, Libraire & Imprimeur.
Jean *Estienne*, 3ᵐᵉ fils de Robert I, Libraire.
Eloi *Gibier*, Libraire.

❧ 1564. ❧

Laurent *Chancelier*, Libraire.
Thomas *Chesneau*, frère puîné de Nicolas I, Libraire.
Jacques *Macé*, frère puîné de Jean, Libraire.
N. Vᵉ de Guillaume *Morel*, Libraire & Imprimeur-Royal
    pour le Grec.

❧ 1565. ❧

Thomas *Bélot*, Libraire.
Thibault *Bessault*, Libraire.
Pierre *De Langres*, Libraire.
Alain *De Mathonière*, Libraire.
Maturin II *Dupuis*, 1ᵉʳ fils de Maturin I, Libraire.
Rolin *Gaultier*, Libraire.
Guillaume *Girard*, Libraire & Imprimeur.
Vincent *Le Normand*, Libraire.
Maturin *Prevost*, frère puîné de Benoît, Libraire.
Michel *Roigny*, fils de Jean, Libraire.
Claude *Sennéton*, Libraire & Imprimeur.

❧ 1566. ❧

Jean *Bien-né*, Libraire & Imprimeur.
Guillaume *Cousin*, fils de Pierre, Libraire.
Michelle *Guillard*, Vᵉ de Guillaume *Desbois*, Libr. & Impr.
Simon *Estienne*, 4ᵉ fils de Robert I, Libraire.
Antoine *Houïc*, Libraire.
Pierre I *L'Huillier*, Libraire & Imprimeur.
Michel I *Sonnius*, Libraire-Juré & Imprimeur.

UNIVERSITÉ.	UNIVERSITÉ.
Recteurs.	*Recteurs.*

16 Décembre, Michael Maressot, è Colleg. Burgund.
24 Mars, Joann. Faber, Baccal. in Medic.

1565.

23 Juin, Medard. Burgeotte, Suession. Regens in Justitian.
10 Octobr. Joann. Finaus, Oroncii Delphinatis Filius.
17 Décembre, Guillelm. *De Boiffy*, Pontisaran.
24 Mars, Guill. *Gallandius*, Prim. Becodian.

1566.

23 Juin, Jacob. *Martin*, Regens in Becodian. Nation. German.
10 Oct. Nicol. *Muffembis*, è Coll. Cardinalit.
16 Décembre, Margarinus *De la Rigne*, Norman. Rotomag.
24 Mars, Nicol. *Hotman*, Parif.

1567.

23 Juin, Blafius *Thiébault*, è Colleg. Lexov.
10 Octobr. Adam *Blacuodæus*, Scotus.
16 Décembre, Michæl *Aubourg*, Cenoman. Regens in Montano.
23 Mars, Jacob. *Marant*, Parifin. posteà Doctor Medicus.

1568.

23 Juin, Claud. *Sellier*, Lingonenf.
10 Oct. Anton. *Lamboife*, (aliàs *La Galle*), Divion.
16 Décembre, Henr. *Blacuodæus*, Scotus, Regens Harcurian.

¶ L'Université, pour se conformer à l'Ordonnance de Rouffillon de 1564, adoptée par le Parlement de Paris, abandonne l'ancien style, & commence l'année, le premi. Janvier; elle cesse, en même temps, de latiniser les noms propres françois. Le Parlement de Paris avoit cessé de rendre ses Arrêts en latin dès 1539, l'Ordonnance de Villers-Côter-Rets, du mois d'Août de cette année, (Art. CXI), ayant prescrit que dorès-en-avant tous les Arrêts..... seroient prononcés, enregistrés & délivrés aux Parties en langage maternel françois.

1569.

24 Mars, Michæl Denys.
23 Juin, Joann. Litteralis, (aliàs *De Lettres*, Regens in Lexov.
10 Oct. Robert. *Du Moulin*, Soc. Navarr.
16 Décembre, Petrus *De la Mer*, Laudun. Colleg. Marchian. Primar.

❧ 1567. ❧

Jacques II. *Bogard*, fils de Jacques I, Libraire.
Jean *Borel*, Libraire.
Lucas *Brayer*, Libraire.
Jeanne *Bruneau*, Libraire.
Jean I *Charron*, 1er fils de Thibault, Libraire & Imprimeur.
Alexandre *Guillard*, Libraire.
Fleuri *Prevoſt*, Libraire & Imprimeur.

❧ 1568. ❧

Matthieu *Le Jeune*, Libraire.
Mamert *Patiſſon*, Libraire & Imprimeur.
Jean *Ricouart*, Libraire-Juré.

❧ 1569. ❧

Jean *Cannivet*, Libraire.
Jean *De Bordeaux*, Libraire & Imprimeur.
Claude *Dupuis*, 2me fils de Maturin I, Libraire.

FIN du I. Siècle de l'Imprimerie.

DEUXIEME
SIÉCLE.

de 1570 à 1669.

FIN DU REGNE DE CHARLES IX.

Du 1 Janvier 1570. — au 31 Mai 1574.

OFFICIERS de la Librairie & Imprimerie,

Les IV Grands Libraires Jurés de l'Université.

LIBRAIRES ET IMPRIMEURS.

❦ 1570. ❧

Nicolas *Brûlé*, Libraire & Imprimeur.
Michel *Buffet*, Libraire.
Guillaume I *Chaudière*, fils de Claude, Libraire & Imprimeur de la Sainte-Union.
Jean *Coquerel*, Libraire.
Nicolas *Du Mont*, Libraire.
Gervais *Malot*, Libraire-Juré.

❦ 1571. ❧

Nicolas II *Chesneau*, frère puîné de Nicolas I, Libraire.
Claude *Gaultier*, Libraire.
Sébastien *Honoré*, Libraire.
Noel *Le Coq*, Libraire.

CONSEIL.	PARLEMENT.	CHASTELET.	UNIVERSITÉ.
Chanceliers.	*Premier-Président.*	*Prevôt de Paris.*	*Recteurs.*
Michel *De L'Hopital*, du 30 Juin 1560 au 17 Mars 1573. Jean *De Morvilliers*, Evêque d'Orléans G. d. S. de 1568 à 1570. René *De Biragne*, Patrice Milanois, du 17 Mars 1573, au 9 Décembre 1583.	Christophe *De Thou*, du 14 Déc. 1562, au 1er Nov. 1582. *Procureurs du Roi.* Gilles *Bourdin*, de 1557 à 1570. Jean *De la Guesle* (1 Président du Parlement de Dijon) de 1570 à 1583. *Avocats du Roi.* Augustin *De Thou*, de 1567 à 1595. Barnabé *Brisson*, de 1570 à 1591.	Antoine *Duprat*, de 1553 à 1592. *Lieutenans - Civils.* Gabriel *Miron*, de 1567 à 1572. Pierre *Séguier*, de 1572 à 1580. *Lieutenans-Crimin.* Thomas *De Bragelongne*, de 1563 à 1571. Guillaume *Gellée*, de 1571 à 1586. *Procureur du Roi.* Charles *De Villemontée*, de 1569 à 1591. *Procureur du Roi en Cour d'Eglise.* Jacques *Château*, de 1569 à 1575. *Avocats du Roi, de la Prevôté.* Michel *Piédefert* I, de 1538 à 1570. Jean *Le Bourguignon* I, de 1570 à 1594. Bertrand *Soly* II, de 1569 à 1575.	1570. 24 Mars, Anton. *De Tremblai*, Paris. Regens San-Barb. 23 Juin, Jacob. *Sagnier*, Ambian. Regens Burgund. 10 Oct. Claud. *Becquet*, Parisiens. Soc. Navarr. 15 Décembre, Gabr. *Loblesson* (aliàs *De Bérone*), Nobilis. 1571. 24 Mars, Carol. *Gilmer*, Remens. in Marchian. Reg. 23 Juin, Ferrand *De Bez*, Parisinus. 10 Oct. Ægid. *Morier*, Paris. Tertianus Plessæus. 16 Décembre, Joannes *Hervy*, Parisiensis Socius Navarric. 1572. 24 Mars, Nicol. *Lambert*, Parisin. Colleg. Remens. Philosoph. 23 Juin, Thom. *Martin*, Classicus Becodian. 10 Oct. Guillelm. *Luquin*, Philosoph. Lexov. 16 Décembre, Dionys. *Hangart*, Soc. Navarr. 1573. 24 Mars, Joann. *Guthe*, Paris. 23 Juin, Stephan. *Rousselet*. 10 Oct. Joannes *Paradis*, Socius Sorbonic. 16 Décembre, Claudius *Perrier* Pontis-Archianus, Diœces. Ebroicens. 1574. 24 Mars, Simon. *Bigot*, Parisinus. Art. Doct. Primar. Pless.

Charles *Macé*, fils de Jacques, Libraire.
Claude *Remi*, Libraire.
Jean II *Ruelle*, 1er fils de Jean I, Libraire.
Géneviéve *Boiffet*, Ve de Jean I *Ruelle*, (du 15 Mars)
    Libraire.

1572.

Olivier *Codoré*, Libraire.
Denys *Dupré*, Libraire & Imprimeur.
Maturin III *Dupuis*, 3e fils de Maturin I Libraire.
Prigent *Godec*, Libraire.
Mahier *Le Croux*, Libraire.
Robert *Le Magnier*, Libraire & Imprimeur.
Nicolas *Roffet*, Libraire.

1573.

Gilles *Blaife*, Libraire.
Maturin *Challange*, Libraire.
Gilles *Courbin*, Libraire.
Guillaume *De la Noue*, Libraire-Juré.
Jean I *Le Clerc*, Libraire.
Maturin *Martin*, Libraire.
Jean *Mettayer*, Libraire & Imprimeur Ordinaire du Roi.
Jean I *Richer*, Libraire-Juré.

1574.

Julien *Allard*, Libraire.
Pierre I *Des Hayes*, Libraire & Imprimeur.
Jean *D'Ongois-Morinion*, Libraire & Imprimeur.

DU REGNE DE HENRI III.

du 30 Mai 1574 au 2 Août 1589.

OFFICIERS de la Librairie & Imprimerie.

Les IV Grands Libraires-Jurés de l'Université.

LIBRAIRES ET IMPRIMEURS.

❮ 1574. ❯

Jacques II. *Kerver*, fils de Thielman II, Libraire.
Marc *Locqueneux*, Libraire.
Nicolas *Pléau*, Libraire.
Jean *Poupy*, Libraire.

❮ 1575. ❯

Guillaume *Auvrai*, fils de François, Libraire.
Nicolas *Bonfons*, 1er fils de Jean, Libraire-Juré.
Pierre *Delaſtre*, Libraire.
Pierre *Le Voirier*, Libraire & Imprimeur du Roi pour les
　　Mathématiques.

❮ 1576. ❯

Saturnin *Hotot*, Libraire.
Henri *Thierry*, fils de Pierre II, Libraire & Imprimeur.

❮ 1577. ❯

Gilles *Beys*, Libraire.
Pierre I *Cavellat*, Libraire.
Jean *Du Caroy*, Libraire.
Thomas *Rimien*, Libraire.

CONSEIL

CONSEIL.	PARLEMENT.	CHASTELET.	UNIVERSITÉ.
Chanceliers.	*Premiers-Présidens.*	*Prévôt de Paris.*	*Recteurs.*
René *De Bira-gue*, du 17 Mars 1573 au 9 Décembre 1583.	Christ. *De Thou*, du 14 Déc. 1562 au 1 Nov. 1582.	Antoine *Duprat*, de 1553 à 1592.	Simon *Bigot*, Parisin. Art. Doct. Primar. Pleff. (du 24 Mars 1574).
Philippe *Hurault*, de Chéverni, (Chancelier de l'Ordre de S. Michel, puis de celui du S. Esprit), du 9 Décembre 1583 au 2 Août 1599.	Achille *De Harlay*, du 6 Janvier 1583, jusqu'au 9 Avril 1616.	*Lieutenans-Civils.* Pierre *Séguier*, de 1572 à 1580.	23 Juin, Julian. *De Ber* Lavallens. Diocéf. Cenoman.
Franç. *De Montholon*, G. d. S. du 6 Septembre 1588 au 2 Août 1589.	*Procureurs du Roi.* Jean *De la Guesle*, de 1570 jusqu'à sa démission, en 1583, qu'il fut fait Président à Mortier.	Antoine *Séguier*, frère du précédent, de 1580 à 1580.	19 Oct. Joann. *Denifet*, Senon. Colleg. Harcurian. 15 Déc. Jacob. *De Cueilly*, Parisin. Soc. Sorbonic.
	Jacques *De la Guesle*, fils du précédent, de 1583 jusqu'à sa mort en 1612.	Jean *Séguier*, frère des deux précédens, de 1586 à 1589.	1575. 24 Mars, Mich. *Tissart*, Regens Burgund.
	Avocats du Roi. Augustin *De Thou*, de 1567 à 1595.	Matthias *De la Bruyère*, commis par le Parlement séant à Paris, sur la Requête de la Ligue, de 1589 à 1596.	23 Juin, Joann. *De Rouen*, Rotomagensis Octennia Profess. in Burgund.
	Barnabé *Brisson*, de 1570 à 1591.	*Lieutenans-Crimin.* Guillaume *Gellée*, de 1571 à 1586.	10 Oct. Ægidius *De Vaugiraud*, Soc. Navarr.
	Jacques *Faye D'Espeisse*, de 1580 à sa retr. en 1589.	Thomas *Gellée*, fils du précédent, de 1586 à 1597.	17 Déc. Clem. Jacob.
	Jacques *Mangot*, de 1585 à 1587.	*Procureur du Roi.* Charles *De Villemonté*, de 1569 à 1591.	1576. 24 Mars, Petrus *Rofey*, Trecensis Artist. Navarricor. Primar.
	Avocat-Général. Antoine *Séguier*, de 1587 à sa retraite en 1589.	*Procureur du Roi en Cour d'Eglise.* Jacques *Château*, de 1569 à 1575.	23 Juin, Francisc. *Moreau*, Sueffion. Collegii Bellovac. Primar.
	¶ *C'est le premier à qui le titre d'A-VOCAT-GÉNÉRAL ait été donné; &, au bout de deux siécles, nous avons à nous féliciter de voir un Magistrat de la même famille & du même mérite occuper cette même place depuis trente-deux ans.*	Nicolas *De Bragelongne*, de 1575 à 1580.	10 Octobr. Hugo *Burlat*, Parif. Soc. Sorbonic. Philof. Profess.
		Benjamin *De Villecocq*, de 1580 à sa mort en 1585.	16 Déc. Jacobus-Marius *D'Amboise*, Arelatensis, Logic. Harcurian.
	Avocats-Généraux. Commis en Janvier 1589 par les Officiers du Parlement, à la place de Jacques *Faye* & *Séguier*, qui se retirèrent.	¶ *Alors*, par un Edit de Septembre 1585, cet Office fut supprimé, & les fonctions en furent réunies à l'Office du Procureur du Roi de la Prévôté.	1577. 24 Mars, Guillelm. *Dernecourt*, Tullensis, Soc. Navarr. postea Doctor.
	Pierre *De Beauvais*. Félix *Le Voyer*. Jean *Le Maître*. Louis *D'Orléans*.	*Avocats du Roi.* Jean *Le Bourguignon* I, de 1570 à 1594.	23 Juin, Claud. *Thouillier*, Libgor.
		Bertrand *Soly* II, de 1569 à 1575.	10 Octobr. Nicol. *Richard*.
		Nicolas *Girard* II, de 1575 à 1587.	16 Déc. Thom. *Scourjon*, Parisin. è Marliaco, Philosoph. Cardinalit. in Medic. Baccalaureus.
		Antoine *Pigrat* II, de 1587 à 1591.	

D

1578.

Léon *Cavellat*, Libraire.
Robert *Colombet*, Libraire.
Galliot *Corrozet*, 1er fils de Gilles, Libraire.
Claude *De Monstr'œil*, Libraire.
Jean *Du Tautroy*, Libraire.
Nicolas *Eve*, frère aîné de Clovis, Libraire.
Clovis *Eve*, frère puîné de Nicolas, Libraire.
Jean II *Le Blanc*, frère puîné de Jean I, Libraire.
Henri *Le Blé*, Libraire.
Michel *Le Duc*, Libraire.
Jean *Pinard*, Libraire.
Emmanuel *Richard*, Libraire.
Agnan *Syrach*, Libraire & Imprimeur.

1579.

Jean *Ballin*, Libraire.
Pierre *Chevillot*, Libraire & Imprimeur.
Jean *De Heuqueville*, Libraire.
Jean *Febvrier*, Libraire-Juré.
Michel *Gadoulleau*, Libraire.
Hilaire *Le Bouc*, Libraire.
Gilles *Maugier*, Libraire.
Jean *Parent*, Libraire.

1580.

Frédéric II, *Morel*, 1er fils de Frédéric I, Libraire & Impr.
Balthazar *Morel*, Libraire.
Guillaume *Nyon*, Libraire.
Thomas *Périer*, Libraire.
Jean *Poussy*, Libraire.

1581.

Jean *Bailleur*, Libraire.
Michel *Clopeau*, frère aîné de Gabriel, Libraire.

UNIVERSITÉ.	UNIVERSITÉ.	UNIVERSITÉ.
Recteurs.	*Recteurs.*	*Recteurs.*
1578.	1582.	1586.
24 Mars, Claud.-Hermodorus Gorgius, pauló antè Nat. Gallic. Proc.	24 Mars, Ludovic. Andrieu, Ambian. Regens in Colleg. Calvic.	24 Mars, Joann. Filesakus, Parif. Regens in Colleg. Marchian.
23 Juin, Guido De Sancto Paulo, Delphinas, Classic. Plest.	23 Juin, Claud. Alemanus, Adriani filius, Soc. Sorbon.	23 Juin, Barthol. De Lausserois, Proprimat. Grammat, Soc. Navarr.
10 Octobr. Carol. Gilmer, Remens. iterùm Rector.	10 Octobr. Blasius Martin, iterùm Rector.	10 Oct. Philipp. Corneille, è Colleg. Harcurian.
15 Décembre, Joann. Peschant, Lemovicens. Soc. Navarric.	28 Déc. Joann. Bonvoisin, Sagiens.	16 Déc. Joann. Avril, Augens. Prior Harcurian.
1579.	1583.	1587.
24 Mars, Mich. Guiteau, Andegavensis.	24 Mars, Claud. Le François, Catalaunens.	24 Mars, Dionys. De la Barre, Andegav. Soc. Navarr.
23 Juin, Julian. Peletarius, Cenoman. Artist. Navarr. Primar.	23 Juin, Petrus Dinet, Molinensis, Diœces. Æduens.	23 Juin, Joann. Tourneroche, è Colleg. Lexov.
10 Octobr. Nicol. De Bonvilliers, Nobilis Parisinus, Philos. Marchian.	10 Octobr. Andr. Barthélemy, Canonic. Aniciensis, Soc. Navarric.	10 Oct. Jacobus Marius Ambostus Arelatensis, iterùm Rector.
16 Déc. Adrian. D'Anvoise, Parisin. Soc. Navarr. Bacc. format. in Theolog.	16 Décembre, Joann. Du Hamel, Abrincens. Regens in Colleg. Grassin.	15 Décembre, Maximil. Hubert, Parif. Regens in Artib. deinde Prior Sorbonic.
1580.	1584.	1588.
24 Mars, Joann. Le Chevalier, è Colleg. Lexov.	24 Mars, Dadon, è Colleg. Cardinalic.	24 Mars, Petr. Gualterus, Bellovacus.
23 Juin, Joann. Deniset, iterùm Rector.	23 Juin, Laurent. Bourceret, Burg. Divion. Regens in Navarr.	23 Juin, Leonor. De S. Leu, Bellomont. Diœces. Bellovac.
10 Oct. Ludovic. De Creil, Parif. Socius Sorbonic.	10 Oct. Ludovic. Andrieu, Ambian. iterùm Rector.	16 Décembre, Guillelm. De Chenart, Parisin. Soc. Sorbonic.
15 Déc. Joann. Boucher, Parisin. Socius Sorbonic.	16 Déc. Joann. Hamilton, Scotus, Soc. Navarric.	1589.
1581.	1585.	24 Mars, Joann. Yon, Parisin. Artist. Navarr. Primarius.
24 Mars, Blasius Martin, Lingonens.	24 Mars, Jacob. Julien, Parisiens. Soc. Navarric.	
23 Juin, Gaufrid. De la Faye, Primar. Burgund.	23 Juin, Guillelm. Houel, Britp. Dolensis.	
10 Octobr. Jacob. Le Prevost, Canon. Parisiens.	10 Oct. Jacob. Julien, iterùm Rector.	
24 Décembre, Stephan. Dufour, Classic. Navarric.	15 Décembre, Franc. Pigenatius, Æduensis, Socius Navarric.	

Jean II *De Gourmont*, 1er fils de Gilles, Libraire.
Jean I *Houſé*, Libraire-Juré.
Henri *Le Bé*, Libraire.
Jean *Mancelet*, Libraire.
Frédéric II, *Morel*, 1er fils de Frédéric I, Imprimeur ordinaire du Roi, par la démiſſion de ſon père du 2 Nov.
Pierre *Pautonnier*, Libraire & Imprimeur du Roi.
Jean I *Picard*, Libraire.
Étienne *Prévoſteau*, Libraire & Imprimeur.
Charles *Roger*, Libraire & Imprimeur.
Les Héritiers d'André *Wéchel*, Libraires & Imprimeurs,
(du 1 Novembre).

⚜ 1582. ⚜

Claude *Barbier*, Libraire.
Jean *Béquet*, Libraire.
Antoine *Beſſe*, Libraire.
Geoffroy *Collier*, Libraire.
Jean-François-Robert *Colombet*, Libraire.
François *D'Aumale*, Libraire.
Abraham *Dauvel*, Libraire.
Jean *Delaſtre*, Libraire.
Nicolas *Des Foſſés*, Libraire.
Simon *De Sommaville*, Libraire.
Nicolas *Dou*, Libraire.
Nicolas *Du Foſſé*, Libraire-Juré, & Imprimeur.
François I *Gueffier*, Libraire.
Daniel *Guillemot*, Libraire & Imprimeur.
Jean I *Le Boüe*, frère aîné de Pierre, Libraire.
Pierre *Le Bouc*, frère puîné de Jean I, Libraire.
Robert *Le Fiȝélier*, Libraire-Juré.
Felix *Le Mangnier*, Libraire.
Jean *Le Normand*, Libraire.
Fiacre *L'Eſpine*, Libraire.
Nicolas *Muſnier*, Libraire.
Robert *Réȝé*, Libraire.

Gilles II *Robinot*, fils de Gilles I, Libraire.
Antoine *Rousset*, frère aîné de Nicolas, Libraire & Imprimeur.
Michel II *Sonnius*, 1er fils de Michel I, Libraire.
François *Tabart*, Libraire.
François *Thioust*, Libraire.
Robert *Trouard*, Libraire.
Jean *Tuffe*, Libraire.
Etienne *Vallet*, Libraire-Juré.
Jacques *Varangue*, Libraire.

❧ 1583. ❧

Ambroise *Drouard*, 1er fils de Pierre, Libraire.
Pierre I *Huet*, Libraire.
Timothée *Jouan*, Libraire.
Nicolas *Nivelle*, 1er fils de Sébastien, Libraire & Imprimeur de la Sainte-Union.
Julien *Noyau*, Libraire & Imprimeur.
Pierre I *Sévestre*, Libraire & Imprimeur.
Arnould *Sittart*, Libraire.

❧ 1584. ❧

Anne *Gromors*, Ve d'Olivier *De Harsy*, Libraire & Imprimeur. (du 30 Août).
N. Ve de Jacques I. *Kerver*, Libraire-Juré.
Abel *L'Angelier*, fils d'Arnoul, Libraire-Juré.
Sébastien *Moulin*, Libraire.
Conrard II *Resch*, fils de Conrard I, Libraire.
Louis I *Sévestre*, frère puîné de Pierre I, Libraire.

❧ 1585. ❧

Claude *Baaleu*, Libraire.
Matthieu I *Guillemot*, frère puîné de Daniel, Libraire.
Pierre *Hury*, Libraire & Imprimeur.
Guillaume *Lynocier*, Libraire.

D 3

1586.

Jean II *Charron*, 4 fils de Thibault, Libraire & Imprimeur.
Compagnie de la Grand'Navire, composée de

Baptiste *Dupuis*,
Jacques *Dupuis*,
Sébastien *Nivelle*,
Michel *Sonnius*,

Henri *Coypel*, Libraire & Imprimeur.
Laurent *Du Coudret*, Libraire & Imprimeur.
Jean-Baptiste *Dupuis*, 2ᵈ frère puîné de Maturin I, Libr.-Juré.
Jamet *Mettayer*, 1ᵉʳ frère puîné de Jean, Libraire & Imprimeur du Roi.
Adrien *Périer*, Libraire.
Etienne I *Richer*, frère puîné de Jean I, Libraire.
Michel III *Sonnius*, 2ᵉᵐᵉ fils de Michel I, Libraire.

1587.

François *De Gourmont*, 2ᵈ fils de Gilles, Libraire.
David I *Le Clerc*, 1ᵉʳ fils de Jean I, Libraire & Imprimeur.
Barthélemi *Macé*, fils de Jean, Libraire-Juré.
Didier *Millot*, Libraire & Imprimeur.
François *Plumion*, Libraire.
Pierre II *Ramier*, fils de Pierre I, Libraire & Imprimeur.

1588.

Jean *Bessault*, fils de Thibault, Libraire.
Guillaume *Bichon*, Libraire & Imprimeur.
Marin *Bradel*, Libraire.
Claude *Chappelet*, Libraire-Juré.
Denys *Cottinet*, Libraire & Imprimeur.
Léger *De Las*, Libraire & Imprimeur.
Robert III *Estienne*, fils de Robert II, Libraire & Imprim.
Nicolas II *Gilles*, 1ᵉʳ fils de Gilles, Libraire.
Nicolas III *Gilles*, 2ᵈ fils de Gilles, Libraire & Imprimeur.

François *Le Jeune* , Libraire & Imprimeur.
Pierre I *Ménier* , fils de Maurice , Libraire & Imprimeur.
Jacques *Nicole* , Libraire.
Marc *Orry* , Libraire-Juré & Imprimeur.
N. Vᵉ de François *Plumion* , Libraire.
Rolin *Thierry* , neveu de Henri , Libraire & Imprimeur.

❦ 1589. ❧

Denys *Binet* , Libraire & Imprimeur.
Jean II *Corbon* , fils de Jean I , Libraire.
Sébastien I *Cramoisy* , gendre de Sébastien *Nivelle* , Libr.
    (Libraire-Juré en 1610).
Jacques *Grégoire* , Libraire & Imprimeur.
Nicolas *Guiry* , Libraire & Imprimeur.
Jean *Hurché* , Libraire & Imprimeur.
Michel *Jouin* , Libraire.
Antoine *Le Blanc* , Libraire & Imprimeur.
Pierre I *Le Mercier* , Libraire & Imprimeur.

DU RÈGNE DE HENRI IV.

Du 2 Août 1589 au 14 Mai 1610.

OFFICIERS de la Librairie & Imprimerie,

Les IV Grands Libraires-Jurés de l'Université.

LIBRAIRES ET IMPRIMEURS.

❦ 1589. ❧

Simon *Marquan*, Libraire & Imprimeur.
Thomas *Ménard*, Libraire & Imprimeur.
Jean *Périnet*, Libraire & Imprimeur.
Jean *Viald*, Libraire & Imprimeur.

❦ 1590. ❧

Nicolas *Alexandre*, Libraire & Imprimeur.
André *Eschart*, Libraire.
Blanche *Marentin*, Vᵉ de Jacques II *Kerver*, Libraire.
Jean *Musar*, Libraire.
Robert *Nivelle*, 2ᵉ fils de Sébastien, Libraire.
Laurent *Sonnius*, 3ᵉ fils de Michel II, Libraire-Juré.

❦ 1591. ❧

❦ 1592. ❧

❦ 1593. ❧

CONSEIL.	PARLEMENT.	CHASTELET.	UNIVERSITÉ.
Chanceliers.	*Premier-Président.*	*Prevôts de Paris.*	*Recteurs.*

CONSEIL.	PARLEMENT.	CHASTELET.	UNIVERSITÉ.
Philippe *Hurault de Chéverni*, du 9 Déc. 1587, au 2 Août 1599.	Achille *De Harlai*, du 6 Janvier 1583, jusqu'à sa démission, du 9 Avril 1616.	Antoine *Dupret*, de 1553 à 1592. Charles *De Neuville*, reçu au Parlement séant à Paris, en 1592. Jacques *D'Aumont*, reçu au Parlement, séant à Tours, en 1593.	Joannes *Yon*, Parisinus Artist. Navarr. Primar. (du 24 Mars 1589). 16 Décemb. Joan. *De Magnanes*, Nobilis Andegavens.
Charles *De Bourbon*, Cardinal de Vendôme, G. d. S. sans provisions, du 2 Août à Décembre 1589.	*Procureurs-Génér.* Jacques *De La Guesle*, de 1583, jusqu'à sa mort en 1612.	*Lieutenans-Civils.* Matthias *De la Bruyère*, de 1589 à 1596.	1590. 23 Juin, Thom. *Lamy*, Constant. Prior Harcurian. 10 Oct. Rodolph. *Gaye*, (seu Basavel *Basile*), Colleg. Calvic. Primar.
Pompone *De Bellièvre*, (Lyonnois, Sur-Intendant des Finances en 1575, & Président au Parlement de Paris), du 2 Août 1599, au 10 Septembre 1607.	P. *Pithou*, nommé lors de la réduction de Paris, pour exercer jusqu'au retour de la Guesle, qui étoit à Tours.	François *Miron*, (Prevôt des Marchands en 1604), de 1596 à 1609. Nicolas *Le Jay*, (Proc. du Roi), de 1609 à 1613.	16 Dec. Joann. *Rousselet*, Parisin. Soc. Navarric. 1591. 24 Mars, Claud. *Serenus*, Colleg. Press. Primar.
Nicolas *Brûlart de Silleri*, (Président du Parlement de Paris), du 10 Septembre 1607, au ... Oct. 1624.	Eustache *De Mégrigny*, exerçant à Chalons. *Avocats-Généraux.*	*Lieutenans-Crimin.* Thomas *Gellée*, de 1586 à 1597. Pierre *Lugolly*, de 1597 à 1600.	15 Dec. Matthias *Du Mont*, Grammaticor. Navarr. Primar. 1592.
S U I T E *des Recteurs.* 16 Déc. 1595, Franciscus. *Baven*, Collegii Lexovei Primar.	Hugues *De Lestre*, nommé le 16 Août 1589, pour exercer à Chalons. Louis *Duret*, de 1589 à 1616.	Gabriel *Lellemant*, de 1600 à 1619. *Procureurs du Roi.*	10 Oct. Medard. *Beurgeote*, Suessionensis, Collegii Belvac. Primarius. 1593.
1596. 23 Juin, Ludovic. *Darras*, Soc. Nav. 16 Décembre, Rodolph. *Neveu*, Rotomag.	Antoine *Hotman*, de 1589 à 1596. Louis *Servin*, de 1589 à 1626.	Charles de *Villemonté*, de 1569 à 1591. Jacques *Mareschal*, reçu au Parlement séant à Tours.	24 Mars, Simon *Bigot*, Parisin. 23 Juin, Petr. *Cagnyé*, San-Germanus in Laya.
1597. 23 Juin, Joann. *Yon*, Parisinus, iterùm Rector. 10 Oct. Joann. *Fraser*, Scotus.	Antoine *Loisel*, nommé lors de la réduction de Paris, pour exercer jusqu'au retour du Parlement, qui étoit à Tours.	Nicolas *Le Jay*, de 1602 à 1609. Charles *Le Roy de la Potherie*, de 1609 à 1613.	10 Oct. Anton. *De Viney*, Belvac. Regens, Cahonic. Belvacens. 1594.
1598. 24 Mars, Carol. *Le Rouge*. 10 Oct. Joann. *Tourneroche*, iterùm Rector.	Simon *Marion*, de 1597, à sa mort en 1605. Cardin *Le Bret*, de 1604, à sa mort en 1654.	*Avocats du Roi.* Jean *Le Bourguignon* I, de 1570 à 1594. Omer *Talon* I, de 1594 à 1605.	24 Mars, Jacob. *D'Amboise*, Baccal. Med. 12 Oct. Joann. *Gallandius*, Colleg. Becod. Primar.
1599. 24 Mars, Franc. *Cuaiterus*. 15 Décembre, Joann. *Le Mercier*, Castro-Theodoric.		Jean *Gueffier* I, de 1605 à 1615. Antoine *Pigrai* II, de 1587 à 1608. Jacques *Le Picart* II, de 1608 à 1650.	1595. 24 Mars, Petrus *De la Mare*, Ebroïc. 23 Juin, Anton. *Fayet*, Parisin. 30 Octobr. Jul. *Houdatjer*, Sociu. Sorbonic.

1594.

Pierre *Berthault*, Libraire-Juré.
Jacques *Limons*, Libraire-Juré.
François I *Michon*, Libraire.
Jean I *Saunier*, frère aîné de Jean II, Libraire.
Jean II *Saunier*, frère puîné de Jean I, Libraire.
Jean *Trouvain*, Libraire.

1595.

Magdeleine *Plantin*, V⁶ de Gilles *Beys*, Libraire.
    (du 19 Avril).
Guido *Giffart*, Libraire.

1596

Guillaume *Des Rues*, Libraire-Juré.
Antoine *Du Breuil*, Libraire & Imprimeur.
Philippe *Du Pré*, Libraire.
N. V⁶ de Jacques *Limons*, Libraire (en Mars).
Antoine *Mirault*, Libraire.
Dominique *Salis*, Libraire.
Abraham *Saugrain*, Libraire.

1597.

Noel-*Davergne*, Libraire.
Robert *Fouet*, Libraire-Juré.
Barthélemi *Le Franc*, Libraire.
Antoine *Marié*, Libraire & Imprimeur.
Jérémie *Périer*, Libraire.

1598.

Pierre *Bonfons*, 2ᵈ fils de Jean, Libraire.
François *Du Chesne*, Libraire & Imprimeur.
François *Jacquin*, Libraire & Imprimeur.

NOTA. César Égasse Du Boul-lay ayant terminé son *HISTOIRE DE L'UNIVERSITÉ* à la fin du 16e siécle, je dois la Chronologie des Recteurs, depuis 1600 jusqu'à l'année présente, au zèle de M. D'ARRAGON, qui, pour com-pletter mon travail, a bien voulu, (quoiqu'à-peine initié dans la place honorable de Greffier de l'Univer-sité) dévorer la fastidieuse diffi-culté de déchiffrer des Registres presque illisibles. J'ai suivi scrupu-leusement la copie faite de sa main ; mais j'ai suppléé quelques omissions de Recteurs, dont les noms m'ont été heureusement fournis par l'Abbé Claude-Pierre Goujet, dans son *Hi-stoire du Collége-Royal de France* ; Histoire qui a un rapport intime avec celle de l'Université de Paris. Ces Recteurs sont distingués par une étoile].

UNIVERSITÉ.

Recteurs.

1600.
5 Août, Martinus *Dufour.*
10 Octobr. Michael *Colin*, Collegii Plessæi Mode-rator.
16 Décembre, Antonius *Fusil.*
1601.
24 Mars, Dio-nysius *la Tour*, è Regiâ Navarrâ.
23 Juin, Guillel-mus *Poullet.*
10 Octobr. Ro-manus *Dufeu*, Baccalaureus Me-dicus.
17 Décembre, Antonius *Gallot*, Parisinus.
1602.
24 Mars, Yvo *Herbin.*
23 Juin, Clau-dius *Palliot*, in Jure Canonico Li-centiatus, è Col-legio Bellovaco.
17 Décembre, Joannes *Grangier*, è Collegio Calvico.
1603.
24 Mars, Nico-laus *Berger*, Bac-calaureus Theolo-gus.
23 Juin, Paulus *Boudot.*
Jacobus *Latus* (ou *Leus*, ou *le Heu*) è Collegio Beco-diano.
1604.
Mars, Petrus *Valeni*, è Collegio Montacutio.
22 Juin, Carolus *Baudart*, è Colle-gio Calvico, Pa-risinus, Baccalau-reus Theologus.
16 Décembre, Jacobus *Joly*, è Collegio Calvico.

UNIVERSITÉ.

Recteurs.

1605.
23 Juin, Nico-laus *Ytan*, vir Theologus.
10 Octobr, Ca-rolus *Baudart*, qui suprà.
1606.
Franciscus *Ingol-vius* (Ingoult).
Jacobus *Hennequin*, Bac-calaureus Theolo-gus.
Caro-lus *Turgot.*
1607.
Fran-ciscus *Proy.*
Ste-phanus *Tonnellier.*
Fran-ciscus *Plais.*
N. *Uland.*
1608.
Mars, Ro-manus *Thouvin*, è Regiâ Navarrâ.
23 Juin, Philip-pus *Hébert.*
Octobre, Ni-colaus *de Paris*, è Cardinalitio.
Décembre, Joannes *Tournier*, è Regia Navarrâ.
1609.
23 Juin. Jacobus le *Vasseur.*
1610.
26 Mars, Stepha-nus *Dupuys.*

* D 6

Thomas *Mallard*, Libraire.
Claude II *Michard*, 1ᵉʳ fils de Claude I, Libraire.
Augustin I *Taupinart*, Libraire.

❧ 1595 ❧

Pierre I *Chevalier*, frère aîné de Pierre II, Libraire & Imprimeur.
Arnoult I *Cottinet*, fils de Denys, Libraire & Imprimeur.
Nicolas *De Louvain*, Libraire.
Claude *Gainin*, Libraire.
Jacques I *Le Roi*, Libraire.
Claude I *Morel*, 2ᵈ fils de Frédéric I, Libraire.
Jacques *Rézé*, Libraire.

❧ 1600 ❧

Nicolas *Buon*, fils de Gabriel, Libraire.
Compagnie de la Grand'Navire, composée de

> Ambroise *Drouart*,
> Abel *L'Angelier*,
> Barthélemi *Macé*,
> Jean ⎫
> Laurent ⎬ *Sonnius*,
> Michel ⎭

Antoine I *De Sommaville*, Libraire.

Claude *Du Breuil*, frère puîné d'Antoine , Libraire.
Pierre-Louis *Fébvrier*, fils de Jean , Libraire.
Guillaume *Le Breton*, Libraire.
Nicolas *L'Ecuyer*, Libraire.
Michel *Le Sueur*, Libraire.
Antoine *Mamarel*, Libraire.

1601.

Pierre *Baillet*, frère aîné de Jean I , Libraire & Imprimeur.
Marie *Hubert*, Vᵉ de Guillaume *De la Noue*, Libraire-Juré,
 (du 18 Août).

1602.

Jean I *Baillet*, frère puîné de Pierre , Libraire.
Etienne *Colin*, Libraire & Imprimeur.
Sébastien II *Cramoisy*, 1ᵉʳ fils de Sébastien I , Libraire-Juré
 en 1627, & Directeur de l'Imprimerie Royale , en 1640.
Pérette *Bade*, Vᵉ (en 1ʳᵉˢ nôces de Robert I *Estienne* , &
 en 2ᵈᵉˢ) de Mamert *Patisson* , Libraire & Imprimeur.
Clovis II *Eve*, fils de Nicolas , Libraire.
François II *Huby*, fils de François I , Libraire.
Hubert *Hunot*, Libraire.
Guillaume *Méleine*, Libraire.

Pierre *Mettayer*, 2ᵈ frère puîné de Jean, Libraire & Imprimeur Ordinaire du Roi.
Thomas *Soubron*, Libraire.
Jean *Veyrat*, Libraire.

❰ 1603. ❱

Regnault II *Chaudière*, fils de Guillaume I, Libraire-Juré.
Jerôme *Drouart*, 2ᵈ fils de Pierre, Libraire.
Paul *Eſtienne*, 1ᵉʳ fils de Henri II, Libraire & Imprimeur.
Guillaume II *Le Noir*, fils de Guillaume I, Libraire.
Georges *Lombard*, Libraire.
Jean *Micard*, 2ᵈ fils de Claude I. Libraire.
Magdeleine *Baudeau*, Vᵉ de Sébaſtien Nivelle, Libr.-Juré.
Thomas I *Séveſtre*, fils de Louis I, Libraire.

❰ 1604. ❱

Olivier I *De Varennes*, Libraire.
François *Du Carroy*, Libraire & Imprimeur.
Euſtache *Foucault*, Libraire.
Jean *Le Bégue*, Libraire.
Pierre II *Le Bret*, fils de Pierre I, Libraire.
Barthélemi *Locqueneux*, fils de Marc, Libraire.
Jean *Sonnius*, 4ᵉ fils de Michel I, Libraire.

❧ 1605. ❧

Sébastien *Aubray*, frère aîné de Simon, Libraire & Impr.
Simon *Aubray*, frère puîné de Sébastien, Libraire.
N. Vᵉ de Pierre *Bertault*, Libraire-Juré, (du 21 Octobre)
Adrien *Beys*, 1ᵉʳ fils de Gilles, Libraire.
Toussaint *Bouteiller*, Libraire & Imprimeur.
Marguerite *Verrier*, Vᵉ de Léger *De Las*, Libraire & Imprimeur, (du 16 Février).
Toussaint *Du Bray*, Libraire-Juré.
Denys II *Du Val*, fils de Denys I, Libraire.
David I *Le Clerc*, 1ᵉʳ fils de Jean I, Libraire.
Nicolas *Rousset*, frère puîné d'Antoine, Libraire.
Claude *Soubron*, Libraire.
Godefroy *Vallet*, fils d'Etienne, Libraire.

❧ 1606. ❧

Nicolas *Adam*, Libraire.
Hubert *Asures*, Libraire.
Jean *Balagny*, Libraire & Imprimeur.
Michel I *Balagny*, Libraire.
Lucréce *Le Bé*, Vᵉ de Robert I *Ballard*, Libraire & Imprimeur du Roi pour la Musique.
Pierre *Banqueteau*, Libraire.
Gervais *Barrois*, Libraire.
Claude *Bazin*, Libraire.
Georges *Bélier*, Libraire.
Simon *Benoist*, Libraire.
Jean *Bérault*, Libraire.
Laurent *Bernardin*, Libraire.
Julien *Berthault*, Libraire.
Christophe *Beys*, 2ᵉ fils de Gilles, Libraire.
Thomas *Blaise*, fils de Gilles, Libraire-Juré.
Heureux *Blanvillain*, Libraire & Imprimeur.
Pierre *Bouquet*, Libraire.
Nicolas *Bourdin*, Libraire.
Etienne *Bourdon*, Libraire.

Jean I *Bourgeois*, frère aîné de Jean II, Libraire.
Antoine *Bourlé*, Libraire.
Fleuri *Bourriquant*, Libraire & Imprimeur.
René *Bretel* ou *Bretet*, Libraire.
Lucas *Bruneau*, Libraire.
Pierre *Cappel*, Libraire.
Gabriel *Capuchon*, Libraire.
Philippe *Carré*, Libraire.
Denys *Cavellat*, Libraire.
Pierre I *Charpentier*, Libraire.
Charles I *Chaſtelain*, Libraire-Juré.
Gabriel I *Clopejau*, frère puîné de Michel, Libraire.
Claude *Collet*, Libraire.
Geoffroy I *Cordier*, Libraire.
Jean *Corrozet*, fils de Galliot, Libraire.
Joſeph *Cottereau*, Libraire-Juré, & Imprimeur.
Claude I *D'Andrénas*, frère aîné de Claude II, Libraire.
Claude II *D'Andrénas*, frère puîné de Claude I, Libraire.
Denys *Dappe*, Libraire.
Jean *D'Aumale*, Libraire.
Pierre I. *De Breſche*, Libraire.
Jean I *De la Haie*, Libraire.
Louis *De la Motte*, Libraire.
Denys *De la Noue*, fils de Guillaume, Libraire-Juré.
Thomas *De la Ruelle*, Libraire.
Claude *De la Tour*, dit *Guérin*, Libraire.
Nicolas *De Mathonière*, Libraire.
Abraham *De Meaux*, Libraire.
François *De Monſtrœil*, Libraire.
Jacques I *De Sanlecque*, gendre de Jean Leclerc, Libraire.
David *Douceur*, Libraire-Juré.
Denys *Douceur*, Libraire.
Jacques I *Douceur*, Libraire.
Jacques *Duclou*, Libraire & Imprimeur.
François I *Du Mays*, frère aîné de François II, Libraire.
Hervé *Du Meſnil*, Libraire.
George *Durand*, frère aîné de Pierre, Libraire.
Laurent *Eſtoc*, Libraire.

Pierre *Foucault*, frère puîné d'Euſtache, Libraire.
Jean *Frémont*, Libraire.
Jean *Fuſy*, Libraire.
Pierre I *Gaillard*, Libraire.
Jean I *Geſſelin*, Libraire.
François *Grégoire*, Libraire.
Guillaume *Guyot*, Libraire.
Claude *Hulpeau*, Libraire.
Jean-Antoine *Joallin*, Libraire.
Françoiſe *Petit*, Vᵉ de Michel I *Julien*, Libraire-Juré.
François *Julliot*, Libraire-Juré, & Imprimeur.
Barthélémi *La Grivé*, Libraire.
Nicolas *L'Allouette*, Libraire.
Adrien *Laudy*, Libraire.
Jacques I. *Le Bouc*, Libraire.
Abraham *Le Febvre*, Libraire.
Matthieu *Le Maître*, Libraire.
Pierre *Le Mur*, Libraire-Juré & Imprimeur.
Nicolas *Le Sueur*, Libraire.
François I *L'Hermite*, Libraire.
Jean *Libert*, Libraire.
N. Vᵉ de Charles *Macé*, Libraire (du 4 Septembre).
Guillaume *Marette*, Libraire.
André *Ménard*, Libraire.
Pierre II *Ménier*, Libraire & Imprimeur.
Jean *Meſſager*, Libraire.
Thomas *Meſſager*, Libraire.
Frémin *Milette* ou *Milette*, Libraire.
Jean *Millot*, fils de Didier, Libraire.
Marin *Mingot*, Libraire.
Jean I *Mirault*, Libraire.
Silveſtre *Moreau*, Libraire.
Jean *Nigaud*, Libraire.
Michel *Nivelle*, Libraire.
Philippe *Patiſſon*, fils de Mamert, Libraire & Imprimeur.
Jean *Petit-Pas*, Libraire.
Salvien *Pigoreau*, Libraire.
Julien *Pillon* I, Libraire.

Pierre *Portier*, Libraire.
Jean *Regnoul*, Libraire & Imprimeur.
Jean I *Remy*, Libraire.
François *Rézé*, Libraire.
Pierre *Rézé*, Libraire.
Jean II *Richer*, 1er fils de Jean I, Libraire-Juré & Imprim.
Claude *Rigaud*, Libraire.
N. Ve de Nicolas *Roffet*, Libraire.
René *Ruelle*, 2d fils de Jean I, Libraire.
N. Ve de Jean II *Ruelle*, Libraire.
Macé *Ruette*, Libraire.
Charles I *Séveftre*, 1er fils de Thomas I, Libraire & Impr.
Gilles *Séveftre*, 2d fils de Thomas I, Libraire.
Louis II *Séveftre*, 3eme fils de Thomas I, Libraire.
Jean *Soubron*, Libraire.
Chriftophe *Touchard*, Libraire.
Pierre *Triboulet*, Libraire.
Claude *Vallet*, Libraire.
Hubert *Vélut*, Libraire.
Martin *Vérard*, Libraire.
Gérard *Verdier*, Libraire.
Jacques *Vézé*, Libraire.
Jean *Vignon*, Libraire.
Charles *Vigoureux*, Libraire.]
Claude *Vigoureux*, Libraire.
Jacques *Vincent*, Libraire.
Pierre *Vitré*, Libraire.

1607.

Pierre II *Chevalier*, frère puîné de Pierre I, Libraire.
Robert *Foillet*, Libraire.
Matthieu II *Guillemot*, 1er fils de *Daniel* II, Libraire.
Jean *Janon*, Libraire & Imprimeur.
Denys I *Langlois*, fils de Jean I, Libraire & Imprimeur.
Jean I *Thomas*, Libraire & Imprimeur.

1608,

1608.

Pierre I *Ballard*, fils de Robert I., Libraire & Imprimeur.
Jean *Berjon*, Libraire & Imprimeur.
Etienne *Douceur*, fils de David, Libraire.
Jean I *Duval*, Libraire.
Burchard *Kuich*, Libraire.

¶ *Compagnie* ayant pour marque la VILLE DE PARIS (*Bibliopolæ Urbis Parisiensis Consortes*) composée de

Nicolas *Buon*,
Claude *Chappelet*,
Sébastien *Cramoisy*,
Robert *Fouet*,
Claude *Morel*,
Marc *Orry*,

1609.

Nicolas *Barboie*, Libraire, depuis Imprimeur.
Guillaume II *Drouart*, 3ᵉ fils de Pierre, Libraire.
Thibault *Du Val*, Libraire.
Jean *Heffelin*, Libraire.
Claude *L'Ecuyer*, 1ᵉʳ fils de Nicolas, Libraire.
Claude *Marette*, Libraire & Imprimeur.

❦ 1610. ❧

Gilles *Baudet*, Libraire.
Charles I *Becqueret*, Libraire.
Louis *Bellanger*, Libraire.
Jacques I *Beſſin*, Libraire & Imprimeur.
Gilles *Blaiſot*, Libraire & Imprimeur.
Martin *Bonnelier* ou *Bourlier*, Libraire.
Louis I *Boulanger*, Libraire.
Jean *Bourdes*, Libraire.
Jean II *Bourgeois*, frère puîné de Jean I, Libraire.
Pierre *Boutin*, Libraire.
Rollet *Boutonné*, Libraire.
Etienne *Brégon*, Libraire.
Jean *Brière*, Libraire.
Gillette *Haſte*, Vᵉ de Guillaume I *Chaudière*, Libraire.
Nicolas *D'Allemagne*, Libraire.
N. Vᵉ de Claude I *D'Andrénas*, Libraire.
Henri *Dauplet*, Libraire.
Jean *De Borde*, Libraire.
Jean *De Bourbe*, Libraire.
Jean *De la Benne*, Libraire.
Jerôme *De la Fontaine*, Libraire.
Charlotte *Nyverd*, Vᵉ de Claude *De Monſtræil*, Libraire.
Nicolas *De Monſtræil*, Libraire.
Louis *Doniel*, Libraire.
Abraham *Du Freſne*, Libraire.
Jean I *Du Hamel*, Libraire.
Remy *Durand*, Libraire.
Jacob *Du Val*, fils de Denys II, Libraire.

E

DU REGNE DE LOUIS XIII.

Du 14 Mai 1610 — au 14 Mai 1643.

OFFICIERS de la Librairie & Imprimerie,

Les IV Grands Libraires Jurés de l'Université.

LIBRAIRES ET IMPRIMEURS.

1610.

Thomás *Estoc*, Libraire.
Gilles *Euffienne*, Libraire.
Pierre I *Férant*, Libraire.
Jean III *Fouet*, Libraire.
David I *Gilles*, fils de Nicolas II, Libraire.
Henri *Guénon*, Libraire.
Innocent *Guiton*, Libraire.
Léger *Hacqueville*, Libraire.
Jean *Hérault*, Libraire.
Etienne *Hulpeau*, Libraire.
Françoise *De Louvain*, V^e d'Abel *L'Angelier*, Libraire-Juré.
Jean *Laquehay*, Libraire & Imprimeur.
Jacques *Le Bé*, Libraire.
Jean II *Le Bouc*, fils de Jean I, Libraire.
Sébastien *L'Ecuyer*, 2^d fils de Nicolas, Libraire.
Pierre *Le Franc*, Libraire.
Michel *Le Normand*, Libraire.
Jean II *Le Sueur*, Libraire.
Gilbert *Le Veau*, Libraire.
Pierre II *L'Huillier*, fils de Pierre I, Libraire & Imprimeur du Roi.

CONSEIL.	PARLEMENT.	CHASTELET.	UNIVERSITÉ.
Chanceliers.	Premiers-Présidens.	Prevôts de Paris.	Recteurs.

CONSEIL.	PARLEMENT.	CHASTELET.	UNIVERSITÉ.
Nicolas *Brûlart de Sillery*, du 10 Septembre 1607 au .. Octobre 1624.	Achilles *De Harlai*, du 6 Janvier 1583 , jusqu'à sa démission, du 9 Avril 1616.	Charles *de Neuville*, reçu au Parlement séant à Paris, de 1592 à	1610. Stephanus *Dupuys*, du 26 Mars, 11 Oct. Joannes *Grangier*, iterùm Rector.
Guill. *Du Vair* (I. Président du Parlement de Provence) G. d. S. de Mai au 2; Avril 1616.	Nicolas *De Verdun*, du 9 Avril 1616 au 23 Mars 1627 ; jour de sa mort.	Jacques d'*Aumont*, reçu au Parlement séant à Tours, de 1593 à . . .	. . . Décembre Petrus *de Hardivilliers*, è Collegio Lexovæo.
Claude *Mangôt*, de Villarceau (I. Président du Parlement de Bordeaux) G. d. S. du 25 Nov. 1616 au 24 Avril 1617.	Jérôme *De Haqueville*, du 25 Sept. 1627 au 18 Novembre 1628 , jour de sa mort.	Louis *Séguier*, de 1611 à 1653.	1611. 23 Juin, Claudius *Bazôt*. 1612.
— Le même, Guill. *Du Vair*, G. d. S. du 25 Avril 1617 au 3 Août 1621 , jour de sa mort.	Jean *Bochart* de Champigni du 12 Novembr. 1629 au 27 Avril 1630, jour de sa mort.	*Lieutenans - Civils.* Nicolas *Le Jay*, de 1609 à 1613.	. . . . Petrus *de Hardivilliers* ; qui suprà. 1613.
Charles d'*Albert* (Duc de Luines & Connétable de France) G. d. S. du 3 Août au 15 Dec. 1621 , jour de sa mort.	Nicolas *Le Jay*, du 18 Nov. 1630 au 30 Déc. 1640, jour de sa mort.	Henri *de Mesmes*, arrière - petit-fils de Jean - Jacques *de Mesmes*, (Prevôt des Marhands) de 1613 à 1621.	23 Mars, Joannes *Sulmonius* (Saumon ou Sulmon) è Collegio Becodiano.
Méri *De Vic* d'Erménonville, G. d. S. du 24 Décembre 1621 au 2 Sept. 1622, jour de sa mort.	Matthieu *Molé*, du 19 Nov. 1641 jusqu'à sa démission du 22 Avril 1653.	Nicolas *de Bailleul* (Prevôt des Marchands) de 1621 à 1627.	1614. 23 Mars, Carolus *Pescheur*, è Collegio Calvico. 1615.
Louis *Le Fèvre de Caumartin*, (Conseiller d'Etat & d'honneur au Parlem. de Paris) G. d. S. , du 23 Septembre 1622 au 21 Janv. 1623, jour de sa mort.	*Procureurs-Génér.* Jacques *De la Guesle*, de 1583 jusqu'à sa mort en 1612.	Michel *Moreau*, (Prevôt des Marchands) de 1627 à 1637.	23 Mars, Joannes *Hollandre*, è Collegio Cardinal.-id. 1616.
Etienne d'*Aligre* (G. d. S. de . . . Janv. 1624) Chancelier , d'Octobre 1624 au 11 Déc. 1635 , jour de sa mort.	Nicolas *De Bellièvre*, du 11 Janv. 1612 jusqu'en 1614. Matthieu *Molé*, depuis 1614 jusqu'au 19 Novembr. 1641.	Isaac *Laffemas*, de 1637 à 1643. Dreux d'*Aubray*, de 1643 à 1667. *Lieutenans-Crimin.*	23 Juin, Joannes *Rugult*, è Collegio Sorbonæ-Plessæo. 19 Oct. Joannes *Dossiet*, è Collegio Harcuriano.
Michel *De Marillac* (Sur-Intendant des Finances) G. d. S., du 1 Juin	Blaise *Méliand*, du 19 Nov. 1641 à 1650. *Avocats-Généraux.* Louis *Servin*, de 1589 à 1626.	Gabriel *Laillemant*, de 1600 à 1619. Antoine *Aguesseau*, de 1619 à 1624. Michel *Moreau*, de 1624 à 1627.	1618. 23 Juin, Joachimus *Duval*, è Collegio Lexovæo. 1619. 26 Mars, Carolus *le Clerc*, è Colleg. Calvico.
	Cardin *Le Bret*, de 1604, à sa mort en 1654. Jacques *Talon*, de 1621 à sa mort en 1648.	Bénigne *Blondeau*, de 1627 à 1635. *Procureurs du Roi.* Charles *Le Roy de la Potairie*, de 1609 à 1613.	16 Décembr. Antonius *Desplaces*, è Colleg. Lexovæo. 1620. 23 Mars, Joachimus *Duval*, qui sup. 23 Juin, Joannes *Yon*, è Navarrâ. 1621. . . Joannes *Potier*, in Sorbona.

E 3

Jacques *Lucas*, Libraire.
Guillaume I *Macé*, fils de Charles, Libraire.
Edme I *Martin*, Libraire & Imprimeur.
Michel *Martin*, Libraire.
François I *Meuzier*, depuis *Musier* *, Libraire.
Pierre *Michel*, Libraire.
Jean II *Moreau*, Libraire.
Michel *Nyon*, frère puîné de Guillaume, Libraire.
Jeanne *Mettayer*, Vᵉ de Marc *Orry*, Libraire (26 Juin).
Jean *Orry*, fils de feû Marc, Libraire.
Jean *Pacquet*, Libraire.
Claude *Percheron*, Libraire & Imprimeur.
Etienne *Perrin*, Libraire & Imprimeur.
Pierre *Picquet*, Libraire.
Nicolas *Pillon*, Libraire.
Jacques *Planchon*, Libraire.
Yves *Robin*, Libraire.
David *Rocart*, Libraire.
Pierre *Rocolet*, Libraire & Imprimeur du Roi & de la Ville.
François *Rousselet*, Libraire.
François *Salis*, Libraire.
Etienne *Saucie*, Libraire.
Jean *Seigneur*, Libraire.
Nicolas *Talon*, Libraire.
Nicolas *Touzart*, Libraire.
N. Vᵉ de Pierre *Triboulet*, Libraire.
Jean *Vallet*, Libraire.
Martin *Vérue*, Libraire & Imprimeur.
N. Vᵉ de Pierre *Vitré*, Libraire.
Antoine *Vitré*, 1ᵉʳ fils de feû Pierre, Libraire.

❧ 1611. ❧

Antoine I *Bourriquant*, Libraire.
Jean *Brayer*, Libraire.
N. Dehors, Libraire.
Abraham *Du Chesne*, Libraire.

† Comme on écriroit *Meurier* pour prononcer *Murier*

II Siècle, *sous* LOUIS XIII.

CONSEIL.	PARLEMENT.	CHASTELET.	UNIVERSITÉ.
Chanceliers.	*Avocats-Généraux.*	*Procureurs du Roi.*	*Recteurs.*

CONSEIL.	PARLEMENT.	CHASTELET.	UNIVERSITÉ.
1626 au 12 Nov. 1630. Charles *De l'Aubespine* , Marquis de Châteauneuf, (Chancelier des Ordres du Roi) Garde des Sceaux, du 14 Nov. 1630 au 25 Févr. 1633. Pierre *Séguier* , Comte de Gien, (G. d. S. dès le 28 Févr. 1633) Chancelier , du 16 Déc. 1635, jusqu'au 28 Janv. 1672 , jour de sa mort.	Jerôme *Bignon*, de 1626 jusqu'à sa démission en 1641. Omer *Talon*, de 1632 jusqu'à sa mort en 1652. Etienne *Briquet*, de 1641 , jusqu'à sa mort en 1645.	Claude *de Paris*, de 1613 à 1618. Guillaume *de Lesrat* , de 1618 à 1628. Claude *Gobelin*, de 1628 à 1631. Michel *Le Tellier* depuis Chancelier) de 1631 à 1638. Louis *Chauvelin*, de 1638 à 1643. Etienne *Bonneau*, de 1643 à 1647. *Avocats du Roi.* Jean *Gueffier* , I, de 1605 à 1615. Jacques *Le Picart*, II , de 1608 à 1650. Jean *Robert* , I, de 1615 à 1635. Etienne *Chirat*, I, de 1635 à 1641. Pierre *Brigallier* , I , de 1641 à 1681.	1634. 10 Octobr. Petrus *Loisel* , Baccalaureus Theologus. 1636. 23 Juin, Jacobus *Mareschaux* , Baccalaureus Theologus , Philosophiæ Professor in Cardinalitio. 1637. 13 Oct. Renatus *de Robbeville*, Baccalaureus Theologus , ex Harcurio. 1638. 11 Oct. Joannes *Canet* , Primarius Collegii Montacutii & Eloquentiæ Profess. qui suprà. 16 Décemb. Renatus *de Robbeville* , qui suprà. 1640. 23 Juin , Petrus *le Bourg* , Baccalaureus Theolog. Rhetoric. Professor in Harcurio. 10 Oct. Antonius *Gaulde* , Baccalaureus Theologus , è Picardicâ Natione in Sorbonâ. 1642. 23 Mars, Petrus *le Bourg* , qui suprà. 16 Décembr. Ludovicus *de Saint-Amour* , Baccalaureus Theologus , Philosophiæ Professor, in Collegio Remensi.

UNIVERSITÉ.

Recteurs.

1622. 5 Avril , Petrus *Pades*, Licentiatus Theologus, Harcurii Provisor.
11 Oct. Jacobus *du Cheyrsul*, Baccalaureus Theologus, Harcurii Moderator.
1623. 24 Mars, Joannes *Aubert*, è Picardicâ Natione , Rhetor. Professor , Rector continuatus per duos annos.
1625. 24 Mars , Joann. *Tarin*, in Collegio Harcuriano 'Professor.

UNIVERSITÉ.

Recteurs.

1626. 10 Octobre, Guillelmus *Majure*, Licentiatus Theologus & Philosophiæ Professor.
1627. 8 Oct. Michael à *Quercu* (du Chesne) è Collegio Grassinco.
1628. 23 Juin , Nicolaus *le Maistre*, Baccalaur. Theologus, è Collegio Bellovaco.
1629. 23 Juin, Alphonsius *le Moine* , Licentiatus Theologus in Sorbonâ.

UNIVERSITÉ.

Recteurs.

1630. 23 Juin , Joannes *Canet* , in Montacutio Professor.
1632. 24 Mars, Joannes *Grangier*, Eloquentiæ Regius Professor , & Collegii Bellovaci Primarius
11 Oct. Guillelmus *Mabille* , è Picardicâ Natione.
1633. 10 Octobr. Eustachius *le Clerc de Lesseville* , Nobilis Parisinus , Baccalaureus Theologus, Philosophiæ Professor.
..... Jacobus *du Cheyreul*, qui suprà.

Antoine *Eſtoc*, Libraire & Imprimeur.
Antoine *Mobillion*, Libraire.
Antoine *Nicod*, Libraire.
Abraham *Pacard*, Libraire.
Jean *Sara*, Libraire.
Jacques *Trichard*, Libraire & Imprimeur.

❦ 1612. ❧

Robert *Adam*, Libraire.
Marie *Le Meſlé*, Vᵉ d'Adrien *Beys*, Libraire.
François *Bonneaud*, Libraire.
Jean II *Boucher*, Libraire.
Pierre *Boullon*, Libraire.
Philibert *Bourdon*, Libraire.
N. Vᵉ de Jean *Brayer*, Libraire.
Jacques *Briſſon*, Libraire.
Nicolas *De la Caille*, Libraire & Imprimeur.
Martin *Durand*, Libraire.
Pierre *Durand*, frère puîné de Georges, Libraire & Imprim.
Claude *Du Serle*, Libraire.
Gervais *Eſtienne*, 1ᵉʳ fils de François II, Libraire.
Nicolas *Flamant*, Libraire.
Marie *Le Voitier*, Vᵉ de Matthieu I *Guillemot*, Libraire.
Charles *Langlois*, 1ᵉʳ fils de Denys I, Libraire.
Pierre *Le Court*, Libraire.
Jean *Le Duc*, Libraire.
Adrien *Lody*, Libraire.
Félix *Michon*, Libraire.
Melchior *Mondière*, Libraire.
François *Muſnier*, Libraire.
François *Poméray*, Libraire & Imprimeur.
Jean I *Robin*, Libraire.
François I *Targa*, Libraire & Imprimeur.
Samuel *Thibouſt*, fils de Guillaume, Libraire.
Jean I *Tompere*, Libraire & Imprimeur.
Jacques *Tourheue*, Libraire.

1613.

1613.

Charles *Chapelain*, Libraire & Imprimeur.
Nicolas *Hameau*, Libraire.
Sébastien I *Huré*, gendre de Jean I *Corbon*, Libraire.
Philippe *Fabon*, Vᵉ de David II *Le Clerc*, Libraire.
Théodore *Pépingué*, Libraire.
Denyse *Cavellat*, Vᵉ d'Arnould *Sittart*, Libraire.

1614.

Pierre I *Auvray*, Libraire.
Rolin *Baragues*, Libraire.
Guillaume *Barbier*, Libraire.
Pierre *Bardin*, Libraire & Imprimeur.
Pierre *Bilaine*, frère aîné de Jean, Libraire.
Macé *Bonhomme*, Libraire.
Joseph *Bouillerot*, Libraire & Imprimeur.
Claude *Brosin*, Libraire.
Jean *Brunet*, Libraire.
Pierre *Buray*, Libraire & Imprimeur.
Antoine *Champenois*, Libraire & Imprimeur.
Sébastien *Chappelet*, fils de Claude, Libraire.
Remi *Dallin*, Libraire.
Michel *Daniel*, Libraire.
Pierre *De Forge*, Libraire.
Pierre *Delon*, Libraire & Imprimeur.
Maturin *Denys*, Libraire.
Pierres II *Des Hayes*, fils de Pierre I, Libraire.
Nicolas *Du Bois*, Libraire.
Adrien *Estienne*, 2ᵈ fils de François II, Libraire.
Jeanne *Du Chemin*, Vᵉ de Michel *Gadoulleau*, Libraire.
Jean I *Gobert*, Libraire.
Martin *Gobert*, Libraire & Imprimeur.
Joseph *Guerreau*, Libraire & Imprimeur.
Julien I *Jacquin*, Libraire.
Simon *Le Febvre*, Libraire.

E 4

René *Le Masuyer*, Libraire.
Paul *Mansan*, Libraire.
Nicolas *Martin*, Libraire.
Maturin *Maupertier*, Libraire.
Nicolas *Morantin*, Libraire.
Jean II *Petit*, Libraire.
Marguerite *Le Comte*, Ve de Jean *Regnoul*, Libraire.
François *Saunier*, Libraire.
Jean *Sinson*, Libraire.
Adrien *Tifaine*, Libraire.
Marin *Vaugon*, frère aîné de Nicolas, Libraire.
Maurice *Vimar*, Libraire.
Pierre *Viné*, Libraire.

1615.

Jean *Bourriquant*, Libraire & Imprimeur.
Jean *Hauqueville*, Libraire.
Guillaume *Maréchal*, Libraire, (du 15 Septembre).
Isaac *Ménier*, fils de Pierre I, Libraire.
Etienne *Paulin*, Libraire.

1616.

Claude I *Cellier*, Libraire.
Eustache *De Latte*, Libraire.
Pierre *Gueffier*, fils de François I, Libraire.
Matthieu *Le Blanc*, Libraire.
Marie *Ranot*, Ve de Jacques *Le Roi*, Libraire.
Géneviéve *De Varennes*, Ve de Thomas *Soubron*, Libraire.
N. Ve de Hubert *Vélut*, Libraire.

1617.

N. Ve de Julien *Berthault*, Libraire.
Guillaume *Caron*, Libraire.
Guillaume *De la Rivière*, Libraire.
Claude *De Sourcy*, Ve de Jean *Du Carroy*, Libraire.

N. Ve de Jacques *Du Clou* , Libraire & Imprimeur.
Georges *Giffard* , 1er fils de *Guido* , Libraire.
Bernard *Hameau* , Libraire.
Simon *Léon* , Libraire.

1618.

Jean *Aury* , Libraire.
Adrien *Baçot* , Libraire & Imprimeur.
Olivier *Barbier* , Libraire.
Romain *Beauvais* , Libraire.
Alexandre *Béchet* , Libraire.
Martin *Boucher* , Libraire.
Pierre *Boullanger* , Libraire.
Jean *Bouret* , Libraire.
N. Ve de Guillaume *Caron* , Libraire.
Josué *Chemin* , Libraire.
François *Dauplet* , Libraire.
Jean *De Fréval* , Libraire.
Charles *Delaunay* , Libraire.
Richard *Delaunay* , Libraire.
Thomas *De Ninville* , Libraire.
Pierre *Douceur* , fils de Jacques I , Libraire.
N. Ve de Claude *Du Breuil* , Libraire.
Baptiste *Durand* , Libraire.
Robert I *Feugé* , frère aîné de Louis , Libraire.
Nicolas *Frémiot* , Libraire.
Pierre *Fuitte* , Libraire.
Jean *Guillemot* , 2^d fils de Daniel , Libraire.
Jean *Hanoques* , Libraire.
Jean *La Grive* , Libraire.
Jean II *Le Clerc* , le jeune , 3e fils de Jean I , Libraire.
Pierre *Le Long* , Libraire.
Guillaume *Loison* , Libraire.
Pierre I *Marga* , Libraire.
Bertrand *Martin* , Libraire & Imprimeur.
Jean *Meftais* , Libraire & Imprimeur.

Denys I *Moreau*, gendre de Jean I *Le Clerc*, & beau-frère
    d'Antoine *Eſtienne*, Libraire.

Jacques *Oſmont*, Libraire.

Jacques *Queſnel*, Libraire.

Etienne II *Richer*, 2ᵈ fils de Jean I, Libraire & Imprimeur.

Antoine I *Robinot*, fils de Gilles II, Libraire & Imprimeur.

André *Sittard*, Libraire.

Martin *Soly*, Libraire.

François *Sonnius*, Libraire.

Adrien *Taupinart*, 1ᵉʳ fils d'Auguſtin I, Libraire.

Maturin *Teſſier*, Libraire.

Charles *Vélut*, Libraire.

François *Véron*, Libraire.

CATALOGUE CHRONOLOGIQUE
DES LIBRAIRES
ET
DES LIBRAIRES-IMPRIMEURS DE PARIS,
Depuis le RÉGLEMENT, vérifié en Parlement,
Le 9 Juillet 1618.

Du Mardi 17 *Juillet* 1618.

En préfence de Meffire *Henry* DE MESMES, fieur d'Irval, Confeiller du Roi en fes Confeils d'Etat & Privé, & Lieutenant-Civil de la Ville & Prevôté de Paris, & de Claude *de Paris* (*), Procureur du Roi au Châtelet ;

Après lecture, faite par *Mufnier*, Greffier, des Lettres-Patentes de S. M., & de l'Arrêt de NN. SS. de la Cour de Parlement fur ce intervenu ;

Et après avoir ouï ledit Procureur du Roi, qui a requis acté de la lecture & publication defdits Statuts & Arrêt, malgré l'opposition de Me François *Nivery*, Avocat en Parlement, pour les Compagnons Imprimeurs & Libraires, de Me Grégoire *Coippeau*, auffi Avocat en ladite Cour, pour les Imprimeurs & Fondeurs de caractères ; comme auffi des Maîtres de la Communauté des Sergens à verge, Prifeurs-vendeurs au Châtelet de Paris pour leur Communauté,

(*) On nomme Claude *de Paris*, Guillaume de Lefrat, n'ayant été reçu au Parlement que le 3 Septembre 1618, quoique pourvu dès le 12 Juillet précédent.

Ier SYNDICAT, (2 ans 19 jours).

Nicolas *DU FOSSÉ*, Libraire-Juré & Imprim. en 1582.

SYNDIC ayant, pour *Adjoints*,

Regnault II *CHAUDIERE*, Libraire-Juré en 1603.
Nicolas *BUON*, Libraire-Juré en 1600,
Pierre *LE MUR*, Libraire-Juré & Imprimeur en 1606,
Edme I *MARTIN*, Libraire-Juré en 1610,

(*Syndic & Gardes en charge au moment du Réglement*).

31 Août. Claude I *Cramoify*, 2me fils de Sébaftien I, Libr.

17 Sept. René *Giffard*, 2me fils de Guido, Libraire & Impr.

17 . . . . . . Louis *Giffard*, 3me fils de Guido, Libr. & Impr.

. . . . Guillaume *L'Evêque*, Libraire.

4 Octobr. . Claude *Morlot*, Libraire & Imprimeur.

. . . . Robert *Daufresne*, Libraire & Imprimeur.

6 . . . . . Maturin *Hénault*, Libraire & Imprimeur.

26 . . . . Pierre *Baillet*, Libraire & Imprim. dès 1601.

. . . . Antoine *Estienne*, 1er fils de Paul, Libraire & Imprimeur.

9 Novembr. Hubert *Amesson*, Libraire.

19 . . . . . . Antoine *Monnoyer*, Libraire.

¶ Compagnie de la GRANDE NAVIRE, composée de

Jérôme : *Drouart*.
Jean ⎫
Laurent ⎬ *Sonnius*.
Michel ⎭

❰ 1619. ❱

23 Mars. . . Martin *Lasnier*, Libraire.

ÉLECTION D'ADJOINTS.
Du Mercredi 8 Mai 1619.

François *JULLIOT*, Libraire-Juré & Imprimeur, en 1606.

Gabriel I *CLOPEJAU*, Libraire-Juré, en 1606.

Au lieu de ⎰ Regnault II *CHAUDIERE*, Libr. ⎱ *sortans.*
⎱ Nicolas *BUON*, Libraire. ⎰

11 Sept. . . Jean *Houdan*, Libraire.

. . . . Nicolas *Chaffard*, Libraire.

. . . . Jean *Cousin*, Libraire.

. . . . Gaspard I *Métayas*, Libraire.

. . . . Jean *De Mauroy*, Libraire.

17 Octobr. . Antoine *Grimault*, Libraire.

19 Décembr. Martin *Collet*, Libraire.

Reçus, suivant La Caille, sans date.

Jérôme *Blageart*, frère aîné de Michel, Libraire & Imprim.

Louis I *Julien*, Libraire & Imprimeur.
Michel *Soly*, Libraire.

Exerçants, fuivant La Caille.

Pierre I *De la Haye*, Libraire.
Pierre *Froment*, Libraire.
Pierre *Le Faucheur*, qui s'étoit préfenté pour être reçu
 en Octobre 1618, Libraire.
Victor *Le Roi*, Libraire.
Jean *Moire*, Libraire.
Nicolas *Quinet*, Libraire.
Michel *Thévenin*, Libraire.

1620.

13 Janvier. . Etienne *Banqueteau*, Libraire.
2 Avril. . . Nicolas *De la Vigne*, Libraire & Imprimeur.
30 . . . . . . Ifaac *D'Agrenat*, Libraire.

IIme SYNDICAT, (4 ans 1 mois 2 jours).

Du Mardi 4 Août 1620.

Laurent SONNIUS, Libraire, en 1590.

Syndic ayant, pour Adjoints,

François JULLIOT, Libraire. } *reftans.*
Gabriel CLOPEJAU, Libraire. }
Thomas BLAISE, Libraire-Juré, en 1606. } *entrans.*
Gilles I BLAISOT, Libraire & Impr. en 1610. }
Au lieu de { Pierre LE MUR, Libraire & Imprim. } *fortans.*
    { Edme I MARTIN, Libraire. }

11 Août. . . Abel *Patelé*, Libraire.
14 . . . . . . Antoine II *De Sommaville*, fils d'Antoine I,
    Libraire.
27 . . . . . . Adam *Pouffet*, Libraire.

Exerçants, suivant La Caille.

Yves *Boulay*, Libraire.
Guillaume *Cisterne*, Libraire & Imprimeur.
Martin *Du Breuil*, 1er fils de Claude, Libraire.

1621.

21 Janvier. . Gervais I *Alliot*, Libraire & Imprimeur.
. . . . Abdias *Buzard*, Libraire.
. . . . Nicolas *Guérard*, Libraire.
. . . . Louis *De Villac*, Libraire.
. . . . François *De Hansy*, Libraire.
. . . . Jean I *Cochart*, Libraire.
11 Févr. (*) Antoine *Allazert*, Libraire.
22 Avril. . . Bertrand *De Heuqueville*, Libraire.
. . . . Nicolas *Le Roi*, Libraire.
. . . . Thomas *Gesselin*, 1er fils de Jean I, Libraire.
27 Mai. . . . Robert *Bertault*, 1er fils de Pierre, Libraire.
30 Juin. . . Jean *Bessin*, cousin de Nicolas I, Libr. & Impr.
12 Juillet. . Claude *Groult*, Libraire.
. . . . Jean *Subjet*, Libraire.
. . . . Jean *David*, Libraire.

ÉLECTION D'ADJOINTS.

Du Mardi 20 Juillet 1621.

Jean *D'Aumalle*, Libraire en 1606.
Joseph *Cottereau*, Libraire en 1606.
Au lieu de { François *Julliot*, Libr.-Impr. } *sortans.*
{ Gabriel I *Clopejau*, Libraire. }

29 Juillet. . Georges *Le Rond*, Libraire.
. . . . Jean *Auger*, Libraire.

(*) La Chambre Syndicale n'étoit pas alors rue du Foin, Paroisse S.-Severin, mais place Cambrai au Collège Royal.

29 Juillet. . Jean *Val*, Libraire.

26 Août. . . Henri *Sara*, Libraire & Imprimeur.

7 Octobre. Jean *Camufat*, Libraire & Imprimeur.

27 . . . . . Maturin *Defpencier*, Libraire.

. . . . Pierre *Touchard*, Libraire.

Reçu, fuivant La Caille, fans date.

Pierre *Du Puis*, fils de Jacques, Libraire.

Exerçants, fuivant La Caille.

Antoine *Binart*, Libraire.

Samuel *Célérier*, Libraire.

Robert *Manfion*, Libraire.

☾ 1611. ☽

27 Janvier. . Eustache *Daubin*, Libraire.

21 Avril. . . Guillaume II *Chaudière*, 1er fils de Regnault II, Libraire.

22 . . . . . Espérance *Cellier*, Libraire, après le décès d'Abraham *Saugrain*, fon mari.

26 Juin. . . Pierre *Chénault*, Libraire.

7 Juillet. . Samuel *Poinfot*, Libraire.

. . . . Jean *Pilé*, Libraire.

. . . . Honoré *Broffe*, Libraire.

31 . . . . . François *Pellican*, Libraire.

20 Sept. . , Jacques *De la Carrière*, Libraire.

. . . . Jean *Michelin*, Libraire.

17 Novembr. Nicolas I *Filliet*, Libraire.

¶ Compagnie de Libraires du Palais, aux V SOURCES D'EAU (*Societas Minima* ═ *Te annuente Bonis*) composée de

    Sébastien *Chappelet*.

    Joseph *Cottereau*.

    Denys *Moreau*.

    Abraham *Paçart*.

    Jacques *Quefnel*.

    Samuel *Thibouft*.

Exerçants, suivant La Caille.

Louis *Bertault*, 2.^d fils de Pierre, Libraire.
Nicolas *Callemont* ou *Callemot*, Libraire, nommé Imprimeur du Roi, le 20 Mars 1622.
Matthieu *Denys*, Libraire.
Jean *Du Breuil*, 2.^d fils de Claude, Libraire.
Raimond *Faucher*, Libraire.
Michel IV *Sonnius*, fils de Michel II, Libraire.
Barthélemi *Vitré*, 2.^d fils de feu Pierre, Libraire.

❰ 1623. ❱

11 Mai. . . Pierre *Le Maire*, Libraire.
. . . . François *Le Brasseur*, Libraire.
30 Août. . . Marie *Beys*, Libraire, par le décès d'Olivier I, *De Varennes*, son mari.
5 Octobr. . Augustin *Courbé*, Libraire.
19 . . . . . . Noel *Charles*, Libraire.
. . . . Christophe *Périer*, 1.er fils de Jérémie, Libr.
14 Novembr. N. . . . . Libraire, par le décès de François I Gueffier, son mari.

Reçu, suivant La Caille.

Jean *Promé*, Libraire, (6 Mai).

Exerçants, suivant La Caille.

Noel *Bordiet*, Libraire.
Charles *Du Carroy*, fils de François, Libraire.
Pierre *Le Bé*, fils de Henri, Libraire.
Dominique *Le Cuirot*, Libraire.
Barnabé *Quétier*, Libraire.
Jacques I *Villery*, Libraire.

❰ 1624. ❱

18 Janv. . . Louis *Feugé*, frère puîné de Robert I, Libr.
. . . . Pierre I *Guillemot*, fils de feu Matthieu I, Libraire.
29 Février.

19 Février. . Michel *Périer* , 2ᵈ fils de Jérémie , Libraire,
. . . . Martin *Chaſtelain* , Libraire,
. . . . Michel *Dauplet* , Libraire,
. . . . Jean *Savignan* , Libraire.
1 Mai. . . . Jacques *Jacquin* , fils de François, Libraire,
. . . . Claude *Sonnius* , fils de Jean , Libraire.

IIIᵐᵉ SYNDICAT, (1 an 9 mois 26 jours),
Du Vendredi 6 Septembre 1624.

Thomas *BLAISE*, Libraire, Ex-Adjoint.

Syndic ayant , pour Adjoints,

Joſeph *COTTEREAU* , Libraire, *reſtant.*
Denys *DE LA NOUE* , Libraire-Juré en 1606.
François *JACQUIN* , Libraire & Impr. en 1598. } *entrans.*
Pierre *DURAND* , Libraire & Imprim, en 1612.

Au lieu de { François *JULLIOT* ,
Gabriel *CLOPEJAU* , } *ſortans.*
Thomas *BLAISE*, . . . *élu Syndic.*

19 Septembr, Jacques *Rébuffé* , Libraire.
3 Octobr. . . Robert *Grégoire* , fils de François, Libraire,
. . . . Pierre *Ménard* , Libraire.
. . . . Jean *Martin* , Libraire.
24 . . . . . François II *Du Mays* , frère puîné de François I , Libraire.
. . . . Jean *Hunger* , Libraire.
7 Novembr. Louis *Périer* , Libraire.
14 . . . . . Claude I *Bauche* , Libraire.
5 Décembr. Claude *Boudinet* , Libraire.

¶ Compagnie des Libraires pour les Editions Grecques
(*Societas Græcarum Editionum*) compoſée de
Nicolas *Buon.*
Claude *Cramoiſy,*
Claude *Morel.*
Jean *Sonnius.*

Reçu, suivant la Caille, sans date.

Jacques *Clergeon*, Libraire.

❧ 1625. ❧

9 Janv. . . Philippe *Gaultier*, Libraire & Imprimeur.
16 . . . . . . André *Soubron*, fils de Thomas, Libraire.
30 . . . . . . Antoine *De Cay*, Libraire.
6 Févr. . . . Nicolas *Gaffé*, Libraire.

ÉLECTION D'ADJOINTS.

Du Mardi 4 Mars 1625.

François *POMMERAI*, Libraire & Imprim. en 1612.
Samuel *THIBOUST*, Libraire en 1612.
Adrien *LODY*, Libraire en 1612.

Au lieu de { Joseph *COTTEREAU*, Libraire.
Denys *De la NOUE*, Libraire.
François *JACQUIN*, Libr.-Impr. } *fortans.*

3 Avril. . . Claude *Vimont*, frère aîné de Maturin, Libr.
Maturin *Vimont*, frère puîné de Claude, Libr.
12 Juin. . . Olivier II *De Varennes*, fils d'Olivier I, Libr.
3 Juill. . . Jacques *Compaing*, Libraire.
16 . . . . . . Jacques *Travers*, Libraire.
7 Septembr. Toussaint I *Quinet*, Libraire.
15 . . . . . . Jacques II *De Sanlecque*, Libraire.
. . . . Guillaume II *Le Bé*, fils de Guillaume I,
Libraire & Imprimeur.
6 Octobre. Nicolas *Carré*, Libraire.
. . . . François *Piot*, Libraire.
16 . . . . . . Augustin II *Taupinart*, 2e fils d'Augustin I,
(Libraire . . . .)
. . . . Jean I *Guignard*, Libraire.
20 Novembr. Claudine *Gilbert*, Libraire, par le décès de
René Ruelle, son mari.
9 Décembr. Pierre *Lamy*, Libraire.

Reçu, fuivant La Caille, fans date.

Adam *Pardeffus*, Libraire.

Exerçants, fuivant la Caille.

Thomas *Bourriquant*, fils de Fleury, Libraire.
Jean *De Courbe*, Libraire.
Laurent *Saunier*, fils de feû Jean I, Libraire.

❧ 1626. ☙

30 Avril. . . Pierre *Douceur*, fils de Jacques I, Libraire.
. . . . Jean *Rémichon*, gendre de *N.* Libraire.
. . . . . . Jean II *De la Haye*, Libraire.
. . . . Sébaftien *Durand*, fils de Georges, Libraire.
. . . . Pierre *Robin*, gendre de *N.* Libraire.
. . . . . . Jean II *Le Sueur*, gendre de *N.* Libraire.
14 Mai. . . Pierre I *Champenois*, Libraire.
4 Juin. . . Jean *Dony*, Libraire.

IV.me SYNDICAT, (1 an 11 mois 6 jours).

Du Jeudi 2 Juillet 1626.

Robert *FOUET*, Libraire en 1597.

Syndic ayant, pour Adjoints ;

François *POMMERAY*, Libraire & Imprim. ⎫ *reftans.*
Adrien *LODY*, Libraire. . . . . . ⎭

Antoine *ESTIENNE*, Libr. & Impr. en 1618. ⎫ *entrans.*
Rolet *BOUTONNÉ*, Libraire en 1610. . . ⎭

Au lieu de ⎰ Pierre *DURAND*, Libraire & Impr. ⎫ *fortans.*
⎱ Samuel *THIBOUST*, Libraire. ⎭

❦ 1626. ❧

30 Juillet. . Jacques *Du Gas*, Libraire.
17 Septembr. Pierre *Frémont*, Libraire.
15 Octobr. . Nicolas *Cavelier*, Libraire.
5 Novembr. Jacques *Dallin*, fils de Remi, Libraire.
12 . . . . . Jacques *Cochart*, Libraire.
16 . . . . . Jeanne *Henry*, Libraire, par le décès de
   Claude I *Morel*, son mari.
23 Décembr. Nicolas *De Forge*, Libraire.

Reçu, suivant La Caille, sans date.

Bernard *Picard*, Libraire.

Exerçans, suivant La Caille.

Jean *Bouillet*, Libraire.
Gabriel *Creſſonet*, Libraire.
Gervais *Du Meſnil*, 1er fils d'Hervé, Libraire.
Charles *Hulpeau*, Libraire.

❦ 1627. ❧

4 Février. . Nicolas *Le Blanc*, Libraire & Fondeur de
   Caractères.
11 . . . . . Cardin *Beſongne*, Libraire.

ÉLECTION D'ADJOINTS.
Du Mercredi 30 Juin 1627.

Antoine *VITRÉ*, Libraire en 1610.
Adrien *TAUPINART*, Libraire en 1618.
Au lieu de { François *POMMERAY*, Libraire. } sortans.
{ Adrien *LODY*, Libraire. }

I

❦ 1627. ❧

1 Juillet. . Charles *Rouillard*, Libraire.
. . . . Louis I *Vendôme*, Libraire.
29 . . . . . Jean *Germon*, Libraire.
. . . . Charles *Morel*, 1er fils de feû Claude I, Libraire.
2 Septembr. Georges I *Joffe*, gendre de Jean *De Heuque-ville*, Libraire.
14 Octobre. Matthieu *Colombet*, fils de feû Robert, Libr.
. . . . Claude I *Efchard*, 1er fils d'André.
21 . . . . . Marin *Vaugon*, Libraire (exerçant dès 1614).

Reçu, *fuivant La Caille*, *fans date*.

Jean *Bellier*, Libraire & Imprimeur.

Exerçants, *fuivant La Caille*.

Jean I *Berthault*, fils de Julien, Libraire.
Claude II *Morel*, 2d fils de Claude I, Libraire.

Autres, recueillis dans des Recherches, *fans date*.

Jacques I *Barrois*, Libraire.
Guillaume *Bernard*, Libraire.
Maturin *Biefmont*, Libraire.
Jacques *Boiffe*, Libraire.
Claude *Bouquet*, Libraire.
François *Bruneau*, Libraire.
Jofeph *Cautereau*, Libraire.
Pierre II *Cavellat*, Libraire-Juré.
Gilbert *Charpentier*, Libraire.
Philibert *Charpentier*, Libraire.
N. Ve de Charles I *Chaftelain*, Libraire.
N. Ve de Guillaume II *Chaudière*, Libraire.
Jacques *Chemifeur*, Libraire.
Matthieu *Chrétien*, Libraire.
Guillaume *Corbran*, Libraire.

Denys *De Cay*, Libraire.
Pierre *De Face*, Libraire.
Yves *De la Croix*, Libraire.
Gervais *De la Dent*, Libraire.
Yves *De Laistre*, Libraire.
Antoine *De la Perrière*, Libraire.
N. Ve de Claude *De la Tour*, Libraire.
Jean *Denys*, Libraire.
Jean *D'Orange*, Libraire.
Nicolas *Du Four*, Libraire.
Claude *Du Hamel*, Libraire.
Jean *Dumay*, Libraire.
Antoine *Ellezart*, Libraire.
N. Ve de Pierre-Louis *Febvrier*, Libraire.
Louis I *Framery*, Libraire.
Barthélemi *Garrache*, Libraire.
Antoine I *Gasse*, Libraire.
Barnabé *Gaustier*, Libraire.
Pierre *Géneteau*, Libraire.
Pierre *George*, Libraire.
Maturin *Gillemont*, Libraire.
Jean *Gillot*, Libraire.
Toussaint *Gosset*, Libraire.
Sébastien *Goulas*, Libraire.
Georges *Grégoire*, Libraire.
Antoine *Guesneteau*, Libraire.
Hubert *Hameson*, Libraire.
Jean *Harmichon*, Libraire.
Gilles *Hervieux*, Libraire.
Claude *Hodet*, Libraire.
Jean *Jarconvillart* dit *La Varenne*, Libraire.
François I *Joron*, Libraire.
Nicolas *Joussault*, Libraire.
Antoine *La Chapelle*, Libraire.
Claude *Le Bègue*, Libraire.
N. Ve de Jean I *Le Clerc*, Libraire.
Jean I *Le Roi*, Libraire.
Dominique *Lescuriot*, Libraire.

Touſſaint *Luinet* , Libraire.
Pierre *Mainard* , Libraire.
Jacques *Maudemay* , Libraire.
Iſaac *Meuſnier* , Libraire.
Michel *Michel* , Libraire.
Nicolas *Montmiral* , Libraire.
Pierre *Muſnier* , Libraire.
Jean I *Pardeſſus* , Libraire.
Jean *Paſquier* , Libraire.
Pierre *Paſſy* , Libraire.
Eloi *Paulin* , Libraire.
Charles *Pelu* , Libraire.
Charles *Petit* , Libraire.
Pierre *Piquet* , Libraire.
Jean *Poiſſonnier* , Libraire.
Etienne *Prieur* , Libraire.
Alain *Quec* , Libraire.
Marin *Roſſet* , Libraire.
Etienne *Sauſſier* , Libraire.
François *Senſy* , Libraire.
N. Ve de Charles I *Séveſtre* , Libraire.
Jean *Suiſſon* , Libraire.
N. Ve de Jean *Trouvain* , Libraire.
Pierre *Vive* , Libraire.
Henri *Warin* , Libraire.

1648.

20 Janvier. . Maturin IV *Du Puis* , Libraire.
. . . . Guillaume *Baudry* , Libraire.
27 . . . . . Jean I *Joſt* , Libraire.
. . . . Jacques *Le Mercier* , fils de Pierre I , Libraire.
10 Février. . Gilles *Du Bois* , Libraire.
. . . . Jean *Hélouy* , Libraire.
17 . . . . . Claude I *Gueffier* , 2^d fils de feu François I , Libraire.
. . . . Laurent *Saunier* , fils de feu Jean I , Libraire.
24 . . . . . Sébaſtien I *Eſchart* , 2^d fils d'André, Libr.

F 4

2 Mars . . Denys *Houssaye* , Libraire.
. . . . Jean II *Gesselin* , 2.d fils de Jean I , Libraire.
6 Avril . . Guillaume *Pelé* , Libraire.
20 . . . . . Pierre *Grignon* , Libraire.

V.me SYNDICAT, (2 ans 7 jours).

Du Jeudi 8 Juin 1628.

Sebastien II *CRAMOISY* , Libraire & Imprimeur en 1602.

Syndic ayant , pour Adjoints ;

Antoine *VITRÉ* , Libraire. } *restans.*
Adrien *TAUPINART* , Libraire.

Jean *PETITPAS* , Libraire en 1606. } *entrans.*
Denys I *MOREAU* , Libraire en 1618.

Au lieu de { Antoine *ESTIENNE* Libraire & Impr. } *sortans.*
{ Rolet *BOUTONNÉ* , Libraire.

15 Juin. . . Richard *Charlemagne* , Libraire.
20 Juillet. . Thomas *Le Roi* , 1.er fils de Jacques , Libraire.
9 Août. . . Charles II *Chastelain* , fils de feû Charles , Libraire-Juré.
5 Octobre. Clovis *Cottard* , Libraire.
6 . . . . . . Denys *Foucault* , Libraire.
. . . . Claude I *Girard* , Libraire.
12 . . . . . Nicolas *De la Coste* , Libraire.
24 Décembr. Jean *Pétrinal* , Libraire.

Reçus , suivant La Caille , avec date.

17 Février. . François II *Gueffier* , 1.er fils de François I , Libraire.
7 Mai. . . Edmond I *Barrois* , Libraire.

Exerçants , fuivant La Caille.

Jean *Barbote* , Libraire & Imprimeur.
Jofeph *Eftienne* , 2ᵈ fils de Paul , Libraire.
N. Vᵉ de Robert III *Eftienne* , Libraire & Imprimeur.
N. Vᵉ de Pierre *Lamy* , Libraire.
Robert *Quenet* , Libraire.

1629.

11 Janvier. . Marin *Richer* , Libraire.
. . . . Jean II *Thomas* , fils de Jean I Libr. & Impr.
22 Février. . Jean *Billaine* , frère puîné de Pierre , Libraire.
. . . . Simon *Périer* , fils de feu Adrien , Libraire.
26 Avril. . . Robert *Sara* , Libraire & Imprimeur.
. . . . Gabriel *Cramoify* , 3ᵉ fils de Sébaftien I , Libraire.
10 Mai. . . Denys I *Thierry* , fils de Rollin , Libraire.

ÉLECTION D'ADJOINTS.

Du Mercredi 11 *Juillet* 1629.

Jacob *Duval* , Libraire en 1610.
Thomas *De la Ruelle* , Libraire en 1606.
Au lieu de { Antoine *Vitré* , Libraire. . . } *fortans.*
{ Adrien *Taupinart* , Libraire. }

6 Septembr. Charles *De Brefche* , 1ᵉʳ fils de Pierre I , Libr.
27 . . . . . . Michel *Carré* , Libraire.
25 Octobre. Henri *Le Gras* , Libraire.
17 Novembr. Marguerite *Mounier* , Libraire , par le décès de Jean *De Heuqueville* , fon mari.
13 Décembr. Nicolas I *Trabouillet* , Libraire.
20 . . . . . . Claude *Banqueleau* , frère puîné d'Etienne , Libraire.

20 Décembr. Louis I *De Heuqueville*, fils de Jean.
. . . . Isaac *Le Bret*, fils de Pierre II.

¶ Compagnie de Libraires, ayant pour marque le SOLEIL, composée de

> Pierre *Billaine*.
> Jean *Branchu*.
> Louis *De Heuqueville*.
> Martin *Durand*.
> Jean *Petit-Pas*.
> Jacques *Queshel*.
> Michel *Soly*.
> Adrien *Taupinart*.

Exerçants, suivant La Caille.

Guillaume *Bénard*, Libraire.
Léger *Gandouin*, Libraire.
Claude *Prevost*, Libraire & Imprimeur du Roi. . . . .

❦ 1630. ❧

10 Janvier. . Jean I *Cusson*, Libraire.
24 . . . . . . Claude I *Calleville*, Libraire & Imprimeur.
24 Avril. . . Pierre *Ciconeau*, Libraire.

VIe SYNDICAT (1 ans 7 mois 7 jours).
Du 15 Juillet 1630.
Sébastien *CHAPPELET*, Libraire en 1614.

Syndic ayant, pour Adjoints,

Jean *PETITPAS*, Libraire, *restant.*
Pierre *BILLAINE*, Libraire en 1614. } *entrans.*
Robert I *FRUGÉ* l'aîné, Libraire en 1613. }

Denys I *MOREAU*, Libraire. }
Au lieu de { Jacob *DUVAL*, Libraire, } *sortans.*
Thomas *DE LA RUELLE*, Libraire. }

19 Septembr. Jean *Le Mire*, Libraire.
24 Octobre. Jean *De la Coste*, Libraire.
11 Décembr. François *Le Prest*, Libraire.

Reçu, suivant La Caille, sans date.

Matthieu III *Guillemot*, 3ᵉ fils de Daniel, Libraire.

Exerçants, suivant la Caille.

Louis *Adam*, Libraire.
Jacques II *Barrois*, Libraire.
Charles I *Du Breuil*, fils d'Antoine, Libraire.
Robert IV *Estienne*, fils de Henri III, Libraire & Imprimeur.
Simon *Lyon*, Libraire.

❦ 1631. ❧

16 Janvier. François *Séveste*, 1ᵉʳ fils de Louis II, Libr.
. . . . Jacob *Chevalier*, Libraire.
. . . . Michel *Blageart*, frère puîné de Jérôme, Libraire.
24 Juillet. . . François I *Clousier*, Libraire.
. . . . Pierre *David*, Libraire.
21 Août. . . Jérôme *Hameau*, Libraire.
4 Septembr. Claude *Griset*, Libraire.
11 Octobr. . Imprimerie de la GAZETTE DE FRANCE,

Par Lettre du Roi, LOUIS XIII, en forme de Chartre,
en faveur de Théophraste *Renaudot*, Médecin. On
trouvera à la Table alphabétique qui terminera ce volume, l'historique de son local depuis 1631 jusqu'à
ce jour.

30 Octobre. N. Vᵉ de Nicolas *Callemont* ou *Calmot*, Libr.
¶ Compagnie de la GRANDE NAVIRE, (sans lettres
au Mât) composée de

Denys *Béchet*.
Jean *Branchu*.
Gabriel } *Cramoisy*.
Sébastien }
Denys *Moreau*.
Claude *Sonnius*.
Denys *Thierry*.

Exerçants, suivant La Caille.

Jean *Branchu.*
Fiacre *De Hors*, fils de *N.*
Jean II *Houſé* ou *Houzé*, fils de Jean I.

VII⁰ SYNDICAT, (2 ans 28 jours).

Du Lundi 22 Décembre 1631.

Touſſaint *DU BRAY*, Libraire-Juré, en 1614.

Syndic, ayant pour Adjoints,

Rollin *BARAGUES*, Libraire, en 1614. . . . ⎫
Louis *FEUGÉ*, le jeune, Libraire, 1624. . . . ⎬ *entrans.*
Guillaume *LOYSON*, Libraire, en 1618. . . . ⎪
Maturin *HÉNAULT*, Libraire & Impr., en 1618. ⎭

Au lieu de ⎰ Jean *PETIT-PAS*, Libraire. . . . ⎱
          ⎱ Pierre *BILAINE*, Libraire. . . . ⎰ *ſortans.*
          Robert I *FEUGÉ*, l'aîné, Libraire.

1632.

22 Janvier. . Claude *Ribault*, Libraire.
12 Février. . Denys *Béchet*, neveu de Jérôme *Drouart*, Libr.
 1 Avril. . . Jean II *Denys*, Libraire.
15 Juillet. . Jean II *Picard*, 1ᵉʳ fils de Jean I, Libraire.
 5 Août. . . Louis *Rétoré*, Libraire.
 . . . . Jean *Flamant*, fils de Nicolas, Libraire.
 9 Décembr. Henri *Du Meſnil*, 2ᵈ fils d'Hervé, Libraire.

1633.

27 Janvier. Antoine *Pas-de-Loup*, Libraire.
13 Mars. . . Françoiſe *Blanvillain*, Libraire, par le décès
          de Jérôme *Blageart*, ſon mari.

7 Avril. . . Jacques *Dampierre* , Libraire.

14 . . . . . Simon *Febvrier* , fils de Pierre-Louis , Libraire.

28 . . . . . François II *Michon* , 1er fils de François I ,
Libraire.

. . . . . . Etienne *Michon* , 2d fils de François I , Libr.

. . . . . . Nicolas *Gobert* , Libraire.

. . . . . . Florent *Jouvenel* , Libraire.

. . . . . . Jérôme *Picard* , 2d fils de Jean I , Libraire.

. . . . . . Guillaume *De Vaux* , Libraire.

. . . . . . Gilles *Prevoſt* , Libraire.

12 Mai. . . Jacques I *Langlois* , 2d fils de Denys I , Libraire & Imprimeur.

. . . . . . Pierre *Ferrier* , Libraire.

19 . . . . . Charles II *Séveſtre* , 1er fils de Charles I ,
Libraire & Imprimeur.

16 Juin. . . Pierre II *Champenois* , Libraire.

. . . . Antoine I *Ferrault* , Libraire.

É L E C T I O N D'A D J O I N T S.

Du Lundi 18 Juillet 1633.

Martin-*Durand* , Libraire, en 1612.

Nicolas *Gasse* , Libraire en 1627.

Au lieu de { Rollin *Baragues* , Libraire. { *ſortans.*
{ Louis *Feugé* , le jeune , Libraire. {

18 Août. . . André *Le Bouc* , 1er fils de Jacques , Libraire.

15 Septembr. Pierre *Chaudière* , 2d fils de feu Regnault II ,
Libraire.

. . . . Guillaume *Barrie* , Libraire.

1 Décembr. Claude *Gourault*, gendre de Michel Dauplet,
Libraire

. . . . Etienne *Hébert* , Libraire.

. . . . Jean *Heude* , Libraire.

15 . . . . . Matthieu *François* , Libraire.

29 . . . . . Nicolas *Larmeſſin* , Libraire.

¶ Compagnie pour les LIVRES D'ÉGLISE (*Societas Typographica Officiorum Ecclesiasticorum*) 1633 à 1664.

Exerçants, suivant La Caille.

Jacques *Chastelain*, Libraire.
Claude *L'Epicié*, Libraire.
Samuel *Petit*, Libraire.

❦ 1634. ❧

VIIIme SYNDICAT, (2 ans 5 mois).

Du Jeudi 19 Janvier 1634.

Jean *LIBERT*, Libraire, en 1606.

Syndic ayant, pour Adjoints,

Martin *DURAND*, Libraire. ⎫ *restans.*
Nicolas *GASSE*, Libraire. ⎭
Nicolas *DE LA COSTE*, l'aîné, Libraire en 1628. ⎫ *entrans.*
Jean *CORROZET*, Libraire, en 1606. . . . . ⎭

Au lieu de ⎧ Guillaume *LOYSON*, Libraire. . ⎫ *sortans.*
              ⎨ Maturin *HÉNAULT*, Libr. & Impr. ⎭

9 Février. Gui *Vimar*, Libraire. . . . .
. . . . Salomon *De la Fosse*, Libraire.
. . . . Pierre *Trichard*, fils de Jacques, Libraire.
23 . . . . . David II *Gilles*, fils de David I, Libraire.
. . . . François *Saradin*, Libraire & Imprimeur.
2 Mars. . . Pierre *De Mongobert*, Libraire & Imprimeur.
. . . . Pierre II *Le Roi*, 2^d fils de Jacques.
9 . . . . . Robert *Feuquère*, Libraire.
. . . . Philippe I *Rouillié*, Libraire.
23 . . . . . Pierre I *Targa*, Libraire & Imprimeur.

23 Mars . . . Louis III *Séveſtre*, ſecond fils de Louis II,
        Libraire & Imprimeur.

30 . . . , . . François *Beauplet*, gendre de Henri *Bourri-*
        quant, Libraire & Imprimeur.

. . . . Pierre *Blaiſe*, fils de Thomas, Libraire.

. . . . Jacques *Le Long*, Libraire.

1 Juin. . . Simon *Le Moine*, Libraire.

9 Août . . . Noel *Buquaille*, Libraire.

. . . . , Jean *Thoreau*, Libraire.

. . . . Jean *Mayeur*, Libraire.

13 . . . . . Touſſaint *Boullanger*, Libraire,

. . . . Gervais *Clouſier*, Libraire.

. . . . Antoine *Le Guédois*, Libraire.

7 Septembr. Jacques *Poullart*, Libraire & Imprimeur.

. . . . . . , , Nicolas *Bruneau*, fils de Lucas, Libraire.

. . . . Pierre *Monnier*, Libraire.

26 Octobre. Thomas II *Séveſtre*, 2ᵈ fils de feû Charles I,
        Libraire & Imprimeur.

. . . . François *Langlois*, dit *de Chartres*, Libraire.

16 Novembr. François *Hébert*, frère puîné d'Etienne, Libr.

. . . . Rolin *De la Haie*, Libraire.

        Exerçant, ſuivant La Caille.

Jean I *De la Tourette*, Libraire.

        《 1635. 》

18 Janvier. Michel I *Brunet*, Libraire.

1 Février. . Charles *De la Barre*, Libraire.

. . . . David *Chambelan*, Libraire & Imprimeur.

8 Mars. . . Denys III *Du Val*, 1ᵉʳ fils de feû Jacob,
        Libraire & Imprimeur.

22 . . . . . Henri *Ruffin*, gendre de Jérôme *Blageart*,
        Libraire & Imprimeur.

29 . . . . . Jean *Nyon*, 1ᵉʳ fils de Guillaume, Libraire.

. . . . Martin I *Hauteville*, Libraire.

30 . . . . . Jacques II *Beſſin*, 1 fils de Jacques I,
        Libraire & Imprimeur.

. . . . Louis *Fontaine*, Libraire.

ÉLECTION D'ADJOINTS,

Du Mardi 8 Mai 1635.

Michel SOLY, Libraire, en 1619.
Jean I TOMPÈRE, Libr. & Impr. en 1612.

Au lieu de { Martin DURAND, Libraire. } sortans.
{ Nicolas GASSE, Libraire. }

21 Juin. . .	François *Fouet*, fils de Robert, Libraire.
28	Pierre *Trouvain*, 1er fils de Jean, Libraire.
. . . .	Pierre II *Férant*, fils de Pierre I, Libraire.
. . . .	Claude *Béau-Sergent*, Libraire.
. . . .	Jacques *Le Doux*, Libraire.
5 Juillet. .	Michel *Champ-d'Avoine*, Libraire.
. . . .	Antoine *Colmont*, Libraire.
9 Août. . .	Guillaume *Le Sueur*, fils de Nicolas, Libraire.
. . . .	Guillaume *Gaillard*, Libraire.
6 Septembr.	Jacques *Dubreuil*, 3me fils de Claude, Libr.
. . . .	Simon *Berteau*, Libraire.
27	Jean *Hénault*, fils de Maturin, Libraire.
. . . .	Jean *Pavillon*, gendre de Maturin *Hénault*, Libraire.
. . . .	François II *L'Hermitte*, fils de François I, Libraire.
. . . .	Jacques *Monnier*, Libraire.
11 Octobre.	Louis *De la Fosse*, Libraire.
. . . .	Etienne *Le Blanc*, gendre de *Pétrinal*, Libr.
29 Novembr.	Nicolas I *Vaugon*, frère puîné de Marin, Libraire.
. . . .	Claude I *Prudhomme*, Libraire.

Exerçant, suivant La Caille.

Robert I *De Ninville*, Libraire.

<C 1636. >

23 Janvier. . Jean *Du Bray*, fils de Touffaint, Libraire.
24 . . . . . Laurent *Stornat*, Libraire.
21 Février. . Jacques *Cottin*, Libraire.
. . . . Jacques *Bonil*, dit *Du Fresne*, Libraire.
28 . . . . . Nicolas *Delaulne*, frère de Léon, & gendre
      de Pierre *Charpentier*, Libraire.
3 Avril. . . Jacques *Palfart*, gendre d'Adrien *Eflienne*,
      Libraire.
. . . . René *Aymart*, Libraire.
24 . . . . . Gilles II *Corrozet*, 2ᵈ fils de Gilles I, Libraire.
8 Mai. . . Guillaume III *Le Bé*, fils de Guillaume I,
      Libraire.
15 . . . . . Barthélemi *Quinet*, 2ᵈ fils de Nicolas, Libr.
. . . . Eloi *Le Vaffeur*, Libraire.
. . . . N. Vᵉ de Claude I *Cellier*, Libraire.
5 Juin. . . Antoine *Cellier*, fils de feû Claude I, Libraire.
. . . . Jean *Garfe*, Libraire.

IXᵐᵉ SYNDICAT (3 ans, 3 mois).

Du Samedi 28 Juin 1636.

Jofeph COTTEREAU, Libr. & Impr., Adjoint en 1621.

Syndic ayant, pour Adjoints.

Michel *Soly*, Libraire. . . . . } *reftans.*
Jean I *Tompère*, Libraire & Impr. }
Pierre *Rocolet*, Libraire & Impr. en 1610. } *entrans.*
Julien I *Jacquin*, Libraire en 1614. . . . . }
Au lieu de { Nicolas *La Coste*, l'aîné, Libr. } *fortans.*
     { Jean *Corrozet*, Libraire. . . . . }

G

1636.

24 Juillet. . Matthieu *Le Febvre* , Libraire.
7 Août. . . . Jean I *Guillain* , Libraire.
21 . . . . . . Nicolas *De la Marre* , Libraire.

Exerçants , suivant La Caille.

Antoine *Bertier* , Libraire.
N. Ve de Jean *De Bordeaux* , Libraire.
Jean *Méjat* , Libraire & Imprimeur.
Jeanne *Guillemot* , Libraire , par le décès de Samuel *Thiboust*,
    son mari.

1637.

15 Janvier. . Jacques II *De Sanlecque* , fils de Jacques I,
    Libraire.
. . . . Jacques I *Bellay* , Libraire.
22 . . . . . Arnould II *Cottinet* , 1er fils d'Arnould I,
    Libraire.
. . . . Antoine *Coulon* , Libraire.
25 Mai. . . . Claude *Bonjean* ; gendre de Pierre *Rocolet*,
    Libraire.

ÉLECTION D'ADJOINTS.

Du Samedi 13 Juin 1637.

Jacques *QUESNEL* , Libraire, en 1618.
Jean *GUILLEMOT* , Libraire , en 1618.
Au lieu de { Michel *SOLY* , Libraire. . . . . } *sortans.*
        { Jean I *TOMPÈRE* , Libr. & Impr.

2 Juillet. . Pierre *Aubouyn* , Libraire & Imprimeur.
9 . . . . . . Antoine *Ruette* , fils de Macé , Libraire.
16 . . . . . Charles *Abelly* ; Libraire.

13 Août. . . Nicolas *Du Bays* , Libraire.
19 Novembr. Adrien *Du Mas* , Libraire.
. . . . Jean II *Mérault* , Libraire.
3 Décembr. Jean *De Monier* , Libraire.
17 . . . . . Louis *Petit* , Libraire.

Exerçant , suivant La Caille.

André *Chevalier* , fils de Pierre.

1638.

28 Janvier. . Antoine *Sorel* , Libraire.
8 Février. . François *Du Cardonnay* , Libraire.
3 Mars. . . Jérémie I *Bouillerot* , Libraire.
11 . . . . . N. Ve de Jean II *Moreau* , Libraire.
. . . . Adrien *Moreau* , fils de feu Jean II , Libraire.
29 . . . . . Laurent *Cottereau* , fils de Joseph , Libraire.
5 Mai. . . Michel *Bobin* , Libraire.
. . . . Eloi I *Sénécat* , Libraire.
20 . . . . . René *Mazuel* , Libraire.

Compagnie de Libraires pour les SS. Peres ,
(Societas Typographica SS. Patrum , Typis
Regiis , à la Grande-Navire) , composée de

Gabriel } *Cramoisy.*
Sébastien }
Denys *Moreau.*
Gilles *Morel.*
Etienne *Richer.*
Claude *Sonnius.*

Exerçants , suivant La Caille.

Michel II *Balagny* , fils de Michel I , Libraire.
Pierre *Essienne* , fils d'Adrien , Libraire & Imprimeur.
Michel *Van-Lochom* , Libraire.

1639.

26 Juin. . . Denyse *Courbé* , Libraire & Imprimeur , par
le décès de Jean *Camusat* , son mari.
30 . . . . . Siméon *Piget* , Libraire.

G

Xme SYNDICAT (5 ans, 3 mois, 24 jours).

Du Mercredi 28 Septembre 1639. X

Antoine *VITRÉ*, Libr. & Impr., Adjoint en 1626.

Syndic ayant, pour Adjoints,

Jacques *QUESNEL*, Libraire. } restans.
Jean *GUILLEMOT*, Libraire.

Thomas *DE NINVILLE*, Libraire, } entrans.
Claude I *CALLEVILLE*, Libr. & Impr.

Au lieu de { Pierre *ROCOLET*, Libr. & Impr. } sortans.
{ Julien *JACQUIN*, Libraire.

C 1639. D

13 Octobre. Guillaume *Michon*, 3e fils de François I, Libr.
. . . . Jean II *Remi*, fils de Jean I, Libraire.
. . . . Rolland *Touzart*, fils de Nicolas, Libraire.
. . . . Jean *Gaillard*, 1er fils de Pierre I, Libraire.
20 . . . . . Jean-Baptiste *Loyson*, 1er fils de Guillaume,
                Libraire.
. . . . Jérôme *Musier*, fils de François I, Libraire.
27 . . . . . Sébastien *Picquet* (gendre de N. Libraire)
                Libraire.
. . . . Jean *Péqueux* (gendre de N. Libraire) Libraire.
8 Novembr. François *Mile*, gendre de Denys *Houssaie*,
                Libraire.
. . . . Etienne *Haté*, gendre de Denys *Houssaie*, Libr.
. . . . Jean *Le Brun*, gendre de la Ve de Jean II
                Moreau, Libraire.
. . . . Jacques *Moire*, fils de Jean, Libraire.
9 . . . . . . N. Ve de Nicolas *Trabouillet*, Libraire.
19 . . . . . Gilbert *Le Bouc*, 2d fils de Jacques, Libraire.

10 Novembr. Charles *Guillain*, gendre d'Eustache *De Latte*,
    Libraire.
. . . . Thomas *Loret*, Libraire.
. . . . François *Preuveray*, Libraire.
. . . . Jean *Roger*, fils de Charles, Libraire.
. . . . Denys *Alan*, Libraire.
. . . . André *Musnier*, Libraire.
 1 Décembr. François *Bretel* ou *Bretet*, fils de René, Libr.
. . . . Pierre II *De la Haye*, fils de Pierre I, Libr.
. . . . Jacques *Brisset*, gendre de Jacques *Clergeon*,
    Libraire.
. . . . Jean *De Launay*, 1er fils de Richard, Libr.
. . . . Gilles *Boulingre*, gendre de François *Piot*,
    Libraire.

Exerçants, suivant La Caille.

Guillaume *Du Pré*, Libraire.
Rémi *Soubret*, Libraire & Imprimeur.

❦ 1640. ❧

 4 Janvier. . Robert II *Ballard*, fils de feu Pierre I, Libr.
12 . . . . Pierre *Vaudran*, Libraire.
. . . . Philippe *Dorélis*, Libraire.
14 . . . . Denys *Beys*, 1er fils de feu Adrien, Libraire.
. . . . Jean *Pasté*, Libraire & Imprimeur.
19 Avril. . . Gilles *Morel*, 3me fils de feu Claude I,
    Libraire.

Exerçant, suivant La Caille.

Barthélemi *Lorge*, Libraire.

IMPRIMERIE-ROYALE, établie dans le Château
du Louvre, fous le Ministère du Cardinal de Richelieu. Les frais en montent à 360,000 livres ; Sublet
Des Noyers en est nommé le Sur-Intendant ; Séba-
tien II *Cramoisy*, le Directeur, & Trichet Du Fresne,
le Correcteur.

G 3

IMPRIMERIE d'un nommé *Pierre Moreau*, Écrivain-Juré à Paris, qui avoit inventé une forte de caractères, imitant l'écriture bâtardé. Mais il intervient un jugement qui lui fait défenses de se mêler de vendre ses livres.

❀ 1641. ❀

19 Juillet. François II *Muſiel*, fils de François I, Libr.

. . . . Charles I. *Chéntault*, fils de feû Pierre , Libr.

. . . . Christophe *Lambin*, gendre de Jérôme *Blageart* , Libraire.

. . . . *Guil. Caillou*, gendre de Jean *Hérault* , Libr.

. . . . Remi *Soubret* , Libraire.

. . . . Jean *Rivière* , Libraire.

ÉLECTION D'ADJOINTS.

Du Mardi 1 Octobre 1641.

Jean I *Joſt*, Libraire & Imprimeur en 1628. . . .

Jean DE LA COSTE , Libraire & Imprimeur en 1630.

Au lieu de { Jacques QUESNEL , Libraire. } *ſortans.* { Jean GUILLEMOT , Libraire. }

11 Décembr. Nicolas *De Sercy* , Libraire.

. . . . Jean I *De la Caille* , gendre de Robert I *Feugé*, Libraire.

Exerçant, ſuivant La Caille.

René *Baudry* , Libraire & Imprimeur.

Jean *Dédin* , Libraire & Imprimeur.

Claude *Pelé* , fils de Guillaume , Libraire.

❦ 1642. ❧

20 Mars. . . Simon *Trouvain*, 2d fils de Jean, Libraire.
. . . . Jonas *Bréquigny*, gendre de Claude Hulpeau, Libraire.
. . . . Nicolas *Beffin*, 2d fils de Jacques, Libraire.
. . . . Claude *Le Beau*, Libraire.
. . . . Pierre *Le Petit*, Libraire.
. . . . Jean *Goubar*, Libraire.
. . . . Nicolas *Poirion*, Libraire.
. . . . Charles *Savreux*, Libraire.
3 Octobre. Edme II *Martin*, fils d'Edme I, Libr.-Impt.
. . . . Etienne *Daugui*, Libraire.
. . . . Robert *Denain*, Libraire.

Exerçants, selon La Caille.

Claude *Morand*, Libraire.
Jean-Jacques *Estienne*, 1er fils d'Antoine, Libraire.

Première Époque
DU RÈGNE DE LOUIS XIV.
Du 14 Mai 1643 — au 31 Décembre 1669.
I

OFFICIERS de la Librairie & Imprimerie,

Antoine *VITRÉ*, Libraire & Imprimeur, *Syndic.*
Thomas *DE NINVILLE*, Libraire.
Claude I *CALLEVILLE*, Libraire & Imprim.
Jean I *JOST*, Libraire & Imprimeur.
Jean *DE LA COSTE*, Libraire & Imprimeur. } *Adjoints.*

ÉLECTION D'ADJOINTS.

Du Vendredi 2 Octobre 1643.

Nicolas *FRÉMIOT*, Libraire en 1618.
Jacques I *LANGLOIS*, Libraire & Imprimeur en 1633.
Au lieu de { Thomas *DE NINVILLE*, Libraire.
Claude I *CALLEVILLLE*, Libr.-Impr. } *sortans.*

❮ 1643. ❯

24 Novembr. Adrien *Ménier*, fils de feû Pierre II, Libr.
& Imprimeur.
. . . . François *Noël*, Libraire.
. . . . Rollet *Le Duc*, fils de Michel, Libraire.

CONSEIL.	PARLEMENT.	CHASTELET.	UNIVERSITÉ.
Chancelier.	*Premiers Présidens.*	*Prévôts de Paris.*	*Recteurs.*

CONSEIL. — *Chancelier.*

Pierre *Séguier*, Comte de Gien, (G. d. S. dès le 28 Févr. 1633) Chancelier, du 16 Déc. 1635 jusqu'au 22 Janv. 1672, jour de sa mort.

Charles *de l'Aubespine*, Marquis de Châteauneuf, Chancelier des Ordres du Roi, G. d. S. du 2 Mars 1650 au 3 Avril 1651.

Matthieu *Molé*, de Champlâtreux, (I Président au Parlement de Paris) G. d. S. de 3 au 13 Avril 1651, & du 9 Septembre suivant, jusqu'à sa mort, 3 Janvier 1656.

PARLEMENT. — *Premiers Présidens.*

Matthieu *Molé*, du 19 Novembre 1641, jusqu'à sa démission du 22 Avril 1653.

Pompone *de Bellièvre*, Marquis de Grignon, du 22 Avril 1653, jusqu'à sa mort 15 Mars 1657.

Guillaume *de Lamoignon*, Marquis *de Bâville*, du 16 Novembre 1658 jusqu'à son décès, 10 Déc. 1677.

Procureurs-Génér.

Blaise *Méliand*, du 19 Novembre 1641 à 1650.

Nicolas *Fouquet*, de 1650 à 1661.

Achilles de *Harlai*, du 20 Août 1661 au 4 Juin 1667.

Achilles *de Harlai*, fils du précédent, du 4 Juin 1667 au 13 Novembre 1689.

Avocats-Généraux.

Cardin *Le Bret*, de 1604 à sa mort, en 1654.

Jacques *Talon*, de 1621, à sa mort en 1648.

Omer *Talon*, de 1632, à sa mort, en 1652.

Etienne *Briquet*, de 1641 à sa mort, en 1645.

Jerôme *Bignon*, exerce une seconde fois à la mort de *Briquet*, son gendre; n'ayant plus que le rang de se-

CHASTELET. — *Prévôts de Paris.*

Louis *Séguier*, de 1611 à 1653.

Pierre *Séguier*, neveu du précédent, de 1653 à 1670.

Lieutenans-Civils.

Dreux *d'Aubray*, de 1643 à 1667.

Antoine *d'Aubray*, fils du précédent, de 1667 à 1671.

Lieut. de Police.

Gabriel-*Nicolas*, Seigneur *de la Reynie*, Maître des Requêtes de l'Hôtel du Roi, du 29 Mars 1667 (époque de la création de l'Office) au 29 Janvier 1697.

Lieutenans-Crimin.

Bénigne *Blondeau*, de 1627 à 1635.

Jacques *Tardieu*, de 1655 au 24 Août 1665, qu'il fut assassiné avec sa femme.

Jacques *Deffita*, de 1666 à 1674.

Procureurs du Roi.

Louis *Chauvelin*, de 1638 à 1643.

Etienne *Bonneau*, de 1643 à 1647.

Charles *Bonneau*, fils du précédent, de 1647 à 1651.

Etienne *Bonneau*, frère du précédent de 1651 à 1657.

Armand-Jean *de Riantz*, de 1657 à 1674 (son Office fut supprimé par Edit de Sept. 1684).

UNIVERSITÉ. — *Recteurs.*

Ludov. *de Saint-Amour*, Baccalaureus Theologus, Philosophiæ Professor, in Collegio Remensi, du 16 Décembre 1642.

1643. 10 Oct. Franciscus *du Monstier*, antiquus Professor in Choletæo.

1646. 10 Oct. Godofredus *Hermane*, Licentiatus Theologus, è Picard. Nat. in Sorbonâ.

1648. 24 Mars, Petrus *Deschâteaux*, Licentiatus Theologus, Prior Sorbon.

1650. 24 Mars, Joannes *Tarin*, vir Rectorius, Professor Regius; &, cùm paucis pòst diebus se excusasset,

28 Mars, Joannes *Courtin*, Licentiatus Theologus, è Soc. Nav.

* . . . . Joannes *Gerbais.*

1652. 23 Mars, Claudius *de la Place*, Rhetoric. Professor in Collegio Bellovaco.

16 Décembre, Franciscus *Guillon*, Baccalaur. Theologus, Philosophiæ Profess. in Colleg. Montacutio, &, cùm abdicasset,

18 Décembre, Claudius *de la Place*, qui suprà.

1653. 23 Juin, Petrus *Lalemant*, Rhetoric. Professor in Cardinalitio.

* G 5

24 Novembr. Guillaume *Saffier*, Libraire & Imprimeur.

. . . . Louis *Frémiot*, Libraire.

1 Décembr. Edme *Pépingué*, 1er fils de Théodore, Libr.

15 . . . . . André *Petitpas*, fils de feû Jean, Libraire & Imprimeur.

; . . . . . . Pierre II *Séveftre*, 3me fils de feû Louis II, Libraire & Imprimeur.

. . . . François *Bordier*, fils de feû Noël, Libraire.

22 . . . . . Maturin *Chaftelain*, fils de feû Charles II, Libraire.

. . . . Charles *Du Mefnil*, fils de Henri, Libraire.

. . . . Jacques *Quétier*, fils de Barnabé, Libraire.

29 . . . . . Etienne *Mirault*, 1er fils de feû Antoine, Libr.

. . . . Geoffroi II *Cordier*, fils de Geoffroi I, Libr.

. . . . Jean *Bouhours*, Libraire & Imprimeur.

. . . . Claude *Le Roi*, 3me fils de feû Jacques I, Libraire.

Exerçant, fuivant la Caille.

Gervais II *Alliot*, Libraire.

Laurent *Fourquoyère*, Libraire.

Michel II *Julien*, 1er fils de Louis 1, Libraire.

Pierre *Moreau*, Libraire.

F. . . *Rouvelin*, Libraire.

❮ 1644. ❯

19 Janvier . . Raimond *Clergeon*, fils de feû Jacques, Libr.

. . . . Louis *Daumalle*, fils de Jean, Libraire.

15 Mars . . . Jacques *Guillery*, Libraire & Imprimeur.

18 . . . . . . Claude *Tonnellier*, Libraire.

8 Juin . . . Charles I *Coignard*, gendre de feû Jean I *Tompère*, Libraire & Imprimeur.

. . . . Jean II *Tompère*, 1er fils de feû Jean I, Libraire & Imprimeur.

22 . . . . . . Jean II *Duval*, gendre de feû Guillaume *Pelé*, Libraire.

PARLEMENT.	CHASTELET.	UNIVERSITÉ.	UNIVERSITÉ.
Avocats-Généraux.	*Avocats du Roi.*	*Recteurs.*	*Recteurs.*

PARLEMENT. — Avocats-Généraux.

cond Avocat-Général de 1646 à 1656.

Denys *Talon*, de 1652, à sa mort en 1698.

Jérôme *Bignon*, fils du précédent Jérôme; de 1656 jusqu'en 1673.

CHASTELET. — Avocats du Roi.

Jacques *Le Picart*, II, de 1608 à 1650.

Etienne *Chirat*, I, de 1655 à 1645.

Pierre *Brigallier*, I, de 1641 à 1681.

Denys *Talon*, II, de 1650 à 1653.

Claude *Le Mazier*, II, de 1653 à 1656.

Robert *Lefchaffier*, II, de 1656 à 1661.

Michel *Le Péletier*, II, de 1661 à 1666.

André *Le Févre d'Ormesson*, II, de 1666 à 1671.

UNIVERSITÉ. — Recteurs.

1655.
11 Oct. Bravius *Coubdyon*, Licentiatus Theologus, Collegii Æduensis Primarius.

1656.
Joannes *Gerbais*, qui suprà.
16 Décembre, Joannes *Mercier*, Baccalaur. Theologus, Collegii Marchiani Primarius.

1657.
17 Décembre, Nicolaus *Pierres*, Rhetoric. Professor in Lexovæo.

1658.
23 Juin, Guillelmus *Cauvet*, Licentiatus Theologus, Philosophiæ Professor in Cardinalitio.

1659.
11 Janvier, Joannes *le Houx*, Collegii Graffinæi Primarius ſ mortuus die 20 hujus mensis.
25 Janvier, Ludovicus *Rouillard*, Philosophiæ Professor in Marchiano Ven. Nationis Procurator.
23 Juin, Hieronymus *Landrieu*, Baccalaur. Theologus, Eloquentiæ Professor in Marchiano.

1660.
16 Janv. Petrus *de Lenglet*, Eloquentiæ Professor in Sorbon. Pleſſæp.
11 Oct. Joannes *Gerbais*, Licentiatus Theologus.

1661.
24 Mars, Petrus *de Lenglet*, qui suprà.

UNIVERSITÉ. — Recteurs.

10 Oct. Cesar Egaſſius *du Boulay*, antiquus Eloquentiæ Professor, in regiâ Navarrâ.

1662.
24 Mars, Nicolaus *Tavernier*, Eloquentiæ Professor, in Regiâ Navarrâ.
10 Oct. Petrus *de Lenglet*, Univerſitatis Procurator Syndicus.

1663.
31 Mars, Nicolaus *Pierres*, vir Rectorius, qui suprà.
10 Oct. Petrus *de Lenglet*, quà suprà.

1664.
24 Mars, Ludovicus *Rouillard*, vir Rectorius, qui suprà.

1666.
24 Mars, Joannes Nicolaus *d'Ennuyair*, Baccalaureus Theologus, Philosophiæ Professor in Lexovæo.

1667.
10 Octobr. Stephanus *Léger*, Baccalaur. Theologus, antiquus Philosophiæ Professor in Regiâ Navarrâ.

1668.
10 Octobre, Nicolaus *Lair*, è Collegio Harcurio.

30 Juin. . . . Louis *Pouffet*, 1er fils d'Adam, Libraire.

. . . . Jean II *Promé*, Libraire.

13 Juillet. . Nicolas *Boiffet*, Libraire.

20 . . . . . Alexandre *Leffelin*, gendre de Louis *Frémeri*, Libraire.

7 Septembr. Etienne *Lucas*, fils de Jacques, Libraire.

13 . . . . . Robert II *Feugé*, fils de feû Robert I, Libr.

. . . . Denys *Le Franc*, fils de Pierre, Libraire.

XIme SYNDICAT, (1 ans, 9 mois, 10 jours).

Du Jeudi, 3 Novembre 1644.

Sébaftien I *HURÉ*, Libraire en 1613.

Syndic ayant, pour Adjoints,

Nicolas *FRÉMIOT*, Libraire. . } *reftans.*
Jacques *LANGLOIS*, Libr.-Impr. }

Pierre *CHAUPIÈRE*, Libraire en 1633. } *entrans.*
François *PREUVERAI*, Libraire en 1639. }

Au lieu de { Jean I *JOST*, Libraire. . . . . . } *fortans.*
{ Jean *DE LA COSTE*, Libr.-Impr. }

1644.

22 Décembr. Denys II *Langlois*, 3e fils de feû Denys I, Libraire & Imprimeur.

. . . . Macé *Bouillette*, fils de feû Jean, Libraire.

. . . . Simon I *Langlois*, 4e fils de feû Denys I, Libraire & Imprimeur.

. . . . Nicolas *Portier* fils de Pierre, Libraire.

. . . . Jean II *Gobert*, fils de Jean I, Libraire.

. . . . Jean I *Piot*, 1er fils de François, Libraire.

. . . . Pierre *Saunier*, fils de feû François, Libraire.

. . . . Charles *De Louviers*, gendre de Laurent Mérieux, Libraire.

Reçus

Reçus, *suivant La Caille.*

David I *Le Roi.* } 18 Mars.
Jacques II *Le Roi.* }

Exerçant, suivant La Caille.

Louis II *Julien*, 2ᵈ fils de Louis I, Libraire.

🙟 1645. 🙝

12 Janvier.	François *De Latte*, 1ᶠ fils de feu Eustache, Libraire.
. . . .	Léon *Delaulne*, gendre de Philibert *Charpentier*, Libraire.
26	Sebastien *Feugé*, neveu de Louis & Robert II, Libraire.
. . . .	David II *Le Roi*, Libraire.
28 Mars. . . .	Pierre *Variquet*, Libraire.
. . . .	Nicolas *Périer*, fils de Louis, Libraire.
30	Florentin *Lambert*, Libraire.
6 Juillet. .	Jean *De la Ruelle*, fils de Thomas, Libraire.
. . . .	Florimond *Badier*, gendre de N. *Gillette*, Libraire.
. . . .	François *Thomas*, fils de Jean II, Libr.-Impr.
. . . .	Martin *Le Prest*, fils de François, Libr.-Impr.
. . . .	Pierre *Talon*, fils de Nicolas, Libraire.
	Gilles *De Courbe*, fils de Jean, Libraire.
13	Nicolas I *Delaundy*, fils de Jean, Libraire.
. . . .	Antoine *Du Hamel*, 2ᵈ fils de Jean I, Libr.
3 Août. . . .	Charles I *Saugrain*, fils d'Abraham, Libraire.
25 Septembr.	N. Vᶜ d'Edme I *Martin*, Libraire.
26 Octobre.	Jean III *Boucher*, Libraire.

Exerçant, suivant La Caille.

François *Bellet*, Libraire.

☾ 1646. ☽

15 Janvier. . Michel *Du Han*, Libraire.
. . . . Claude *Huot*, Libraire.
1 Février. . Daniel *Le Fébvre*, Libraire.
8 . . . . . Sébastien II *Huré*, fils de Sébastien I, Libr.
15 . . . . . Pierre I *Ribou*, Libraire.
23 . . . . . Henri III *Estienne*, 3ᵉ fils d'Antoine, Libraire
& 1ᵉʳ Imprimeur du Roi.
6 Avril . . Etienne *Maucroi*, Libraire.

ELECTION D'ADJOINTS.

Du Mardi 8 Mai 1646.

Denys I *THIERRY*, Libraire en 1629.
Louis III *SÉVESTRE*, Libraire & Imprimeur en 1634.
Au lieu de { Nicolas *FRÉMIOT*, Libraire.
{ Jacques *LANGLOIS*, Libr.-Impr. } sortant.

5 Juillet. . Nicolas II *De Launay*, gendre de Jacques
Le Long, Libraire.
. . . . . . Simon *Frémin*, gendre de Jean *Michelin*, Libr.
12 . . . . . François *Le Long*, fils de feu Pierre, Libraire
& Imprimeur.
16 . . . . . Nicolas *Jacquard*, Libraire.
2 Août. . . Sébastien I *Martin*, gendre de François *Piot*,
Libraire.
. . . . . . Thomas *Du Puis*, fils de Pierre, Libraire.
9 . . . . . Nicolas *Pelé*, Libraire.
23 . . . . . Thomas *De la Carrière*, Libraire.
. . . . . . Nicolas *Vivenay*, Libraire.
30 . . . . . Sébastien *Monmiral*, l'aîné, fils de Nicolas,
Libraire.
. . . . . . Marin *Monmiral*, le jeune, fils de Nicolas, Libr.

Exerçant, suivant La Caille.

Jean *Hude*, Libraire.

XIIme SYNDICAT (2 ans, 7 mois, 6 jours).

Du Mardi 2 Octobre 1646.

Pierre *ROCOLET*, Libr. & Impr., Adjoint en 1636.

Syndic ayant, pour Adjoints,

Denys I *THIERRY*, Libraire. . . . } *reſtans.*
Louis III *SÉVESTRE*, Libr.-Impr. }

Denys *BÉCHET*, Libr. & Impr. en 1631. } *entrans.*
Robert *SARA*, Libraire & Impr. en 1629. }

Au lieu de { Pierre *CHAUDIÈRE*, Libraire. . } *ſortans.*
{ François *PREUVERAI*, Libraire. }

❦ 1647. ❧

4 Janvier. . Pierre II *De Breſche*, 2d fils de Pierre I, Libr.
7 Février. . Pierre *Guénon*, fils de Henri, Libraire.
14 . . . . . Gilles *Gourault*, 1er fils de Claude, Libraire.
15 Mars. . . François *Julien*, 3e fils de Louis I, Libr.-Impr.
. . . . Jean *Le Rat*, Libraire.
. . . . Jean *Pocquet*, Libraire.
28 . . . . . Charles *Charpentier*, 1er fils de Pierre I, Libr.
11 Avril . . Jean *Le Rond*, gendre de feû Jean *Du Hamel*,
                Libraire.
. . . . Nicolas *Hélie*, Libraire.
13 Juin. . . Guillaume *La Grive*, fils de Jean, Libraire.
22 Août . . Antoine *Boullanger*, 1er fils de Louis I, Libr.
29 . . . . . Denys II *Moreau*, fils de feû Denys I, Libr.
. . . . David *Beauplet*, fils de feû François, Libr.
. . . . Jean *Harel*, gendre de Jacques *Villery*, Libr.
12 Septembr. François *Pouſſet*, 2d fils d'Adam, Libraire.
19 . . . . . Robert *Guénet*, Libraire.
26 . . . . . Pierre II *Guillemot*, fils de Matthieu II, Libr.
5 Décembr. Nicolas *Pardeſſus*, 1er fils d'Adam, Libraire.

Exerçants, suivant La Caille.

François III *Estienne*, 2^d fils d'Antoine, Libraire & Impr.

N. Ve de Gilbert *Le Bouc*, Libraire.

Jeanne *Guillemot*, (V^e en 1res nôces de Samuel *Thiboust*, & en 2des) Ve de Jean *Libert*, Libraire.

N. Ve de Pierre *Moreau*, Libraire.

1648.

6 Février.	Claude II *Calleville*, 1er fils de Claude I, Libraire.
	Claude *Cochon*, Libraire.
13	Jacques *Laisné*, Libraire.
	Pierre *Dupont*, Libraire.
	Thomas *Joly*, gendre de Jacques *Dallin*, Libr.
2 Mars.	Pierre *Gourault*, 2^d fils de Claude, Libraire.
2 Avril.	Gabriel II *Clopejau*, 1er fils de Gabriel I, Libr.
	Nicolas *Clopejau*, 2^d fils de Gabriel I, Libr.

ÉLECTION D'ADJOINTS.
Du Vendredi 8 Mai, 1648.

Robert II *BALLARD*, Libraire en 1645.

Rémi *SOUBRET*, Libraire & Imprimeur en 1639.

Au lieu de { Denys I *THIERRY*, Libraire. Louis III *SÉVESTRE*, Libr.-Impr. } *sortans.*

2 Juillet.	Jacques *Camusat*, fils de feu Jean, Libraire.
28 Août.	Jacques I *Le Gras*, 1er fils de Henri, Libr.
	Louis *Chamhoudri*, gendre d'André *Soubron*, Libraire.
20 Novembr.	N. Ve de Jacques I *De Sanlecque*, Libraire.
10 Décembr.	Louis *De la Tour*, fils de Claude, gendre de Nicolas *Pilon*, Libraire.
27	Noël *Hacqueville*, fils de Léger, Libraire.

Exerçants, fuivant La Caille.

Louis II *Boullanger*, 2^d fils de Louis I, Libraire.
N. V^e d'André *Mufnier*, Libraire.

☾ 1649. ☽

22 Avril. . . Jean *Julien*, Libraire.
. . . . Guillaume *Bureau*, Libraire.
4 Mai. . . Marin *Léché*, Libraire.

XIIIme SYNDICAT (3 ans, 6 jours).

Du Samedi 8 Mai 1649.

Matthieu II *GUILLEMOT*, Libraire en 1607.

Syndic ayant, pour Adjoints,

Robert II *BALLARD*, Libraire. . . . } *reftans.*
Remi *SOUBRET*, Libraire & Imprim. }

Jean *DU BRAY*, Libraire en 1636. . . } *entrans.*
Edme II *MARTIN*, Libr.-Impr. en 1642. }

Au lieu de { Denys *BÉCHET*, Libr.-Impr. } *fortans.*
{ Robert *SARA*, Libr.-Impr. }

☾ 1649. ☽

17 Mai. . . Pierre I *Joffe*, Libraire.
26 Août. . . André *Chouqueux*, gendre de Jean *Brunet*, Libraire.
. . . . Jean *De Houry* (depuis *D'Houry*), gendre de François *Beauplet*, Libraire.
. . . . Louis *Gontier*, gendre de Nicolas *Beffin*, Libr.
2 Septembr. Laurent *Ninin*, gendre de Jean *Brunet*, Libr.
18 . . . . . Pierre *Moët* (depuis *Moette*) gendre de Maturin *Hénault*, Libraire. . . . . .

18 Septembr. Jean *Gandouin*, fils de Léger, & gendre de
. . . . *Robinot*, Libraire.

. . . . Claude *Nicod*, fils d'Antoine, Libraire.

. . . . Charles *De Sercy*, frère puîné de Nicolas, Libr.

. . . . Pierre I *Bessin*, fils de Nicolas I. Libraire.

. . . . Denys *David*, gendre d'Etienne *Saussier*, Libr.

. . . . Pierre *Dorguille*, Libraire.

. . . . Gilles *André*, Libraire.

. . . . Hugues *Seneuze*, gendre de feû François
Beauplet, Libraire.

. . . . Jean *Bazin*, fils de feû Claude, Libraire.

30 . . . . . . Jean III *Denys*, fils de Maturin, Libraire.

. . . . Louis *Piot*, 2ᵈ fils de François, Libraire.

. . . . Jacques *Preuveray*, fils de François, Libraire
& Imprimeur.

. . . . Pierre II *Margat*, fils de Pierre I, Libraire.

7 Octobre. Edme I *Couterot*, frère aîné de Jean, gendre
de Denys *Moreau*, Libraire.

14 . . . . . . Gilles *Chicoyneau*, Libraire.

21 . . . . . . François II *Joron*, fils de François I, Libr.

29 . . . . . . Guillaume *Branchu*, Libraire.

. . . . Jean *Huart*, Libraire.

. . . . Robert I *Du Castin*, Libraire.

. . . . Etienne *Gaudreau*, Libraire.

4 Novembr. Nicolas *Foucault*, Libraire.

16 Décembr. Claude *Hanocque*, fils de Jean, Libraire.

. . . . Pierre *De Hors*, fils de Fiacre, Libraire.

30 . . . . . . Antoine *Vimar*, fils de Maurice, Libraire.

Exerçant, suivant La Caille.

Jean *Le Gentil*, Libraire.

1650.

20 Janvier. Florent *Fournet*, Libraire.

. . . . Nicolas *Hugot*, gendre de Gervais *Alliot*,
Libraire.

27 . . . . . . François *Le Cointe*, Libraire.

3 Février.

3 Février. . Pierre I *Baudouyn*, Libraire.
10 . . . . . . Claude *Boudeville*, Libraire.
. . . . René *Dupré*, Libraire.
. . . . Denys *Pelé*, Libraire.

ÉLECTION D'ADJOINTS.

Du Lundi 9 Mai 1650.

Georges I, *JOSSÉ*, Libraire en 1627.
François *PIOT*, Libraire en 1625.

Au lieu de { Robert II *BALLARD*, Libraire.   } *fortans.*
           { Remi *SOUBRET*, Libr.-Impr.   }

7 Juillet. . Antoine II *Bourriquant*, fils d'Antoine I,
               Libraire.
21 . . . . . . Nicolas *Bieftkens*, nouveau Converti, futur
               gendre de Charles *Chaftellain*, Libraire.
4 Août. . . Matthieu *Boudinet*, fils de Claude, Libraire.
2 Septembr. Louis II *Vendofme*, fils de Louis I, Libraire.
27 Octobre. Etienne *Pépingué*, 2ᵉ fils de Théodore, Libr.
. . . . Nicolas *Pépingué*, 3ᵉ fils de Théodore, Libr.
. . . . Jean II *De la Tourette*, fils de Jean I, Libr.

1651.

8 Mars. . . N. Vᵉ de Louis I *De Heuqueville*, Libraire.
30 . . . . . . Jean *Dincourt*, Libraire.
. . . . Samuel *Périer*, Libraire.
. . . . Guillaume I *Defprez*, Libraire.
13 Avril. . . Pierre *Collet*, fils de Claude, Libraire.
20 . . . . . . Jean II *Cochart*, 1ᵉʳ fils de Jean I, Libraire.
11 Mai. . . Nicolas II *Filliet*, fils de Nicolas I, Libraire.

H

ÉLECTION D'ADJOINTS.
Du Mardi 23 Mai 1651.

Antoine II *DE SOMMAVILLE*, Libr. en 1620.
Jean *ROGER*, Libraire en 1639.

Au lieu de { Jean *DU BRAY*, Libraire. . . } *sortans.*
{ Edme II *MARTIN*, Libr.-Impr. }

23 Mai. . . *N.* Vᵉ de Jacques *Guillery*, Libraire & Impr.
7 Juin. . . . Antoine I *Chrestien*, futur mari de *N.* Vᵉ de Jacques *Guillery*, Libraire.
5 Octobre. Claude *Blageart*, fils de Michel, Libraire.
. . . . Claude II *Gueffier*, fils de Claude I, Libraire.
19 . . . . . . Touffaint II *Quinet*, fils de Touffaint I, Libr.
. . . . Julien II *Jacquin*, fils de Julien I, Libraire.
. . . . Jacques *Cottinet*, 2ᵈ fils d'Arnoult, Libraire.
. . . . Louis II *Framery*, 1ᵉʳ fils de Louis I, Libr.
. . . . Guillaume *De Luynes*, fils de l'Argentier de la Duchesse de Mercœur, Libraire.
9 Novembr. Claude *Brinon*, Libraire.
16 . . . . . Charles *Villery*, 1ᵉʳ fils de Jacques I, Libraire.
23 . . . . . Charles *Detunes*, gendre de Jean *Guillain*, Libraire.
29 . . . . . Antoine *Emery*, Libraire.
7 Décembr. Nicolas *Gallot*, gendre de Pierre *Grignon*, Libraire.
29 . . . . . Jacques *Bauche*, fils de Claude I, Libraire.

❦ 1652. ❧

29 Février. Gilles *Tompère*, 2ᵈ fils de Jean I, Libr.-Impr.
7 Mars. . . Damien *Foucault*, Libraire.
. . . . Jacques *Le Gentil*, Libraire.
. . . . Jean *Plicot*, Libraire.

24 Avril. . . Louis *Bilaine* , fils de Jean , Libraire.
2 Mai. . . Claude *Josse* , 1er fils de Georges I , Libraire.
. . . . Jean II *Piot* , 3e fils de François , Libraire.
. . . . Jacques *Roger* , fils de Jean , Libraire.
10 . . . . . Jean III *Houzé* , fils de Jean II , Libraire.

XIVme SYNDICAT (4 ans, 11 mois, 24 jours).

Du Mardi 14 *Mai* 1652.

Robert II *BALLARD* , Libraire , Adjoint en 1648.

Syndic ayant, pour Adjoints,

Antoine II *DE SOMMAVILLE* , Libr. . . } *restans.*
Jean *ROGER* , Libraire. . . . . }

Siméon *PIGET* , Libraire , en 1639. . } *entrans.*
Sébastien *FEUGÉ* , Libr. en 1645. . . }

Au lieu de { Georges *JOSSE* , Libraire. } *sortans.*
{ François *PIOT* , Libraire. }

27 Juin. . . Jean *Gauglin*, gendre de Jean *Michelin* , Libr.
4 Juillet. . Antoine *Mérieux* , fils de Laurent , Libraire.
10 Octobre. Denys II *Thierry* , fils de Denys I , Libraire.
17 . . . . . Antoine *Le Rond* , fils de Georges , Libraire.
14 Novembr. Jean II *Guignard* , 1er fils de Jean I , Libraire.
. . . . Matthieu *Ménard* , fils de Pierre , Libraire.
. . . . Edouard *Chevalier* , fils de Jacob , Libraire.
21 . . . . . Emanuel *Langlois* , 1er fils de Jacques I, Libr.
. . . . Jacques II *Langlois* , 2d fils de Jacques I, Libr.
. . . . Claude I *Thiboust* , fils de Samuel , Libraire.
. . . . Jean *Collet* , fils de Martin , Libraire. . . .

Exerçant, suivant La Caille.

Rolet *Durand* , fils de Sébastien , Libraire.

H 2

☽ 1653. ☾

6 Février. . . Charles *Le Roi*, 4e fils de Jacques, Libraire.

20 . . . . Etienne *Du Bois*, gendre de feû Pierre
Le Maire, Libraire.

27 . . . . . . Frédéric I *Léonard*, Apprenti de Jean *Bilaine*,
Libraire & Imprimeur.

6 Mars. . . Jean *Ribou*, gendre de Pierre *David*, Libr.

. . . . Thiéri *Le Chasseur*, Apprenti d'Antoine *De
Sommaville*, Libraire.

. . . . Antoine *Quenet*, fils de Robert, Libraire.

. . . . Antoine *Varangue*, 1er fils de Jacques, Libr.

. . . . Jacques *Le Conte*, Apprenti d'Isaac *Desdin*,
Libraire.

. . . . Louis *Heurtevan*, Apprenti de Nicolas
Poirion, Libraire.

20 Mars. . . . . ¶ Premier *Enregistrement* de Privilége, à la Chambre
Syndicale. — Le 8 Avril suivant, un Arrêt du
Parlement enjoignit cette formalité à tous Libraires,
Imprimeurs & autres personnes. — Le 5 Août suivant, un nouvel Arrêt de la même Cour confirma
celui du 8 Avril. Ces Enregistremens se firent par
mention simple ou extrait, jusqu'au 13 Août 1703,
qu'un Arrêt du Conseil ordonna que les Lettres de
Privilége pour l'impression des livres, & les Cessions
desdites Lettres seroient enregistrées *tout au long*,
comme cela se pratique actuellement. — Quel présent seroit-ce à faire au Public que de publier la
nomenclature de tous les Livres revêtus du Sceau
Royal depuis 133 ans. Ce seroit un morceau précieux pour l'histoire littéraire de la Nation.

27 Mars. . . Pierre *L'Amoureux*, Apprenti de Fleuri
Bourriquant, Libraire.

. . . . Louis *Gasse*, fils de Nicolas, Libraire.

. . . . Nicolas *Michelin*, fils de Jean, Libraire.

2 Mai. . . . Nicolas II *Vaugon*, fils de Nicolas I, Libraire.

. . . . Pierre *Quet*, fils d'Alain, Libraire.

15 . . . . . . Pierre II *Baudouyn*, fils de Pierre I, Libraire.

ÉLECTION D'ADJOINTS.

Du Vendredi 13 *Juin* 1653.

André SOUBRON, Libraire en 1625.

Charles I COIGNARD, Libr.-Impr. en 1644.

Au lieu de { Antoine II DE SOMMAVILLE, Libr. } *sortans.*
{ Jean ROGER, Libraire. }

10 Juillet. . . François II *Targa*, 1er fils de feû François I, Libraire.

. . . . Gabriel *Targa*, 2d fils de feû François I, Libraire.

. . . . François *Maurice*, gendre de feû François I, *Targa*, Libraire.

7 Août. . . Thomas *Charpentier*, 2d fils de Pierre I, Libr.

. . . . Pierre II, *Charpentier*, 3e fils de Pierre I, Libr.

11 Septembr. Marin *Clergeon*, 2d fils de feû Jacques, Libr.

27 Novembr. Jacques *Bouillerot* 1er fils de Jérémie I, Libr.

. . . . Pierre *Bouillerot* 2d fils de Jérémie I, Libraire.

. . . . Christophe *Journel*, Libraire & Imprimeur.

. . . . Edme *Redouté*, Libraire.

. . . . David *De Latte*, 2d fils de feû Eustache, Libr.

4 Décembr. Antoine *Clément*, gendre de Gervais *Alliot*, Libraire.

. . . . Nicolas II *Trabouillet*, 1er fils de feû Nicolas I, Libraire.

. . . . Nicolas II *Bessin* 3d fils de Jean, Libraire.

. . . . Marie *Mariette*, Libraire, par le décès de Maturin IV *Du Puis*, Libraire.

. . . . Jean *Du Puis*, fils de feû *Maturin* IV, Libr.

18 . . . . Jean *L'Epicié*, fils de Claude, Libraire.

H 3

1654.

15 Janvier. Etienne *Sauvage*, gendre de Pierre *Viné*, Libr.

. . . . Michel I *Vaugon*, gendre de François *Joron*, Libraire.

. . . . François *Couſtelier*, gendre de Pierre *Trouvain*, Libraire.

. . . . Laurent *Jacquin*, Apprenti de Claude *Groult*, Libraire.

5 Février. . Claude I *Hériſſant*, Apprenti de Jean *De la Haie*, & gendre de François *De Hanſy*, Libraire.

. . . . François *Drou*, gendre d'Euſtache *De Latte* Libraire.

. . . . Jean *Detunes*, comme ayant épouſé *N. V*ᵉ de Jacques *Quétier*, Libraire.

12 . . . . . Jean *Varangue*, 2ᵈ fils de feu Jacques, Libr.

. . . . François *Breton*, gendre de Thomas *Le Roi*, Libraire.

5 Mars. . . Jean - Baptiſte *Négo*, Apprenti de Robert *Manſion*, Libraire.

. . . . Jacques *Rollin*, Libraire.

. . . . Denys *Stèvel*, Apprenti de Michel *Balagny*, Libraire.

19 . . . . . Olivier *Mayeur*, 1ᵉʳ fils de Jean, Libraire.

. . . . Jacques II *Le Bouc*, gendre de Jean *Mayeur*, Libraire.

. . . . Claude *Barbin*, Apprenti d'Etienne II *Richer*, Libraire.

. . . . Nicolas *Souchet*, Apprenti de Florent *Jouvenel*, Libraire.

30 Avril. . Nicolas *Du Pin*, Apprenti de Pierre II *Des Haies*, Libraire & Imprimeur.

. . . . Jacques *Honervogt*, Apprenti de Jean *Brunet*, Libraire & Imprimeur.

. . . . Thomas *L'Eſguillon*, Apprenti de Jean I *Piot*, Libraire.

30 Avril. . . Simon *Monet*, gendre de Nicolas *Boisset*, Libr.
. . . . Sébastien *Framery*, 2ᵈ fils de Louis I, Libr.
. . . . Pierre *Merville*, Libraire.
16 Septembr. Jean II *Le Roi*, fils de Thomas; Libraire.
29 Octobre. Denys *Alexandre*, fils de Nicolas, Libr.-Impr.
5 Novembr. Jean *Bussière*, gendre de Guillaume *Maréchal*,
      Libraire.
. . . . Marin, *Boulingue*, Apprenti de Gilles *Bou-*
      lingue, Libraire.

❆ 1655. ❧

7 Janvier. . Robert *De la Carrière*, fils de Jacques, Libr.
21 . . . . . André *Crampisy*, 1ᵉʳ fils de Claude I, Libraire.
4 Mars. . . Laurent I *Rondet*, Apprenti de François
      Sévestre, & de Jean *Hénault*, Libr.-Impr.
. . . . Pierre *Mauger*, Apprenti de Matthieu *Le*
      Fèvre, Libraire.
. . . . Antoine *Bénard*, 1ᵉʳ fils de Guillaume, Ap-
      prenti de Jean II Thomas, Libraire.
11 . . . . . Jean *De la Carrière*, Apprenti de Henri
      Dallin, Libraire & Imprimeur.
18 . . . . . Jean I *Villette*, Apprenti de Jacques *Com-*
      paing, & gendre de Richard *Delaunai*, Libr.
. . . . Jean II *Mirault*, 2ᵈ fils de feû Antoine, Libr.
. . . . Jean *Le Moine*, gendre de Jean *Pasquier*,
      Libraire.
. . . . Charles *Du Bourg*, gendre de Jean *Péaulx*,
      Libraire.
. . . . Nicolas *L'Epicié*, Apprenti de Nicolas
      Larmessin, Libraire.
20 Mai. . . Gervais *Pochet*, Ouvrier de l'Imprimerie
      Royale, reçu en vertu de Lettre de Cachet,
      du 15 Avril, Libraire.
. . . . Charles II *Becquerer*, fils de feû Charles I,
      Libraire & Imprimeur.
. . . . Pierre *Martin*, fils de feû Jean, Libraire.

29 Juillet. . Gabriel *Quenet*, fils d'Antoine, Libraire.
. . . . Nicolas *Langlois*, fils de feû François, Libr.
9 Septembr. Robert *Le Fillatre*, gendre de Jacques
    Compaing, Libraire.
16 . . . . . . Robert II *De Ninville*, fils de Robert I,
    Libraire.
. . . . Etienne *Seigneur*, gendre de Jean II *Gobert*,
    Libraire.
. . . . Antoine *De Nogent*, Apprenti de Jacques
    Le Doux, Libraire.
23 . . . . . Charles *Angot*, gendre de Georges II
    Joſſe, Libraire.
30 . . . . . Guillaume II *Macé*, fils de Guillaume I,
    Libraire.
21 Octobre. Etienne *Loyſon*, 2^d fils de feû Guillaume,
    Libraire.

❦ 1656. ❧

17 Février. Pierre *Calleville*, 2^d fils de Claude I, Libraire.
. . . . Mille *De Beaujeu*, gendre de Claude I *Cal-*
    leville, Libraire.
2 Mars. . . Geoffroy *Marcher*, Apprenti de Sébaſtien I
    Huré, Libraire.
. . . . Jean *Boullard*, Apprenti de Jacques I *Lan-*
    glois, Libraire.
. . . . Maturin *Ponthis*, Apprenti de Pierre *Mon-*
    nier, Libraire.
4 Mai. . . . Olivier III *De Varennes*, fils d'Olivier II,
    Libraire.
10 . . . . . . Blaiſe *Pilorget*, gendre de Nicolas *Guérard*,
    Libraire.
28 Septembr. Pierre II *Le Mercier*, fils de Jacques, &
    Apprenti de François *Noel*, Libr.-Impr.
19 Octobre. Nicolas *Le Gras*, 2^d fils de Henri, Libraire.
. . . . François *Du Val*, 2^d fils de feû Jacob, Libr.
. . . . Nicolas *Aſſeline*, gendre de Jacques *Roger*,
    Libraire.

Exérçant.

. . . . Pierre *Cloufier* (qui fait paroître, cette année, *Voyages & Observations fur l'Italie*).

❦ 1657. ❧

15 Mars. . . . Guillaume I *Cavelier*, fils de Nicolas, Libraire.

. . . . Jean II *Robin*, fils de Pierre, Libraire.

. . . . René *Rouffeau*, gendre de Louis I *Vendofme*, Libraire.

. . . . Jacques II *Auvrai*, 2.d fils de feû Pierre, Libr.

. . . . Gilles *Ninin*, Apprenti d'Eloi *Le Vaffeur*, Libraire.

22 . . . . . . Denys III *Langlois*, fils de Denys II, Libr.

. . . . Louis *Baudijon*, gendre de Denys II, *Lan-glois*, Libraire.

. . . . Auguftin *Hébert*, fils d'Etienne, Libraire.

. . . . Chriftophe *Barrois*, 1.er fils de feû Jacques II, Libraire.

5 Avril. . . Sébaftien II *Efchard*, 1.er fils de Sébaftien I, Libraire.

. . . . Claude II *Efchart*, 2.d fils de Sébaftien I, Libr.

3 Juillet. . N. V.e de Denys I *Thierry*, Libraire.

XV.me S Y N D I C A T, (4 ans, 11 mois, 24 jours).

Du Jeudi 28 Mai 1657.

Denys *BÉCHET*, Libraire, Adjoint en 1646.

Syndic ayant, pour Adjoints,

André *SOUBRON*, Libraire. . . . . } *reftans.*
Charles I *COIGNARD*, Libr.-Impr. }

Charles *DU MESNIL*, Libraire en 1643, *entrant.*

Au lieu de { Siméon *PIGET*, Libraire. . } *fortans.*
{ Sebaftien *FEUGÉ*, Libr. . . }

29 Novembr. Jérôme *Eftienne*, fils d'Adrien, Libraire.

❆ 1658. ❆

28 Mars. . . Nicolas *Chevalier*, gendre de feû Jacques II
Beffin , Libraire.

. . . . Simon *De Louviers*, Libraire.

. . . . Jean-Jacques *Bertrand*, Libraire,

. . . . Paul *Chevrol*, Libraire.

25 Avril . . Pierre *Cottard*, fils de feû Cloyis, Libraire.

. . . . Jean II *Baillet*, gendre de Jacques I *Du
Breuil*, Libraire.

2 Mai. . . Jean-André *Soubron*, fils d'André, Libraire,

. . . . Jean-Baptifte I *Coignard*, 1er fils de Charles I,
Libraire.

. . . . Charles II *Coignard*, 2me fils de Charles I,
Libraire.

ÉLECTION D'ADJOINTS.

Du Mercredi 8 Mai 1658.

Auguftin *COURBÉ*, Libraire en 1623.

Sébaftien I *MARTIN*, Libr. en 1646.

Au lieu de { André *SOUBRON*, Libraire. . . . } *fortans*
{ Charles I *COIGNARD*, Libr.-Impr. }

22 Août. . . François *Muguet*, gendre de Jean *Pilé*, Libr.

. . . . Guillaume *Adam*, gendre de Jérémie I Bouillerot , Libraire.

7 Novembr. Nicolas *Mazuel*, 1er fils de René, Libraire.

. . . . Nicolas *Joly-Bois*, gendre de René *Mazuel*,
Libraire.

. . . . Charles *Cabry*, gendre de feû Richard *Delaunay*, Libraire.

28 . . . . . . Denys *Crévier*, gendre de Jacques *Palfart*,
Libraire.

❧ 1659. ❧

23 Janvier. . Pierre *Chaftellain* , fils de Martin , Libraire.

6 Févr. , . Simon *Le Sourd* , gendre de Nicolas *Frémiot* , Libraire.

13 . . . . . Jacques I *Grou* , gendre de Jean *Rivière* , Libr.

20 . . . . . Jean II *Cuffon* , fils de Jean I , Libraire.

. . . . . . Jacques *Hubert* , gendre de Robert *Feuquère* , Libraire.

6 Mars . . Sébaftien *Mábre* , fils de la fille de Sébaftien II *Cramoify* , Libraire.

. . . . . . Jean *Charmot* , Libraire.

. . . . . . Julien *Allart* , Libraire.

15 Mai. . . François *Hénault* , fils de Jean , Libraire.

. . . . . . Martin II *Hauteville* , fils de Martin I , Libr.

. . . . . . Claude I *Dehanfy* , fils de François , Libr.

. . . . . . Laurent *Du Val* , fils de feû Jean II , Libraire.

. . . . . . Louis *Prignard* , gendre de François *Dehanfy* , Libraire.

XVIᵐᵉ SYNDICAT , (2 ans , 1 mois , 7 jours).

Du Vendredi 13 Juin 1659.

Georges I JOSSE , Libraire , Adjoint en 1650.

Syndic ayant , pour Adjoints ,

Auguftin *COURBÉ* , Libraire. } reftans.
Sébaftien I *MARTIN* , Libraire.

Jacques *DALLIN* , Libraire en 1646. } entrans.
Etienne *MAUCROY* , Libraire , en 1646.

Au lieu de Charles *DU MESNIL* Libraire , fortant.

10 Juillet. . Claude *Buray*, gendre de Guillaume *Maréchal*, Libraire.

21 Août. . . Claude *Du Flo*, gendre de Jean *Guillain*, Libraire.

* . . . . *N.* Vᵉ d'Antoine *De Cay*, Libraire.

18 Septembr. Sébastien II *Martin*, gendre de feû Antoine *De Cay*, Libraire.

25 . . . . . . Gilles II *Blaizot*, fils de Gilles I Libraire.

. . . . Simon I *Bénard*, 2ᵈ fils de Guillaume, & gendre de Jacques *Dallin*, Libraire.

. . . . Pierre *Colin*, gendre de Guillaume *Saffier*, Libraire.

2 Octobre. Thomas I *Moët*, fils de feû Pierre, Libraire.

23 Décembr. Marie *Manchon*, Libraire, par le décès de Jacques III *De Sanlecque*, son mari.

⟨ 1660. ⟩

8 Janvier. . Michel *Le Petit*, fils de Pierre, Libraire.

15 . . . . . Pierre *Bienfait*, gendre de François I *Clousier*, Libraire.

11 Mars. . . Elie *Joffet*, Libraire.

. . . . Laurent *Ravignot*, Libraire.

. . . . Nicolas I *De Bure*, Libraire.

8 Avril. . . Pierre I *Delaulne*, 1ᵉʳ fils de Nicolas, Libraire.

29 Mai. . . Claude *Mayeur*, 2ᵈ fils de Jean, Libraire.

. . . . François *Mauger*, Libraire.

ÉLECTION D'ADJOINTS.

Du Mardi 22 Juin 1660.

Pierre *LE PETIT*, Libraire en 1642.

Claude *MORAND*, Libraire en 1642.

Au lieu de { Augustin *COURBÉ*, Libraire. { *fortans.*
{ Sébastien I *MARTIN*, Libraire. {

* . . . . N. Ve de Jean *Delaunay* , Libraire.

15.Juillet. . Pierre Vauclin , gendre de la Ve de Jean *Delaunay* , Libraire.

. . . . Pierre *Quilleau* , depuis *Quillau* , Libraire.

18 Août. . . Antoine II *Robinot* , fils d'Antoine I , Libraire.

. . . . André *De Rome*, gendre de Nicolas *Hély* , Libr.

. . . . Rolland *Houdan* , fils de Jean , Libraire.

18 Octobre. Thomas *Guillain* , fils de Jean I , Libraire.

. . . . Jean *De la Fontaine* , fils de Jérôme , Libraire.

☾ 1661. ☽

16 Février. . Pierre *Compaing* , fils de Jacques , Libraire.

10 Mars. . . Charles *Fosset* , gendre de Claude *Groult* , Libr.

17 . . . . . . Daniel *Du Fresne* , Libraire.

. . . . Antoine *Rafflé* , Libraire.

. . . . Jacques *Talon* , Libraire.

7 Avril. . . Clément *Gasse* , Libraire.

. . . . Maturin *Lami* , gendre de Denys *Houssaie* , Libraire.

5 . . . . Thomas *Gallois* , gendre de feû Jacques *Clergeon* , Libraire.

28 . . . . . Pierre II *Targa* , fils de Pierre I , Libraire.

. . . . Pierre *François* , 1er fils de Matthieu , Libr.

14 Juillet. . Pierre II *Josse* , 2^d fils de George I , Libraire.

. . . . Théodore *Girard* , gendre de Henri *Le Gras* , Libraire.

. . . . Pierre II *Gaillard* , 2^d fils de Pierre I , Libr.

XVIIme SYNDICAT, (1 an, 11 mois, 13 jours).
Du Mercredi 20 *Juillet* 1661.
Jean *DU BRAY*, Libraire, Adjoint en 1645.

Syndic ayant, pour Adjoints,

Pierre *LE PETIT*, Libraire. . } *restans.*
Claude *MORAND*, Libraire.

Nicolas *CLOPEJAU*, Libraire. } *entrans.*
Jean *HÉNAULT*, Libraire. .

Au lieu de { Jacques *DALLIN*, Libraire. . } *sortans.*
{ Etienne *MAUCROY*, Libraire.

1 Septembr. George *Soly*, fils de feû Michel, Libraire.
. . . . Claude *Audinet*, Libraire.
. . . . Pierre *Trabouillet*, 2d fils de Nicolas I, Libr.
. . . . Pierre *Bradel*, fils de Marin, & gendre de
           Samuel *Périer*, Libraire.
. . . . Pierre II *Auvrai*, fils de Jacques I, Libraire.
15 . . . . . Jacques II *Du Breuil*, fils de Jacques I, Libr.
. . . . Charles *Du Pin*, fils de Nicolas, Libraire.
17 Novembr. Louis *De Sanlecque*, 1er fils de feû Jacques II,
           Libraire.
15 Décembr. Augustin *Besongne*, fils de Cardin, Libraire.
. . . . Jean *Musier*, fils de Jérôme, Libraire.
. . . . Claude *Monnier*, 1er fils de Jacques, Libraire.
. . . . Jean *Monnier*, 2d fils de Jacques, Libraire.
22 . . . . . Laurent *Boucher*, gendre de Gui *Caillou*, Libr.

❦ 1661. ❧

26 Janvier. . Gaspar II *Méturas*, fils de Gaspar I, Libr.
. . . . Gilles *Alliot*, fils de Gervais, Libraire.
. . . . Jean *Plavy*, gendre de Nicolas *Pilon*, Libr.

16 Mars. . . Antoine *De Saint-Aubin* , Libraire.
. . . . Charles *Gorrant* , Libraire.
23 . . . . . Pierre I *Lesclapart* , Libraire.
17 Mai. . . Marin *Vitré* , fils de Barthélemi , Libraire.
27 Juin. . . Jean *Guillery* 1er fils de feu Jacques , Libraire.
. . . . Jean *Chaftagnon* , gendre de Jean I Cuffon ,
    Libraire.
. . . . Pierre I *De Bats* , Libraire.

ÉLECTION D'ADJOINTS.

Du Lundi 3 Juillet 1662.

Edme I *COUTEROT* , Libraire en 1649.
François *LE COINTE* , Libraire en 1650.
Au lieu de { Pierre *LE PETIT* , Libraire. . } *fortans.*
    { Claude *MORAND* , Libraire. }

27 Juillet. . Michel II *Brunet* , 1er fils de Michel I , Libr.
. . . . Nicolas I *Belley* , 1er fils de Jacques , I , Libr.
3 Août. . . Martin *Jouvenel* , fils de Florent , Libraire.
9 Novembr. Geoffroi *Nyon* , 1er fils de Jean , Libraire.
. . . . Denys *Nyon* , 2d fils de Jean , Libraire.

1663.

25 Janvier. . Jean *Badier* , fils de Florimond , Libraire.
8 Mars. . . Robert *Chevillion* , Libraire.
15 . . . . . Jacques *Lefguillon* , Libraire.
. . . . Claude *De Rome* , Libraire.
19 Avril. . . Laurent *Sainte-Marie* , gendre de Charles
    De Louviers , Libraire.
* . . . . . . N. Vve de Jacques *Rebuffé* , Libraire.
21 Juin. . . Lambert *Rolland* , gendre de Jean *Sujet* ,
    Libraire.
28 . . . . . Charles II *Saugrain* , 1er fils de Charles I ,
    Libraire.

XVIIIme SYNDICAT, (2 ans, 2 mois, 6 jours).
Du Mardi 3 Juillet 1663.

Edme II *MARTIN*, Libr.-Impr., Adjoint en 1649.

Syndic ayant, pour Adjoints,

Edme I *COUTEROT*, Libraire... ⎫
François *LE COINTE*, Libraire. ⎬ *restans.*

Sébastien II *HURÉ*, Libraire en 1646.. ⎫
Jean I *DE LA CAILLE*, Libraire en 1641. ⎬ *entrans.*

Au lieu de ⎰ Nicolas *CLOPEJAU*, Libraire. ⎱ *sortans.*
⎱ Jean *HÉNAULT*, Libraire... ⎰

2 Août... Louis I *Vaugon*, fils de feû Nicolas I, Libr.
.... Philippe *Cottin*, fils de Jacques, Libraire.
.... Louis II *Vaugon*, 1er fils de Michel I, Libr.
23 ...... Jean II *Jost*, gendre de Sébastien I Martin,
        Libraire.
30 ...... Sébastien III *Cramoisy*, 2^d fils de Claude I,
        Libraire.
6 Septembr. Vincent *Du Moutier*, gendre de feû Jérôme
        Blageart, Libraire.
.... Charles *Blocet* ou *Blosset*, Libraire.
.... Jean II *Guillin*, fils de feû Charles, Libraire.
20 ...... Christophe I *Remy*, gendre de Jean *Le Rond*,
        Libraire.
27 ...... Jean II *Du Hamel*, fils de feû Antoine, Libr.
11 Octobre. Pierre II *Bessin*, fils de Pierre I, Libraire.
25 ...... Pasquier *Frémiot*, fils de Louis, Libraire.
.... Marin *Maugras*, gendre de Louis *Frémiot*,
        Libraire.
13 Décembr. Léon II *Delaulne*, fils de Léon I, Libraire.
*...... N. Ve de Thomas *Lesguillon*, Libraire.

1664.

1664.

13 Mars. . . Jean *Couterot*, frère puîné d'Edme I, Libraire.
20 . . . . . Jean *Pardessus*, 2ᵈ fils de feû Adam, Libraire.
8 Mai. . . Eloi II *Sénécar*, fils d'Eloi I, Libraire.
. . . . . . Eloi *Hélie*, fils de Nicolas, Libraire.
. . . . . . Rollin *Mérault*, fils de Jean II, Libraire.
. . . . . . Pierre *Promé*, 1ᵉʳ fils de Jean I, gendre de
. . . Rollin *De la Haie*, Libraire.
26 Juin. . . Arnould *Seneuze*, fils de Hugues, Libraire.
10 Juillet. . René *Guignard*, 2ᵈ fils de Jean I, Libraire.

ÉLECTION D'ADJOINTS.

Du Mardi 12 Août 1664.

Thomas *JOLY*, Libraire en 1648.
Jacques *ROGER*, Libraire en 1652.
Au lieu de { Edme I *COUTEROT*, Libraire. } *sortans.*
{ François *LE COINTE*, Libraire. }

11 Septembr. Louis II *De Heuqueville*, fils de feû Louis I,
Libraire.
18 . . . . . Antoine *Warin*, gendre d'Antoine *Pas-de-*
Loup, Libraire.
8 Octobr. . François *Promé*, 2ᵈ fils de Jean I, Libraire.
. . . . . . Antoine *Lambin*, 1ᵉʳ fils de Christophe, Libr.
. . . . . . Henri *Loyson*, fils de Jean-Baptiste I, Libraire.
29 . . . . . Joseph *Brisset*, fils de Jacques, Libraire.
27 Novembr. Jean II *De la Caille*, 1ᵉʳ fils de Jean I, Libr.
. . . . . . Robert-Jean-Baptiste *De la Caille*, 2ᵈ fils de
Jean I, Libraire.
4 Décembr. Antoine *François*, 2ᵈ fils de feû Matthieu, Libr.
* . . . . . N. Vᵉ de Nicolas *Bruneau*, Libraire.
18 . . . . . Jean *Bruneau*, fils de feû Nicolas, Libraire.
. . . . . . Pierre *Michon*, Libraire.

I

❰ 1665. ❱

*	*N.* Ve de Jean I *Promé*, Libraire.
29 Janvier.	Nicolas *Oudot*, gendre de feû Jean I *Promé*, Libraire.
22 Mars. .	Charles *Guillery*, 2^d fils de feû Jacques, Libr.
. . . . . .	Jean *Soubret*, Libraire.
. . . . . .	Jacques *François*, Libraire.
13 Mai. . .	Pierre *De la Carrière*, fils de Thomas, Libr.
. . . . . .	Jacques *De Courbe*, fils de Gilles, Libraire.
21	Gaspar *Pageois*, Libraire.
. . . . . .	Guillaume I *Remy*, gendre de Georges *Le Rond*, Libraire.
20 Août. . .	François *Eschard*, 3e fils de Sébastien I, Libr.
. . . . . .	Augustin I *Brunet*, 2^d fils de Michel I, Libr.

XIXme SYNDICAT, (2 ans, 8 mois, 25 jours).

Du Mercredi 9 Septembre 1665.

Siméon *PIGET*, Libraire, Adjoint en 1652.

Syndic ayant, pour Adjoints;

Jean I DE LA CAILLE, Libraire.	} restans.
Thomas JOLY, Libraire.	
Denys II THIERY, Libraire, en 1652.	} entrans.
Laurent I RONDET, Libr.-Impr. en 1655.	
Au lieu de { Sébastien II HURÉ, Libraire.	} sortans.
{ Jacques ROGER, Libraire. .	

¶ Cette ÉLECTION fut faite en présence de M. le Lieutenant-Civil (Dreux d'Aubray), ‡ & de M. le Procureur du Roi au Châtelet, (Armand-Jean de Riants).

* L'Office de Lieutenant-Général de Police, ne fut créé qu'en Mars 1667 ; &, jusqu'à cette époque, l'exécution des Réglemens de la Librairie, ainsi que la Police de cette Capitale étoient entre les mains du Lieutenant-Civil ; & c'est en cette qualité que nous avons vu ce Magistrat, le 17 Juillet 1618, faire enregistrer en nôtre Chambre Syndicale, les Lettres-Patentes du Roi, & l'Arrêt du Parlement concernant nos Statuts].

1 Octobr. . Martin *Couftelier* I , fils de François , Libraire.

. . . . Claude *Marreft* , gendre de Gilles *Chicoyneau,* Libraire.

16 . . . . . Jean *Colin* , fils d'Etienne , Libraire.

12 Novembr. Jean III *Baillet* , 2ᵈ fils de Jean I , gendre de feû Thibault *Du Val* , Libraire.

10 Décembr. Claude *Négo* , fils de Jean-Baptifte , Libraire.

. . . . Jean *Bertet* , fils de feû François , Libraire.

. . . . Philippe II *Rouillié* , fils de Philippe I , Libr.

❦ 1666. ❧

18 Février. . Jacques *Bordier* , fils de François , Libraire.

25 . . . . . Nicolas *Pas-de-Loup* , fils d'Antoine , Libr.

1 Mars. . . Pierre *Efclaffan* , Libraire.

. . . . Simon *Defprés* , frère puîné de Guillaume I , Libraire.

. . . . Nicolas *Lefclapart* , Libraire.

8 Avril . . Daniel *De la Ville* , gendre de feû Jean *De Courbe* , Libraire.

13 Mai. . . Jean *Vaugon* , 2ᵈ fils de Michel I , Libraire.

. . . . Michel II *Vaugon* , 3ᵉ fils de Michel I , Libr.

. . . . Nicolas *Hude* , fils de Jean , Libraire.

. . . . Antoine II *Férault* , fils d'Antoine I , Libr.

10 . . . . . Jacques *De Laize* , Libraire.

17 Juin. . . Christophe *Ballard* , 1ᵉʳ fils de Robert II , Libr.

8 Juillet. . François *Du Caftin* , 1ᵉʳ fils de Robert I , Libr.

ÉLECTION D'ADJOINTS.

Du Mardi 3 Août , 1666.

Frédéric I *LÉONARD* , Libraire en 1653.

Charles *CHÉNAULT* , Libraire en 1641.

Au lieu de { Jean I *DE LA CAILLE* , Libr. } *fortans.*
{ Thomas *JOLY* , Libraire. . }

I 2

26 Août... Etienne *Picard*, fils de Bernard, Libraire.

.... Gabriel *Saunier*, fils de Laurent, Libraire.

7 Octobre. Jean *Chardon*, gendre de Maturin *Denys*,
.... Libraire.

.... Nicolas *Rivière*, fils de Jean, Libraire.

.... Thomas *Le Gentil*, fils de Jacques, Libraire.

14 .... Pierre II *Aubouyn*, fils de Pierre I, Libraire.

.... François II *Clousier*, 1er fils de François I,
.... Libraire.

21 .... André *Boutonné*, fils de feu Rolet, Libraire.

23 .... Jacques I *Piget*, fils de Siméon, Libraire.

* .... *N.* Ve d'Olivier III *De Varennes*, Libraire.

☙ 1667. ❧

17 Février... ¶ Arrêt du Conseil d'Etat du Roi, qui fait défenses
aux Syndic & Adjoints des Imprimeurs & Libraires de
recevoir ci-après aucuns Maîtres qu'ils n'ayent les qualités requises par les Réglemens, & que, conformément à iceux, ils ne soient congrus en langue Latine,
& ne sçachent lire le Grec, dont ils rapporteront certificat du Recteur de l'Université, à peine de nullité des
réceptions des Maîtres ; &, à l'égard des Syndic & Adjoints, de cinq-cents livres d'amende, & d'interdiction
de leur Maîtrise. (*Code de la Librairie*, pag. 182).

29 Mars... *N.* Ve de Jean *Le Mire*, Libraire.

16 Juillet. . *N.* Ve de Claude I *Thiboust*, Libr.-Impr.

☙ 1668. ❧

4 Mars... *N.* Ve de Siméon *Piget*, Libraire.

XXme SYNDICAT, (2 ans, 5 jours).

Du Lundi 4 Juin 1668.

André *SOUBRON*, Libraire, Adjoint en 1653.

Syndic ayant, pour Adjoints,

Pierre *VARIQUET*, Libraire en 1645. ⎫
Nicolas *PÉPINGUÉ*, Libraire en 1650. ⎪ entrans.
Guillaume *DE LUYNES*, Libr. en 1651. ⎬
Claude *JOSSE*, Libraire en 1652. . . ⎭

Au lieu de ⎧ Denys II *THIERY*, Libraire. . ⎫
⎨ Laurent I *RONDET*, Libr.-Impr. ⎬ sortans.
⎪ Frédéric I *LÉONARD*, Libraire. ⎪
⎩ Charles *CHENAULT*, Libraire. ⎭

¶ Cette Election de *tous* nouveaux Officiers, se fait en présence de M. le Lieutenant-Général de Police (Messire *Gabriel NICOLAS*, Seigneur de la Reynie, Maître des Requêtes ordinaire de l'Hôtel du Roi, *premier* revêtu de l'Office de Lieutenant-Général de Police de la Ville, Prevôté & Vicomté de Paris, par Edit de création de Mars 1667 : ce Magistrat exerça depuis le 29 Mars 1667, jusqu'au 29 Janvier 1697, qu'il eut pour successeur Messire Marc-René de Voyer de Paulmy, Marquis *d'Argenson*).

* . . . . . *N.* Ve de Simon *Le Sourd*, Libraire.

❦ 1669. ❧

13 Août ., André *Pralard*, gendre d'Antoine I *Chreſtien*,
reçu par Lettre de cachet du Roi , en date
du 7 Août , contreſignée : *Le Tellier.*

FIN du II. Siécle.

TROISIEME
SIÉCLE.

De 1670 à 1769.

FIN DU RÉGNE DE LOUIS XIV.

Du 1 Janvier 1670 au 1 Septembre 1715.

OFFICIERS de la Librairie & Imprimerie.

André *SOUBRON*, Libraire, *Syndic.*

Pierre *VARIQUET*, Libraire.
Nicolas *PÉPINGUÉ*, Libraire.
Guillaume *DE LUYNES*, Libraire. } *Adjoints.*
Claude *JOSSE*, Libraire. . . .

LIBRAIRES ET IMPRIMEURS.

❦ 1670. ❧

11 Mai. O. N. Vᵉ d'Edme II *Martin*, Libr.-Imprim.

XXIᵐᵉ SYNDICAT, (9 mois, 29 jours).

Du Lundi 9 Juin 1670.

Louis III *SÉVESTRE*, Libraire & Imprimeur;
Adjoint en 1646.

Syndic ayant, pour Adjoints,

Pierre *VARIQUET*, Libraire. }
Nicolas *PÉPINGUÉ*, Libraire. } *restans.*
Charles *DE SERCY*, Libraire en 1649. }
Etienne *LOYSON*, Libraire en 1655. . } *entrans.*
Au lieu de { Guillaume *DE LUYNES*, Libraire. }
, { Claude *JOSSE*, Libraire. . . . . } *sortans.*

❡ *Il ne fut fait aucune Réception sous ce Syndicat.*
+ 1

CONSEIL.	PARLEMENT.	CHASTELET.	UNIVERSITÉ.
Chanceliers.	*Premiers-Présidens.*	*Prevôts de Paris.*	*Recteurs.*

CONSEIL. — Chanceliers.

Pierre Séguier, Comte de Gien, du 16 Décembre 1635, jusqu'au 28 Janvier 1672, jour de son décès.

' LE ROI', après sa mort tint les Sceaux depuis le 6 Février jusqu'au 23 Avril 1672 qu'il les donna à ' Etienne Haligre depuis d'Aligre ', (Conseiller au Grand - Conseil) du 8 Janvier 1674 au 25 Oct. 1677, jour de son décès.

Michel Le Tellier de Louvois , Marquis de Barbézieux (Secrétaire d'Etat en Avril 1643) du 26 Octobre 1677 au 30 Octobr. 1685, jour de son décès.

Louis Boucherat, Comte de Compans (Conseiller d'Etat & d'Honneur au Parlement de Paris) du 1 Novembre 1685, jusqu'à sa mort, 2 Septembre 1699.

Louis Phélypeaux, Comte de Pontchartrain (Contrôleur - Général des Finances & Secrétaire d'Etat de la Marine) du 5 Septembre 1699 jusqu'au 2 Juillet 1714, qu'il se retira à l'Institution de l'Oratoire.

Daniel-François Voisin , Seigneur du Mesnil-Bourré, (Ministre & Secrétaire d'Etat au Département de la Guerre) du 2 Juillet 1714 jusqu'à sa mort, 2 Fév. 1717.

PARLEMENT. — Premiers-Présidens.

' Guillaume de Lamoignon , Marquis de Bâville, du 16 Novembre 1658 , jusqu'à son décès, 10 Décembr. 1677.

Nicolas Potier, Seigneur de Novion (Commandeur des Ordres du Roi) du 13 Juin 1678 au 13 Novembr. 1689.

Achilles de Harlai, Comte de Beaumont , du 13 Novembre 1689 , jusqu'à sa démission, 5 Mai 1707.

Louis Le Péletier Marquis de Morte-Fontaine, du 5 Mai 1707. jusqu'à sa démission, 16 Janvier 1712.

Jean - Antoine de Mesmes , Comte d'Avaux , du 15 Janvier 1712 jusqu'à sa mort , 23 Août 1723.

Procureurs-Génér.

Achilles de Harlai , fils du précédent , du 4 Juin 1667 , au 13 Novembre 1689.

Jean - Arnaud de la Briffe , du 13 Novembr. 1689, jusqu'à son décès en 1700.

Henri- François Daguesseau , de 1700 au 2 Février 1717.

Avocats-Généraux.

Denys Talon , de 1652 à sa mort , 1698.

Jérôme Bignon , de 1656 à 1673.

CHASTELET. — Prevôts de Paris.

Pierre Séguier , neveu de Louis, précédent, de 1653 à 1670.

Armand du Camboust , Duc de Coislin , Pair de France , pourvû & non reçu de 1670 à 1685.

Charles - Denys de Bullion , de 1685 à 1723.

Lieutenans-Civils.

Antoine d'Aubray, fils de Dreux, précédent, de 1667 à 1671.

Jean Le Camus , de 1671 à 1674.

[Antoine de Ribeyre , Lieutenant-Civil du nouveau Châtelet. Cette Charge fut créée par Edit de Février 1674, & réunie à celle de Lieutenant-Civil de l'ancien Châtelet par autre Edit du mois de Septembre 1684.

Pierre Girardin, dernier Lieutenant Civil du nouveau-Châtelet].

Jérôme d'Argouges , de 1710 à 1746.

Lieuten. de Police.

Gabriel Nicolas , Seigneur de La Reynie, Maître des Requêtes ordinaire de l'Hôtel du Roi , du 29 Mars 1667 (époque de la création de l'Office) au 29 Janvier 1697.

Marc-René de Voyer de Paulmy , Marquis d'Argenson , Maître des Requêtes, du 26 Janvier 1697 au 28 Janv. 1718.

UNIVERSITÉ. — Recteurs.

Nicolaus Lair , è Collegio Harcurio, du 10 Octobris 1668.

1670.

23 Juin , Alexius Barjot de Moussy, Abbas de Roncée, è Gratianæo.

1671.

10 Janvier, Franciscus le Maire, électus à duabus Nationibus , Rector per Curiam declaratur die 23 ejusd. Januarii.

16 Décembre , Petrus de Lenglet, qui suprà.

1673.

23 Juin , Nicolaus Marguerie litterarum Professor, in Regiâ Nav.

1674.

23 Juin , Nicolaus Tavernier linguæ Grecæ regius Professor, qui suprà.

1675.

16 Déc. Illustrissimus Abbas Alexius Barjot de Moussy, qui suprà.

1676.

10 Octobre, Nicolaus Pierres , qui suprà.

1677.

11 Octobr. Franciscus Pasquier, Emeritus Philosophiæ Professor, in Regiâ Navarrâ.

1678.

28 Juin , Nicolaus Lair , Eloquentiæ Professor, in Harcurio , qui suprà.

1679.

10 Octobre, Petrus le Barbier, è domo Choletâ.

* I 5

CONSEIL.	PARLEMENT.	CHASTELET.	UNIVERSITÉ.
	Avocats-Généraux.	*Lieutenans-Crimin.*	*Recteurs.*
DIRECTEURS généraux *de la Librairie & Imprimerie.*	Chrétien-Franç. de Lamoignon, de 1673 à 1709.	Jacques *Deffita*, de 1666 à 1701.	1680. 10 Octobr. Joannes *le François*, Collegii Harcuriani Provisor.
M. l'Abbé d'*Aligre*, en 1672. M. *Marc*-René de *Voyer* de Paulmy, Marquis d'*Argenfon*, (Maître des Requêtes, du 5 Mars 1694, Lieutenant de Police du 29 Janv. 1697) Directeur en 1698. M. Jean-Paul *Bignon*, Abbé de S.-Quentin, (Bibliothécaire du Roi, l'un des XL de l'Académie Françoise, & de l'Académie des Sciences & Belles Lettres) Directeur en 1699.	Achilles de Harlai, de 1691 à 1717. Henri-François *Daguesseau*, par création d'une 3e charge, de 1691 à 1700. Joseph-Omer *Joli de Fleuri*, de 1697 à 1704. Antoine *Portail*, de 1698 au 24 Septembre 1724. Jean Le Nain, de 1700 à 1709. Guillaume-Franç. *Joli de Fleuri*, frère de Joseph-Omer, de 1704 au 17 Février 1717. Guillaume de Lamoignon Seigneur de *Blancmesnil*, de 1707 au 20 Décembre 1722. Louis *Chauvelin*, de 1709 à 1715. Germain-Louis *Chauvelin*, de 1715 au 5 Décembre 1718.	[Antoine Le Féron], Lieutenant-Criminel du nouveau Châtelet ; (cette Charge fut créée par Edit de Février 1674, & réunie à celle de Lieutenant-Criminel de l'ancien Châtelet, par un autre Edit de Septembre 1684) de 1674 à 1682. René *Chopin*, dernier Lieutenant Criminel du nouveau Châtelet, de 1682 à 1684]. Nicolas Le *Coûte*, de 1701 à 1731. *Procureurs du Roi.* Armand-Jean de *Riantz*, de 1657 à 1674. (Son Office fut supprimé par Edit de Septembre 1684). Claude *Robert*, Procureur du Roi du nouveau Châtelet (cette Charge fut créée par Edit de Février 1674) de 1674 à 1713. François *Moreau*, de 1713 à 1754. *Avocats du Roi.* André Le Fèvre d'Ormesson, II, de 1666 à 1671. Jean-François *Chassepot* de *Beaumont*, II, de 1671 à 1674. Jean *Vigneron*, II, de 1674 à 1684. Jacques *Brochart*, Avocat du Roi du	1681. 16 Décembre, Nicolaus *Tavernier*, qui suprà. 19 Octobr. Petrus *Berthe*, Baccalaureus Theologus, in Sorborâ, jussu regio prorogatus. 1685. 17 Décembre, Alexius *Artus*, Regiæ Navarræ Primarius, & cùm se infectis comitiis, se proripuisset. Petrus *Berthe*, qui suprà. 1686. 16 Décembre, Petrus *Egasse* du *Boulay*, è Collegio Becodiano. 1689. 16 Décembre, Ægidius Le *Sourt*, Collegii Marchiani Primarius. 1690, 16 Décembre, Regnaldus *Gentilhomme*, è Cardinalitio. 1691. 17 Décembre, Stephanus *Mallement*, Licentiatus Theologus, Philosophiæ Professor in Sorbonæ-Plessæo. 1692. 16 Décembre, Edmundus *Pourchot*, Philosophiæ Professor, in Mazarinæo. 1694. 12 Décembre, Carolus *Rollin*,

CHASTELET.	CHASTELET.	UNIVERSITÉ.	UNIVERSITÉ.
Avocats du Roi.	*Avocats du Roi.*	*Recteurs.*	*Recteurs.*

CHASTELET — Avocats du Roi (colonne 1)

nouveau Châtelet, III , (cette ₃e charge fut créée par Edit de Février 1674) , de 1674 à 1713.

René *Mérault* , Avocat du Roi du nouveau Châtelet, IV , (cette 4e charge fut créée par Edit de Février 1674) 1674 à 1681.

Adrien-Alexandre *Hanyvel de Crève-cœur* , II , de 1679 à 1684.

Gilles-Jean-Baptiste *Anjorant de Claye* , IV , de 1681 à 1683.

Pierre - Antoine *de Benoist de Saint-Port* , IV , de 1683 à 1688.

Jérôme *Bignon* , I , de 1681 à 1685.

Louis Le *Péletier* , II , de 1684 à 1686.

Jean Le *Nain* , I , de 1685 à 1690.

Nicolas-Etienne *Roujault* , II , de 1686 à 1690.

Louis *Pasquier* , IV, de 1688 à 1691.

Christophe-Nicolas *Lefchassier* , I, de 1690 à 1692.

Henri - François *Daguesseau* , II , de 1690 à 1691.

Yves-Louis-Dieu-Donné *Mallet* , IV, de 1691 à 1694.

Etienne *Des-champs* , II , de 1691 à 1694.

Mich. *de Marillac* , I , de 1692 à 1695.

Antoine *Portail* , II , de 1694 à 1697.

Chrétien de La-moignon , IV , de 1694 à 1698.

Jean-Jacques *Ba-rillon de Morangis* ,

CHASTELET — Avocats du Roi (colonne 2)

I , de 1695 à 1699. Nicolas-François *Rémond* , II , de 1697 à 1719.

Joseph-Antoine *Daguesseau* , II , de 1698 à 1701.

Anne - Charles *Goeslard de Mon-sabert* , IV , de 1698 à 1701.

Nicolas - Joseph *Foucault de Magny* , I , de 1699 à 1703.

Pierre *Poulletier de Nainville* , II , de 1701 à 1703.

Claude - Thomas *Dupuys* , IV , de 1701 à 1708.

Louis *Chauvelin* , I , de 1703 à 1706.

Pierre *Gilbert de Voisins* , II , de 1703 à 1707.

Charles J. - B, *Fleuriau de Mor-ville* , I , de 1706 à 1709.

Jean-Louis *Phé-lypeaux de Mont-héry* , II , de 1707 à 1711.

René - Charles *de Maupeou* , IV , de 1708 à 1712.

Louis *Le Péletier de Villeneuve* , I , de 1709 à 1711.

Louis - François *Dupré* I , de 1711 à 1714.

Jacques-René *Le Prêtre de Lézonnet* , II , de 1711 à 1716.

René *Hérault* IV , de 1712 à 1718.

Louis - Michel *Berthelot de Ville-vrard* , III , de 1713 à 1715.

Gaspar - Moyse *de Fontanieu* , I , de 1714 à 1719.

Félix *Aubery de Vatan* , III , de 1715 à 1717.

UNIVERSITÉ — Recteurs (colonne 3)

antiquus Rhetoric. Professor in Sorbonæ-Plessæc, nunc Professor Regius , è Landunæo.

1696.

10 Octobre, Alexius *Artus* , Grammat. in Regia Navarrâ Moderator.

1697.

10 Octobr. Joannes *Vittement* , Emeritus Philosophiæ Professor in Bellovaco.

1698.

10 Octobr. Petrus *Billet* , Bloquentiæ Professor in Sorbonæ-Plessæo.

1699.

10 Octobr. Joannes-Baptista *Cou-ture* , Eloquentiæ Professor in Marchiano , & Professor Regius.

1700.

10 Octobre , Michael *Morus* , Emeritus Eloquentiæ Professor , in Graffinæo.

1702.

10 Oct. Joannes *Dupuis* , Litterarum Professor in Mazarinæo.

1703.

10 Oct. Claudius *Lorry* , Emeritus Professor in Bellovaco.

1704.

10 Octobr. Petrus *Viel* , Litterarum Professor , in Sorbonæ-Plessæo.

1706.

11 Octobr. Petrus *Billet* , Eloquentiæ Professor in Sorbonæ-Plessæo.

UNIVERSITÉ — Recteurs (colonne 4)

1707.

10 Octobre, Balthasar *Gibert* , Eloquentiæ Professor , in Mazarinæo , è Nat. Gallic.

1708.

10 Oct. Antonius *de Becq* , Licentiatus Theologus , Philosophiæ Professor in Mazarinæo , è Picardicâ Natione.

1709.

10 Oct. Claudius *Lorrey* , Rhetor. Professor emeritus, in Bellovaco , vir Rectorius.

1710.

11 Oct. Jacobus *Robbe* , Licentiatus Theolog. Socius Sorbonicus , Philosophiæ Professor in Mazarinæo , è natione Picardiâ.

1711.

10 Oct. Guillelmus *Dagoumer* , Philosophiæ Professor , in Harcurio , è Nat. Norm.

1713.

10 Oct. Michael *Godeau* , antiquus Eloquentiæ Professor in Regiâ Navarrâ , è Natione Gallic.

1714.

23 Juin , Rege jubente, è Rectoratu dejicitur Michael *Godeau* ; & , per Litteras Regias, ei fufficitur.

Philippus *Poirier* , Philosophiæ Professor in Marchiano , è natione Gallicâ.

* I 6

SECRÉTAIRES DU ROI, Pour la collation des Lettres de Privilége & du Sceau pour les Livres.	OFFICIERS de la COMMUNAUTÉ. Imprimeur.
De 1688 à 1703 concurremment,	Le Syndic (Imprimeur), ou l'Adjoint Imprimeur après lui.
M M. Dugono. Midy. Lefèvre. Le Normant. Boucher. Chappuzeau. Le Petit. Le Comte.	Clerc de la Communauté, & Concierge de la Chambre Syndicale.
De 1704 à 1715 concurremment,	Le sieur Charles Bourdon, de 1697, au moins, jusqu'en 1715.
M M. Pajot. Bertrand. Bellavoine. Chubéré. Mouret. Murchais. De Vanolles. Delamet. Lauthier. Fouquet. Carpot. Foubert. De S. Hilaire. Wigny. Le Fouin. Noblet.	

XXII.

XXIIme SYNDICAT, (6 ans, 1 mois, 17 jours).

Du Vendredi 8 *Mai* 1671.

Denys II *THIERRY*, Libraire, Adjoint en 1665,

Syndic ayant pour Adjoints,

Charles *DE SERCY*, Libraire. } *reftans.*
Etiènne *LOYSON*, Libraire. }

François *MUGUET*, Libraire en 1658, . . . } *entrans.*
Jean-Baptifte I *COIGNARD*, Libraire en 1658, }

Au lieu de { Pierre *VARIQUET*, Libraire. . } *fortans.*
{ Nicolas *PÉPINGUÉ*, Libraire. }

1671.

* Mai. . . N. Ve de Cardin *Befongne*, Libraire.
1 Septembr. N. Ve de Nicolas II *Trabouillet*, Libraire.

Exerçant.

François *Ricœur*, Libraire.

1672.

Exerçans.

Jean-Baptifte *Brunet*, fils de Michel I, Libraire.
Jean *De la Vigne*, Libraire.

1673.

* . . . N. Ve de Jean *Henault*, Libraire. . *

ÉLECTION D'ADJOINTS.

Du Lundi 15 Mai 1673.

Jean II *GUIGNARD*, Libraire en 1652.

Charles *ANGOT*, Libraire-Juré en 1655.

Au lieu de { Charles *DE SERCY*, Libraire. } sortans.
            { Etienne *LOYSON*, Libraire... }

* ...... N. Vᵉ de Laurent *Jacquin*, Libraire.

1674.

17 Janvier.. Jacques II *Villery*, 2ᵈ fils de feû Jacques I,
            reçu Libraire, en vertu de Lettre de cachet
            de Sa Majesté, du 24 Novembre 1673.

28 Avril... N. Vᵉ de Jean *Du Bray*, Libraire.

1675.

ÉLECTION D'ADJOINTS.

Du Lundi 17 Juin 1675.

Christophe *JOURNEL*, Libraire & Imprimeur en 1653.
Au lieu de François *MUGUET*, Libraire, sortant.

¶ Cette Election se fait en présence de M. le Lieutenant-Général de Police, & de M. le Procureur du Roi au Châtelet.

* ...... Anne *Bonjan*, Libraire, par le décès de
         Damien *Foucault*, son mari.

❈ 1676. ❧

13 Août. . . N. Ve de Jacques *Bouillerot* , Libraire.
8 Octobre. N. Ve de François I *Clousier* , Libraire.
27 . . . . . . Etienne *Michallet* , reçu Libraire, en vertu d'un
                Arrêt du Conseil du 26 Juin 1669.

Exerçant ,

Théodore *Billiot* , Libraire.

❈ 1677. ❧

15 Juin. . . Gabriel I *Martin* , 1er fils de feu Edme II ,
                reçu Libraire , par Arrêt du Conseil du
                1 Juin 1677.

XXIIIme SYNDICAT , (4 ans, 1 mois, 28 jours).
Du Vendredi 25 Juin 1677.

Edme I COUTEROT , Libraire , Adjoint en 1662.

Syndic ayant , pour Adjoints ,

Jean-Baptiste I *COIGNARD* , Libraire , ⎰ *restans.*
Christophe *JOURNEL* , Libr.-Imprim. ⎰

Claude *BARBIN* , Libraire en 1654. . . . ⎰ *entrans.*
Sébastien *MABRE-CRAMOISY* , Libr. en 1659. ⎰

Au lieu de ⎰ Jean II *GUIGNARD* , Libraire. ⎰ *sortans.*
         ⎰ Charles *ANGOT* , Libraire. . ⎰

§ Cette Election se fait en présence de M. le Lieutenant-Général
    de Police , & de M. le Procureur du Roi.

§ *Il ne fut fait aucune Réception sous ce Syndicat.*

Exerçant ,

Hubert *Couterot* , Libraire.

❦ 1678. ❧

ÉLECTION D'ADJOINTS.

Du Mercredi 20 Juillet 1678.

Martin LE PREST, Libraire & Imprimeur en 1645.

Pierre II LE MERCIER, Libr.-Imprimeur en 1656.

Au lieu de { Jean-Baptiste I COIGNARD, Libr. . } *sortans.*
{ Christophe JOURNEL, Libr. - Impr. }

¶ Cette Election fut faite en présence de M. le Lieutenant-Général de Police, & de M. le Procureur du Roi.

2 Août. . . . N. Vᵉ de Jacques I *Langlois*, Libr.-Imprim.

14 Septembr. N. Vᵉ de Noël *Hacqueville*, Libraire.

* . . . . . N. Vᵉ de Jean *D'Houry*, Libraire.

19 Octobre. . Laurent *D'Houry*, fils de feu Jean, reçu Libraire en vertu de l'Arrêt du Conseil du 5 Septembre précédent.

22 Novembr. N. Vᵉ de Sébastien II *Huré*, Libraire.

* . . . . . N. Vᵉ de Georges I *Josse*, Libraire.

❦ 1679. ❧

8 Février. . Antoine *Dézallier*, reçu Libraire, en vertu d'un Arrêt du Conseil du 5 dudit mois.

XXIVme SYNDICAT, (7 ans, 5 mois, 29 jours).

Du Mercredi 23 *Août* 1679.

Charles *ANGOT*, Libraire, Adjoint en 1673

Syndic ayant, pour Adjoints,

Martin LE PREST, Libraire & Imprimeur. }
Pierre II LE MERCIER, Libraire & Imprim. } *restans.*

Jean II COCHART, Libraire en 1651. . . . . } *entrans.*
Jean II DE LA CAILLE, Libraire en 1664. }

Au lieu de { Claude BARBIN, Libraire. . . . . } *sortans.*
{ Sébastien MABRE-CRAMOISY, Libr. }

13 Novembr. Claudine *Hourlier*, Libraire, par le décès de Charles I *Saugrain*, son mari.

* . . . . . . *N.* Ve de Denys *Alexandre*, Libr.-Imprim.
. . . . *N.* Ve de Julien *Allart*, Libraire.
. . . . *N.* Ve de Gilles *Alliot*, Libraire.
. . . . *N.* Ve de Robert II *Ballard*, Libraire.
. . . . *N.* V^e d'Edmond I *Barrois*, Libraire.
. . . . *N.* Ve de Pierre I *Baudouyn*, Libraire.
. . . . *N.* Ve de Nicolas I *Bessin*, Libraire.
. . . . *N.* Ve de Marin *Boulingue*, Libraire.
. . . . *N.* Ve de Nicolas *Cavelier*, Libraire.
. . . . *N.* V^e d'Antoine I *Chrestien*, Libraire.
. . . . *N.* Ve de Claude *Cochon*, Libraire.
. . . . *N.* Ve de Mille de *Beaujeu*, Libraire.
. . . . *N.* Ve de Claude I *Dehansy*, Libraire.
* . . . . . . *N.* Ve de Nicolas *De la Vigne*, Libraire.
. . . . *N.* Ve de Simon *De Louviers*, Libraire.
. . . . *N.* Ve de Claude *De Rome*, Libraire.
. . . . *N.* V^e d'Olivier II *De Varennes*, Libraire.

. . . . *N.* Ve de Pierre *D'Orguille*, Libraire.
. . . . *N.* Ve de Pierre *Du Pont*, Libraire.
. . . . *N.* V^e d'Antoine *Emeri*, Libraire.
. . . . *N.* V^e d'Antoine I *Férault*, Libraire.
. . . . *N.* V^e d'Antoine *François*, Libraire.
. . . . *N.* Ve de Louis *Gontier*, Libraire.
. . . . *N.* Ve de Gilles *Gourault*, Libraire.
. . . . *N.* Ve de Jean *Le Gentil*, Libraire.
. . . . *N.* Ve de Jacques *Le Gentil*, Libraire.
. . . . *N.* Ve de Jacques *Le Mercier*, Libraire.
. . . . *N.* V^e d'Etienne *Maucroy*, Libraire.
. . . . *N.* Ve de Jean *Michelin*, Libraire.
. . . . *N.* Ve de Jean I *Mirault*, Libraire.
. . . . *N.* Ve de Claude *Nicod*, Libraire.
. . . . *N.* V^e d'Antoine *Pas-de-Loup*, Libraire.
. . . . *N.* V^e d'Etienne *Pépingué*, Libr.-Imprim.
. . . . *N.* Ve de Jean I *Pocquet*, Libraire.
. . . . *N.* Ve de Pierre *Promé*, Libraire.
. . . . *N.* Ve de Pierre I *Ribou*, Libraire.
. . . . *N.* Ve de Pierre *Trouvain*, Libraire.
. . . . *N.* Ve de Louis I *Vendofme*, Libraire.

Exerçants.

Antoine *Cramoify*, Libraire.
Pierre *Darbiffe*, Libraire.
Claude *Delaunai*, Libraire.
Jean *Douyet*, Libraire.
Charles *Du Puis*, Libraire.
Michel *Fétil*, Libraire.
François *Lefclapart*, Libraire.
Rolland *Oudan*, Libraire.
Pierre *Petit*, Libraire.

❰ 1680. ❱

ÉLECTION D'ADJOINTS.

Du Vendredi 21 *Juin* 1680.

Nicolas *MAZUEL* , Libraire en 1658.
Rob.-J.-B. *DE LA CAILLE* , Libr.-Impr. en 1658.
Au lieu de { Martin *LE PREST* , Libr.-Imprim. } *fortans.*
{ Pierre II *LE MERCIER* , Libr.-Impr. }

* . . . . . . N. Vᵉ de Nicolas *Lefclapart* , Libraire.
. . . . N. Vᵉ de Denys *Pelé* , Libraire.
. . . . N. Vᵉ de Nicolas *Portier* , Libraire. . . . .

Exerçant ,

N. *Martin* , 2ᵈ fils de feû Edme II , Libraire.

❰ 1681. ❱

1 Février. Georges *Angot* , fils de Charles , Syndic en charge , reçu Libraire en vertu d'Arrêt du Confeil du 25 Janvier précédent.
17 . . . . . N. Vᵉ de Michel *Bobin* , Libraire.
17 Avril . . N. Vᵉ de Gervais *Cloufier* , Libraire.
11 Août . . N. Vᵉ de Sébastien I *Martin* , Libraire.
* . . . . . . N. Vᵉ de Jean *Huart* , Libraire. . . . .
. . . . N. Vᵉ de Nicolas *Pépingué* , Libraire.
. . . . N. Vᵉ de Gilles *Tompère* , Libraire - Imprim.

❰ 1682. ❱

* Juillet. . N. Vᵉ de Jacques *Cottin* , Libraire. . . . .

❦ 1683. ❧

30 Août. ... *Arrêt du Conseil- d'Etat du Roi, en vertu duquel sont reçus*

6 Septembr. Amable *Auroy* (gendre de Fr. *Maurice*)Libr.

7 . . . . . Robert *Pépie* , frère aîné de Denys , Libraire.

• • • • • • • Jacques *Hériffant* , 1er fils de Claude I , Libr.

• • • • • • • Louis *Guérin* , Libraire.

• • • • • • • Maurice *Villery* , 3e fils de Jacques I , Libr.

• • • • • • • Etienne *Huré* , Libraire].

9 . . . . . Jean-François *Du Bois* , gendre d'Emanuel *Langlois* , Libraire.

• • • • • • • Jérôme *Bobin* , fils de feû Michel , Libraire.

• • • • • • • Edmond II *Barrois* , 2d fils de feû Jacques II, Libraire.

• • • • • • • Jacques *Morel* (de Paris) Libraire.

• • • • • • • Jean I *Boudot* , gendre d'Edme II *Martin* , Libraire.

• • • • • • • Pierre *Emery* , fils d'Antoine , Libraire.

• • • • • • • Gabriel *Huart* , fils de Jean , Libraire.

• • • • • • • Pierre *Delaunay* , 2d fils de feû Richard, Libr.

• • • • • • • Claude II *Hériffant* , 2d fils de Claude I , Libr.

• • • • • • • Jean *Delaulne* , 2d fils de Nicolas , Libraire.

10 . . . . . Michel *Guéroult* , Libraire.

• • • • • • • Guillaume I *Saugrain*, 2d fils de feû Charles I, Libraire.

• • • • • • • François I *Nivelle* , gendre de feû Gilles *Gourault* , Libraire.

• • • • • • • Jacques II *Le Gras* , fils de Jacques I, Libraire.

• • • • • • • Christophe *De Sercy* , fils de Charles , Libr.

• • • • • • • Urbain *Couftellier* , 2d fils de feû François, Libraire.

• • • • • • • Julien *Gandouin* , gendre de feû Gervais *Clousier* , Libraire.

10 Septembre.

10 Septembr. Guillaume II *Cavelier*, fils de Guillaume I, Libraire.

. . . . Henri *Charpentier*, 1er fils de Thomas, Libr.

. . . . François *Delaulne*, 3e fils de Nicolas, Libr.

11 . . . . . . Pierre II *Delaulne*, 1er fils de Pierre I, Libr.

. . . . Séraphin *Laifné*, fils de Jacques, Libraire.

. . . . Jacques *Bailly*, Libraire.

. . . . Auguftin *Pillon*, gendre de Jean-Baptifte I *Loyfon*, Libraire.

. . . . Louis IV *Séveftre*, fils de Louis III, Libraire & Imprimeur.

. . . . Claude *Mazuel*, 2d fils de René, Libr.-Imprim.

. . . . Etienne *Chardon*, 1er fils de Jean, Libr.-Impr.

. . . . Charles II *Chénault*, fils de Charles I, Libraire & Imprimeur.

18 Novembr. Joseph *Bertier*, Libraire.

❰ 1684. ❱

3 Mai. . . . N. *Dallin*, Libraire, par le décès de Simon I *Bénard*, Libraire.

14 Octobre. N. Ve d'André *Soubron*, Libraire.

❰ 1685. ❱

9 Septembr. N. Ve de Guillaume III *Le Bé*, Libraire, *et graveur-fondeur de caractères.*

❰ 1686. ❱

21 Août. . . . *ENREGISTREMENT* en Parlement de l'*Édit du Roi pour le Réglement des Imprimeurs & Libraires* de Paris. Cet Edit (Article XLIII) fair défenfes de recevoir aucun *Imprimeur*, jufqu'à leur réduction à *trente-fix*, & prefcrit qu'après cette Réduction, les feuls fils de Maîtres feront reçus.

7 Septembre. . . *ENREGISTREMENT* en Parlement de l'*Édit du Roi*, *pour le Réglement des Relieurs & Doreurs de Livres*. Par ce Edir, Sa Majefté veut que la Communauté des maîtres Relieurs & Doreurs foit & demeure à l'avenir, entièrement diftincte & féparée de la Communauté des Libraires & Imprimeurs, fans que, pour quelque caufe & prétexte que ce foit, lefdites deux Communautés, puiffent être unies &

K

incorporées ci-après , ni entreprendre l'une sur l'autre. Veut en outre S. M. que lesdits maîtres Relieurs & Doreurs de livres , qui n'auront fait apprentissage de Libraires ou Imprimeurs , ne puissent à l'avenir se dire maîtres Libraires & Imprimeurs , & en faire la Profession , ni autre que celle de Maître Relieur & Doreur de Livres : à l'exception néanmoins de ceux qui ont été ci-devant reçus , & qui tiennent actuellement boutique de Libraire , lesquels pourront , si bon leur semble , continuer de tenir lesdites Boutiques , en renonçant à la qualité & profession de Me. Relieur & Doreur ; & à l'égard des autres Maîtres qui n'ont & ne tiennent actuellement boutique de Libraire , & de ceux qui font conjointement la profession de Libraire avec celle de Relieur , ils seront tenus , dans un mois du jour des Présentes , de faire option de celle desdites Professions qu'ils entendent exercer à l'avenir , & d'en faire déclaration sur le Livre de la Communauté des Maîtres Imprimeurs & Libraires. &c. , &c.

13 Septembr. Georges II *Josse* , 2me fils de feu Georges I , Libraire.

.... Louis *Josse* , 3me fils de feu Georges I , Libr.

14 .... Théodore *Muguet* , 1er fils de François , Libr.

16 .... Charles *Clousier* , 2d fils de feu François I , Libr.

.... Michel *Guignard* , fils de Jean II , Libraire.

* .... N. Ve de Pierre I *Delaulne* , Libraire.

.... Florentin *Delaulne* , 2d fils de feu Pierre I , Libraire.

.... Hilaire *Foucault* , fils de feu Damien , Libraire.

.... Jean II *Pocquet* , fils de feu Jean I , Libraire.

17 .... Louis *Lucas* , fils d'Etienne , Libraire.

* .... N. Ve de Denys *David* , Libraire.

.... Michel *David* , 1er fils de feu Denys , Libr.

.... Jean II *Villette* , fils de Jean I , Libraire.

.... Etienne *Martin* , 3e fils de feu Edme II , Libr.

18 .... Charles I *Osmont* , gendre de Jacques *Compaing* , Libraire.

* .... N. Vc de Martin *Coustelier* , Libraire.

.... Charles *Le Camus* , second mari de la Ve de Martin *Coustelier* , Libraire.

.... Jean I *Jombert* , gendre de feu Jean *D'Houry* , Libraire.

.... Jean *Pohier* , gendre de Claude *Audinet* , Libr.

.... Jacques *Le Febvre* , gendre de Nicolas *Pépingué* , Libraire.

. . . . Daniel I *Horthemels* , gendre d'Antoine
      Cellier ; Libraire.

* . . . . . N. Vᵉ de Denys *Crévier* , Libraire.

19 Septembr. Guillaume *Crévier* , fils de feû Denys , Libr.

. . . . N. *Dehanfy* , Libraire , par le décès de
      Louis *Prignard* , fon matl.

. . . . Claude *Prignard* , fils de feû Louis , Libraire.

. . . . Jean-Baptifte *Caffon* , fils de Jean II , Libraire.

. . . . Louis *Cloufier* , fils de feû Gervais , Libraire.

. . . . Étienne *Du Caftin* , 2ᵈ fils de Robert I , Libr.

8 Octobre. Simon *Langronne* , Libraire.

. . . . Antoine *Du Bourg* , 1ᵉʳ fils de Charles , Libr.

. . . . François III *Michon* , fils d'Etienne , Libraire.

11 . . . . . Nicolas *Caillou* , 1ᵉʳ fils de feû Guy , Libraire.

. . . . Charles *Caillou* , 2ᵈ fils de feu Guy , Libraire.

. . . . Jérémie II *Bouillerot* , fils de feû Jacques , Libr.

20 Décembr. François *Huffon* , fils de Robert , Libraire.

24 . . . . . Pierre *Hériffant* ; 3ᵉ fils de Claude I , Libr.

* . . . . . N. Vᵉ de Louis *Gaffe* , Libraire.

❮ 1687. ❯

22 Janvier. Pierre-Augustin *Le Mercier* , fils de Pierre II ,
      Libraire.

. . . . Gilles *Paulus Du Mefnil* , gendre de Pierre II
      Le Mercier , Libraire.

. . . . Jean III *Cochart* , 2ᵈ fils de Jean I , Libraire.

18 Février. Christophe I *David* , 2ᵈ fils de feû Denys ,
      Libraire.

. . . . Daniel *Jollet* , gendre de Clément *Gaffe* , Libr.

XXV.me SYNDICAT (3 ans, 3 mois, 8 jours).

Du Samedi 22 Février 1687.

J.-B. I.er COIGNARD, Libraire, Adjoint en 1671.

Syndic ayant, pour Adjoints,

Nicolas *MAZUEL*, Libraire. . . . . . . } *restans.*
R.-J.-B. *DE LA CAILLE*, Libr.-Impr. }

André *CRAMOISY*, Libr.-Imprim. } *entrans.*
Pierre *TRABOUILLET*, Libraire. . }

Au lieu de { Jean II *COCHART*, Libraire. . } *sortans.*
{ Jean II *DE LA CAILLE*, Libr. }

8 Avril. . . *N.* V.e de Jacques *De Laize De Bresche*, Libr.

30 . . . . . Nicolas *Le Clerc*, Libraire.

10 Juin. . . *N. Cramoisy*, Libraire & Directrice de l'Imprimerie Royale, par le décès de Sébastien *Mabre-Cramoisy*, son mari.

28 Juillet. . Jean-Baptiste II *Coignard*, fils de Jean-Baptiste I, Libraire.

19 Août. . . Edme II *Couterot*, fils d'Edme I, Libraire.

20 . . . . . Louis *Rolland* ou *Roullfand*, fils de Lambert, Libraire.

21 . . . . . *N.* V.e d'Edme I. *Couterot*, Libraire.

21 Octobre. Louis *Pilorget*, fils de Blaise, Libraire.

29 . . . . . Nicolas II *Belley*, 2.d fils de Jacques I, Libr.

. . . . Jacques III *Bessin*, fils de Nicolas II, Libraire.

10 Décembr. Pierre *Giffard*, 1.er fils de Georges, Libraire.

. . . . Simon II *Langlois*, fils de feu Denys III, Libr.

. . . . Jean *De Saint-Aubin*, fils d'Antoine, Libr.

❧ 1688. ❧

27 Janvier. . Etienne *Trabouillet*, 1er fils de Pierre, Libr.
. . . . Sébaſtien IV *Cramoiſy*, fils de Sébaſtien III, Libraire.
. . . . Louis - Denys *De la Tour*, fils de Louis, Libraire.
. . . . Jean-Baptiſte *Langlois*, Libraire.
13 Février. . Louis *Poirion*, fils de Nicolas, Libraire.

ÉLECTION D'ADJOINTS,

Du Vendredi 25 Juin 1688.

Pierre II *Aubouyn*, Libraire en 1666.
Charles II *Coignard*, Libraire en 1658.
Au lieu de { Nicolas *Mazuel*, Libraire. . . . } ſortans.
{ R.-J.-B. *De la Caille*, Libr.-Impr. }

17 Août. . . . Frédéric II *Léonard*, fils de Frédéric I, Libr.
. . . . Charles II *Ofmont*, fils de Charles I, Libraire.
7 Septembr. Antoine II *Chreſtien*, fils de feû Antoine I, Libraire.
8 Octobre. André *Pépinguk*, fils de feû Etienne, Libr.
16 Novembr. Claude II *Cellier*, fils de feû Antoine, Libr.
3 Décembr. Claude II *Bauche*, fils de Jacques, Libraire.
14 . . . . . . Jean *De Sanlecque*, 2d fils de Jacques II, Libraire.
* . . . . . N. Ve de Robert II *De Ninville*, Libraire.

❧ 1689. ❧

18 Janvier. . François III *Clouſier*, 1er fils de François II, Libraire.
. . . . Charles I *Robuſtel*, Libraire.

K 3

8 Février. . Henri *Soubret*, neveu de feû *Remi*, & gendre de feû Jean *Huart*, Libraire.

18 . . . . . . Pierre III *Delaulne*, fils de Léon II, Libraire.

¶ Ici finit la Nomenclature de Jean de la Caille, dans son *Hiftoire de l'Imprimerie & Librairie.*].

26 Avril. . . Denys *Du Puis*, 1er fils de feû Jean, Libraire.

* . . . . . N. Vᵉ de Claude I *Hériffant*, Libraire.

7 Juin. . . Nicolas *Hériffant*, 4ᵉ fils de feû Claude I, Libraire.

. . . . Claude II *Dehanfy*, fils de feû Claude I, Libraire.

* . . . . . N. Vᵉ de Clément *Gaffe*, Libraire.

7 Juin. . . Claude *Gaffe*, fils de feû Clément, Libraire.

28 . . . . . Pierre *Rébuffé*, l'aîné, coufin de Pierre *Giffard*, Libraire & *Imprimeur*.

28 . . . . . Maurice *Rébuffé*, le jeune, coufin de Pierre *Giffard*, Libraire & *Imprimeur*.

26 Août. . . Jean-Baptiste *Mufier*, fils de feû Jean, Libr.

10 Septembr. N. Vᵉ de Jean-Baptiste I *Coignard*, Libraire.

¶ Par le décès de Jean-Baptiste I *Coignard*, Syndic en Charge, André *Cramoify*, premier Adjoint, fait les fonctions de Syndic, jufqu'au 30 Mai fuivant, que fe fait l'élection d'un Syndic nouveau].

Exerçant.

Robert *Piget*, 2d fils de Simon, Libraire.

❦ 1690. ❧

17 Mars. . . Augustin *Le Guérier*, Libraire.

XXVI.me SYNDICAT, (7 ans, 11 mois, 12 jours).

Du Mardi 30 *Mai* 1690.

Pierre II *AUBOUYN*, Libraire, Ex-Adjoint,

Syndic ayant, pour Adjoints,

Charles II *COIGNARD*, Libraire, *restant.*
Elie *JOSSET*, Libraire & Imprim. en 1660.
Christophe *BALLARD*, Libr. Impr. en 1666. } *entrans.*
Jean *COUTEROT*, Libraire en 1664.

Au lieu de { André *CRAMOISY*, Libr. Imprim.
Pierre *TRABOUILLET*, Libraire. } *sortans.*
Pierre II *AUBOUYN*, Libraire, élu *Syndic.*

13 Juin. . . Hubert *Muguet*, 2.d fils de François, Libraire.
30 . . . . . Charles *Bessin*, fils de Pierre II, Libraire.
24 Octobre. Michel *Hériffant*, 5.e fils de feû Claude I,
Libraire.
28 Novembr. Thomas-Jacques *Charpentier*, 2.d fils de
Thomas, Libraire.
* . . . . . N. V.e de Jacques *Bailly*, Libraire.
. . . . . . N. V.e de Charles I *Osmont*, Libraire.

Exerçans.

Charles *Cavelier*, Libraire.
Louis *Dengerville*, Libraire.
François I *Le Breton*, Libraire.

C 1691. D

26 Janvier. Jean *Anisson*, Libraire & Imprimeur, en vertu
d'Arrêt du Conseil du 18 préfent mois.

K 4

13 Mars. . . Pierre II *De Bats*, 1er fils de Pierre I, Libraire.
. . . . François *Pralard*, 1er fils d'André, Libraire.
2 Mai. . . Jean *Ricœur*, fils de feü François, Libraire.
11 . . . . . Nicolas *Couftelier*, 3e fils de François, Libr.
16 Juillet. . Hubert *Muguet*, 2d fils de François, Libraire
          en 1690 : reçu *Imprimeur*, en vertu d'Arrêt
          du Conseil du 12 précédent, pour exercer
          concurremment avec son père, qui a une
          Imprimerie à Versailles.
7 Août. . . Simon II *Bénard*, fils de Simon I, Libraire.
8 Octobr. . N. Ve de Daniel I *Horthemels*, Libraire.
14 Novembr. Marie *Biciry*, Ve de Nicolas II *Vaugon*,
          Libraire.
27 . . . . . Pierre *Plucquet*, gendre de feü Claude *le Roi*,
          Libraire.
* . . . . . N. Ve de Jean *Bertet*, Libraire.
. . . . . . N. Ve de Pierre I *Beffin*, Libraire.
. . . . . . N. Ve de Pierre *Bienfait*, Libraire.
. . . . . . N. Ve de Jean *Chardon*, Libraire.
. . . . . . N. Ve de Jean *Charmot*, Libraire.
. . . . . . N. Ve de Pierre *Chaftelain*, Libraire.
. . . . . . N. Ve d'André *Chouqueux*, Libraire.
. . . . . . N. Ve de Jean I *Cochart*, Libraire.
. . . . . . N. Ve de Louis *De la Tour*, Libraire.
. . . . . . N. Ve de Jean *De la Vigne*, Libraire.
. . . . . . N. Ve de François *Drou*, Libraire.
. . . . . . N. Ve de Pierre II *Férant*, Libraire.
. . . . . . N. Ve de Jean *Gaillard*, Libraire.
. . . . . . N. Ve de Michel *Guéroult*, Libraire.
. . . . . . N. Ve de Jacques *Laifné*, Libraire.
. . . . . . N. Ve de Jacques I *Le Gras*, Libraire.
. . . . . . N. Ve de François *Le Preft*, Libraire.
. . . . . . N. Ve de Jacques *Lefguillon*, Libraire.
. . . . . . N. Ve de Denys *Nyon*, Libraire.
. . . . . . N. Ve de Jean II *Promé*, Libraire.
. . . . . . N. Ve d'Antoine *Quenet*, Libraire.
. . . . . . N. Ve de Philippe II *Rouillé*, Libraire.

* . . . . . *N.* Vᵉ de Pierre *Saunier*, Libraire.
. . . . *N.* Vᵉ d'Eloi I *Sénécar*, Libraire.
. . . . *N.* Vᵉ de Louis II *Séveftre*, Libraire.
. . . . *N.* Vᵉ de Jacques *Talon*, Libraire.

Exerçants.

Denys *Barrier*, Libraire.
Jacques *Batillot*, Libraire.
Bernard *Bernache*, Libraire.
Michel *Bonnet*, Libraire.
Charles *Bourdon*, Libraire.
Luc-Antoine *Boyer*, Libraire.
Charles *Bradel*, Libraire.
Nicolas *Chaftelain*, Libraire.
Antoine *Cotret*, Libraire.
Charles *De la Fontaine*, Libraire.
Jean *De Louviers*, Libraire.
Robert *De Louviers*, Libraire.
Louis *De Rome*, Libraire.
Robert *Didier*, Libraire.
Georges *Du Caftin*, Libraire.
Robert *Fayret*, Libraire.
Claude *Férant*, Libraire.
Jean-Alexis *Férant*, Libraire.
Jacques *Fétil*, Libraire.
Jerôme *Filliet*, Libraire.
Charles *Gaillard*, Libraire.
Louis *Gaillard*, Libraire.
Auguftin *Galimar*, Libraire.
Jean *Gamet*, Libraire.
Pierre *Gaudreau*, Libraire.
François *Giffard*, Libraire.
Jean *Guillautiau*, Libraire.
Henri *Hahioche*, Libraire.
Guillaume *Homerville*, Libraire.
Antoine *Julien*, Libraire.
Bernard *La Bouife*, Libraire.

Pierre *La Grive*, Libraire.
Jean *Larmessin*, Libraire.
Jean *Le Glou*, Libraire.
Daniel *Le Page*, Libraire.
Jean *Le Page*, Libraire.
Louis *Maugras*, fils de Marin, Libraire.
François *Moette*, Libraire.
Pierre *Mongobert*, Libraire.
Louis *Monnier*, Libraire.
Simon *Mutel*, Libraire.
Michel *Pas-de-Loup*, Libraire.
Philippe *Pas-de-Loup*, Libraire.
Vincent *Robert*, Libraire.
Jean *Sauvage*, Libraire.
Michel *Sauvage*, Libraire.
Claude *Viette*, Libraire.

❦ 1692. ❧

11 Janvier. Charles *Brément*, Libraire.
29 Février.. Michel III *Brunet*, fils d'Augustin I, Libr.
24 Septembr. Pierre-Jacques *Bienfait*, fils de feu Pierre, Libraire.
* ..... Anne *Bourdon*, Libraire & Imprimeur, par le décès de Laurent I *Rondet*, son mari.

Exerçant.

Claude *Cosset*, Libraire.

❦ 1693. ❧

6 Mars... Denys *Mariette*, frère aîné de Jean, Libraire.
26 Juin... Charles *Moette*, fils de Thomas I, Libraire.
21 Août... Jean-Louis *De la Ville*, fils de Daniel Libr.
27 ..... Pierre *Miquelin*, Libraire.
11 Novembr. Jean *Du Bourg*, 2d fils de Charles, Libraire.

* . . . . . *N.* Ve de Jacques *Bauche*, Libraire. . . .

. . . . , *N.* Ve de Jean *Buffière*, Libraire,

. . . . Anne *Chamault*, Libraire & Imprimeur, par le décès de Pierre II *Le Mercier*, fon mari.

Exerçant.

Denys *Dengerville*, Libraire.

⟪ 1694. ⟫

8 Janvier. Jean *De Nully*, Libraire.

9 Février. Nicolas *Pépie*, fils de Robert, Libraire.

8 Juin. . . Jacques *Le Febvre*, (Libraire en 1686), reçu Imprimeur.

. . . . Pierre-Auguftin *Le Mercier*, (Libraire en 1687, reçû *Imprimeur.*

. . . . Gilles *Paulus-du-Mefnil*, (Libraire en 1687) reçu *Imprimeur.*

. . . . Simon II *Langlois*, (Libraire en 1687), reçu *Imprimeur.*

. . . . Jean *De Saint-Aubin*, (Libraire en 1687), reçu *Imprimeur.*

. . . . Jean-Baptiste-Chriftophe *Ballard*, 1er fils de Chriftophe, reçu Libraire & *Imprimeur.*

. . . . Jean-Baptiste *Cuffon*, (Libraire en 1686), reçu *Imprimeur.*

. . . . Claude-Louis *Thibouft*, fils de Claude I, reçu Libraire & *Imprimeur.*

. . . . Antoine II *Chreftien*, (Libraire en 1688), reçu *Imprimeur.*

. . . . Claude *Prignard*, (Libraire en 1686), reçu *Imprimeur.*

7 Sept. . . Pierre II *Ballard*, 2^d fils de feû Robert II, reçu Libraire & *Imprimeur.*

* . . . . . *N.* Ve de Charles *Brément*, Libraire.

. . . . *N.* Ve de Robert *Chevillon*, Libraire.

. . . . *N.* Ve de Jean-Baptifte I *Coignard*, Libraire.

* . . . . *N. V*ᵉ de François *Couftellier*, Libraire.
. . . . *N. V*ᵉ de Jacques *Honervogt*, Libraire.
. . . . *N. V*ᵉ de Charles *Le Camus*, Libraire.
. . . . *N. V*ᵉ de Guillaume II *Macé*, Libraire.
. . . . Anne *Cochot*, Libraire, par le décès de Gabriel
             Quenet, fon mari.
. . . . *N. V*ᵉ de Lambert *Rolland* ou *Roulland*,
             Libraire.
. . . . *N. V*ᵉ de Jean I *Villette*, Libraire.

❦ 1695. ❧

2 Janvier. . Louis *Colin*, fils de Pierre, reçu Libraire
             & *Imprimeur*.
. . . . Georges *Jouvenel*, fils de Martin, Libraire.
. . . . Imbert *De Bats*, 2ᵈ fils de Pierre I, Libraire.
. . . . Laurent *Seneuze*, 1ᵉʳ fils d'Arnouit, Libraire.
. . . . Michel *Cloufier*, 2ᵈ fils de François II, Libr.
. . . . Jean-Geoffroy *Nyon*, Libraire.
. . . . Denys *Petit*, fils de Louis, Libraire.
24 . . . . . Henri *Lambin*, 2ᵈ fils de Christophe, reçu
             Libraire & *Imprimeur*.
4 Février. . Etienne *Robinot*, fils d'Antoine II, Libraire.
. . . . Etienne *Ganeau*, Libraire.
. . . . Jacques *Collombat*, Libraire.
28 Juin. . . Barthélemi *Girin*, Libraire.
7 Octobr. . Denys *Chênault*, 1ᵉʳ fils de Charles I, reçu
             Libraire & *Imprimeur*.
* . . . . . . *N. V*ᵉ de Jérôme *Bobin*, Libraire.
. . . . *N. V*ᵉ de Pierre *Doucest*, Libraire.

❦ 1696. ❧

28 Février. . Efprit *Billiot*, fils de Théodore, Libr.
12 Avril. . . Jacques II *Grou*, 1ᵉʳ fils de Jacques I, Li-
             braire & *Imprimeur*.
15 Mai. . . Nicolas II *Langlois*, fils de Nicolas I, Libr.
. . . . Grégoire *Du Puis*, 2ᵈ fils de feû Jean, Libr.

31 Juillet. . Thomas-Nicolas *Mequel*, 1er fils de Nicolas, Libraire.

. . . . Charles III *Saugrain*, fils de Charles II, Libraire.

. . . . Charles II *Du Breuil*, fils de Jacques II, Libraire.

* . . . . . . N. Ve de François *Promé*, Libraire.

. . . . N. Ve d'Antoine *Raflé*, Libraire.

☾ 1697. ☽

2 Janvier. . Nicolas *Couterot*, fils d'Hubert, Libraire.

. . . . Philippe *Huberson*, gendre de Simon *Desprez*, Libraire.

. . . . Antoine *Gandouin*, 1er fils de Julien, Libr.

13 Août. . . Jacques *Josse*, fils de Pierre, Libr. & *Imprim.*

17 . . . . . Pierre II *Ribou*, fils de Jean, Libraire.

15 Octobr. . Pierre I. *Gandouin*, 2d fils de Julien, Libr.

3 Décembr. Silvain *Brunet*, 1er fils de Michel III, Libr.

. . . . Médard-Michel *Brunet*, fils de Silvain, Libr.

24 . . . . . Charles *Hérissant*, fils de Jacques Libraire.

* . . . . . N. Ve de Guillaume *Adam*, Libraire.

. . . . N. Ve de Claude *Audinet*, Libraire.

. . . . N. Ve de Pierre II *Bessin*, Libraire.

. . . . N. Ve de Pierre *Bouillerot*, Libraire.

. . . . N. Ve de Michel II *Brunet*, Libraire.

. . . . N. Ve d'Etienne *Chardon*, Libraire.

. . . . Jeanne *Le Mercier*, Libraire, par le décès de Jean II *Cochart*, son mari.

. . . . N. Ve de Charles II *Coignard*, Libraire.

. . . . N. Ve de Pierre *Colin*, Libraire.

. . . . N. Ve de Pierre *De Bats*, Libraire.

. . . . N. Ve de Nicolas *Delaulne*, Libraire.

. . . . N. Ve de Charles *Fosset*, Libraire.

. . . . N. Ve de Théodore *Girard*, Libraire.

. . . . N. Ve de Jacques II *Langlois*, Libraire.

. . . . *N. V*^e de Déuys III *Langlois* , Libraire.
. . . . *N. V*^e de François II *L'Hermite* , Libraire.
. . . . *N. V*^e de François *Mauger* , Libraire.
. . . . *N. V*^e de Nicolas *Oudot* , Libraire.
. . . . *N. V*^e de Pierre *Pluquet* , Libraire.
. . . . *N. V*^e de Louis I *Vaugon* , Libraire.

1698.

13 Févr. . . Pierre I *Filleau*, Libraire.
12 Mai. . . Christophe II *Remi* , fils de Christophe I, Libraire.
. . . . Pierre-Antoine *Warin*, fils d'Antoine, Libr.
. . . . Augustin II *Brunet*, fils de feû Jean-Baptiste, Libraire.
. . . . Jean-Luc I *Nyon*, fils de feû Denys, Libraire.

avait épousé Marie Anne fille de Denys Didot et sœur de François Didot libraire en 1713.

XXVIIme SYNDICAT, (3 ans, 3 mois, 29 jours).

Du Lundi 12 Mai 1698.

Christophe BALLARD , Libr.-Impr., Ex-Adjoint.

Syndic ayant, pour Adjoints,

Jean II *CUSSON* , Libraire en 1659. . . . . .
Jacques II *VILLERY*, Libraire. en 1674. . . . . } entrants.
Louis *GUÉRIN* , Libraire en 1683. . . . . .
Charles II *CHÉNAULT* , Libr.-Impr. en 1683.

Au lieu de { Charles II *COIGNARD* , Libraire.
Elie *JOSSET* , Libraire & Imprimeur. } sortans.
Jean *COUTEROT* , Libraire.
Christophe *BALLARD*, Libr.-Impr. élu Syndic.

2 Juin. . . . Jérémie III *Bouillerot*, fils de Pierre, neveu
      de Christophe *Journel*, Libraire & *Imprim.*
6 . . . . . Nicolas *Gosselin*, Libraire.
. . . . Jean III *Moreau*, reçu Libraire & *Imprimeur*,
      (puis interdit par Sentence de Police du
      24 Avril 1703, rétabli par les Arrêts de la
      Cour des 4 Janvier & 2 Mars 1708, con-
      firmés par l'Arrêt du Conseil du 18 Mars
      suivant).
9 . . . . . Antoine *Fournot*, Libraire & *Imprimeur*.
1 Août. . Prosper *Marchand*, Libraire.
5 . . . . . Henri *Muguet*, 3me fils de François, Libraire.
9 Septembr. Guillaume-Amable I *Valleyre*, Maître-ès-
      Arts, ancien Professeur de Philosophie
      en l'Université de Paris, Libraire.
3 Octobr. . Claude *Rigault*, Libraire.

❆ 1699. ❆

10 Février. . Damien *Beugnié* ou *Beunier*, Libraire.
. . . . Frédéric II *Léonard*, fils de Frédéric I, (Libr.
      en 1688), reçu *Imprimeur*, en vertu de
      Lettres-Patentes du 22 Février 1696,
      Régistrées au Parlement le 26 Mai suivant,
      portant survivance du fils au Père.
20 Mars. . Pierre-François *Emery*, fils de Pierre, Libr.
. . . . Alexis *De la Roche*, Libraire.
14 Avril. . Denys *Pepie*, frère puîné de Robert, Libr.
22 Mai. . . Théodore I *Le Gras*, fils de Nicolas, Libr.
3 Août. . Gilles I *Lamesle*, Libraire.
. . . . Jacques I *Estienne*, Libraire.
. . . . Nicolas *De Vaux*, Libraire.
19 Octobre. Marie *Chartier*, Libraire & Imprimeur,
      par le décès d'Antoine *Lambin*, son mari.

❆ 1700. ❆

18 Février. . Antoine *Damonneville*, Libraire.
17 Mars. . . Gabriel II *Martin*, fils de feu Gabriel, I,
      Libraire.

. . . . Daniel *Jollet* , (Libraire en 1687) , reçu *Imprimeur.*

16 Mars. . . Jacques II *Rollin* , Libraire.

6 Avril. . . Robert *Belley* , 1re fils de Nicolas II, Libraire.

16 . . . . . . Théodore II *Le Gras* , fils de Jacques II, Libr.

30 . . . . . . Jean *Guilletat*, gendre de Maurice *Villery*, Libr.

11 Mai. . . Jean *Lesclapart*, 1er fils de Pierre Libraire.

25 . . . . . . Pierre *Witte* , Libraire.

. . . . Jean-Baptiste-Alexandre *Delespine* , Libraire.

30 Juillet. . Antoine-Pierre *Lesclapart* , 2d fils de Pierre , Libraire.

3 Août. . . Henri *Muguet* , 3me fils de François (Libraire en 1698) , reçu *Imprimeur.*

8 Octobre. Claude II *Prudhomme* , neveu de Charles *De Sercy* , Libraire.

30 Décembr. Louis *Coignard* , 2d fils de feû Jean-Baptiste I. Libraire.

. . . . Michel-Etienne I *David* , 1er fils de Michel , Libraire.

. . . . Jean - Baptiste - Claude I *Bauche* , fils de Claude II , Libraire.

. . . . Claude *Boré* , Libraire.

31 . . . . . . Robert *Seneuze* , 2d fils d'Arnoult , Libraire.

. . . . René *Pralard* , 2d fils d'André , Libraire.

. . . . Claude-Marin I *Saugrain*, fils de Guillaume I, Libraire.

. . . . Claude *Jombert* , 1er fils de Jean , Libraire.

. . . . *N.* Ve de Michel II *Vaugon* , Libraire.

1701.

4 Janvier. . Jérôme *Trabouillet* , 2d fils de Pierre , Libr.

8 . . . . . . François II *Nivelle* , fils de feû François I, Libraire.

11 . . . . . . Nicolas *Trudon*, gendre de feû Denys *Crévier*, Libraire.

11 Juillet. . Jean-Baptiste II *Loyson* , fils de feû Henri , & gendre d'Etienne *Du Castin*, Libraire.

XXVIIIme

XXVIII.me SYNDICAT, (4 ans, 22 jours).

Du Samedi 10 *Septembre* 1701.

Pierre *TRABOUILLET*, Libraire, Adjoint en 1687.

Syndic ayant pour Adjoints,

Louis IV *SÉVESTRE*, Libraire en 1683.....⎱
Pierre *EMERY*, Libraire en 1683.......⎰
J.-B. II *COIGNARD*, Libraire-Imprim. en 1687. ⎬ *entrans.*
Pierre *DELAUNAY*, Libraire en 1683.....⎭

Au lieu de ⎰ Jean *CUSSON*, Libraire.. ⎱
Jacques *VILLERY*, Libraire.... ⎬ *fortans.*
Louis *GUÉRIN*, Libraire....
Charles *CHÉNAULT*, Libr.-Imprim. ⎭

13 Décembr. Antoine II *Gaffe*, fils de Louis, Libraire.
.... Jean *Dehors*, fils de Pierre, Libraire.
.... Jean *Pépingué*, fils d'André, Libraire.
.... Claude *Le Tilleur*, gendre de feû Jean *Badier*, Libraire.
.... Antoine *Le Febvre*, Libraire.
20 ...... Guillaume *Vandive*, reçu Libraire, à la recommandation de Mgr le Dauphin, Louis dit *Monseigneur*, mort en 1711).
.... Pierre II *Filleau*, fils de feû Pierre I, Libr.

《 1702. 》

7 Janvier.. Louis *Coignard*, fils de feû Jean-Baptiste I (Libraire en 1700) reçu *Imprimeur*.
.... Jean-Baptiste-Alexandre *Delespine* (Libraire en 1700) reçu *Imprimeur*.

L

14 Février. . Guillaume III *Cavelier*, fils de Guillaume II, Libraire.

20 Juin. . . Pierre II *Delaulne*, 1er fils de feû Pierre I (Libraire en 1683) reçu *Imprimeur*.

. . . . Jacques *Quillau*, petit-fils de Pierre, reçu Libraire & *Imprimeur*.

21 . . . . . Daniel II *Horthemels*, 1er fils de feû Daniel I, Libraire.

. . . . Jean-Jacques *Durand*, Apprenti d'Antoine *Dézallier*, Libraire.

23 . . . . . Pierre *Giffey*, reçu Libraire & *Imprimeur*, par Arrêt du Conseil du 6 du préfent mois.

27 . . . . . Jean *Mariette*, gendre de feû Jean-Baptifte I *Coignard*, Libraire.

. . . . Jean *Hériffant*, coufin de Pierre, reçu Libr. par Arrêt du Conseil du 6 du préfent mois.

30 Juin. . . . François (& *non* Jean) *Jollain*, reçu Libr. par Arrêt du Conseil du 6 du préfent mois.

4 Juillet. . . Jean-Baptifte *Brocas*, reçu Libraire par Arrêt du Conseil du 6 du préfent mois.

. . . . Raimond *Mazieres*, reçu Libraire par Arrêt du Conseil du 6 du préfent mois.

ÉLECTION D'ADJOINTS.

Du Samedi 19 Août 1702.

Louis *Josse*, Libraire & Imprim. en 1686.

Jean-Baptifte *Cusson*, Libr. & Impr. en 1686. . . . . .

Au lieu de { J.-B. II *Coignard*, Libr.-Impr. } *fortans*.
{ Pierre *Delaunai*, Libraire. . }

16 Décembr. François *Febvrier*, Libraire. . . . . .
* . . . . . N, Vᵉ de Pierre II *Delaune*, Libraire.

❨ 1703. ❩

23 Janvier. . Claude *Robustel*, Libraire.

9 Février. . Jean *Fournil*, gendre de feû Jacques *Bauche*, reçu Libraire par Arrêt du Conseil du 5 précédent.

24 Mars. . . François II *Le Breton*, 1er fils de François I, Libraire.

10 Mai. . . Jean *Cot*, Libr., ancien Fondeur de caractères.

24 . . . . . Pierre *Cot*, fils de Jean, Libraire.

26 Juin. . . Guillaume I *Debure*, fils de Nicolas I, Libr.

13 Août. . . . Arrêt du Conseil qui ordonne d'enregistrer *tout au long* les Lettres de Privilége, & les Cessions desdites Lettres ; (*voyez ci-dessus, au 20 Mars 1653, pag. 116, la mention du premier Enregistrement*).

XXIXme SYNDICAT, (1 an, 8 mois, 15 jours).

Du Mardi, 2 Octobre 1703.

Pierre EMERY, Libraire, Ex-Adjoint,

Syndic ayant, pour Adjoints,

Louis JOSSE, Libraire & Imprimeur en 1686.
Jean-Baptiste CUSSON, Libr.-Impr. en 1686. } *restans.*

Maurice VILLERY, Libraire en 1683. . . . .
Pierre-Aug. LE MERCIER, Libr.-Impr. en 1687. } *entrans.*

Au lieu de { Louis IV SÉVESTRE, Libraire, *sortant.*
{ Pierre EMERY, Libraire, *élu Syndic.*

12 Octobre. Charles *Le Clerc*, neveu de Nicolas, Libraire.
* . . . . . N. Ve de Pierre II *Ballard*, Libraire & Impr.
. . . . . . N. Ve de Claude *Barbin*, Libraire.
. . . . . . N. Ve de Nicolas II *Belley*, Libraire.

L 2

* . . . . . . *N.* Ve de Thomas-Jacques *Charpentier* , Libr.
. . . . *N.* Ve de Denys *Chénault* , Libr-Imprim.
. . . . *N.* Ve de Nicolas I *Delaunay* , Libraire.
. . . . *N.* Ve de Daniel *De la Ville* , Libraire.
. . . . *N.* Ve de Jean *De S.-Aubin* , Libr.-Imprim.
. . . . *N.* Ve de Charles *De Sercy* , Libraire.
. . . . *N.* Ve de René *Dupré* , Libraire.
. . . . *N.* Ve de Jacques I *Grou* , Libraire.
. . . . *N.* Ve de Jacques II *Grou* , Libr.-Imprim.
. . . . Elizabeth *Négo* , Libraire-Impr. par le décès
    de Charles *Guillery* , son mari.
. . . . *N.* Ve de Séraphin *Laisné* , Libraire.
. . . . Marie *Carlu* , Libraire & Imprimeur , par le
    décès de Henri *Lambin* , son mari.
. . . . *N.* Ve de Matthieu *Lefebvre* , Libraire.
. . . . *N.* Ve de Louis *Lucas* , Libraire.
. . . . Marie *Charpentier* , Libraire , par le décès
    de Nicolas *Mazuel* , son mari.
. . . . *N.* Ve de Claude *Mazuel* , Libraire.
. . . . *N.* Ve de Nicolas *Michelin* , Libraire.
. . . . *N.* Ve de Jacques II *Villery* , Libraire.
. . . . *N.* Ve de Pierre-Antoine *Warin* , Libraire.

❮ 1704. ❯

8 Janvier. . Jean-Joseph *Barbou* , reçu Libraire par Arrêt
    du Conseil du 8 Décembre 1703.
* . . . . . . *N.* Ve de François *Jollain* , Libraire.
20 Mai. . . Gérard Franç. *Jollain* , fils de feû Franç. Libr.

ÉLECTION D'ADJOINTS.

Du Jeudi 10 Juillet 1704.

Jean I BOUDOT , Libraire en 1683.
Gilles PAULUS DU MESNIL , Libr.-Imprim. en 1687.
Au lieu de { Louis JOSSE , Libr.-Imprim.
      J.-B. CUSSON , Libr.-Impr. } sortans.

8 Octobre. Louis-Anne *Séveftre*, 1er fils de Louis IV, Libraire & Imprimeur.

. . . . . . , . Imbert *De Bats*, fils de Pierre I (Libraire en 1695) reçu *Imprimeur*.

. . . . . . : . Pierre - François *Emery*, fils de Pierre (Libraire en 1699) reçu *Imprimeur*.

. . . . Jacques *Vincent*, reçu Libraire & Imprimeur par Arrêt du Confeil du 29 Septem bre 1704.

9 Décembr. Julien-Michel *Gandouin*, 3e fils de Julien, Libraire.

12 . . . . . . : Nicolas II *Debure*, fils de feû Nicolas I, & gendre de feû Nicolas II *Beffin*, Libr.

. . . . Jean *Piquet*, gendre de Philippe *Huberfon*, Libraire.

❧ 1705. ☙

16 Juin. . . Nicolas-François *Le Breton*, 2d fils de François I, Libraire.

XXXme SYNDICAT (2 ans, 2 mois, 2⅓ jours).

Du Mercredi 17 *Juin* 1705,

Louis GUÉRIN, Libraire, Adjoint en 1698.

Syndic ayant, pour Adjoints,

Jean I *Boudot*, Libraire. . . . . } *reftans.*
Gilles *Paulus-du-Mesnil*, Libr.-Impr. }

Jacques *Le Febvre*, Libr.-Impr. en 1686. } *entrans.*
Charles I *Robustel*, Libraire en 1689. . . }

Au lieu de { Maurice *Villery*, Libraire. : : } *fortans.*
{ Pierre-Aug. *Le Mercier*, Libr.-Imp. }

30 Juin. . . François I *Rivière*, fils de Nicolas, Libraire.
25 Septembr. Charles I *Guillaume*, Libraire.

16 Octobre.. Claude II *Cellier*, fils de feû Antoine (Libraire en 1588) reçu *Imprimeur* , par Arrêt du Conseil du 14 Sept. 1705.

.... Jean-François *Knapen* , gendre de Claude *Négo* , reçu Libraire & *Imprimeur* par Arrêt du Conseil du 14 Sept. 1705.

.... Jean-François *Gibault* , reçu Libraire & *Imprimeur* , par Arrêt du Conseil des 18 Mai 1705, Janv. & 19 Avril 1706.

.... Gilles I *Lamesle* , (Libraire en 1699) reçu *Imprimeur* , par Arrêt du Conseil du 14 Septembre 1705.

27 ...... Jean-Raoul *Morel*, fils de Jacques, Libraire.

 * ...... *N.* Vᵉ de Nicolas II *Bessin* , Libraire.

.... *N.* Vᵉ de Jean II *Cusson* , Libraire.

.... *N.* Vᵉ de Léon II *Delaulne* , Libraire.

.... Suzanne *Dubois* , Libraire , par le décès de Pierre III *Delaulne* , son mari.

.... *N.* Vᵉ de Christophe *Journel* , Libr.-Impr.

.... *N.* Vᵉ de Jean-Baptiste *Langlois* , Libraire.

.... *N.* Vᵉ de Nicolas *Langlois* , Libraire.

.... *N.* Vᵉ de Pierre I *Lesclapart* , Libraire.

.... *N.* Vᵉ de Jean III *Moreau* , Libraire.

.... *N.* Vᵉ de Christophe I *Remy* , Libraire.

.... *N.* Vᵉ de Jean *Ricœur* , Libraire.

.... Léonore *Le Prieur* , Libraire , par le décès de Guillaume *Vandive* , son mari.

❦ 1706. ❧

26 Janvier.. Jacques *Edouard* , Libraire.

 * .... *N.* Vᵉ de Jean I *Jombert* , Libraire.

16 Mars. , Michel *Jombert* , 2ᵈ fils de feû Jean I, Libraire.

14 Mai. ., Jean *De Maudouyt* , gendre de Maurice *Villery* , Libraire.

24 ...... Magdeleine-Michelle *Alexandre* , Libr.-Impr. par le décès de Louis *Colin* , son mari.

30 Juillet. , Nicolas *Simart* (comme ayant épousé Léonore *Le Prieur* , Vᵉ de Guillaume *Vandive*) Libraire.

ÉLECTION D'ADJOINTS.

Du Vendredi 23 Juillet 1706.

Jean-Baptiste-Christophe *BALLARD*, Libr.-Impr. en 1694.
Urbain *COUSTELIER*, Libraire en 1683.

Au lieu de { Jean I *BOUDOT*, Libraire, } *sortans.*
{ Gilles *PAULUS - DU - MESNIL*, }
{ Libraire & Imprimeur. }

28 Juillet. Pierre - Augustin *Paulus-du-Mesnil*, fils de
Gilles I, reçu Libraire & *Imprimeur* en la
place occupée par feû Louis *Colin.*

10 Septembr. Pierre *Mergé*, (futur mari de Françoise *De la
Caille*), reçu Libraire & *Imprimeur*, par
l'abdication de Robert-Jean-Baptiste *De la
Caille* ; & la Sentence de Police du 3 Septembre 1706.

17 Jean II *Berthault*, gendre de feû Léon II
Delaulne, Libraire.

22 Octobre. — ENREGISTREMENT en la Chambre Syndicale, d'un
Arrêt du Conseil du 20 Septembre précédent, qui
ordonne à tous les *Imprimeurs* de la Ville de Paris,
de représenter leurs titres d'Imprimeur. Ledit Enregistrement est signé des vingt-six Imprimeurs qui
suivent, C. *Ballard*, J.-B.-Ch. *Ballard*, fils, *Bouillerot*, C. *Cellier*, *Coignard*, L. *Coignard*, *Imbert
De Bats*, *Delespine*, P.-Fr. *Emery*, F. *Gibault*,
P. *Giffey*, D. *Jollet*, *Knapen*, *Langlois*, P.-A.
Le Mercier, *Négo*, G. *Paulus du Mesnil*, *Paulus
du Mesnil*, fils, C. *Prignard*, *Quillau*, *Rébuffé*,
L. *Sévestre*, *Louis Sévestre*, C.-L. *Thiboust*, D.
Thierry & J. *Vincent.*

L 4

8 Novembr. Georges *Jouvenel*, fils de Martin, & gendre de feû Etienne *Chardon* (Libraire en 1695) reçu *Imprimeur* en la place vacante par le décès de Pierre *Rébuffé*, par Sentence de Police du 27 Octobre précédent.

* . . . . . N. V^e d'Antoine II *Chrétien*, Libr. & Impr.

23 . . . . . . Guillaume I *Desprez*, père de Guillaume II, qui suit, Libraire en 1651, déjà Imprimeur du Roi, par Lettres-Patentes du 10 Décembre 1686, Regiſtrées en Parlement le 23, eſt reçu *Imprimeur* en la place occupée par feû Antoine II *Chrétien*.

. . . . Guillaume II *Desprez*, fils de Guillaume I, qui précéde, Libraire.

3 Décembr. Louis-François *Le Febvre*, gendre de feû Nicolas *Belley*, Libraire.

* . . . . . Marie-Térèſe *Martin*, Libraire, par le décès de Jean I *Boudot*.

. . . . N. Ve de Charles *Cabry*, Libraire.

29 Décembr. Jean II *Boudot*, fils de feû Jean I, Libraire.

❦ 1707. ❦

4 Février. . Simon *Crévier*, gendre de Denys *Petit*, Libr.

8 . . . . . . Charles *Huguier*, fils de l'Avocat du Roi au Préſidial de Meaux, Libraire, par Arrêt du Conſeil du 24 Janvier précédent.

30 Mai. . . Jean *Deſſeſſartz*, Libraire.

21 Juin. . . Laurent II *Rondet*, fils de feû Laurent I, Libraire & *Imprimeur*, par Sentence de Police du 18 Juin précédent, en la place vacante par l'abdication de Claude *Rigaud*, Directeur de l'Imprimerie Royale, à lui réſervée par divers Arrêts du Conſeil, & notamment par celui du 13 Décembre 1706.

XXXIe SYNDICAT, (1 an, 10 mois, 9 jours).

Du Samedi 10. *Septembre* 1707.

Louis IV *SÉVESTRE*, Libraire, Adjoint en 1701.

Syndic ayant , pour Adjoints ,

J.-B. Chriſtophe *BALLARD* , Libr.-Impr. } *reſtans.*
Urbain *COUSTELIER* , Libraire.

Michel *DAVID* , Libraire en 1686. } *entrans.*
Simon II *LANGLOIS*, Libr.-Imprim. en 1687.

Au lieu de { Jacques *LE FEBVRE* , Libr.-Impr. } *fortans.*
{ Charles I *ROBUSTEL* , Libraire,

11 Octobre. Jean-François *Péraud* , Libraire - Juré de l'Univerſité , reçu à la Chambre Syndicale , le 4 Mai 1726.
14 . . . . . Guillaume-Nicolas *Aubert* , gendre de feû Jean *Jombert* , Libraire.

❦ 1708. ❧

13 Janvier. . François *Fournier* , Libraire.
24 Février. . François *Grangé* , Libraire.
2 Mars. . . Barthélemi *Le Roy* ; fils de feû Charles ; Libr.
16 . . . . . . Laurent *Le Conte* , beau-frère de Guillaume I *Debure* , reçu Libraire par Arrêt du Conſeil du 12 du préſent mois.
4 Mai. . . François *Montalant* ; futur gendre de Laurent *Le Conte* ; Libraire.
8 . . . . . André *Cailleau* , Libraire.
18 . . . . . Robert II *Du Caſtin*, 3me fils de Robert I , Libraire.

* . . . . . . Catherine *Mangeant*, Libraire & Imprimeur,
par le décès de Guillaume I *Desprez*,
fon mari.

5 Juillet. . Guillaume II *Desprez*, fils de feû Guillaume I
(Libraire en 1706) reçu *Imprimeur* en
la place occupée par fon père.

1708.

ÉLECTION D'ADJOINTS.

Du Vendredi 6 Juillet 1708.

Henri *CHARPENTIER*, Libraire en 1683.

Maurice *REBUFFÉ*, Libraire & Imprimeur en 1689.

Au lieu de { J.-B.-Chrift. *BALLARD*, Libr.-Impr.
Urbain *COUSTELIER*, Libraire. . } fortans.

13 Août. . . Etienne *Papillon*, Apprenti de Guillaume II
Cavelier, Libraire.

30 Septembr. *N. F. Charpentier*, Libraire & Imprim. par
le décès de Guillaume I *Saugrain*, fon mari.

* . . . . . Marguerite *Maurice*, Libraire, par le décès
d'Amable *Auroy*, fon mari.

. . . . Anne *Pariselle*, Libraire, par le décès de
Charles *Beffin*, fon mari.

. . . . *N.* Ve de Jean *Cot*, Libraire & Fondeur de
caractères.

. . . . *N.* Ve de Pierre II *De Brefche*, Libraire.

. . . . Marguerite *De Fauqu*, Libraire, par le décès
de Jacques *De Courbe*, fon mari.

. . . . *N.* Ve de Robert-Jean-Baptifte *De la Caille*,
Libraire feulement, fon mari ayant abdiqué
l'Imprimerie en 1706.

. . . . *N.* Ve de Thomas *Guillain*, Libraire.

. . . . *N.* Ve de Jean *Guilletat*, Libraire.

* . . . . . . *N.* Ve de Pierre *Hériffant* , Libraire.
. . . . *N.* V^e d'Etienne *Loyfon* , Libraire.
. . . . *N.* Ve de Jacques *Morel* , Libraire.
. . . . *N.* Ve de François *Pralard* , Libraire.
. . . . *N.* Ve de Laurent *Sainte-Marie* , Libraire.
. . . . *N.* Ve de Pierre *Trabouillet* , Libraire.

❰ 1709. ❱

12 Mats. . . Antonin *Des Hayes* , Libraire.
23 Avril. . . Antoine *De Billy* , Libraire.
14 Mai. . . Joseph I *Saugrain* , 2^d fils de feû Guillaume I , Libraire.
16 Juillet. . Jacques II *Douceur* , petit-fils de Pierre , arrière petit-fils de Jacques I , gendre de Maurice *Villery* , reçu Libraire en vertu des Arrêts du Confeil des 1 & 15 du préfent mois.

XXXIIme SYNDICAT. (2 ans , 3 mois , 21 jours).

Du Vendredi 19 Juillet 1709.

Pierre **DELAUNAY** , Libraire , Adjoint en 1701.

Syndic ayant , pour Adjoints ,

Henri *CHARPENTIER* , Libraire. ⎱ *reftans.*
Maurice *RÉBUFFÉ* , Libr.-Imprim. ⎰

Guillaume II , *CAVELIER* , Libraire en 1683. ⎱ *entrans.*
Claude-Louis *THIBOUST* , Libr.-Impr. en 1694. ⎰

Au lieu de ⎰ Michel *DAVID* , Libraire. ⎱ *fortans.*
⎱ Simon II *LANGLOIS* , Libr.-Impr. ⎰

13 Août. . . Matthieu *Delaunay* , fils de Pierre , Syndic en charge , Libraire.

❰ 1710. ❱

7 Février.. François *Fétil*, coufin de Jean *Hériffant*; reçu Libraire par Arrêt du Confeil du 27 Janvier précédent.

18 .... Jacques *Collombat* (Libraire en 1695) reçu *Imprimeur*, par Arrêt du Confeil du 13 Janvier précédent, en la place vacante par la déchéance de Claude II *Cellier*.

27 ...... Guillaume-Amable I *Valleyre* (Libraire en 1698) reçu *Imprimeur* par Arrêt du Confeil du 13 Janvier précédent, en la place vacante par le décès de Claude *Négo*.

17 Mars... Généviéve *Millon*, Libraire, par le décès de Thomas I *Moët*.

25 Juin... Guillaume II *Saugrain*, 3me fils de feû Guillaume I, Libraire.

.... Thomas *Saugrain*, 4me fils de feû Guillaume I, Libraire.

.... François-Denys *Belley*, 2d fils de feû Nicolas II, Libraire.

1 Août... Jean-Henri *De Courbe*, fils de Jacques, Libr.

ÉLECTION D'ADJOINTS.

Du Vendredi 22 Août 1710.

Jean II *VILLETTE*, Libraire en 1686.
Jacques *JOSSE*, Libraire & Imprimeur en 1697.
Au lieu de { Henri *CHARPENTIER*, Libraire.. / Maurice *RÉBUFFÉ*, Libr.-Imprim. } *fortans.*

29 Août.. Jacques-François *Grou*, 2d fils de feû Jacques I, Libraire.

16 Septembr. Jean-Antoine *Robinot*, 1er fils d'Etienne, Libr.

16 Septembr. Jacques I *Ribou*, 1er fils de Pierre II, Libr.

7 Octobre. Charles *Hochereau*, Libraire.

17 . . . . Nicolas *Tautin*, comme ayant époufé Anna *Parifelle*, Ve de Charles *Beffin*, Libraire.

* . . . . N. Ve d'Auguftin *Befongne*, Libraire.

. . . . N. Ve de Gabriel *Huart*, Libraire.

. . . . N. Ve de Henri *Soubret*, Libraire.

. . . . N. Ve de Maurice *Villery*, Libraire.

1711.

10 Mars. . . Denys *Mouchet*, Libraire.

14 Avril. . . François *Cuiffart*, comme devant époufer Généviéve, fille d'Etienne *Du Caftin*, Libr.

2 Mai. . . Jacques II *Piget*, fils de Robert, Libraire.

13 . . . . Charles *Huguier* (Libraire en 1707) reçu *Imprimeur* par Arrêt du Conſeil du 13 Avril 1710, en la place vacante par la retraite & l'établiſſement de Jean-Baptiſte *Cuffon*, à Nanci.

5 Juin. . . . Jean III *Remy*, fils de Chriſtophe I, Libr.

10 . . . . . . Jean-François *Grangé*, frère puîné de François, Libraire.

30 . . . . . Claude *Du Bourg*, fils d'Antoine, Libraire.

21 Juillet. . Pierre *Moriffet*, comme devant époufer Elizabeth, fille d'Urbain *Couftelier*, Libr.

5 . . . . Pierre II *Huet*, Libraire.

7 Août. . . Sébaftien *Chardon*, 2d fils de Jean, Libraire.

22 Sept. . . . Pierre *Prault*, Libraire.

23 . . . . . . François *Barrois*, fils d'Edmond II, reçu Libraire par Arrêt du Conſeil du 4 du préfent mois.

23 Octobr. . François *Boullet*, Libraire.

XXXIIIᵐᵉ SYNDICAT, (1 an, 11 mois, 29 jours).

Du Lundi 9 Novembre 1711.

Louis *JOSSÈ*, Libraire, Adjoint en 1702.

Syndic ayant, pour Adjoints,

Jean II *VILLETTE*, Libraire. . . . . . } *restans.*
Jacques *JOSSE*, Libraire & Imprimeur. }

Claude *PRIGNARD*, Libraire en 1686. . } *entrans.*
Florentin *DELAULNE*, Libraire en 1686. }

Au lieu de { Guillaume II *CAVELIER*, Libraire. } *sortans.*
{ Cl.-Louis *THIBOUST*, Libr.-Impr. }

« 1712. »

19 Janvier. . François *Babuty*, Libraire.

12 Février. . Antoine *Cousfelier*, fils de feû Urbain, Libr.

5 Avril. . . . Étienne *Hochereau*, Libraire.-Juré de l'Université, reçu à la Chambre Syndicale, le 4 Mai 1726.

3 Mai. . . . Pierre *Cot*, fils de feû Jean, Libraire en 1703) reçu *Imprimeur*, en la place vacante par la démission d'André *Cramoisy*, en vertu de l'Arrêt du Conseil du 25 du mois précédent.

5 Juillet. . Gabriel-Joseph *Janót*, Libraire.

15 . . . . . Noël *Pissot*, Libraire.

ÉLECTION D'ADJOINTS.

Du Lundi 5 Septembre 1712.

Hilaire *FOUCAULT*, Libraire en 1686. . |

J.-B.-Alexandre *DELESPINE*, Libr.-Impr. en 1700.

Au lieu de { Jean II *VILLETTE*, Libraire. . . . } *sortans.*
{ Jacques *JOSSE*, Libraire & Imprim. }

10 Novembr. Jean-Baptiste *Maquel*, 2^d fils de feû Nicolas, Libraire.

12 . . . . . Elizabeth *Raguin*, Libraire, par le décès de Denys II *Thierry*.

* . . . . . N. *Mareidrot*, Libraire & Imprimeur, par le décès de Pierre *Cot*, son mari.

15 Novembr. Laurent *D'Houry* (Libraire en 1678) reçu *Imprimeur* en la place occupée par feû Pierre *Cot*, en vertu de l'Arrêt du Conseil du 10 Août précédent.

23 . . . . . Fréderic II *Léonard* (Libraire en 1688) reçu *Imprimeur* en la place vacante par le décès de Fréderic I, son père, en vertu de l'Arrêt du Conseil du 21 dudit mois.

9 Décembr. Jacques *Chardon*, fils de feû Etienne, reçu Libraire & *Imprimeur*, en la place occupée par feû Denys II *Thierry*.

31 . . . . . François *Rochard*, fils de Jean, Commissaire des vivres à Maubeuge, reçu Libraire comme devant épouser N. fille aînée de Louis *Guérin*.

* . . . . . N. Ve de Pierre-Jacques *Bienfait*, Libraire.

. . . . . . N. V^e d'Urbain *Coustelier*, Libraire.

. . . . . . N. Ve de Jacques III *Douceur*, Libraire.

. . . . . . N. Ve de Jacques II *Du Breuil*, Libraire.

. . . . . . N. Ve de Robert II *Du Castin*, Libraire.

. . . . . . N. V^e d'Elie *Josset*, Libraire.

❧ 1713. ❧

17 Février. Jean-Baptiste *Lamesle*, 1er fils de Gilles I, Libr.

28 Mars. Etienne *Nyon*, fils de Jean Geofroy, Libraire.

2 Mai. Jean *Tiquet*, Libraire.

17 Octobre. Gabriel *Valleyre*, 1er fils de Guillaume-Amable I, Libraire.

27 . . . . . Christophe II *David*, 2^d fils de Michel, Libraire.

30 Octobre. Jean-Baptiste III *Coignard*, fils de Jean-Bapt. II, reçu Libraire & *Imprimeur*, par Arrêt du Conseil du 23 du préfent mois, pour exercer conjointement avec fon père, jufqu'à fon décès ou fon abdication.

7 Novembr. Jacques - Henri *Pralard*, 3me fils d'André, Libraire.

XXXIVme SYNDICAT, (1 an, 11 mois, 10 jours).

Du Mercredi 8 Novembre 1713.

Charles *ROBUSTEL*, Libraire, Adjoint en 1705.

Syndic ayant, pour Adjoints,

Hilaire *FOUCAULT*, Libraire. . . . . } *reftans.*
J.-Bapt.-Alexandre *DELESPINE*, Libr.-Impr. }

Charles II *OSMONT*, Libraire en 1688. } *entrans.*
Denys *MARIETTE*, Libraire en 1693. . }

Au lieu de { Claude *PRIGNARD*, Libraire. } *fortant.*
{ Florentin *DELAULNE*, Libraire. }

14 Novembr. François *Didot*, Apprenti d'André *Pralard*, Libraire.

2 Décembr. Jacques-François *Grou*, (Libraire en 1710) reçu *Imprimeur*, par Sentence de Police du 28 Novembre précédent. (Cette réception fut annulée par Arrêt du Parlement du 14 Mars 1714). Il fut rétabli dans l'exercice, par Sentence de Police du 7 Août fuivant, & reçu une feconde fois à la Chambre Syndicale le 28 Août audit an.

1714.

<< 1714. >>

1 Février. . Jean *Lamefle* , 2ᵈ fils de Gilles I , Libraire.

23 Mars. . . Charles *Caillou* (2ᵈ fils de feû *Guy* , mari de Marie *Carlu* , avant veuve de Henri *Lambin*) Libraire en 1686 , eft reçu *Imprimeur* par Arrêt du Parlement du 14 du préfent mois , au lieu de Jacques-François *Grou* , qui avoit été (le 2 Décembre 1713), reçu par Sentence de Police.

20 Avril. . . Pierre-Jean *Mariette* , fils de Jean , Libraire.

24 . . . . . Edme-Gabriel *Cottin* , 1ᵉʳ fils de Philippe , Libraire.

. . . . Guillaume-Philippe *Cottin* , 2ᵈ fils de Philippe , Libraire.

. . . . Claude-Jean-Baptifte I *Hériffant* , fils de feû Pierre , Libraire.

21 Juin. . . Pierre-François *Giffart* , fils de Pierre , Libr.

M

ÉLECTION D'ADJOINTS.

Du Vendredi 22 Juin 1714.

Jean III COCHART, Libraire en 1687.
Jacques COLLOMBAT, Libraire & Imprimeur en 1695.

Au lieu de { Hilaire FOUCAULT, Libraire. ; . } sortans.
{ J.-B.-Al. DELESPINE, Libr.-Impr. }

28 Août. . . Jacques-François Grou , Libraire en 1710 ,
reçu *Imprimeur* par Senténce de Police
du 7 du présent mois , à la place de Frédéric II *Léonard* , qui a abandonné l'Imprimerie , & vendu ses presses.

2 Octobre. Edme *Grandjean* (comme devant épouser
Marie-Claude, fille de Louis IV *Sévestre*)
Libraire.

* . . . . *N*. Vᵉ de Jean *Couterot* , Libraire.

. . . . *N*. Vᵉ de Jean-François *Du Bois* , Libraire.

. . . . *N*. Vᵉ de Julien *Gandouin* , Libr.-Imprim.

. . . . *N*. Vᵉ de Philippe *Haberson* ; Libraire.

. . . . Marie *Mouton* , Libraire & Imprimeur , par
le décès de Jacques *Le Febvre* , son mari.

❦ 1715. ❧

18 Janvier. . François *Jouenne*, Libraire.

22 . . . . . . François II *Rivière*, Libraire.

15 Février. . Jean-François *Moreau*, fils de feû Jean III, Libraire.

19 . . . . . . Pierre *Delormel*, Libraire.

. . . . Antoine *Chippier*, Libraire-Juré de l'Université, reçu à la Chambre Syndicale, le 4 Mai 1726.

. . . . Jacques *De Luffeux*, Libraire-Juré de l'Université, reçu à la Chambre Syndicale, le 4 Mai 1726.

22 Mars. . . Jacques II *Belley*, 3me fils de feû Nicolas II, Libraire.

30 Avril. . . Jacques-Philippe-Charles *Osmont*, 1er fils de Charles II, Libraire.

14 Mai. . . Laurent *Maquel*, 3me fils de feû Nicolas, Libraire.

30 Août. . . Florentin *Delaulne*, 2d fils de feû Pierre, gendre de Nicolas *Le Gras* (Libraire en 1686) eft reçu *Imprimeur* par Arrêt du Confeil du 26 du préfent mois, en la place vacante par le décès de Chriftophe *Ballard*.

Première Époque
DU RÈGNE DE LOUIS XV,
Du 1 Septembre 1715 — au 31 Décembre 1769.
Complettant le IIIme Siécle.

OFFICIERS de la Librairie & Imprimerie.

Charles *ROBUSTEL*, Libraire. . . ,   *Syndic.*

Charles II *OSMONT*, Libraire. . . . . . .
Denys *MARIETTE*, Libraire. . . . .
Jean III *COCHART*, Libraire. . . . . . . } *Adjoints.*
Jacques *COLLOMBAT*, Libr.-Imprim. . . .

LIBRAIRES ET IMPRIMEURS.

* . . . . . . *N.* Ve de Claude II *Dehansy*, Libraire.
8 Octobre. Claude III *Dehansy*, 1er fils de feu Claude II, Libraire.

XXXVme SYNDICAT, (6 ans, 9 mois, 20 jours).

Du Vendredi 18 Octobre 1715.

Florentin *DELAULNE*, Libr.-Impr. Adjoint en 1711.

Syndic ayant, pour Adjoints,

Jean III *COCHART*, Libraire. . . . . } *restans.*
Jacques *COLLOMBAT*, Libr.-Imprim. }
Michel *GUIGNARD*, Libraire, en 1686. } *entrans.*
Gabriel II *MARTIN*, Libraire, en 1700. }
Au lieu de { Charles II *OSMONT*, Libraire. } *sortans.*
       { Denys *MARIETTE*, Libraire. }

* . . . . . Pierre-Paul *Garnier*, Libraire, par le décès de Raimond *Mazières*, son mari.

CONSEIL.	PARLEMENT.	CHASTELET.	UNIVERSITÉ.
Chanceliers.	*Premiers-Préfidens.*	*Prevôts de Paris.*	*Recteurs.*

CONSEIL. — Chanceliers.

Daniel-François *Voifin*, du 2 Juillet 1714 jufqu'à fa mort, 2 Février 1717.

Henri-François *Dagueffeau*, Seigneur de Frefne, (Procureur-Général au Parlement de Paris) du 2 Février 1717 jufqu'au 9 Décembre 1750 qu'il fe démit.

Marc-René de Voyer de Paulmy, Marquis *d'Argenfon* (Confeiller d'Etat & Lieutenant-Général de Police à Paris) G. d. S., du 28 Janvier 1718 au 7 Juin 1720.

Joseph-Jean-Baptifte Fleuriau, Seigneur d'*Armenonville* (Secrétaire d'Etat au Département des Affaires Etrangères) G. d. S., du 28 Février 1722 au 15 Août 1727.

Germain-Louis *Chauvelin*, Seigneur de Grosbois (Préfident du Parlement de Paris) G. d. S. du 27 Août 1727, puis Ministre & Secrétaire d'Etat des Affaires Etrangères jufqu'au 20 Février 1737.

Guillaume de *Lamoignon*, Seigeur de Blancmefnil, (1 Préfident de la Cour des Aides de Paris, du 9 Mai 1746) du 9 Décembre 1750 à 1768.

M. Jean-Baptifte *de Machault*, Sei-

PARLEMENT. — Premiers-Préfidens.

Jean-Antoine de *Mefmes*, Comte d'Avaux, du 15 Janvier 1712 jufqu'à fon décès 23 Août 1723.

André *Potier*, Seigneur de Novion, du 20 Déc. 1723, au mois de Septembre 1724.

Antoine *Portail*, Seigneur de Vaudreil & Chatou, du 24 Septembre 1724 jufqu'à fon décès, 3 Mai 1736.

Louis *Le Pelletier*, Seigneur de Rofembos, du 8 Mai 1736 jufqu'au 1 Octobre 1743, qu'il fe démet, & fe retire dans la Chartreufe de Paris.

René-Charles de *Maupeou*, Marquis de Morangles, du 12 Novembre 1743 à 14 Oct. 1763.

M. Matthieu-François *Molé*, Seigneur de Champlâtreux.

Me René-Nic.-Ch.-Aug. *de Maupeou* (Préfident à Mortier du Parlement de Paris).

Me Etienne-François d'*Aligre*, Chevalier, Commandeur des Ordres du Roi, du 12 Novembre 1768.

Procureurs-Génér.

Guillaume-François *Joli de Fleuri*, du 17 Février 1717 au 12 Déc. 1740.

Guill.-Fr.-Louis *Joli de Fleuri*, fils du précédent, du 12 Déc. 1740, au 15 Déc. 1737, jour de fa mort.

CHASTELET. — Prevôts de Paris.

Charles-Denys de *Bullion*, de 1685 à 1723.

Gabriel-Jérôme de *Bullion*, fils du précédent, de 1723 à 1755.

Alexandre de *Ségur*, de 1755 au 19 Juillet 1766.

M. Anne-Gabriel-Henri Bernard de *Boullainvillers*, du 29 Juillet 1766.

Lieutenans-Civils.

Jérôme d'*Argouges*, du 4 Octobre 1710 au 1 Février 1763.

Alexandre-François-Jérôme d'*Argouges de Fleury*, fils du précédent, (reçu en furvivance de fon père le 4 Mars 1746) du 1 Février 1763 au 21 Juin 1766.

Jean-François *Dufour de Villeneuve*, du 21 Juin 1766 au 29 Déc. 1774.

Lieuten. de Police.

Marc-René de Voyer de Paulmy, Marquis d'Argenfon, Maître des Requêtes Ordinaire de l'Hôtel du Roi, du 29 Janvier 1697 au 8 Février 1718.

M. Louis Charles de *Machault*, Seigneur d'Arnouville, Maître des Requêtes ordinaire de l'Hôtel du Roi, du 8 Février 1718 au 26 Janvier 1720.

Marc-Pierre de *Voyer de Paulmy*,

UNIVERSITÉ. — Recteurs.

Philippus *Poirier*, Philofophiæ Profeffor in Marchiano, è Natione Gallic., du 23 Juin 1714.

1715.
10 Oct. Joannes-Gabriel *Petit de Montempuis*, Baccalaureus Theologus, Philofophiæ Profeffor in Sorbonæ Pleffæo, è natione Gallic.

1717.
11 Oct. Michael *Godeau*, Rhetoric. Profeffor, è Regiâ Navarrâ, vir Rectorius, è natione Gallic.

1718.
10 Oct. Carolus *Coffin*, Collegii Dormani-Bellovaci Primarius, è Natione Gallic.

1720.
10 Oct. Carolus *Rollin*, olim Rhetoric. Profeffor in Sorbonæ-Pleffæo & Collegii Dormani-Bellovaci Primarius, vir Rectorius, nunc Eloquentiæ Profeffor Regius.

1721.
23 Juin, Balthazar *Gibert*, qui fuprà.

1723.
11 Oct. Guillelmus *Dagoumer*, Collegii Harcuriani Provifor.

1725.
11 Oct. Joannes *Couvillard de Laval*, Rhetorices Profeffor Emeritus in Marchiano, è Natione Norm.

1727.
10 Octobr. Petrus

CONSEIL.

Chanceliers.

gneur d'Arnouville (Contrôleur-Général des Finances) G. d. S., du 9 Décembre 1750 au 1 Février 1757.

LE ROI tient les Sceaux du 1 Février 1757 au 13 Octobre 1761, qu'il les donne à Nicolas - René Berryer (Secrétaire-d'Etat de la Marine, dont il continue de remplir les fonctions) G. d. S. d 13 Oct. 1761 jusqu'à sa mort, 15 Août 1762.

Paul-Esprit Feydeau de Brou, (Doyen du Conseil) G. d. S., du 15 Août 1762 jusqu'au 4 Octobre 1763.

René - Charles de Maupeou (1er Président du Parlement de Paris, du 20 Oct. 1743) Vice-Chancelier & G. d. S., du 4 Oct. 1763 au . . . . . . 1768.

Me René-Nicolas-Charles - Augustin de Maupeou, Chancelier, du . . . . . . 1768.

BUREAU Pour les Affaires de Chancellerie & de Librairie. Conseillers d'Etat, M M.

De la Rochepot, en 1717.

Le Pelletier de la Houssaye, de 1718 à 1720.

Le Guerchois, en 1721 & 1722.

De Machault, en 1721 & 1722.

PARLEMENT.

Avocats-Généraux.

Achilles de Harlai, de 1691 à 1717.

Antoine Portail, de 1698 au 24 Septembre 1724.

Guillaume-François Joli de Fleury, de 1704 au 17 Févr. 1717.

Guillaume de Lamoignon de Blancmesnil, de 1707 au 20 Décembre 1722.

Louis Chauvelin, de 1709 à 1715.

Germain-Louis Chauvelin, de 1715 au 5 Déc. 1718.

Pierre Gilbert de Voisins, de 1718 à . . . . . .

Henri-François-de-Paule Daguesseau, de 1721 à . . . . . .

Louis - Denys Talon 1724.

M. Louis-Franç, Joli de Fleury, 1731.

Pierre-Paul Gilbert de Voisins, 1732.

M. Louis-François-de-Paule Le Fèvre d'Ormesson, de Noiseau 1741.

M. Omer Joli de Fleuri, 1746.

Cardin-François-Xavier Le Bret, de 1746 à 1753.

Me Jean-Baptiste-Gaspar Bochard, de Saron de 1753 au 10 Mai 1755.

M. Antoine-Louis Séguier, du 10 Mai 1755.

M. Charles-Louis-François de-Paule Barentin, du 27 Août 1764 au 19 Juillet 1775.

M. Joli de Fleury, du 6 Sept. 1767.

*

CHASTELET.

Lieuten. de Police.

Comte d'Argenson, fils de Marc-René, Maître des Requêtes ordinaire de l'Hôtel du Roi du 26 Janvier au 5 Juillet 1720.

Gabriel Taschereau, Seigneur de Baudry, Maître des Requêtes ordinaire de l'Hôtel du Roi, du 5 Juillet 1720 au 5 Mai 1722.

Marc-Pierre de Voyer de Paulmy, Comte d'Argenson, (pour la seconde fois) du 5 Mai 1722, au 3 Février 1724.

Nicolas-Jean-Baptiste Ravot, Seigneur d'Ombreval, Maître des Requêtes ordinaire de l'Hôtel du Roi, du 3 Février 1724 au 1 Sept. 1725.

René Hérault, Maître des Requêtes ordinaire de l'Hôtel du Roi du 1 Sept. 1725 au 12 Janvier 1740.

Claude - Henri Feydeau de Marville, Maître des Requêtes ordinaire de l'Hôtel du Roi, du 12 Janvier 1740 au 3 Juin 1747.

Nicolas - René Berryer, Maître des Requêtes ordinaire de l'Hôtel du Roi, du 3 Juin 1747 au 29 Nov. 1757.

M. Henri-Léonard-Jean-Baptiste Bertin, Maître des Requêtes ordinaire de l'Hôtel du Roi, du 29 Novembre 1757 au 1 Décembre 1759.

UNIVERSITÉ.

Recteurs.

Viel, Rhetor. Professor Emeritus in Sorbonæ-Plessæo, Scriba Universitatis & antiquus Rector, è Natione Norm.

1728.

20 Mars, Ludovicus Benet, Rhetorices Professor in Dormano Bellovaco, è Natione Normaniæ.

1730.

10 Octobre, Nicolaus Piat, Eloquentiæ Professor in Sorbonæ - Plessæo, è Nat. Gallic.

1733.

10 Octobre, Balthazar Gibert, qui suprà.

1736.

10 Oct. Nicolaus Piat, qui suprà.

1739.

23 Mars, Serenissimus Princeps Armandus de Rohan-Ventadour, Baccalaur. Theologus, è Natione Gallicanà.

16 Décembre, Jacobus Vallette le Neveu, Philosophiæ Professor in Marchiano, è Nat. Gallic.

1741.

10 Oct. Joannes Josse, Eloquentiæ Professor in Lexovæo, è Natione Norm. verùm, èo defuncto,

1742.

26 Avril, Jacobus Vallette le Neveu, Rectorem agit, sub nomine Ex-Rectoris.

1743.

Idem Jacobus Vallette le Neveu.

CONSEIL.

Conseillers d'Etat.

D'Argouges, de 1723 à 1725.

De Harlay, en 1723 & 1724.

D'Argenson, Chancelier de l'Ordre de S. Louis, puis Intendant de la Généralité de Paris, de 1725 à 1742.

Hérault, Lieutenant de Police de Paris, de 1731 à 1740.

Daguesseau, de 1744 à 1774.

Daguesseau de Fresne, de 1744 à 1765.

Camus de Pontcarré de Viarmes, de 1766 à 1774.

Mes de Requêtes, M M.

De Machault, de 1717 à 1723.

Maboul, de 1717 à 1744.

De Barillon de Morangis, de 1717 à 1741.

De Caumont, de 1717 à 1719.

De Voyer d'Argenson, de 1719 à 1724.

Bernard, 1720.

De Bernage, 1720.

Le Gendre de S. Aubin, 1720.

Angran, de 1721 à 1733.

Le Péletier de Signy, de 1721 à 1722.

Bignon de Blanzy, de 1721 à 1726.

Crozat, de 1723 à 1724.

Le Gras du Luart, 1723.

De Caumartin, de 1723 à 1745.

Le Péletier de Beaupré, de 1723 à 1730.

CONSEIL.

Mes de Requêtes.

De la Vigerie, de 1724 à 1737.

De Bonnel, de 1725 à 1731.

De Pontcarré, de 1725 à 1730.

D'Ombreval, Lieutenant de Police, 1725.

Choppin d'Arnouville, de 1725 à 1753.

Hérault, Lieutenant de Police de 1727 à 1730.

De Lamoignon de Mont-Revault, de 1727 à 1747.

Chauvelin, 1731.

Rouillé, Intendant du Commerce, de 1732 à 1744.

Feydeau de Marville, Lieutenant de Police, de 1741 à 1747.

De Machault d'Arnouville, de 1742 à 1743.

Amelot de Chaillou, de 1742 à 1764.

Bernage de Vaux, en 1744.

Maboul, de 1745 à 1757.

Peirenc de Moras, de 1745 à 1750.

Du Tillet, de 1746 à 1755.

Joly de Fleury, de 1746 à 1749.

Du Four de Villeneuve, de 1750 à 1760.

Bourgeois de Boynes, de 1751 à 1754.

De Bérulle, de 1751 à 1756.

Gagne de Périgny, de 1753 à 1760.

Choppin d'Arnouville, de 1754 à 1764.

Hue de Miramesnil, en 1757.

CHASTELET.

Lieuten. de Police.

M. Antoine-Raimond-Jean-Gualbert-Gabriel de Sartine, Maître des Requêtes ordinaire de l'Hôtel du Roi, du 1 Déc. 1759 au 30 Août 1774.

Lieutenants Crimin.

Nicolas Le Conte, de 1701 à 1731.

Claude-François-Nicolas Le Conte, fils du précédent, de 1731 à 1735.

Gabriel-François Négre, de 1735 à 1755.

M. Antoine-Raimond-Jean-Gualbert-Gabriel de Sartine, du 12 Avril 1755, au 7 Déc. 1759.

M. Jean-Charles-Pierre Le Noir, Maître des Requêtes Ordinaire de l'Hôtel du Roi, du 7 Décembr. 1759 au 20 Juillet 1765.

M. Aug. Testard du Lys, du 20 Juillet 1765 au 1 Mars 1774.

M. Charles-Simon Rachois de Villefort, du 1 Mars 1774.

Procureurs du Roi.

François Moreau, de 1713 à 1754.

Claude-François-Bernard Moreau, fils du précédent, (reçu en survivance du son père, le 5 Avril 1740, n'est entré en exercice qu'en 1754) de 1754 au 1 Décembre 1781.

UNIVERSITÉ.

Recteurs.

1744.

17 Août, Petrus Fromentin, Eloquentiæ Professor, in Mazarinæo, è Natione Gallic.

1746.

10 Oct. Joannes Cochet, Philosophiæ Professor in Mazarinæo, è Natione Gallic.

1748.

10 Oct. Paulus Hamelin, Philosophiæ Professor in Mazarinæo, è Natione Gallic.

1750.

16 Décembre, Franciscus-Nicolaus Guérin, Eloquentiæ Professor in Sorbonæ-Plessæo, è Natione German.

1752.

16 Décembre, Guido-Antonius Fourneau, Philosophiæ Professor in Grassinæo, è Natione Gallic.

1754.

10 Oct. Alexander-Hiacynthus du Laurent de la Barre, Philosophiæ Professor in Regia Navarra, è Natione Gallic. verùm, eo abdicante,

1755.

23 Oct. Guido-Antonius Fourneau, ex-Rector, Rectoris vices agit.

1755.

16 Décembre, Michael-Franciscus Le Bel, Rhetoric. Professor in Mazarinæo, è Nation. Picard.

10 Octobre, Antonius Vicaire.

III Siécle, *fous* LOUIS XV.

CONSEIL.	CONSEIL.	CHASTELET.	UNIVERSITÉ.
Mes des Requêtes.	*Directeurs Génér.*	*Avocats du Roi.*	*Recteurs.*

CONSEIL — Mes des Requêtes.

Pouyaet de la Blinière, 1757.
De la Corte, 1758.
Le Péletier de Morte-Fontaine, de 7 8 à 1764.
Tabureau des Réaux, de 1759 à 1764.
Dagay de Mutigney, de 1761 à 1767.
De Monthion, de 1761 à 1767.
Dupleix de Bacquencourt, de 1765 à 1766.
D'Aifne, de 1765 à 1767.
Thiroux de Crofne, de 1765 à 1768.
Bertier, de 1765 à 1774.
Brochet de Saint-Preft, de 1767 à 1774.
Efmangart, de 1768 à 1770.
Brochet de Vérigny, de 1768 à 1774.
Meulan d'Ablois, de 1768 à 1774.

DIRECTEURS GÉNÉRAUX De la Librairie & Imprimerie.

Joseph-Jean-Baptifte Fleuriau, Seigneur d'Armenonville, Secrétaire d'Etat au Département des Affaires Etrangères, Garde des Sceaux, du 28 Février 1722, fe chargea lui-même de la Direction générale de la Librairie & Imprimerie.
Jacques-Bernard Chauvelin, Maître des Requêtes du 28 Février 1705, Directeur du 17 Août 1727.

CONSEIL — Directeurs Génér.

Jean Rouillé, Maître des Requêtes du 27 Juillet 1696, Directeur du 27 Février 1737.
Marc-Pierre de Voyer de Paulmy, Comte d'Argenson, Maître des Requêtes du 17 Novembr. 1719, deux fois Lieutenant de Police, Directeur en Novembre 1737.
• Louis-François Maboul, Maître des Requêtes du 12 Février 1722, Directeur du 2 Août 1740.
¶ Pendant une maladie grave de M. Maboul, M. Claude Gros de Boze, de l'Académie Françoise & de celle des Inscriptions & Belles-Lettres, tint le Bureau de Librairie.]
Mre Chrétien-Guillaume de Lamoignon de Malesherbes, 1er Préfident de la Cour des Aides, Directeur en 1757.
Mre Antoine-Raimond-Jean-Gualbert-Gabriel de Sartine, Maître des Requêtes, & Lieutenant-Général de Police, Directeur en 1763.

SECRÉTAIRES GÉNÉRAUX De la Librairie & Imprimerie.

N. Rotiffet, de 1737 à 1740.
N. Roux, de 1740 à 1742.
M. Picheult, de 1742 à 1757.

CHASTELET — Avocats du Roi.

Nicolas-François Rémond, II, de 1697 à 1719.
Jacques-René Le Preftre de Lézonnet, II, de 1711 à 1716.
René Hérault, IV, de 1712 à 1718.
Louis-Michel Berthelot de Villevrard, III, de 1713 à 1715.
Gafpar-Moyfe ds Fontanieu, I, de 1714 à 1719.
Felix Aubery de Vatan, III, de 1715 à 1717.
Vincent-Etienne Roujault, II, de 1716 à 1720.
Marc-Pierre de Voyer de Paulmy, III, de 1717 à 1719.
Jacques-Elie De l'Aage, IV, de 1718 à 1728.
Henri-François de Paule Daguesseau, I, de 1719 à 1721.
Jean Le Nain, III, de 1719 à 1722.
Jean-François-Marie Fargès de Polify, II, de 1720 à 1723.
François-Dominique Barberye de Saint-Conteft, I, de 1721 à 1724.
Jacques-Bernard Chauvelin, III, de 1722 à 1725.
Jean-Louis Rouillé d'Orfeuil, II, de 1723 à 1726.
Jean-Nicolas Mégret de Sérilly, I, de 1724 à 1727.
Louis Chauvelin, III, de 1725 à 1728.
Jacques Poitevin de Villiers, II, de 1725 à 1728.

UNIVERSITÉ — Recteurs.

1757. Eloquentiæ Profeffor, in Regiâ Navarrâ, è Natione Picard.
1759. 10 Oct. Daniel Gigot, Licentiatus Theologus, Philofophiæ Profeffor in Lexovæo, è Natione Norm.
1761. 10 Oct. Guido-Anton. Fourneau, qui fuprà.
1763. 16 Décembre, Camillus Camyer, Licentiatus Theologus, Philofophiæ Profeffor in Lexovæo, è Natione Gallic.
1764. 23 Juin, Michael-Francifcus Le Bel, qui fuprà.
1766. 10 Oct. Antonius Maltor, Eloquentiæ Profeffor, in Collegio Ludovici Magni, è Natione Gallic. & illo nolente fafces fibi prorogari,
1767. 10 Oct. Paulus Hamelin, jàm ann. 1748 Rector, poftremus Primarius Collegii Dormani-Bellovaci, anno 1764, in Collegium Ludovici Magni cooptati.
1769. 10 Oct. Stephanus Jacquin, olim Eloquentiæ Profeffor, nunc March. Collegii Primarius, è Natione Gallic.

CONSEIL.

Secrétaires génér.

M. *Gibert*, de l'Académie des Inscriptions & Belles-Lettres, de 1757 à 1763.
M. Louis-François-Claude *Marin*, Censeur-Royal, de 1763 à 1768.
M. Pierre *Le Tourneur*, de 1768 à 1774.

CENSEURS ROYAUX,
depuis 1742;
Théologie.
MM. les Abbés *Le Rouge*, de 1742 au moins, à 1753.
Musson, de 1742, au moins à 1743.
Bonnedame, de 1742, au moins, à 1743.
De Lorme, de 1742, au moins, à 1770.
De Saint-Aubin, 1742, au moins.
De Marcilly, de 1742, au moins, à 1766.
Le Seigneur, de 1742, au moins, à 1784.
Robbe, 1742, au moins.
Salmon, de 1742, au moins, à 1765.
Tamponet, de 1742, au moins, à 1762.
Millet, de 1744 à 1766.
Cotterel, de 1744 à 1776.
De la Haye, de 1753 à 1763.
Foucher, de 1754 à 1784.
Ladvocat, de 1755 à 1766.
Gervaise, de 1759 à 1765.
Le Mercier, de 1759 à 1776.

CHASTELET.

Avocats du Roi.

Nicolas de Frémont d'Auneuil, I, de 1727 à 1732.
Henri-Louis Barberye de Saint-Contest de la Chastaignerale, II, de 1728 à 1732.
Louis-François *De la Porte*, III, de 1728 à 1732.
Pierre-François *Durand de Monthessus*, IV, de 1728 à 1732.
Jean-Antoine *Olivier de Sénozan*, I, de 1732 à 1733.
Pierre de *Frémont du Mazy*, II, de 1732 à 1735.
Anne-Michel-Louis *Le Péletier de S. Fargeau*, III, de 1732 à 1735.
Christophe-Pierre Savalette, IV, 1732.
Nicolas-Jérôme *Gaudion de la Grange*, I, de 1733 à 1735.
Jean-Charles *Daguesseau de Plainmont*, I, de 1735 à 1737.
Jean-François *Chaban de la Fosse*, III, de 1735 à 1738.
Claude-François-Bernard *Moreau*, II, de 1735 à 1756.
Pierre-Paul *Gilbert de Voisins*, IV, de 1736 à 1738.
Etienne-Jean-François-Marie *d'Aligre de Boislandry*, I, de 1737 à 1740.
Louis-François-de-Paule *Le Févre d'Ormesson*, III, de 1738 à 1741.

CHASTELET.

Avocats du Roi.

Michel-Jacques *Turgot*, IV, de 1738 à 1742.
Cardin-François-Xavier *Le Bret*, I, de 1740 à 1742.
Alexandre-Jean *Roula de Mareuil*, III, de 1741 à 1745.
Antoine-René de *Voyer de Paulmy d'Argenson*, IV, de 1742 à 1748.
Claude-Louis *Aubert de Tourny*, I, de 1742 à 1748.
Clément-Jean-Charles *Guillemin de Courchamp*, III, de 1745 à 1751.
M. Antoine-Louis *Séguier*, I, de 1748 à 1751.
Antoine-Paul-Joseph *Feydeau de Brou*, IV, de 1748 à 1754.
Charles-Joseph Xavier *de Polinchove*, I, de 1751 à 1754.
Antoine-Jean *Amelot de Chaillou*, III, de 1751 à 1754.
Alexis-Janvier *Lalive de la Briche*, IV, de 1754 à 1757.
Michel-Etienne *Le Péletier de S. Fargeau*, I, de 1754 à 1757.
Antoine-Jean-Baptiste-Robert *Auget de Monthion*, III, de 1754 à 1758.
M. Louis *Thiroux de Crosne*, II, de 1756 à 1759.
Claude-Euloge *Anjorrant d'Ollancourt*, I, du 15 Oct. 1757 à 1761.
Gaspar *Caze de la Bove*, IV, du 15 Oct. 1757 à 1762.
Pierre-Armand *de la Briffe*, III,

CHASTELET.

Avocats du Roi.

du 12 Décembre 1758 à 1761.
Marie-Pierre-Charles de *Meulan d'Ablois*, II, du 3 Avril 1759 à 1762.
M. Jean-Baptiste-François *de la Porte de Meslay*, II, du 5 Février 1763 à 1766.
M. François-Antoine *De Flandre de Brunville*, III, du 26 Août 1763 à 1766.
M. Octav.-Nicolas *Souchet de Buissaux*, I, du 10 Mars 1764 à 1772.
M. Marie-Joseph *Marquet*, IV, du 2 Avril 1765 à 1768.
M. Jacques *Duval d'Eprémesnil*, III, du 8 Février 1766 au 26 Avril 1773.
M. Pierre *Gilbert de Voisins*, II, du 7 Juillet 1767 à 1771.
M. Joseph-Pierre-François-Xavier *Foullon de Doué*, IV, du 24 Mars 1768 à 1775.

CENSEURS.	CENSEURS.	CENSEURS	CENSEURS.
Joly, de 1759 à 1766.	au moins, à 1759.	Lélevel, de 1742, au moins, à 1743.	Coste, de 1763 à 1787 qu'il exerce.
Buret, de 1763 à 1779.	De Laverdy, de 1744 à 1754.	Burette, de 1742, au moins, à 1747.	Descemet, de 1764 à 1787 qu'il exerce.
Dupont, de 1763 à 1787, qu'il exerce	Saurin, de 1744 à 1781.	Winslou, de 1742, au moins, à 1760.	Raulin, de 1767 à 1784.
Lourdet, 1766, (voyez la classe des Belles-Lettres).	Huez, 1747 & 1748.	Cazamajor, de 1742, au moins, à 1781.	De Gardanne, de 1767 à 1787 qu'il exerce.
Riballier, de 1767 à 1785.	Tirasson, de 1750 à 1782.	De Vernage, de 1742, au moins, à 1773.	Valmont de Bomare, de 1768 à 1787 qu'il exerce.
Genet, de 1767 à 1787 qu'il exerce.	François-Anselme Maignan de Savigny, de 1750 à 1787 qu'il exerce.	Sylva, finit son exercice en 1742.	Missa, de 1769 à 1787 qu'il exerce.
Chevreuil, de 1767 à 1787 qu'il exerce.	Coqueley de Chaussepierre, de 1750 à 1787 qu'il exerce.	Astruc, de 1742, au moins, à 1766.	
Marie, de 1767 à 1769, ensuite dans la classe des Mathématiques.	Moreau, de 1752 à 1787 qu'il exerce.	Sénac, de 1742 à 1771.	*Chirurgie & Anatomie;* MM.
Du Sauzet, de 1768 à 1787 qu'il exerce.	Marchand, de 1752 à 1785.	Boyer, de 1742 à 1768.	Petit, de 1742, au moins, à 1750.
De Lorière, de 1768 à 1787 qu'il exerce.	Moussier, de 1752 à 1783.	Pousse, de 1743 à 1781.	Morand, de 1742, au moins, à 1773.
Adhenet, de 1768 à 1787 qu'il exerce.	Rousselet, de 1752 à 1777.	Bruhier, de 1744 à 1757.	Demours, en 1747 & 1748, puis dans la classe de la Médecine.
Bouillerot, de 1768 à 1784.	Gallyot, de 1754 à 1770.	Malouin, de 1744 à 1778.	Puzos, de 1751 à 1753.
Aubry, de 1768 à 1785.	Regnard, de 1756 à 1786.	Guettard, de 1746 à 1786.	Louis, de 1753 à 1787 qu'il exerce.
	Brunet, de 1761 à 1766.	Delassonne, de 1746 à 1787 qu'il exerce.	Sue, de 1754 à 1787 qu'il exerce.
Jurisprudence, MM.	Cadet de Senneville, de 1762 à 1787 qu'il exerce.	Poissonnier, de 1746 à 1787 qu'il exerce.	Le Bas, de 1764 à 1787 qu'il exerce.
Nouet, 1742, au moins, & 1743.	De la Laure, de 1764 à 1781.	Demours (en 1747 & 1748, dans la classe de la Chirurgie) de 1749 à 1787 qu'il exerce.	*Mathématiques;* MM.
Capon, de 1742, au moins, à 1746.	Bouchaud, de 1764 à 1787 qu'il exerce.	Lavirotte, de 1752 à 1759.	Mahieu, de 1742, au moins, à 1754.
Rassicod, de 1742, au moins, à 1755.	De Lignae, de 1764 à 1787 qu'il exerce.	Vénel, de 1752 à 1776.	Privat de Molières, a fini son exercice en 1742.
De Ferrières, de 1742, au moins, à 1747.	L'Abbé Piole, de 1767 à 1779.	Macquer, de 1753 à 1784.	De Cassini, de 1742, au moins, à 1756.
D'Héricourt, de 1742, au moins, à 1753.	Du Chatel, de 1768 à 1784.	Baron, de 1758 à 1768.	Godin, de 1742, au moins, à 1760.
Le Merre, de 1742, au moins, à 1763.	*Jurisprudence Maritime.*	Poissonnier Despérières, de 1758 à 1787 qu'il exerce.	Picot, de 1742, au moins, à 1772.
Deu de Montdenoix, de 1742, au moins, à 1768.	M. Poncet de la Grave, de 1765 à 1787 qu'il exerce.	Vandermonde, de 1758 à 1762.	Clairaut, de 1742, au moins, à 1765.
Fuet, a fini son exercice en 1742.	*Médecine, Histoire-Naturelle, Chymie,* MM.	Barthès, de 1760 à 1787 qu'il exerce.	De Montcarville, de 1742, au moins, à 1771.
Courchetet, de 1742, au moins, à 1776.	Andry, a fini son exercice en 1742.	Macquart, de 1761 à 1768.	De Brémont, a fini son exercice en 1742.
Granet, de 1742,		Le Bègue de Presles, de 1763 à 1787 qu'il exerce.	

CENSEURS. | **CENSEURS.** | **CENSEURS.** | **CENSEURS.**

Bélidor, de 1744 à 1761.

L'Abbé *De la Chapelle* (en 1750 & 1751 dans la claffe des Belles-Lettres) de 1752 à 1787 qu'il exerce.

De Parcieux, de 1752 à 1768.

Le Blond, de 1752 à 1787 qu'il exerce.

Bouguer, de 1754 à 1758.

Bezout, de 1757 à 1784.

De la Lande, de 1760 à 1787 qu'il exerce.

Montucla, de 1760 à 1787 qu'il exerce.

Belles - Lettres ; M M.

De Fournelle, de 1742, au moins, à 1757.

L'Abbé *Sallier*, de 1742, au moins, à 1761.

Danchet, de 1742, au moins, à 1748.

L'Abbé *Bannier*, a fini fon exercice en 1742.

Hardion, de 1742, au moins, à 1766.

Caperonnier, de 1742, au moins, à 1744.

De la Serre, de 1742, au moins, à 1756.

Joly, de 1742, au moins, à 1753.

De Moncrif, de 1742, au moins, à 1770.

Maunoir, de 1742, au moins, à 1751.

D'Hozier, de 1742, au moins, à 1767.

De Clérambault, de 1742, au moins, à 1762.

Briffart, de 1742, au moins, à 1750.

L'Abbé *de Ville-*

froy, de 1742, au moins, à 1777.

Maffip, de 1742, au moins, à 1751.

De Roquemont, de 1742, au moins, à 1764.

Raguet, de 1742, au moins à 1748.

De Boze, de 1742, au moins, à 1753.

Secouffe, de 1742, au moins, à 1754.

Du Bos, a fini fon exercice en 1742.

Souchay, de 1742, au moins, à 1746.

L'Abbé *du Refnel*, de 1742, au moins, à 1761.

Simon, de 1742, au moins, à 1765.

L'Abbé *Trublet*, de 1742, au moins, à 1770.

L'Abbé *de la Dainte*, de 1742, au moins, à 1763.

Le Roy, de 1742, au moins, à 1765.

Villefort, de 1742, au moins, à 1745.

L'Abbé *Vatry*, de 1742, au moins, à 1770.

De Crébillon père, de 1742, au moins, à 1762.

Le Monnier, de 1742, au moins, à 1758.

L'Abbé *Lallemant*, de 1742, au moins, au 12 Nov. 1782, qu'il décéda.

L'Abbé *Germain*, de 1742, au moins, à 1765.

Denife, a fini fon exercice en 1742.

L'Abbé *Foucher*, de 1742, au moins, à 1778.

Saurin, de 1742, au moins, à 1743.

Liébault, de 1743 à 1752.

Floncel, de 1743 à 1774.

L'Abbé *Gilbert*, de 1745 à 1751.

Fefnel, de 1745 à 1754.

Moreau, de 1746 à 1751.

Le Préfident *Lefebvre*, de 1746 à 1765.

Jault, de 1748 à 1757.

Geinos, de 1748 à 1752.

Bonamy, de 1749 à 1770.

L'Abbé *de la Chapelle*, de 1750 à 1751, puis dans la claffe des Mathématiques.

Tercier, de 1750 à 1759.

De Cahufac, de 1751 à 1759.

L'Abbé *Belley*, de 1751 à 1772.

L'Abbé *Jolly*, de 1751 à 1782.

Dailes, de 1752 à 1769.

Gibert, de 1752 à 1771.

De Bougainville, de 1752 à 1763.

Piquet, de 1752 à 1779.

Defeffards, de 1752 à 1755.

L'Abbé *Bonnot de Condillac*, de 1752 à 1780.

L'Abbé *Boudot*, de 1752 à 1771.

Rémond de Sainte-Albine, de 1752 à 1778.

Capperonnier, de 1752 à 1775.

L'Abbé *Barthélemy*, de 1752 à 1787 qu'il exerce.

L'Abbé *Guiroi*, de 1752 à 1787 qu'il exerce.

Philippe de Pré-

rot, de 1752 au 7 Mars 1787 qu'il eft mort.

L'Abbé *Blanchet*, de 1752 à 1784.

Tannevot, de 1753 à 1773.

De Guignes, de 1753 à 1787, qu'il exerce.

L'Abbé *de Montis*, de 1753 à 1787 qu'il exerce.

De Paffe, de 1754 à 1774.

De Teze, de 1754 à 1785.

Butel du Mont, de 1755 à 1787 qu'il exerce.

L'Abbé *de Graves*, de 1755 à 1787 qu'il exerce.

D'Hermilly, de 1755 à 1778.

Pidanfat de Mairobert, de 1755 à 1779.

L'Abbé *Grants de Lavaur*, de 1756 à 1787 qu'il exerce.

Gaillard, de 1756 à 1787, qu'il exerce.

Michault ; de 1758 à 1774.

Liébault, de 1758 à 1760.

La Grange de Chécieux, de 1758 à 1775.

Salley, de 1758 à 1761.

De la Garde, de 1759 à 1768.

Le Bret, de 1759 à 1779.

De Beaujon, de 1759 à 1787 qu'il exerce.

L'Abbé *Grimod*, de 1759 à 1775.

Bret, de 1759 à 1787 qu'il exerce.

Déon de Beaumont, de 1760 à 1764.

De Crébillon ,le fils, de 1760 à 1777.

CENSEURS.

Arnoult, de 1760 à 1787 qu'il exerce.
Marin, de 1760 à 1787 qu'il exerce.
Dupuy, de 1760 à 1787.
L'Abbé *Nicolle de la Croix*, 1760.
Adanson, de 1761 à 1770, puis dans la classe de la Médecine, &c.
De Bréquigny, de 1761 à 1787 qu'il exerce.
Brisson, de 1761 à 1776, puis dans la classe de la Médecine, &c.
D'Albaret, de 1762 à 1776.
Béjot, de 1762 à 1787 qu'il exerce.
De Vauvilliers, de 1762 à 1766.
L'Abbé *Ameilhon*, de 1764 à 1787 qu'il exerce.
L'Abbé *Bottée*, de 1764 à 1766.
L'Abbé *Bruté*, de 1764 à 1783.
Carpentier, en 1764 & 1765.
De Puisignieu, de 1766 à 1787 qu'il exerce.
Maillet du Clairon, de 1766 à 1787 qu'il exerce.
L'Abbé *Lourdet*, en 1765, dans la classe de la Théologie, de 1767 à 1787 qu'il exerce.
Le Brun, de 1767 à 1772.
Louvel, de 1767 à 1782.
Chenu, de 1767 à 1787 qu'il exerce.
L'Abbé *Chrétien*, de 1767 à 1783.
L'Abbé *Bonnay*, de 1767 à 1787 qu'il exerce.
Postel, de 1767 à 1787 qu'il exerce.

CENSEURS.

De Solignac, de 1768 à 1774.
L'Abbé *Simon*, de 1768 à 1787 qu'il exerce.
De la Canorgue, de 1769 à 1775.
Duclos, de 1769 à 1772.
L'Abbé *Forget*, de 1769 à 1787 qu'il exerce.

Géographie, Navigation, Voyages.

M. *Bellin*, de 1745 à 1772.

Peinture, Gravure, Sculpture. MM.

Coypel, de 1742, au moins, à 1752.
Cochin, de 1752 à 1787 qu'il exerce.

Architecture.

M. *De Vigny*, de 1761 à 1772.

Censeurs de la Police, MM.

De *Crébillon*, père, a fini son exercice en 1762.
Marin, de 1762 à 1774.

INSPECTEURS de la Librairie ; MM.

N. *De Beauchamp*, du 24 Juin 1737 au 18 Juillet 1758.
M. *Salley*, du 18 Juillet 1758 au 16 Février 1761.
M. *D'Hémery*, du 18 Juillet 1758 à 1787 qu'il exerce.
N. *Piquet*, du 16 Février 1761 au 28 Septembr. 1771.
M. *Des Fontaines*, du 28 Sept. 1771 au 10 Oct. 1773.
M. *Fontaine-Malherbe*, du 10 Octobre 1773 au 8 Juillet 1775.

SECRÉTAIRES DU ROI,

Pour la Collation des Lettres de Privilège, & Lettres du Sceau pour les Livres.

De 1715 à 1724. MM.

Ribalier, père du Syndic de la Faculté de Théologie, & Grand-Maître du Collège Mazarin.
Pommyer.
Vernier.
Chuppin.
Bonneau.
De S. Hilaire.

De 1725 à 1755. MM.

Sainson.
Perrin.
Socquet.

De Mai 1755.
M. *Le Bègue*.

OFFICIERS de la COMMUNAUTÉ.

Avocat aux Conseils,

M. *Roux*, du 11 Mars 1748 à 1787 qu'il exerce.

Commissaires au Châtelet, MM.
Du Ruisseau, de 1751 à 1764.
Formel, de 1764 à 1781.

Notaires, MM.
Doyen, de 1730 à 1735.
Bellanger, l'aîné, de 1735 à 1737.
Bellanger, le jeune, de 1737 à 1768.
M. *De la Fresnaye*, de 1768 au 22 Oct. 1777.

Procureurs au Châtelet, MM.

Moncrif, de 1751 au 4 Sept. 1767.
M. *Jean-Charles Cormier*, du 4 Sept. 1767 à 1783.

Archiviste.

M. *Charles-Guillaume Le Clerc*, ancien Adjoint) du 17 Mai 1764.

Imprimeur.

M. le Syndic, s'il est Imprimeur, sinon le premier des Adjoints Imprimeurs.

Secrétaires de la Chambre Syndicale ; MM.

Matthieu Delaunay, Libraire, de 1746 au 7 Mai 1759.
René Josse, Libraire, du 7 Mai 1759 au 8 Mai 1780.
Jean-Baptiste Gobreau, du 8 Mai 1780 à 1787 qu'il exerce.

Clercs de la Communauté, & Concierges de la Chambre Syndicale ; les Srs

Louis Cordier, de 1715 à 1747.
Charles Cordier, de 1747 au 27 Décembre 1764.
Pierre-Charles Chaumont, du 27 Décembre 1764 à 1787 qu'il exerce.

《 1716. 》

31 Janvier. . Pierre *Maillet*, Libraire.

. . . . Jean *Hourdel*, Libraire.

10 Mars. . . François *Gibault*, fils de feû Jean-François, reçu Libraire & *Imprimeur*, en la place vacante par le décès de son père.

11 Avril. . . Antoine *De Heuqueville*, 1er fils de Louis II, Libraire-Juré de l'Univerſité, reçu à la Chambre Syndicale, le 4 Mai 1726.

. . . . Guillaume-Amable II *Valleyre*, 2d fils de Guillaume-Amable I, Libraire-Juré de l'Univerſité, reçu à la Chambre Syndicale le 4 Mai 1726.

3 Mai. . . Louiſe-Françoiſe *Exaltier*, Libraire, par le décès de Jean *Hériſſant*, ſon mari.

5 . . . . . . Barthélemi *Laiſnel*, comme ayant épouſé Magdeleine-Michelle *Alexandre*, Ve de Louis *Colin*, décédé le 24 Mai 1706, reçu Libraire & *Imprimeur* en la place vacante par le décès dudit *Colin*.

21 Août. . . Léonard *Morel*, fils de feû Jacques, Libraire.

29 . . . . . . Henri-Charles *Huguier*, fils de Charles, Libr.

* . . . . . . François *De la Caille*, Libraire & Imprimeur, par le décès de Pierre *Mergé*, ſon mari.

24 Septembr. Laurent *Mazuel*, 3me fils de feû Nicolas (Libraire en 1715) reçu *Imprimeur* en vertu de l'Ordonnance de Police du 23, en la place occupée par feû Pierre *Mergé*.

7 Octobre. Jean-François *Crévier*, Libraire-Juré de l'U-nivercité, reçu à la Chambre Syndicale, le 4 Mai 1726.

. . . . Louis-Antoine *Thomelin*, Libraire-Juré de l'Univerſité, reçu à la Chambre Syndicale, le 4 Mai 1726.

M 3

ÉLECTION D'ADJOINTS.

Du Jeudi 12 Novembre 1716.

Laurent *D'Houry*, Libr-Imprim. en 1678.

Jean-Geoffroi *Nyon*, Libraire en 1695.

Au lieu de { Jean III *Cochart*, Libraire. . . } *sortans.*
{ Jacques *Collombat*, Libr.-Impr. }

24 Novembr. Pierre-Alexandre *Martin*, Apprenti de Pierre *Emery*, Libraire.

18 Décembr. Nicolas-François *Debure*, 1er fils de Nicolas II, Libraire.

* . . . . . . N. Ve de Jean *De Sanlecque*, Libraire & Fondeur de caractères.

. . . . Marie-Marguerite *Rivet*, Libraire par le décès d'Etienne *Papillon*, son mari.

❰ 1717. ❱

12 Janvier. . Joseph *Barbou*, frère puîné de Jean-Joseph, par Arrêt du Conseil, du 21 Nov. 1716.

29 . . . . . . Pierre-Michel *Huart*, Apprenti de Michel *Guignard*, Libraire.

31 Mars. . . Jean-Baptiste *Lamesle* (Libraire en 1713) reçu *Imprimeur*, par Arrêt du Conseil du 22 du présent mois, en la place vacante par le décès de Charles II *Chénault*.

1 Juin. . . . Philippe-Nicolas *Lottin*, de Gamaches en Picardie, Apprenti de Frédéric II *Léonard* & de Jean-Baptiste II *Coignard*, reçu Libraire par A. d. C. du 29 Mai précédent.

8 . . . . . . Pierre-Jacques *Bienvenu*, Apprenti de Charles *Osmont* & de Gabriel *Martin*, Libraire.

13 Juillet. . Charles-Maurice *D'Houry*, fils de Laurent, Libraire.

* . . . . . N, Vᵉ d'Etienne *Robinot*, Libraire.

16 . . . . . François-Étienne *Robinot*, 2ᵈ fils de feû Etienne, Libraire.

27 . . . . . Louis-Jacq. *D'Hotelfort*, Apprenti de Jérémie *Bouillerot*, reçu Libr. comme ayant épousé Claude-Michelle, fille de feû Charles *Foffet*.

30 . . . . . Jacques-Philippe *Patry*, Apprenti de Jean *Cuffon* & Simon *Langlois*, reçu Libraire, comme devant époufer Elizabeth, fille de feû Maurice *Villery*.

* . . . . . Marie-Térèfe *Langlois*, Libraire & Imprim, par le décès de Claude *Prignard*, fon mari.

11 Août . . Jean-Baptifte III *Coignard*, 1ᵉʳ fils de Jean-Baptifte II, reçu le 30 Octobre 1713, Libraire & *Imprimeur* en furvivance de fon père, & aujourd'hui en la place occupée par feû Claude *Prignard*.

17 . . . . . Robert-Marc I *Despilly*, Apprenti de Pierre II *Aubouyn* & de Noel *Piffot*, Libraire.

❦ 1718. ❧

22 Février. Antoine-Silveftre *Sévestre*, 2ᵈ fils de Louis IV, Libraire.

. . . . Jean *Sévestre*, 3ᵐᵉ fils de Louis IV, Libraire.

. . . . Hippolyte-Louis *Guérin*, 2ᵈ fils de Louis, Libraire.

. . . . Pierre-Gilles *Le Mercier*, fils de Pierre-Auguftin, Libraire.

. . . . Jean-François *Hériffant*, Apprenti de feû Jean, Libraire.

16 Mars, . . Jean-Michel *Garnier*, fils & petit-fils de Libraires & Imprimeurs de Rennes, mari de la Vᵉ d'Etienne *Chardon*, reçu *Imprimeur* par Arrêt du Confeil du 12 du préfent mois, en la première place vacante, autre que celles deftinées aux fils & gendres de Maîtres de Paris.

M 4

22 Mars... Martin-Georges *Jouvenel*, fils de Georges, Libraire.

1 Avril... Jean-Euftache-Louis *De Sanlecque*, fils de feû Jean, Libraire & Fondeur de caractères.

5 ...... Denys *Horthemels*, 2.d fils de feû Daniel I, & frère puîné de Daniel II, Libraire.

26 ...... Gabriel-Charles *Berton*, Libraire-Juré de l'Univerfité, reçu à la Chambre Syndicale le 4 Mai 1726.

3 Juin... Jean-Pierre *Auclou*, Apprenti de Jean *Mariette*, Libraire.

5 Octobre. Jean-Louis *Genneau*, Apprenti de Charles *Robuftel*, Libraire.

1719.

7 Mars... Nicolas-Julien *Le Parfait*, Libraire-Juré de l'Univerfité, reçu à la Chambre Syndicale, le 4 Mai 1726.

14 ,..... Henri *Holtz*, Apprenti de Guillaume-Amable *Val'eyre*, Libr., comme ayant époufé Marie-Henriette, fille de feû Guillaume I *Saugrain*.

23 Mai... Jean II *Jombert*, 3me fils de feû Jean I, Libraire.

27 Juin... Jean-François *Joffe*, fils de Louis, Libraire.

18 Juillet. Pierre II *Lefclapart*, fils de Jean, Libraire.

28 ...... Claude *Du Bois*, fils de feû Jean-François, Libraire.

14 Août... Pierre *Aublé*, Libraire-Juré de l'Univerfité, reçu à la Chambre Syndicale le 4 Mai 1726.

27 Septembr. Charles *Rouan*, Apprenti de Raimond *Mazières*, Libraire, comme devant époufer Andrée-Hélène, fille de Chriftophe I *David*.

23 Octobre. Pierre *Armand*, Apprenti de Jean-Baptifte II *Coignard*, Libraire.

* ...... N. Ve de Jérémie II *Bouillerot*, Libraire.

...... Anne *Thibault*, Libraire, par le décès de Sébaftien *Chardon*, fon mari.

. . . . N. Ve de Philippe *Cottin*, Libraire.

. . . . N. Ve de Michel *David*, Libraire.

. . . . N. V^e d'Antoine *Dézallier*, Libraire.

. . . . N. Ve de Jean *Fournil*, Libraire. . . . .

. . . . N. Ve de Louis *Guérin*, Libraire.

. . . . N. Ve de Claude *Le Tilleur*, Libraire.

. . . . Marie *Charpentier*, Libraire, par le décès de Jacques II *Piget*, son mari.

❦ 1720. ❧

16 Janvier. . Jean III *Villette*, fils de Jean II, Libraire.

. . . . Jean-Baptiste *Osmont*, 2^d fils de Charles II, Libraire.

27 Février. . Antoine-Urbain I *Coustelier*, reçu Libraire & *Imprimeur*, par Arrêt du Conseil du 8 Janvier précédent, à la première place vacante, & de fait le 7 Janvier de l'année suivante, en la place qu'avoit occupée feû Gilles *Paulus du Mesnil*.

5 Mars. . . Geoffroi-Pierre *Gandouin*, fils de Pierre I, Libraire.

. . . . Jacques III *Rollin*, fils de Jacques II, Libr.

. . . . Jean-Baptiste *Samson*, Apprenti de Pierre-Augustin *Le Mercier*, reçu Libraire, comme devant épouser Marie-Anne, fille de feû Pierre *Bienfait*.

. . . . Gabriel *Amaulry*, Apprenti de Jean *Boudot*.

* . . . . . N. Ve de Pierre II *Ribou*, Libraire.

14 Mai. . . Jacques II *Ribou*, fils de feû Pierre II, Libr.

. . . . Gabriel-François *Quillau*, fils de Jacques, Libraire-Juré de l'Université.

18 Juin. . . Henri-Simon-Pierre *Gissey*, fils de feû Pierre, Libraire.

. . . . Jean-Baptiste *Gonichon*, Libraire, comme ayant épousé Géneviéve, fille de Guillaume-Amable I *Valleyre*.

19 Juin. ... Jean-Baptiste *Godefroy*, Libraire-Juré de l'Université, reçu à la Chambre Syndicale le 4 Mai 1726.

.... Jean *Desaint*, Libraire-Juré de l'Université, reçu à la Chambre Syndicale le 4 Mai 1726.

.... Jean *Rouan*, Libraire-Juré de l'Université, reçu à la Chambre Syndicale, le 4 Mai 1726.

10 Septembr. Charles *Huart*, frère puîné de Pierre-Michel, Apprenti de Claude *Robustel*, Libraire.

19 ...... Daniel *Le Noble*, gendre de feû Nicolas II *Bessin*, reçu Libraire, par Arrêt du Conseil dudit mois.

27 , ... Guillaume-Dénys *David*, 3me fils de feû Michel, Libraire.

25 Décembr. Magdeleine *Le Mercier*, Libraire & Imprimeur, par le décès de Gilles *Paulus du Mesnil*, son mari.

❡ 1721. ❡

6 Février... Pierre *Simon*, Apprenti de feû Pierre *Mergé*, reçu Libraire & *Imprimeur*, par Arrêt du Conseil du 20 Mai 1719.

12 Septembr. Jean-François *Musier*, fils de Jean-Baptiste, Libraire.

16 Décembr. Nicolas *Prevost*, Apprenti de Jean-Geofroi *Nyon*, Libraire.

.... François *Marchenoir*, Apprenti de Jean-Antoine *Robinot*, Libraire.

.... Jean-André *Morin*, Apprenti de Guillaume III *Cavelier*, Libraire.

.... François *Mathey*, Apprenti de Denys *Mariette*, Libraire.

.... Claude-Sébastien *Ravenel*, Apprenti de Michel-Etienne *David*, Libraire.

30 Décembr. Jean *Debure*, fils de Guillaume I,
Libraire (DOYEN de la Communauté,
en Janvier 1786, par le décès de Jean III
Villette).

. . . . Dominique-Louis *Vatel*, Apprenti d'Urbain
Couſtelier, Libraire.

❧ 1722 ☙

4 Avril. . . Jacques-Philippe-Charles *Oſmont* (Libraire
en 1715) reçu *Imprimeur*, par Arrêt du
Conſeil de la veille.

14 . . . . . Pierre - Jean *Mariette*, (Libraire en 1714)
reçu *Imprimeur* par Arrêt du Conſeil de la
ſurveille.

12 Juin. . . Jean-Luc II *Nyon*, fils de Jean-Luc I, Libr.

13 Juillet. . . Jacques *Guérin*, 1er fils de feû Louis, Libraire.

. . . . Abraham-Louis *Oſmont*, 3me fils de Charles III, Libraire.

16 . . . . . Pierre - François *Coignard* (de la Pinelle)
2d fils de Jean-Baptiste II, Libraire.

. . . . René *Joſſe*, fils de Jacques, Libraire.

. . . . Nicolas-Jacques *Le Clerc*, fils de Nicolas, Libr.

XXXVIme SYNDICAT, (1 an, 9 mois).

Du Samedi 8 Août 1722.

(En vertu d'un Arrêt du Conseil du 1er Août).

Jean-Baptiste-Christophe *BALLARD*, Libr.-Imprim.;
     Adjoint en 1706.

Syndic ayant, pour Adjoints,

Michel III *BRUNET*, Libraire, en 1692. . .
Pierre-François *EMERY*, Libr.-Imprim. en 1699. } entrans.
Jean-Joseph *BARBOU*, Libraire en 1704. . .
Nicolas *SIMART*, Libraire en 1706. . . . .

Au lieu de { Michel *GUIGNARD*, Libraire. .
Gabriel II *MARTIN*, Libraire. . . } sortans.
Laurent *D'HOURY*, Libr.-Imprim.
Jean-Geofroi *NYON*, Libraire. .

17 Octobr. . Pierre-Michel *Brunet* (fils de Michel III,
     Adjoint en charge) Libraire.

PARVENUS à la réception du DOYEN actuel de la Communauté, il ne
nous reste qu'à distinguer ceux qui existent de ceux que la mort a enlevés.
A commencer donc à cette époque, les noms de toutes les Dames Veuves
vivantes, seront précédés de la qualité de D^{lle}, & les noms de tous
les autres Membres qui existent, le seront du titre de *M*.

1722.

17 Octobre. M. Claude *MARTIN*, fils de Gabriel II,
     Libraire (*DOYEN* de la Communauté,
     par le décès de M. Jean *Debure*,
     du 15 Avril 1786).

1723.

12 Janvier. . Claude *Labottière* , Apprenti de Charles-Etienne *Hochereau*, Libraire.

26 Février. . Jean-Baptiste *Garnier* (neveu de Pierre-Paul *Garnier* , Veuve de Raimond *Mazières*) eſt reçu Libraire , par Arrêt du Conſeil du 15 du préſent mois.

* . . . . . . N. Vᵉ de Georges *Jouvenel*, Libr. & Imprim.

29 Avril . . Martin-Georges *Jouvenel* (Libraire en 1718) reçu *Imprimeur* à la place occupée par feu Georges, ſon père.

23 Juin. . . Louis-Laurent *Aniſſon* , couſin de Claude *Rigaud* , reçu Libraire par Arrêt du Conſeil du 27 Avril précédent.

2 Juillet. . Nicolas *Goſſelin* (Libraire en 1698) reçu *Imprimeur* , en une place créée par Arrêt du Conſeil du 22 juin précédent.

. . . . Claude *Robuſtel* (Libraire en 1703) reçu *Imprimeur* en une place créée par Arrêt du Conſeil du 22 Juin précédent.

. . . . Chriſtophe II *David* (Libraire en 1713) reçu *Imprimeur* en une place créée par Arrêt du Conſeil du 22 Juin précédent.

. . . . Joſeph II *Barbou* (Libraire en 1717) reçu *Imprimeur* à une place créée par Arrêt du Conſeil du 22 Juin précédent.

12 Août. . . François *Flahaut*, Apprenti de Claude *Sau-grain* , Libraire.

20 . . . . . . N. Vᵉ de Jean II *De la Caille* , Libraire.

10 Septembr. Pierre *Prault* (Libraire en 1711) reçu *Imprimeur* en la place vacante par l'abdication de Charles *Huguier*.

14 . . . . . . André *Knapen* , fils de Jean-François, Libr.

20 Novembr. André *Knapen* (Libraire le 14 Septembre précédent) reçu *Imprimeur* en une place créée par Arrêt du Conſeil du 15 du préſent mois.

13 Décembr. Alexis - Xavier - René *Mesnier* , Apprenti de Laurent *D'Houry* , Libraire.

20 . . . . . . Claude - Jean - Baptiste I *Hérissant* (Libraire en 1714) reçu *Imprimeur* en une place créée par Arrêt du Conseil du 13 du présent mois.

. . . . Henri-Simon-Pierre *Gissey* (Libraire en 1720) reçu *Imprimeur* en une place créée par Arrêt du Conseil du 13 du présent mois.

* . . . . . Géneviéve *Le Breton* , Vᵉ de Damien *Beugnié* ou *Beunier* , Libraire.

. . . . Henriette *Collot* , Libraire & Imprimeur , par le décès de Jérémie III *Bouillerot*, son mari.

. . . . N. Vᵉ de Silvain *Brunet* , Libraire.

. . . . N. Vᵉ de Michel *Clousier* , Libraire.

. . . . N. Vᵉ de Christophe I *David* , Libraire.

. . . . N. Vᵉ de Jean *Delaulne* , Libraire.

. . . . Marie - Magdeleine *Le Gras* , Libraire & Imprimeur , par le décès de Florentin *Delaulne* , son mari.

. . . . N. Vᵉ de Pierre *Delaunay* , Libraire.

. . . . Françoise *Le Tellier* , Libraire, par le décès de Jean *De Nully* , son mari.

. . . . N. Vᵉ d'Hilaire *Foucault* , Libraire.

. . . . N. Vᵉ de Jean-Michel *Garnier* , Libraire.

. . . . N. Vᵉ de Claude *Gasse* , Libraire.

. . . . N. Vᵉ de Charles I *Guillaume* , Libraire.

. . . . N. Vᵉ de Daniel *Jollet* , Libraire.

. . . . N. Vᵉ de Gilles I *Lamesle* , Libr.-Imprim.

. . . . N. Vᵉ de Nicolas *Le Gras* , Libraire.

. . . . N. Vᵉ de Daniel *Le Noble* , Libraire.

. . . . N. Vᵉ de Barthélemi *Le Roi* , Libraire.

. . . . N. Vᵉ d'André *Pépingué* , Libraire.

. . . . N. Vᵉ de Louis *Rolland* ou *Roulland* , Libraire.

❦ 1724. ❧

11 Janvier. . Gabriel-François *Quillau* (Libraire en 1720) reçu *Imprimeur* en une place créée par Arrêt du Conseil du 5 du préfent mois.

26 . . . . Alexis-Xavier - René *Mefnier* (Libraire en 1723) reçu *Imprimeur* par Arrêt du Conseil du 10 du préfent mois en la place vacante par l'abdication de Marie *Mouton*, Vᵉ de Jacques *Le Févre*.

11 Avril. . . Pierre-Gilles *Le Mercier* (Libraire en 1718) reçu *Imprimeur*, par Arrêt du Conseil de la veille, en la place vacante par l'abdication de Marie *Chartier*, Vᵉ d'Antoine *Lambin*, fon ayeule.

. . . . Charles *Huart* (Libraire en 1720) reçu *Imprimeur* en une place créée par Arrêt du Conseil de la veille.

22 . . . . . . Louis-Denys *De la Tour* (Libraire en 1688) reçu *Imprimeur*, en une place créée par Arrêt du Conseil du 10 du préfent mois.

XXXVIIᵐᵉ SYNDICAT, (2 ans, 2 jours).

Du Lundi 8 Mai 1724.

Michel III *BRUNET*, Libraire, Ex-Adjoint.

Syndic ayant, pour Adjoints,

Jean-Joseph *BARBOU*, Libraire. } reftans.
Nicolas *SIMART*, Libraire. . . }

Ant.-Urb. I *COUSTELIER*, Libr.-Impr. en 1710 } entrans.
Laurent II *RONDET*, Libr.-Imprim. en 1707. }

Au lieu de { Pierre-François *EMERY*, Libr.-Impr. *fortant*.
{ Michel III *BRUNET*, Libraire, *élu Syndic*.

25 Mai. . . Jeanne *Thoury*, Libaire, par le décès de Joseph I *Saugrain*, son mari.

26 Juin. . . Guillaume-Claude *Saugrain*, fils de Claude-Marin I, Libraire.

1 Juillet. . Antoine-Claude *Briasson*, Libraire.

19 . . . . . . Philippe-Nicolas *Lottin*, gendre de Pierre-Augustin *Le Mercier*, par Marie-Marguerite (Libraire en 1717) est reçu *Imprimeur*, en une place créée par Arrêt du Conseil du 11 dudit mois.

22 . . . . . . François-Guillaume *L'Hermite*, Libraire-Juré de l'Université, reçu à la Chambre Syndicale le 4 Mai 1726.

18 Août. . . Hugues-Daniel *Chaubert*, Apprenti de Philippe-Nicolas *Lottin*, Libraire.

13 Novembr. François *Montalant* (Libraire en 1708) reçu *Imprimeur* en une place créée par Arrêt du Conseil du 16 Octobre.

. . . . Gabriel-Joseph J St (Libraire en 1712) reçu *Imprimeur* par Arrêt du Conseil du 16 Octobre dernier, en la place vacante par l'abdication de François *Gibault*.

ÉLECTION D'ADJOINTS.

Du Samedi 2 Décembre 1724.

Claude ROBUSTEL, Libraire-Imprim. en 1703.
*Au lieu d'*Ant.-Urb. I COUSTELIER, Libr.-Impr. *sortant.*

Exerçant.

Lambert *Coffin*, se disant Libraire-Juré de l'Université.

1725.

❧ 1725. ❧

ÉLECTION D'ADJOINTS.

Du Mardi 8 Mai 1725.

Etienne *GANEAU*, Libraire en 1695.
Jean *MARIETTE*, Libraire en 1702.

Au lieu de { Jean-Joseph *BARBOU*, Libraire.
Nicolas *SIMART*, Libraire.... } *fortans.*

＊Novembr. Elizabeth *Du Bois*, Libraire & Imprimeur, par le décès de Laurent *D'Houri*, son mari.

10 Décembre. Arrêt du Conseil d'Etat-Privé du Roi, servant de Réglement entre l'Université de Paris & la Communauté des Libraires & Imprimeurs de ladite Ville. Cet Arrêt, après avoir ordonné l'exécution des Articles XX, XXI & XLIII du Réglement du 28 Février 1723, renferme les dispositions suivantes: — ART. VII. Tous les Libraires & Imprimeurs reçus & non immatriculés en l'Université, prêteront serment entre les mains du Recteur, qui leur fera expédier Lettres d'immatriculation, sans frais. — VIII Ceux qui ont ci-devant obtenu Lettres de *Libraires-Jurés* seront reçus sans frais, en la Communauté des Libraires, à la charge de prêter serment entre les mains du Lieutenant-Général de Police. — XI. Les Libraires & Imprimeurs, assisteront au moins au nombre de douze, aux Processions de l'Université; dont deux seront anciens Syndics ou anciens Adjoints. — XII. Les Syndic & Adjoints nouvellement élus seront présentés au Recteur, le jour même de l'Election, ou le lendemain au plus tard, par ceux qui sortiront de charge. — XIII. Les Mandemens du Recteur pour les Processions générales, tant ordinaires qu'extraordinaires, seront envoyés aux Syndic & Adjoints, & affichés dans la Chambre Syndicale & au dehors. — XIV & dernier, Les Syndic & Adjoints en charge présenteront au Recteur, à la fête de la Purification de la sainte Vierge, un Cierge de cire blanche, du poids d'une livre, &c. &c. &c.

N

15 Décembr. Gabriel *Valleyre* (Libraire en 1713) reçu
   Imprimeur à une place créée par Arrêt du
   Conseil du 15 Octobre dernier.

19 . . . . . Jean-Geoffroi *Trudon*, fils de Nicolas, Libr.
. . . . Louis-Antoine *Bienfait*, fils de feu Pierre-
   Jacques, Libraire.

24 . . . . . Jean-François *Tabary*, reçu Libraire, comme
   devant époufer Louise-Charlotte *Gandouin*.

* . . . . . N. Ve de Nicolas *Caillou*, Libraire.

. . . . Marie-Jeanne *De Chartres*, Libraire, par le
   décès de François *Grangé*, fon mari.

. . . . N. Ve de Charles *Hochereau*, Libraire.

Exerçant.

. . . . N. *Carouge*, Libraire du Grand-Prevôt,
   non-reçu à la Chambre Syndicale.

✄ 1726. ✅

15 Janvier. Charles-Maurice *D'Houry* (Libraire en 1717)
   reçu *Imprimeur* par Arrêt du Conseil dudit
   jour, en la place occupée par feu Laurent,
   fon père.

9 Mars. . . Jean-Baptiste III *Loyfon*, Libraire-Juré de
   l'Univerfité.

. . . . Pierre *Miquelin*, Libraire-Juré de l'Univerfité.

13 . . . . . Pour fe conformer à l'article XI de l'Arrêt du Conseil
   d'Etat-Privé du Roi, du 10 Décembre 1725, (lu,
   publié, & enregiftré fur les Regiftres de la Chambre
   Syndicale, le 15 dudit mois, & fur ceux de l'Univerfité le 5 Janvier 1726) ; la Communauté étoit
   tenue d'envoyer à la Proceffion de l'Univerfité au
   moins douze Libraires, dont deux anciens Syndics
   ou anciens Adjoints ; elle trouva une occafion naturelle de prouver à l'Univerfité fon dévoûment
   refpeueux, en députant tous les anciens, tant
   Syndics qu'Adjoints à la Proceffion indiquée au
   Vendredi 15, & qui fe rendit de l'Eglife des Chanoines Réguliers de l'ordre de la Sainte-Trinité, dits
   Maturins, en l'Eglife conventuelle des Grands-Au-
   guftins. Meffire Jean Couvillard de Laval, de la
   Nation de Normandie, Profeffeur de Rhétorique
   au Collége de la Marche, étoit Reeur, du 11 Oo-
   bre précédent.

15 Avril. . . Lazare *Cugnot*, Apprenti de Pierre *Prault*, Libraire.

26 Avril. . . . Charles-Jean-Baptifte *Delefpine*, fils de Jean-Baptifte-Alexandre, Libraire.

29 . . . . Enregiftrement (en la Chambre Syndicale), des XV Libraires-Jurés de l'Univerfité, dont les noms fe trouveront au 4 Mai prochain, jour de leur réception.

3 Mai. . . . Théodore *Dehanfy*, 2d fils de feu Claude II, Libraire.

4 Mai. . . . . Réception des XV Libraires - Jurés de l'Univerfité, enregiftrés le 29 Avril précédent : la Communauté leur donne fur fon TABLEAU la date de leur Matricule.

Jean-François *Péraud*, . . .	1707.	11 Octobre.
Etienne *Hochereau*, . . .	1712.	5 Avril.
Antoine *Chippie*,		
Jacques *De Luffeux*, . . .	1715.	19 Mars.
Antoine *De Heuqueville*,		
Guillaume-Amable II *Valleyre*,	1716.	21 Avril.
Jean-François *Crévier*,		
Louis-Antoine *Thomelin*,	1716.	7 Octobre.
Gabriel-Charles *Berton*,		
Nicolas-Julien *Le Parfait*,	1718.	26 Avril.
Pierre *Aublé*, . . .	1719.	7 Mars.
Jean-Baptifte *Godefroy*, .	1719.	14 Août.
Jean *Défaint*, . .	1720.	19 Juin.
Jean *Rouan*,		
François-Guillaume *L'Hermite*,	1724.	22 Juillet.

Ces XV Libraires font dejà placés ci-devant à la date de leur Matricule.

7 Mai. . . Louis-Jacques *D'Hotelfort* (Libraire en 1717) reçu *Imprimeur* par Arrêt du Confeil du 29 Avril précédent.

XXXVIII.me SYNDICAT, (7 mois, 10 jours).

Du Vendredi 10 Mai 1726.

Denys *MARIETTE*, Libraire, Adjoint en 1713.

Syndic ayant, pour Adjoints,

Étienne *GANEAU*, Libraire. } *restans.*
Jean *MARIETTE*, Libraire.
Jacques *VINCENT*, Libr.-Imprim. en 1704. } *entrans.*
Jacques *CHARDON*, Libr.-Impr. en 1712.
Au lieu de { Laurent II *RONDET*, Libr.-Impr. } *sortans.*
{ Claude *ROBUSTEL*, Libr.-Impr.

21 Mai. . . Jean-Thomas I *Hérissant*, fils de feû Jean, Libraire.

16 Juillet. . Jean *Lamesle* (Libraire en 1714) reçu *Imprimeur* par Arrêt du Conseil du 26 Juin précédent.

21 Novembr. Edmée-Jeanne-Françoise *Boudot*, Libraire & Imprimeur par le décès de Laurent II *Rondet*, son mari.

XXXIXme SYNDICAT, (1 an, 4 mois, 23 jours).

Du Jeudi 19 Décembre 1726.

Michel III *BRUNET*, Libraire, Syndic en 1724,
fur la démiffion de Denys Mariette.

Bis-Syndic ayant, pour Adjoints,

Jacques *VINCENT*, Libr.-Imprim.... }
Jacques *CHARDON*, Libr.-Imprim.. } *reftans.*

Claude II *PRUDHOMME*, Libraire... }
Claude-Marin I *SAUGRAIN*, Libraire. } *entrans.*

Au lieu de { Etienne *GANEAU*, Libraire. }
{ Jean *MARIÉTTE*, Libraire.. } *fortans.*

¶ *Le Syndic & les deux Adjoints entrans étoient nommés par
Arrêt du Confeil du 11 Décembre précédent*].

❧ 1727. ❧

22 Avril... Jacques III *Langlois* (gendre de *N.* Libr.)
reçu Libraire.

2 Mai... Louis - Henri *De Trémolet de S.-Germain*,
Libraire.

17..... Pierre *Delormel* (Libraire en 1715) reçu
Imprimeur par Arrêt du Confeil du 28.
Avril précédent.

ELECTION *ou plutôt* CONTINUATION D'ADJOINTS.

Du Lundi, 17 Mai 1727.

Claude II *PRUDHOMME*, Libraire. } nommés par Arrêt du Con-
Claude-Marin I *SAUGRAIN*, Libr. } feil du 11 Décembre 1726.

N 3

10 Juin . . . Joseph *Bullot*, reçu Libraire, comme devant épouser Marie - Térèse *Langlois*, Ve de Claude *Prignard*, Libraire.

2 Juillet. . Sébastien *Jorry*, Apprenti de Claude *Thibouft* & de Pierre-Gilles *Le Mercier*, Libraire.

8 . . . . . Guillaume II *Remy*, petit-fils de Guillaume I, Libraire.

11 . . . . . Joseph *Bullot* (Libraire le 10 Juin dernier) reçu *Imprimeur* par Arrêt du Conseil du 30 Juin, en la place vacante par l'abdication de Marie-Térèse *Langlois*, Ve de Claude *Prignard*.

21 Novembr. Claude II *Girard*, Apprenti de Pierre *Prault*, Libraire.

23 Décembr. Jacques *Cloufier*, fils de Michel, Libraire.

* . . . . . Marie-Ambroife *Carlu*, Libraire par le décès de Pierre *Aublé*, son mari.

. . . . N. Ve de Médard-Michel *Brunet*, Libraire.

. . . . N. Ve de Guillaume II *Cavelier*, Libraire.

. . . . N. Ve de Jean-Louis *De la Ville*, Libraire.

. . . . N. Ve d'Antoine *Du Bourg*, Libraire.

. . . . N. Ve de Jean-François *Grangé*, Libraire.

. . . . N. Ve de Maurice *Rébuffé*, Libraire.

❦ 1728. ❧

22 Janvier. . Jean - Jacques *De Nully*, fils de feu Jean, Libraire.

24 Février. . Claude I *Simon*, Apprenti de feu Antoine *Lambin*, Libraire.

8 Avril. . . Laurent-Charles *Guillaume*, fils de Charles I, Libraire.

17 . . . . . Claude I *Simon* (Libraire le 24 Février dernier) reçu *Imprimeur* par Arrêt du Conseil du 22 Mars dernier, en la place vacante par la démission de Nicolas *Goffelin*.

XL.me SYNDICAT, (1 an, 23 jours).

Du Mercredi 12 Mai 1728.

Jean-Bapt. II *COIGNARD*, Libr.-Impr. Adjoint en 1701.

Syndic ayant, pour Adjoints,

Claude *PRUDHOMME*, Libraire. . . . .
Claude-Marin I *SAUGRAIN*, Libraire. } *reſtans.*
Grégoire *DUPUIS*, Libraire en 1696. . . . .
Louis-Anne *SÉVESTRE*, Libr.-Impr. en 1704. } *entrans.*

Au lieu de { Jacques *VINCENT*, Libr.-Impr.
{ Jacques *CHARDON*, Libr.-Impr. } *ſortans.*

* . . . . . Marie-Marguerite *Boudot*, Libraire par le décès de Claude *Labottiére*, ſon mari.

. . . . N. Ve de Pierre *Maillet*, Libraire.

. . . . Catherine *Bauchon*, Libraire, par le décès de Noël *Piſſot*, ſon mari.

❦ 1729. ❧

11 Janvier. . Grégoire-Antoine *Dupuis*, 1er fils de Gré-goire, Libraire.

14 . . . . . Louis-Philippe *De Heuqueville*, 2d fils de Louis II, Libraire.

. . . . Jean-Barthélemi *Alix*, Maître-ès-Arts en l'Univerſité de Paris; Libraire.

8 Février. . Charles-Nicolas *Poirion*, fils de Louis, Libr.

26 Avril. . . Jacques *Guérin* (Libraire en 1722) reçu Imprimeur par Arrêt du Conſeil du 18 Fé-vrier précédent, en la place vacante par la démiſſion de Gabriel-Joſeph *Jannot*.

N 4

XLIme SYNDICAT, (3 ans, 21 jours).

Du Samedi 4 Juin 1729.

Pierre-Augustin *LE MERCIER*, Libraire-Imprimeur,
Adjoint en 1703.

Syndic (sur la démission de Jean-Baptiste II *COIGNARD*),

ayant , pour Adjoints.

Grégoire *DUPUIS* , Libraire. . . . . . . } *restans.*
Louis-Anne *SÉVESTRE*, Libr.-Imprim. }

Théodore I *LE GRAS*, Libraire en 1699. } *entrans.*
Jacques II *ROLLIN* , Libraire en 1700. . }

Au lieu de { Claude *PRUDHOMME* , Libraire. . } *sortans.*
{ Claude-Marin I *SAUGRAIN*, Libr. }

5 Juillet. . Pierre-Jérôme *Doussin* , Apprenti de feû Jean
De Nully , Libraire.

3 Septembr. Marie-Marguerite *Négo* , Libr.-Imprimeur,
par le décès de Jean-François *Knapen*,
son mari.

15 Novembr. Pierre *Clément*, Libraire, comme devant épouser
N. fille de Pierre *Morisset*.

14 Décembr. Jacques-Pierre *Ribou* , 3e fils de feû Pierre II,
Libraire.

❧ 1730. ❧

19 Janvier. . Pierre-Michel *Clousier* , fils de feû Michel ,
Libraire.

. . . . Guillaume-Ambroise *Hardy* , Apprenti de
Jacques *Vincent* , Libraire.

. . . . François-Gabriel *Mérigot* , Apprenti de feû
Urbain *Coustelier* , Libraire.

13 Février. . François *Debure* , 2d fils de Guillaume I,
Libraire.

ÉLECTION D'ADJOINTS.

Du Mardi 17 Mai 1730.

Michel-Etienne DAVID, Libraire en 1700.
Pierre-Aug. PAULUS DU MESNIL, Libr.-Impr. en 1706.

Au lieu de { Grégoire DUPUIS, Libraire, . . . } *fortans*.
{ Louis-Anne SÉVESTRE, Libr.-Impr. }

8 Août. . . M. Jean-Augustin *Grangé*, fils de feû Jean-François, Libraire (SOUS-DOYEN de la Communauté, par le décès de M. Jean DEBURE, du 15 Avril 1786).

24 Novembr. Marc *Bordelet*, Apprenti de Thomas-Jacques *Charpentier*, Libraire.

* . . . . . . N. Vᵉ de Claude II *Bauche*, Libraire.

. . . . N. *Aumont*, Libraire, par le décès de Jean-Baptiste *Brocas*.

. . . . Génevléve *Orient*, Libraire, par le décès de Pierre II *Debats*.

. . . . Anne-Marguerite *Lameste*, Libraire-Imprim. par le décès de Pierre *Delormel*, fon mari.

. . . . N. Vᵉ de Charles II *Du Breuil*, Libraire.

. . . . N. Vᵉ de Pierre *Emery*, Libraire.

◄ 1731. ►

16 Février. . Pierre-Charles *Emery*, fils de Pierre-François, Maître-ès-Arts en l'Univerfité de Paris, Libraire.

9 Mars. . . Jacques-François *Piget*, 1ᵉʳ fils de feû Jacques II, Libraire.

. . . . Pierre-André *De Bats*, fils de feü Imbert, Libraire.

1 Mai. . . Marie-Anne *Guyard*, Libraire, par le décès de Jacques I *Eftienne*, son mari.

ÉLECTION D'ADJOINTS.

Du Mardi 8 Mai 1731.

Charles *MOETTE*, Libraire en 1693.

Pierre I. *GANDOUIN*, Libraire en 1697.

Au lieu de { Théodore I *LE GRAS*, Libraire. } *fortans.*
{ Jacques II *ROLLIN*, Libraire. . . }

18 Septembr. Pierre II *Gandouin*, fils d'Antoine, Libraire.

. . . . Louis-Antoine *De Heuqueville*, fils d'Antoine, Libraire.

2 Octobre. Jacques *Lambert*, Libraire.

Exerçant.

* . . . . . Henri *Worle*, Libraire du Grand-Prevôt, non reçu à la Chambre Syndicale.

❰ 1732. ❱

1 Mai. . . Michel-Antoine *David*, 1er fils de Michel-Étienne I, Libraire.

23 Juin. . . Antoine-François *Chippiet*, Libraire.

XLIIme SYNDICAT, (5 ans, 10 jours).

Du Mercredi 25 Juin 1732.

Gabriel II *MARTIN*, Libraire, Adjoint en 1715.

Syndic ayant, pour Adjoints,

Charles *MOETTE*, Libraire. . . } *reſtans.*
Pierre I *GANDOUIN*, Libraire. }

Jean-Bapt. *LAMESLE*, Libr.-Impr. en 1713. . } *entrans.*
Pierre-Jean *MARIETTE*, Libr.-Impr. en 1714. }

Au lieu de { Michel-Etienne *DAVID*, Libraire. } *ſortans.*
{ P.-Aug. *PAULUS DU MESNIL*, L.-I. }

21 Octobr. . Marguerite *Van-Anderat*, Libr. Impr., par le décès d'André *Knapen*, ſon mari.

30 Décembr. Jean-François Moreau (Libraire en 1715) reçu *Imprimeur*, par Arrêt du Conſeil du 1er dudit mois, en la place vacante par le décès de ſa mère, veuve de Jean III.

* . . . . . N. V^e d'Antoine *Chippier*, Libraire.

❮ 1733. ❯

24 Avril. . . Thomas II *Moette*, fils de Charles, Libr.
. . . . . Pierre *Piget*, 2^d fils de feû Jacques II, Libr.
. . . . Laurent-François I *Prault*, 1er fils de Pierre, Libraire.

ÉLECTION D'ADJOINTS.

Du Vendredi 19 Juin 1733.

Guillaume III *CAVELIER*, Libraire en 1702.

Pierre-François *GIFFARD*, Libraire en 1714.

Au lieu de { Charles *MOETTE*, Libraire. . } *fortans.*
{ Pierre I *GANDOUIN*, Libraire. }

22 Juillet. . Anne-Barbe *Knapen*, Libraire, par le décès de Guillaume II *Saugrain*, fon mari.

1 Septembr. André-François *Le Breton*, petit-fils de Laurent *D'Houry*, Apprenti de Claude *Thiboufl*, Libraire.

15 . . . . . . Robert-Dominique *Seneuze*, fils de Robert, Libraire.

15 Décembr. Marie *Charpentier*, V.e de Nicolas *Mazuel*, fait à la Chambre Syndicale, fa déclaration qu'elle reprend l'exercice de l'*Imprimerie*, attendu l'abfence de Laurent fon troifiéme fils, reçu Imprimeur en 1716.

❦ 1734. ❧

9 Janvier. . Marguerite *Lambin*, Libraire & Imprimeur par le décès de Pierre-Auguftin *Le Mercier*, fon mari.

16 Février. . Marie-Jacques *Barrois*, fils de François, Libr.

. . . . M.-Antoine *Boudet*, Apprenti & beau-fils de Jean-Baptifte III *Coignard*, Libraire.

5 Mars . . Joseph *Berthier*, gendre de feû Jean *Fournil*, Libraire.

18 Mai. . . Jean-Florent *Séveftre*, 4.me fils de feû Louis IV, reçu Libraire & *Imprimeur* par Arrêt du Conseil du 19 Avril, en la place vacante par le décès de fon père,

21 Mai. . . Louis *Dupuis*, 2d fils de Grégoire, Libraire.
19 Novembr. Etienne-François *Savoye*, Apprenti de Philippe-Nicolas *Lottin*, Libraire.

31 Décembre. . COMPAGNIE pour les *Nouveaux Ufages de Paris*, compofée fucceffivement de Pierre *Simon*, Jean-Baptifte III *Coignard*, Claude-Jean-Baptifte I *Hériffant*, Jean *Defaint*, Pierre-Gilles *Le Mercier*, Jean-Thomas I *Hériffant*, Claude-Jean-Baptifte II *Hériffant*, M. Antoine *Boudet*, M. Charles *Saillant*, M. Augustin-Martin *Lottin*, l'aîné, Jean-Charles *Defaint*; M. Jean-Luc III *Nyon*, Dlle *Chauchat*, Ve de M. Jean Charles *Defaint*, Dlle *Boudet*, Ve de M. Pierre-Gilles *Le Mercier*, Dlle *Didot*, Ve de M. Marie-Jacques *Barrois*, Dlle *Barbry*, Ve de Claude-Jean-Baptifte II *Hériffant*, M. Louis-François *Barrois*, l'aîné, & M. Pierre-Théophile *Barrois*, le jeune.

☾ 1735. ☽

4 Mars. . . Claude-Charles *Thiboust*, fils de Claude-Louis, Libraire.

. . . . Louis-Etienne *Ganeau*, fils d'Etienne, Libr.

ÉLECTION D'ADJOINTS

Du Vendredi 12 Août 1735.

Jean-Baptifte III COIGNARD, Libr.-Imprim. en 1713.
François DIDOT, Libraire en 1713.
Au lieu de { Guillaume III CAVELIER, Libraire. } fortans.
{ Pierre-Jean MARIETTE, Libr.-Impr. }

4 Octobre. . Charles *Méquignon*, Apprenti de Jacques *Vincent*, Libraire.
8 Novembr. Jean *Rouy*, Apprenti de Nicolas *Goffelin*, Libraire.

* . . . . . Louife *De la Main* , Libraire , par le décès de Gabriel *Amaulry* , Libraire.

23 Décembr. Charles *De Poilly* , Apprenti de feû Gabriel *Amaulry* , Libraire.

❰ 1736. ❱

8 Avril. . . Marie-Jeanne *Jean* , Libraire , par le décès d'Antonin *Des Haies.*

17 Juillet. . Charles-Antoine *Jombert* , fils de feû Claude , Libraire.

ÉLECTION D'ADJOINTS.

Du Mardi 21 *Août* 1736.

André *CAILLEAU* , Libraire en 1708.

Pierre *SIMON* , Libraire. & Imprimeur en 1721.

Au lieu de { Jean-Baptifte *LAMESLE* , Libr.-Impr. } { Pierre François *GIFFART* , Libraire. } *fortans.*

* . . . . . N. Vᵉ de Jean-Henri *De Courbe* , Libraire.

❰ 1737. ❱

19 Févr. . . Jean-Baptifte *Gonichon* , gendre de feû Guillaume-Amable *Valleyre* , Libr. en 1720, reçu *Imprimeur* , par Arrêt du Confeil du 4 de ce mois, en la place occupée par fon beau-père.

. . . . . . Jean-Baptifte-Théodore *Le Gras* , fils de Théodore II , Libraire.

26 Mars. . . Claude-Pierre *Gueffier* , petit-fils de Claude II , Libraire , par l'ordre de M. le Garde-des-Sceaux (Chauvelin).

26 Avril... Jean-Louis *Allouel*, Libraire, par l'ordre de
    M. le Garde-des-Sceaux (Chauvelin).

18 Juin... Claude-Charles *Thibouft* (Libraire en 1735)
    reçu *Imprimeur*, par Arrêt du Conseil du
    . . . . en la place vacante par le
    décès de Claude-Louis, son père.

XLIIIᵉ SYNDICAT, (2 ans, 4 mois, 10 jours).

Du Vendredi 5 Juillet 1737.

Simon II *LANGLOIS*, Libr.-Impr., Adjoint en 1707.

Syndic ayant, pour Adjoints,

André *CAILLEAU*, Libraire. }
Pierre *SIMON*, Libr.-Imprim. } *reftans.*

Denys *MOUCHET*, Libraire en 1711. }
Pierre-Michel *HUART*, Libraire en 1717. } *entrans.*

Au lieu de { J.-B. III *COIGNARD*, Libr.-Impr. }
{ François *DIDOT*, Libraire. } *fortans.*

30 Juillet. M. Gilles II *Lamefle*, l'aîné, fils de Jean-Bapt. I,
    Libraire, aujourd'hui DOYEN des Impri-
    meurs (ayant été reçu Imprim. en 1719).

. . . . . . Jean-Baptiste-Claude II *Bauche*, fils de Jean-
    Baptiste-Claude I, Libraire.

*. . . . . Anne-Antoinete *Béville*, Libraire-Imprimeur,
    par le décès de Joseph *Barbou*, son mari.

. . . . . N. Vᵉ de François-Denys *Belley*.

. . . . . Cécile *Connard*, Libraire par le décès de
    N. *Carouge*, son mari.

. . . . . Charlotte *Girard*, Libraire, par le décès de
    Jean-Baptiste I *Coignard*, son mari.

.... Géneviéve *Du Caflin*, Libraire, par le décès de François *Cuissart*, son mari.

* ...... N. Ve de Jean *Dehors*, Libraire.

.... Marie-Anne *Mérigot*, Libraire & Imprimeur, par le décès de Louis-Denys *De la Tour*, son mari.

.... N. Ve de François *Fétil*, Libraire.

.... Marie *Rubat*, Libraire, par le décès d'Etienne *Ganeau*.

.... N. Ve de Charles *Huguier*, Libr.-Imprim.

.... N. Ve de Jacques *Josse*, Libraire-Imprimeur.

.... Jeanne *Debure*, Libraire, par le décès de Laurent *Le Conte*, son mari.

.... N. Ve de Jean-Baptiste II *Loyson*, Libraire.

.... Marie-Anne *Prompteau*, Libraire, par le décès de Pierre *Morisset*, son mari.

.... Catherine Géneviéve *Ressérre*, Libraire par le décès de Jean-Baptiste *Musier*.

.... N. Ve de Louis *Pilorget*, Libraire.

.... N. Ve de Louis *Poirion*, Libraire.

.... N. Ve de Nicolas *Prevoft*, Libraire.

.... Louise *Filassier*, Libraire, par le décès de Claude II *Prudhomme*.

.... N. Ve de Guillaume II *Remy*, Libraire.

.... Magdeleine *Gamère*, Libraire & Imprimeur, par le décès de Guillaume-Amable I *Valleyre*, son mari.

.... N. Ve de Guillaume-Amable II *Valleyre*, Libraire.

❦ 1738. ❧

14 Février.. M. Pierre-Guillaume, *Simon*, fils de Pierre, Libraire, depuis Adjoint (du 19 Juillet 1775 au 22 mars 1779).

15 ...... Claude-François *Simon*, fils de Claude I, Libraire.

28 Mars

28 Mars. . . Claude – François *Simon* (Libraire du 15 Février précédent) reçu *Imprimeur*, par Arrêt du Conseil du 17 dudit mois, en la place vacante par la démission de Louis *Coignard*.

18 Avril. . . Michel *Damonneville*, fils de feû Ant. Libr.

23 Juin. . . Laurent *Durand*, neveu de François *Jouenne*, & Apprenti de Jacques *Chardon*, Libraire.

ÉLECTION D'ADJOINTS.

Du Mardi 12 *Août* 1738.

Jacques-Henri *PRALARD*, Libraire en 1713.

Pierre-Gilles *LE MERCIER*, Libr.-Imprim. en 1718.

Au lieu de { André *CAILLEAU*, Libraire. . Pierre *SIMON*, Libr.-Imprim. } *sortans*.

24 Octobr. . Bernard *Brunet*, 3me fils de Michel III, Libr.

1739.

6 Février. . M. Gilles II *Lamesle*, (Libraire en 1737) reçu Imprimeur, par Arrêt du Conseil du 3 dudit mois, en survivance de Jean-Baptiste I, son père.

24 . . . . . N. Vve de Louis *Josse*, Libraire.

25 . . . . . Joseph II *Saugrain*, fils de feû Joseph I, Libr.

13 Mars. . . Denys-Antoine *Pierres*, Apprenti de feû Pierre-Augustin *Le Mercier*, Libraire.

28 Avril. . . Pierre – Michel *Huart* (Libraire en 1717) pourvu du TITRE d'*Imprimeur de Mgr le Dauphin*, en la place vacante par le désistement de Jacques *De Lusseux* (l'un & l'autre sans exercice).

4 Mai. . . André *De la Guette*, Apprenti de feû Jean-Baptiste II *Coignard*, Libraire.

30 Octobre. Jean-Jacques *De la Roche*, fils d'Alexis, Libr.

O

XLIVme SYNDICAT (4 ans, 8 mois, 29 jours).

Du Samedi 14 Novembre 1739.

Claude-Marin I SAUGRAIN, Libr., Adjoint en 1726.

Syndic ayant, pour Adjoints,

Jacques-Henri PRALARD, Libraire. . . } *restans.*
Pierre-Gilles LE MERCIER, Libr.-Impr. }

Henr.-Sim.-Pierre GISSEY, Libr.-Impr. en 1720. } *entrans.*
Antoine-Claude BRIASSON, Libraire en 1724. }

Au lieu de { Denys MOUCHET, Libraire. . } *sortans.*
{ Pierre-Michel HUART, Libraire. }

❦ 1740. ❧

2 Janvier. . M. Jacques II *Estienne*, l'aîné, 1er fils de
Jacques I, Libraire, depuis Adjoint (du
22 Septembre 1755 au 8 Août 1757).

. . . . . . Claude-Jean-Baptiste II *Hérissant*, fils de
Claude-Jean-Baptiste I, Libraire.

14 . . . . M. Jacques-Hubert *Butard*, Apprenti de
Philippe-Nicolas *Lottin*, Libraire.

. . . . . . Charles *Saillant*, Apprenti de Jean *Desaint*,
Libraire.

23 Février. . Jean-François *Morisset*, fils de feu Pierre,
Libraire.

* . . . . . Marguerite-Louise *Huart*, Libraire-Imprim.
par le décès de Claude *Robustel*, son mari.

25 Septembr. Jean-François *Robustel*, 1er fils de feu Claude,
Libraire.

* . . . . . D^lle N. *Billiot*, Libraire, par le décès de Jean-Barthélemi *Alix*, son mari, DOYENNE des Veuves.

. . . . N. Ve de Louis *Allouel*, Libraire.

. . . . Magdeleine-Génevièvè *Guyard*, Libraire, par le décès d'Augustin II *Brunet*, son mari.

. . . . Andrée-Hélène *David*, Libraire, par le décès de Charles *Rouan*, son mari.

. . . . N. Ve de Jérôme *Trabouillet*, Libraire.

1741.

14 Janvier. . Laurent-Charles *D'Houry*, fils de Charles-Maurice, Libraire.

3 Mars. . . M. Pierre-Guillaume *Cavelier*, 1er fils de Guillaume III, Libraire.

. . . . Antoine-Urbain II *Coustelier*, fils de feû Antoine-Urbain I, Libraire.

10 . . . . . . Charles-Jean-Baptiste *Delespine* (Libraire en 1726) reçu *Imprimeur*, par Arrêt du Conseil du 20 Février précédent, en la place vacante par la démission de Jean-Baptiste-Alexandre, son père.

10 Avril. . Christophe-Jean-François *Ballard*, fils de Jean-Baptiste-Christophe, Libraire.

15 Mai. . . Charles-François *Hochereau*, 1er fils de Charles-Étienne, Libraire.

ÉLECTION D'APJOINTS.

Du Mardi 16 Mai 1741.

Jean-François *MOREAU*, Libraire-Imprimeur en 1715.
Jean-François *JOSSE*, Libraire en 1719.

Au lieu de { Jacques-Henri *PRALARD*, Libraire. } *sortans.*
{ Pierre-Gilles *LE MERCIER*, Libr.-Imp. }

31 Mai. . . D^{lle} Marie-Marguerite *Lottin*, Libraire par le décès de Denys-Antoine *Pierres*, son mari, SOUS-DOYENNE des Veuves.

17 Septembr. Justine *Abonnenc*, Libraire par le décès de Denys *Mariette*, son mari.

28 . . . . . . Jean-François *Robustel* (Libraire en 1740) reçu *Imprimeur* par Arrêt du Conseil du 11 du présent mois, en la place vacante par la démission de Marguerite-Louise *Huart*, Ve de Claude *Robustel*, sa mère.

. . . . M. Pierre - Guillaume *Simon* (Libraire en 1738) reçu *Imprimeur*, par Arrêt du Conseil du 11 du présent mois, en la place vacante par le décès de Pierre, son père.

7 Décembr. M. Guillaume-Nicolas *Desprez*, fils de Guillaume II, Libraire, depuis Adjoint (du 13 Juillet 1753 au 15 Septembre 1756) *DOYEN* des Officiers de la Chambre.

16 . . . . . M. Charles-Guillaume *Le Clerc*, fils de Charles, Libraire, Ex - Syndic (du 18 Mai 1780 au 11 Septembre 1786) Archiviste, & ancien Juge-Consul.

❧ 1742. ❧

11 Janvier. . Michel-Etienne II *David*, 2d fils de Michel-Etienne I, Libraire.

19 . . . . . . Pierre *Guillyn*, Apprenti de Pierre - Michel *Huart*, Libraire.

27 . . . . . Nicolas-François *Moreau*, fils de Jean-François, Libraire.

ÉLECTION D'ADJOINTS.

Du Mardi 31 *Juillet* 1742.

Jean III *VILLETTE*, Libraire en 1720.
Gabriel-François *QUILLAU*, Libr.-Impr. en 1720.
Au lieu de { Henri-Sim.-Pierre *GISSEY*, Libr.-Impr. } *fortans.*
{ Antoine-Claude *BRIASSON*, Libr. }

19 Septembr. Claude - Géneviéve *Coignard*, Libraire par
le décès de Jean *Mariette*, son mari.
20 Novembr. M. Charles II *Robuftel*, 2^d fils de feû Claude,
Libraire.
6 Décembr. Chriftophe-Jean-François *Ballard* (Libraire
en 1741) reçu *Imprimeur*, par A. d. C.
du 24 Sept. précédent, en la place vacante
par le décès de François-Hubert *Muguet*.
18 . . . . . . M. Jacques - François *Quillau*, 1er fils de
Gabriel- François, Libraire.
29 . .) . . M. Antoine *Boudet* (Libraire en 1734),
reçu *Imprimeur*, par Arrêt du Conseil
du 17 du préfent mois, en la place occupée
par feû Simon II *Langlois*.
* . . . . . . *N. Delaulne*, Libraire par le décès de
Jean II *Berthault*, son mari.
5 . . . . . . Claude *Crépy*, Libraire par le décès de
Pierre-Jacques *Bienvenu*, son mari.
. . . . *N.* Ve de Claude II *Cellier*, Libraire-Impr.
. . . . *N.* Ve de Chriftophe II, *David*, Libr.-Impr.
. . . . *N. Panelier*, Libraire, par le décès d'André
De la Guette, son mari.
. . . . Marie-Anne *De la Ville*, Libraire par le
décès d'Alexis *De la Roche*, son mari.

O 3

. . . . *N.* Ve de Jacques *De Luſſeux* , Libraire.

. . . . Anne - Marguerite *Michelin* , Libr.-Imprim.
par le décès de Gabriel-Joſeph *Janot*,
ſon mari.

. . . . Jeanne-Marguerite *Cuquel* , Libraire-Imprim.
par le décès de Jean - Baptiſte *Lameſle* ,
ſon mari.

. . . . Magdeleine *Le Comte* , Libraire par le
décès de Nicolas *Le Clerc* , ſon mari.

. . . . *N.* Ve de Nicolas *Pépie* , Libraire.

. . . . Marie-Anne *Bienfait* , Libraire , par le décès
de Jean-Baptiſte *Samſon* , ſon mari.

. . . . *N.* Ve de Pierre *Witte* , Libraire.

☾ 1743. ☽

19 Février. . M. Pierre-Nicolas *Delormel* , fils de feû
Pierre , Libraire ; ancien Adjoint (du 7
Juin 1767 au 7 Juin 1769).

11 Mai. . . M. Jean-Baptiſte *Deſpilly* , fils de Robert-
Marc I , Libraire.

15 Juin. . . Léonard *Cuiſſart* , fils de François , Libraire.

12 Juillet. . Joſeph II *Saugrain* (Libraire en 1739) reçu
Imprimeur , par Arrêt du Conſeil du 8 du
préſent mois ; en la place vacante par la
démiſſion de Pierre-François *Emery*.

ÉLECTION D'ADJOINTS.

Du Samedi 5 Octobre 1743.

Jacques GUÉRIN, Libraire & Imprimeur en 1722.
Guillaume-Claude SAUGRAIN, Libraire en 1724.
Au lieu de { Jean-François MOREAU, Libr.-Impr. } *sortans.*
{ Jean-François JOSSE, Libraire. }

10 Décembr. Guillaume-Nicolas DESPREZ (Libraire en 1741) reçu *Imprimeur* par Arrêt du Conseil du 25 Sept. précédent, en la place vacante par la démission de Guillaume II, son père.

10 . . . . . . Pierre-Laurent *Giffard*, fils de Pierre-François, Libraire.

1744.

4 Avril. . . Sébastien *Jory*, Apprenti de Claude-Charles *Thibouſt* & de Pierre-Gilles *Le Mercier* (Libraire en 1727) reçu *Imprimeur*, par Arrêt du Conseil du 30 Mars précédent, en la place vacante par le décès de Louis-Anne *Sévestre.*

* . . . . . . N. Vᵉ de Jacques *Collombat*, Libr.-Imprim.

26 Juin. . . Jacques-François *Collombat*, fils de feu Jacques, reçu Libraire & *Imprimeur*, par Arrêt du Conseil du 13 du présent mois, en la place vacante par la démission de la Veuve, sa mère.

XLVme SYNDICAT, (2 ans, 3 mois, 11 jours).

Du Mercredi 12 Août 1744.

Jacques *VINCENT*, Lbr. Impr., Adjoint en 1726.

Syndic ayant, pour Adjoints,

Jacques *GUÉRIN*, Libraire & Imprimeur. } *reſtans.*
Guillaume-Claude *SAUGRAIN*, Libraire. }

François *MATHÉI*, Libraire, en 1721. } *entrans.*
Jean-Jacques *DE NULLY*, Libraire, en 1728. }

Au lieu de { Jean III *VILLETTE*, Libraire... } *ſortans.*
{ Gabr.-Fr. *QUILLAU*, Libr.-Impr. }

1 Septembr. M. Philippe *Vincent*, fils de Jacques, Syndic en charge, Libraire, depuis Adjoint (du 26 Avril 1759 au 11 Mai 1763) Libraire du Grand-Prevôt.

* . . . . Marie-Anne *Le Gras*, Libraire par le décès de Claude III *Dehanſy*, ſon mari.

. . . . Jeanne *Gamet*, Libraire par le décès d'Antoine *De Heuqueville*, ſon mari.

. . . . N. Ve de Pierre I *Gandouin*, Libraire.

. . . . N. Ve de Gérard-François *Jollain*, Libraire.

1745.

2 Juillet, . M. Louis-François *De la Tour*, fils de feû Louis-Denys, Libraire.

ÉLECTION D'ADJOINTS.

Du Samedi 7. Août 1745.

Charles-Maurice *D'HOURY* , Libr.-Imprim. en 1717.
Jean *DEBURE* , Libraire en 1721.

Au lieu de { Jacques *GUÉRIN* , Libraire-Impr. } *sortans.*
{ Guill.-Claude *SAUGRAIN* , Libr. }

14 Août. . . Barthélemi-François *Hochereau* , 2ᵈ fils de
feû Charles-Etienne , Libraire.
18 Décembr. M. Claude *Lamesle* , 2ᵈ fils de feû Jean-
Baptiste , Libraire.
20 . . . . . . *N. Vᵉ* de Jean *Pépingué* , Libraire.
26 . . . . . . Catherine *Caillou de la Croix* , Libr.-Impr.
par le décès de Jacques-François *Grou*.

« 1746 »

15 Janvier. . M. Joseph-Gérard *Barbou* , neveu de Jean-
Joseph & de Joseph , Apprenti de Simon II
Langlois & de Gabriel *Valleyre* , Libraire.
9 Février. . M. Augustin-Martin *Lottin* , 1ᵉʳ fils de
Philippe-Nicolas , Libraire.
5 Mars. . . André-François *Le Breton* (Libraire en 1733)
reçu *Imprimeur* , par Arrêt du Conseil du
24 Février précédent , en la place occupée
par feû Jacques-François *Grou*.
15 . . . . . . *N. Vᵉ* de Jean II *Villette* , Libraire.
12 Mai. . . *N. Vᵉ* de Guillaume-Nicolas *Aubert* , Libr.
15 Octobr. . M. Robert *Estienne* , 2ᵈ fils de feû Jacques I ,
Libraire , depuis Adjoint (du 15 Juin
1762 , au 4 Juin 1766) & ancien Consul.

XLVIme SYNDICAT, (2 ans, 10 mois).

Du Mercredi 23 Novembre 1746.

Guillaume III *CAVELIER*, Libr., Adjoint en 1733,

Syndic ayant, pour Adjoints,

Charles-Maurice *D'HOURY*, Libr.-Impr. } *restans.*
Jean *DEBURE*, Libraire. . . . . }

Cl.-Charles *THIBOUST*, Libr.-Impr. en 1735. } *entrans.*
Louis-Etienne *GANEAU*, Libraire en 1735. . }

Au lieu de { François *MATHÉI*, Libraire. . . . } *sortans.*
{ Jean-Jacques *DE NULLY*, Libraire. }

24 Décembr. *N.* Vᵉ d'Antoine *De Billy*, Libraire.
* . . . . . *N.* Vᵉ de Nicolas-François *Le Breton*, Libr.

❦ 1747. ❧

20 Avril. . . M. Pierre-Alexandre *Le Prieur*, neveu de
Jean-Baptiste III *Coignard*, Libraire, depuis
Adjoint (du 4 Juin 1766 au 15 Juin 1768)
, & ancien Consul.

6 Juin. . . Louise *Pluquet*, Libraire par le décès de
François *Barrois*, son mari.

17 . . . . . François *De la Guette*, Apprenti de Jacques-
Philippe-Charles *Osmont*, Libraire.

29 Juillet. . M. Noel-Jacq. *Pissot*, fils de feu Noel, Libr.

19 Août . . Denys-Jean *Aumont*, Beau-frère de feu
Jean-Baptiste *Brocas*, Apprenti de Pierre-
Jean *Mariette*, Libraire.

23 Août. . . PREMIÈRE distribution des PRIX de l'Université, à
laquelle (suivant l'Acte passé entre l'Université & M.
Coignard) doivent assister douze Membres de la Librairie-Imprimerie. Savoir les Syndic & Adjoints en charge,
& sept anciens Officiers du Corps.

15 Août. . Nicolas-Martin *Tilliard*, neveu & Apprenti de Jean *Debure*, Libraire.

ÉLECTION D'ADJOINTS.

Du Mardi 29 Août 1747.

Marc *BORDELET*, Libraire en 1730.
André-François *LE BRETON*, Libr.-Impr. en 1733.
Au lieu de { Charl.-Maut. *D'HOURY*, Libr.-Impr. } fortans
{ Jean *DEBURE*, Libraire. . . . . . }

17 Octobr. . M. André-François *KNAPEN*, fils de feû André, Libraire, *SYNDIC* en charge (du 11 Septembre 1786) & CONSUL en charge (du 30 Janvier 1787).

18 Novembr. Jean-Baptiste *Langlois*, Apprenti de Guillaume-Amable II *Valleyre*, Libraire.

24 . . . . . Jean *Brocas*, 1er fils de feû Jean-Baptiste, Libraire.

25 . . . . . N. Vᵉ de Pierre *Piget*, Libraire.

* . . . . . N. Vᵉ de Louis-Philippe *De Heuqueville*, Libraire.

. . . . . . Marie-Magdeleine *Huart*, Libr.-Impr. par le décès de Simon II *Langlois*, fon mari.

. . . . . . Marie-Jeanne *Vitry*, Libraire par le décès de Jean-Antoine *Robinot*, fon mari.

❰ 1748. ❱

6 Avril. . . Marie-Madeleine *Loudinot*, Libraire par le décès de Jean-Louis *Le Gras*, fon mari.

28 Mai. . . Guillaume IV *Cavelier*, 2d fils de Guillaume III, Libraire.

. . . . . . Jacques-Charles *Chardon*, 1er fils de Jacques, Libraire.

. . . . . . M. Antoine-Claude *Saugrain*, 1er fils de Guillaume-Claude, Libraire.

14 Juin. . . François *Delaguette* (Libraire en 1747)
reçu *Imprimeur* par Arrêt du Conseil du
27 Mai précédent , en la place vacante
par la démission de Jacques-Philippe-
Charles *Osmont* , son beau-père.

25 Octobre. Jeanne *Bessin* , Libraire par le décès de
Nicolas II *Debure* , son mari.

. . . . Marie-Charlotte *Fuzelier* , Libraire par le
décès de Guillaume I *Debure* , son mari.

30 . . . . . Charles-Barthélemi *Chéron* , Apprenti de feû
Claude *Robustel* , Libraire.

24 Décembr. Jean-Baptiste-Théodore *Dehansy* , 1er fils de
Théodore , Libraire.

Exerçant.

* . . . . . Jeanne - Christine *Debure* , fille de feû
Guillaume I.

❰ 1749. ❱

10 Janvier. . Bernard *Brunet* (Libraire en 1738) reçu
Imprimeur , par Arrêt du Conseil du 23
Décembre 1748 , en la place vacante par
la démission de Joseph II *Saugrain* , &
celle d'Emée-Jeanne-Françoise *Boudot* ,
Ve de Laurent II *Rondet.*

. . . . Jean-Noël *Leloup* , Apprenti de feû Guillaume I *Debure* , Libraire.

29 . . . . . *N.* Ve de Théodore II *Le Gras* , Libraire.

2 Mars. . . Marie *Pégany* , Libraire par le décès d'Antoine-Pierre *Lesclapart.*

5 Avril. . . M. Michel *Lambert* , Apprenti de Pierre-
Gilles *Le Mercier* , Libraire , depuis
Adjoint (du 3 Août 1774 au 3 Juillet 1777).

2 Juin. . . . M. Pierre-Alexandre *Le Prieur* (Libraire en
1747) reçu *Imprimeur* , par Arrêt du
Conseil du 5 Mai précédent , en la place
vacante par la démission de Charles-Jean-
Baptiste *Delespine.*

7 Juillet. . Bernarde *Verftel* , Libraire & Imprimeur ,
exerçant à Dijon , par le décès de Pierre-
François *Coignard de la Pinelle.*

18 . . . . . . M. André-François *KNAPEN* (Libraire
en 1747) reçu *Imprimeur* , par Arrêt
du Conseil du 13 du préfent mois , en la
place vacante par la démiffion de Margerite
Van-Andérat , fa mère , & celle de Jean-
François *Robuftel.*

1 Septembr. *N.* Ve de Denys *Horthemels* , Libraire.

XLVIIme SYNDICAT , (2 ans, 2 mois).

Du Mercredi 22 Octobre 1749.

Théodore I *LE GRAS* , Libraire, Adjoint en 1719:

Syndic ayant, pour Adjoints ,

Marc *BORDELET* , Libraire. . . . . .⎫
André-Franç. *LE BRETON* , Libr.-Impr.⎭ *reftans.*

Gabriel *VALLEYRE* , Libr.-Impr. en 1713.⎫
Jean-Luc II *NYON* , Libraire en 1722. . .⎭ *entrans.*

Au lieu de ⎰ Cl.-Charl. *THIBOUST* , Libr.-Impr.⎱ *fortàns.*
⎱ Louis Etienne *GANEAU* , Libraire. ⎰

24 Novembr. Anne-Barbe *Knapen* , Libraire par le décès
de Jean *Rouy* , fon mari.

16 Décembr. Charles *Pecquet* , Apprenti de Henri-Simon-
Pierre *Giffey* , Libraire.

31 . . . . . . M. Jean-Baptiste-Paul *Valleyre* , 1er fils
de Gabriel , Libraire , depuis Adjoint
(du 18 Mai 1780 au 11 Septembre
1786).

31 Décembr. M. Jacques *Mérigot*, 1er fils de François-Gabriel, Libraire.

* . . . . . Marie - Térèse *Crozat*, Libraire par le décès d'Etienne *Hochereau*, son mari.

€ 1750. ℈

2 Février. . Marie - Térèse *Emery*, Libraire par le décès de Claude-Marin I *Saugrain*.

5 Mai. . . N. Ve de Jean-Baptiste-Christophe *Ballard*, Libraire & *Imprimeur*.

8 . . . . . M. Philippe *Vincent* (Libraire en 1744) reçu *Imprimeur*, par Arrêt du Conseil du 18 Août 1749, en la place vacante par la démission de Jacques, son père.

. . . . Laurent-Charles *D'Houry* (Libraire en 1741) reçu *Imprimeur*, par Arrêt du Conseil du 20 Avril précédent, en la place vacante par la démission d'Alexis-Xavier-René *Mesnier* & de Magdeleine *Gamère*, Ve de Guillaume-Amable I *Valleyre*.

4 Août. . . Richard-Antoine *Lesclapart*, fils d'Antoine-Pierre, Libraire.

18 Septembr. M. François-Joachim *Babuty*, fils de François, Libraire, depuis Adjoint (du 15 Juin 1768 au 5 Juillet 1770).

6 Octobr. . M. Joseph-Gérard *Barbou* (Libraire en 1746) reçu *Imprimeur* par Arrêt du Conseil, du 28 Sept. précédent, en la place vacante par les démissions des Veuves de Jean-Baptiste-Christophe *Ballard* & de Joseph *Barbou*, son oncle.

16 Novembr. M. Louis-François *De la Tour* (Libraire en 1745) reçu *Imprimeur*, par Arrêt du Conseil du 12 du présent mois, en la place vacante par la démission de Pierre-Jean *Mariette*.

ÉLECTION D'ADJOINTS.

Du Jeudi 19 *Novembre* 1750.

Jean-Thomas I *HÉRISSANT*, Libraire, en 1726.
Bernard *BRUNET*, Libraire & Imprimeur, en 1738.

Au lieu de { Marc *BORDELET*, Libraire . . . . . } *fortans.*
{ André-Fr. *LE BRETON*, Libr.-Impr. }

* . . . . . N. Ve de Jean *Rouan*, Libraire.

. . . . Généviéve *Prudhomme*, Libr.-Impr. par le décès de Joseph II *Saugrain*, son mari.

❖ 1751. ❖

18 Janvier. . Pérette-Antoinette *Huguier*, Libraire par le décès d'André *Cailleau*, son mari.

5 Mars. . . Pierre-Henri *Prault*, 2^d fils de Pierre, Libr.

8 Avril. . . Rombaut *Davits*, Apprenti de Jean-François *Musier*, Libraire.

1 Juin. . . Jacqueline *Tarlé*, Libraire & Imprimeur par le décès de Jacques-François *Collombat*, son mari.

6 . . . . . Marie-Marguerite *Le Mercier*, Libraire & Imprimeur par le décès de Philippe-Nicolas *Lottin*, son mari.

12 Août. . . Catherine-Françoise *Pépie*, Libr.-Impr. par le décès de Jean-François *Moreau*, son mari.

6 Novembr. Nicolas-Bonaventure *Du Chesne*, gendre d'André *Cailleau*, reçu Libraire, en vertu de l'ordre de M. le Chancelier, du 29 Oct. précédent (M. de Lamoignon de Blancmesnil).

. . . . Magdeleine *Bobin*, Libraire, par le décès de Guillaume III *Cavelier*, son mari.

10 Novembr. Nicolas-François *Moreau* (Libraire en 1741)
reçu *Imprimeur* , par Arrêt du Conseil
du 20 Septembre précédent , en la place
vacante par le décès de Jean-François , son
père , & la démission de Catherine-Françoise *Pépie* , sa mère.

* . . . . . *N.* Vᵉ de Jean-François *Tabary* , Libraire.

* . . . . CRÉATION de l'Imprimerie de la *Loterie de l'Ecole-*
Royale-Militaire (depuis, *Loterie-Royale-de France*)
établie d'abord , rue Mont - Martre , vis-à-vis de
S. Joseph , & ensuite , dans l'Hôtel de l'ancienne
Compagnie des Indes , au coin des rues Neuve-des-
Petits-Champs & Vivienne.

XLVIIIᵐᵉ SYNDICAT , (1 an , 6 mois , 24 jours).

Du Mercredi , 22 Décembre 1751.

Jean-Bapt. III *COIGNARD* , Libr-Impr. Adjoint en 1735.

Syndic ayant , pour Adjoints .

Jean-Thomas I *HÉRISSANT* , Libraire. .⎫
Bernard *BRUNET* , Libraire & Imprimeur. ⎬ *restans.*
Michel-Antoine *DAVID* , Libraire en 1732.⎫
Marie-Jacques *BARROIS* , Libraire en 1734.⎬ *entrans.*

Au lieu de ⎧Gabriel *VALLEYRE* , Libr.-Imprim.⎫ *sortans.*
⎩Jean-Luc II *NYON* , Libraire. . .⎭

◀ 1752. ▶

18 Mars. . . Hippolyte-Louis *Guérin* (Libraire en 1718)
reçu *Imprimeur* par Arrêt du Conseil, du
28 Février précédent , en la place vacante
par le décès de Jacques , son frère.

23 . . . . . . Laurent *Prault* , 3ᵐᵉ fils de Pierre , Libraire.

31 Mai.

31 Mai. . . Marie-Anne *Talegrand*, Libraire & Imprim.
par le décès de Claude I *Simon*, son mari.

3 Août. . M. Augustin-Martin *Lottin* (Libraire en 1746)
reçu *Imprimeur*, par Arrêt du Conseil du
24 Avril précédent, en la place vacante
par la démission de Jean-Bapt. III *Coignard*,
Syndic en charge.

5 . . . . . . Jean-Jacques-Etienne *Collombat*, (fils mineur
de Jacques-François & de Jacqueline *Tarlé*,
ses père & mère) reçu Libraire-Imprimeur
par la Décision de M. le Chancelier (de
Lamoignon de Blancmesnil) pour exercer
jusqu'à l'âge requis par les Réglemens, sous
l'inspection des Syndic & Adjoints, en la
place vacante par le décès de ses père & mère.

17 . . . . . . Agathe *Cars*, Libraire & Imprimeur par le
décès de Gabriel-François *Quillau*, son
mari.

16 Novembr. *N.* Vᵉ de François *Debure*, Libraire.

* . . . . . *N.* Vᵉ de Nicolas-Julien *Le Parfait*, Libr.

. . . . *N.* Vᵉ de Nicolas *Tautin*, Libraire.

1755.

19 Mai. . . Guillaume-François *Debure*, 1ᵉʳ. fils de feu
François, Libraire.

6 Juin. . . Marie-Anne *Denay*, Libraire par le décès de
Jean-Baptiste-Claude I *Bauche*, son mari.

1 Juillet. . Claude *Fosse*, Professeur septénaire en l'U-
niversité de Paris, Libraire.

P

XLIX.me SYNDICAT, (3 ans, 2 mois, 2 jours).

Du Vendredi 13 Juillet 1753.

François DIDOT, Libraire, Adjoint en 1735.

Syndic ayant, pour Adjoints,

Bernard BRUNET, Libraire & Imprimeur. } reſtans.
Marie-Jacques BARROIS, Libraire. . . . }

Charles-Antoine JOMBERT, Libraire en 1736. } entrans.
M. Guill.-Nic. DESPREZ, Libr.-Impr. en 1741. }

Au lieu de { Jean-Thomas HÉRISSANT, Libr. } ſortans.
{ Michel-Antoine DAVID, Libraire. }

14 Août. . . . M. François-Ambroiſe Didot, 1er fils de François, Syndic en charge, Libraire, depuis Adjoint (du 26 Juin 1771 au 30 Juin 1773).

. . . . M. Pierre-François Didot, 2d fils de François, Syndic en charge, Libraire, depuis Adjoint (du 7 Juin 1769 au 26 Juin 1771).

14 Octobr. . M. André-Charles CAILLEAU, fils de feû André, Libraire, Adjoint en charge (du 11 Septembre 1786).

. . . . M. Louis-François Prault, 1er fils de feû Laurent-François I, Libraire.

18 . . . . . N. Ve de Jean Hourdel, Libraire.

* . . . . . Marie-Anne Barbe, Libraire par le décès de Jean-François Hériſſant, ſon mari.

❰ 1754. ❱

6 Janvier.. *N.* Ve de Pierre-André *De Bats*, Libraire.

30 ..... François *Didot* (Libraire en 1713) Syndic en charge, reçu *Imprimeur* par Arrêt du Conseil du 7 Janvier précédent, en la place vacante par le décès de Claude I *Simon* & de Marie-Anne *Talegrand*, sa veuve.

; ..... Charles-Antoine *Jombert* (Libraire en 1736) Adjoint en charge, reçu *Imprimeur*, par Arrêt du Conseil du 7 Janvier précédent, en la place vacante par la démission de Joseph *Bullot*.

10 Mars... Elizabeth – Marie *Lamblin*, Libraire par le décès de Jean II *Boudot*, son mari.

17 Juin. .. M. Laurent-François *Le Clerc*, fils de feu Jacques-Nicolas, Libraire, depuis Adjoint (du 5 Juillet 1770 au 20 Août 1772).

28 ..... M. Jean-Augustin *Grangé* (Libraire en 1730) reçu *Imprimeur* par Arrêt du Conseil du 17 dudit mois, en la place vacante par la démission de Jean-Baptiste *Gonichon*, & de Ve de Christophe II *David*.

12 Septembr. *N.* Ve de Marc *Bordelet*, Libraire.

25 Octobre. M. Paul-Denys *Brocas*, 2^d fils de feu Jean-Baptiste, Libraire, depuis Adjoint (du 5 Juillet 1770 au 20 Août 1772).

* ..... *N.* Ve de Jean-Pierre *Auclou*, Libraire.

❰ 1755. ❱

15 Mai. .. M. Siméon-Prosper *Hardy*, neveu de Guillaume-Ambroise, Apprenti de Gabriel-François *Quillau*, Libraire, depuis Adjoint (du 26 Juin 1771 au 30 Juin 1773).

P 2

ÉLECTION D'ADJOINTS.

Du Lundi 22 Septembre 1755.

Etienne-François *SAVOYE*, Libraire en 1734.

M. Jacques II. *ESTIENNE*, Libraire en 1740.

Au lieu de { Bernard *BRUNET*, Libraire-Impr. } *sortans.*
{ Marie-Jacques *BARROIS*, Libr. }

11 Décembr. Marie-Elizabeth *Laifné*, Libraire-Imprim. par le décès de Charles-Maurice *D'Houry*, son mari.

★ . . . . . *N.* Ve de Geoffroy-Pierre *Gandouin*, Libr.

♭ . . . . . . Marie-Jeanne *De Courtade*, Libraire & ancien *Imprimeur* par le décès de Jean-François *Robuftel*, son mari.

❧ 1756. ☙

3 Février. ᵉ Françoife *Loyfon*, Libraire par le décès de Michel-Etienne I *David*, son mari.

5 . . . . . *N.* Ve de Michel-Etienne II *David*, Libr.

1 Mars. . . M. Jean-Jacques *Samfon*, fils de Feû Jean-Baptifte, Libraire, depuis Adjoint (du 26 Août 1772 au 3 Août 1774).

18 Juin. . . M. Jean-Baptifte-Guillaume *Mufier*, fils de Jean-François, Libraire.

10 Août. . . Marie-Anne *Ofmont*, Libraire-Imprimeur par le décès de Franç. *Delaguette*, son mari,

14 . . . . . M. Philippe-Denys *Langlois*, fils de Jean-Bapt. Libraire.

27 . . . . . M. Louis-Nicolas *Prevoft*, fils de feû Nicolas, Libraire.

L.me SYNDICAT, (2 ans, 7 mois, 11 jours).

Du Mercredi 15 Septembre 1756.

Pierre-Gill. *LE MERCIER*, Libr.-Impr. Adjoint en 1738.

Syndic ayant, pour Adjoints,

Etienne-François *SAVOYE*, Libraire, } *restans.*
M. Jacques II *ESTIENNE*, Libraire, }

Claude-François *SIMON*, Libr.-Impr. en 1738. } *entrans.*
Laurent *DURAND*, Libraire en 1738. . . . . }

Au lieu de { Charles-Antoine *JOMBERT*, Libraire. } *sortans.*
{ M. Guill.-Nic. *DESPREZ*, Libr.-Impr. }

8 Novembr. Julie-Marthe *Morice*, Libraire par le décès
de François-Etienne *Robinot.*

20 . . . . . M. Louis *Cellot*, Apprenti de Jean-Jacques
De Nully, Maître ès-Arts en l'Université
de Paris, Libraire.

❈ 1757. ❊

1 Février. . Claude-Jean-Baptiste II *Hérissant* (Libraire
en 1740) reçu *Imprimeur*, par Arrêt du
Conseil du 17 Janvier précédent, en la place
vacante par la démission de Claude-Jean-
Baptiste I, son père.

20 . . . . . Marie-Jeanne *Fétil*, Libraire par le décès
de Gabriel-Charles *Berton*, son mari.

18 Mai. . . N. V.e d'Alexis-Xavier-René *Mesnier*, Libr.
& ancien Imprimeur.

29 . . . . . D.lle N. *De Maison-rouge*, Libraire-Imprim.
par le décès de Claude-Charles *Thiboust*,
son mari.

P 3

1 Juillet. . M. François-Ambroife *Didot* (Libraire en 1753) reçu Imprimeur, par Arrêt du Confeil du 20 Juin précédent, en la place vacante par la démiffion de François, fon père.

ÉLECTION D'ADJOINT.

Du Lundi 8 Août 1757.

Charles *SAILLANT* , Libraire en 1740. *
Etienne-François *SAVOYE* , Libraire, *reſtant.*
* *Au lieu de* M. Jacq. II *ESTIENNE* , Libraire, *ſortant,*

11 Octobre. Marie-Elizabeth *Caboche* , Libraire par le décès de Jean-Raoul *Morel* , ſon mari.
2 Novembr. Marguerite *Ravenel* , Libraire & Imprimeur par le décès de François *Didot* , ſon mari.

⟨ 1758. ⟩

31 Janvier. Anne-Françoiſe *Le Mercier* , Libraire par le décès de Jean-André *Morin.*
28 Avril. . . M. Antoine-Profper *Lottin* , 2d fils de feü Philippe-Nicolas , Libraire, depuis Adjoint (du 30 Juin 1773 au 19 Juill. 1775).
3 Juin. . . Françoiſe-Gabrielle-Monique *Oſmont* , Libr. par le décès de Michel *Damonneville* , ſon mari.
1 Juillet. . Charles-Etienne *Chénault* , 2d fils de feü Charles , Libraire.
* . . . . . . Géneviève *Le Breton* , Libraire & Imprimeur par le décès de Pierre-Auguſtin *Paulus du Meſnil* , ſon mari.
11 Août. . . Charles-Etienne *Chénault* (Libraire du 1 Juillet dernier) reçu *Imprimeur,* par Arrêt du Confeil du 24 Juillet précédent, en la place

vacante par le décès de Pierre-Augustin *Paulus du Mesnil*, & la démission de Géneviéve *Le Breton*, sa veuve.

22 Août... M. Pierre-François *Gueffier*, fils de Claude-Pierre, Libraire, depuis Adjoint (du 8 Août 1781 au 11 Septembre 1786).

28 ...... M. Jacques-Hubert *Butard* (Libr. en 1740) reçu *Imprimeur*, par Arrêt du Conseil du 21 dudit mois, en la place vacante par le décès de Philippe-Nicolas *Lottin* & la démission de Marie-Marguerite *Le Mercier*, ses beau-père & belle-mère.

1 Septembr. Laurent-François *Prault* (Libraire en 1733) reçu *Imprimeur* par Arrêt du Conseil du 21 Août précédent, en la place vacante par la démission de Pierre, son père.

...... M. Jean-François-Louis *Chardon*, 2ᵈ fils de Jacques, Libraire, depuis Adjoint (du 30 Juin 1773 au 19 Juillet 1775).

13 Octobre. M. Michel *Lambert* (Libraire en 1749) reçu *Imprimeur*, par Arrêt du Conseil du 3 dudit mois, en la place vacante par la démission de Catherine *Caillou*, Vᵉ de Jacques-François *Grou*.

*...... Elizabeth *Villery*, Libraire par le décès de Michel *Jombert*, son mari.

1791.

5 Janvier. Nicolas *Desaint*, 1ᵉʳ neveu de Jean, Libraire.

14 Février. M. Denys *Humblot*, Apprenti d'André-François *Le Breton*, Libraire, depuis Adjoint (du 5 Août 1774 au 3 Juillet 1777).

23 ...... Pierre *Vallat-la-Chapelle*, Apprenti de Pierre *Prault*, Libraire.

14 Avril. M. Pierre-Nicolas *Delormel* (Libr. en 1741) reçu *Imprimeur*, par Arrêt du Conseil du

P 4

19 Mars précédent en la place vacante par la démission de Marie-Anne *Osmont*, Vᵉ de François *Delaguette*.

* . . . . *N.* Vᵉ de Jacques-Charles *Chardon* ; Libr.

. . . . *N.* Vᵉ de Grégoire-Antoine *Dupuis*, Libr.

. . . . Marie *Charpentier*, Libraire par le décès de Pierre II *Gandouin*, son mari.

. . . . *N.* Vᵉ de Jean-Baptiste *Mazuel*, Libraire.

LIᵐᵉ SYNDICAT, (3 ans, 1 jour).

Du Jeudi 26 Avril 1759.

Guillaume-Claude *SAUGRAIN*, Libr. Adjoint en 1743.

Syndic ayant, pour Adjoints,

Charles *SAILLANT*, Libraire. . . . . *restant.*

Jean-Baptiste-Claude II *BAUCHE*, Libr. en 1737. ⎫

Nicolas-Franç. *MOREAU*, Libr.-Impr. en 1742. ⎬ *entrans.*

M. Philippe *VINCENT*, Libr.-Imprim. en 1744. ⎭

Au lieu de ⎰ Etienne-François *SAVOYE*, Libraire. ⎱ *sortans.*
            ⎱ Claude-François *SIMON*, Libr.-Impr. ⎰

7 Mai. . . Louise *Havard*, Libraire par le décès de Matthieu *Delaunay*

28 . . . . . . M. Claude-Marin II *Saugrain*, 2ᵈ fils de Guillaume-Claude, Syndic en charge, Libraire.

. . . . M. Guillaume II *Debure*, 1ᵉʳ fils de Jean, Libraire, depuis Adjoint (du 19 Juillet 1775 au 22 Mars 1779).

16 Juillet. . *N.* Vᵉ de Théodore I *Le Gras*, Libraire.

26 Octobre. *N. Rollin*, Libraire par le décès de Jean-Louis *Genneau*.

❦ 1760. ❧

11 Mars. . . M. Louis *Cellot* , Libraire en 1756, reçu Imprimeur, par Arrêt du Conseil du 3 dudit mois , en la place vacante par la démission de Charles-Antoine *Jombert* , son beau-père.

17 Avril . . Louis-Guillaume *Dehansy*, 2ᵈ fils de Théodote, Libraire.

30 Septembr. Marie-Catherine-Angélique *Regnard*, Libraire & Imprimeur par le décès de Bernard *Brunet* , son mari.

6 Octobre. Jacques-Bernard *Brunet* , fils de feû Bernard, Libraire.

❦ 1761. ❧

5 Janvier. . M. Pierre-Etienne-Germain *Durand*, Apprenti & 1ᵉʳ neveu de Laurent , Libraire , depuis Adjoint (du 22 Mars 1779 au 8 Août 1781).

9 . . . . . . Germain *Charpentier*, Apprenti de Rombaut *Davidts* , Libraire.

16 . . . . . . Pierre *Dufour*, Apprenti d'Antoine-Claude *Saugrain*, Libraire.

20 . . . . . . M. Jean-Baptiste-Paul *Valleyre* , l'aîné , (Libraire en 1749) reçu Imprimeur, par Arrêt du Conseil du 12 dudit mois , en la place vacante par la démission de Henri-Simon-Pierre *Gissey* , son oncle.

2 Février. . Louise-Géneviéve *Villery* , Libraire par le décès de Gabriel II *Martin*, son mari.

7 Avril. . Jean-Baptiste *Gibert* , l'aîné , Apprenti de Rombaut *Davidts*, Libraire.

8 Juin. . . Jean-Baptiste *Gogué*, Apprenti de M. Pierre-Guillaume *Simon* , Libraire, depuis Adjoint (du 3 Juillet 1777 au 18 Mai 1780).

16 Juin. . . M. Antoine *Fournier*, Apprenti de feu Gabriel II *Martin*, Libraire, depuis Adjoint (du 18 Mai 1780 au 11 Septembre 1786).

14 Août. . . Jean-Baptiste *Deſſain*, junior, Apprenti de Guillaume-François *Debure*, Libraire.

15 Septembr. M. Benoît *Rozet*, Apprenti d'André-François *Le Breton*, Libraire.

4 Octobr. . . N. *Paulus du Meſnil*, Libraire par le décès de Jean-Jacques *De Nully*.

<C 1762. >

LIIme SYNDICAT, (3 ans, 11 mois, 21 jours).

Du Mardi 15 *Juin* 1762.

André-Fr. *LE BRETON*, Libr.-Impr., Adjoint en 1747.

Syndic ayant, pour Adjoints.

Jean-Baptiste Claude II *BAUCHE*, Libraire. } *reſtans.*
M. Philippe *VINCENT*, Libraire-Imprimeur. }

M. Charles-Guill. *LE CLERC*, Libraire en 1741. } *entrans.*
M. Robert *ESTIENNE*, Libraire en 1746. . . }

Au lieu de { Charles *SAILLANT*, Libraire. } *ſortans.*
{ Nic.-Fr. *MOREAU*, Libr.-Impr. }

26 Juin. . . M. Jean-François-Louis *Chardon* (Libraire en 1758) reçu *Imprimeur*, par Arrêt du Conseil du 17 Mai précédent, en la place vacante par la démiſſion de Jacques, ſon père.

2 Septembr. M. Charles-Joſeph *Panckoucke*, Apprenti d'André-François *Le Breton*, Libraire.

23 Septembr. M. Pierre-Alexandre *Laureau* , gendre de Charles *Le Clerc* , Apprenti de Jacques *Langlois* , Libraire.

*. . . . . . N. Ve de Jacques *Edouard* , Libraire.

•. . . . . . N. Ve de Jean II *Jombert* , Libraire.

•. . . . . . N. Ve de Robert-Dominique *Seneuze* , Libr.

❧ 1763. ☙

30 Mars. . . Claude *Bridel* , Libraire par le décès de Charles *Méquignon* , fon mari.

7 Avril. . . N. *Bénard* , Libraire par le décès de Jean-Baptifte *Garnier de la Henze*.

30 . . . . . . M. François-Augustin *Quillau* , 2^d fils de feû Gabriel-François, Libraire , depuis Adjoint (du 22 Mars 1779 au 8 Août 1781).

•. . . . . . M. Charles-Pierre *Berton* , fils de feû Gabriel-Charles , Libraire , depuis Adjoint (du 8 Août 1781 au 11 Septembre 1786).

10 Mai. . . M. Nicolas-François *Valleyre* , 2me fils de Gabriel , Libraire , depuis Adjoint , (du 18 Mai 1780 au 11 Sept. 1786.)

•. . . . . . M. Philippe-Denys *Pierres* , fils de feû Denys-Antoine , Libraire , depuis 1er Imprimeur Ordinaire du Roi.

•. . . . . . M. Marcel *Prault* , 2^d fils de Laurent-François, Libraire.

•. . . . . . Antoine-Louis *Regnard* , Ancien Avocat au Parlement , Apprenti d'André-François *Le Breton* , Libraire.

11 Mai. . . Elizabeth *Carbonier* , Libraire par le décès de Laurent *Durand* , fon mari.

ELECTION D'ADJOINTS.
Du Mercredi 11 Mai 1763.

Laurent-Charles *D'Houry*, Libr.-Imprim, en 1741.

M. Jean-Baptiste *Despilly*, Libraire en 1743.

Au lieu de { J.-B-Claude II *Bauche*, Libraire. } *fortans*.
{ Philippe *Vincent*, Libr.-Imprim. }

25 Août . . Angélique-Françoise-Nicole *Devaux*, Libr. par le décès d'Antoine-Urbain II *Couftelier*.

3 Sept. . . . Jean-Thomas I *Hériffant* (Libraire en 1726) reçu *Imprimeur*, par Arrêt du Conseil du 12 Août précédent, en la place vacante par le décès de Jacques-François *Collombat* & de Jacqueline *Tarlé*, sa veuve.

. . . . Antoine-Louis *Regnard* (Libraire le 11 Mai précédent) reçu *Imprimeur*, par Arrêt du Conseil du 12 Août précédent, en la place vacante par le décès de Bernard *Brunet*, & la démiffion de Marie-Catherine-Angélique *Regnard*, sa veuve.

. . . . M. Jean-Thomas II *Hériffant*, fils de Jean-Thomas I, Libraire.

. . . . M. Honoré-Clément *Dehanfy*, 3me fils de Théodote Libraire, depuis Adjoint (du 3 Juillet 1777 au 18 Mai 1780).

17 . . . . . M. Simon *Gibert*, Apprenti de Guillaume-François *Debure*, Libraire.

❧ 1764. ☙

7 Février. . Jean-Joachim *Limoufin*, Apprenti de M. Robert *Eftienne*, Libraire.

21 . . . . . M. François-Guillaume *Defchamps*, Apprenti de Laurent-Charles *D'Houry*, Libraire.

1 Mars. . . M. Nicolas - François *Valleyre* (Libraire en 1763) reçu *Imprimeur*, par Arrêt du Conseil du 27 Février précédent , en la place vacante par la démiffion de Jeanne-Marguerite *Cuquel* , Vᵉ de Jean-Baptiste II *Lamefle* , fon oncle.

14 . . . . . . Marie-Anne *Béruyer* , Libraire par le décès de Pierre-Michel *Huart* , fon mari.

17 Mai. . . Etienne-Vincent *Robin* , Apprenti de Louis-Laurent *Prault* , Libraire.

. . . . Denys-Clement *Couturier* , reçu Libraire par Arrêt du Conseil du 16 Avril précédent.

. . . . M. Pierre *Vente* , reçu Libraire par Arrêt du Conseil du 16 Avril précédent.

22 Juin. . . Joseph *Merlin* , reçu Libraire par Arrêt du Conseil du 4 du préfent mois.

3 Juillet. . M. François - Auguftin *Quillau* , le jeune , (Libraire en 1763) reçu *Imprimeur*, par Arrêt du Conseil du 18 Juin précédent , en la place vacante par la démiffion d'Agathe *Cars* , fa mère , épouse de Gabriel-François.

11 . . . . . Marie - Catherine *Defhaiés* , Libraire par le décès d'Etienne-François *Savoye* , fon mari.

7 Août. . . M. Nicolas - Auguftin *DELALAIN* , l'aîné , Apprenti de feû Etienne-François *Savoye* , Libraire , Adjoint en charge , du 11 Sept. 1786.

11 Septembr. Pierre *Humaire* , Apprenti de M. Jean-Baptiste *Defpilly* , Libraire.

23 . . . . . N. Vᵉ de Léonard-Marie *Morel* , Libraire.

1 Décembr. M. Pierre-Denys *Couturier* , fils de Deny Clément , Libraire.

❧ 1765. ☙

12 Janvier. . Antoine *Defvente de la Doué*, Libraire.

. . . . M. Jacques - Gabriel *Vatar*, Apprenti de Jean-François *Moreau*, Libraire.

21 Mars. . . M. Jean - Luc III *Nyon*, 1er fils de Jean-Luc II, Libraire, Adjoint en charge [du 25 Juillet 1785].

29 . . . . . M. Jean-François *Debure de-Saint-Fauxbin*, 2d fils de feû François, Libraire.

7 Mai . . M. Nicolas - Léger *Moutard*, Apprenti de Jean *Debure*, Libraire.

21 . . . . . M. Claude *Bleuet*, Apprenti de Nicolas *Defaint*, Libraire.

4 Juin. . . Nicolas *Crapart*, Apprenti de M. Nicolas-Augustin *Delalain*, Libraire.

4 Juillet . Dlle *N. Cailleau*, Libraire par le décès de Nicolas-Bonaventure *Du Chefne*, fon mari.

5 Septembr. Dlle Marie-Anne-Généviéve *Paulus du Mefnil*, Libraire & Imprimeur par le décès de Christophe - Jean - François *Ballard*, fon mari.

23 Novembr. M. Jacques *Lacombe*, Apprenti de M. François-Ambroife *Didot*, Libraire.

17 Décembr. M. Jean - Gabriel *MÉRIGOT*, 2d fils de François-Gabriel Libraire, Adjoint en charge (du 11 Septembre 1786).

❧ 1766. ☙

* Février. . *N.* Ve de Claude-Sébaftien *Rayenel*, Libr.

2 Mai. . . M. Jean-Claude *Molini*, Apprenti d'André-François *Le Breton*, Libraire.

27 . . . . . M. Gafpar-Théodore *Le Gras*, fils de Jean-Baptifte, Libraire.

LIIIme SYNDICAT (2 ans, 11 jours).

Du Mercredi 4 *Juin* 1766.

Louis-Etienne *GANEAU*, Libraire, Adjoint en 1746.

Syndic ayant, pour Adjoints,

Laurent-Charles *D'HOURY*, Libr.-Imprim. } *restans.*
M. Jean-Baptiste *DESPILLY*, Libraire...}

M. P^e.-Alex^s. *LE PRIEUR*, Libr.-Impr. en 1747. } *entrans.*
M. Noel-Jacques *PISSOT*, Libraire en 1747...}

Au lieu de { M. Charles-Guill. *LE CLERC*, Libr. } *sortans.*
{ M. Robert *ESTIENNE*, Libraire...}

13 Juin... M. Pierre-François *Durand*, 1er fils de feû Laurent, Libraire.

.... M. Claude II *Simon*, fils de Claude-François, Libraire.

30 Juillet.. D^lle *N. Bordelet*, Libraire, par le décès de Claude *Fosse*, son mari.

17 Octobre. M. Guillaume-Pascal *Prault*, 4me fils de Pierre, Libraire.

19 Décembr. M. Robert-Marc II *Despilly*, fils de M. Jean-Baptiste, Libraire.

*...... D^lle *N. V^e* de Jean *Brocas*, Libraire.

1767.

6 Février.. M. Jacques-Gabriel *Clousier*, fils de Jacques, Libraire.

12 Mai... *N. V^e* de Louis-Henri *De Trémolet de S.-Germain*, Libraire,

19........ M. Pierre-Robert-Christophe *Ballard*, fils de feû Christophe-Jean-François, Libraire.

ÉLECTION D'ADJOINTS.

Du Mercredi 17 Juin 1767.

M. Pierre-Nicolas DELORMEL, Libr.-Imprim. en 1745.
Nicolas-Martin TILLIARD, Libraire en 1747.

Au lieu de { Laur.-Ch. D'HOURY, Libr.-Impr. } fortans,
{ M. Jean-Baptifte DESPILLY, Libr. }

3 Juillet. . Marie-Catherine-Angélique *Regnard*, Libr.
& Imprimeur par le décès d'Antoine-Louis
Regnard, fon fecond mari.

19 . . . . . Elizabeth *Des Haies*, Libraire & Imprim.
par le décès de Claude-François *Simon*,
fon mari.

4 Octobre. M. Jacques *Marchand*, Libraire.
. . . . Gilles-Joseph *Bichois* dit *Belleville*, Libraire.
. . . . M. Louis-Charles *Desnos*, Libraire.
. . . . M. René-François *Fétil*, Libraire.
. . . . Pierre *Poirée*, Libraire.
. . . . M. Pierre-Etienne I *Du Bois*, Libraire.
. . . . M. Jacques-François *Pyre*, Libraire.
. . . . M. Robert *Ségaud*, Libraire.
. . . . M. Pierre *Gauguery*, Libraire.
. . . . Adrien *Delévaque*, Libraire.
5 Décembr. M. Edme-Jean *Le Jay*, Apprenti de Pierre-
Nicolas *Delormel*, Libraire.

1768.

9 Janvier. M. Louis-François *Barrois*, 1er fils de Marie-
Jacques, Libraire.
. . . . Laurent-Nicolas *D'Houry*, fils de Laurent-
Charles, Libraire.

1 Février.

7 Février.. M. Jean-Pierre *Pillot*, Apprenti de M. Jean-
Thomas II *Hériffant*, Libraire.

29 Mars.., M. Etienne *Le Moine*, Apprenti de M. Pierre-
Alexandre *Le Prieur*; & gendre de Gabriel
Amaulry, Libraire.

19 Avril .. M. Laurent-Noel *Piffot*, fils de Jacques-
Noel, Libraire.

· .... Michel *Génneau*, fils de feû Jean-Louis, Libr.

LIVme SYNDICAT, (2 ans, 21 jours).

Du Mercredi, 15 *Juin* 1768.

Antoine-Claude *BRIASSON*, Libraire, Adjoint en 1739.

Syndic avant, pour Adjoints,

M. Pierre-Nicolas *DELORMEL*, Libr.-Imprim. } *reftans.*
Nicolas-Martin *TILLIARD*, Libraire. ....

M. André-Franç. *KNAPEN*, Libr.-Impr. en 1747. } *entrans.*
M Franç-Joachim *BABUTY*, Libraire en 1750.

Au lieu de { M. Pe.-Alexe. *LE PRIEUR*, Libr.-Impr. }
{ M. Noel-Jacques *PISSOT*, Libraire. } *fortans.*

15 Juillet. . M. Philippe-Denys *Pierres* (Libr. en 1763)
reçu *Imprimeur*, par Arrêt du Confeil du
27 Juin précédent, en la place vacante
par la démiffion de Pierre-Gilles *Le Mercier*,
fon oncle.

14 . ..... D^lle Marie-Magdeleine *Berruyer*, Libraire par
le décès de Jean-Luc II *Nyon*, fon mari.

9 Août.., M. Pierre-Merri *Delaguette*, neveu d'André
& François, Apprenti de M. Pierre-Alexandre *Le Prieur*, Libraire. .....

14 . ..... Marie-Anne *Réal*, Libraire, par le décès de
François *Babuty*, fon mari.

13 . ..... M. Antoine *Prevoft*, Apprenti de M. Pierre-
Nicolas *Delormel*, Libraire.

Q

26 Août. . . . M. Guillaume-Luc *Bailly* , Apprenti de Charles *Saillant* , Libraire.

11 Octobre. M. Charles II *Guillaume* , fils de Laurent-Charles , Libraire.

25 Novembr. Edme *Rapenot* , Apprenti de M. François-Joachim *Babuty* , Libraire.

❮ 1769. ❯

17 Février. . M. Jean-Pierre *Costard* , Apprenti de Jean-Thomas II *Hérissant* , Libraire.

17 Mars. . . . Marie-Scholastique *Witte* , Libraire par le décès de Michel-Antoine *David* , son second mari.

20 . . . . Dlle Marie-Marguerite *Didot* , Libraire par le décès de Marie-Jacques *Barrois* , son mari.

ÉLECTION D'ADJOINTS.

Du Mercredi, 7 Juin 1769.

M. Augustin-Martin *Lottin* , l'aîné, Libr.-Impr. en 1746.
M. Pierre-François *Didot* , le jeune, Libraire en 1753.
Au lieu de { M. P.-Nic. *Delormel*, Libr.-Impr. } sortans.
{ Nicolas-Martin *Tilliard* , Libr. }

15 Juin. . . . M. Claude-Antoine *Jombert* , 1er fils de Charles-Antoine , Libraire.

4 Juillet. . . . M. François-Jean-Noël *Debure* , 2d fils de Jean , Libraire.

1 Septembr. M. Antoine *Guenard de Monville* , Apprenti de M. Paul-Denys *Brocas* , Libraire.

15 . . . . . . Jacques-Julien *Vatar* , Apprenti de Nicolas-François *Moreau* , Libraire.

4 Octobre. M. André-Georges *Dupuis* , fils de Louis, Libraire.

FIN du III Siécle.

QUATRIÈME
SIÉCLE,

De 1770 à 1869.

FIN DU RÈGNE DE LOUIS XV.

Du 1ᵉʳ Janvier 1770 au 10 Mai 1774.

OFFICIERS de la Librairie & Imprimerie :

Antoine-Claude *BRIASSON*, Libraire, *Syndic.*

M. André-François *KNAPEN*, Libr-.Imprim.
M. François-Joachim *BABUTY*, Libraire. . .
M. Aug.-Mart. *LOTTIN*, l'aîné, Libr.-Imprim.
M. Pierre-François *DIDOT*, le jeune, Libraire. } *Adjoints*

LIBRAIRES ET IMPRIMEURS.

❧ 1770. ☙

28 Juin. . . Dᴵᴵᵉ *N. De Gaulle*, Libraire par le décès de Claude-Pierre *Gueffier.*

3 Juillet. . M. Michel *Le Boucher*, Apprenti de M. Jean-Pierre *Pillot*, Libraire.

CONSEIL.	PARLEMENT.	CHASTELET.	UNIVERSITÉ.
Chancelier.	*Premier-Président.*	*Prevôt de Paris.*	*Recteurs.*

CONSEIL.

Chancelier.

Me René-Nicol.-Charles-Augustin *De Maupeou*, Chancelier, de 1768.

BUREAU
Pour les Affaires de Chancellerie & de Librairie.

Conseillers d'Etat, MM.

Daguesseau, de 1744 à 1774.
Camus de Pont-Carré de Viarmes, de 1766 à 1774.

Maîtres des Requêtes, MM.

Bertier, Intendant-Adjoint, de 1765 à 1774.
Brochet de S. Prest, de 1767 à 1774.
Esmangart, de 1768 à 1770.
Brochet de Vérigny, de 1768 à 1774.
Meulan d'Ablois, de 1768 à 1774.
De Maupeou, de 1771 à 1774.

DIRECTEUR
Général
De la Librairie & Imprimerie.
M. Antoine-Raimond-Jean-Gualbert-Gabriel *de Sartine*, Maître des Requêtes, & Lieutenant-Général de Police, Directeur, d'Octobre 1763 à Août 1774.

SECRETAIRES
Généraux, MM.
Le *Tourneur*.
Gaillard.

PARLEMENT.

Premier-Président.

Me Etienne-François d'*Aligre*, Chevalier, Commandeur des Ordres du Roi, du 12 Nov. 1768.

Procureur-Général.

Me Louis-François *Joli de Fleuri*, fils du précédent, du 12 Décembre 1740.

Avocats-Généraux.

M. Antoine-Louis *Séguier*, du 10 Mai 1755.
M. Charles-Louis-François-de-Paule *Barentin*, du 27 Août 1764, au 19 Juillet 1775.
M. *Joli de Fleuri*, du 6 Septembre 1767.

CHASTELET.

Prevôt de Paris.

M Anne-Gabriel-Henri *Bernard de Boullainvillier*, du 29 Juillet 1766.

Lieutenans-Civils.

M. Jean-François *Du Four de Villeneuve*, du 21 Juin 1766 au 29 Décembre 1774.
M. Denys-François *Angran d'Alleray*, du 29 Décembre 1774.

Lieutenant de Police.

M. Antoine-Raimond-Jean-Gualbert-Gabriel *de Sartine*, Maître des Requêtes ordinaire de l'Hôtel du Roi, du 1er Décembre 1759 au 30 Août 1774.

Lieutenans-Crimin.

M. Augustin *Testard du Lys*, du 20 Juillet 1765 au 1er Mars 1774.
M. Charles-Simon *Bachois de Villefort*, de Mars 1774.

Procureur du Roi.

M. Claude-François-Bernard *Moreau*, fils du précédent (reçu en survivance de son père, le 5 Avril 1740 n'est entré en exercice qu'en 1754) de 1754, au 1er Décembre 1781.

UNIVERSITÉ.

Recteurs.

Stephanus *Jacquin*, Marchiand Collegii Primarius, è Natione Gallic. à die 11 Octobr. 1769.

1771.

10 Octobr. Franciscus-Maria *Coger*, Eloquentiæ Professor in Mazarinæo, è Natione Gallicanâ.

1773.

16 Octobr. Franciscus-Nicolaus *Guérin*, vir Rectorius, qui suprà.

Suite du
CHASTELET.

Avocats du Roi.

M. Octav. Nicolas *Souchet de Buissaux*, I. du 10 Mars 1764 à 1772.
M. Jacques *Duval d'Eprémesnil*, III. du 18 Février 1766 au 26 Avril 1775.
M. Pierre *Gilbert de Voisins*, II. du 7 Juillet 1767 à 1771.
M. Joseph-Pierre-François-Xav. *Foulon de Doué*, IV. du 24 Mars 1768 à 1775.
M. Henri-Cardin-J.-B. *Daguesseau de Fresne*, I. du 14 Juillet 1772 à 1774.
M. Charles-Henri *Feydeau de Brou*, II. du 15 Juillet 1772 à 1774.

Q 2

LVme SYNDICAT, (2 ans, 1 mois, 15 jours).

Du Jeudi, 5 Juillet 1770.

J.-Th. I. HÉRISSANT, Libr.-Impr; Adjoint en 1750.

Syndic ayant pour Adjoints,

M. Aug.-Matt. LOTTIN, l'aîné, Libr.-Impr. }
M. Pierre-François DIDOT, le jeune, Libraire. } restans;
M. Laurent-François LE CLERC, Libraire. }
M. Paul-Denys BROCAS, Libraire. . . . . . } entrans.
Au lieu de { M. André-Fr. KNAPEN, Libr.-Impr. }
{ M. François-Joachim BABUTY, Libr. } sortans.

28 Septembr. M. Jean-Gabriel Cressonnier, Apprenti de
Jean-Baptiste Gibert, Libraire.
26 Octobre. M. François-Hubert Monory, Apprenti de
Pierre Guillyn, Libraire.

❧ 1771. ❧

23 Février. . M. Claude-Jacques-Charles Durand de Sugères, 2d neveu de feu Laurent Durand,
Apprenti d'André-François Le Breton, Libr.
24 Mars. . . Dlle Catherine Chauchat, Libraire par le
décès de Nicolas Desaint, son mari.
3 Mai. . . M. Jean-Baptiste Bastien, Apprenti de Pierre
Humaire, Libraire.

CENSEURS.	CENSEURS.	CENSEURS.	CENSEURS.

Théologie,

NM. les Abbés

Delorme, de 1742, au moins, à 1770.
Le Seigneur, de 1742, au moins, à 1784.
Cotterel, de 1744 à 1776.
Foucher, de 1754 à 1784.
Le Mercier, de 1759 à 1776.
Buret, de 1763 à 1779.
Dupont, de 1763 à 1787 qu'il exerce.
Lourdet, en 1766, puis dans la classe des Belles-Lettres.
Riballier, de 1767 à 1785.
Genet, de 1767 à 1787 qu'il exerce.
Chevreuil, de 1767 à 1787, qu'il exerce.
Marie, de 1767 à 1769, puis dans la classe des Mathématiques.
Du Sauzet, de 1768 à 1787 qu'il exerce.
De Lorrière, de 1768 à 1787 qu'il exerce.
Adhenet, de 1768 à 1787, qu'il exerce.
Bouillerot, de 1768 à 1784.
Aubry, de 1768 à 1785.

Jurisprudence,

M M.

Courchetet, de 1742, au mbins, à 1776.
Saurin, de 1744 à 1781.
Térasson, de 1750 à 1782.
François-Anselme Maignan de Savigny, de 1750 à 1787 qu'il exerce.
Coqueley de Chaussepierre, de 1750 à 1787, qu'il exerce.
Moreau, de 1752 à 1787 qu'il exerce.
Marchand, de 1752 à 1785.
Moussier, de 1752 à 1783.
Rousselet, de 1752 à 1777.
Gallyot, de 1754 à 1770.
Regnard, de 1756 à 1786.
Cadet de Senneville, de 1762 à 1787 qu'il exerce.
De la Laure, de 1764 à 1781.
Bouchaud, de 1764 à 1787 qu'il exerce.
De Lignac, de 1764 à 1787 qu'il exerce.
L'Abbé Piolle, de 1767 à 1779.
Du Chatel, de 1768 à 1784.

Jurisprudence Maritime.

M. Poncet de la Grave, de 1765 à 1787 qu'il exerce.

Médecine, Histoire-Naturelle, Chymie; MM.

Cazamajor, de 1742, au moins, à 1781.
De Vernage, de 1742, au moins, à 1773.
Sénac, de 1742, au moins, à 1771.
Poussé, de 1743 à 1781.
Malouin, de 1744 à 1778.
Guettard, de 1746 à 1786.
Delassone, de 1746 à 1787 qu'il exerce.
Poissonnier, de 1746 à 1787 qu'il exerce.
Demours, de 1749 à 1787 qu'il exerce.
Vénel, de 1752 à 1776.
Macquer, de 1753 à 1784.
Poissonnier Despérières, de 1758 à 1787 qu'il exerce.
Barthès, de 1760 à 1787 qu'il exerce.
Le Bègue de Presle, de 1763 à 1787 qu'il exerce.
Coste, de 1763 à 1787 qu'il exerce.
Descemet, de 1764 à 1787 qu'il exerce.
Raulin, de 1767 à 1784.
De Gardanne, de 1767 à 1787 qu'il exerce.
Valmont de Bomare, de 1768 à 1787 qu'il exerce.
Missa, de 1769 à 1787 qu'il exerce.

Chirurgie & Anatomie; MM.

Morand, de 1742, au moins, à 1773.
Louis, de 1751 à 1787 qu'il exerce.
Sue, de 1754 à 1787 qu'il exerce.
Le Bas, de 1764 à 1787 qu'il exerce.

Mathématiques, MM.

Picot, de 1742, au moins, à 1772.
De Montcarville, de 1742 à 1771.
L'Abbé De la Chapelle, de 1750 à 1787 qu'il exerce.
Le Blond, de 1752 à 1787 qu'il exerce.
Bezout, de 1757 à 1784.
De la Lande, de 1760 à 1787 qu'il exerce.
Montucla, de 1760 à 1787 qu'il exerce.
Marie, de 1767 à 1787 qu'il exerce.

Belles-Lettres; MM.

De Moncrif, de 1742, au moins, à 1770.
L'Abbé de Villefroy, de 1742, au moins, à 1777.
L'Abbé Trublet, de 1742, au moins, à 1770.
L'Abbé Vatry, de 1742, au moins, à 1770.

ÉLECTION D'ADJOINTS.

Du Mercredi, 26 Juin 1771.

M. Franç.-Ambr. DIDOT, l'aîné, Libr.-Impr. en 1753.

M. Siméon-Prosper HARDY, Libraire en 1755.

Au lieu de { M. Aug.-Mart. LOTTIN, l'aîné, L. I. }
{ M. Pierre-Franç. DIDOT, le Je Libr. } sortans.

19 Juillet. . Dlle Jeanne La-Combe, Libraire par le décès de Théodore De Hansy, son mari.

17 Décembr. M. Louis Jorry, fils de Sébastien, Libraire.

23 . . . . . . Laurent-François Guillaume, neveu de Laurent-Charles, Apprenti de M. Antoine Fournier, Libraire.

. . . . M. Jacques-François Froullé, Apprenti de M. Augustin-Martin Lottin, l'aîné, Libr.

❦ 1772. ❧

13 Mars. . . M. Eugène Onfroy, Apprenti de M. Charles-Guillaume Le Clerc, Libraire du Grand-Prevôt,

17 . . . . . . M. Louis Jorry (Libraire en 1771) reçu Imprimeur, par Arrêt du Conseil du 9 dudit mois, en la place vacante par la démission de Sébastien, son père.

27 . . . . . Jacques-Bernard Brunet (Libraire en 1760) reçu Imprimeur, par Arrêt du Conseil du 16 dudit mois, en la place vacante par le décès de Bernard son père, & la démission de Marie-Catherine-Angélique Regnard, sa mère, veuve en secondes nôces d'Antoine-Louis Regnard.

CENSEURS.	CENSEURS.	CENSEURS.	CENSEURS.

L'Abbé *Lallemand*, de 1742, au moins, à 1786.

L'Abbé *Foucher*, de 1742, au moins, à 1778.

Floncel, de 1743 à 1774.

Bonamy, de 1749 à 1770.

L'Abbé *Belley*, de 1751 à 1772.

L'Abbé *Jolly*, de 1751 à 1782.

Gibert, de 1752 à 1771.

Piquet, de 1752 à 1779.

L'Abbé *Bonnot de Condillac*, de 1752 à 1780.

L'Abbé *Boudot*, de 1752 à 1771.

Rémond de Sainte-Albine, de 1752 à 1778.

Capperonnier, de 1752 à 1775.

L'Abbé *Barthélemy*, de 1752 à 1787 qu'il exerce.

L'Abbé *Guirot*, de 1752 à 1787 qu'il exerce.

Philippe de Prétot, de 1752 à 1787 qu'il exerce.

L'Abbé *Blanchet*, de 1752 à 1784.

Tanneyot, de 1753 à 1773.

De Guignes, de 1753 à 1787 qu'il exerce.

L'Abbé *De Montis*, de 1753 à 1787 qu'il exerce.

De Paffe, de 1754 à 1774.

De Seze, de 1754 à 1781.

Buttel du Mont, de 1755 à 1787 qu'il exerce.

L'Abbé *de Grave*, de 1755 à 1787 qu'il exerce.

D'Hermilly, de 1755 à 1778.

Pidanfat de Mairobert, de 1755 à 1779.

L'Abbé *Granès de Lavaur*, de 1756 à 1787 qu'il exerce.

Gaillard, de 1756 à 1787 qu'il exerce.

Michault, de 1757 à 1774.

La Grange de Chécieux, de 1758 à 1775.

Le Bret, de 1759 à 1779.

De Beaujon, de 1759 à 1787 qu'il exerce.

L'Abbé *Grimod*, de 1759 à 1775.

Bret, de 1759 à 1787 qu'il exerce.

De Crébillon, le fils, de 1760 à 1777.

Arnoult, de 1760 à 1787 qu'il exerce.

Marin, de 1760 à 1787 qu'il exerce.

Dupuy, de 1760 à 1787 qu'il exerce.

Adanfon, de 1761 à 1770, puis dans la claffe de la Médecine, &c.

De Bréquigny, de 1761 à 1787, qu'il exerce.

Briffon, de 1761 à 1776 ; puis dans la claffe de la Médecine, &c.

D'Albaret, de 1762 à 1776.

Béjot, de 1762 à 1787 qu'il exerce.

L'Abbé *Ameilhon*, de 1764 à 1787 qu'il exerce.

L'Abbé *Bruté*, de 1764 à 1783.

De Puligneu, de 1766 à 1787, qu'il exerce.

Maillet du Clairon, de 1766 à 1787 qu'il exerce.

L'Abbé *Lourdet*, (en 1766 dans la claffe de la Théologie) de 1767 à 1787 qu'il exerce.

Le Brun, de 1767 à 1772.

Louvel, de 1767 à 1782.

Chenu, de 1767 à 1787 qu'il exerce.

L'Abbé *Chrétien*, de 1767 à 1783.

L'Abbé *Bonnay*, de 1767 à 1787 qu'il exerce.

Poftel, de 1767 à 1787 qu'il exerce.

De Solignac, de 1768 à 1774.

L'Abbé *Simon*, de 1768 à 1787 qu'il exerce.

De la Canorgue, de 1769 à 1775.

Duclos, de 1769 à 1772.

L'Abbé *Forget*, de 1769 à 1787 qu'il exerce.

Le Tourneur, de 1772 à 1787 qu'il exerce.

Des Fontaines, de 1773 à 1787 qu'il exerce.

Fontaine - Malherbe, de 1773 à 1782.

Artaud, de 1774 à 1787 qu'il exerce.

Géographie, Navigation, Voyages; MM.

Bellin, de 1745 à 1772.

Robert de Vaugondy, de 1773 à 1787 qu'il exerce.

Peinture, Gravure, Sculpture.

M. *Cochin*, de 1753 à 1787 qu'il exerce.

Architecture.

M. *De Vigny*, de 1761 à 1772.

Censeur de la Police.

M. *Marin*, de 1762 à 1774.

7 Avril. . . M. Jean-Georges-Antoine *Stoupe*, Apprenti d'André-François *Le Breton*, Libraire,

14 . . . . . . M. Claude II *Simon* (Libraire en 1766) reçu *Imprimeur*, par Arrêt du Conseil du 6 dudit mois, en la place vacante par la démission d'Elisabeth *Deshaies*, sa mère, épouse de Claude-François.

19 Mai. . . M. André-Charles *Cailleau* (Libraire en 1753) reçu *Imprimeur*, par Arrêt du Conseil du 4 dudit mois, en la place vacante par le décès de Gabriel *Valleyre*, son beau-père.

17 Juin. . . M. Nicolas *Ruault*, Apprenti de M. Pierre-Nicolas *Delormel*, Libraire.

2 Août. . . D^lle Marie-Nicole *Estienne*, Libraire-Imprim. par le décès de Jean-Thomas I *Hérissant*, son mari.

LVIme SYNDICAT, (1 an, 11 mois, 5 jours).

Du Jeudi, 20 Août 1772.

Charles-Antoine **JOMBERT**, Libr., Adjoint en 1753.

Syndic ayant, pour Adjoints;

M. François-Ambr. **DIDOT**, l'aîné, Libr.-Impr. } *restans.*
M. Siméon-Prosper **HARDY**, Libraire. . . . . . }

Laurent-François **PRAULT**, Libr.-Impr. en 1733; } *entrans.*
M. Jean-Jacques **SAMSON**, Libraire en 1756. . . }

Au lieu de { M. Laurent-Franç. **LE CLERC**, Libr. } *sortans.*
                { M. Paul-Denys **BROCAS**, Libraire. }

4 Septembr. M. Jean-Augustin *Durand Dufresnoy*, le jeune, 2^d fils de feû Laurent, Libraire.

Inspecteurs de la Librairie ; MM.

D'Hémery, du 18 Juillet 1758, à 1787 qu'il exerce.
Piquet, du 16 Février 1761 du 28 Septembre 1771.
N. *Des Fontaines*, du 28 Septembre 1771 au 10 Octobre 1773.
N. *Fontaine-Malherbe* du 10 Oct. 1773 au 8 Juillet 1775.

Secretaire du Roi pour la Collation des Lettres de Privilège & Lettres du Sceau, pour les Livres,

M. *Le Bègue*, de 1755 à 1787 qu'il exerce.

OFFICIERS
de la
COMMUNAUTÉ.

Avocat aux Conseils.
M. *Roux*, du 11 Mars 1748.

Commissaire au Châtelet.
M. *Formel*, dès 1764.

Notaire.
M. *De la Fresnaye*, de 1768.

Procureur au Châtelet.
M. Jean-Charles *Cormier*, du 4 Septembre 1767.

Archiviste.
M. Charles-Guillaume *Le Clerc* (ancien Syndic, ancien Juge-Consul) du 17 Mai 1764.

Imprimeur.
M. le Syndic, s'il est Imprimeur, sinon le premier des Adjoints Imprimeurs.

Secretaire de la Chambre Syndicale.
M. René *Josse*, Libraire, du Mai 1759.

Clerc de la Communauté, & Concierge de la Chambre-Syndicale.
Le Sr. Pierre-Charles *Chaumont*, du 27 Décembre 1764.

13 Octobre. M. Louis-Alexandre *Jombert*, 2ᵈ fils de Charles-Antoine, Syndic en charge ; Libraire.

. . . . M. Nicolas *Savoye*, fils de feû Etienne-François, Libraire.

5 Novembr. M. Benoît *Morin*, fis de feû Jean-André, Libraire.

17 Décembr. Dᶦᶦᵉ M. C. *Bardé*, Libraire par le décès de Pierre *Vallat la Chapelle*, son mari.

* . . . . . . *N.* Vᵉ de Charles *Huart*, Libraire.

* . . . . . . Dᶦᵉ *N.* Vᵉ de Jean-Joachim *Limousin*, Libr.

❈ 1773. ❈

31 Janvier. . Dᶦᶦᵉ *N.* Vᵉ de Dominique-Louis *Vatel*, Libr.

12 Février. . Jacques *Esprit*, Apprenti de Laurent-François *Prault*, Libraire.

5 Mars . . M. Pierre-Michel *Nyon*, 2ᵈ fils de feû Jean-Luc II, Libraire.

6 Avril. . . Jacques-François *Valade*, Libraire.

18 Mai. . . M. Pierre-François *Gueffier* (Libr. en 1758) reçu *Imprimeur*, par Arrêt du Conseil du 10 dudit mois, en la place vacante par le décès de Charles-Etienne *Chénault*.

24 . . . . . . M. Pierre-Merri *Delaguette*, (Libraire en 1768) reçu *Imprimeur*, par Arrêt du Conseil du 17 dudit mois, en la place vacante par la démission de Jean *Lamesle*.

27 . . . . . . M. Jacques-Gabriel *Clousier*, (Libr. en 1767) reçu *Imprimeur*, par Arrêt du Conseil du 17 dudit mois, en la place vacante par la démission de M. Pierre-Alexandre *Le Prieur*.

3 Juin. . . . Denys-Clément *Couturier* (Libraire en 1764) reçu *Imprimeur*, par Arrêt du Conseil du 24 Mai précédent, en la place vacante par le décès de Nicolas-François *Moreau*.

ÉLECTION D'ADJOINTS.

Du Mercredi, 30 Juin 1773.

M. Antoine-Prosper *LOTTIN*, le jeune, Libraire en 1758.

M. Jean-François-Louis *CHARDON*, Libr.-Impr. en 1758,

Au lieu de { M. Fr.-Amb. *DIDOT*, l'aîné, Libr.-Im. }
{ M. Siméon-Prosper *HARDY*, Libr. } sortans.

16 Juillet. . M. Jean-François *Colas*, Apprenti de Jean *Debure*, Libraire.

13 Août . . M. Jean-Georges-Antoine *Stoupe* (Libraire en 1772) reçu *Imprimeur*, par A. d C. du 19 Juillet précédent, en la place vacante par la démission d'André-Franç. *Le Breton*.

31 . . . . . . M. Antoine *Santus*, Libraire.

. . . . M. Jean-Baptiste *Fournier*, Apprenti de Jean-Baptiste *Gogué*, Libraire.

18 Septembr. M. Jean-Charles *Colombier*, Apprenti de M. Antoine *Fournier*, Libraire.

24 . . . . . D^lle M. E. *Poujet*, Libraire par le décès de Nicolas-Martin *Tilliard*, son mari.

1 Octobre. Jean-Baptiste *Angot*, petit-fils de Georges, Apprenti de M. Michel *Lambert*, Libraire.

22 Décembr. M. Pierre-Théophile *Barrois*, 2^d fils de feü Marie-Jacques, Libraire.

23 . . . . . M. Pierre-Etienne II *Dubois*, fils de Pierre-Etienne I, Libraire.

28 . . . . . Elisabeth *Boudet*, Libraire & ancien Imprim. par le décès de Pierre-Gilles *Le Mercier*, son mari.

31 Décembr. M. Jean-Baptiste-François *Née de la Rochelle*, Apprenti de M. Jean-Baptiste-Guillaume *Musier*, Libraire du Grand-Prevôt.

*...... D^lle N. Ve de Laurent *Prault*, Libraire.

☽ 1774 ☾

8 Janvier. . M. Claude-Charles *Méquignon*, 2^d fils de feû Charles, Libraire.

.... M. Robert-André *Hardouin*, Apprenti de Charles-Antoine *Jombert*, Libraire.

5 Mars. . . D^lle M. A. *Boileau*, Libraire par le décès d'Adrien *Delévaque*, son mari.

15 Avril. . . M. Jean-Baptiste *Gobreau*, Apprenti de feû François *Marchenoir*, Libraire.

.... Richard-Simon *Gueffier*, Apprenti de feû Claude-Pierre, Libraire.

REGNE
DE LOUIS XVI.

Du 10 Mai 1774,

Ad multos annos.

RÉGNE DE LOUIS XVI.

Du 10 Mai 1774, ad multos annos.

OFFICIERS de la Librairie & Imprimerie.

Charles-Antoine *JOMBERT*, Libraire. . . . *Syndic.*

Laurent-François *PRAULT*, Libraire-Imprim. ⎫
M. Jean-Jacques *SAMSON*, Libraire. . . . ⎬ *Adjoints.*
M. Antoine-Prosper *LOTTIN*, le jeune, Libr. ⎪
M. Jean-Fr.-Louis *CHARDON*, Libraire-Impr. ⎭

LIBRAIRES ET IMPRIMEURS.

❧ 1774. ❧

20 Mai. . . M. Jean-Didier *Dorez*, Apprenti de feû Nicolas-Bonaventure *Du Chesne*, Libraire.

15 Juillet. . M. Edme-Marie-Pierre *Désauge*, Apprenti de M. Pierre-Nicolas *Delormel*, Libraire.

2 Août. . . M. Antoine *Guenard de Monville* (Libraire en 1769) reçu *Imprimeur*, par Arrêt du Conseil du 18 Juillet précédent, en la place vacante par la démission de Jacques-Bernard *Brunet*, son beau-frère.

❀

~CONSEIL.

CONSEIL.	PARLEMENT.	CHASTELET.	UNIVERSITÉ.
Chanceliers.	*Premier-Préfident.*	*Prevôts de Paris.*	*Recteurs.*

CONSEIL.	PARLEMENT.	CHASTELET.	UNIVERSITÉ.
Me René-Nicol-Charles-Augustin *De Maupeou*, Chevalier, Chancelier, Commandeur des Ordres du Roi, de 1768. Me Armand-Thomas *Hue de Miromefnil* (Chevalier-Commandeur des Ordres du Roi), Garde-des-Sceaux, ayant l'Exercice,de 1774.	Me Etienne-François *d'Aligre*, Chevalier, Commandeur des Ordres du Roi, du 12 Novembre 1768. *Procureurs - Génér.* Me Louis-Franç. *Joli de Fleuri*, fils du précédent, du 12 Décembre 1740. Me Armand-Guillaume–Marie *Joli de Fleuri*, fils du précédent, reçu en furvivance le 16 Juillet 1778.	M. Anne-Gabriel Henri *Bernard de Boulainviller*, du 29 Juillet 1766. *Lieutenans-Civils.* M. Jean-François *Du Four de Villeneuve*, du 21 Juin 1766 au 29 Décembre 1774. M. Denys-Franç. *Angran d'Alleray*, du 29 Décembre 1774.	Franciscus-Nicolaus *Guérin*, 16 Octobr. 1773. 1776. 10 Octobr. Petrus *Duval*, Baccalaureus Theologus, Philofophiæ Profeffor in Harcurio, è Natione Norm. 1779. 23 Mars. Ægidius *Baffet*, Philofophiæ Profeffor Emeritus in Harcurió, è Natione Norman. verùm,illo noleñfe fafces fibi prororgari.
____ BUREAU. Pour les affaires de Chancellerie & de Librairie. *Confeillers d'État, MM.* *Daguesseau*, de 1765 à 1784. *Camus de Pont-Carré de Viarmes*, de 1766 à 1775. *Le Pelatier de Beaupré*, de 1776 à 1785. *Bouvard de Fourqueux*, de 1785 à 1787. *Vidaud de la Tour*, en 1785 & 1786. *De Montyon*, en 1787. *Maîtres des Requêtes, MM.* *Bertier*, de 1765 à 1785. *Brochet de Saint-Preft*, de 1767 à 1787. *Brochet de Vérigny*, de 1768 à 1781. *Meulan d'Ablois*, de 1768 à 1777.	*Avocats-Généraux.* M. Antoine-Louis *Séguier*, du 10 Mars 1755. M. Charles-Louis-François-de-Paule *Barentin*, du 27 Août 1764 au 19 Juillet 1775. M. Omer-Louis-François *Joli de Fleuri*, du 6 Septembre 1767. M. Henri-Cardin Jean-Baptiste *Daguesseau de Fresne*, du 31 Déci 1774. M. Armand-Guillaume-Marie *Joli de Fleuri*, du 29 Juillet 1775. M. Marie-Jean *Hérault*, du 1 Août 1785.	*Lieuten. de Police.* M. Antoine-Raimond-Jean-Gualbert-Gabriel *De Sartine*, Maître des Requêtes ordinaire de l'Hôtel du Roi, du 1 Décembre 1759 au 30 Août 1774. M. Jean-Charles-Pierre *Le Noir*, Maître des Requêtes ordinaire de l'Hôtel du Roi, du 30 Août 1774 au 14 Mai 1775. M. Joseph-François-Ildefonfe-Rémond *Albert*(Confeiller au Parlement de Paris, du 11 Août 1764, puis Maître des Requêtes ordinaire de l'Hôtel du Roi) du 14 Mai 1775 au 13 Juin 1776. M. Jean-Charles-Pierre *Le Noir*, (pour la feconde fois) du 13 Juin 1776 au 21 Août 1785. M. Louis *Thiroux de Crofne*, Maître des Requêtes ordinaire de l'Hôtel du Roi, du 11 Août 1785.	1779. 11 Oct. Renatus *Binet*, Éloquentiæ Profeffor in Sorbonæ-Pleffæo, è Natione Picard. 1780. 16 Déc. Petrus *Duval*, vir Rectorius, qui fuprà, verùm, eo nolens prorogari fibi fafces, 1781. 10 Oct. Petrus-Matthias *Charbonnet*, Éloquentiæ Profeffor in Mazarinæo, è Natione Gallic. 1784. 11 Oct. Joannès *Delneuf*, Philofophiæ Profeffor Emeritus in Montacutio, è Natione Gallic. 1786. 10 Octobr. Joannes-Baptifta *Du Mouchel*, Éloquentiæ Profeffor in Marchiano, è Natione Norman. 1772.

R

LVIIᵐᵉ SYNDICAT, (2 ans, 10 mois, 28 jours).

Du Mercredi 3 Août 1774.

Charles SAILLANT, Libraire, Adjoint en 1757.

Syndic ayant, pour Adjoints,

M. Antoine-Prosper LOTTIN, le jeune, Libraire. } *restans.*
M. Jean-Franç.-Louis CHARDON, Libr.-Imprim.

M. Michel LAMBERT, Libr.-Impr. en 1749. . } *entrans.*
M. Denys HUMBLOT, Libraire en 1759. . . .

Au lieu de { Laurent-Franç. PRAULT, Libr.-Impr. } *sortans.*
{ M. Jean-Jacques SAMSON, Libraire.

11 Septembr. Marie-Marguerite *Lefèvre*, Libraire & ancien Imprimeur, par le décès de Sébastien *Jorry*, son mari.

29 Octobr. . Dᶦˡᵉ Marguerite-Térèse *Bignot*, Libraire par le décès de Louis-Guillaume *Dehansy*, son mari.

30 . . . . . Dᶦˡᵉ N. Vᵉ de Richard-Simon *Gueffier*, Libr.

10 Novembr. Pierre-Prudence *Brunet*, Apprenti de Charles *Saillant*, Libraire.

❦ 1775. ❧

27 Janvier. . M. Benoît *Morin* (Libraire en 1772) reçu *Imprimeur* par A. d. C. du 9 du présent mois, en la place vacante par la démission de M. Jacques-Hubert *Butard*.

28 Février. . Marie-Anne *Pochard*, Libraire par le décès d'Antoine-Claude *Briasson*, son mari.

CONSEIL.	CONSEIL.	CHASTELET.	CHASTELET.

CONSEIL.

Maîtres des Requêtes, MM.

De Maupeou, de 1773 à 1785.

Le Camus de Néville, de 1777 à 1784.

Dufour de Villeneuve, de 1778 à 1780.

Chaumont de la Millière, 1781.

Huet d'Embrun de Montalet, de 1782 à 1787.

Bertrand Molleville 1784.

Laurens de Villedeuil 1785.

De Sartine, de 1785 à 1787.

Albert, 1786 & 1787.

DIRECTEURS Généraux de la Librairie & Imprimerie, MM.

Antoine-Raymond-Jean-Gualbert-Gabriel *De Sartine*, Maître des Requêtes, Lieutenant-Général de Police, Directeur, d'Octobre 1763 à Août 1774.

Jean-Charles-Pierre *Le Noir*, Maître des Requêtes, Lieutenant-Général de Police, Directeur, d'Août 1774 à Mai 1775.

Joseph-François Ildefonse-Rémond *Albert*, Conseiller au Parlement de Paris, puis Maître des Requêtes, Directeur, de Mai 1775 au 5 Août 1776.

CONSEIL.

Le Camus de Néville, Maître des Requêtes, Directeur, du 6 Août 1776, à Janvier 1783.

Laurens de Villedeuil, Maître des Requêtes, Directeur, de Janvier 1783, au 14 Août 1785.

M. *De Vidaud*, Conseiller d'État, & au Conseil-Privé, Directeur, du 14 Août, 1785.

*

SECRÉTAIRES GÉNÉRAUX de la Librairie & Imprimerie, MM.

Le Tourneur, *Gaillard*, *De Sancy*, du 3 Septembre 1777.

CENSEURS ROYAUX.

Théologie, MM. les Abbés *Le Seigneur*, Principal du Collège de Lisieux, de 1744 au moins à 1784.

Cotteret, Curé de S. Laurent, de 1744 à 1776.

Foucher, Principal du Collège de Navarre, de 1754 à 1784.

Le Mercier, Docteur de la Maison & Société de Sorbonne de 1719 à 1776.

Buret, Docteur de la Maison & Société de Navarre de 1763 à 1779.

CHASTELET.

Procureurs du Roi.

M. Claude-François-Bernard *Moreau*, de 1754 au 11 mai 1780.

M. François-Antoine de Flandre de Brunville, du 11 Mai 1780.

Avocats du Roi.

M. Jacques *Duval d'Éprémesnil*, III, du 18 Février 1766 au 26 Avril 1771.

M. Jos. Pierre-François Xavier *Foullon de Doué* IV, du 24 Mars 1768 à 1775.

M. Henri-Cardin-J.-B. *Daguesseau de Fresne* I, du 14 Juillet 1772 à 1774.

M. Charles-Henri *Feydeau de Brou* II, du 15 Juillet 1772 à 1774.

M. Nicol.-Louis-François *Dédelay d'Achères* IV, du 18 Février 1775 à 1778.

M. Antoine-Louis *Rouillé d'Orfeuil* II, du 7 Mars 1775 à 1777.

M. Louis-Joseph *Pellerin de Plainville* I, du 14 Mars 1775 à 1776.

M. Charles-Bernard de *Ballainvillier*, III, du 22 Mai 1775 à 1777.

M. Claude *Geoffroy de Monjay* I, du 4 Juillet 1776 à 1779.

M. Louis-Michel *Le Péletier de S. Fargeau* III, du 12 Juin 1777 à 1783.

CHASTELET.

M. Antoine-Omer *Talon* II, du 29 Juillet 1777 à 1782.

M. Marie-Jean *Hérault de Séchelles* IV, du 31 Décembre 1777 à 1785.

M. Charl.-Mari-Antoine *De Sartine* I, du 29 Déc. 1778 à 1780.

M. Félix-Pierre *Geoffroy de Monjay* I, du 1 Août 1780 à 1783.

M. Charles-Louis *Trudaine de Montigny* II, du 22 Juin 1782 à 1785.

M. Etienne-Ferd.-Michel *Le Péletier des Forts* III, du 9 Juillet 1783.

M. Charles-Michel *Trudaine de la Sablière* I, du 9 Juillet 1783.

M. Etienne-Ange *Bourgeois de Boynes* IV, du 6 Sept. 1785.

M. Thom.-Louis *Hue de Miromesnil* II, du 13 Décembr. 1785.

M. Nicolas *Dupré de S. Maur* I, du 8 Août 1786.

23 Mai... M. Augustin-Jérôme *Brun*, Apprenti de Pierre-Prudence *Brunet*, Libraire.

23 Juin... N. Ve de Germain *Charpentier*, Libraire.

ÉLECTION D'ADJOINTS.

Du Mercredi, 19 Juillet 1775.

Pierre-Guillaume SIMON, Libr.-Impr. en 1738.

M. Guillaume II DEBURE, Libraire en 1759.

Au lieu de { M. Ant.-Pr. *LOTTIN*, le jeune, Libr. } sortans.
{ M. J.-Fr.-Louis CHARDON, Lib.-Im. }

5 Septembr. M. Nicolas-Henri *Nyon*, 3me fils de feû Jean-Luc II, Libraire.

15...... M. Louis-Jean *La Cloye*, Apprenti de M. Augustin-Martin *Lottin*, l'aîné, Libraire.

.... D^{lle} Charlotte *Barbry*, Libraire-Imprim. par le décès de Claude-Jean-Baptiste II *Hérissant*, son mari.

❮ 1776. ❯

14 Mars... Jeanne *Pontier*, Libraire par le décès de Pierre *Humaire*, son mari.

26 Avril... M. Jean-Charles *Desaint*, 2^d neveu de Jean, & Apprenti de Pierre-Guillaume *Simon*, Libraire.

7 Juin... M. Antoine-Louis-Guillaume-Catherine *La Porte*, Apprenti de Jean-Luc III *Nyon*, Libraire.

31 Décembr. M. Victor *Dessenne*, neveu & Apprenti de M. Edme-Jean *Lejay*, Libraire.

CENSEURS. | **CENSEURS.** | **CENSEURS.** | **CENSEURS.**

Dupont, DOYEN de cette Clalle, de 1763 à 1787 qu'il exerce.

Lourdet, Lecteur & Profeffeur Royal, de 1766, puis dans la claffe des Belles-Lettres.

Riballier, Grand-Maître du Collége Mazarin, de 1767 à 1785.

Genet, de 1767 à 1787 qu'il exerce.

Chevreuil, Docteur de la Maifon & Société de Sorbonne, Chancelier de l'Eglife de Paris, de 1767 à 1787 qu'il exerce.

Marie, de 1767 à 1769, puis dans la claffe des Mathématiques.

Du Sauzet, Docteur de la Maifon & Société de Navarre, Grand-Maître dudit Collége, de 1768 à 1787 qu'il exerce.

De Loriere, Docteur de la Maifon & Société de Sorbonne, de 1768 à 1787 qu'il exerce.

Adhenet, Docteur de la Maifon & Société de Sorbonne, Chanoine d'l'Eglife de Paris, de 1768 à 1787 qu'il exerce.

Bouillero, Curé de S.-Gervais, de 1768 à 1784.

Aubry, Curé de S.-Louis en l'Ifle, de 1768 à 1785.

De la Nogue, Docteur de la Maifon & Société de Sorbonne, Chanoine de S.-Hono-ré, de 1773 à 1787, qu'il exerce.

Affeline, Docteur de la Maifon & Société de Sorbonne, de 1773 à 1787 qu'il exerce.

Du Voifin, Docteur de la Maifon & Société de Sorbonne, de 1773 à 1787 qu'il exerce.

De Reirac, de 1777 à 1784.

Le P. Du Four, Dominiquain, Profeffeur émérite de Théologie, & ancien Provincial de fon Ordre, de 1781 à 1786.

Roy, de 1783 à 1787.

Boyer, en 1783, puis dans la claffe des Belles-Lettres.

De Turménies, Docteur de la Maifon & Société de Navarre, de 1785 à 1787 qu'il exerce.

Paillard, Docteur de la Maifon & Société de Navarre, de 1785 à 1787 qu'il exerce.

Boffu, Curé de S.-Paul, de 1786 à 1787 qu'il exerce.

Bauduin, Grand-Maître du Collége du Cardinal le Moine, de 1786 à 1787 qu'il exerce.

Pijon, Profeffeur de Théologie en l'Univerfité de Touloufe, de 1786 à 1787 qu'il exerce.

❦

Jurifprudence, MM.

Courchetet, de 1742 au moins, à 1776.

Saurin, de 1744 à 1780.

Téraffon, de 1750 à 1775.

François-Anfelme Maignan de Savigny, DOYEN de cette Clalle, de 1750 à 1787 qu'il exerce.

Coqueley de Chauffepierre, de 1759 à 1787 qu'il exerce.

Moreau, de 1752 à 1787 qu'il exerce.

Marchand, de 1752 à 1785.

Mouffier, de 1752 à 1783.

Rouffelet, de 1752 à 1777.

Cadet de Senneville, de 1762 à 1787 qu'il exerce.

De la Laure, de 1764 à 1781.

Bouchaud, Confeiller d'Etat, de 1764 à 1787 qu'il exerce.

De Lignac, de 1764 à 1787 qu'il exerce.

L'Abbé Piole, de 1767 à 1779.

Du Chatel, de 1768 à 1784.

Périn, de 1773 à 1787 qu'il exerce.

Chaffel, (en 1775 & 1776 dans la claffe des Belles-Lettres) de 1777 à 1787 qu'il exerce.

Ofmont, de 1776 à 1787 qu'il exerce.

Eftienne, de 1776 à 1787 qu'il exerce.

Blanchard de la Valette, de 1777 à 1787 qu'il exerce.

Camus, de 1778 à 1787 qu'il exerce.

Chaillou, de 1781 à 1787 qu'il exerce.

Poullin de Vil-ville (de 1781 à 1784, dans la claffe des Belles-Lettres) de 1785 à

1787 qu'il exerce.

L'Abbé Parent, Docteur de la Maifon & Société de Sorbonne, de 1782 à 1787 qu'il exerce.

Briffon, de 1782 à 1787 qu'il exerce.

Hardoin de la Reynerie, de 1782 à 1787 qu'il exerce.

Berthelot, de 1782 à 1787 qu'il exerce.

Fradin, de 1784 à 1787 qu'il exerce.

Boullé de Varennes, de 1784 à 1787 qu'il exerce.

Chenu, de 1784 à 1787 qu'il exerce.

Martignac, de 1785 à 1787 qu'il exerce.

Teffier du Breuil de 1785 à 1787 qu'il exerce.

Delattre, de 1785 à 1787 qu'il exerce.

Ferry, de 1785 à 1787 qu'il exerce.

Houard, de 1785 à 1787 qu'il exerce.

Foreftier, de 1785 à 1787 qu'il exerce.

Dufour, de 1785 à 1787 qu'il exerce.

Poitevin, de 1785 à 1787 qu'il exerce.

Goulliart, de 1786 à 1787 qu'il exerce.

De la Grandiere, de 1786 à 1787 qu'il exerce.

Vallet de Senneville, de 1786 à 1787 qu'il exerce.

∞

JURISPRUDENCE Maritime.

M. Poncet de la Grave, Procureur

❆ 1777. ❄

28 Janvier. . M. Nicolas - Léger *Moutard* (Libraire en
1765) reçu *Imprimeur* par A. d. C. du
13 du préfent mois , en la place vacante par
la démiffion de Marie-Élifabeth *Laifné* ,
Vᵉ de Charles-Maurice *D'Houry*.

10 Mars. . . M. François *Bélin* , Apprenti de M. Jean-
François-Louis *Chardon* , Libraire.

. . . . M. Venant-Roch *Moureau* , Apprenti de
M. François-Auguftin *Quillau* , Libraire.

15 . . . . . . M. Denys *Voland* , neveu & Apprenti de M.
Denys *Humblot* , Libraire.

21 . . . . . . M. Achilles - Maximin - Philogone *Knapen* ,
fils de M. André - François , Libraire du
Grand-Prevôt.

. . . . M. Thomas *Brunet* , Apprenti de Jacques-
François *Valade* , Libraire.

25 . . . . . . M. Louis Alexandre *Delalain* , le jeune , frère
puîné & Apprenti de M. Nicolas-Aug. Libr.

. . . . Louis - Pierre *Bradel* , Apprenti de M. Au-
guftin-Martin *Lottin* , l'aîné , Libraire.

22 Avril. . . Marie-Jeanne *Loncle* , Libraire par le décès
de Jean-François *Mufier* , fon mari.

27 . . . . . . Dᶫˡᵉ Rofe-Françoife *De la Roche* , Libraire
& Imprimeur par le décès de Jacques-
Julien *Vatar* , exerçant à Lyon.

6 Mai. . . M. Jean-Jacques-Denys *Valade* , fils de Jacques-
François , Libraire.

16 . . . . . . M. Jacques-Philibert *Santus* , fils d'Antoine ,
Libraire.

. . . . M. Nicolas - Touffaint *Méquignon* , l'aîné ,
1ᵉʳ fils de feu Charles , Libraire.

. . . . M. Jean-Antoine *Bleuet* , 1ᵉʳ fils de Claude ,
Libraire.

. . . . M. Paul - Denys *Méquignon* , 3ᵐᵉ fils de feu
Charles , Libraire.

CENSEURS. | CENSEURS. | CENSEURS. | CENSEURS.

du Roi honoraire de l'Amirauté de France, de 1765, à 1787 qu'il exerce.

∞∞

MÉDÉCINE, *Histoire Naturelle & Chymie*, MM.

Cazamajor, de 1742 au moins à 1781.

Poussé, de 1743 à 1781.

Malouin, de 1744 à 1778.

Guettard, de 1746 à 1786.

De Lassone) Premier Médecin du Roi, Conseiller d'Etat, de la Faculté de Paris, DOYEN des Doyens des Censeurs Royaux) de 1746 à 1787 qu'il exerce.

Poissonnier, de 1746 à 1787 qu'il exerce.

Demours, de 1747 à 1748, dans la classe de la Chirurgie, puis dans celle de Médecine, de 1749 à 1787 qu'il exerce.

Vénel, de 1752 à 1776.

Macquer, de 1753 à 1784.

Poissonnier des Périères, de 1758 à 1787 qu'il exerce.

Barthès, de 1760 à 1787 qu'il exerce.

Adanson, (de 1761 à 1770) dans la classe des Belles-Lettres) de 1771 à 1787 qu'il exerce.

Brisson (de 1761 à 1776, dans la classe des Belles-Lettres) de 1777 à 1787 qu'il exerce.

Le Bègue de Presle, de 1763, à 1787 qu'il exerce.

Coste, de 1763 à 1787 qu'il exerce.

Descemet, de 1764 à 1787 qu'il exerce.

Raulin, de 1767 à 1784.

De Gardanne, de 1767 à 1787 qu'il exerce.

Valmont de Bomaré, de 1768 à 1787 qu'il exerce.

Missa, de 1769 à 1787 qu'il exerce.

Bucquet, de 1776 à 1780.

Dehorne, de 1776 à 1787 qu'il exerce.

Carrère, de 1776 à 1787 qu'il exerce.

Maret (en 1776, dans la Classe des Belles-Lettres) de 1777 à 1786.

De Machy, de 1777 à 1787 qu'il exerce.

Colombier, de 1777 à 1787 qu'il exerce.

Bosquillon, de 1777 à 1787 qu'il exerce.

Desbois de Rochefort, de 1778 au 26 Janvier 1786, qu'il est décédé.

Sage, de 1778 à 1787 qu'il exerce.

Parmentier, de 1780 à 1787 qu'il exerce.

Cadet de Vaux, de 1780 à 1787 qu'il exerce.

Rouvart, de 1781 au 20 Janvier 1787, qu'il est décédé.

De Fourcroy, de 1783 à 1787 qu'il exerce.

Guindant, de 1784 à 1787 qu'il exerce.

Jurot, de 1784 à 1787 qu'il exerce.

Raulin, Médecin du Roi, de 1784 à 1787 qu'il exerce.

De Lassone, le fils, Médecin ordinaire de la Reine, de 1785 à 1787 qu'il exerce.

Beauvais de Préau, de 1785 à 1787 qu'il exerce.

Paulet, de 1786 à 1787 qu'il exerce.

L'Abbé Teissier, de 1786 à 1787 qu'il exerce.

∞∞

CHIRURGIE

& Anatomie, MM.

Louis, de 1753 à 1787 qu'il exerce, (DOYEN de sa classe).

Sue, de 1754 à 1787 qu'il exerce.

Le Bas, de 1764 à 1787 qu'il exerce.

Sabattier, de 1774 à 1787 qu'il exerce.

Ferrand, de 1776 à 1785.

De Bordenave, de 1781 à 1782.

Périlhe, de 1784 à 1787 qu'il exerce.

∞∞

Mathématiques, MM.

L'Abbé De la Chapelle (en 1750 & 1751 dans la classe des Belles-Lettres) de 1752 à 1787 qu'il exerce, DOYEN de sa classe.

Le Blond, de 1752 à 1787 qu'il exerce.

Bezout, de 1757 à 1784.

Le François de la Lande, de 1760 à 1787 qu'il exerce.

Montucla, de 1760 à 1787 qu'il exerce.

L'Abbé Marie, (de 1767 à 1769 dans la classe de la Théologie) de 1770 à 1787 qu'il exerce.

Mauduit, de 1777 à 1787 qu'il exerce.

De Villeneuve, de 1780 à 1787 qu'il exerce.

L'Abbé Lemoine, de 1783 à 1787 qu'il exerce.

L'Abbé Gentil, de 1786 à 1787 qu'il exerce.

∞∞

Belles-Lettres, MM.

De Villefroy Abbé de Blassmont, de 1742, au moins, à 1777.

L'Abbé Lallemand, de 1742 au moins à 1786.

L'Abbé Foucher, de 1742, au moins, à 1778.

Floncel, de 1745 à 1774.

L'Abbé Jolly, de 1751 à 1782.

Picquet, de 1752 à 1779.

L'Abbé Bonnot de Condillac, de 1752 à 1780.

Rémond de Sainte-Albine, de 1752 à 1778.

Capperonnier, de 1752 à 1775.

L'Abb. Barthélemy, DOYEN de cette classe, de 1752 à 1787 qu'il exerce.

L'Abbé Guiroi, de 1752 à 1787 qu'il exerce.

27 Mai. . . M. François-Jean *Baudouin*, neveu & Apprenti de M. Michel *Lambert*, Libraire.

. . . . M. Nicolas-Noel-Henri *Tilliard*, fils de feû Nicolas-Martin, Libraire.

. . . . M. Michel *Sorin*, Apprenti de M. Antoine *Boudet*, Libraire.

30 . . . . . M Pierre-Michel *Lamy*, Apprenti de M. Claude-Marin II *Saugrain*, Libraire.

. . . . François *Dupuis*, Apprenti de M. Laurent-François *Le Clerc*, Libraire.

13 Juin. . . M. Pierre-Laurent *Prault*, fils de feû Laurent, Libraire.

. . . . M. Julien-Augustin *Grangé*, fils de M. Jean-Augustin, Libraire.

. . . . M. Jean-Louis *Serveron*, Apprenti de feû Jean-Baptiste-Claude II *Bauche*, Libraire.

. . . . M. Jean *Hilaire*, Apprenti de M. André-François *Knapen*, Libraire.

LVIIIᵐᵉ SYNDICAT, (2 ans, 10 mois, 15 jours).

Du Jeudi, 3 Juillet 1777.

M. Augustin-Martin *LOTTIN*, l'aîné, Libraire-Imprim. Adjoint en 1769.

Syndic ayant, pour Adjoints,

Pierre-Guillaume *SIMON*, Libraire & Imprimeur. }
M. Guillaume *DEBURE*, Libraire. . . . . . . } *restans.*

Jean-Baptiste *GOGUÉ*, Libraire en 1761. . . }
M. Honoré-Clément *DEHANSY*, Libr. en 1763. } *entrans.*

Au lieu de { M. Michel *LAMBERT*, Libr.-Impr. }
{ M. Denys *HUMBLOT*, Libraire. . } *sortans.*

CENSEURS.	CENSEURS.	CENSEURS.	CENSEURS.
Etienne - André *Philippe de Prétot,* des Académies d'Angers & de Rouen, de 1752 au 7 Mars 1787 qu'il est décédé.	*De Bréquigny,* de 1761 à 1787 qu'il exerce.	*De Sacy,* de 1775 à 1787 qu'il exerce.	*Junker,* de 1778 à 1787 qu'il exerce.
L'Abbé *Blanchet,* de 1752 à 1784.	*D'Albaret*, de 1762 à 1776.	*Chassel,* de 1775 à 1776, puis dans la classe de la Juris-prudence.	*Dudin*, de 1779 à 1787 qu'il exerce.
De Guignes, de 1753 à 1787 qu'il exerce.	*Béjot*, de 1762 à 1787 qu'il exerce.	L'Abbé *Térasson,* de 1775 à 1787 qu'il exerce.	*Robinet*, de 1779 à 1787 qu'il exerce.
L'Abbé *De Montis,* de 1753 à 1787 qu'il exerce.	L'Abbé *Ameilhon,* de 1764 à 1787 qu'il exerce.	L'Abbé *Aubert,* de 1775 à 1787 qu'il exerce.	*Huvrard*, de 1779 à 1787 qu'il exerce.
De Passe, de 1754 à 1774.	L'Abbé *Bruté,* de 1764 à 1783.	*Chérin*, de 1776 à 1785.	*Raup de Baptestin,* de 1779 à 1787 qu'il exerce.
De Jesse, de 1754 à 1785.	*De Pulignieu,* Premier Président de la Cour des Ai-des à Montauban, de 1766 à 1787 qu'il exerce.	L'Abbé *Mongez,* de 1776 à 1785.	*Blin de Sain-more,* de 1780 à 1787 qu'il exerce.
Butel du Mont, de 1755 à 1787 qu'il exerce.	*Maillet du Clai-ron,* de 1766 à 1787 qu'il exerce.	*Maret,* 1776, puis dans la classe de Médecine, Hist. Naturelle, &c.	*Donzel*, de 1780 à 1787 qu'il exerce.
L'Abbé *De Graves,* de 1755 à 1787 qu'il exerce.	L'Abbé *Lourdet,* (en 1766 dans la classe de Théolo-gie) de 1767 à 1787 qu'il exerce.	*De Sancy*, de 1776 à 1787 qu'il exerce.	*De Gaigne*, de 1780 à 1787 qu'il exerce.
D'Hermilly, de 1755 à 1778.	*Louvel*, de 1767 à 1782.	*Richard*, de 1776 à 1787 qu'il exerce.	*Robert de Hesseln*, de 1780 à 1787 qu'il exerce.
Pidansat de Mai-robert, de 1775 à 1779.	*Chenu*, de 1767 à 1787 qu'il exerce.	L'Abbé *Dupla-quet*, de 1776 à 1787 qu'il exerce.	*De Kéralio*, de 1781 à 1787 qu'il exerce.
L'Abbé *Grandt de Lavaur*, de 1756 à 1787 qu'il exerce.	L'Abbé *Chrétien,* de 1767 à 1783.	*Rousselot de Sur-gy*, de 1776 à 1787 qu'il exerce.	*Brack*, de 1781 à 1787 qu'il exerce.
Gaillard, de 1756 à 1787 qu'il exerce.	L'Abbé *Bonnay,* de 1767 à 1787 qu'il exerce.	L'Abbé *Blavet,* de 1777 à 1787 qu'il exerce.	*Poullin de Vit-ville*, de 1781 à 1784, puis dans la classe de la Juris-prudence.
Michault, de 1757 à 1774.	*Postel*, de 1767 à 1787 qu'il exerce.	L'Abbé *Pluquet,* de 1777 à 1787 qu'il exerce.	*Quillet*, de 1781 à 1787 qu'il exerce.
La Grange de Chécieux, de 1758 à 1775.	*De Solignac*, de 1768 à 1774.	L'Abbé *Guyot,* de 1777 à 1787 qu'il exerce.	*De Meunier*, de 1781 à 1787 qu'il exerce.
Le Bret, de 1759 à 1779.	L'Abbé *Simon*, Chanoine de Saint-Quentin, de 1768 à 1787 qu'il exerce.	L'Abbé *Le Cheva-lier*, de 1777 à 1787 qu'il exerce.	*Moysan*, de 1782 à 1787 qu'il exerce.
De Beaujon, de 1759 à 1787 qu'il exerce.	*De la Canorgue,* de 1769 à 1775.	*De Sauvigny*, de 1777 à 1787 qu'il exerce.	*Caussin*, de 1782 à 1787 qu'il exerce.
L'Abbé *Grimod,* de 1759 à 1775.	L'Abbé *Forget,* de 1769 à 1787 qu'il exerce.	*Cardonne*, de 1777 à 1784.	*Maclot*, de 1782 à 1787 qu'il exerce.
Bret, de 1759 à 1787 qu'il exerce.	*Le Tourneur*, de 1772 à 1787 qu'il exerce.	*Delaunay*, de 1777 à 1787 qu'il exerce.	*Le Court de Gé-belin*, de 1782 à 1784.
De Crébillon, le fils, de 1760 à 1777.	*Desfontaines*, de 1773 à 1787 qu'il exerce.	L'Abbé *Desaul-nai*, de 1777 à 1787 qu'il exerce.	*Malin*, de 1782 à 1787 qu'il exerce.
Arnoult, de 1760 à 1787 qu'il exerce.	*Fontaine-Malher-be*, de 1773 à 1782.	*Suard*, de 1777 à 1787 qu'il exerce.	L'Abbé *Caperon-nier*, de 1782 à 1787 qu'il exerce.
Marin, de 1760 à 1787 qu'il exerce.	*Artaud*, de 1774 à 1787 qu'il exerce.	*Guidi*, de 1778 à 1787 qu'il exerce.	L'Abbé *Prunis,* de 1782 à 1787 qu'il exerce.
Dupuy, de 1760 à 1787 qu'il exerce.			*De Grace*, de 1782 à 1787 qu'il exerce.

24 Juillet. . M. Claude-Antoine *Lefclapart*, fils de Richard-Antoine , Libraire.

4 . . . . . . D^{lle} Térèfe *De Rayfouche de Montet* , Libr. par le décès de Rombaut *Davits*, fon mari.

❮ 1778. ❯

10 Février. . Marie *Del*, Libraire & Fondeur de Caractères, par le décès de Jean-Euftache-Louis *De Sanlecque*, fon mari.

20 . . . . . . D^{lle} N. Ve de Laurent - François *Guillaume* , Libraire.

10 Septembr. *N. Gentet* , Libraire par le décès de Louis *Dupuis*, fon mari.

13 Octobre. D^{lle} N. *Chaubert* , Libraire par le décès d'Edme *Rapenot*, fon mari.

8 Décembr. D^{lle} Marie-Louife *Courcelle* , Libraire par le décès de Laurent - Charles *Guillaume* , fon mari.

11 . . . , . . Jacques-François *Valade* (Libraire en 1773) reçu *Imprimeur*, par Arrêt du Confeil du 7 du préfent mois , en la place vacante par la démiffion de M. Louis - François *De la Tour*.

30 . . . . . . D^{lle} N. Ve de Pierre *Poirée* , Libraire.

❮ 1779. ❯

ÉLECTION D'ADJOINTS,

Du Lundi, 22 Mars 1779.

M. Franç.-Auguftin *QUILLAU* , Libraire-Impr. en 1763.

M. Pierre-Etienne-Germ. *DURAND* , Libraire en 1761.

Au lieu de { Pierre - Guill. *SIMON* , Libr.-Impr. } *fortans*.
{ M. Guillaume II. *DEBURE*, Libraire. }

CENSEURS.	CENSEURS.	CENSEURS.
Moutonnet de Clairfond, de 1782 à 1787 qu'il exerce.	Berthier, de 1786 à 1787 qu'il exerce.	⁕⁕
L'Abbé Pignol, de 1783 à 1787 qu'il exerce.	⁕⁕	Censeurs de la Police, MM.
Bellier du Chesnay, de 1783 à 1787.	Géographie, Navigation, Voyages. MM.	Marin, de 1762 à 1774.
Collet, de 1784 à 1787 qu'il exerce.		Dɛ Crébillon, le fils, de 1774 à 1776.
L'Abbé Boyer (en 1783 dans la classe de a Théologie) de 1784 au 12 Mars qu'il est décédé.	Robert de Vaugondy, de 1773 à 1787 qu'il exerce. Dupain - Triel, de 1785 à 1787 qu'il exerce.	Le Chevalier De Sauvigny, de 1776 à 1787 qu'il exerce.
Sélis, de 1784 à 1787 qu'il exerce.	⁕⁕	⁕⁕
Cortot, ce 1784 à 1787 qu'il exerce.	Peinture, Gravure & Sculpture, MM.	Inspecteurs de la Librairie, MM.
Berrenger, de 1784 à 1787 qu'il exerce.		D'Hémery, Chevalier de S.-Louis, de 1758 à 1787 qu'il exerce.
Mentelle, de 1784 à 1787 qu'il exerce.	Cochin, de 1753 à 1787 qu'il exerce. Robin, de 1780 à 1787 qu'il exerce.	N. Fontaine-Malherbe, du 10 Octobre 1773 au 8 Juillet 1775.
Bruys de Vaudran, de 1785 à 1787 qu'il exerce.	⁕⁕	Nicolas Louvel, du 8 Juillet 1775 au 24 Juillet 1776.
Darragon, de 1785 à 1787 qu'il exerce.	Architecture, MM.	Denys-Dominique Cardonne, du 24 Juillet 1776 au . . . . 1784 qu'il est décédé.
De Sérionne, de 1785 à 1787 qu'il exerce.	Perrard de Montreuil, de 1775 à 1787 qu'il exerce.	Nicolas-Thomas Le Prince, du 27 Septembre 1780 à 1787 qu'il exerce.
Perrin de Cayla, de 1785 à 1787 qu'il exerce.	Guillaumot, de 1783 à 1787 qu'il exerce.	
Soret, de 1785 à 1787 qu'i. exerce.	⁕⁕	⁕⁕
Le Vicomte De Malartic, de 1785 à 1787 qu'il exerce.	Hydraulique, Méchanique & Arts.	Secrétaire du Roi pour la collation des Lettres de Privilége & Lettres du Sceau, accordées aux Livres.
Le Vicomte De Toustain, de 1786 à 1787 qu'il exerce.	M. Bralle, de 1785 à 1787 qu'il exerce.	
De Rochefort, de 1786 à 1787 qu'il exerce.	⁕⁕	M. Le Bègue, de 1755 à 1787 qu'il exerce.
De Cardonne, de 1786 à 1787 qu'il exerce.	Musique.	
Bruys des Gardes, de 1786 à 1787 qu'il exerce.	M. Grétry, de 1785 à 1787 qu'il exerce.	⁜
L'Abbé Coupé, de 1786 à 1787 qu'il exerce.		

30 Mars. . . M. Pierre-François *Didot*, le jeune (Libraire en 1753) reçu *Imprimeur*, par A. d. C. du 22 du préfent mois, en la place vacante par la démiffion de M. Philippe *Vincent*.

5 . . . . . . M. Jean-Charles *Defaint*, (Libraire en 1776) reçu *Imprimeur*, par Arrêt du Confeil du 22 du préfent mois, en la place vacante par la démiffion de M. Antoine *Boudet*.

24 Septembr. M. Pierre-Robert-Chriftophe *Ballard* (Libr. en 1767) reçu *Imprimeur*, par A. d. C. du 6 du préfent mois, pour exercer con-cutrement avec D^lle Marie-Anne-Géneviéve *Paulus du Mefnil*, fa mère.

4 Octobre. Marguerite *Vaux*, Libraire & ancienImprim. par le décès d'André-François *Le Breton*, fon mari.

25 Décembr. D^lle N. Ve de Richard-Antoine *Lefclapart*, Libraire.

❦ 1780. ❦

LIXme SYNDICAT, (6 ans, 3 mois, 24 jours).

Du Jeudi, 18 Mai 1780.

M. Charl.-Guillaume *LE CLERC*, Libr., Adjoint en 1761.

Syndic ayant, pour Adjoints,

M. Franç.-Auguftin *QUILLAU*, Libr.-Impr. } *reftans.*
M. Pierre-Et.-Germ. *DURAND*, Libraire.

M. Antoine *FOURNIER*, Libraire en 1761. } *entrans.*
M. Nic.-Fr. *VALLEYRE*, Libr.-Impr. en 1763.

Au lieu de { Jean-Baptifte *GOGUÉ*, Libraire. } *fortans.*
{ M. Hon.-Clém. *DEHANSY*, Libr.

OFFICIERS
de la
COMMUNAUTÉ.

Avocats aux Conseils, MM.

Roux, du 11 Mars 1748 à 1787 qu'il exerce.
Cochu, du 6 Février 1778 à 1787 qu'il exerce.

Commiffaires au Châtelet, MM.

Formel, de 1764 à 1781.
Berton, du 30 Novembre 1781 à 1787 qu'il exerce.

Notaires au Châtelet, MM.

De la Frenaye, de 1768 au 22 Octobre 1777.
Goupy, du 22 Octobre 1777 au 30 Novembr. 1781.
Etienne, du 30 Novembre 1781 à 1787 qu'il exerce.

Procureurs au Châtelet, MM.

Jean-Charles Cormier, du 4 Septembre 1767 à 1783.
Petit de Monfaigle, de 1783 à 1787 qu'il exerce.

Archivifte.

M. Charles-Guillaume *Le Clerc*, Libraire, Ex-Syndic, & ancien Juge-Conful, du 17 Mai 1764, à 1787 qu'il exerce.

Imprimeur.

Le Syndic (s'il eft Imprimeur) ou l'Adjoint Imprimeur qui le fuit.

Secrétaire de la Chambre, MM.

René *Joffe*, Libraire, ancien Imprimeur, de Mai 1759 au 8 Mai 1780.
Jean-Baptiste *Gobreau*, Libraire, du 8 Mai 1780 à 1787 qu'il exerce.

Clerc de la Communauté, & Concierge de la Chambre-Syndicale.

Le Sr Pierre-Ch. Chaumont, du 27 Décembre 1764 à 1787 qu'il exerce.

5 Juillet. . D^{lle} *N.* Ve de Charles *De Poilly*, Libraire.

11 Septembr. Marguerite *Vellonne*, Libraire par le décès de Charles-François I *Hochereau*, son mari.

12 . . . . . . M. Jean-Baptiste-François *Rautour*, gendre de M. Charles-Guillaume *Le Clerc*, Syndic en charge, & Apprenti de M. Benoît *Morin*, Libraire.

28 Novembr. D^{lle} *N.* Ve de Denys-Jean *Aumont*, Libraire.

❆ 1781. ❆

13 Fevrier. . M. Louis-Frnçois *Prault* (Libr. en 1753) reçu *Imprimeur*, par Arrêt du Conseil du 5 du présent mois, en la place vacante par le décès de Laurent-François, son père.

9 Juin. . . D^{lle} *N.* Ve de Pierre *Guillyn*, Libraire.

ÉLECTION D'ADJOINTS,

Du Mercredi, 8 Août 1781.

M. Pierre-François *GUEFFIER*, Libr.-Impr. en 1758.

M. Charles-Pierre *BERTON*, Libraire en 1763.

Au lieu de { M. Fr.-Aug. *QUILLAU*, Libr.-Impr. } *sortans.*
{ M. P.-Et-Germ. *DURAND*, Libr. }

30 Novembr. M. Jean-Baptiste-Nicolas *Crapart*, fils de Nicolas, Libraire.

❆ 1782. ❆

22 Janvier. M. Jean-François-Hubert *Guillot*, Apprenti de Nicolas *Crapart*, Libraire.

8 Février. . M. François-Jean *Baudouin* (Libr. en 1777) reçu *Imprimeur*, par Arrêt du Conseil du 4 du présent mois, pour exercer concurremment avec M. Michel *Lambert*, son oncle.

30 Mars. . . M. Jean *Servières*, Apprenti de M. Jacques II *Estienne*, Libraire.

16 Avril. . . M. Louis-Emmanuel *Regnault*, Apprenti de M. André-Charles *Cailleau*, Libraire.

15 Juillet. . Dlle N. *Saugrain*, Libraire par le décès de Guillaume-François *Debure*, son mari. :

. . . . M. Pierre-Denys *Couturier* (Libraire en 1764) reçu *Imprimeur*, par Arrêt du Conseil du 26 du préfent mois, en la place vacante par la démiffion de Denys-Clément, fon père.

31 Août. . . M. Nicolas-Henri *Nyon* (Libraire en 1775) reçu *Imprimeur*, par Arrêt du Conseil du 26 du préfent mois, pour exercer concurremment avec Pierre-Guillaume *Simon*.

4 Décembr. Dlle N. *Chauchot*, Libraire par le décès de Jean-Baptifte *Deffain* junior, fon mari.

10 . . . . . . Dlle N. *Servet*, Ve de Jacques *Efprit*, Libr.

❦ 1783. ❧

18 Février. . M. Achilles-Maximin-Philogone *Knapen*, le fils (Libraire en 1777) reçu *Imprimeur*, par Arrêt du Conseil du 3 du préfent mois, pour exercer concurremment avec M. André-François, fon père.

11 Avril. . . M. Laurent-François *Prault* de Saint-Martin, 3me fils de feu Laurent-François, Libr.

29 . . . . . . M. Jacques-Denys *Langlois*, fils de M. Philippe-Denys, Libraire.

19 Août. . M. André-Médard *Gaftelier*, Apprenti de M. Pierre-Marri *de la Guette*, Libraire.

26 Septembr. M. Antoine-Louis-Guillaume-Catherine *La Porte* (Libraire en 1776) reçu *Imprimeur*, par Arrêt du Conseil du 15 du préſent mois, en la place vacante par la démiſſion de M. Benoît *Morin*.

25 Novembr. M. Louis-Henri *Périſſe* , Apprenti de M. Pierre-Denys *Couturier* , Libraire.

《 1784. 》

14 Mars. . . D^{lle} *N.* V^e d'Etienne-Vincent *Robin* , Libr.

20 Avril. . . D^{lle} *N.* Ve de Gilles-Joſeph *Bichois* , dit *Belleville* , Libraire.

7 Mai. . . M. Jean-Roch *Lottin de Saint-Germain* , couſin & Apprenti de M. Auguſtin-Martin *Lottin* , l'aîné , Libraire.

22 Juin. . . M. Pierre-Jacques *Duplain* , Apprenti de M. André-François *Knapen* , Libraire.

24 Juin. . . D^{lle} *N.* Ve de Jacques-François *Valade* , Libraire & Imprimeur.

27 Juillet. . M. Gaſpar-Joſeph *Cuchet* , Apprenti de Charles *Saillant* , Libraire.

3 Août. . . M. Jean-Roch *Lottin de S.-Germain* (Libr. en Mai dernier) reçu *Imprimeur*, par Arrêt du Conſeil du 5 Juillet précédent, en ſurvivance de M. Auguſtin-Martin *Lottin* , l'aîné , pour ne pouvoir néanmoins exercer ladite place pendant la vie dudit A.-M. *Lottin* , que conjointement avec lui , & n'entrer ſeul en poſſeſſion qu'après ſon décès ou ſa démiſſion.

5 Octobre. M. Pierre-François *Bleuet* , 2me fils de M. Claude , Libraire.

7 Décembr. M. François-Charles *Gattey* , Apprenti de M. Antoine *Fournier* , Libraire.

* . . . . . . *N.* Ve de Jean-Noël *Leloup* , Libraire.

1785.

❁ 1785. ❁

12 Avril. . . M. Antoine - Louis - Agnès *Varin*, Apprenti
de M. Etienne *Le Moine*, Libraire.

13 Mai. . . M. Jean-Jacques-Denys *Valade* (Libraire en
1777) reçu *Imprimeur*, par A. d. C.
du 5 Avril précédent, pour n'exercer que
quand il y aura une Imprimerie vacante,
par le décès d'un Imprimeur, d'une Veuve
d'Imprimeur, fans qu'il y ait de fils,
gendre, frère ou neveu, en état de leur
fuccéder.

17 Mai. . . M. Jean-Jacques *Devéria*, Apprenti de M.
Gilles *Lamefle*, Libraire.

14 Juin. . . M. Pierre *Plaffan*, Apprenti de M. Antoine-
Claude *Saugrain*, Libraire.

15 Juillet. . M. François *Buiffon*, Apprenti de M. Gafpar-
Jofeph *Cuchet*, Libraire.

ELECTION D'ADJOINT.

Du Samedi, 23 *Juillet* 1785.

M. Jean-Luc III *NYON*, Libraire en 1765.

16 Juillet. . M. Laurent - Louis - Edme *Le Jay*, fils de
M. Edme-Jean, Libraire.

19 . . . . . M. Claude *Poinçot*, difpenfé d'apprentiffage
par A. d. C. du 18 du préfent mois, Libr.

2 Août. . M. Jean *Cuffac*, Apprenti de M. Jean-Baptifte
Gobreau, Libraire

16 . . . . . M. Vincent *Petit*, Apprenti de M. Benoît
Morin, Libraire.

8 Novembr. M. Laurent-Matthieu *Guillaume*, fils de feû
M. Laurent-François, Libraire.

11 . . . . . M. Matthieu *Laurent*, Apprenti de feû M.
Laurent-François *Prault*, Libraire.

S

16 Décembr. M. Pierre *Didot*, 1ᵉʳ fils de M. François-Ambroise *Didot*, l'aîné, Libraire.

30 . . . . . . M. Pierre *Le Roy*, Apprenti de M. Louis *Jorry*, Libraire.

◄ 1786. ►

25 Janvier. . . Enregistrement, à la Chambre-Syndicale, de l'Arrêt du Conseil du 5 Décembre précédent, qui accorde à MM. François-Joseph & Romain-Joseph *Hoffmann*, père & fils, la qualité d'*Imprimeurs - Polytypes*, aux clauses & conditions de ne faire que ce genre d'impression ; cet Enregistrement se fait en leur présence.

10 Février. . M. André *Louette*, Apprenti de M. André-Charles *Cailleau*, Libraire.

21 Avril. . . M. Pierre-Lucien *Visse*, Apprenti de M. Gaspar-Théodore *Le Gras*, Libraire.

. . . . Jean-Nicolas *Dubosc*, Apprenti de M. Louis-Emmanuel *Regnault*, Libraire.

25 Juillet. . M. Louis-Nicolas-Victor *Lallemant de San-cières*, Apprenti de M. Gaspar-Théodore *Le Gras*, Libraire.

. . . . M. Siméon *Bacot*, Apprenti de M. Charles-Pierre *Berton*, Libraire.

11 Août. . . M. Hubert-Michel *Lecomte*, Apprenti de feu M. Claude-Antoine *Jombert*, l'aîné, Libt.

. . . . Jean *Gauthier*, Apprenti de M. Charles-Pierre *Berton*, Libraire.

21 . . . . . . M. Louis-Marie *Cellot*, fils de M. Louis, Libraire.

1 Septembr. M. Charles-François *Caille*, Apprenti de M. Pierre *Vente*, Libraire.

5 . . . . . . Dᶫᶫᵉ Marie-Géneviéve *Viard*, Libraire & ancien Imprimeur, par le décès de Denys-Clément *Coutelier*, son mari.

LXme SYNDICAT, (ans, mois, jours).

Du Lundi, 11 *Septembre* 1786.

M. André-Franç. *KNAPEN*, Libr-Impr. Adjoint en 1768.

Elu Conful le 30 Janvier 1787.

Syndic ayant, pour Adjoints.

M. Jean-Luc III *NYON*, l'aîné, Libraire . . . *restant.*

M. André-Ch. *CAILLEAU*, Libr.-Impr. en 1753. ⎫
M. Nic.-Aug. *DELALAIN*, l'aîné, Libr. en 1764. ⎬ *entrans.*
M. J.-Gabr. *MÉRIGOT*, le Jeune, Libr. en 1765. ⎭

⎧ M. Antoine *FOURNIER*, Libraire. ⎫
Au lieu de ⎨ M. Nic.-Fr. *VALLEYRE*, le jeune, L.-I. ⎬ *fortans.*
⎩ M. Pierre-Fr. *GUEFFIER*, Libr.-Impr. ⎭
M. Charles-Pierre *BERTON*, Libraire.

3 Octobre. M. André *Croullebois*, Apprenti de M. Pierre-François *Didot*, le jeune, Libraire.

8 . . . . . D^lle *N. Néra*, Libraire & Imprimeur par le décès de Laurent-Charles *D'Houry*, son mari.

16 Novembr. D^lle *N. Ve de Jean Gauthier*, Libraire.

24 . . . . . M. Jean-François *Royez*, Apprenti de M. Pierre-Michel *Lamy*, Libraire.

27 . . . . . D^lle Louise-Anne *Gogué*, Libraire, par le décès de Jean-Baptiste *Gogué*, son mari, ancien Adjoint.

1 Décembr. M. François-Jean-Noel *De Bure* (Libraire en 1769) reçu *Imprimeur*, par Arrêt du Conseil du 20 Novembre précédent, pour exercer concurremment avec D^lle *N. Néra*, Ve de Laurent-Charles *D'Houry*, sa belle-mère.

S 2

9 Décembr. M. Daniel-Michel *Le Tellier*, Apprenti de M. Pierre-Etienne-Germain *Durand*.

. . . . . . M. François-Augustin *Le Clère*, Apprenti de M. Jacques-François *Froullé*, Libraire.

12 . . . . . M. Jean *Fabre*, Apprenti de M. Charles *Guillaume*, reçu Libraire, comme ayant épousé la Ve de Laurent-Franç. *Guillaume*.

. . . . M. Jean *Lagrange*, Apprenti de M. André-Charles *Cailleau*, Libraire.

. . . . Imprimerie des Enfans - Aveugles, fous la direction de M. Jacques-Gabriel *Cloufier*, Imprimeur du Roi: (*Voyez* II. *Part.*, pag. 88. col. 1.)

《 1787. 》

9 Janvier. . M. François *Belin*, junior, Apprenti de M. Pierre-François *Didot*, le jeune, Libr.

29 . . . . . M. Henri - Laurent *Crefcend*, Apprenti de M. Augustin-Martin *Lottin*, l'aîné, Libr.

. . . . M. Antoine *Le Févre- Sordet*, Apprenti de M. Jean-Luc III *Nyon*, Libraire.

22 Février. . . IIIe Etabliffement Typographique à Verfailles, en faveur de M. Philippe - Denys *Pierres*, Premier Imprimeur Ordinaire du Roi, pour le Service de l'Affemblée des Notables (*Voyez* II. *Part.*, pag. 88, col. 2.)

14 Mars. . . Dlle N. Ve de M. Jacques *Marchand*, Libraire, par le décès de fon mari.

17 Avril. . . M. Jacques-Nicolas *Delalain*, fils de M. Nicolas-Augustin *Delalain* l'aîné, Adjoint en charge, Libraire.

15 Mai . . M. André-Augustin *Lottin*, fils de M. Auguft.-Martin *Lottin* l'aîné, Libraire.

18 Mai. . . M. Jean *Grégoire*, Apprenti de feu M. Claude-Antoine *Jombert*, l'aîné, Libraire.

22 Juin. . . M. Antoine *Séguy de Sauveterre*, gendre de M. Claude-Charles *Thibouft*, & Apprenti de M. Charles-Guillaume *Le Clerc*, Libraire.

.12 . . . . . M. Julien-Nicolas *Dufresne*, Apprenti de M. Gaspar-Théodore *Le Gras*, Libraire.

26 . . . . . M. Antoine *Séguy de Sauveterre*, Libraire, le 12 du préfent mois, reçu Imprimeur par Arrêt du Confeil du 18 Juin 1787. en la place vacante, par la démiffion de Mme Ve de Claude-Charles *Thibouft*.

31 Juillet. Dlle *N. Barbreux*, Ve de M. Michel *Lambert*, Libraire & ancien Imprimeur, par le décès de fon mari.

7 Acût. . . M. Pierre-Céfar *Briand*, Apprenti de M. Pierre-Denys *Couturier*, Libraire.

31 . . . . . . Arrêt du Confeil, portant Etabliffement d'une Imprimerie à demeure à Verfailles, en faveur de M. Philippe-Denys *Pierres*, Premier Imprimeur Ordinaire du Roi, pour le fervice de la Ville (*Voyez* II, *Part.*, *pag.* 88, *col.* 2.)

4 Septembr. M. Jean-André *Blanchon*, Apprenti de M. Victor *Defenne*, Libraire.

18 . . . . . M. François *Morin*, Apprenti de M. François-Auguftin *Quillau*, Libraire.

30 Octobre. M. Jacques *Defray*, Apprenti de M. Denys *Volland*, Libraire.

1 Novembre. Arrêt du Confeil, portant fuppreffion de l'*Imprimerie Polytype*, établie en faveur des Sieurs *Hoffman*, par Arrêt du Confeil du 5 Décembre 1785 (*Voyez* ci-deffus, *pag.* 274, au 13 Janvier 1786.)

23 Novembr. M. Jean-Louis *Pichard*, Apprenti de M. Pierre-Michel *Nyon*, le jeune, Libraire.

13 Décembr. M. Pierre-Noel *Durand*, fils de M. Pierre-Etienne-Germain, Libraire.

. . . . . . M. André-Pierre *Delaguette*, fils de feû M. Pierre-Méri, Libraire.

. . . . . . M. Marie-Jean-Luc *Nyon*, fils de M. Jean-Luc III, Adjoint en charge, Libraire.

22 . . . . . M. Jean-Nicolas *Duchefne*, fils de feû M. Nicolas-Bonaventure, Libraire.

22 . . . . . . M. Martin-Silvestre *Boullard*, de Bourges, Apprenti de M. Antoine *Fournier*, Libr.

. . . . M. Nicolas-Amable-Germain *De Bray*, Apprenti de M. André-Médard *Gastelier*, Libraire.

. . . . M. Claude-François *Maradan*, Apprenti de M. André-Charles *Cailleau*, Libraire.

29 . . . . . M. Antoine-François *Momoro*, Apprenti de M. Louis *Cellot*, Libraire.

. . . . . . M. Louis-François-André *Godefroi*, Apprenti de M. Achilles-Maximin-Philogone *Knapen*, Libraire.

. . . . M. Pierre *Planche*, Apprenti de M. Paul-Denys *Brocas*, Libraire.

❰ 1788. ❱

26 Février. . M. André *Defer de Maisonneuve*, Apprenti de M. André-Charles *Cailleau*, Libraire.

4 Mars . . M. Grégoire *Defenne*, Apprenti de M. *Victor*, son frère, Libraire.

3 Avril. . . M. Louis-Marie *Cellot*, fils de M. *Louis*, (Libraire en 1786.) reçu Imprimeur par Arrêt du Conseil du 17 Mars 1788. en la place vacante, par la démission de M. son père.

27 Mai. . . M. François *Séguin*, Libraire à Avignon, Apprenti de M. André-François *Knapen*, Syndic en charge, Libraire.

22 Juillet. . M. Philippe *Henry*, Apprenti de M. André-Charles *Cailleau*, Adjoint en charge, Libraire.

29 Juillet. . M. Pierre *Germain*, Professeur Emérite, reçu Libraire, en vertu des Lettres de *Septennaire*, délivrées par M. le Recteur, en date du 25 Juillet 1788.

29 . . . . . . M. Jean-Jacques *Vatar*, fils de M. Jacques-Gabriel, Libraire.

4 Novembr. M. François-Paul-Valère *Cailleau* , fils de
   M. *André-Charles* , Adjoint en charge ,
   Libraire.

11 . . . . . . M. Antoine *Le Clerc* , fils de M. Charles-
   Guillaume , ancien Syndic , Archivifte ,
   & ancien Juge-Conful , Libraire.

14 . . . . . . M. Etienne *Maffon* , Apprenti de M. Jean-
   Baptifte *Crapart* , Libraire.

4 Décembr. M. Pierre-Charles-Auguftin *Gueffier* , Apprenti
   de M. Claude-Jacques-Charles *Durand*
   de Sugères , Libraire.

12 . . . . . . Dlle N. *Goddée* , Veuve de M. Charles-Pierre
   Berton , Libraire par le décès de fon mari.

❦ 1789. ❧

§ 17

❦ 17 ❧

《 17 》

CONSEIL.	PARLEMENT.	CHASTELET.	UNIVERSITÉ.

CONSEIL.

Gardes des Sceaux.

Mre Chrétien-Fr. de Lamoignon, (Président du Parlement de Paris) Chevalier – Commandeur des Ordres du Roi, Garde des Sceaux, ayant l'exercice, du 8 Avril 1787, au 14 Sept. 1788.

Mre Ch.-Louis-François-de-Paule-Honoré de Barentin, Chevalier, (Premier Président de la Cour des Aides de Paris) Garde des Sceaux, ayant l'exercice, du 18 Septembr. 1788.

Bureau

Pour les Affaires de Chancellerie & de Librairie.

Conseillers-d'Etat.

MM.

De Montyon, en 1787.
D'Aguesseau, en 1787.

Maîtres des Requêtes, MM.

Tourteau d'Orvilliers, en 1787.
Malartic, en 1787.

DIRECTEUR

Général de la Librairie & Imprimerie de France.

M. Poitevin de Maissemy (Conseill. de la Cour des Aides de Paris, du 18 Mai 1770, Maître des Requêtes en 1783.) Directeur, du 19 Octobre 1788.

PARLEMENT.

Premiers-Présidens.

Mre Louis-Fr.-de-Paule le Févre d'Ormesson de Noyseau, (Doyen des Présidens du Parlement de Paris) Chevalier, Premier Président, du 15 Octobre 1788 jusqu'au 26 Janvier 1789, jour de son décès.

Mre Jean-Bapt.-Gaspar Bochard de Saron (Doyen des Présidens du Parlement de Paris) Chevalier, Premier Président, du 28 Janvier 1789.

Procureur-Général.

M. Armand-Guillaume-Marie Joli de Fleuri, neveu du précédent, reçu en survivance le 16 Juillet 1778, en exercice le 15 Décembre 1787.

Avocat-Général.

M. Dambray, (Avocat-Général à la Cour des Aides de Paris) du 15 Janvier 1788.

CHASTELET.

UNIVERSITÉ.

Recteurs.

1788.

10. Octobre, D. D. Joannes-Baptista Du Moriel, Eloquentiæ Professor in Marchiano, é Natione Normann, prorogatur.

CONSEIL.	PARLEMENT.	CHASTELET.	UNIVERSITÉ
			Recteurs.

CHEF

Des Bureaux de la Librairie & Imprimerie de France.

M. *Thiébault*, de l'Académie de Berlin, & Censeur Royal.

CENSEURS

Royaux.

Jurisprudence.

M. *Blondel*, Ancien Avocat au Parlement, 1788.

Belles-Lettres.

M. *Thiébault*, de l'Académie de Berlin) Chef des Bureaux de la Librairie & Imprimerie de France.

CATALOGUE
ALPHABÉTIQUE
DES LIBRAIRES
ET
DES LIBRAIRES-IMPRIMEURS
DE PARIS,

Depuis 1470 jusqu'au 31 Décembre 1788.

SECONDE PARTIE.

CATALOGUE
ALPHABÉTIQUE
DES LIBRAIRES
ET
DES LIBRAIRES-IMPRIMEURS
DE PARIS,

Depuis 1479, jusqu'au 31 Décembre 1788.

CATALOGUE
ALPHABÉTIQUE
DES LIBRAIRES
ET
DES LIBRAIRES-IMPRIMEURS
DE PARIS,

Depuis l'an 1470, époque de l'établiſſement de l'Imprimerie dans cette Capitale, juſqu'à préſent.

Nota. Les erreurs échappées dans le Catalogue *Chronologique*, ſe trouvent corrigées ici.

ABelly (*Charles*).
1637. 16 Juill. Libraire.
Abonnenc (*Juſtine*) voyez Mariette
 (Vᵉ de *Denys*) 1741.
Adam (*Jean*).
 1517. . . . . . Libr. & Impr.
Adam (*Nicolas*).
 1606. . . . . . Libraire.
 1610. . . . . . exerçoit.
Adam (*Robert*).
 1612. . . . . . Libraire.
 1618. . . . . . exerçoit.
Adam (*Louis*).
 1630. . . . . . Libraire.
 1652. 14 Sept. . meurt.
Adam (*Guillaume*). . . gendre de
 Jérémie I. *Bouillerot*.

1658. 22 Août, Libraire & Impr.
1697. . . . . . . mort.
Adam (*N.* Vᵉ de *Guillaume*).
1697. . . . . . Libr. & Imprim.
Alan (*Denys*).
1639. 10 Nov. Libraire.
Alary, voyez Knapen (*Anne-Barbe*).
Alexandre (*Jean*).
 1497. . . . . Libraire.
Alexandre (*Nicolas*).
 1590. . . . . . Libr. & Imprim.
1654. 29 Oct. . mort après.
Alexandre (*Denys*) fils de *Nicol.*
1654 29 Oct. . Libr. & Imprim.
1679. . . . . . . mort.
Alexandre (*N.* Vᵉ de *Denys*).
1679. . . . . . Libraire.

a

Alexandre (Magdeleine-Michelle,
fille de Denys) voyez , Colin ,
(Vᵉ de Louis) 1706, & Laisnel
(Barthelemi) 1716.
Aliate (Alexandre).
1500. . . . . . Libr. & Imprim.
Alix (Jean-Barthélemi) Maître-
ès-Arts en l'Université de Paris.
1729, 14 Janv. Libraire.
1740. . . . . . . mort.
Alix (Dlle N. Billios , Vᵉ de
Jean-Barthélemi).
1740. . . . . Libraire.
1786. 21 Mars , Doyenne des Ves.
1788. . . . . Cloître S.-Benoît.
Allard (Julien).
1574. . . . . . Libraire.
Allart (Julien).
1655. 6 Mars, Libraire.
1675. . . . . . mort.
Allart (N. Vᵉ de Julien).
1679. . . . . . Libraire.
Allazert (Antoine).
1621. 11 Févr. Libraire.
Alliot (Gervais).
1625, 21 Janv. Libr. & Imprim.
1627. . . . . . mort.
Alliot (Gilles) fils de Gervais.
1661. 26 Janv. Libraire.
1679. . . . . . mort.
Alliot (N. Vᵉ de Gilles).
1679. . . . . . Libraire.
1680. . . . . . exerçoit.
Alliot (N. fille de Gervais) voyez
Hugot (Nicolas) 1650.
Alliot (N. fille de Gervais) voyez
Clément (Antoine) 1653.
Allouel (Jean - Louis).
1737. 26 Avril , Libraire.
1740. . . . . . mort.
Allouel (N. Vᵉ de Jean - Louis)
1740. . . . . . Libraire.
Amaulry (Gabriel).
1710. 3 Mars , Libraire.
1735. 23 Déc . mort avant.
Amaulry (Jeanne - Louise De la
Main , Vᵉ de Gabriel).
1735. 23 Déc . Libraire.
1779. 16 Nov. meurt.

Amaulry (N. fille de Gabriel)
voyez Le Moine (Etienne) 1768.
Amazeur (Jean).
1550. . . . . . Libr. & Impr.
1555. . . . . . exerçoit.
Amesson (Hubert).
1618. 9 Nov. Libraire.
Anabat (Guillaume).
1505. . . . . . Libr. & Imprim.
André (Jean).
1536. . . . . . Libr. - Juré &
Imprimeur de
l'Université.
1548. . . . . . exerçoit.
André (Gilles).
1649. 18 Sept. Libraire.
Anfray (Etienne).
1522. . . . . , Libr. & Imprim.
1526. . . . . . exerçoit.
ANGOT (Charles) gendre de
Georges II. Josse.
1655. 23 Sept. Libraire.
1673. 15 Mai , Adjoint.
1679. 23 Août , Syndic.
1696. . . . . . mort.
Angot (Georges) fils de Charles.
1681. 1 Févr. Libraire.
Angot (Jean - Baptiste) petit-fils
de Georges.
1773. 1 Oct. Libraire.
1774 .... Avril , meurt.
Anisson (Jean) fils de Jean, Libr.
de Lyon.
1691. 26 Janv. Libr. & Imprim.
1701. . . . . . Directeur de l'Imprimerie Royale.
1721. . . . . . mort.
Anisson (Louis-Laurent) de Lyon,
neveu de Jean, & frère de Jacques-
Louis-Laurent.
1723. 23 Juin , Libraire & Impr.
1723. . . . Directeur de l'Imprimerie Royale.
1761. 19 Oct. meurt.
Anisson du Perron (Mr Jacques-
Louis-Laurent) de Lyon, neveu
de Jean, & frère puîné de Louis-
Laurent.

1733. · · · · Directeur de l'Imprimerie Royale à la place de son frère.

Anisson (Mr *N.*) fils de *Jacques-Louis-Laurent*, 17· · · · · · , à la survivance de la place de Directeur de l'Imprimerie Royale.

Anissonius, *voyez* Anisson.

Antoine (*Jean*) de Venise.

1501. · · · · · , Libraire.

Argentoratensis, voy. de Strasbourg.

Armand (*Pierre*) de Paris.

1719. 23 Oct. Libraire.

1747. 25 Mai, meurt.

Ascensius, *voyez* Badius.

Asseline (*Nicolas*) gendre de Jacques *Roger.*

1656. 19 Oct. Libraire.

Asures (*Hubert*).

1606. · · · · · Libraire.

1610. · · · · · · mort.

Attaignant (*Pierre*).

1541. · · · · Libr. & Imprim. pour la Musique.

1557. · · · · · mort.

Attaignant (*N*· · · · · · Vᵉ de *Pierre*)

1557. · · · · · Libr.-Impr.

Aubert (*Guillaume-Nicolas*) de Paris, gendre de Jean *Jombert*,

1707. 14 Oct. Libraire.

1746. 12 Mai, mort.

Aubert (*N*. Vᵉ de *Guillaume-Nic.*)

1746. 12 Mai, Libraire.

1752. · · · · · morte.

Aubert (*Barbe-Elisabeth*) voyez Mérigo: (*François-Gabr.* 1730.

Aubert (*Henriette-Rose*) 1ʳᵉ femme de N.-L. *Moutard.*

Aublé (*Pierre*). · · · · ·

1719. 14 Août, Libraire-Juré.

1727. · · · · · mort.

Aublé (*Marie-Ambroise Carlu*, Vᵉ de *Pierre*).

1727. · · · · · Libraire.

1762. 27 Août, meurt.

Auboüyn (*Pierre* I.).

1637. 2 Juill. Libr. & Imprim.

1666. 14 Oct. mort après.

AUBOUYN (*Pierre* II) fils de *Pierre* I.

1666. 14 Oct. Libraire.

1688. 25 Juin, Adjoint.

1690. 30 Mai, Syndic.

1698. 1 Mai, Libr. des Princes Petits-fils de France.

Aubray (*Sébastien*) frère aîné de *Simon.*

1605. · · · · · Libr. & Imprim.

Aubray (*Simon*) frère puîné de *Sébastien.*

1605. · · · · · Libraire.

1627. · · · · · exerçoit.

Aubry (*Bernard*).

1517. · · · · · Libr. & Imprim.

1524. · · · · · exerçoit.

Auclou (*Jean Pierre*).

1718. 3 Juin, Libraire.

1754. · · · · · mort.

Auclou (*N*. Vᵉ de *Jean-Pierre*).

1754. · · · · · Libraire.

1776. · · · · · morte.

Audinet (*Claude*).

1661. 1 Sept. Libraire.

1697. · · · · · mort.

Audinet (*N*. Vᵉ de *Claude*).

1697. · · · · · Libraire.

1707. · · · · · morte.

Audinet (*N*. fille de *Claude*) *Voyez* Pohier. (*Jean*) 1686.

Auger (*Jean*).

1621. 29 Juill. Libraire.

1627. · · · · · exerçoit.

Augereau (*Antoine*).

1531. · · · · · Libr. & Imprim.

1535. · · · · · exerçoit.

Augerellus, *voyez* Augereau.

Augrain (*Roger*).

1502. · · · · · Libr. & Impr.

Aumont (*Denys-Jean*) de Paris, beau-frère de J.-B. *Brocas.*

1747. 19 Août, Libraire.

1780. 18 Nov. meurt.

Aumont (*N*. Vᵉ de *Denys-Jean*).

1780. 18 Nov. Libraire.

1788. · · · · · Quai des Orfèvres.

a 2

Elisabeth Didot

Aumont (*N.* fille de *Denys-Jean*)
   voyez Nyon (*Pierre-Michel*).
   1773.
Avril (*René*).
1544. . . . . . Libr. & Imprim.
1553. . . . . exerçoit.
Auroy (*Amable*) gendre de François *Maurice.*
1633. 6 Sept. Libraire.
1708. . . . . . mort.
Auroy (Marguerite *Maurice*,
   Vᵉ d'*Amable*).
1708. . . . . . Libraire.
1711. 4 Févr., épouse Gatien de
         Courtilz, Ecrivain
         du xviiᵉ siécle.
1712. 8 Mai, Vᵉ pour la 2ᵉ fois.
Aury (*Jean*).
1618. . . . . . Libraire.
  Voyez Orry.
Auffurd (*Antoine*).
1519. . . . . . Libr. & Imprim.
1524. . . . . . exerçoit.
Auvray (*François*).
1555. . . . . . Libraire.
Auvray (*Guillaume*) fils de *Franç.*
1575. . . . . . Libraire.
1606. 18 Mai, meurt.
Auvray (*Pierre* I.).
1614. . . . . . Libraire.
1646. 12 Juill. mort avant.
Auvray (*Jacques* I) fils de *Pierre* I.
1645. 12 Juill. Libraire.
Auvray (*Jacques* II.) fils de *Pierre* I.
1657. 15 Mars, Libraire.
Auvray (*Pierre* II.) fils de *Jacques* I,
1661. 1 Sept. Libraire.
1695. . . . . . mort.
Aymart (*René*).
1636. 3 Avril, Libraire.

B
Aaleu (*Claude*).
1585. . . . . . Libraire.
Babuty (*François*).
1712. 19 Janv. Libraire.
1768. 14 Août. — mort Doyen de
         la Communauté.

Babuty (Marie-Anne *Réal*, Vᵉ de
   François).
1768. 14 Août Libraire.
1786. 21 Mars, meurt Doyenne
         des Veuves de la
         Communauté.
Babuty (*François-Joachim*) fils de
   François, depuis gendre de
   Gabriel-François *Quillau*, par
   Marie-Suzanne.
1750. 18 Sept. Libraire.
1768. 15 Juin. Adjoint.
1788. . . . rue des Grands-Augustins.
Bacot (*Adrien*).
1618. . . . . . Libraire-Imprim.
1628. . . . . . exerçoit.
Bacot (*N.* fille d'*Adrien*) voyez
   Beffin (Vᵉ de *Nicolas* I.) 1679.
Bacot (Mᵉ *Siméon*).
1786. 25 Juill. Libraire.
1788. . . . . . rue S.-Etienne-des-
         Grès.
Bacquelier (*Pierre*) de Grenoble.
1506. . . . . . Libraire.
1522. . . . . . exerçoit.
Bade, d'Afc (*Josse*), frère aîné
   de *Jean.*
1498. . . . . Libraire, Graveur,
         Fondeur de caractères
         d'Imprimerie, & Impr.
1535. . . . . . . mort.
Bade (*Jean*) frère puîné de *Josse.*
1517. . . . . . Libraire.
1535. . . . . . mort.
Bade (les Héritiers de *Josse*).
1535. . . . Libraires & Imprim.
Bade (*Conrad*) fils de *Josse.*
1546. . . . . . Libraire & Impr.
1560. Se retire à Genève.
Bade (*Catherine*, fille de *Conrad*)
   voyez Vafcosan (*Michel*) 1530.
Bade (*Perette*, fille de *Conrad*)
   voyez Estienne (Vᵉ de *Robert* I.)
   1559.
Badier (*Florimond*) gendre de *N.*
   Gillerde.
1645. 6 Juill. Libraire.
Badier (*Jean*) fils de *Florimond.*

1563. 25 Janv. Libraire.
1701. 13 Déc. mort avant.
Badier (*N.* fille de *Jean*) voyez
 Le Tilleur (Ve de *Claude*, 1719.
Badius, voyez Bade.
Baillet (*Pierre*) frère aîné de Jean I.
1601. . . . . . Libraire & Impr.
1618. 26 Oct. reçu à la Chambre.
Baillet (*Jean* I.) (frère puîné
 de *Pierre*).
1602. . . . . . Libraire.
Baillet ('*Jean* II.) 1er fils de Jean I.)
 & gendre de Jacques *Du Breuil.*
1658. 25 Avril, Libraire.
1680. . . . . . exerçoit.
Baillet (*Jean* III.) 2e fils de Jean I.)
 & gendre de Thibault *Du Val.*
1665. 12 Nov. Libraire.
1692. . . . . . exerçoit.
Bailleur (*Jean*).
1581. . . . . . Libraire.
Bailly (*Jacques*).
1683. 11 Sept. Libraire.
1690. . . . . . mort.
Bailly (*N.* Ve de *Jacques*).
1690. . . . . . Libraire.
Bailly (Mr *Guillaume-Luc*).
1768. 26 Août, Libraire.
1788. Rue S.-Honoré.
Balagny (*Jean*).
1606. . . . . . Libraire-Impr.
1627. . . . . . exerçoit.
Balagny (*Michel* I.).
1606. . . . . . Libraire.
1629. . . . . . exerçoit.
Balagny (*Michel* II.) fils de
 Michel I.
1638. . . . . . Libraire.
Baligaut (*Félix*).
1493. . . . . . Libraire.
1510. . . . . . exerçoit.
Ballard (*Robert* I.).
1551. . . . . . Libraire & Impr.
 du Roi pour la
 Musique.
1606. . . . . . mort.
Ballard (Lucréce *Le Bé* , Ve de
 Robert I.).

1606. 1. . . . . . Libraire & Impr.
 du Roi pour la
 Musique.
Ballard (*Pierre* I.) fils de *Robert* I.
1608. . . . . . Libraire & Impr.
1640. 4 Janv. mort avant.
BALLARD (*Robert* II.) fils de
 Pierre I.
1640. 4 Janv. Libraire & seul
 Imprimeur du
 Roi pour la
 Musique.
1648. 8 Mai. Adjoint.
1650. 29 Janv. Consul.
1652. 14 Mai, Syndic.
1666. 30 Janv. Juge-Consul.
1679. . . . . . mort.
Ballard (*N.* Ve de *Robert* II.).
1679. . . . . . Libraire-Impr.
1693. . . . . . morte avant.
BALLARD (*Christophe*) 1er fils
 de *Robert* II.
1666. 17 Juin, Libraire & Impr.
1690. 30 Mai, Adjoint.
1698. 12 Mai, Syndic.
1715. 30 Août, mort avant.
BALLARD (*Jean-Baptiste-Chri-*
 stophe) 1e fils de *Christophe*.
1694. 8 Juin, Libraire & seul
 Imprimeur ordi-
 naire du Roi pour
 la Musique.
1706. 23 Juill. Adjoint.
1718. 29 Janv. Consul.
1722. 8 Août, Syndic.
1726. 29 Janv. Juge-Consul.
1747. . . . . . Doyen des Impr.
1750. 5 Mai, meurt.
Ballard (*N.* Ve de *Jean-Baptiste-*
 Christophe).
1750. 5 Mai, Libraire & Impr.
1750. 6 Oct. s'étoit démise de
 son Imprimerie.
1758. . . . . . morte.
Ballard (*Pierre* II.) 2d fils de
 Robert II.
1694. 7 Sept. Libr. & Impr.
1703. . . . . . meurt avant.

Ballard (N. Ve de Pierre II.)
1703. . . . . . . Libr. & Impr.
1719. . . . . morte avant.
Ballard (Christophe-Jean-François)
fils de Jean-Baptiste-Christophe).
174.. 10 Avril , Libraire.
174.. 6 Déc. Imprimeur.
176.. 5 Sept. mort.
Ballard (Dlle Marie-Anne-Génev. ,
fille de Gilles Paulus du Mesnil
Ve de Christophe-Jean-François)
176.. 5 Sept. Libraire & seul
Impr. ordinaire
du Roi pour la
Musique.
1788. . . . . rue des Maturins.
Ballard (Mr Pierre-Robert-Christ.)
fils de Christophe-Jean-François,
& gendre de Pierre - Nicolas
Delormel.
1767. 29 Mai , Libraire.
1775. 24 Sept. Imprimeur ,
concurremment
avec sa mère.
1788. . . . . rue des Maturins.
Ballin (Jean).
1579. . . . . . . Libraire.
Banqueteau (Pierre).
1606. . . . . . . Libraire.
Banqueteau (Etienne) frère aîné
de Claude.
1620. 13 Janv. Libraire.
Banqueteau (Claude) frère puîné
d'Etienne.
1629. 20 Déc. Libraire.
BARAGUES (Rolin).
1614. . . . . . . Libraire.
1631. 22 Déc. Adjoint.
Barbæus , voyez Barbé & Barbe-
d'Orge.
Barbe (Marie-Anne) voyez Hérif-
sant (Ve de Jean-François).
1763.
Barbé (Jean).
1545. . . . . . Libraire.
1546. . . . . . exerçoit.
Barbé (Guillaume).
1558. . . . . . . Libraire.

Barbé (Denyse) voyez Estienne ,
(Ve de Robert II.) 1571.
Barbe-d'Orge (Jean).
1537. . . . . . . Libraire.
1546. . . . . . exerçoit.
Barbier (Jean).
1505. 28 Févr. Libraire-Juré.
1514. . . . . . . exerçoit.
Barbier (Claude).
1582. . . . . . . Libraire.
1618. . . . . . . exerçoit.
Barbier (Guillaume).
1614. . . . . . . Libraire.
1618. . . . . . . exerçoit.
Barbier (Olivier).
1618. . . . . . . Libraire.
1627. . . . . . . exerçoit.
BARBIN (Claude).
1654. 19 Mars, Libraire.
1677. 25 Juin , Adjoint.
1703. . . . . . . mort.
Barbin (N. Ve de Claude).
1703. . . . . . . Libraire.
1708. . . . . . . morte avant.
Barbon (Nicolas).
1541. . . . . . . Libr. & Impr.
1542. . . . . . . exerçoit.
Barbote (Nicolas).
1609. . . . . . . Libraire.
1618. . . . . . . mort.
Il demeuroit grande rue de Marivaux, près de S. Jacques de la
Boucherie.
Barbote (Jean)
1628. . . . . . . Libr. & Impr.
Il demeuroit rue de Harlai , en
l'Isle du Palais, à la Fleur de
lis couronnée.
BARBOU (Jean-Joseph) frère aîné
de Joseph.
1704. 8 Janv. Libraire.
1722. 8 Août , Adjoint.
1752. . . Août , meurt.
Barbou (Joseph) ; frère puîné de
Jean-Joseph).
1717. 12 Janv. Libraire.
1723. 2 Juill. Imprimeur.
1737. . . . . . . mort.

Barbou (Anne-Antoinette *Béville*,
  Vᵉ de *Joseph*).
1737. . . . . Libr. & Impr.
1750. 6 Oct. s'étoit démise de
  son Imprimerie.
Barbou (Mr *Joseph-Gérard*) neveu
  de *Jean-Joseph* & de *Joseph*.
1746. 15 Janv. Libraire.
1750. 6 Oct. Imprimeur.
1788. . . . . . rue des Mathurins.
Barbreux (Dlle *N.*) *voyez* Lambert
  (Vᵉ de *Michel*) 1787.
Barbry (Dlle *Charlote*), *voyez*
  Hérissant (Ve de *Claude J.-B. II*)
  1775.
Barde (Dlle *M.-C.*) *voyez* Vallat-la-
  Chapelle (Vᵉ de *Pierre*) 1772.
Bardin (*Pierre*).
1614. . . . . Libr. & Impr.
1627. . . . . exerçoit.
Barle (*Guillaume*).
1633. 15 Sept. Libraire.
Barrier (*Denys*).
1691. . . . . . . Libraire.
1693. . . . . . . exerçoit.
Barrois (*Gervais*).
1606. . . . . Libraire.
1610. . . . . mort.
Barrois (*Jacques I.*).
1627. . . . . . . Libraire.
Barrois (*Edmond I.*)
1628. 7 Mai , Libraire.
1679. . . . . . . mort.
Barrois (*N.* Vᵉ d'*Edmond I.*).
1679. . . . . . . Libraire.
1692. . . . . . . exerçoit.
Barrois (*Jacques II.*)
1630. . . . . . . Libraire.
1657. 22 Mars , mort avant.
Barrois (*Christophe*) 1ᵉʳ fils de
  Jacques II.
1657. 22 Mats , Libraire.
Barrois (*Edmond* II.) 2d fils de
  Jacques II.
1683. 9 Sept. Libraire.
Barrois (*François*) fils d'*Edmond* II.
1711. 23 Sept. Libraire.
1747. 6 Juin , mort.

Barrois (Louise *Pluquet* , Vᵉ de
  François).
1747. 6 Juin , Libraire.
1752. 4 Mars , meurt.
BARROIS (*Marie-Jacques*) fils
  de *François*.
1734. 16 Févr. Libraire.
1751. 22 Déc. Adjoint.
1769. 20 Mars , meurt.
Barrois (Dlle Marie-Marguerite
  Didot, Vᵉ de *Marie-Jacques*).
1769. 20 Mars , Libraire.
1788. . . . . . rue de Savoie.
Barrois (Mr *Louis-François*) 1ᵉʳ
  fils de *Marie-Jacques* , & depuis
  gendre de Cl.-J.-B. II. *Hérissant*,
  par Dlle *Charlotte-Emée-Franç.*
1768. 9 Janv. Libraire.
1788. . . . . . rue du Hurepoix.
Barrois (Mr *Pierre-Théophile*) 2d fils
  de *Marie-Jacques* , & depuis gendre de Cl.-J.-B. II. *Hérissant*, par
  Dlle Marguer.-Antoinette-Sophie.
1773. 22 Déc. Libraire.
1788. . . . . . rue du Hurepoix.
Barthélemi (*François*).
1554. . . . . Libraire.
Bastien (Mr *Jean-Baptiste*).
1771. 3 Mai , Libraire.
1788. . . . . . rue des Mathurins.
Batillot (*Jacques*).
1691. . . . . . . Libraire.
1696. . . . . . . exerçoit.
Bauche (*Claude I.*).
1624. 24 Nov. Libraire.
Bauche (*Jacques*) fils de Claude I.
1651. 29 Déc. Libraire.
1693. . . . . . . mort.
Bauche (*N.* Vᵉ de *Jacques*).
1693. . . . . . . Libraire.
1703. . . . . . . morte avant.
Bauche (*Claude* II.) fils de *Jacques*.
1683. 3 Déc. Libraire.
1730. . . . . . . mort.
Bauche (*N.* Vᵉ de *Claude* II.)
1730. . . . . . . Libraire.
1737. . . . . . . morte avant.
Bauche (*N.* fille de *Jacques*) *voyez*

Fournil (V^e de *Jean*). 1719.

Bauche (*Jean Baptiste-Claude* I.) fils de *Claude* II.

1700. 30 Déc.   Libraire.

1753. 6 Juin.   meurt.

Bauche (Marie - Anne *De May*, V^e de *Jean-Baptiste-Claude* I.)

1753. 6 Jui.1,   Libraire.

1765. 17 Oct.   meurt.

BAUCHE (*Jean-Baptiste-Claude* II.) fils de *Jean-Baptiste-Claude* I.

1717. 30 Juill.   Libraire.

1759. 16 Avril,   Adjoint.

1777. 3 Mars ,   meurt.

Bauchon (*Catherine*) voyez Pissot, (V^e de *Noël*) 1728.

Baudeau (*Magdeleine*) , voyez Nivelle (V^e de *Sébastien*) 1603.

Baudet (*Gilles*).

1610. . . . . Libraire.

1627. . . . . exerçoit.

Baudijon (*Louis*) gendre de Denys II. Langlois.

1657. 22 Mars , Libraire.

Baudouin (Mr *François-Jean*) neveu de Michel *Lambert*.

1777. 27 Mai ,   Libraire.

1782. 8 Févr.   Imprimeur.

1738. . . . . . . rue de la Harpe.

Baudouyn (*Pierre* I.)

1650. 3 Févr.   Libraire.

1679. . . . . . . mort.

Baudouyn (*N.* V^e de *Pierre* I.)

1679. . . . . . . Libraire.

1630. . . . . . . exerçoit.

Baudouyn (*Pierre* II.) fils de *Pierre* I.

1653. 15 Mai , Libraire.

Baudry (*Guillaume*).

1628. 20 Janv.   Libraire.

Baudry (*René*) fils de *Guillaume*.

1641. . . . . . . Libr. & Impr.

Bazin (*Claude*).

1606. . . . . . . Libraire.

1649. 18 Sept.   mort avant.

Bazin (*Jean*) fils de *Claude*.

1649. 18 Sept.   Libraire.

Beauplet (*François*) gendre de

Henri *Bourriquant*.

1634. 30 Mars , Libr. & Impr.

1647. 29 Août (mort avant).

Beauplet (*N.* fille de *François*) voyez Seneuze (*Hugues*). 1649.

Beauplet (*David*) fils de *François*.

1647. 29 Août , Libraire.

Beausergent (*Claude*).

1635. 28 Juin , Libraire.

Beauvais (*Romain*).

1618. . . . . . . Libraire.

Béchet (*Alexandre*).

1618. . . . . . . Libraire.

BÉCHET (*Denys*) neveu de Jerôme *Drouart*.

1632. 12 Févr.   Libraire.

1646. 2 Oct.   Adjoint.

1657. 28 Mai ,   Syndic.

1669. 31 Janv.   Consul.

1682. 29 Janv.   Juge-Consul.

1705. . . . . . . mort avant.

Becqueret (*Charles* I.).

1610. . . . . . . Libraire.

1655. 20 Mai ,   mort avant.

Becqueret (*Charles* II.) , fils de *Charles* I.

1655. 20 Mai ,   Libr. & Impr.

Bégat (*Louis*).

1549. . . . . . . Libraire.

Bélier (*Georges*).

1606. . . . . . . Libraire.

1627. . . . . . . exerçoit.

Bélin (*Jean*).

1489. . . . . . . Libr. & Impr.

1492. . . . . . . exerçoit.

Bélin (Mr *François*).

1777. 10 Mars , Libraire.

1788. . . . . . . rue S.-Jacques.

Bélin (Mr *François*) junior.

1787. 9 Janv.   Libraire.

1788. . . . . . . rue du Hurepoix.

Bellanger (*Louis*).

1610. . . . . . . Libraire.

1611. . . . . . . exerçoit.

Belley (*Jacques* I.).

1637. 15 Janv.   Libraire.

1687. 29 Oct.   mort après.

Belley (*Nicolas* I.) 1er fils de *Jacques* I.   1662

1662. 27 Juill. Libraire.

1703. . . . . . mort avant.

Belley (*Nicolas* II.) 2ᵈ fils de *Jacques* I.

1687. 29 Oct. Libraire.

1703. . . . . . mort.

Belley (*N.* Vᵉ de *Nicolas*, II.)

1703. . . . . . Libraire.

1748. . . . . . morte,

Belley(*N.* fille de *Nicolas* II.) *voyez* le Febvre (*Louis-Franç.*) 1706.

Belley *Robert*) 1ᵉʳ fils de *Nicol.* II.

1700. 6 Avril , Libraire.

1713. . . . . . . mort avant.

Belley (*François-Denys*) 2d fils de *Nicolas* II.

1710. 25 Juin , Libraire.

1737. . . . . . mort.

Belley (*N.* Vᵉ de *Franç. s-Denys*).

1737. . . . . . Libraire.

1750. . . . . . morte avant.

Belley (*Jacques* II.) 3ᵉ fils de *Nic.* II.

1715. 22 Mars , Libraire.

1737. . . . . . mort avant.

Bellien (*Jean*).

1627. . . . . . Libr. & Impr.

Bélot (*Thomas*).

1565. . . . . . Libraire.

1582. . . . . . exerçoit.

Bénard (*Guillaume*):

1629. . . . . . Libraire.

1661. 15 Déc. meurt.

Bénard (*Antoine*) 1ᵉ fils de *Guill.*

1655. 4 Mars , Libraire.

Bénard (*Simon* I.) , 2d fils de *Guillaume*, & gendre de Jacques *Dallin.*

1659. 25 Sept. Libraire.

1684. 3 Mai , meurt.

Bénard (*N. Dallin*, Vᵉ de *Simon* I.)

1684. 3 Mai , Libraire.

1719. . . . . . morte avant.

Bénard (*Simon* II.) fils de *Simon* I.

1691. 7 Août , Libraire.

Bénard (Dᶦˡᵉ *N.*) *Voyez* Garnier de la Heuffe (Vᵉ de *Jean Baptiste*)

1763.

Bene-natus , *voyez* Bien-né.

Benoist (*Simon*).

1606. . . . . . Libraire.

Béquet (*Jean*)

1582. . . . . . Libraire.

Beraldus , *voyez* Bérauld.

Bérauld (*N.*).

1516. . . . . . Libraire.

Bérault (*Jean*).

1606. . . . . . Libraire,

1612. . . . . . exerçoit.

Berjon (*Jean*).

1608. . . . . . Libr. & Imprim:

1617. . . . . . mort.

Berjon (*N.* fille de *Jean*) *Voyez* Martin (*Jean*) 1623.

Bernache (*Bernard*)

1691. . . . . . Libraire.

1696. . . . . . mort après.

Bernard (*Guillaume*).

1627. . . . . . Libraire.

Bernardin (*Laurent*).

1606. . . . . . Libraire.

Bertault (*Pierre*).

1594. 20 Juin , Libraire-Juré.

1605. 21 Oct. meurt.

Bertault (*N.* Vᵉ de *Pierre*).

1605. 21 Oct. Libraire-Juré.

Bertault (*Robert*) 1ᵉʳ fils de *Pierre.*

1621. 27 Mai , Libraire.

1627. . . . . . exerçoit.

Bertault (*Louis*) 2ᵉ fils de *Pierre.*

1622. . . . . . Libraire.

Berteau (*Simon*).

1635. 6 Sept. Libraire.

Bertet (*François*).

1645. . . . . . Libraire.

1665. 10 Déc. mort avant.

Bertet (*Jean*) fils de *François.*

1665. 10 Déc. Libraire.

1691. . . . . . mort.

Bertet (*N.* Vᵉ de *Jean*).

1691. . . . . . Libraire.

1692. . . . . . exerçoit.

Berthault (*Julien*).

1606. . . . . . Libraire.

1617. 4 Févr. meurt.

Berthault (*N.* Vᵉ de *Julien*).

1617. 4 Févr. Libraire.

b

Berthault (*Jean* I.) fils de *Julien*.
1627. . . . Libraire.
Berthault (*Jean* II.) gendre de
Léon II. *Delaulne*.
1706. 17 Sept. Libraire.
1742. . . . mort.
Berthault (*N. Delaulne*, V^e de
Jean II.).
1742. . . . Libraire.
1754. 27 Mars, meurt.
Berthelin (*André*).
1538. . . . Libraire.
1543. . . . exerçoit.
Berthier (*Joseph*) gendre de Jean
Fournil.
1734. 5 Mars, Libraire.
1766. .. Janv. meurt.
Bettier (*Antoine*).
1636. . . . Libraire.
1678. 4 Mai, meurt.
Bertier (*Joseph*).
1683. 18 Nov. Libraire.
1694. . . . mort avant.
Berton (*Gabriel-Charles*).
1718. 26 Avril, Libraire-Juré.
1757. 20 Févr. meurt.
Berton (Marie-Jeanne *Fétil*, V^e de
Gabriel-Charles).
1757. 20 Févr. Libraire.
1765. 29 Sept. meurt.
B E R T O N (Mr *Charles-Pierre*)
fils de *Gabriel-Charles*.
1763. 30 Avril, Libraire.
1781. 8 Août, Adjoint.
1788, rue S. Victor.
Bertrand (*Jean-Jacques*).
1658. 28 Mars, Libraire.
Béruyer (*Marie-Anne*), *Voyez*
Huart (V^e de *Pierre-Michel*).
1764.
Béruyer (Dlle *Marie-Magdelène*)
voyez Nyon (V^e de *Jean-Luc* II.)
1768.
Besongne (*Cardin*).
1627. 11 Févr. Libraire.
1671. .. Mai, meurt.
Besongne (*N.* V^e de *Cardin*).
1671. .. Mai, Libraire.

1691. . . . morte avant.
Besongne (*Augustin*) fils de *Cardin*.
1661. 15 Déc. Libraire.
1710. . . . mort.
Besongne (*N.* V^e d' *Augustin*).
1710. . , . Libraire.
1712. . . . morte avant.
Bessault (*Thibault*).
1565. . . . Libraire.
Bessaut (*Jean*) fils de *Thibault*.
1588. . . . Libraire.
Besse (*Antoine*)
1582. . . . Libraire.
Bessin (*Jacques* I.).
1610. . . . Libr. & Impr.
1627. . . . exerçoit.
Bessin (*Jean*) cousin de *Nicolas* I.
1621. 30 Juin, Libr. & Impr.
1627. . . . exerçoit.
Bessin (*Jacques* II.) 1er fils de
Jacques I.
1635. 30 Mars, Libr. & Impr.
1658. 28 Mars, mort après.
Bessin (*N.* fille de *Jacques* II.)
voyez Chevalier (*Nicolas*) 1658.
Bessin (*Nicolas* I.) 2^d fils de *Jac-*
ques I, & gendre d'Adrien *Bacot*.
1642. 20 Mars, Libr. & Impr.
1679. . . . mort.
Bessin (*N. Bacot*, V^e de *Nicolas* I.)
1679. . . . Libraire.
1680. . . . exerçoit.
Bessin (*N.* fille de *Nicolas* I.) *Voyez*
Gontier (V^e de *Louis*). 1679.
Bessin (*Pierre* I.) fils de *Nicolas* I.
1649. 18 Sept. Libraire.
1691. . . . mort.
Bessin (*N.* V^e de *Pierre* I.)
1691. . . . Libraire.
1693. . . . exerçoit.
Bessin (*Nicolas* II.) fils de *Jean*.
1653. 4 Déc. Libraire.
1704. 12 Déc. mort avant.
Bessin (*N.* V^e de *Nicolas* II.)
1705. . . . Libraire.
1723. . . . morte avant.
Bessin(*N.* fille de *Nicolas* II.) *Voyez*
Le Noble (V^e de *Daniel*). 1723.

Beffin (*Jeanne* , fille de *Nicolas* II.) voyez De Bure (Vᵉ de *Nicolas* II.) 1727.

Beffin (*Pierre* II.) fils de *Pierre* I.
1663. 11 Octobr. Libraire.
1697. . . . mort.

Beffin (*N.* Vᵉ de *Pierre* II.)
1697. . . . Libraire.
1703. . . . . morte avant.

Beffin (*Jacques* III.) fils de *Nicolas* II.
1687. 29 Octobr. Libraire.
1703. . . . mort avant.

Beffin (*Charles*) fils de *Pierre* II.
1690. 30 Juin , Libraire.
1708. . . . mort.

Beffin (Anne *Parifelle* Vᵉ de *Charles.*)
1708. . . . Libraire.
1710. 17 Octobr. étoit femme de Nicolas *Tautin.*

Beugnié *ou* Beunier (*Damien.*)
1699. 10 Févr. Libraire.
1723. . . . mort.

Beugnié *ou* Beunier (*N.* Génevieve *Le Breton* , Vᵉ de *Damien.*)
1723. . . . Libraire.
1724. . . . femme de P.-Aug. *Paulus du Mefnil.*

Béville (*Anne-Antoinette*) *Voyez* Barbou (Vᵉ de *Jofeph*) 1737.

Béys (*Gilles*)
1577. . . . Libraire.
1595. 19 Avril , meurt.

Béys (Magdeleine *Plantin* , Vᵉ de *Gilles.*)
1595 19 Avril , Libraire.
1597. Femme d'Adrien *Périer.*
1599. 28 Déc. meurt.

Béys (*Marie,* fille de *Gilles*) *Voyez* De Varennes (Vᵉ d'*Olivier* I.)
1623.

Béys (*Adrien*) 1ᵉ fils de *Gilles.*
1605. . . . Libraire.
1612. . . . mort avant.

Béys (Marie *le Meflé,* Vᵉ d'*Adrien.*)
1612. . . . Libraire.

Béys (*Chriftophe*) 2ᵉ fils de *Gilles.*

1606. . . . Libraire.

Béys (*Denys*) fils d'*Adrien.*
1640. 14 Janv. Libraire.

Bézard (*Claude*).
1562. . . . Libraire.

Bichois (*Gilles-Jofeph*) *dit* Belleville.
1767. 4 Octobr. Libraire.
1784. 20 Avril , meurt.

Bichois, *dit* Belleville (Dlle *N.* Vᵉ de *Gilles-Jofeph*).
1784. 20 Avril , Libraire.
1788. Rue du Marché-Pallu.

Bichon (*Guillaume*) Ligueur.
1588. . . . Libr. & Impr.
1594. 2 Avril , Sort de Paris.

Bichon (*Marie,* fille de *Guillaume Voyez* Sonnius (*Michel* I.)
1566. . . . Libraire.

Bienaise (*Jean.*)
1514. . . . Libr. & Impr.

Bienfait (*Pierre*) gendre de François I. *Cloufier.*
1660. 15 Janv. Libraire.
1691. . . . mort.

Bienfait (*N.* fille de *François* I. *Cloufier,* Vᵉ de *Pierre.*)
1691. . . . Libraire.
1703. . . . morte.

Bienfait (*Pierre-Jacques*) fils de *Pierre.*
1692. 24 Sept. Libraire.
1712. . . . mort.

Bienfait (*N.* Vᵉ de *Pierre-Jacques.*)
1712. . . . Libraire.
1737. . . . morte avant.

Bienfait (*Marie-Anne,* fille de *Jacques-Pierre*) *Voyez* Samson, (Vᵉ de *Jean-Baptifte.*) 1741.

Bienfait (*Louis-Antoine*) fils de *Pierre-Jacques.*
1725. 19 Déc. Libraire.
1740. . . . mort avant.

Bien-né (*Jean*) par fon mariage avec la Vᵉ de Guillaume *Morel.*
1566. . . . Libr. & Impr.
1588. 15 Févr. meurt.

Bien-né (*N.* Vᵉ en 1res nôces de

Guillaume *Morel* , & en 2des de *Jean*).

1588. 15 Févr.   Libr. & Impr.

Bienvenu (*Pierre-Jacques.*)

1717. 8 Juin,   Libraire.

1742. . . . mort.

Bienvenu (Claude *Crépy* , V^e de *Pierre Jacques.*)

1742 . . . Libraire.

1776. 15 Nov.   meurt.

Biermant (*Georges*) de Bruges.

1511. . . . Libr. & Impr.

Bierry (*Marie*) *Voyez* Vaugon , (V^e de *Nicolas* II.) 1694.

Biefmont (*Maturin.*)

1627. . . . Libraire.

Biefskens (*Nicolas.*)

1650. 21 Juillet, Libraire.

Bigner (*François.*)

1502. . . . Libr. & Impr.

Bignon (*Jean.*)

1535. . . . Libr. & Impr.

1542. . . . exerçoit.

Bignot (*Marguerite-Térèse*) *Voyez* De Hansy (V^e de *Louis-Guill.*) 1774.

BILAINE (*Pierre*) frère aîné de *Jean.*

1614. . . . Libraire.

1630. . . . Adjoint.

Bilaine (*Jean*) frère puîné de *Pierre.*

1629. 22 Févr. Libraire.

Bilaine (*Louis*) fils de *Jean.*

1652. 24 Avril, Libr. & Impr.

1680. . . . Demeuroit *in Palatio Regio.* (*)

1681. 25 Août, meurt.

Billequo (*Nicolas*).

1541. . . . Libraire.

Billiot (*Théodore.*)

1676. . . . Libraire.

Billiot (*Esprit*) fils de *Théodore.*

1696. 28 Févr. Libraire.

1731. . . Mars , meurt.

Billiot (D^{lle} *N.* fille d'*Esprit*) *Voyez* Alix (V^e de *Jean-Barthélemi.*)

1749.

Binart (*Antoine.*)

1621. . . . Libraire.

1622. . . . exerçoit.

Binet (*Denys.*)

1589. . . . Libr. & Impr.

1610. . . . mort avant.

Birkman (*François*) de Cologne.

1513. . . . Libr. & Impr.

1518. . . . Se retire à Cologne.

Birkman (*Arnold*) fils de *François.*

1533. . . . Libraire.

1535. . . . Se retire à Cologne.

1548. . . . y meurt.

Birkman (*N.* V^e d'*Arnold.*)

1549. . . . Libraire à Paris.

Blageart (*Jérôme*) frère aîné de *Michel.*

1619. . . . Libr. & Impr.

1633. 13 Mars, meurt.

Blageart (Françoise *Blanvillain* , V^e de *Jérôme.*)

1633. 13 Mars, Libr. & Impr.

1658. . . . exerçoit.

Blageart (*N.* fille de *Jérôme*) *voyez* Ruffin (*Henri*) 1635.

Blageart (*N.* fille de *Jérôme*) *voyez* Lambin (*Christophe.*)

1641.

Blageart (*Marguerite* , fille de *Jérôme*) *voyez* Du Moutier , (*Vincent*) 1663.

Blageart (*Michel*) frère puîné de *Jérôme.*

1631. 16 Janv. Libraire.

Blageart (*Claude*) fils de *Michel.*

1651. 5 Oct. Libr. & Impr.

1687. 7 Mai, vend son Impr. à *N. Muguet* , Libraire.

1688. . . . mort après.

Blaise (*Gilles.*)

1573. . . . Libraire.

1633. 23 Mai, meurt.

BLAISE (*Thomas*) fils de *Gilles.*

(*) Expression équivoque, qui suppo- seroit le *Palais-Royal* ; il demeuroit au *Palais de la Justice* , au deuxième Pilier , comme le dit Boileau dans sa Satyre IX ; & il avoit pour enseigne la Palme & César.

1606.	. . .	Libraire Juré.
1620.	4 Août,	Adjoint.
1624.	6 Sept	Syndic.
1654.	. . .	mort.

BLAISE (*Pierre*) fils de *Thomas.*

1634.	30 Mars,	Libraire.
1643.	2 Oct.	Adjoint.

BLAISOT (*Gilles* I.)

1610.	. . .	Libr. & Impr.
1620.	4 Août,	Adjoint.
1627.	. . .	mort après.

Blaisot (*Gilles* II.) fils de *Gilles* I.

1659.	25 Sept.	Libr. & Impr.
1680.	. . .	mort après.

Blanchon (Mr *Jean-André*)

1787.	4 Sept.	Libraire.
1788.		

Blanvillain (*Heureux.*)

1606.	. . .	Libr. & Impr.
1627.	. . .	exerçoit.

Blanvillain (*Françoise,* fille d'*Heureux*) voyez Blageart (Vᵉ de *Jérôme.*) 1633.

Blaublom *ou* Cyanéus (*Louis.*)

1529.	. . .	Libr. & Impr.
1546.	. . .	mort après.

Blaublomius , *voyez* Blaublom.

Bleuet (Mr *Claude*) de Carle-Pont lès-Noyon.

1765.	14 Mai,	Libraire.
1788.	Pont S. -Michel.	

Bleuet (Mr *Jean-Antoine*) 1ᵉʳ fils de *Claude.*

1777.	16 Mai,	Libraire.
1788.	rue Dauphine.	

Bleuet (Mr *Pierre-François*) 2d fils de *Claude.*

1784.	5 Oct.	Libraire.
1788.	au Hâvre-de-Grâce.	

Blibart (*Claude.*)

1563.	. . .	Libraire.

Blocet *ou* Blosset (*Charles.*)

1663.	6 Sept.	Libraire.
1696.	. . .	exerçoit.

Bobin (*Michel.*)

1638.	5 Mai,	Libraire.
1681.	17 Févr.	meurt.

Bobin (N. Vᵉ de *Michel.*)

1681.	17 Févr.	Libraire.
1696.	. . .	exerçoit.

Bobin (*Jérôme*) fils de *Michel.*

1683.	9 Sept.	Libraire.
1695.	. . .	mort.

Bobin (N. Vᵉ de *Jérôme.*)

1695.	. . .	Libraire.
1728.		morte avant.

Bobin (*Magdeleine,* fille de *Jérôme*) voyez Cavelier (Ve de *Guill.* III.) 1751.

Bocard (*André.*)

1496.	. . .	Libr. & Impr.
1531.	. . .	exerçoit.

Bogard (*Jacques* I.)

1541.	. . .	Libraire.
1548.	. . .	exerçoit.

Bogard (N. fille de *Jacques* I.) voyez Ramier (*Pierre* I.) 1560.

Bogard (*Jacques* II.) fils de *Jacques* I.

1567.	. . .	Libraire.

Boileau (M.... A....) voyez Delévacque (Vᵉ d'*Adrien*) 1774.

Boisse (*Jacques.*)

1627.	. . .	Libraire.

Boisset (*Génevéve*) voyez Ruelle, (Vᵉ de *Jean* I.) 1571.

Boisset (*Nicolas.*)

1644.	13 Juillet,	Libraire.
1654.	30 Avril ,	mort après.

Boisset (N. fille de *Nicolas*) voyez Monet (*Simon*) 1654.

Bolsec (*Matthieu.*)

1512.	. . .	Libraire.

Bonfons (*Jean.*)

1548.	. . .	Libraire. † 1568
1606.	. . .	exerçoit.

Bonfons (*Nicolas*) 1ᵉʳ fils de *Jean.*

1575.	. . .	Libraire-Juré.
1618.	. . .	exerçoit.

Bonfons (*Pierre*) 2d fils de *Jean.*

1598.	. . .	Libraire.

Bonhomme (*Aspais.*)

1474.	. . .	Libr. & Impr.

BONHOMME (*Pasquier*) 1ᵉʳ fils d'*Aspais*, l'un des IV. grands Libraires-Jurés.

1475.	. .	Libr.-Juré & Impr.

BONHOMME (_Jean_ I.) 2.d fils d'_Aspais_, l'un des IV. grands Libraires-Jurés.

1486. . . . Libr.-Juré, Impr.

1537. . . . exerçoit.

Bonhomme (_Yolande_, fille d'_Aspais_) voyez Kerver (V.e de _Thielman_ I.)

1521.

Bonhomme (_Jean_ II.) fils de _Jean_ I.

1551. . . . Libraire.

Bonhomme (_Maeé._)

1614. . . . Libraire.

1618. . . . exerçoit.

Bonjan (_Claude_) gendre de Pierre Rocolet.

1637. 25 Mai, Libraire.

Bonjan (_Anne_, fille de _Claude_) voyez Foucault (_Damien_) 1675.

Bouil (_Jacques_) dit Dufresne.

1636. 21 Févr. Libraire.

Bonneau (_François._)

1611. . . . Libraire.

Bonnelier _ou_ Boutlier (_Martin._)

1610. . . . Libraire.

1611. . . . exerçoit.

Bonnemère (_Antoine._)

1503. . . . Libr. & Impr.

1533. . . . exerçoit.

Bonnemère (_Guillaume_) fils d'_Ant._

1560. . . . Libraire.

Bonnet (_Michel._)

1691. . . . Libraire.

1695. . . . exerçoit.

BORDELET (_Marc._)

1730. 24 Nov. Libraire.

1747. 29 Août, Adjoint.

1754. 12 Sept. meurt.

Bordelet (_N._ V.e de _Marc._)

1754. 12 Sept. Libraire.

1773. . Déc. meurt.

Bordelet (_N._ fille de _Marc_) voyez Fosse (V.e de _Claude_) 1766.

Bordier (_Noel._)

1523. . . . Libraire.

1643. 15 Déc. mort avant.

Bordier (_François_) fils de _Noel._

1643. 15 Déc. Libraire.

1665. . . . exerçoit.

Bordier (_Jacques_) fils de _François._

1666. 18 Févr. Libraire.

Boté (_Claude._)

1700. 30 Déc. Libraire.

1723. . . . mort avant.

Borel (_Jean._)

1567. . . . Libraire.

1580. . . . exerçoit.

Boucher (_Guillaume._)

1496. . . . Libr. & Impr.

Boucher (_Jean_ I.)

1537. . . . Libraire.

Boucher (_Nicolas._)

1544. . . . Libraire.

1547. . . . exerçoit.

Boucher (_Girard._) fils de _Nicolas._

1561. . . . Libraire.

Boucher (_Jean._ II.)

1612. . . . Libraire.

Boucher (_Martin._)

1618. . . . Libraire.

Boucher (_Jean_ III.)

1645. 26 Oct. Libraire.

Boucher (_Laurent_) gendre de Gui Caillou.

1661. 22 Déc. Libraire.

Boucher (_Catherine_) voyez Thomas (_Jean_ I.). 1607.

Bouchet (_Jacques._)

1521. . . . Libr. & Impr.

Boudet (_N._) Libr. à Lyon, voyez Coignard (_J.-B._ III.) 1713.

Boudet (_Antoine_) beau-fils de Jean-Baptiste III. _Coignard._

1734. 16 Févr. Libraire.

1743. 22 Déc. Imprimeur.

1768. . . . Impr. du Roi.

1779. 30 Mars, s'étoit démis de son imprimerie.

1787. 5 Juill. meurt à Essonne.

Boudet (D.lle _N._ V.e d'_Antoine._)

1787. 5 Juill. Libraire.

1788. rue S.-Jacques.

Boudet (_Elizabeth_) sœur d'_Antoine_, voyez Le Mercier (V.e de _Pierre-Gilles._ 1773.

Boudeville (_Claude._)

1650. 10 Févr. Libraire.

Boudinet (*Claude.*)
1624. 5 Déc. Libraire.
Boudinet (*Matthieu*) fils de *Claude.*
1650. 4 Août, Libraire.
BOUDOT (*Jean* I.) du Forez,
   gendre d'Edme II. *Martin* ,
   Auteur du Dictionaire latin, de
   son nom.
1683. 9 Sept. Libraire.
1704. 10 Juillet, Adjoint.
1706. 27 Déc. meurt.
Boudot (Marie - Térèfe *Martin* ,
   Ve de *Jean* I.).
1706. 27. Déc. Libraire.
1744. 17 Févr. meurt.
Boudot (*Jean* II.) fils de *Jean* I.
1706. 29 Déc. Libraire.
1754. 10 Mars, meurt.
Boudot (Elisabeth-Marie *Lamblin* ,
   Ve de *Jean* II.)
1754. 10 Mars, Libraire.
1785. 19 Juillet, meurt.
Boudot (*Edmée-Jeanne-Françoise*,
   fille de *Jean* I.) voyez Rondet,
   (Ve de *Laurent* II.) 1726.
Boudot (*Marie-Marguerite*, fille
   de *Jean* I.) voyez Labottière ,
   Ve de *Claude.*) 1728..
Bouhours (*Jean.*)
1643. 29 Déc. Libr. & Impr.
Bouillerot (*Joseph.*)
1614. . . . Libr. & Impr.
1627. . . . exerçoit.
Bouillerot (*Jérémie* I.)
1638. 3 Mars, Libraire.
1657. Nov. meurt.
Bouillerot (*Jacques*) 1er fils de
   Jérémie I.
1653. 27 Nov. Libraire.
1676. 13 Août, meurt.
Bouillerot (*N.* Ve de *Jacques.*)
1676. 13 Août, Libraire.
1703. . . . morte avant.
Bouillerot (*Pierre*) 2e. fils de
   Jérémie I.
1653. 27 Nov. Libraire.
1697. . . . mort.
Bouillerot (*N.* Ve de *Pierre*).

1697. . . . Libraire.
1712. . . . morte avant.
Bouillerot (*Jérémie* II.) fils de
   Jacques.
1686. 11 Oct. Libraire.
1719. . . . mort.
Bouillerot (*N.* Ve de *Jérémie* II.)
1719. . . . Libraire.
1737. . . . morte avant.
Bouillerot (*Jérémie* III.) fils de
   Pierre.
1698. 2 Juin, Libr. & Impr.
1723. . . . mort.
Bouillerot (Henriette *Collot* ,
   Ve de *Jérémie* III.)
1723. . . . Libraire.
1724. . . . exerçoit.
Bouillette (*Jean.*)
1626. . . . Libraire.
1644. 22 Déc. mort avant le
Bouillette (*Mace*) fils de *Jean.*
1644. 22 Déc. Libraire.
Boulay (*Yves.*)
1620. . . . Libraire.
Boulingre (*Gilles*) gendre de
   François *Pior.*
1639. 1 Déc. Libraire.
Boulingue (*Marin.*)
1654. 5 Nov. Libraire.
1679. . . . mort.
Boulingue (*N.* Ve de *Marin.*)
1679. . . . Libraire.
1680. . . . exerçoit.
Boullanger (*Louis* I.)
1610. . . . Libraire.
Boullanger (*Pierre.*)
1618. . . . Libraire.
1619. . . . exerçoit.
Boullanger (*Toussaint.*)
1634. 17 Août, Libraire.
Boullanger (*Antoine*) 1er fils de
   Louis I.
1647. 22 Août, Libraire.
1694. . . . mort avant.
Boullanger (*Louis* II.) 2d fils de
   Louis I.
1648. . . . Libraire.
16 . . . . Secrétaire du Roi.

Boullanger (*Catherine-Françoise*, fille de M. *Louis*) femme de M. Augustin-Martin *Lottin*, décédée le 26 Janvier 1763.

Boullanger (*Louise-Marguerite*, fille de *Jacques*) 2eme femme de Mr Musier (*J.-B. Guillaume*). décédée le 3 Janvier 1774.

Boullard (*Jean.*)
1656. 2 Mars, Libraire.

Boullard (Mr *Martin-Silvestre.*)
1787. 22 Déc. Libraire
1783. . . . rue neuve S.-Roch.

Boullé (*Guillaume*).
1530. . . . Libr. & Impr.

Boulle (*Jean.*).
1530. . . . Libraire.
1545. . . . exerçoit.

Boullet (*François*).
1711. 23 Oct. Libraire.
1737. . . . mort avant.

Boullon (*Pierre.*)
1611. . . . Libraire.

Bouquet) *Pierre.*)
1505. . . . Libraire.

Bouquet (*Claude.*)
1627. . . . Libraire.

Bouteiller (*Toussaint.*)
1605. . . . Libr. & Impr.

Boutin (*Pierre.*)
1610. . . . Libraire.
1612. . . . exerçoit.

BOUTONNÉ (*Rolet.*).
1616. . . . Libraire.
1615. 2 Juill. Adjoint.
1639. 22 Sept. meurt.

Boutonné (*André*) fils de *Rolet.*
1665. 21 Oct. Libraire.

Bourdes (*Jean.*)
1610. . . . Libraire.
1612. . . . exerçoit.

Bourdin (*Nicolas.*)
1606. . . . Libraire.
1627. . . . exerçoit.

Bourdon (*Etienne.*)
1606. . . . Libraire.
1618. . . . exerçoit.

Bourdon (*Philibert.*)

1612. . . . Libraire.
1618. . . . exerçoit.

Bourdon (*Charles.*)
1691. . . . Libraire.
1696. . . . exerçoit.

Bourdon (*Anne*) voyez Rondet, (Ve de *Laurent* I). 1692.

Bouret (*Jean*).
1618. . . . Libraire.

Bourgeois (*Jean* I.) frère aîné de *Jean* II.
1606. . . . Libraire.
1618. . . . exerçoit.

Bourgeois (*Jean* II.) frère puîné de *Jean* I.
1610. . . . Libraire.
1618. . . . exerçoit.

Bourlé (*Antoine.*)
1605. . . . Libraire.
1612. . . . exerçoit.

Bourlier, voyez Bonnelier.

Bourriquant (*Fleuri.*)
1606. . . . Libr. & Impr.
1627. . . . exerçoit.

Bourriquant (*Antoine* I.)
1611. . . . Libraire.
1627. . . . exerçoit.

Bourriquant (*Jean.*)
1615. . . . Libr. & Impr.
1626. . . . exerçoit.

Bourriquant (*Thomas*) fils de *Fleuri.*
1625. . . . Libraire.

Bourriquant (*Antoine* II.) fils d'*Antoine* I.
1650. 7 Juill. Libraire.

Bourselle (*Magdeleine*) voyez Regnault (Ve de *François*. 1552.

Bouyer (*Jean.*)
1495. . . . Libr. & Impr.

Boyer (*Luc-Antoine.*)
1691. . . . Libraire.
1696. . . . exerçoit.

Bradel (*Marin.*)
1588. . . . Libraire.

Bradel (*Pierre*) fils de *Marin* & gendre de Samuel *Périer.*
1661. 1 Sept. Libraire.
1695.

1696. . . . exerçoit.
Bradel (*Charles.*)
  1691. . . . Libraire.
  1696. . . . exerçoit.
Bradel (*Louis-Pierre.*)
  1777. 25 Mars . Libraire.
  1786. 20 Nov. mort célibataire.
Branchu (*Jean.*)
  1631. . . . Libraire.
  1644. 13 Sept. meurt.
Branchu (*Guillaume.*)
  1649. 29 Octob. Libraire.
  1680. . . . exerçoit.
Brayer (*Lucas.*)
  1567. . . . Libraire.
  1610. . . . exerçoit.
Brayer (*Jean.*)
  1611. . . . Libraire.
  1612. . . . mort.
Brayer (*N.* Vᵉ de *Jean.*)
  1612. . . . Libraire.
Brégon (*Etienne.*)
  1610. . . . Libraire.
  1612. . . . exerçoit.
Brément (*Charles.*)
  1692. 11 Janv. Libraire.
  1694. . . . mort.
Brément (*N.* Vᵉ de *Charles.*)
  1694. . . . Libraire.
  1695. . . . exerçoit.
Bréquigny (*Jonas*) gendre de
  Claude *Hulpeau.*
  1642. 20 Mars . Libraire.
Bretel *ou* Bretet (*René.*)
  1606. . . . Libraire.
  1627. . . . exerçoit.
Bretel *ou* Bretet (*François*) fils
  de *René.*
  1639. 1 Déc. Libraire.
Breton (*Richard.*)
  1551. . . . Libr. & Impr.
  1558. . . . exerçoit.
Breton (*François*) gendre de
  Thomas *le Roi.*
  1654. 14 Févr. Libraire.
Breuille (*Maturin*)
  1561. . . . Libr. & Impr.
Briand (Mᵉ *Pierre-César.*)

1787. 7 Août , Libraire.
1788. Quai des Augustins.
BRIASSON (*Antoine-Claude*)
  de Lyon, gendre de *N. Pochard.*
  1724. 1 Juill. Libraire.
  1725. . . . épouse Dᵉˡˡᵉ *Pochard.*
  1739. 14 Nov. Adjoint.
  1758. 28 Janv. Consul.
  1765. 29 Janv. Juge-Consul.
  1768. 15 Juin , Syndic.
  1775. 28 Févr. meurt.
Briasson (Marie - Anne *Pochard*,
  Vᵉ d'*Antoine-Claude*).
  1775. 28 Févr. Libraire.
  1781. 5 Déc. meurt.
Bridel (*Claude*) voyez Méquignon
  (2ᵉ femme & Vᵉ de *Charles*) 1735.
Bridier (*Jean.*)
  1556. . . . Libraire.
Briensis, *voyez* de Brie.
Brière (*Annet.*)
  1554. . . . Libr. & Impr.
Brière (*Jean.*)
  1610. . . . Libraire.
Brinon (*Claude.*)
  1651. 9 Nov. Libraire.
Brisset (*Jacques*) gendre de Jacques
  Clergeon.
  1639. 1 Déc. Libraire.
Brisset (*Joseph*) fils de *Jacques.*
  1664. 29 Octobr. Libraire.
  1696. . . . exerçoit.
Brisson (*Jacques.*)
  1612. . . . Libraire.
  1628. . . . exerçoit.
Britannus *voyez* Breton.
Brocas (*Jean Baptiste.*)
  1702. 4 Juill. Libraire.
  1730. . . . mort.
Brocas (*N. Aumont*, Vᵉ de *Jean-*
  Baptiste).
  1730. . . . Libraire.
  1755. . . . morte avant.
Brocas (*Jean*) 1ᵉʳ fils de *Jean-*
  Baptiste.
  1747. 14 Nov. Libraire.
  1766. . . . mort.
Brocas (*N. Nyon*, Vᵉ de Mᵉ *Jean.*)

C

1766. . . . . Libraire.
1788. rue d'Orléans. F. S. Marc.
BROCAS (M. Paul-Denys) 3e fils
    de Jean-Baptiste.
1754. 15 Octobr. Libraire.
1770. 5 Juillet, Adjoint.
1788. rue S.-Jacques.
Brosin (Claude.)
1614. . . . . Libraire.
1627. . . . . exerçoit.
Brosse (Honoré.)
1612. 7 Juillet, Libraire.
1617. . . . . exerçoit.
Brûlé (Nicolas.)
1570. . . . . Libr. & Impr.
Brulin (Geneviève, fille de N.)
   voyez Dehansy (Ve de Claude I.)
1679.
Brumen (Thomas)
1559. . . . . Libraire-Juré.
1582. . . . . exerçoit.
Brun (Mr Augustin-Jérôme)
1775. 23 Mai, Libraire.
1788. . . . . à Nantes.
Bruneau (Jeanne)
1567. . . . . Libraire.
Bruneau (Lucas)
1606. . . . . Libraire.
1627. . . . . exerçoit.
Bruneau (François)
1627. . . . . Libraire.
Bruneau (Nicolas) fils de Lucas.
1634. 7 Sept. Libraire.
1664. 18 Déc. mort avant.
Bruneau (N. Ve de Nicolas.)
1664. 18 Déc. Libraire avant.
Bruneau (Jean) fils de Nicolas.
1664. 18 Déc. Libraire.
1695. . . . . exerçoit.
    [1ere FAMILLE.]
Brunet (Jean.)
1614. . . . . Libraire.
1614. 30 Avril, exerçoit.
Brunet (N. fille de Jean) voyez
   Ninin (Laurent) 1649.
Brunet (N. fille de Jean) voyez
   Chouqueux (Ve d'André) 1691.
Brunet (Michel I.)

1635. 18 Janv. Libraire.
1686. . . . . Imprimeur.
Brunet (Michel II.) 1er fils de
    Michel I.
1662. 27 Juillet, Libraire.
1697. . . . . mort.
Brunet (N. Ve de Michel II.)
1697. . . . . Libraire.
1703. . . . . morte avant.
Brunet (Augustin I.) 2me fils de
    Michel I.
1665. 20 Août, Libraire.
Brunet (Jean-Baptiste) 3me fils
    de Michel I.
1672. . . . . Libraire.
1698. 12 Mai, mort avant.
BRUNET (Michel III.) fils
    d'Augustin I.
1692. 29 Févr. Libraire.
1721. 8 Août, Adjoint.
1724. 8 Mai, Syndic.
1726. 19 Déc. Bis-Syndic. *
1745. 27 Octobr. meurt.
    * Exemple unique.
Brunet (Silvain) 1er fils de Mi-
    chel III.
1697. 3 Déc. Libraire.
1723. . . . . mort.
Brunet (N. Ve de Silvain.)
1723. . . . . Libraire.
1725. . . . . morte avant.
Brunet (Médard-Michel) fils de
    Silvain.
1697. 3 Déc. Libraire.
1727. . . . . mort.
Brunet (N. Ve de Médard-Michel)
1727. . . . . Libraire.
1740. . . . . morte avant.
Brunet (Augustin II.) fils de J. B.
1698. 14 Mai, Libraire.
1740. . . . . mort.
Brunet (Magdeleine-Geneviève
    Guyard, Ve d'Augustin II.)
1740. . . . . Libraire.
1751. épouse Benoit le Clerc.
1770. 3 Janv. meurt.
Brunet (Pierre-Michel) 2me fils
    de Michel III.

1722. 17 Oct. Libraire.

BRUNET (*Bernard*) 3me fils de *Michel* III.

1738. 24 Oct. Libraire.

1749. 10 Janv. Imprimeur.

1750. 19 Nov. Adjoint.

1752. . . Impr. de l'Acad. Fr.

1760. 10 Sept. meurt.

Brunet (Marie-Catherine-Angelique Regnard, Vᵉ de *Bernard*.)

1749. 30 Sept. Libr. & Imprim. de l'Acad. Fr.

1763. . . épouse Antoine-Louis Regnard, voyez Regnard.

Brunet (*Jacques-Bernard*) fils de *Bernard*.

1760. 6 Octobr. Libraire.

1771. 17 Mars, Impr. de l'Ac. Fr.

1774. 2 Août, s'étoit démis de son imprimerie.

1781. 29 Mai, meurt.

Brunet(*Anne-Geneviève-Angelique*, fille de *Bernard*) voyez Desventes de la Doué (*Antoine*) 1765.

Brunet (*N.* fille de *Bernard*) voyez Guenard de Monville (*Antoine*) 1769.

[IIᵉ FAMILLE.]

Brunet (*Pierre-Prudence*) gendre de *N. Chevremont*.

1774. 10 Nov. Libraire.

1781. 6 Sept. meurt.

[IIIᵉ FAMILLE.]

Brunet (*Thomas*).

1777. 1 Mars, Libraire.

1788. rue de Marivaux.

Bufequin (*Pierre*).

1555. . . . Libraire.

Buffet (*Nicolas.*)

1534. . . . Libraire.

1553. . . . exerçoit.

Buffet (*Michel*)

1570. . . . Libraire.

Buisson (Mʳ *François*)

1785. 15 Juillet, Libraire.

1788. . . . rue des Poitevins.

Bullot (*Joseph*) devant épouser M. T. Langlois, Vᵉ *Prignard*.

1727. 10 Juin, Libraire.

1727. 11 Juillet, Imprimeur.

1754. 30 Janv. s'étoit démis de son Imprimerie.

1770. 24 Juin, meurt.

Buncau (*Guillaume.*)

1649. 22 Avril, Libraire.

Buon *Gabriel*.)

1558. . . . Libr.-Juré, Impr.

Buon (*Nicolas*) fils de *Gabriel* ;

1600. . . . Libraire Juré.

1618. 17 Juill. Adjoint.

1628. 21 Avril, meurt.

Buon (*Marie*, fille de *Nicolas*) voyez Sonnius (*Claude*) 1624.

Buquaille (*Noël*)

1634. 9 Août, Libraire.

Bura (*Claude*) gendre de Guillaume *Maréchal.*

1659. 10 Juillet, Libraire.

Buray (*Pierre*)

1614. . . . Libr. & Impr.

Bussière (*Jean*) gendre de Guillaume *Maréchal.*

1654. 25 Nov. Libraire.

1693. . . . mort.

Bussière (*N. Maréchal* Vᵉ de *Jean*)

1693. . . . Libraire.

1695. . . . exerçoit.

Butard (M. *Jacq. Hubert*) de Paris, gendre de Philippe-Nicol. *Lottin*, par Marie-Julie (sa 3me fille)

1715. 3 Nov. naît à S. Cloud.

1733. . . Déc. Appr. de M. *Lottin*.

1740. 14 Janv. Libraire.

1746. . . Oct. se marie.

1758. 28 Août, Imprimeur.

1775. 27 Janv. s'étoit démis de son Imprimerie.

1786. . . Juill. veuf.

1788. . . . rue S.-Jacques.

Buzard (*Abdias*)

1621. 2 Janv. Libraire.

CAbillet (*Jean*) de Lyon.

1508. . . . Libraire.

1518. . . . exerçoit.

Cabuche (*Marie-Elifabeth*) voyez
    Morel (Vᵉ de *Jean-Raoul*.) 1757.
Cabry (*Charles*) gendre de Richard
    Delaunay.
    1658.   7 Nov.   Libraire.
    1706. . . .   mort.
Cabry [*N. Delaunay*, Vᵉ de *Charles*)
    1706. . . :   Libraire.
    1708. . . .   morte.
Caillau , *ou* Caillaut (*Antoine.*)
    1483. . . .   Libr. & Imprim.
Caille (Mʳ *Charles-François.*)
    1786. 1 Sept.   Libraire.
    1788. . . .   rue des Anglois.
CAILLEAU (*André.*)
    1708. 8 Mai,   Libraire.
    1736. 21 Août ,   Adjoint.
    1751. 28 Janv.   meurt.
Cailleau (Pérette Antoinette
    Huguier , Vᵉ d'*André.*)
    1751. 28 Janv.   Libraire.
    1753. 18 Août , meurt.
CAILLEAU (Mʳ *André- Charles*),
    fils d'*André.*
    1753. 12 Octobr. Libraire.
    1772. 19 Mai , Imprimeur.
    1786. 11 Sept.   Adjoint.
    1788. . . .   rue Galande.
Cailleau (*N.* fille d'André *Cailleau*)
    voyez Duchefne (Vᵉ de *Nicolas-
    Bonaventure.*) 1765.
Caillou (*Gui*) gendre de Jean
    Hérault.
    1641. 19 Juillet , Libraire.
    1686. 11 Octobr. meurt avant.
Caillou (*Nicolas*) 1ᵉʳ fils de *Gui.*
    1686. 11 Octobr. Libraire.
    1725. . . .   mort.
Caillou (*N.* Vᵉ de *Nicolas.*)
    1725. . . .   Libraire.
    1742. . . .   morte avant.
Caillou (*Charles*) 2ᵐᵉ fils de *Gui.*
    1686. 11 Octobr. Libraire. . . .
    1714. 23 Mars, Imprimeur. :
    1737. . . .   mort.
Caillou de la Croix (*Catherine* ,
    fille de *N.*) voyez Grou (Vᵉ de
    Jacques-François.) 1745.

Caillou (*Catherine* , fille de *N.*)
    voyez Froullé (Mʳ *Jacques-Franç.*)
    1771.
Calderius , voyez Chaudière.
Callemont *ou* Callemot (*Nicolas.*)
    1622. 20 Mars, Libraire-Imprim.
          du Roi.
    1631. 30 Oct.   meurt.
Callemont *ou* Callemot (*N.* Vᵉ de
    Nicolas.)
    1631. 30 Oct. Libr. Impr. du Roi.
Callemot voyez Callemont.
CALLEVILLE (*Claude* I.)
    1630. 24 Janv.   Libr. & Imprim.
    1639. 28 Sept.   Adjoint.
    1656. 17 Févr.   meurt après.
Calleville (*Claude* II.) 1ᵉʳ fils de
    Claude I.
    1648. 6 Févr.   Libraire.
Calleville (*Pierre*) 2d fils , de
    Claude I.
    1656. 17 Févr.   Libraire.
Calleville (*N.* fille de *Claude* I.)
    voyez De Beaujeu (Vᵉ de *Mille*)
    1679.
Callius (*Jacques.*)
    1547. . . .   Libraire.
Calvarin (*Prigent.*)
    1524. . . .   Libr. & Imprim.
    1582. . . ,   mort.
Calvarin (*Simon.*)
    1553. . . .   Libr. & Imprim.
    1593. 13 Mars, meurt.
Campenfis voyez Morrhy.
Camufat (*Jean*) Libraire-Juré.
    1621. 7 Oct.   Libr. & Imprim.
    1634. . . :   Impr. de l'Acad. Fr.
    1639. 26 Juin, meurt.
Camufat (*Denyfe-Courbé* ; Vᵉ de
    Jean.)
    1639. 26 Juin ; L. I. de l'Ac. Fr.
Camufat (*Jacques*) fils de *Jean.*
    1648. 2 Juillet , Libraire.
Cannivet (*Jean.*)
    1569. . . .   Libraire.
Cappel (*Pierre.*)
    1606. . . .   Libraire.
Capuchon (*Gabriel.*)

1606. . . . Libraire.
1612. . . . exerçoit.
Carbonnier (*Elisabeth*, fille de N.)
voyez Durand (Vᵉ de *Laurent*)
1738.
Carbonnier (*Cécile*, fille de N.)
femme de Mʳ Pissot (*Noël-Jacques*) 1747.
Carchagni (*Jean*).
1487. . . . Libr. & Imprim.
Carlu (*Marie*) voyez Lambin,
(Vᵉ de *Henri*) 1703.
Carlu (*Marie-Ambroise*, fille de
N.) voyez Aublé . (Vᵉ de
Pierre) 1719.
Caron (*Pierre*).
1474. . . . Libraire-imprim.
1498. . . . exerçoit.
Caron (*Guillaume*).
1489. . . . Libr. & Imprim.
1492. . . . exerçoit.
Caron (*Guillaume*).
1617. . . . Libraire.
1618. . . . mort.
Caron (N. Vᵉ de *Guillaume*).
1618. . . . Libraire.
Caron (*Marie-Florence*, fille de N.)
1ʳᵉ femme de M le Jay (*Edme-
Jean.*) 1767.
Carouge (*N.*)
1725. . . . Libraire du
Grand-Prevôt.
1737. . . . mort.
Carouge (*Cécile-Connard*, Vᵉ de N.)
1737. . . . Libraire.
1747. 10 Janv. meurt.
Carré (*Philippe*).
1606. . . . Libraire.
1612. . . . exerçoit.
Carré (*Nicolas*).
1625. 6 Oct. Libraire.
1627. . . . exerçoit.
Carré (*Michel*).
1619. 27 Sept. Libraire.
Cars (*Agathe*, fille de *Laurent*) voyez
Quillau (Vᵉ de *Gabriel-Franç.*)
1729.
Caveiller (*Etienne*).

1537. . . . Libr. & Imprim.
1539. . . . exerçoit.
Caveiller (*Jean*)
1553. . . . Libraire.
1560. . . . exerçoit.
Cavelier (*Nicolas*) de Caen.
1626. 15 Oct. Libraire.
1679. . . . mort.
Cavelier (N. Vᵉ de *Nicolas*).
1679. . . . Libraire.
1693. . . . exerçoit.
Cavelier (*Guillaume* I.) fils de
Nicolas.
1657. 15 Mars, Libraire.
1693. . . . exerçoit.
CAVELIER (*Guillaume* II.) fils
Guillaume I.
1683. 10 Sept. Libraire.
1709. 19 Juill. Adjoint.
1727. . . . mort.
Cavelier (N. Vᵉ de *Guillaume* II.)
1727. . . . Libraire.
1737. . . . morte avant.
Cavelier (*Charles*).
1690. . . . Libraire.
1694. . . . mort.
CAVELIER (*Guillaume* III.)
fils de *Guillaume* II.
1702. 14 Févr. Libraire.
1733. 19 Juin, Adjoint.
1743. 29 Janv. Consul.
1746. 23 Nov. Syndic.
1751. 6 Nov. meurt.
Cavelier (Magdeléne *Bobin*, Vᵉ
de *Guillaume* III.)
1751. 8 Nov. Libraire.
1768. 31 Mai, meurt.
Cavelier (Mʳ *Pierre - Guillaume*)
1ʳᵉ fils de *Guillaume* III, & gendre de Guillaume II. *Desprez.*
1741. 3 Mars, Libraire.
1788. retiré à Vernon.
Cavelier (M Guillaume IV.) 2ᵐᵉ
fils de *Guillaume* III.
1748. 28 Mai, Libraire.
1768. . . . retiré.
Cavellat (*Guillaume*).
1551. . . . Libraire-Juré.

Cavellat (*Pierre* I,) . . . .
1577. . . . . . . Libraire.
1625. 12 Juill. meurt.
Cavellat (*Léon*).
1578. . . . . . . Libraire.
1610. 2 Oct. meurt.
Cavellat (*Denys*).
1606. . . . . . . Libraire.
1618. . . . . . . exerçoit.
Cavellat (*Pierre* II.)
1627. . . . . . . Libraire Juré.
Cavellat ((*Denyse*, fille de *N.*)
voyez Sittart (V^e d'*Arnould*)
1613.
Cautereau (*Joseph*).
1617. . . . . . . Libraire.
Cayllaut voyez Caillaut.
Célérier (*Samuel*).
1621. . . . . . . Libraire.
1627. . . . . . . exerçoit.
Cellier (*Claude* I.)
1616. . . . . . . Libraire.
1636. 5 Juin, mort avant.
Cellier (N. V^e de *Claude* I.)
1636. 5 Juin, Libraire avant.
1656. . . . . . . exerçoit.
Cellier (*Antoine*) fils de *Claude* I.
1636. 5 Juin, Libraire.
1681. . . . . . . mort.
Cellier (*Claude* II.) fils d'*Antoine*.
1688. 16 Nov. Libraire.
1705. 16 Oct. Imprimeur.
1710. 13 Janv. déchu de son
imprimerie.
1742. . . . . . . mort.
Cellier (N. V^e de *Claude* II.)
1742. . . . . . . Libraire.
1747. . . . . . . morte avant.
Cellier (*Espérance*, fille de *N.*)
voyez Saugrain (V^e d'*Abraham*)
1622.
Cellier (*Marie-Anne*, fille d'*Antoine*) voyez Horthemels (V^e de
Daniel L^r) 1691.
Cellot (Mr *Louis*,) M^e ès Arts en
l'Université de Paris, gendre de
Charles-Antoine Jombert,
1756. 29 Nov. , Libraire.

1760. 11 Mars, Imprimeur,
1788. rue des Grands-Augustins.
Cellot (Mr *Louis-Marie*) fils de
M. *Louis*.
1786. 22 Août, Libraire.
1788. rue des Grands-Augustins.
CESARIS (*Pierre*) l'un des quatre
Grands-Libraires Jurés.
1473. . . . . . . Libr. & Impr.
Chaffart (*Nicolas*).
1619. 12 Sept. Libraire.
1627. . . . . . . exerçoit.
Challange (*Maturin*).
1573. . . . . . . Libraire.
Challonneau (*Luc*).
1541. . . . . . . Libraire.
Chamault (*Anne*) voyez Le Mercier (V^e de *Pierre* II.) 1656.
Chambelan (*David*).
1635. 1 Févr. Libr. & Impr.
Chamhoudry (*Louis*) gendre
d'André *Soubron*.
1648. 20 Août, Libraire.
Champ-d'Avoine (*Michel*).
1635. 5 Juill. Libraire.
Champenois (*Antoine*).
1614. . . . . . . Libr. & Imprim.
1632. . . . . . . exerçoit.
Champenois (*Pierre* I.)
1626, 14 Mai, Libraire.
1641. . . . . . . exerçoit.
Champenois (*Pierre* II.)
1633. 16 Juin, Libraire.
Chantelier (*Laurent*).
1564. . . . . . . Libraire.
Chappé (N.) voyez Lesclapart.
(N. V^e de *Richard-Antoine*)
1750.
Chappellin (*Claude*).
1588. . . . . . . Libraire-Juré.
1648. . . . . . . mort.
CHAPPELLET (*Sébastien*)
fils de *Claude*.
1614. . . . . . . Libraire.
1630 . . . . . . Syndic.
1639. . . . . . . exerçoit.
Chapelain (*Charles*).
1613. . . . . . . Libr. & Imprim.

Chardon (*Jean*) gendre de
Maturin *Denys*.
1668. 7 Oct. Libraire.
1691. . . . . . . mort.
Chardon (*N. Denys*, Ve de *Jean*).
1691. . . . . . Libraire.
1712. . . . . . morte avant.
Chardon (*Etienne*) 1er fils de
Jean.
1683. 11 Sept. Libr. & Imprim.
1697 . . . . . . mort.
Chardon (*N.* Ve d'*Etienne*).
1697. . . . . . Libraire.
1705. . . . . . épouse Jean-
Michel *Garnier*,
voyez *Garnier*.
Chardon (*Sébastien*) 2e fils de *Jean*.
1711. 7 Août, Libraire.
1713. . . . . . mort.
Chardon (Anne *Thibault*, Ve de
Sébastien).
1719. . . . . . Libraire.
1725. 28 Août, se retire.
CHARDON (*Jacques*) fils d'*Etienne*,
& gendre de *N. Chauveau*.
1712. 9 Déc. Libr. & Impr.
1726. 10 Mai, Adjoint.
1759. . . . . . Doyen des Impr.
1761. 26 Juin, s'étoit démis de
son imprimerie.
1766. 22 Nov. meurt.
Chardon (*N.* fille d'*Etienne*)
voyez *Cavenel* (Ve de *Georges*)
1723.
Chardon (*Jacques - Charles*) 1er
fils de *Jacques*.
1748. 28 Mai, Libraire.
1759. . . . . . mort.
Chardon (*N.* Ve de *Jacques-Charl.*)
1759. . . . . . Libraire.
1775. . . . . . morte avant.
CHARDON (Mr. Jean-François-
Louis) 2e fils de *Jacques*.
1748. 1 Sept. Libraire.
1762. 28 Juin, Imprimeur.
1773. 30 Juin, Adjoint.
1788. (ruë de la Harpe).
Charlemagne (*Richard*).

1628. 11 Juin, Libraire.
Charles (*Noël*).
1623. 19 Oct. Libraire.
1627 . . . . . . exerçoit.
Charmot (*Jean*).
1659. 6 Mars, Libraire.
1691. . . . . . mort.
Charmot (*N.* Ve de *Jean*).
1691. . . . . . Libraire.
Charpentier (*Pierre* I.).
1606. . . . . . Libraire.
Charpentier (*Gilbert*).
1627. . . . . . Libraire.
Charpentier (*Philibert*).
1627. . . . . . Libraire.
Charpentier (*N.* fille de *Philibert*)
voyez *Delaulne* (*Léon* I.) 1645.
Charpentier (*Charl.*) 1er fils de
Pierre I.
1647. 28 Mars, Libraire.
Charpentier (*Thomas*) 2e fils de
Pierre I.
1653. 7 Août, Libraire.
1703. . . . . . mort.
Charpentier (*N.* Ve de *Thomas*).
1703. . . . . . Libraire.
1715. . . . . . morte avant.
Charpentier (*Pierre* II.) 3e fils
de *Pierre* I.
1653. 7 Août, Libraire.
Charpentier (*N.* fille de *Pierre* II.)
voyez *Delaulne* (Ve de *Nicolas*)
1697.
CHARPENTIER (*Henri*) 1e fils de
Thomas.
1683. 10 Sept. Libraire.
1708. 8 Juill. Adjoint.
1737. . . . . . mort avant.
Charpentier (*Thomas-Jacques*)
2e fils de *Thomas*.
1690. 28 Nov. Libraire.
1702. . . . . . mort.
Charpentier (*N.* Ve de *Thom. Jacq.*)
1703. . . . . . Libraire.
1715. . . . . . morte avant.
Charpentier (*Marie*, fille de *N.*)
voyez *Mazuel* (Ve de *Nicolas*)
1703.

Charpentier (fille de *N.*) voyez
Saugrain (Vᵉ de *Guillaume* I.)
1708.

Charpentier (*Marie*, fille de *N.*)
voyez Piget (Vᵉ de *Jacques* II.)
1719. , & Gandouin (Vᵉ de
Pierre II.) 1726 , & Gibert
(Vᵉ de Jean-Baptiste). 17..
[IIᵉ FAMILLE.]

Charpentier (*Germain*).
1761. 9 Janv. Libraire,
1771. 23 Juin, meurt.

Charpentier (*N.* Vᵉ de *Germain*).
1771. 23 Juin, Libraire.
1779. . . . . . non inscrite.

Chatron (*Thibault*).
154. . . . . . Libraire.

Chatron (Jean I.) 1ᵉʳ fils de
Thibault.
1567. . . . . . Libr. & Impr.
1588. . . . . . exerçoit.

Chatron (Jean II.) 2ᵉ fils de *Thib.*
1586. . . . . . Libr. & Imprim.

Chartier (*Marie*) voyez Lambin,
(Vᵉ d'*Antoine*). 1699.

Chary (Dᵉˡˡᵉ *Adelaïde*) femme de
Mʳ Pierres (*Philippe-Denys*)
1763. . . . . .

Chastagnon (*Jean*) gendre de
Jean I, Cusson.
1662. 27 Juin, Libraire.
1695. . . . . mort avant.

Chastelain (*Charles* I.)
1605. . . . . Libraire-Juré.
1627. . . . . mort.

Chastelain (*N.* Vᵉ de *Charles* I.)
1627. . . . . Libraire,

Chastelain (*Martin*).
1624. 29 Févr. Libraire.

Chastelain (*Charles* II.) fils de
Charles I.
1618. 9 Août, Libr.-Juré.
1643. 22 Déc. mort avant.

Chastelain (*Jacques*).
1633. . . . . Libraire.

Chastelain (*Maturin*) fils de
Charles II.
1643. 22 Déc. Libraire.

Chastelain (*N.* fille de *Charles* II.)
voyez Biestkens (*Nicolas*) 1650.

Chastelain (*Pierre*) fils de *Martin.*
1659. 23 Janv. Libraire.
1691. . . . . . mort.

Chastelain (*N.* Vᵉ de *Pierre*).
1691. . . . . Libraire.
1737. . . . . morte avant.

Chastelain (*Nicolas*).
1691. . . . . Libraire.
1694. . . . . mort avant.

Chastenet (Dᵉˡˡᵉ *N.* fille de Mʳ *N.*)
2ᵉ femme de Mʳ Guessier (*Pierre-François*) 1758.

Chaubert (*Hugues-Daniel*).
1724. 18 Août, Libraire.
1766. 28 Janv. meurt.

Chaubert (*N.* fille de *Hugues-Daniel*) voyez Rapenot (*Edme*)
1778.

Chauchat (Dᵉˡˡᵉ *Catherine*) voyez
Desaint (Vᵉ de *Nicolas*) 1759.

Chauchot (Dᵉˡˡᵉ *N.*) voyez Dessain
Junior (Vᵉ de *Jean-Baptiste*)
1782.

Chaudière (*Regnault* I.)
1516. . . . . Libraire.
1551. . . . . exerçoit.

Chaudière (*Claude*) fils de *Regnault* I.
1546. . . . . Libraire.
1557. . . . . exerçoit.

Chaudière (*Guillaume* I.) fils de
Claude.
1570. . . . . Libraire-Imprim.
de la Sᵗᵉ Union.
1610. . . . . mort.

Chaudière (*Gillette* Haste Vᵉ de
Guillaume I.)
1610. . . . . Libraire.
1629. 14 Mars, meurt.

CHAUDIERE (*Regnault* II.) fils
de *Guillaume* I.
1603. . . . . Libraire-Juré.
1618. 17 Juill. Adjoint.
1633. 15 Sept. meurt avant.

Chaudière (*Guillaume* II.) 1ᵉʳ fils
de *Regnault* II.
1611.

1622. 21 Avril, Libraire.
1627. 3 Mai, meurt.
Chaudière (N. Ve de Guillaume II.)
1627. 3 Mai, Libraire.
CHAUDIERE (Pierre) 2e, fils de Regnault II.
1633. 15 Sept. Libraire.
1644. 3 Nov. Adjoint.
Chauveau (Magdeléne, fille de N.) voyez Chardon (Jacques) 1712.
Chemin (Josué).
1618. . . . . . Libraire.
Chemisour (Jacques).
1627. . . . . . Libraire.
Chénault (Pierre).
1622. 25 Juin, Libraire.
1641. 19 Juill. meurt avant.
CHÉNAULT (Charl. I.) fils de Pierre.
1641. 19 Juill. Libraire.
1666. 3 Août, Adjoint.
1694. . . . . . meurt avant.
CHÉNAULT (Charles II.) fils de Charles I.
1683. 11 Sept. Libr. & Imprim.
1698. 12 Mai, Adjoint.
1717. 31 Mars, mort avant.
Chénault (Denys) 1er fils de Charles II.
1695. 7 Oct. Libr. & Imprim.
1703. . . . . . mort.
Chénault (N. Ve de Denys).
1703. . . . . . Libraire.
1730. . . . . . morte avant.
Chénault (Charles-Etienne) 2e fils de Charles II.
1758. 1 Juillet, Libraire.
1758. 11 Août, Imprimeur.
1773. 23 Mars, meurt.
Chéradame (Jean).
1529. . . . . . Libraire.
Cheradamus voyez Chéradame.
Chéron (Charles-Barthélemi).
1748. 30 Oct. Libraire.
1769. 19 Mai, meurt.
Chesneau Nicolas I.) frère aîné de Thomas & Nicolas II.
1556. . . . . . Libr. Juré & Impr.
1583. . . . . . exerçoit.

Chesneau (Thomas) frère puîné de Nicolas I.
1564. . . . . . Libraire.
Chesneau (Nicolas II.) frère puîné de Nicolas I. & de Thomas.
1571. . . . . . Libraire.
Chevalier (Pierre I.) frère aîné de Pierre II.
1599. . . . . . Libr. & Impr.
Chevalier (Pierre II.) frère puîné de Pierre I.
1607. . . . . . Libraire.
1624. . . . . . exerçoit.
Chevalier (Jacob) gendre d'Augustin Courbé.
1631. 16 Janv. Libraire.
Chevalier (André) fils de Pierre II.
1637. . . . . . Libraire.
1638. . . . . . exerçoit.
Chevalier (Edouard) fils de Jacob.
1652. 14 Nov. Libraire.
Chevalier (Nicolas) gendre de Jacques II. Bessin.
1658. 28 Mars, Libraire.
Chevallon (Claude).
1513. . . . . . Libr. & Imprim.
1542. . . . . . mort.
Chevallon (Gervais).
1538. . . . . . Libr. & Impr.
1539. . . . . . exerçoit.
Chevallon (Charlotte Guillard, V^e en 1518 de Bertholde Rembold, puis de Claude).
1542. . . . . . Libr. & Imprim.
1556. . . . . . morte.
Chevallon (les Héritiers de Charlotte Guillard, Ve de Claude).
1556. . . . . . Libraire & Impr.
Chevillion (Robert).
1665. 8 Mars, Libraire.
1694. . . . . . mort.
Chevillion (N. Ve de Robert).
1694. . . . . . Libraire.
1723. . . . . . morte avant.
Chevillot (Pierre).
1579. . . . . . Libr. & Imprim.
1586. . . . . . exerçoit.
Chéyremont (Jeanne-Magdeléne

d

Victoire , fille de N.) femme
de Brunet (Pierre - Prudence)
1774.
Chevrol (Paul).
1658. 18 Mars , Libraire.
Chicoyneau (Gilles).
1649. 14 Oct.   Libraire.
1665. 1 Oct.   meurt après.
Chippier (Antoine).
1715. 19 Mars, Libraire-Juré.
1716. 4 Mai, reçu à la Chambre.
1732. 23 Juin , meurt avant.
Chippier (N. Ve d'Antoine).
1732. . . . . . . Libraire.
1740. . . . . . . morte avant.
Chippier (Antoine-François) fils
d'Antoine.
1732. 23 Juin , Libraire.
Chouen (Alexandre).
1534. . . . . . . Libraire.
Chouqueux (André) gendre de
Jean Brunet.
1649. 26 Août , Libraire.
1691. . . . . . . mort.
Chouqueux (N. Brunet , Ve
d'André).
1691. . . . . . . Libraire.
1703. . . . . . . morte avant.
Chrestien (Nicolas).
1551. . . . . . . Libr. & Impr.
Chrestien (Matthieu).
1627. . . . . . . Libraire.
1661. 9 Août , meurt.
Chrestien (Antoine I.) futur mari
de la Ve de Jacques Guillery.
1651. 7 Juin , Libraire.
1679. . . . . . . mort.
Chrestien (N. Ve d'Antoine I.)
1679. . . . . . . Libraire.
Chrestien (Antoine II.) fils d'Antoine I. Premier Imprimeur-Juré-
Libraire de l'Université.
1688. 7 Sept.   Libraire-Juré.
1694. 8 Juin ,   Imprimeur.
1706. 13 Nov.   meurt avant.
   ¶ Ainsi le Boniface-Chrestien ,
qui fait tant rire sur le Théâtre ,
n'est qu'un Personnage idéal.

Chrestien (N. Ve d'Antoine II.)
1706. 23 Nov.   Libr. & Impr.
1742. . . . . . . morte avant.
Chrestien (N. fille d'Ant. II)
voyez Pralard (André) 1669.
Ciconeau (Pierre).
1630. 24 Avril , Libraire.
Ciconeau (N. , fille de Pierre)
voyez Marrest (Claude) 1665.
Cisterne (Guillaume).
1620. . . . . . . Libr. & Impr.
1627. . . . . . . exerçoit.
Clément (Antoine) gendre de
Gervais Alliot.
1653. 4 Déc.   Libraire.
Clément (Pierre) gendre de
Pierre Morist.
1729. 15 Nov.   Libraire.
1772. . . . . . . mort avant.
Clerc (Benoist) voyez Brunet (Ve
d'Augustin I.) 1740.
Cléreret (Jean).
1511. . . . . . . Libraire.
Clergeon (Jacques).
1624. . . . . . . Libraire.
1644. 19 Janv.   meurt avant.
Clergeon (Faimond) 1er fils de
Jacques.
1644. 19 Janv. Libraire.
Clergeon (Marin) 2e fils de Jacques.
1653. 11 Sept. Libraire.
Clergeon (N. fille de Jacques)
voyez Brisset (Jacques) 1639.
Clergeon (N. fille de Jacques)
voyez Gallois (Thomas) 1661.
Clopejau (Michel) frère aîné de
Gabriel I.
1581. . . . . . . Libraire.
CLOPEJAU (Gabriel I.) frère puîné
de Michel.
1606. . . . . . . Libraire-Juré.
1619. 8 Mai , Adjoint.
Clopejau (Gabriel II.) 1er fils de
Gabriel I.
1648. 2 Avril , Libraire.
CLOPEJAU (Nicolas) 2e fils de
Gabriel I.
1648. 2 Avril , Libraire.

1661. 20 Juill.   Adjoint.

Clousier (*François I.*) frère aîné de *Gervais*.

1631. 24 Juill.   Libraire.

1676.   8 Oct.   meurt.

Clousier (*N.* V^e de *François I.*)

1676.   8 Oct.   Libraire.

1696. . . . . .   morte.

Clousier (*Gervais*) frère puîné de *François I.*

1634. 17 Août , Libraire.

1681. 17 Avril , meurt.

Clousier (*N.* V^e de *Gervais*).

1681. 17 Avril , Libraire.

1714. . . . . . . morte.

Clousier (*Pierre*).

1656. . publie : *Voyages & Observations sur l'Italie.*

Clousier (*François II.*) 1er fils de *François I.*

1666. 14 Oct.   Libraire.

1708. . . . . .   mort.

Clousier (*Charles*) 2^e fils de *François I.*

1686. 16 Sept. Libraire.

1703. . . . . .   mort.

Clousier (*Louis*) fils de *Gervais*.

1686. 19 Sept. Libraire.

1705. . . . . .   mort.

Clousier (*N.* fille de *Gervais*) voyez Gandouin (*Julien*) 1683.

Clousier (*François III.*) 1er fils de *François II.*

1689. 18 Janv. Libraire.

1705. . . . . . . mort.

Clousier (*N.* fille de *N.*) voyez Bienfait (V^e de *Pierre*) 1691.

Clousier (*Michel*) 2e fils de *François II.*

1695. 2 Janv. Libraire.

1723. . . . . .   mort.

Clousier (*N.* V^e de *Michel*).

1723. . . . . .   Libraire.

1740. . . . . .   mort.

Clousier (*Jacques*) 1er fils de *Michel* , gendre de *N. Osmont*.

1727. 23 Déc. Libraire.

1767. 24 Juill. meurt à Bayonne.

Clousier (*Pierre-Michel*) 2d fils de *Michel*.

1730. 19 Janv. Libraire.

1737. . . . . . . mort.

Clousier (Me *Jacques - Gabriel*) fils de *Jacques*.

1767.   3 Févr. Libraire.

1773. 27 Mai , Imprimeur.

1788. — Rue de Sorbonne, Imprimeur ordinaire du Roi.

Clousier (*Cécile* , fille de *Jacques*) femme de Hocheteau (*Barthélemi-François*) 1745.

Cobelens ou Confluentinus (*Jean*).

1495. . . . . . . Libraire.

Cochart (*Jean I*).

1621. 21 Janv. Libraire.

1691. . . . . . . mort.

Cochart (*N.* V^e de *Jean I.*)

1691. . . . . . Libraire.

1693. . . . . . . exerçoit.

Cochart (*Jacques*).

1626. 12 Nov. Libraire.

1627. . . . . . exerçoit.

COCHART (*Jean II*) 1er fils de *Jean I.*

1651. 20 Avril , Libraire.

1679. 23 Août , Adjoint.

1697. . . . . .   mort.

Cochart (*Jeanne* , fille de Pierre II. Le Mercier , V^e de *Jean II.*)

1697. . . . . . Libraire.

1719. 28 Janv. meurt.

COCHART (*Jean III.*) 2e fils de *Jean I.*

1687. 22 Janv. Libraire.

1714. 22 Juin , Adjoint.

1719. . . . . . mort.

Cochon (*Claude*).

1648.   6 Févr. Libraire.

1679. . . . . . mort.

Cochon (*N.* V^e de *Claude*)

1679. . . . . . Libraire.

1680. . . . . . exerçoit.

Cochot (*Anne*) voyez Quenat (V^e de *Gabriel*) 1694.

Codoré (*Olivier*).

1572. . . . . . . Libraire.

Coffin (*Lambert*) frère du célébre Recteur de l'Université.

1724. . . . . . Libr.-Juré, puis Receveur des Tailles de Guise.

COIGNARD (*Charles* I.) gendre de Jean I. *Tompère.*

1644. 8 Juin, Libr. & Imprim.
1653. . . . . . Adjoint.
1694. . . . . . mort avant.

COIGNARD (*Jean-Baptiste* I.) 1er fils de *Charles* I.

1658. 2 Mai, Libraire.
1671. 8 Mai, Adjoint.
1687. 22 Févr. Syndic.
1689. 19 Sept. meurt en charge.

portrait grav par Duflos

Coignard (N. Ve de *Jean-Bapt.* I.)
1689. 10 Sept. Libraire.
1708. . . . . . morte avant.

COIGNARD (*Charles* II.) 2d fils de *Charles* I.

1658. 2 Mai, Libraire.
1688. 25 Juin, Adjoint.
1697. . . . . . mort.

Coignard (N. Ve de *Charles* II.)
1697. . . . . . Libraire.
1714. . . . . . morte avant.

COIGNARD (*Jean-Baptiste* II.) 1er fils de *Jean-Baptiste* I.

1687. 28 Juill. Libraire & Impr. Ordinaire du Roi & de l'Académie Françoise.

portrait gravé par Petit en 1732.

1701. 10 Sept. Adjoint.
1723. 30 Janv. Consul.
1728. 12 Mai, Syndic.
1729. 4 Juin, s'étoit demis du Syndicat.
1737. . . . . . mort.

Coignard (Charlotte *Girard*, Ve de *Jean-Baptiste* II.

1737. . . . . . Libraire avant.
1760. 27 Sept. meurt.

Coignard (*Louis*) 2d fils de *Jean-Baptiste* I.

1700. 30 Déc. Libraire.
1702. 7 Janv. Imprimeur.
1738. 28 Mars, s'étoit démis de son Imprimerie.
1740. . . . . . mort avant.

Coignard (*Claude - Géneviève*, fille de *Jean-Baptiste* I.) voyez Mariette (Ve de *Jean.*) 1742.

COIGNARD *Jean-Baptiste* III) 1er fils de *Jean-Baptiste* II, gendre de N. *Joban*, de Lyon, par *Jeanne.*

1713. 30 Oct. Libraire & Impr. en survivance.
1717. 11 Août, Imprimeur (avec exercice) Ordin. du Roi & de l'Académ. Françoise.
1735. 12 Août, Adjoint.
1746. 29 Janv. Consul.
1751. 22 Déc. Syndic.
1752. 3 Août, s'étoit démis de son Imprimerie
1752. 1 Oct. Secret. du Roi.
1768. 31 Oct. meurt, Bienfaiteu des Ouvriers Imprimeurs de Paris

Coignard de la Pinelle (*Pierre François*) 2d fils de Jean-Bapt. II

1721. 16 Juill. Libraire
1734. . . . . . s'établit à Dijon & s'y marie.
1749. 7 Juill. meurt à Dijon.

Coignard de la Pinelle (Bernard *Verstel*, Ve de *Pierre-François*)

1696. 21 Juill. naît.
1749. 7 Juill. Libraire à Dijon
1753. 10 Sept. se retire
1784. 4 Août, vivoit âgée d 88 ans. (*)

Coing (*Robine*) femme de Val cosan (*Michel*) 1530.

Colas (Mr *Jean-François*).

1773. 16 Juill. Libraire.
1788. . . . . . Place de Sorbonne

Colin (*L. . . .*).

1528. . . . . . Libraire & Imp

Colin (*Etienne*).

1602. . . . . . Libraire & Imp

Colin (*Pierre*) gendre de Gui laume *Saffier.*

1659. 25 Sept. Libraire.
1697. . . . . . mort.

(*) Morte chez Mr Frantin son successeur et son

Colin (*N. Saffier* , Vᵉ de *Pierre*).
1697. . . . . Libraire.
1708. . . . . morte avant.
Colin (*Jean*) fils d'*Etienne*.
1665. 16 Oct. Libraire.
1692. . . . . exerçoit.
Colin (*Louis*) fils de *Pierre* , & gendre de Denys *Alexandre* , par *Magdeléne-Michelle*.
1695. 2 Janv. Libraire & Impr.
1706. 24 Mai , meurt.
Colin (*Magdeléne-Michelle* , fille de Denys *Alexandre*, Vᵉ de *Louis*)
1706. 24 Mai , Libraire & Impr.
Colinæus *voyez* De Colines.
Colinet *voyez* De Colines.
Collége des Lombards ,
voyez Collegium Italorum.
Collegium Italorum.
1539 } Imprimerie.
1552 }
Un *Etienne* , qui y travailloit , marquoit ses éditions de ce Collége.
Collet (*Claude*).
1606. . . . . . Libraire.
1627. . . . . exerçoit.
Collet (*Martin*)
1619. 19 Déc. Libraire.
1637. . . . . exerçoit.
Collet (*Pierre*) fils de *Claude*,
1651. 13 Avril. Libraire.
Collet (*Jean*) fils de *Martin*.
1652. 31 Nov. Libraire.
Collier (*Geoffroi*).
1582. . . . . Libraire.
COLLOMBAT (*Jacques*) de Grenoble , gendre de Claude I. *Dehansy*.
1695. 4 Févr. Libraire.
1710. 18 Févr. Imprimeur.
1714. 22 Juin , Adjoint.
1744. . . . . mort Impr. du Cabinet du Roi.
Collombat (*N.* fille de Claude I. *Dehansy*, Vᵉ de *Jacques*).
1744. . . . Libr. & Impr. du Cabinet du Roi.

1744. 26 Juin , s'étoit démise de son Imprimerie.
Collombat (*Jacques-François*) fils de *Jacques*.
1744. 26 Juin , Libr. & Impr. du Cabinet du Roi.
1751. 1 Juin , meurt.
Collombat (*Jacqueline Tarlé* , Vᵉ de *Jacques-François*).
1751. 1 Juin , Libr. & Impr. du Cabinet du Roi.
1752. 5 Févr. meurt.
Collombat (*Jean-Jacques-Etienne*) fils de *Jacques-François* , mineur & orphelin de père & de mère ,
1752. 5 Févr. Libr. & Imprim. du Cabinet du Roi , en exercice , sous l'inspection de la Chambre Syndicale.
1763. 3 Sept. étoit retiré.
Collot (*Henriette*) voyez Bouillerot, (Vᵉ de *Jérémie* III.) 1723.
Colmont (*Antoine*).
1635. 5 Juill. Libraire.
Colombet (*Robert*).
1578. . . . . Libraire.
1627. 14 Oct. meurt avant.
Colombet (*Jean-François-Robert*).
1582. . . . . Libraire.
Colombet (*Matthieu*) fils de *Robert*.
1627. 14 Oct. Libraire.
Colombier (Mᵉ Jean-Charles).
1773. 18 Sept. Libraire.
1788. . . . . rue des Maturins.
Columbaria voyez Fribourger.
Comitis (*Nicolas*).
1494. . . . Libraire.
Commin (*Vincent*).
1488. . . . Libraire.
COMPAGNIES de Libraires pour de grandes Entreprises , par ordre chronologique.
Compagnie de la *Grand'Navire*. 1586.
Compagnie , ayant pour marque la *Ville de Paris*. 1608 à 1624.

Compagnie de la *Grande Navire* 1618.

Compagnie de *cinq* Libraires du Palais, aux *cinq* sources d'eau, (*Societas minima — Te annuente bonis*) 1622 à 1625.

Compagnie pour les éditions Gréques. 1624 à 1629.

Compagnie ayant pour marque le *Soleil* (*Quos aspicit, fovet*) 1629 à 1631.

Compagnie de la *Grand'Navire*, (fans lettres au Mât) 1631.

Compagnie pour les *Livres d'Eglife*, 1635 à 1664.

Compagnie pour les SS. Pères, (*Typis Regiis*) 1638.

Compagnie pour les nouveaux ufages de Paris.
1734. jufqu'à ce jour.
(*Voyez encore* Societas.)

Compaing (*Jacques*).
1625. 3 Juill. Libraire.
1687. 1 Mars, meurt.

Compaing (*Pierre*) fils de *Jacques*.
1661. 16 Févr. Libraire.
1680. . . . exerçoit.

Compaing (*N.* fille de *Jacques*) femme de Le Fillatre (*Robert*) 1655.

Compaing (*N.* fille de *Jacques*) voyez Ofmont (V^e de *Charles* I.) 1690.

Confluentinus *voyez* Cobolens.

Connard (*Cécile*) voyez Carouge, (V^e de *N.*) 1737.

Conrad (*Michel*).
1518. . . . . Libraire.

Coquerel (*Jean*).
1570. . . . Libraire.
1610. . . . exerçoit.

Coraldus *voyez* Courauld.

Corbon (*Jean* I.)
1545. . . . Libraire.
1612. . . . exerçoit.

Corbon (*Jean* II.) fils de *Jean* I.
1589. . . . Libraire.

Corbon (*N.* fille de *Jean* I.)

femme de Huré (*Sébaftien* I.) 1633.

Corbran (*Guillaume*).
1627. . . . Libraire.

Cordier (*Geoffroi* I.).
1606. . . . Libraire.
1628. . . . . exerçoit.

Cordier (*Geoffroi* II.) fils de *Geoffroi* I.
1643. 29 Déc. Libraire.

Corniculatius voyez Cornilleau.

Cornilleau (*Jean*).
1521. . . . Libr. & Impr.
1525. . . . exerçoit.

Cornillier (*Marie-Anne*, fille de *N.*) 2de femme de Defprez, (*Guillaume* II.) 1706.

Corrozet (*Gilles* I.)
1555. . . . Libraire.
1568. 15 Juin, meurt à 58 ans.

Corrozet (*Galliot*) 1er fils de *Gilles* I.
1578. . . . Libraire.
1612. . . . exerçoit.

CORROZET (*Jean*) fils de *Galliot*.
1606. . . . Libraire.
1634. 19 Janv. Adjoint.
1641. . . . exerçoit.

Corrozet (*Gilles* II.) 2e fils de (*Gilles* I.)
1636 24 Avril, Libraire.

Coffet (*Claude*).
1692. . . . Libraire.
1694. . . . mort avant.

Coftard (Me *Jean-Pierre*)
1769. 17 Févr. Libraire.
1788. . . .

Cot (*Jean*) Graveur & Fondeur de caractères.
1703. 10 Mai, Libraire.
1708. . . . mort.

Cot (*N.* V^e de *Jean*)
1708. . . . Libr. & Fondeur de caractères.
1737. . . . morte avant.

Cot (*Pierre*) fils de *Jean*.
1703. 24 Mai, Libraire.
1714. 3 Mai, Imprimeur.

1712. 15 Nov. mort avant.
Cot (*N. Marsidrot* Vᵉ de *Pierre*).
1712. 15 Nov. Libr. & Impr.
1715. . . . exerçoit.
Cottard (*Clovis*).
1628. 5 Oct. Libraire.
1658. 25 Avril, mort avant.
Cottard (*Pierre*) fils de *Clovis*.
1658. 25 Avril, Libraire.
1694. . . . mort avant.
COTTEREAU (*Joseph*).
1606. . . . Libr.-Juré, Impr.
1621. 20 Juill. Adjoint.
1636. 28 Juin, Syndic.
1652. 13 Juill. meurt.
Cottereau (*Laurent*) fils de *Joseph*.
1638. 29 Mars, Libraire.
1648. 22 Oct. meurt.
Cottin (*Jacques*).
1636. 21 Févr. Libraire.
1682. . . Juill. meurt.
Cottin (*N.* Vᵉ de *Jacques*).
1682. . . Juill. Libraire.
1694. . . . morte avant.
Cottin (*Philippe*) fils de *Jacques*.
1663. 2 Août, Libraire.
1719. . . . mort.
Cottin (*N.* Vᵉ de *Philippe*).
1719. . . . Libraire.
1725. . . . morte avant.
Cottin (*Edme-Gabriel*) 1ᵉʳ fils de *Philippe*.
1714. 24 Avril, Libr. & Fondeur de caractères.
1746. 18 Janv. meurt.
Cottin (*Guillaume-Philippe*) 2ᵉ fils de *Philippe*.
1714. 24 Avril, Libr. & Fondeur de caractères.
1762. 30 Avril, meurt.
Cottinet (*Denys*).
1588. . . . Libr. & Impr.
Cottinet (*Arnould I.*) fils de *Denys*.
1599. . . . Libr. & Impr.
1601. 4 Sept. meurt.
Cottinet (*Arnould II.*) 1ᵉʳ fils d'*Arnould I.*

1637. 22 Janv. Libraire.
1638. . . . exerçoit.
Cottinet (*Jacques*) 2ᵉ fils d'*Arnould I.*
1651. 19 Oct. Libr. & Imprim.
Cotret (*Antoine*).
1691. . . . Libraire.
1694. . . . mort avant.
Coulon (*Antoine*).
1637. 22 Janv. Libraire.
Courauld (*N.*)
1521. . . . Libraire-Juré.
COURBE' (*Augustin*).
1623. 5 Octobr. Libraire.
1637. . . . Impr. de Monsieur.
1658. 8 Mai, Adjoint.
Courbé (*N.* fille d'*Augustin*) femme de Chevalier (*Jacob*) 1631.
Courbé (*Denyse*, fille d'*Augustin*) voyez Camusat (Vᵉ de *Jean*) 1639.
Courbé (*N.*, fille d'*Augustin*) femme de Le Petit (*Pierre*) 1642.
Courbin (*Gilles*).
1573. . . . Libraire.
Courcelle (Dlle *Marie-Louise*) voyez Guillaume (Vᵉ de *Laurent-Charles*) 1778.
Couret de Ville-Neuve (Dlle *N.* fille de Mᵉ *N.*) d'Orléans, femme de Mᵉ Panckoucke (*Charles-Joseph*) 1762.
Cousin (*Pierre*)
1535. . . . Libr. & Impr.
Cousin (*Guillaume*) fils de *Pierre*.
1566. . . . Libraire.
Cousin (*Jean*).
1619. 12 Sept. Libraire,
1627. . . . exerçoit,
Coustelier (*François*) gendre de Pierre *Trouvain*.
1654. 15 Janv. Libraire.
1694. . . . mort.
Coustelier (*N. Trouvain*, Vᵉ de *François*).
1694. . . . Libraire.
1719. . . . morte avant.
Coustelier (*Martin*) 1ᵉʳ fils de *Franç.*

1665. 1 Octobr. Libraire.
1686. 18 Sept. meurt avant.
Coustelier (*N.* V^e de *Martin*)
1685. 18 Sept. Libraire, épouse
    Charles *Le Camus*
    voyez Le Camus.
COUSTELIER (*Urbain*) 2e fils de
    François.
1683. 10 Sept. Libraire.
1706. 23 Juill. Adjoint.
1712. 12 Févr. meurt avant.
Coustelier (*N.* V^e d'*Urbain*).
1712. 12 Févr. Libraire.
1737. . . . . morte avant.
Coustelier (*Nicolas*) 3e fils de
    François.
1691 11 Mai, Libraire.
1693. . . . exerçoit.
Coustellier (*Elisabeth*, fille d'*Ur-*
    bain) femme de Morisset (*Pierre*)
1711.
COUSTELIER (*Antoine-Urbain* I.)
    fils d'*Urbain.*
1712. 12 Févr. Libraire.
1720. 27 Févr. Imprimeur.
1714. 8 Mai, Adjoint.
1724. 25 Nov. meurt.
Coustelier (Marie *Mérigot*, V^e
    d'*Antoine-Urbain* I.)
1724. 25 Nov. Libr. & Impr.
1728. 22 Déc. abdique l'Impr.
1730. . . . morte avant.
Coustelier (*Antoine-Urbain* II.)
    fils d'*Antoine-Urbain* I.
1741. 3 Mars, Libraire.
1763. 25 Août, meurt.
Coustelier (Angélique-Françoise-
    Nicole *Devaux*, V^e d'*Antoine-*
    Urbain II.)
1763. 25 Août, Libraire.
1775. 1 Déc. meurt.
Couteau (*Gilles*).
1492. . . . . Libr. & Impr.
1519. . . . . exerçoit.
Couteau (*Nicolas*) 1er fils de *Gilles.*
1524. . . . . Libr. & Impr.
1541. . . . . exerçoit.
Couteau (*Antoine*) 2d fils de *Gilles.*

1525. . . . . Libr. & Impr.
1532. . . . . exerçoit.
COUTEROT (*Edme* I.) frère
    aîné de *Jean*, & gendre de Denys
    Moreau.
1649. 7 Octobr. Libraire.
1662. 3 Juill. Adjoint.
1677. 25 Juin, Syndic.
1687. 21 Août, meurt.
Couterot (*N.* fille de Denys
    Moreau, V^e d'*Edme* I.)
1687. 21 Août, Libraire.
1692. . . . . exerçoit.
COUTEROT (*Jean*) frère puîné
    d'*Edme* I.
1664. 13 Mars, Libraire.
1690. 30 Mai, Adjoint.
1714. . . . . mort.
Couterot (*N.* V^e de *Jean*).
1714. . . . . Libraire.
1723. . . . . morte avant.
Couterot (*Hubert*).
1677. . . . . Libraire.
Couterot (*Edme* II.) fils d'*Edme* I.
1687. 19 Août, Libraire.
1730. . . . . mort avant.
Couterot (*Nicolas*) fils d'*Hubert.*
1697. 2 Janv. Libraire.
1723. . . . . mort avant.
Couturier (*Denys-Clément*).
1764. 17 Mai, Libraire.
1771. 3 Juin, Imprimeur.
1782. 31 Août, s'étoit démis de
    son Imprimerie.
1786. 8 Sept. meurt.
Couturier (Dlle Marie-Génoviève
    Viard, V^e de Mr *Denys-Clément*).
1786. 8 Sept. Libr. ancien Impr.
1788. — rue des Poulies.
Couturier (Mr *Pierre-Denys*) fils
    de Mr *Denys-Clément.*
1764. 1 Déc. Libraire.
1782. 31 Août, Imprimeur.
1788. . . . . Quai des Augustins.
Coypel (*Henri*).
1586. . . . . Libr. & Impr.
Cramoisy (*Sébastien* I.) gendre
    de Sébastien *Nivelle.*
               1589.

1589. . . . Libraire.
1610. . . . Libraire-Juré.
CRAMOISY (*Sébastien* II) 1er
fils de *Sébastien* I.
1601. . . Libr. & Impr.
1627. 30 Janv. Libraire-Juré.
1628. 8 Juin, Syndic.
1636. 31 Janv. Consul.
1640. . . Directeur de l'Imprimerie-Royale,
fixée au Louvre.
1641. 15 Août, Échevin.
1652. 30 Janv. Juge-Consul.
1669. 29 Janv. meurt.
CRAMOISY (*Claude* I.) 2d fils
de *Sébastien* I.
1618. 31 Août, Libraire.
1643. 2 Oct. Adjoint.
1680. 27 Mars, meurt.
Cramoisy (*Gabriel*) 3e fils de
Sébastien I.
1629. 26 Avril, Libraire.
1663. 5 Oct. meurt.
CRAMOISY (*André*, 1er fils de
Claude I.
1655. 23 Janv. Libraire.
1684. . . . Imprimeur.
1687. 22 Févr. Adjoint.
1712. 25 Avril, s'étoit démis de
son imprimerie,
1723. . . mort avant.
Cramoisy (*Sébastien* III.) 2e fils
de *Claude* I.
1663. 30 Août, Libraire.
1708. . . mort avant.
Cramoisy (*Antoine*).
1679. . . . Libraire.
Cramoisy (*Sébastien* IV.) fils de
Sébastien III.
1688. 27 Janv. Libraire.
1709. 28 Févr. meurt.
Cramoisy (*Sébastien Mabre*) voyez
Mabre.
Crantz ou Krantz (*Martin*) Allemand.
1470. . . Libr. & Impr.
1477. . . quitte Paris.
1499. . . mort après.

Crapart (*Nicolas*).
1765. 4 Juin, Libraire.
1783. 13 Nov. meurt.
Crapart (Mr *Jean-Baptiste-Nicolas*)
fils de *Nicolas*.
1781. 30 Nov. Libraire.
1788. . . rue d'Enfer-S.-Michel.
Crépy (*Claude*) voyez Bienvenu,
(Ve de *Pierre-Jacques*) 1742.
Crescend (Mr *Henri-Laurent*).
1787. 29 Janv. Libraire.
1788. rue S.-Étienne des Grès.
Cressonnet (*Gabriel*).
1626. . . . Libraire.
Cressonnier (Mr *Jean-Gabriel*).
1770. 28 Sept. Libraire.
1788. — à Chaumont en Bassigni.
Crévier (*Denys*) Gendre de Jacques *Palfart*.
1658. 28 Nov. Libraire.
1686. 19 Sept. meurt avant.
Crévier (N. *Palfart*, Ve de *Denys*).
1686. 19 Sept. Libraire avant,
1708. . . . morte avant.
Crévier (*Guillaume*) fils de *Denys*.
1686. 19 Sept. Libraire.
1693. . . . mort.
Crévier (N. fille de *Denys*) femme
de Trudon (*Nicolas*) 1761.
Crévier (*Simon*) gendre de Denys
Petit.
1707. 4 Févr. Libraire.
1737. . . . mort avant.
Crévier (*Jean-François*).
1716. 7 Oct. Libraire-Juré.
1726. 4 Mai, reçu à la Chambre.
1764. . . . mort avant.
Crispin (*Nicolas*).
1507. . . . Libraire.
1516. . . . exerçoit.
Crispin (*Jean*) d'Artois.
1563. . . Libr. & Impr.
1571. . . se retire à Genève.
Crosat (*Marie-Térèse*) voyez Hochereau, (Ve d'*Etienne*) 1742.
Croullebois (Mr *André*).
1786. 3 Oct. Libraire.
1788. — rue des Mathurins.

e

Cuchet (Mr *Gaspar-Joseph*) de Grenoble.
1784. 27 Juillet, Libraire.
1788. — rue & hôtel Serpente.
Cugnot (*Lazare*).
1726. 1 Avril, Libraire.
1762. . . . mort avant.
Cuissart (*François*) gendre d'Etienne Du Castin.
1711. 14 Avril, Libraire.
1737. . . . mort.
Cuissart (*Geneviéve*, fille d'Etienne Du Castin, Ve de *François*).
1737. . . . Libraire.
1742. . . . morte avant.
Cuissart (*Léonard*) fils de *François*.
1743. 15 Juin, Libraire.
1777. . . . mort avant.
Cuquel (*Jeanne-Marguerite*) voyez Lamesle (Ve de *Jean-Baptiste*)
1742. . . .
Cussac (Mr *Jean*) de S.-Flour.
1785. 2 Août, Libraire.
1788. . . Carrefour S.-Benoît.
Cusson (*Jean* I.)
1630. 10 Janv. Libraire.
1662. 27 Juin, exerçoit.
Cusson (*Jean* II.) fils de *Jean* I.
1659. 20 Févr. Libraire.
1698. 12 Mai, Adjoint.
1705. . . . mort.
Cusson (*N.* Ve de *Jean* II.).
1705. . . . Libraire.
1714. . . . morte avant.
Cusson (*N.* fille de *Jean* I.) femme de Castagnon (*Jean*) 1662.
Cusson (*Jean-Baptiste*) fils de *Jean* II.
1685. 19 Sept. Libraire.
1694. 8 Juin, Imprimeur.
1702. 19 Août, Adjoint.
1711. 13 Mai, établi à Nancy.
1716. . . . mort après
Custode (*André*).
1545. . . . Libraire.
Cyanæus voyez Blablom.

D'Agrénat (*Isaac*).
1620. 30 Avr. Libraire.
D'Allemagne (*Nicolas*).
1610. . . . Libraire.
1627. . . . exerçoit.
Dallier (*Jean*).
1545. . . . Libraire.
1569. . . . exerçoit.
Dallin (*Remi*).
1614. . . . Libraire.
1639. . . . mort.
Dallin (*Jacques*) fils de *Remi*.
1626. 5 Nov. Libraire.
1659. 13 Juin, Adjoint.
Dallin (*N.* fille de *Jacques*) femme de Joly (*Thomas*) 1648.
Dallin (*N.* fille de *Jacques*) voyez Bénard (Ve de *Simon* I.) 1684.
Damonneville (*Antoine*). ✳
1700. 18 Févr. Libraire.
1738. 18 Avril, mort avant.
Damonneville (*Michel*) fils d'*Ant.*
1738. 18 Avril. Libraire.
1758. 3 Juin, meurt.
Damonneville(*Françoise-Gabrielle-Monique*, fille de *N. Osmont*, Ve de *Michel*).
1758. 3 Juin, Libraire.
1762. 21 Août, meurt.
Damonneville (*Eléonore*, fille de *Michel*) 1ere femme de Mr Musier(*J.-B.-Guillaume*) 1756.
Dampierre (*Jacques*).
1633. 7 Avril, Libraire.
D'Andrénas (*Claude* I.) frère aîné de *Claude* II.
1606. . . . Libraire.
1610. . . . mort.
D'Andrénas (*N.* Ve de *Claude* I.)
1610. . . . Libraire.
1611. . . . exerçoit.
D'Andrénas (*Claude* II.) frère puîné de *Claude* I.
1696. . . . Libraire.
1618. . . . exerçoit.
D'Anfrie (*Philippe*).
1558. . . . Libraire.

✳ Damonneville (Antoine)
que Luver femme

Daniel (*Michel*).
1614. • • • Libraire.
1619. • • • exerçoit.
Dappe (*Denys*).
1606. • • • Libraire.
1618. • • • exerçoit.
Darbisse (*Pierre*)
1679. • • • Libraire.
1680. • • • exerçoit.
Daubin (*Eustache*).
1622. 27 Janv. Libraire.
1627. • • • • • exerçoit.
Davergne (*Noël*).
1597. • • • Libraire.
Daufresne (*Robert*).
1618. 4 Oct. Libr. & Impr.
Daugui (*Etienne*).
1642. 3 Oct. Libraire.
David (*Matthieu*).
1544. • • • Libr. & Impr.
1556. • • • exerçoit.
David (*Jean*).
1621. 12 Juill. Libraire.
1627. • • • exerçoit.
David (*Pierre*).
1631. 24 Juill. Libraire.
1632. • • • exerçoit.
David (N. fille de *Pierre*) voyez
Ribou (Ve de *Pierre*) 1679.
David (*Denys*) gendre d'Etienne
Saucie.
1649. 18 Sept. Libraire.
1686. • • • mort.
David (N., fille d'Etienne *Saucie* ;
Ve de *Denys*).
1686. • • • Libraire.
1692. • • • exerçoit.
DAVID (*Michel*) 1e fils de *Denys*.
1686. 17 Sept. Libraire.
1707. 10 Sept. Adjoint.
1719. • • • mort.
David (N. Ve de *Michel*).
1719. • • • Libraire.
17-5. • • • morte avant.
David (*Christophe* I.) 2e fils de
Denys.
1687. 18 Févr. Libraire.
1723. • • • mort.

David (N. Ve de *Christophe* I.)
1723. • • • Libraire.
1727. • • • morte avant.
David (*Andrée-Hélène* , fille de
Christophe I.) voyez Roman ,
Ve de *Charles*) 1740.
DAVID (*Michel-Etienne* I.) 1er fils
de *Michel*.
1700. 30 Déc. Libraire.
1730. 17 Mai ; Adjoint.
1740. 31 Janv. Consul.
1756. 3 Févr. meurt.
David (Françoise *Loyson* , Ve de
Michel-Etienne I.)
1756. 3 Fév. Libraire.
1768. 19 Mai , meurt.
David (*Christophe* II.) 2d fils de
Michel.
1713. 27 Oct. Libraire.
1723. 2 Juillet, Imprimeur.
1742. • • • mort.
David (N., Ve de *Christophe* II.)
1742. • • • Libr. & Impr.
1754. 28 Juin , s'étoit démise de
son Imprimerie.
1755. • • • morte avant.
David (*Guillaume-Denys*) 3e fils
de *Michel*.
1720. 27 Sept. Libraire.
1740. • • • mort avant.
DAVID (*Michel-Antoine*) 1er fils
de *Michel-Etienne* I.
1732. 3 Mai , Libraire.
1751. 22 Déc. Adjoint.
1769. 17 Mars , meurt.
David (*Marie-Scholastique* , fille
de Pierre *Witte* , Ve en 1res nôces
de N. *Réghauldin* , Avocat au
Parlement, & en 2des de *Michel-
Antoine*).
1769. 17 Mars , Libraire.
1770. 5 Mai , meurt. Bien-
faitrice des Veuves
de la Communauté.
David (*Michel-Etienne* II.) 2e fils
de *Michel-Etienne* I.
1742. 11 Janv. Libraire.
1756. 5 Févr. meurt.

E 2

David (N. . . . . , Vᵉ de
 Michel-Etienne II.)
1756. 5 Févr. . Libraire.
1775. . . . non inscrite.
Davidis (Rombaut).
1751. 8 Avril , Libraire.
1772. . . se retire à Louvain.
1777. . . mort Bourgue-Mestre
 de Louvain , & Dire-
 cteur général de la
 Librairie des Pays-Bas.
Davidis (Dlle Térèse de Rayfouche
 de Monfet , Vᵉ en 1res nôces de
 Pierre Piget , & en 2des de
 Rombaut).
1777. . . . Libraire.
1778. . . . revient à Paris,
 mais se retire du
 commerce.
1788 , rue des Grands-Augustins.
D'Aumale (François).
1582. . . . Libraire.
D'AUMALE (Jean).
1582. . . . exerçoit.
1605. . . . Libraire.
1621. 20 Juill. . Adjoint.
1627. . . . exerçoit.
D'Aumale (Louis) fils de Jean.
1644. 19 Janv. Libraire.
D'Avoust (Claude).
1529. . . . Libraire.
D'Avoust (Guillaume).
1533. . . . Libraire.
Dauplet (Henri).
1610. . . . Libraire.
1627. . . . exerçoit.
Dauplet (François).
1618. . . . Libraire.
Dauplet (Michel).
1624. 19 Févr. Libraire.
1627. . . . exerçoit.
Dauplet (N. fille de (Michel)
 femme de Gourault (Claude)
1633.
Dauvel (Abraham)
1582. . . . Libraire.
De Banville (Louis).
1557. . . . Libraire.

De Barra (N.)
1510 } Regule Decimarum ,
1515 } (sans date). Novæ Regulæ
 cansellariæ 1516. in clauso
 Brunello.
De Bats (Pierre I.)
1662. 27 Juin , Libraire.
1697. . . . . . mort.
De Bats (N. Vᵉ de Pierre I.
1697. . . . . . . Libraire.
1708. . . . . . . morte avant.
De Bats (Pierre II.) 1er fils de
 Pierre I.
1691. 13 Mars , Libraire.
1730. . . . . mort.
De Bats (Géneviève Orient , Vᵉ
 de Pierre II.)
1730. . . . Libraire.
1757. 18 Avril , meurt.
De Bats (Imbert) 2d fils de
 Pierre I.
1695. 2 Janv. Libraire.
1704. 8 Oct. Imprimeur.
1730. . . . . mort avant.
De Bats (Pierre - André) fils
 d'Imbert.
1731. 9 Mars , Libraire.
1754. 6 Janv. meurt.
De Bats (N. Vᵉ de Pierre-André).
1754. 6 Janv. Libraire.
1759. . . . . . . morte avant.
De Beaujeu (Mille) gendre de
 Claude I. Calleville.
1656. 17 Févr. Libraire.
1679. . . . . . mort.
De Beaujeu (N. Calleville , Vᵉ
 de Mille).
1679. . . . Libraire.
De Bially ou Billy (Jean).
1528. . . . Libraire.
De Billy , voyez De Bially.
De Billy (Antoine) gendre d'A-
 mable Auroy.
1709. 23 Avril , Libraire.
1746. 24 Déc. meurt.
De Billy (N. Auroy, Vᵉ d'Antoine).
1746. 24 Déc. Libraire.

De Bladis (*Antoine*).
1531. . . . . . . Libr. & Impr.
1532. . . . . . exerçoit.
De Borde (*Jean*).
1610. . . . Libraire.
1612. . . . exerçoit.
De Bordeaux (*Jean*).
1569. . . . Libr. & Impr.
1636. . . . mort.
De Bordeaux (N. Vᵉ de *Jean*).
1636. . . . . . Libr. & Imprim.
De Boſſozel (*Guillaume*).
1529. . . . Libr. & Impr.
1541. . . . exerçoit.
De Bourbe (*Jean*).
1610. . . . Libraire.
De Brailly (*Jean*)
1550. . . . Libraire.
De Bray (Mr *Nicolas - Amable-Germain*).
1787. 22 Déc. Libraire.
1788. . . au Palais Royal.
De Bréda (*Jean*).
1525. . . . Libraire.
De Breſche (*Pierre* I.)
1606. . . . . . Libraire.
1617. . . . . exerçoit.
De Breſche (*Charles*) 1er fils de *Pierre* I.
1619. 6 Sept. Libraire.
De Breſche (*Pierre* II.) 2d fils de *Pierre* I.
1647. 4 Janv. Libraire.
1708. . . . . . mort.
De Breſche N. Vᵉ de *Pierre* II.)
1708. . . . . . Libraire.
17. . épouſe en ſecondes nôces François *Toſquenon*, Greffier au Châtelet.
De Brie (*Euſtache*).
1505. . . . . . Libraire.
1508. . . . . . exerçoit.
De Brie (*Jean*).
1512. . . . . . Libraire.
1518. . . . . . exerçoit.
De Brouilly (*Jean*).
1543. . . . . . Libraire.
1550. . . . . . exerçoit.

De Bure (*Nicolas* I.)
1660. 11 Mars, Libraire.
1694. . . . mort avant.
De Bure (*Guillaume* I.) 1er fils de *Nicolas* I.
1703. 26 Juin, Libraire.
1748. 25 Oct. meurt.
De Bure (Marie-Charlotte *Fuzelier*, Vᵉ de *Guillaume* I).
1748. 25 Oct. Libraire.
1748. 29 Oct. meurt.
De Bure (*Nicolas* II.) 2d fils de *Nicolas* I, & gendre de Nicolas II. *Beſſin*.
1704. 12 Déc. Libraire.
1727. . . . mort.
De Bure (Jeanne *Beſſin*, Vᵉ de *Nicolas* II.)
1727. . . . . . Libraire.
1756. 8 Juill. meurt.
De Bure (*Jeanne*, fille de *Nicolas* I.) voyez Le Conte (Vᵉ de *Laurent*)
1737.
De Bure (*Nicolas-François*) 1er fils de *Nicolas* II.
1716. 18 Déc. Libraire.
1737. . . . mort avant.
De Bure (*Jean*) fils de *Guillaume* I. & gendre de N. *Tilliard*.
1721. 30 Déc. Libraire.
1745. 7 Août, Adjoint.
1786. . . . Janv. Doyen de la Communauté.
1786. 15 Avril, meurt.
De Bure (*François*) 2d fils de *Guillaume* I.
1730. 13 Févr. Libraire.
1752. 16 Nov. meurt.
De Bure (N. Vᵉ de *François*).
1752. 16 Nov. Libraire.
1772. 3 Mai, meurt.
De Bure (*Jeanne-Chriſtine*) fille de *Guillaume* I.
1748. . . . exerce.
1766. 17 Sept. meurt.
De Bure (*Guillaume-François*) 1er fils de *François*.
1753. 19 Mai, Libraire.

1782. 15 Juill. meurt.

Il est auteur de la *Bibliothèque instructive*.

De Bure (Dlle *N. Saugrain*) Vᵉ de (*Guillaume François*).

1782. 15 Juill. Libraire.

1788. — rue de Savoie.

De Bure (Mr *Guillaume* II.) 1ᵉ: fils de *Jean*, & gendre de Marie-Jacques *Barrois*.

1759. 18 Mai, Libraire.

1775. 19 Juill. Adjoint.

1788. — rue Serpente, hôtel Ferrand : Libraire de la Bibliothèque du Roi & de l'Académie-Royale des Sciences.

De Bure de S.-Fauxbin (Mr *Jean-François*). 2ᵉ fils de *François*.

1755. 29 Mars, Libraire.

1788. rue de Savoie.

De Bure (Mr *François-Jean-Noel*) 2ᵉ fils de *Jean*, depuis gendre de Laurent-Charles *D'Houry*.

(1769. 4 Juillet, Libraire.

1786. 1 Déc. Imprimeur.

1788. rue Haute - Feuille, Imprimeur de S. A. S. Mgr le Duc d'Orléans.

De Burges (*Nicolas*).

1543. . . . . . Libraire.

De Bury (*Marie*, fille de *N.*) voyez Vincent (Vᵉ de *Jacques*) 1760.

De Canville *Catherine*, fille de *N.* voyez Mouchet (Vᵉ de *Denys*) 1755.

De Cay (*Antoine*).

1525. 30 Janv. Libraire.

1659. 18 Sept. meurt.

De Cay (*N.* Vᵉ d'*Antoine*).

1659. 18 Sept. Libraire.

De Cay (*N.* fille d'*Antoine*) femme de Martin (*Sébastien* II.) 1659.

De Cay (*Denys*).

1627. . . . . . Libraire.

De Colines ou Colinet (*Simon*) né à Gentilly - lès - Paris, épouse

la veuve de *Henri* I. *Estienne*, & devient, en,

1520, ... Libr. & Impr.

1550. . . . . exerçoit.

De Colines (*François*).

1529. . . . . Libraire.

De Colines (*Louis*).

1535. . . . . Libr. & Impr.

1544. . . . . exerçoit.

De Colines (les Héritiers de *Simon*).

1550. . . . . Libr. & Impr.

De Columbaria, *voyez* Friburger.

De Courbe (*Jean*).

1625. . . . . . Libraire.

1666. 8 Avril, meurt avant.

De Courbe (*Gilles*) fils de *Jean*.

1645. 6 Juillet, Libraire.

1680. . . . . . exerçoit.

De Courbe (*Catherine* fille de *Jean*) *voyez* De la Ville (Vᵉ de *Daniel*) 1703.

De Courbe (*Jacques*) fils de *Gilles*.

1665. 13 Mai, Libraire.

1708. . . . . . mort.

De Courbe (*Marguerite*, fille de *N. de Favau*, Vᵉ de *Jacques*).

1708. . . . . . Libraire.

1730. . . . . . morte avant.

De Courbe (*Jean-Henri*) fils de *Jacques*.

1719. 1 Août, Libraire.

1736. . . . . . mort.

De Courbe (*N.* Vᵉ de *Jean-Henri*).

1736. . . . . . Libraire.

1759. . . . . . morte avant.

De Courtade (*Marie-Jeanne*, fille de *N.*) *voyez* Robustel (Vᵉ de *Jean-François*) 1755.

Dedin (*Jean*).

1641. . . . . . Libr. & Impr.

De Face (*Pierre*).

1627. . . . . . Libraire.

De Favau (*Marguerite*, fille de *N.*) *voyez* De Courbe (Vᵉ de *Jacques*) 1708.

De Fet de Maisonneuve (Mr *André*).

1788. 26 Févr. Libraire.

1788. . . . . . rue S. Jacques.

De Forge (*Pierre*).
1614. . . . . . Libraire.
1631. 17 Nov. meurt.

De Forge (*Nicolas*).
1626. 23 Déc. Libraire.

De Fréval (*Jean*).
1618. . . . Libraire.
1627. . . . Imprimeur.

De Gaules (fille de *N.*) voyez
Gueffier (V^e de *Claude-Pierre*)
1770.

De Gourmont (*Robert*) frère aîné
de *Gilles* & de *Jean.*
1502. . . . . Libr. & Imprim.
1518. . . . . exerçoit.

De Gourmont (*Gilles*) frère puîné
de *Robert.*
1507. . . . Libraire & Impr.
1533. . . . . exerçoit.

De Gourmont (*Jean* I.) frère
puîné de *Robert* & de *Gilles.*
1508. . . . . Libraire.
1520. . . . . exerçoit.

De Gourmont (*Jérôme*).
1524. . . . . . Libraire.
1553. . . . . exerçoit.

De Gourmont (*Benoît*).
1559. . . . . Libraire.

De Gourmont (*Jean* II.) 1er fils
de *Gilles.*
1581. . . . . . Libraire.

De Gourmont (*François*) 2d fils
de *Gilles.*
1587. . . . . Libraire.

De Hacqueville (*Louis*).
1488. . . . . Libraire.
1499. . . . mort.
(*Catalogue de la Valliète*, n° 2641)

De Hacqueville (*N.* V^e de *Louis*)
1499. . . . . Libraire.

De Hanfy (*François*) gendre de
N. Jacques, par *Antoinette.*
1621. 21 Janv. Libraire.
1659. 15 Mai, meurt après.
Il demeuroit, rue S. Jean-de-
Beauvais.

De Hanfy (*Claude* I.) fils de
François.

1659. 15 Mai, Libraire.
1679. . . . mort.
Il demeuroit, Quai de Gêvres.

De Hanfy (Généviéve *Brulih*,
V^e de *Claude* I.)
1679. . . . . Libraire.
1695. . . . exerçoit.

De Hanfy (*Louise*, 1ere fille de
François) voyez Prignard (V^e
de *Louis*). 1686.

De Hanfy (*Marguerite*, 2me fille
de *François*) voyez Hériffant,
(V^e de *Claude* I,) 1689.

De Hanfy (*Claude* II.) fils de
Claude I.
1689. 7 Juin, Libraire.
17 . . . Contrôleur des Rentes.
1715. 8 Octobr. meurt avant.
Il demeuroit Pont-au-Change,
dès 1695.

De Hanfy (*Marie-Anne*, fille de
N. Le Gras, V^e de *Claude* II)
1715. 8 Octobr. Libraire avant.
1769. 24 Nov. meurt à 89 ans
9 mois.

De Hanfy (*N.* fille de *Claude* I.)
voyez Collombat (V^e de *Jacques*)
1744.

De Hanfy (*Claude* III.) 1er fils de
Claude II, & gendre de *N.*
Emmerez, par *Catherine-Elifab.*
1715. 8 Oct. Libraire.
1742. 19 Nov. meurt.
Il demeuroit, rue S. Barthélemi, fous l'Horloge du Palais.

De Hanfy (*Théodore*) 2e fils de
Claude II, & gendre de *N.*
Lacombe, par D^{lle} *Jeanne.*
1726. 3 Mai, Libraire.
1771. 19 Juill. meurt.
Demeuroit Pont-au-Change.

De Hanfy (D^{lle} *Jeanne*, fille de
N. Lacombe, V^e de *Théodore*)
1698. . . . Oct. naît à Paris.
1771. 19 Juillet, Libraire.
1788. rue Baffe des Urfins.

De Hanfy (*Jean-Bapt.-Théodore*)
1er fils de *Théodore.*

1748. 24 Déc. Libraire.
1752. 13 Nov. meurt célibataire.
De Hansy (*Louis-Guillaume*) 2ᵉ
fils de *Théodore*, & gendre de
N. *Bignot*, par Dᶩᶩᵉ *Marguerite-*
Térèse.
1760. 17 Avr. Libraire.
1774. 29 Oct. meurt.
De Hansy (Dᶩᶩᵉ Marguerite-Térèse
Bignot, Vᵉ de *Louis-Guillaume*).
1774. 29 Oct. Libraire.
1788. rue Ste-Croix de la Bretonnerie.
De HANSY (Mr *Honoré-Clément*)
3ᵉ fils de *Théodore*, & gendre de
Mr Pierre *Petit-Jean*, par Dᶩᶩᵉ
Marie-Louise-Françoise.
1763. 3 Sept. Libraire.
1777. 3 Juill. Adjoint.
1788. rue de la Juiverie.
De Harsy (*Olivier*).
1516. Libr. & Imprim.
1584. 30 Août, meurt.
De Harsy (Anne *Gromors*, Vᵉ
d'*Olivier*).
1534. 30 Août, Libr. & Impr.
1534. 31 Oct. meurt.
De Heuqueville (*Jean*).
1579. Libraire.
1629. 17 Nov. meurt.
De Heuqueville (Marguerite
Meusnier, Vᵉ de *Jean*).
1629. 17 Nov. Libraire.
1638. exerçoit.
De Heuqueville (*Bertrand*) 1ᵉʳ fils
de *Jean*.
1624. 22 Avril, Libraire.
1637. mort avant.
De Heuqueville (*Louis I.*) 2d fils
de *Jean*.
1629. 20 Déc. Libraire.
1651. 8 Mars, meurt.
De Heuqueville (N. Vᵉ de *Louis I.*)
1651. 8 Mars, Libraire.
1580. exerçoit.
De Heuqueville (*Denyse*, fille de
Jean) voyez Josse (Vᵉ de
Georges I.) 1678.

De Heuqueville (*Louis II.*) fils
de *Louis I.*
1664. 11 Sept. Libraire.
1703. mort avant.
De Heuqueville (*Antoine*) 1ᵉʳ fils
de *Louis II.*
1716. 21 Avril, Libraire-Juré.
1726. 4 Mai, reçu à la Chambre.
1744. mort.
De Heuqueville (Jeanne *Gamet*,
Vᵉ d'*Antoine*).
1744. Libraire.
1747. 19 Févr. meurt.
De Heuqueville (*Louis-Philippe*)
2d fils de *Louis II.*
1729. 14 Janv. Libraire.
1747. mort.
De Heuqueville (N. Vᵉ de *Louis-*
Philippe)
1747. Libraire.
1768. morte avant.
De Heuqueville (*Louis-Antoine*)
fils d'*Antoine*.
1731. 18 Sept. Libraire.
1766. mort avant.
Dehors (*N.*)
1611. Libraire.
Dehors (*Fiacre*) fils de *N.*
1631. Libraire.
Dehors (*Pierre*) fils de *Fiacre*.
1649. 16 Déc. Libraire.
1708. mort avant.
Dehors (*Jean*) fils de *Pierre*.
1701. 13 Déc. Libraire.
1737. mort.
Dehors (N. Vᵉ de *Jean*).
1737. Libraire.
1750. morte avant.
De Houry, voyez D'Houry.
Del (*Marie*, fille de N. Officier
de S. A. R. la Duchesse d'Orléans)
voyez De Sanlecque (Vᵉ de Jean-
Eustache-Louis) 1778.
De la Barre (*Nicolas*).
1500. Libr. & Imprim.
1513. exerçoit.
De la Barre (*Charles*).
1635. 3 Févr. Libraire.
De

De la Berne (*Jean*).
1610. . . . Libraire.
1612. . . . exerçoit.
De la Caille (*Nicolas*) gendre de
N. *Bocage* , par *Marguerite* .
1612. . . . Libr. & Imprim.
1613. 15 Oct. se marie.
1615. 28 Juin, meurt sur S. Benoît.
DE LA CAILLE (*Jean* I.) de Paris,
gendre , 1° de Nicolas *De la*
Coste , par *Charlotte* , 2° de
Robert I. *Feugé* , par *Françoise* .
1641. 12 Déc. Libr. & Imprim.
1644. 28 Févr. Impr. ord. du Roi.
1645. . . . Libraire-Juré.
1663. 3 Juillet, Adjoint.
1673. 14 Déc. meurt, 1er Imprim.
de la Police , Doyen du Corps ,
& est inhumé à S.-Benoît.
Il demeuroit (en 1662 & 1663
au moins) rue S.-Jacques, & avoit
pour marque trois Cailles.
DE LA CAILLE (*Jean* II.) 1er fils
de Jean I., & gendre de S. *Piget.*
1664. 27 Nov. Libraire.
1679. 23 Août , Adjoint.
1723. 20 Août, inhumé à S. Benoît.
Il est Auteur de l'*Histoire de*
l'Imprimerie & de la Librairie ,
& demeuroit (au moins en 1689)
rue S.-Jacques, à la Prudence.
De la Caille (*N.* fille de Siméon
Piget, Ve de Jean II.)
1723. 20 Août , Libraire,
1740. . . . . morte avant.
DE LA CAILLE (*Robert - Jean-*
Baptiste) 2d fils de Jean I.
1664. 27 Nov. Libr. & Imprim.
1680. 21 Juin, Adjoint.
1706. 9 Sept. abdique l'Imprim.
1708. . . . mort.
De la Caille (*N.* , Ve de *Robert-*
Jean-Baptiste).
1708. . . . Libraire.
1723. . . . morte avant.
De la Caille (*Françoise* , fille de
N.) voyez Mergé , (Ve de
Pierre). 1716.

De la Carrière (*Jacques*).
1622. 20 Sept. Libraire.
1627. . . . exerçoit.
De la Carrière (*Thomas*).
1646. 23 Août, Libraire.
1647. . . . exerçoit.
De la Carrière (*Robert*) fils de
Jacques.
1655. 7 Janv. Libraire.
De la Carrière (*Jean*).
1655. 11 Mars, Libraire-Imprim.
De la Carrière (*Pierre*) fils de
Thomas.
1665. 13 Mai, Libraire.
De la Colombière, *voyez* Friburger.
DE LA COSTE (*Nicolas*) frère
aîné de Jean.
1628. 12 Octob. Libraire.
1634. 19 Janv. Adjoint.
De la Coste (*Charlotte* , fille de
Nicolas) 1re femme de De la
Caille (*Jean* I.) 1641.
DE LA COSTE (*Jean*) frère puîné
de Nicolas.
1630. 24 Oct. Libr. & Imprim.
1641. 1 Oct. Adjoint.
1671. . . . mort.
De la Croix (*Yves*).
1627. . . . Libraire.
De la Dent (*Gervais*).
1627. . . . Libraire.
De la Fontaine (*Jérôme*).
1610. . . . Libraire.
1618. . . . exerçoit.
De la Fontaine (*Jean*) fils de
Jérôme.
1660. 18 Oct. Libraire.
1694. . . . exerçoit.
De la Fontaine (*Charles*).
1691. . . . Libraire.
1696. . . . exerçoit.
De la Fosse (*Salomon*).
1634. 9 Févr. Libraire.
De la Fosse (*Louis*).
1635. 11 Oct. Libraire.
De la Garde (*Jean*).
1514. . . . Libr. & Impr.
1517. . . . exerçoit.

f

De la Guette (*André*) frère aîné de *François*.

1739. 4 Mai, Libraire.
1742. . . . . . mort.

De la Guette (*N. Panelier*, V^e d'*André*).

1741. . . . . . Libraire.
1773. 11 Avril, meurt.

De la Guette (*François*) frère puîné d'*André*, & gendre de Jacques-Philippe-Charles Osmont, par *Marie-Anne*.

1747. 17 Juin, Libraire.
1748. 14 Juin, Imprimeur.
1756. 10 Août, meurt.

De la Guette (Marie Anne Osmont, V^e de *François*).

1756. 10 Août, Libr. & Imprim.
1759. se démet de son Imprim.
1719. 13 Févr. épouse Mr Pierre-Alexandre *le Prieur*.
1762. 5 Déc. meurt.

De la Guette (*Pierre-Méri*) neveu d'*André* & *François*, & gendre de Mr André-François *Knapen*.

1768. 9 Août, Libraire.
1773. 24 Mai, Imprimeur.
1788. 11 Mars, meurt sur Ste-Croix

De la Guette (D^{lle} N. Knapen, V^e d. *Pierre-Michel*).

1788. 11 Mars, Libr. & Imprim. rue de la Vielle-Draperie.

De la Guette (Mr *André-Pierre*) fils de Mr *Pierre-Méri*.

1787. 13 Déc. Libraire.
1788. rue de la vieille Draperie.

De la Guierche (*Michel*).

1543. . . . . . Libraire.

De la Haie (*Jean I.*)

1606. . . . . . Libraire.

De la Haie (*Pierre. I.*)

1619. . . . . . Libraire.

De la Haie (*Jean II.*)

1626. 30 Avril, Libraire.

De la Haie (*Rolin*)

1634. 16 Nov. Libraire.
1664. 8 Mai, exerçoit.

De la Haie (*N.*, fille de *Rolin*) voyez Promé (V^e de *Pierre*).

De la Haie (*Pierre* II) fils de *Pierre* I.

1639. 1 Déc. Libraire.

Delaistre (*Remi*).

1503. . . . . . Libraire.

Delaistre (*Yves*).

1627. . . . . . Libraire.

De Laize (*Jacques*).

1666. 20 Mai, Libraire.
1687. . . . mort.

De Laize (*N.* V^e de *Jacques*).

1687. . . . Libraire.
1692. . . . exerçoit.

De la Lain (Mr *Nicolas-Augustin*) de Vitri-le-François, frère aîné de M. *Louis-Alexandre*, & gendre de *N. Kergonnou* de S.-Laurent.

1764. 7 Août, Libraire.
1786. 11 Sept. Adjoint.
1788. rue S.-Jacques.

De la lain (Mr *Louis-Alexandre*) de Vitri-le-François, frère puîné de Mr *Nicolas-Augustin*, & gendre de Mr *Thiesse*, par Marie-Jeanne-Hélène, décédée à S.-Mandé, le 4 Juin 1787.

1777. 25 Mars, Libraire.
1788. rue S.-Jacques.

De la lain (Mr *Jacques-Nicolas*) de Paris, fils de Mr *Nicolas-Augustin*, Adjoint en charge.

1787. 17 Avril, Libraire.
1788. rue S.-Jacques.

De la Main (*Louise*) voyez Amaulry (V^e de *Gabriel*) 1736.

De la Marre (*Nicolas*).

1636. 21 Août, Libraire.

De la Motte (*Guillaume*).

1542. . . . . . Libraire.

De la Motte (*Louis*).

1606. . . . . . Libraire.
1627. . . . exerçoit.

De Langres (*Pierre*).

1565. . . . . . Libraire.

De la Noue (*Guillaume*).

1573. . . . . Libraire-Juré.
1601. 18 Août, meurt.

De la Noue (Marie *Hubert*, V°. de *Guillaume*).
1601. 13 Août, Libraire-Juré.
1613. . . . exerçoit.
DE LA NOUE (*Denys*) fils de *Guillaume*.
1606. . . . Libraire-Juré.
1624. 6 Sept. Adjoint.
1660. . . . mort.
De la Perrière (*Antoine*).
1617. . . . Libraire.
De la Porte (*Jean*).
1508. . . . Libr. & Impr.
1520. . . . exerçoit.
De la Porte (*Maurice*).
1524. . . . Libraire-Juré.
1548. . . . mort.
De la Porte (Catherine *L'Héritier*, V° de *Maurice*).
1548. . . . Libraire.
1558. . . . morte.
De la Porte (*Ambroise*) fils de *Maurice*.
1556. . . . Libraire.
1571. 23 Avril, meurt.
De la Porte (les Héritiers de *Maurice*).
1558. . . . Libraire.
De la Rivière (*Guillaume*).
1617. . . . Libraire.
De la Roche (*Jean*).
1512. . . . Libraire & Impr.
1514. . . . exerçoit.
De la Roche (*Alexis*).
1699. 20 Mars, Libraire.
1742. . . . mort.
De la Roche (Marie-Anne, fille de Jean-Louis *De la Ville*, V° d'*Alexis*).
1742. . . . Libraire.
1747. 16 Mai, meurt.
De la Roche (*Jean-Jacques*) fils d'*Alexis*.
1739. 3 Oct. Libraire.
1753. 28 Juill. meurt.
De la Roche, de Lyon (N. fille d'*Aimé*) voyez Varat (V° de *Jacques-Julien*) 1777.

De la Roue (*Marie-Anne*, fille de N.) femme d'Osmont (*Jacques-Philippe-Charles*) 1715.
DE LA RUELLE (*Thomas*).
1606. . . . Libraire. *
1619. 11 Juillet, Adjoint.
1630. . . . exerçoit.
* Au Palais, sur le Perron, devant la Sainte-Chapelle.
De la Ruelle (*Jean*) fils de *Thomas*.
1645. 6 Juillet, Libraire.
1680. . . . exerçoit.
De Las (*Léger*).
1588. . . . Libraire & Impr.
1605. 16 Févr. inhumé à S. Benoît.
De Las (Marguerite *Verrier*, V° de *Léger*).
1605. 16 Févr. Libr. & Imprim.
1623. 30 Juin, inhumée S. Benoît.
De Lastre (*Pierre*).
1575. . . . Libraire.
Delastre (*Jean*).
1582. . . . Libraire.
De la Tour (*Claude*) dit *Guérin*.
1606. . . . Libraire.
1627. . . . mort.
De la Tour (N. V° de *Claude*).
1627. . . . Libraire.
De la Tour (*Louis*) fils de *Claude* & gendre de Nicolas *Pillon*.
1648. 10 Déc. Libraire.
1691. . . . mort.
De la Tour (N. fille de Nicolas *Pillon*, V° de *Louis*).
1691. . . . Libraire.
1696. . . . exerçoit.
De la Tour (*Louis-Denys*) fils de *Louis*.
1688. 27 Janv. Libraire.
1724. 22 Avril, Imprimeur.
1736. . . . mort.
De la Tour (Marie-Anne *Mérigot*, V° de *Louis-Denys*).
1736. . . . Libr. & Impr.
1767. 5 Juillet, meurt.
De la Tour (M. *Louis-François*) fils de *Louis-Denys*, & gendre d'Hippolyte-Louis *Guérin*. 183

1745. 2 Juillet, Libraire.
1750. 16 Nov. Imprimeur.
1778, 11 Déc. s'étoit démis de son Imprimerie.
1779. . . , Secrétaire du Roi.
¶ Cette famille de *De la Tour*, commencée en 1606 dans la personne de Claude *De la Tour*, dit *Guérin*, a fini dans la personne de Mr Louis-François *De la Tour*, qu'on pourroit nommer *De la Tour-Guérin*, ayant épousé le dernier rejetton de la famille *Guérin*, commencée dans la Librairie en 1683. . . .
De la Tour (*Marie*, fille de *Louis-Denys*) 1ere femme de Simon, (*Pierre-Guillaume*) 1738.
De la Tourette (*Jean* I.)
1634. . . . . Libraire.
1635. . . . . exerçoit.
De la Tourette (*Jean* II.) fils de *Jean* I.
1650. 27 Octobr. Libraire.
1680. . . . . exerçoit.
De Latte (*Eustache*).
1616. . . . . Libraire.
1645, 12 Janv. mort avant.
De Latte (*François*) 1er fils d'*Eustache*.
1645. 12 Janv. Libraire.
1696. . . . . exerçoit.
De Latte (*David*) 2d fils d'*Eustache*.
1653. 27 Nov. . Libraire.
1694. . . . . mort avant.
De Latte (*N.* fille d'*Eustache*) femme de Guillain (*Charles*)
1639.
De Latte (*N.* fille d'*Eustache*) voyez Drou (Ve de *François*)
1691.
De la Vigne (*Nicolas*).
1610. 2 Avril, Libr. & Impr.
1679. . . . . mort.
De la Vigne (*N.* Ve de *Nicolas*).
1679. . . . . Libr. & Impr.
1680. . . . . exerçoit.

De la Vigne (*Jean*).
1672. . . . . Libraire.
1691. . . . . mort.
De la Vigne (*N.* Ve de *Jean*)
1691. . . . . Libraire.
De la Ville (*Daniel*) gendre de Jean *De Courbe*, par *Catherine*.
1666. 8 Avril, Libraire.
1703. . . . . mort.
De la Ville (*Catherine*, fille de Jean *De Courbe*, Ve de *Daniel*).
1703. . . . . Libraire.
1737. . . . . morte avant.
De la Ville (*Jean-Louis*) fils de *Daniel*.
1693. 21 Août, Libraire.
1727. . . . . mort.
De la Ville (*N.* Ve de *Jean-Louis*).
1727. . . . . Libraire.
1762. . . . . morte avant.
De la Ville (*Marie-Anne*, fille de *Jean-Louis*) voyez De la Roche (Ve d'*Alexis*) 1742.
Delaulne (*Nicolas*) frère aîné de *Léon* I., & gendre de Pierre II. *Charpentier*.
1636. 28 Févr. Libraire.
1697. . . . . mort.
Delaulne (*N.*, fille de Pierre II. *Charpentier*, Ve de *Nicolas*).
1697. . . . . Libraire.
1763. . . . . morte avant.
Delaulne (*Léon* I.) frère puîné de *Nicolas*, & gendre de Philibert *Charpentier*.
1645. 12 Janv. Libraire.
Delaulne (*Pierre* I.) 1er fils de *Nicolas*.
1660. 8 Avril, Libraire.
1686. 16 Sept. meurt avant.
Delaulne (*N.* Ve de *Pierre* I.)
1686. 16 Sept. Libraire avant.
1719. . . . . morte avant.
Delaulne (*Léon* II.) fils de *Léon* I.
1663. 13 Déc. Libraire.
1705. . . . . mort.
Delaulne (*N.* Ve de *Léon* II.)
1705. . . . . Libraire.

Delaulne (*Jean*) 2ᵈ fils de *Nicolas.*
1683. 9 Sept. Libraire.
1723. . . . . . mort.
    Il demeuroit (au moins en 1694) rue de la Harpe, près du Collége de Harcour, à S. Jean-B.
Delaulne (*N.* Vᵉ de *Jean*).
1723. . . . . . Libraire.
1742. . . . . . morte avant.
Delaulne (*François*) 3ᵉ fils de *Nicolas.*
1683. 10 Sept. Libraire.
1723 . . . . . mort avant.
Delaulne (*Pierre* II.) 1ᵉʳ fils de *Pierre* I.
1683. 11 Sept. Libraire.
1702. 20 Juin, Imprimeur.
1702. . . . . mort.
Dalaulne (*N.* Vᵉ de *Pierre* II.)
1702. . . . Libr. & Impr.
1710. . . . . morte avant.
Delaulne (*Marie*, fille de *N.*) femme de Gaudouin (*Julien-Michel*) 1704.
DELAULNE (*Florentin*) 2ᵈ fils de *Pierre* I. & gendre de Nicolas *Le Gras*, par *Marie-Magdeléne.*
1686. 16 Sept. Libraire.
1711. 9 Nov. Adjoint.
1715. 30 Août, Imprimeur.
1715. 18 Oct. Syndic.
1723. . . . . mort.
Delaulne (*Marie-Magdeléne*, fille de *Nicolas Le Gras*, Vᵉ de *Florentin*).
1723. . . . . Libr. & Impr.
1747. 27 Oct. meurt.
Delaulne (*Pierre* III.) fils de *Léon* II.
1689. 18 Févr. Libraire.
1705. . . . . mort.
Delaulne (*Susanne* fille de *N. Du Bois*, Vᵉ de *Pierre* III.)
1705. . . . . Libraire.
1749. . . . . morte avant.
Delaulne (*N.*, fille de *N.*) voyez Berthault (Vᵉ de *Jean* II.) 1742.

Delaunay (*Charles*).
1618. . . . Libraire.
Delaunay (*Richard*).
1618. . . . Libraire.
1658. 7 Nov. mort avant.
Delaunay (*Jean*) 1ᵉʳ fils de *Richard.*
1639. 1 Déc. Libraire.
1660. 15 Juill. mort avant.
Delaunay (*N.* Vᵉ de *Jean*).
1660. 15 Juill. Libraire avant.
1696. . . . . exerçoit.
Delaunay (*Nicolas* I.) fils de *Jean.*
1645. 13 Juillet, Libraire.
1703. . . . mort.
Delaunay (*N.* Vᵉ de *Nicolas* I.)
1703. . . . Libraire.
1714. . . . morte avant.
Delaunay (*N.* fille de *Jean*) femme de Vaulin (*Pierre*) 1660.
Delaunay (*Nicolas* II.) gendre de Jacques *Le Long.*
1646. 5 Juill. Libraire.
Delaunay (*Claude*).
1679. . . . . Libraire.
1694. . . . . mort avant.
DELAUNAY (*Pierre*) 2ᵈ fils de *Richard.*
1683. 9 Sept. Libraire.
1701. 18 Sept. Adjoint.
1709. 19 Juill. Syndic.
1723. . . . . mort.
Delaunay (*N.* Vᵉ de *Pierre*).
1723. . . . . Libraire.
1727. . . . . morte avant.
Delaunay (*N.* fille de *Richard*) voyez Villette (Vᵉ de *Jean* I.) 1694.
Delaunay (*N.* fille de *Richard*) voyez Cabry (Vᵉ de *Charles*) 1706.
Delaunay (*Matthieu*) fils de *Pierre*, Syndic en charge.
1709. 13 Août, Libraire.
1759. 7 Mai, meurt.
Delaunay (*Louise Havart*, Vᵉ de *Matthieu*).
1759. 7 Mai, Libraire.
1763. 24 Avril, meurt.

DELESPINE (*Jean-B.-Alexandre*).
1700, 25 Mai, Libraire.
1702. 7 Janv. Imprimeur Ord.
du Roi.
1712. 5 Sept. Adjoint.
1733. 29 Janv. Consul.
1739. 29 Janv. Juge-Consul.
1741. 10 Mars, s'étoit démis de
son Imprimerie.
1767. 28 Octobr. meurt.
Delespine (*Charles Jean-Baptiste*)
fils de *Jean-Baptiste-Alexandre*,
& gendre de Guillaume II.
Desprez, par *Catherine-Elisabeth*.
1705. 22 Janv. naît à Paris.
1726. 26 Avril, Libraire.
1730. . . . . épouse *Catherine-
Elisabeth*, fille aînée
de Guillaume II.
Desprez.
1741. 10 Mars, Imprimeur.
1748. . . Déc. devient veuf,
étant à la Cour
de Pologne, *
1749. 2 Juin, s'étoit démis de
son imprimerie.
1749. . . . Huissier du Cabinet de Madame
la Dauphine.
1771. . . . Huissier du Cabinet de Madame, sœur du Roi.
1780. . . . se retire aux Vertus
1787. 5 Déc. meurt à S.-Denys,
Paroisse S.-Martin.

* Il y étoit allé pour présenter à
Frédéric-Auguste III. l'*Histoire géné-
rale d'Allemagne*, par le P. Joseph
Barre, Chanoine Régulier de Sainte-
Geneviève, & Chancelier de l'Uni-
versité de Paris, 11 vol. in-4°. dont ce
Roi avoit agréé la Dédicace.

Delévaque (*Adrien*).
1767. 4 Oct. Libraire.
1774. 5 Mars, meurt.
Delévacque (Dlle M... A.) *Boileau*,
Ve d'*Adrien*).
1774. 5 Mars, Libraire.
1788. — rue des Amandiers.

Delon (*Pierre*).
1614. . . . Libr. & Impr.
Delormel (*Pierre*) gendre de *N.
Lamesle*.
1715. 19 Févr. Libraire.
1727. 17 Mai, Imprimeur.
1730. . . . . mort.
Delormel (Anne - Marguerite *Lamesle*, Ve de *Pierre*).
1730. . . . . . Libr. & Imprim.
1760. 29 Janv. meurt.
DELORMEL (Mr *Pierre-Nicolas*)
fils de *Pierre*.
1743. 19 Févr. Libraire.
1759. 24 Avril, Imprimeur.
1767. 17 Juin, Adjoint.
1788. — Rue du Foin S.-Jacques,
Imprimeur de l'Académie
Royale de Musique.
Delormel (Dlle *N.*, fille de Mr
Pierre-Nicolas) femme de Mr
Ballard (*Pierre-Robert-Christ.*)
1767.
De Louvain (*Nicolas*).
1599. . . . Libraire.
1600. . . . exerçoit.
De Louvain (*Françoise*, fille
de *Nicolas*) voyez l'Angelier,
(Ve d'*Abel*). 1618.
De Louviers (*Charles*) gendre
de Laurent *Mérieux*.
1644. 22 Déc. Libraire.
1663. 19 Avril, mort après.
De Louviers (*N.* fille de *Charles*)
voyez Sainte - Marie (Ve de
Laurent). 1708.
De Louviers (*Simon*).
1658. 28 Mars, Libraire.
1679. . . . mort.
De Louviers (*N.* Ve de *Simon*).
1679. . . . Libraire.
1692. . . . exerçoit.
De Louviers (*Jean*).
1691. . . . Libraire.
1696. . . . exerçoit.
De Louviers (*Robert*).
1691. . . . Libraire.
1696. . . . exerçoit.

De Lusseux (*Jacques*).
1715. 19 Mars , Libraire-Juré.
1716. 4 Mai , reçu à la Chamb.
1736. . . . . . Imprimeur du
    Dauphin , sans
    exercice.
1739. 28 Avril , s'étoit démis du
    titre d'Imprimeur
    du Dauphin.
1742. . . . mort.
De Lusseux (*N.* Ve de *Jacques*).
1742. . . . Libraire.
1747. . . . . morte avant.
De LUYNES (*Guillaume*) fils de
l'Argentier de la Duchesse de
Mercœur.
1651. 19 Oct. Libraire.
1668. 4 Juin , Adjoint.
1719. . . . . . mort avant.
De Marnef (*Geoffroi*) frère aîné
d'*Enguilbert* I. & de *Jean* I.
1481. . . . . . Libr.-Juré-Impr.
1526. . . . exerçoit.
De Marnef (*Enguilbert* I.) frère
puîné de *Geoffroi*,
1491. . . . Libraire.
1535. . . . exerçoit.
De Marnef (*Jean* I.) frère puîné
de *Geoffroi* & d'*Enguilbert* I.
1510. . . . Libraire.
1535. . . . . exerçoit.
De Marnef (*Jeanne*, fille de *Jean* I.)
voyez Janot (Ve de *Denys* I.)
1545.
De Marnef (*Denyse*, fille de *Jean* I.)
voyez Girault (Ve d'*Ambroise*)
1547.
De Marnef (*Jean* II.) 1er fils
d'*Enguilbert* I.
1546. . . . Libraire.
De Marnef (*Enguilbert* II.) 2d fils
d'*Enguilbert* I.
1547. . . . Libraire.
1548. . . . exerçoit.
De Marnef (*Jérome*) Associé de
Denys.
1547. . . . . Libraire-Juré.
1582. . . . . . exerçoit.

De Marnef (*Denys*.) Associé de
Jérome.
1550. . . . . Libraire.
1554. . . . . exerçoit.
De Mathonière (*Alain*).
1565. . . . . Libraire.
De Mathonière (*Nicolas*).
1606. . . . . . Libraire.
1622. . . . . . exerçoit.
De Maudouyt (*Jean*) gendre de
Maurice *Villery*.
1706. 14 Mai , Libraire.
1737. . . . . mort avant.
De Mauroy (*Jean*).
1619. 11 Sept. Libraire.
Demay (*Marie-Anne*) voyez Bauche (Ve de *J.-B.-Claude* I.)
1753.
De Meaux (*Abraham*)
1606. . . . . Libraire.
1613. . . . . exerçoit.
De Mongobert (*Pierre*).
1634. 2 Mars , Libr. & Imptim.
De Monier (*Jean*).
1637. 3 Déc. Libraire.
De Monstreuil, voyez De Montr'œil.
De Monstr'œil (*Claude*) gendre
de Guillaume II. *Nyverd*.
1578. . . . . Libraire.
1610. . . . . mort.
De Monstr'œil (Charlotte , fille
de Guillaume II. *Nyverd*, Ve
de *Claude*).
1610. . . . . Libraire.
1618. . . . . exerçoit.
De Monstr'œil (*François*.)
1606. . . . . Libraire.
1618. . . . . exerçoit.
De Monstr'œil (*Nicolas*).
1610. . . . . . Libraire.
1627. . . . . exerçoit.
De Montiay (*Toussaint*).
1495. . . . . . Libr. , rue de la
    Harpe, près de S. Côme.
De Montreuil voyez De Monstr'œil.
De Monville, voyez Guenard.
Denain (*Robert*).
1642. 3 Oct. Libraire.

Dengerville (*Louis*)
1690. . . . Libraire.
1692. . . . exerçoit.
Dengerville (*Denys*). . .
1691. . . . Libraire.
1696. . . . exerçoit.
D'Englibert (*Yves*).
1512. . . . . Libraire.
De Nidel (*Antoine*) de Paris,
Maître ès Arts.
1497. . . . Libr. & Impr.
DE NINVILLE (*Thomas*).
1618. . . . Libraire.
1639. 28 Sept. Adjoint.
1659. 19 Août, meurt.
De Ninville (*Robert I.*)
1635. . . . Libraire.
De Ninville (*Robert II.*) fils de
Robert I.
1655. 16 Sept. Libraire.
1688. . . . mort.
De Ninville (*N.* Vᵉ de *Robert II.*)
1688. . . . . . Libraire.
1714. . . . morte avant.
Denise (*Etienne*).
1556. . . . Libraire suivant
la Cour.
De Nogent (*Antoine*).
1655. 16 Sept. Libraire.
1680. . . . exerçoit.
De Nully (*Jean*) de Beauvais.
1694. 8 Janv. Libraire.
1723. . . . . . . mort.
De Nully (Françoise *Le Tellier*,
Vᵉ de *Jean*).
1723. . . . Libraire.
1727. . . . morte avant.
DE NULLY (*Jean-Jacques*) fils
de Jean.
1728. 22 Janv. Libraire.
1744. 12 Août, Adjoint.
1755. 28 Janv. Consul.
1761. 4 Oct. meurt.
De Nully (Dˡˡᵉ *N. Paulus du*
Mesnil) Vᵉ de *Jean-Jacques*).
1761. 4 Octobr. Libraire.
17. . . . . épouse M. Bouju,
Ancien Avocat au Parlement.

Denys (*Toussaint*),
1515. . . . . Libraire.
1517. . . . . . exerçoit.
Denys (*Maturin*).
1614. . . . . Libraire.
1666. 7 Oct. mort après.
Denys (*Matthieu*).
1622. . . . Libraire.
Denys (*Jean I.*)
1627. . . . Libraire.
Denys (*Jean II.*)
1632. 1 Avril, Libraire.
Denys (*Jean III.*) fils de *Maturin*.
1649. 30 Sept. Libraire.
Denys (*N.* fille de *Maturin*) *voyez*
Chardon (Vᵉ de *Jean*) 1691.
De Pica, *voyez* Seurre.
De Poilly (*Charles*).
1735. 23 Déc. Libraire.
1780. 5 Juill. meurt.
De Poilly (Dˡˡᵉ *N.*, Vᵉ de *Charles*).
1780. 5 Juill. Libraire.
1788. . . .
De Pratis, *voyez* Des Prés ou
Des Prez.
De Prato *voyez* Du Pré.
De Rafflé (*Antoine*).
1661. 17 Mars, Libraire.
1696. . . . mort.
De Rafflé (*N.* Vᵉ d'*Antoine*).
1696. . . . . . Libraire.
1712. . . . morte avant.
De Raysouche de Montet (Dˡˡᵉ
Thérèse) *voyez* Piget (Vᵉ de
Pierre) 1747, & Davidts (Vᵉ
de *Rombault*) 1777.
De Rome (*André*) gendre de
Nicolas *Hélie*.
1660. 18 Août, Libraire.
De Rome (*Claude*).
1663. 15 Mars, Libraire.
1679. . . . mort.
De Rome (*N.* Vᵉ de *Claude*).
1679. . . . Libraire.
1680. . . . exerçoit.
De Rome (*Louis*).
1691. . . . Libraire.
1696. . . . exerçoit.

De

De Rouille (*Philippe- Gautier*).
1562. . . . . Libr. & Impr.
1567. . . . . exerçoit.
Desaint * (*Jean*) né à Guigne-
court-lès-Beauvais, gendre de *N.*
Serqueil, par *Marie- Généviéve*,
mle 10 Mai, 1756. P. S. Etienne.
1710. 19 Juin, Libraire-Juré.
1726. 4 Mai, reçu à la Chambre.
1776. 21 Août, m. P. S. Severin.
* Se prononce *de Saint*.
Desaint (*Nicolas*) né à Beauvais,
1er neveu de *Jean*.
1759. 5 Janv. Libraire.
1771. 24 Mars, m. P. S. Severin.
Desaint (D.lle Catherine - Michelle
Chauchat, Ve de *Nicolas*).
1771. 24 Mars, Libraire.
1788. rue du Foin-S.-Jacques.
Desaint (Mr *Jean - Charles*) né à
Beauvais, 2d neveu de *Jean*,
& gendre de *N. Michaux*.
1776. 26 Avril, Libraire.
1779. 30 Mars, Imprimeur.
1788. rue S. Jacques, Imprimeur
du Châtelet.
De Saint-Aubin (*Antoine*).
1662. 16 Mars, Libraire.
1703. . . . . . mort avant.
De Saint Aubin (*Jean*) fils d'*Ant.*
1787. 10 Déc. Libraire.
1694. 8 Juin, Imprimeur.
1703. . . . . . mort.
De Saint-Aubin (*N.* Ve de *Jean*)
1703. . . . . Libr. & Impr.
1705. . . . . morte avant.
De Sanlecque (*Jacques I.*) natif de
Chanleu, en Picardie, dans le
Boulenois, gendre de Jean Le
Clerc.
1606. . . . . . Libraire.
De Sanlecque (*Jacques II*) gendre
de Toussaint *Du Bray*, par
Gyrande.
1625. 15 Sept. Libraire, Imprim.
Graveur & Fondeur
de caractères.
1648. 20 Nov. meurt.

De Sanlecque (Gyrande *Du Bray*,
Ve de *Jacques II.*)
1648. 20 Nov. Libraire, Impr.
Graveur & Fond.
de Caractères.
1693. . . . . morte avant.
De Sanlecque (*Jacques III*) fils
de *Jacques II.*
1637. 15 Janv. Libraire, Impr.,
Graveur & Fondeur
de caractères.
1659. 23 Déc. meurt.
De Sanlecque (Marie *Manchon*,
Ve de *Jacques III.*)
1659. 23 Déc. Libraire, Impr.,
Graveur & Fondeur
de Caractères.
1687. 23 Sept. meurt.
De Sanlecque (*Louis*) 1er fils de
Jacques III.
1661. 17 Nov. Libraire, Impr.,
Graveur & Fondeur
de caractères.
De Sanlecque (*Jean*) 2d fils de
Jacques III.
1688. 14 Déc. Libraire, Graveur
& Fondeur de caractères.
1716. . . . . mort.
De Sanlecque (*N.*, Ve de *Jean*).
1716. . . . . Libraire, Graveur
& Fondeur de caractères.
1737. . . . . morte avant.
De Sanlecque (*Jean - Eustache-*
Louis) fils de *Jean*, & gendre
de *N. Del*, Officier de S. A. R.
1718. 1 Avril, Libr., Graveur
& Fondeur de caractères.
1778. 10 Févr. meurt.
De Sanlecque (Marie *Del*, Ve de
Jean Eustache-Louis).
1778. 10 Févr. Libr., Graveur
& fondeur de caractères.
1784. 10 Octobr. meurt.
Désauges (Mr *Edme-Marie-Pierre*).
1774. 15 Juill. Libraire.
1788. rue S. - Louis en la Cité,
Libraire de Madame
Victoire de France.

g

Des Bois (*Guillaume*).
1549. . . . . Libr. & Imprim.
1566. . . . . . mort.

Des Bois (Michelle *Guillard*, V^e
de *Guillaume*).
1566. . . . . . Libr. & Imprim.
1568. . . . . . morte, Paroisse S.
Benoît.

Des Champs (*Gérard*) *voyez*
Morchy Campensis.

Des Champs (Mr *François-Guill.*)
1764. 21 Févr. Libraire.
1788 — Rue S.-Jacques.

Des Champs (*Marie-Magdeléne*,
fille de N.) femme de Jombert,
(*Claude-Antoine*) 1769.

Desenne * (Mr *Victor*), de
Cambrai, neveu de Mr Edme-
Jean *Le Jay*, & frère aîné de
M. *Grégoire*, qui suit.
1776. 31 Déc. Libraire.
1788. — Au Palais-Royal.
* Se prononce *De Senne.*

Desenne (Mr *Grégoire*), de
Cambrai, neveu de Mr Edme-
Jean *Le Jay*, & frère puîné de
Mr *Victor* qui précéde.
1788. 4 Mars, Libraire.
1788 — Au Palais du Luxembourg.

De Sercy (*Nicolas*) frère aîné de
Charles, & gendre de N. *Villery*, par *Michelle*.
1641. 12 Déc. Libraire.
1646. . . . . . mort.

De Sercy (*Charles*) frère puîné
de *Nicolas*, & gendre de N. *Picard*, par *Génevieve*.
1649. 18 Sept. Libraire.
1670. 9 Juin, Adjoint.
1703. . . . . . mort.

De Sercy (N. V^e de *Charles*).
1703. . . . . . Libraire.
1714. . . . . . morte avant.

De Sercy (*Christophe*) fils de
Charles.
1683. 10 Sept. Libraire.
1694. . . . . . mort avant.

Des Essartz (*Jean*).
1707 10 Mai, Libraire.
1733. 25 Janv. m. Par. S. Benoît.

Des Febves (*Claude-Françoise*,
fille de N.) femme de Prault,
(*Laurent-François*) 1733.

Des Fossés (*Nicolas*).
1582. . . . . . Libraire.

Des Hayes (*Pierre* I.)
1574. . . . . . Libraire & Impr.
1627. . . . . . exerçoit.

Des Hayes (*Pierre* II.) fils de
Pierre I.
1614. . . . . . Libraire.
1654. 30 Avril, mort après.

Des Hayes (*Antonin*).
1709. 12 Mars, Libraire.
1736. 8 Avril, meurt.

Des Hayes (Marie-Jeanne *Jean*,
V^e d'*Antonin*).
1736. 8 Avril, Libraire.
1758. 11 Déc. m. Par. S. Severin.

Des Hayes (*Marie-Catherine*)
voyez Savoye (V^e d'*Etienne-
François*) 1764.

Desnos (Mr *Louis-Charles*).
1767. 4 Oct. Libraire.
1788. — Rue S.-Jacques, Ingé-
nieur-Géographe & Libr.
de S. M. Danoise.

De Sommaville (*Simon*).
1582. . . . . . Libraire.
1627. . . . . . exerçoit.

De Sommaville (*Antoine* I.)
1600. . . . . . Libraire.

De Sommaville (*Antoine* II.)
fils d'*Antoine* I.
1620. 14 Août, Libraire.
1651. 23 Mai, Adjoint.

Despencier (*Maturin*)
1621. 27 Oct. Libraire.
1627. . . . . . exerçoit.

Despilly (*Robert-Marc* I.) gendre
de Charles *Le Comte*.
1717. 17 Août, Libraire.
1755. 14 Juill. meurt, rue S.-
Jacques, Paroisse S. Severin.

DESPILLY (Mr *Jean-Baptiste*) fils de *Robert-Marc* I. & gendre de *N. Bastile.*
1743. 11 Mai, Libraire.
1763. 11 Mai, Adjoint.
1788. — rue S.-Jacques.
¶ *C'est à ce Libraire qu'on doit le Journal de la Librairie ; dont la première feuille parut le 1er Janvier 1763, sous le titre de Catalogue des Livres nouveaux, &c. permis: Journal, dont ne s'est jamais plaint aucun Auteur, & dont ont eu & ont à se louer tous les Libraires.*
Despilly (*Robert - Marc* II.) fils de *Jean-Baptiste.*
1766. 19 Déc. Libraire.
1767. . . s'établit à Nantes.
1788. . . à Nantes.
Des Planis (*Guillaume*).
1520. . . . . Libraire & Impr.
Desprez (*Nicolas*).
1508. . . . . Libr. & Imprim.
[AUTRE FAMILLE.]
Desprez (*Guillaume* I.) frère aîné de *Simon.*
1651. 30 Mars, Libraire.
1708. 23 Nov. Imprimeur.
1708. 5 Juill. meurt.
Desprez (Catherine *Mangeant*, Vᵉ de *Guillaume* I.)
1708. 5 Juillet, Libr. & Impr.
1730. . . . . morte avant.
Desprez (*Simon*) frère puîné de *Guillaume* I.
1666. 1 Mars, Libraire.
1697. 2 Janv. mort après.
Desprez (N., fille de *Simon*) voyez Huberson (Vᵉ de *Philippe*)
1697.
Desprez (*Guillaume* II.) fils de *Guillaume* I. & gendre, 1º de N. Le Gras, par *Elisabeth*, 2º de N. Cornilliers, par *Marie-Anne.*
1706. 23 Nov. Libraire.
1708. 5 Juill. Imprimeur.

1740. 25 Août, Imprimeur Ordinaire du Roi.
1743. 19 Déc. s'étoit démis de son Imprimerie.
1753. 31 Oct. m. Par. S. Benoît.
DESPREZ (Mr *Guillaume-Nicolas*) fils de *Guillaume* II.) & gendre de N. *Pannelier*, par Dlle *Henriette-Elisab.* morte en 1754.
1741. 7 Déc. Libraire (& Imprimeur Ordinaire du Roi sans exercice):
1743. 10 Déc. Imprimeur Ord. du Roi, avec exercice.
1747. . . Imprim. du Clergé.
1753. 13 Juillet, Adjoint.
1765. . . Administrateur de l'Hôpital des Petites-Maisons.
1788. — Rue S.-Jacques ; Doyen des Imprimeurs Ordinaires du Roi ; des Officiers de la Chambre Royale & Syndicale, & Imprimeur du Clergé de France.
Desprez (*Catherine-Elisabeth*, fille de *Guillaume* II.) femme de Delespine (Ch.-J. Bapt.) 1726.
Desprez (Dlle *Agathe*) fille de *Guillaume* II. femme de Cavelier (*Pierre-Guillaume*) 1741.
Des Ray (Mr *Jacques*).
1787. 30 Octobr. Libraire.
1788. Quai des Augustins.
Des Rues (*Guillaume*).
1596. . . . Libraire-Juré.
1617. . . . exerçoit.
Dessain (*Jean-Baptiste*) Junior, de Troies ; gendre de N. *Chauchot.*
1761. 14 Août, Libraire.
1782. 4 Déc. m. Par. S. André.
Dessain, junior (N. *Chauchot* Vᵉ de *Jean-Baptiste*).
1782. 4 Déc. Libraire.
1787. 1 Févr. retirée.
De Strasbourg ou Argentoratensis, (*Jean*).
1512. . . . . Libr. & Impr.

g 2

Desvenres de la Doué (*Antoine*) fils de *François*, Libr. à Dijon, & gendre 1° de Bernard *Brunet*, par *Anne-Géneviève-Angélique*, 2°. de *N. Dorigny*, par *Marie Félicité*.
1765. 12 Janv. Libraire,
1780. . . . . retiré à Dijon.
De Trémolet de S.-Germain, (*Louis-Henri*),
1727. 2 Mai, Libraire.
1767. 22 Mai, m. Par. S. Etienne.
De Trémolet De S. Germain (*N.* Ve de *Louis-Henri*).
1767. 22 Mai, Libraire.
1777. . . Janv. meurt.
Detunes (*Charles*) gendre de Jean I. *Guillain*,
1651. 23 Nov. Libraire.
1680. . . . exerçoit.
Detunes (*Jean*) comme ayant épousé la Ve de Jacques *Quétier*.
1654. 5 Févr. Libraire.
1680. . . . exerçoit.
De Varennes (*Olivier I.*)
1604. . . . . Libraire.
1623. 30 Août, meurt.
De Varennes (*Marie Beys*, Ve d'*Olivier I.*)
1623. 30 Août, Libraire.
De Varennes (*Olivier II.*) fils d'*Olivier I.*
1625. 12 Juin, Libraire.
1679. . . . . . mort.
De Varennes (*N.* Ve d'*Olivier II.*)
1679. . . . . . Libraire.
1680. . . . . exerçoit.
De Varennes (*Olivier III.*) fils d'*Olivier II.*
1656. 4 Mai, Libraire.
1666. . . . . mort.
De Varennes (*N.* Ve d'*Olivier III.*)
1666. . . . . Libraire.
De Varennes (*Géneviève*, fille d'*Olivier III.*) voyez Soubron, (Ve de *Thomas*) 1676.
De Vaux (*Guillaume*).
1633. 28 Avril, Libraire.

De Vaux (*Nicolas*).
1699. 3 Août, Libraire.
1719. . . . . s'établit à Rennes.
De Vaux (*Angélique - Françoise-Nicole*) voyez Coustelier (Ve d'*Antoine-Urbain II.*) 1763.
De Véria (M. *Jean Jacques*).
1785. 27 Mai, Libraire.
1788. Rue & fauxbourg S.-Jacques.
De Villac (*Louis*).
1621. 21 Janv. Libraire.
De Villiers (*Thomas*).
1529. . . . . . Libraire.
Dézallier (*Antoine*).
1679. 8 Févr. Libraire.
1713. 31 Janv. Consul.
1719. . . . . mort.
Dézallier (*N.* Ve d'*Antoine*).
1719. . . . . . Libraire.
1730. . . . . morte avant.
D'Hôtelfort (*Louis - Jacques*) gendre de Charles *Fosset*, par *Claude-Michelle*.
1717. 27 Juill. Libraire.
1726. 7 Mai, Imprimeur.
1737. . . . . mort avant.
D'Houry ou De Houry (*Jean*) gendre de François *Beauplet*.
1649. 26 Août, Libraire.
1678. . . . . mort.
D'Houry (*N.* Ve de *Jean*).
1678. . . . . Libraire.
D'Houry (*Laurent*) fils de Jean.
1678. 10 Oct. Libraire.
1712. 15 Nov. Imprimeur.
1716. 12 Nov. Adjoint.
1725. . Nov. meurt.
¶ Ce Libraire imagina en 1684 l'Almanach qui, présenté à Louis XIV. en 1699, prit le nom d'Almanach-Royal, volume devenu presque nécessaire.
D'Houry (*Elisabeth Du Bois*, Ve de *Laurent*).
1725. . Nov. Libr. & Imprim.
1757. 18 Juill. m. Par. S. Severin.
D'Houry (*N.* fille de *Jean*) voyez Jombert (Ve de *Jean I.*) 1704

D'HOURY (*Charles-Maurice*) fils
de *Laurent*.
1717. 13 Juill. Libraire.
1726. 15 Janv. Imprimeur.
1745. 7 Août, Adjoint.
1755. 11 Déc. meurt, Imprimeur
du Duc d'Orléans.
D'Houry (Marie-Elisabeth *Laisné*,
Ve de *Charles-Maurice*).
1755. 11 Déc. Libr. & Impr.
1777. 28 Janv. s'étoit démise de
son Imprimerie.
1783. 15 Juin, meurt.
D'HOURY (*Laurent-Charles*) fils
de *Charles-Maurice*,
1741. 14 Janv. Libraire.
1750. 8 Mai, Imprimeur.
1763. 11 Mai, Adjoint.
1785. 30 Janv. Consul.
1786. 8 Oct. meurt, Imprimeur
du Duc d'Orléans.
D'Houry (Dlle *N. Néra*, Ve de Mr
Laurent-Charles).
1786. 8 Oct. Libr. & Imprimeur
de M. le Duc d'Orléans.
1788. — Rue Haute-Feuille.
D'Houry (*Laurent-Nicolas*) fils
de *Laurent-Charles*.
1768. 9 Janv. Libraire.
1772. mort avant.
D'Houry (Dlle *N.* fille de Mr
Laurent-Charles) femme de Mr
De Bure (*Fr.-Jean-Noël*) 1769.
Didier (*Robert*).
1691. Libraire.
Didot (*Marie-Anne*, fille de
Denys, Md de Paris, femme
de Nyon (*Jean-Luc*, I.)
DIDOT (*François* fils de *Denys*,
Marchand de Paris, & gendre
de Claude-Sébastien *Ravenel*,
1713. 14 Nov. Libraire.
1735. 12 Août, Adjoint.
1753. 1 Juill. Syndic.
1754. 30 Janv. Imprimeur.
1757. 1 Juill. s'étoit démis de
son Imprimerie.
1757. 2 Nov. m. Par. S. André.

Didot (*Marguerite*, fille de Claude-
Sébastien *Ravenel*, Ve de *Franç.*)
1757. 2 Nov. Libr. ancien Impr.
1766. 12 Févr. meurt.
DIDOT (Mr *François-Ambroise*)
1er fils de *François*, & gendre
de N. *Voisiny maître horloger*
1753. 14 Août, Libraire.
1757. 1 Juill. Imprimeur.
1771. 26 Juin, Adjoint.
1783. 1 Avril, choisi par Brevet
pour faire les éditions des
ouvrages destinés à l'éducation de Mr le Dauphin.
1788. — Rue Pavée-S.-André,
Imprimeur-Adjoint du
Clergé de France. Il est
Graveur-Fondeur de car.
DIDOT (*Pierre-François*) 2me fils
de *François*, & gendre, 1o de
N. *Mouard*, par *Marie-Edmée*,
2o de N. *Travers*, par Dlle *N.*
1753. 14 Août, Libraire.
1769. 7 Juin, Adjoint.
1779. 30 Mars, Imprimeur.
1788. — Rue du Hurepoix, Imprimeur de Monsieur,
frère du Roi. — Il est
Graveur-Fondeur de car.
Didot (Dlle *Marie-Marguerite*,
fille de *François*; voyez Barrois,
(Ve de Mr *Marie-Jacques*) 1769.
Didot (Dlle *Magdelène-Victoire*,
fille de *François*) femme de Mr
Samson (*Jean-Jacques*) 1756.
Didot (Mr *Pierre*). 1er fils de Mr
(*François-Ambroise*) & gendre
de Mr *Rigault*, par Dlle *N.*
1785. 16 Déc. Libraire.
1788. — Rue Dauphine.
Didot (Dlle *N.* fille de Mr *François-
Ambroise*) femme de Mr Jom-
bert (*Louis-Alexandre*) 1772.
Dincourt (*Jean*).
1651. 16 Mars, Libraire.
Dives, voyez Le Riche.
Dodu (*Lambert*).
1551. Libraire.

D'Ongois-Morinion (*Jean*).
  1574. . . . . Libr. & Impr.

Doniel (*Louis*).
  1616. . . . . Libraire.

Dony (*Jean*).
  1626. 4 Juin , Libraire.

D'Orange (*Jean*).
  1627. . . . . Libraire.

Dorélis (*Philippe*).
  1646. 12 Janv. Libraire.

Dorez (Mr *Jean-Didier*).
  1774. 20 Mai , Libraire.
  1782. — Rue S. André-des-Arcs.

Dorguille (*Pierre*)
  1649. 18 Sept. Libraire.
  1679. . . . . mort.

Dorguille (*N.* Ve de *Pierre*)
  1679. . . . . Libraire.
  1680. . . . . exerçoit.

Dorigny (*Marie-Félicité* , fille
  de *N.*) 2de femme de Mr Desventes de la Doué (*Ant.*) 1765.

Dou (*Nicolas*).
  1582. . . . . Libraire.
  1612. . . . . exerçoit.

Douceur (*Denys*).
  1606. . . . . Libraire.
  1607. . . . . exerçoit.

Douceur (*David*).
  1606. . . . . Libraire-Juré.
  1618. . . . . exerçoit.

Douceur (*Jacques* I.)
  1606. . . . . Libraire.
  1613. . . . . exerçoit.

Douceur (*Etienne*) fils de *David*.
  1608. . . . . Libraire.

Douceur (*Pierre*) fils de *Jacques* I.
  1618. . . . . exerçoit.
  1626. 30 Avr. reçu à la Chambre.
  1695. . . . . mort.

Douceur (*N.* Ve de *Pierre*).
  1695. . . . . Libraire.
  1696. . . . . exerçoit.

Douceur (*Jacques* II.) petit-fils
  de *Pierre* , & gendre de Maurice
  Villery.
  1709. 16 Juill. Libraire.
  1712. . . . . mort.

Douceur (*N.* fille de Maurice
  Villery , Ve de *Jacques* II.)
  1712. . . . . Libraire.
  1719. . . . . exerçoit.

Doussin (*Pierre-Jérome*).
  1729. 5 Juill. Libraire.

Douyet (*Jean*).
  1679. . . . . Libraire.

Driard ou Driatt (*Jean*)
  1498. . . . . Libr. & Impr.

Drou (*François*) gendre d'Eustache
  De Latte.
  1654. 5 Févr. Libraire.
  1691. . . . . mort.

Drou (*N.* fille d'Eustache *De Latte*,
  Ve de *François*).
  1691. . . . . Libraire.

Drouard ou Drouatt (*Guillaume* I.)
  frère aîné de *Pierre*.
  1540. . . . . Libr. & Impr.

Drouart (*Pierre*) frère puîné de
  Guillaume.
  1541. . . . . Libraire-Juré.
  1582. . . . . exerçoit.

Drouart (*Ambroise*) 1er fils de
  Pierre.
  1583. . . . . Libraire.
  1608. 28 Nov. m. Par. S. Benoît.

Drouart (*Jérome*) 2d fils de *Pierre*.
  1603. . . . . Libraire.
  1636. 14 Févr. m. Par. S. Benoît.

Drouart (*Guillaume* II.) 3me fils
  de *Pierre*.
  1609. . . . . Libraire.

Du Bays (*Nicolas*).
  1637. 13 Août , Libraire.

Du Boc (Dlle *N.* fille de *N.*)
  femme de Mr Hardy (*Siméon-*
  Prosper). 1755.

Du Bois (*Simon*).
  1525. . . . . Libr. & Impr.
  1529. . . . . exerçoit.

Du Bois (*Nicolas*).
  1614. . . . . Libraire.
  1618. . . . . exerçoit.

Du Bois (*Gilles*).
  1628. 10 Févr. Libraire.
  1671. 5 Mai , m. Par. S. Benoît.

Du Bois (*Etienne*) gendre de Pierre *Le Maire.*
1653. 6 Févr. Libraire.
1680. . . . exerçoit.
Du Bois (*Jean-François*) gendre d'Emmanuel *Langlois.*
1683. 9 Sept. Libraire.
1714. . . . . . mort.
Du Bois (*N.* fille d'Emmanuel *Langlois*, Vᵉ de *Jean-François*).
1714. . . . . . . Libraire.
1737. . . . . . . morte avant.
Du Bois (*Claude*) fils de Jean-*François.*
1719. 28 Juill. Libraire.
1737. . . . mort avant.
Du Bois (*Susanne*, fille de *N.*) voyez Delaulne (Vᵉ de *Pierre* III.)
1705.
Du Bois (*Elisabeth*, fille de *N.*) voyez D'Houry (Vᵉ de *Laurent*)
1725.
Du Bois (Mʳ *Pierre-Etienne* I.)
1767. 4 Oct. Libraire.
1788. rue de l'Hyrondelle.
Dubois (Mʳ *Pierre-Etienne* II) fils de Mʳ *Pierre-Etienne* I.
1773. 23 Déc. Libraire.
1788.
Dubosc (*Jean-Nicolas*).
1786. 21 Avril, Libraire.
1786. 17 Nov. meurt, & est inhumé à S.-André.
Du Bourg (*Charles*) gendre de Jean *Péqueux.*
1655. 18 Mars, Libraire.
1714. . . . . . . mort avant.
Du Bourg (*Antoine*) 1ᵉʳ fils de *Charles.*
1686. 8 Oct. Libraire.
1727. . . . . . mort.
Du Bourg (*N* Vᵉ d'*Antoine*).
1727. . . . . . Libraire.
1730. . . . morte avant.
Du Bourg (*Jean*) 2d fils de *Charles.*
1693. 11 Nov. Libraire.
1723. . . . . morts avant.

Du Bourg (*Claude*) fils d'*Antoine.*
1711. 30 Juin, Libraire.
1740. . . . . mort avant.
DU BRAY (*Toussaint*).
1605. . . . Libraire-Juré.
1631. 22 Déc. Syndic.
DU BRAY (*Jean*) fils de *Toussaint.*
1636. 23 Janv. Libraire.
1649. 8 Mai, Adjoint.
1661. 20 Juill. Syndic.
1674. 28 Avril, m. Par. S. Benoît.
Du Bray (*N.* Vᵒ de *Jean*).
1674. 28 Avril, Libraire.
1693. . . . . morte avant.
Du Bray (*Gyrande*, fille de *Toussaint*) voyez De Sanlecque (Vᵉ de *Jacques* II.) 1648.
Du Breuil (*Antoine*) frère aîné de *Claude.*
1596. . . . Libr. & Impr.
1612. . . . . exerçoit.
Du Breuil (*Claude*) frère puîné d'*Antoine.*
1600. . . . . . Libraire.
1618. . . . . . mort.
Du Breuil (*N.* Vᵉ de *Claude*)
1618. . . . Libraire.
1627. . . . . exerçoit.
Du Breuil (*Martin*) 1ᵉʳ fils de *Claude.*
1620. . . . . Libraire.
1627. . . . . exerçoit.
Du Breuil (*Jean*) 2d fils de *Claude.*
1622. . . . . Libraire.
Du Breuil (*Charles* I.) fils d'*Ant.*
1630. . . . . . Libraire.
Du Breuil (*Jacques* I.) 3ᵐᵉ fils de *Claude.*
1635. 6 Sept. Libraire.
1658. 25 Avril, meurt après.
Du Breuil (*Jacques* II.) fils de *Jacques* I.
1661. 15 Sept. Libraire.
1712. . . . mort.
Du Breuil (*N.* Vᵉ de *Jacques* II.
1712. . . . Libraire.
1718. . . . morte avant.

Du Breuil (*Charles* II.) fils de *Jacques* II.
1696. 31 Juillet , Libraire.
1730. . . . . mort.
Du Breuil (N. Vᵉ de *Charles* II.)
1730. . . . Libraire.
1748. . . . morte avant.
Du Cardonnay *ou* Cardonnet , (*François*).
1638. 8 Févr. . Libraire.
Du Carroy (*Jean*) gendre de N. Sourcy , par *Claude*.
1577. . . . Libraire.
1650. . . . Imprimeur.
1617. . . . mort.
Du Carroy (*Claude*, fille de N. Sourcy , Vᵉ de *Jean*).
1617. . . . Libraire.
Du Carroy (*François*) gendre de N. Brochart , par *Anne*.
1664. . . . Libraire & Impr.
Du Carroy (*Charles*) fils de *François*.
1623. . . . Libraire.
Du Castin (*Robert* I.)
1649. 29 Oct. Libraire.
1696. . . . exerçoit.
Du Castin (*François*), 1ᵉʳ fils de *Robert* I.
1666. 8 Juillet, Libraire.
1680. . . . exerçoit.
Du Castin (*Etienne*) 2d fils de *Robert* I.
1636. 19 Sept. Libraire.
1719. . . . mort avant.
Du Castin (N. fille d'*Etienne*) voyez Loyson (Vᵉ de *Jean-Baptiste* II.) 1737.
Du Castin (*Généviève* , fille d'*Etienne*) voyez Cuissart , (Vᵉ de *François*) 1737.
Du Castin (*Georges*)
1691. . . . Libraire.
1696. . . . exerçoit.
Du Castin (*Robert* II.) 3ᵐᵉ fils de *Robert* I.
1708. 18 Mai , Libraire.
1712. . . . mort.

Du Castin (N. Vᵉ de *Robert* II.)
1712. . . . Libraire.
1750. . . . morte avant.
Du Chemin (*Nicolas*), de Provins, Graveur-Fondeur de Poinçons, particulièrement pour la Musique & le Plainchant.
1541. . . . Libr. & Imprim.
1554. . . . exerçoit.
Du Chemin (*Jeanne* , fille de *Nicolas*) voyez Gadoulleau , (Vᵉ de *Michel*) 1614.
Du Chesne (*François*).
1598. . . . Libr. & Imprim.
Du Chesne (*Abraham*).
1611. . . . Libraire.
1613. . . . exerçoit.
[AUTRE FAMILLE.]
Du Chesne (*Nicolas-Bonaventure*) gendre d'André *Cailleau*.
1751. 6 Nov. Libraire.
1765. 4 Juill. meurt rue S. Jacques, Paroisse S. Benoît.
Duchesne (Dᵉ N. *Cailleau* , Vᵉ de *Nicolas-Bonaventure*).
1765. 4 Juill. Libraire.
1788. rue S. Jacques.
Duchesne (Mr *Jean-Nicolas*) fils de Mr *Nicolas-Bonaventure*).
1787. 22 Déc. Libraire.
1788. rue S. Jacques.
Du Clou (*Jacques*).
1606. . . . Libr. & Imprim.
1617. . . . mort.
Du Clou (N. Vᵉ de *Jacques*).
1617. . . . Libr. & Imprim.
Du Coudret (*Laurent*).
1586. . . . Libr. & Imprim.
Dude (*Charles*).
1514. . . . Libraire.
Du Flo (*Claude*) gendre de Jean I. *Guillain*.
1659. 21 Août , Libraire.
DU FOSSÉ (*Nicolas*).
1582. . . . Libr. Juré. & Impr.
1618. 9 Juillet , Syndic (premier , depuis la formation de la Communauté).

Du Four.

Du Four (*Nicolas*).
1627. . . . . . Libraire.
Du Four (Mr *Pierre*).
1781. 16 Janv. Libraire.
1775. . . . s'établit à Varsovie
en Pologne.
Du Fresne (*Abraham*).
1630. . . . . Libraire.
1612. . . . . exerçoit.
Du Fresne, voyez Bonil 1636.
Du Fresne (*Daniel*).
1661. 17 Mars, Libraire.
Du Fresne (Mr *Julien-Nicolas*)
1787 12 Juin, Libraire.
1788.
Du Gas *ou* Du Guast (*Jacques*)
1628. 30 Juill. Libraire.
1645. . . . . exerçoit.
Du Guernier (*Thomas*).
1508. . . . . Libr. & Impr.
1533. . . . . exerçoit.
Du Hamel (*Richard*).
1536. . . . . Libraire.
Du Hamel *Jean* I.)
1610. . . . . Libraire.
1647. 12 Avril, mort avant.
Du Hamel (*Claude*).
1627. . . . . Libraire.
Du Hamel (*Antoine*) fils de *Jean* I
1645. 13 Juill. Libraire,
1663. 8 Sept. mort avant.
Du Hamel (*N.* fille de *Jean* I.
femme de Le Rond (*Jean*) 1647
Du Hamel (*Jean* II.) fils d'*Antoine*
1663. 27 Sept. Libraire,
1694. . . . . mort avant.
Du Han (*Michel*).
1646. 24 Janv. Libraire.
Dumas, voyez Dumée.
Du Mas (*Adrien*).
1637. 19 Nov. Libraire.
1703. . . . . morte avant.
Du Mas (Dlle *Alexandrine-Thérèse-Victoire*, fille de Mr *N.* femme
de Mr Lottin de S.-Germain
(*Jean Roch*) 1784.
Du May (*Jean*).
1627. . . . . Libraire.

Du Mays (*François* I.) frère aîné
de *François* II.
1606. . . . . Libraire.
1627. . . . . exerçoit.
Du Mays (*François* II.) frère
puîné de *François* I.
1624. 24 Octobr. Libraire.
1627. . . . . exerçoit.
Dumée (*Antoine*).
1541. . . . . Libraire.
Du Mesnil (*Hervé*) gendre de *N.*
Joly, par *Geneviève.*
1606. . . . . Libraire.
1632. . . . . exerçoit. Il demeuroit, rue S. Jean-de-Lattan.
Du Mesnil (*Gervais*) 1er fils
d'*Hervé.*
1626. . . . . Libraire.
Du Mesnil (*Henri*) 2 fils d'*Hervé.*
1632. 9 Déc. Libraire.
Du Mesnil (*Charles*) fils de
Henri.
1643. 11 Déc. Libraire-Juré.
1657. 28 Mai, Adjoint.
Du Mont (*Nicolas*).
1570. . . . . Libraire.
Du Moutiet (*Vincent*) gendre de
Jérôme Blageart par *Marguerite.*
1663. 8 Sept. Libraire.
1703. . . . . morte avant.
Dun (*Jean*).
1548. . . . . Libraire.
Du Pin (*Nicolas*).
1654. 30 Avril, Libr. & Impr.
Du Pin (*Charles*) fils de *Nicolas.*
1661. 15 Sept. Libraire.
1694. . . . . mort avant.
Duplain (Mr *Pierre-Jacques*)
de Lyon.
1784. 22 Juin, Libraire.
1788. rue des Fossés S. Germain-des-Prés, cour du Commerce.
Du Pont (*Pierre*).
1648. 13 Févr. Libraire.
1679. . . . . mort.
Du Pont (*N.* Ve de *Pierre*).
1679. . . . . Libraire.
1680. . . . . exerçoit.

h

Du Pré (*Jean*).
1486. . . . . Libr. & Impr.
Du Pré *Galliot* I.)
1512. . . . . Libraire-Juré.
1552. . . . . exerçoit.
Du Pré (*Pierre*) 1er fils de
Galliot I.
1561. . . . . Libraire.
1565. . . . . exerçoit.
Du Pré (*Galliot* II.) 2d fils de
Galliot I.
1561. . . . . Libraire.
1565. . . . . exerçoit.
Du Pré (*Denys*).
1572. . . . . Libr. & Impr.
1582. . . . . exerçoit.
Du Pré (*Philippe*).
1596. . . . . Libraire.
1611. . . . . exerçoit.
Du Pré (*Guillaume*).
1639. . . . . Libraire.
Du Pré (*René*).
1650. 10 Févr. Libraire.
1703. . . . . mort.
Du Pré (N. Ve de *René*).
1703. . . . . Libraire.
1719. . . . . morte avant.
Du Pré (*Marie-Catherine*, fille de
Mr Charles) 2de femme de Simon
(Pierre-Guillaume) 1738.
Du Pré (Dlle *Cécile-Victoire*, fille
aînée de Mr Charles - François)
femme de M. Nyon (Nicolas-
Henry) 1775.
[Iere FAMILLE.]
Du Puis (*Maturin* I.)
1519. . . . . Libraire-Juré.
1550. . . . . exerçoit.
Du Puis (*Jacques*) 1er frère puiné
de *Maturin* I. & gendre de
Michel I. *Sonnius*.
1549. . . . . Libraire-Juré.
1591. 3 Nov. meurt, Paroisse
S.-Benoît.
Du Puis (*Maturin* II.) 1er fils de
Maturin I.
1565. . . . . Libraire.

Du Puis (*Claude*) 2e fils de
Maturin I.
1569. . . . . Libraire.
Du Puis (*Maturin* III.) 3me fils
de *Maturin* I.
1572. . . . . Libraire.
Du Puis (*Jean - Baptiste*) 2me
frère puiné de *Maturin* I.
1586. . . . . Libraire - Juré
& Imprimeur.
1599. . . . . exerçoit.
Du Puis (*Pierre*) fils de *Jacques*.
1621. . . . . Libraire.
1646. . . . . exerçoit.
Du Puis (*Maturin* IV.)
1628. 20 Janv. Libraire.
1653. 4 Déc. mort avant.
Il avoit pour marque une Couronne d'or , avec cette devise :
Donec totum ambiat orbem.
Du Puis (*Jean*) fils de *Maturin* IV,
& gendre de N. *Mariette*, par
Marie , petite-fille de Guillaume
Le Noir.
1633. 14 Oct. naît à Paris.
1653. 4 Déc. Libraire. —
1669. Marguillier de S. Benoît.
1675. 21 Nov. inhumé à S. Benoît.
Du Puis (*Marie* , fille de N.
Mariette, petite-fille de Guillaume
Le Noir, Ve de *Jean*).
1675. 21 Nov. Libraire.
16 . . . . se remarie à Antoine
Dézalier.
Du Puis (*Thomas*) fils de *Pierre*.
1646. 2 Août, Libraire.
Du Puis (*Charles*).
1679. . . . . Libraire.
1680. . . . . exerçoit.
Du Puis (*Denys*) 1er fils de *Jean*.
1589. 26 Avril, Libraire.
1711. . . . . mort avant.
Du Puis (*Grégoire*) 2d fils de *Jean*.
1696. 15 Mai, Libraire.
1726. Marguillier de S. Benoît.
1728. 12 Mai, Adjoint.
1755. . . . . mort avant.

Du Puis (*Grégoire - Antoine*) 1er fils de *Grégoire.*
1719. 11 Janv.   Libraire.
1755. . . . .   non inscrit.
Du Puis (*N.* Ve de *Grégoire - Ant.*)
1759. . . .   Libraire.
1768. . . .   morte avant.
Du Puis (*Louis*) 2d fils de *Grégoire.*
1734. 11 Mai ,   Libraire.
1778. 10 Sept.   meurt à Langeais.
Du Puis (*N. Gentet* Ve de *Louis*).
1778. 10 Sept.   Libraire.
1785. 25 Févr.   meurt.
Du Puis (Mr *André-Georges*) fils de *Louis.*
1769. 4 Oct.   Libraire.
1788. — Rue Jacob.
   [IIde FAMILLE.]
Du Puis (*François*).
1777. 30 Mai ,   Libraire.
1786. 25 Déc.   meurt.
   [Iere FAMILLE.] —
Durand (*Georges*) frère aîné de *Pierre.*
1605. . . .   Libraire.
1625. 6 Août ,   meurt , Paroisse S.-Benoît.
Durand (*Remi*).
1610. . . .   Libraire.
1618. . . .   exerçoit.
DURAND (*Pierre*) frère puîné de *Georges.*
1611. . . .   Libr. & Impr.
1624. 6 Sept.   Adjoint.
1627. . exerçoit ; il étoit Imprimeur de l'Université & du Prince de Condé.
DURAND (*Martin*).
1612. . . .   Libraire.
1633. 18 Juill.   Adjoint.
Durand (*Baptiste*).
1618. . . .   Libraire.
1627. . . .   exerçoit.
Durand (*Sébastien*) fils de *Georges.*
1626. 30 Avril ,   Libraire.
1627. . . .   exerçoit.
Durand (*Rolet*) fils de *Sébastien.*
1652. . . .   Libraire.

Durand (*Jean-Jacques*).
1702. 21 Juin ,   Libraire.
1708. . . . . .   mort avant.
   [IIme FAMILLE.]
DURAND (*Laurent*) neveu de François *Jouenne* & gendre de *N. Carbonnier*, par *Elisabeth.*
1738. 23 Juin ,   Libraire.
1750. . Marguillier de S. Benoît.
1756. 15 Sept.   Adjoint.
1763. 11 Mai ,   meurt, rue du Foin , Par. S.-Severin.
Durand (Elisabeth *Carbonnier* , Ve de *Laurent*).
1763. 11 Mai ,   Libraire.
1769. 19 Févr.   meurt, rue des Noyers, Par. S. Benoît.
DURAND (Mr *Pierre-Etienne-Germain*) 1er neveu de *Laurent*, & gendre de Jacques *Lambert.*
1761. 5 Janv.   Libraire.
1779. 22 Mars ,   Adjoint.
1788. . . .   rue Gallande.
Durand (Mr *Pierre-François*) 1er fils de *Laurent.*
1766. 13 Juin ,   Libraire.
1788. . . .   rue Gallande.
Durand de Sugères (Mr *Claude-Jacques-Charles*) 2me neveu & gendre de *Laurent.*
1771. 23 Févr.   Libraire.
1788. — Rue du Foin S.-Jacques.
Durand du Fresnoy (Mr *Jean-Augustin*) 2d fils de *Laurent.*
1772. 4 Sept.   Libraire.
1788. — Place de Sorbonne.
Durand (Dlle N. fille de Mr *Laurent*) femme de Mr Durand de Sugères, (*Claude-Jacques-Charles*) 1771.
Durand (Mr *Pierre-Noël*) fils de Mr *Pierre-François.*
1787. 13 Déc.   Libraire.
1788. — Rue Gallande.
Duru (*Marie - Marguerite* , fille de *N.*) 2e femme de Mr Froullé (*Jacques-François*) 1771.
Du Serre (*Claude*).
1612. . . .   Libraire.

Du Taurroy (Jean).
1578. . . . . Libraire.
Du Val (Denys I.) gendre de N.
Piscot, par Marie.
1553. . . . . Libraire.
1621. 9 Fév. m. Par. S. Benoît.
Du Val (Denys II.) fils de Denys I.
1605. . . . . Libraire.
1615. 2 Févr. meurt.
Du Val (Jean I.)
1608. . . . . Libraire.
1648. 2 Oct. m. Par, S. Benoît.
Du Val (Thibault).
1609. . . . Libraire.
1665. 12 Nov. mort avant.
Du Val (Jacob) fils de Denys II.
1610. . . . Libraire.
1629. 11 Juill. Adjoint.
1635. 8 Mars, mort avant.
Du Val(Denys III.)1er fils de Jacob.
1635. 8 Mars, Libr. & Impr.
Du Val (Jean II.) gendre de
Guillaume Pelé.
1644. 22 Juin, Libraire.
1659. 15 Mai, mort avant.
Du Val (François) 2d fils de Jacob.
1656. 19 Oct. Libraire.
Du Val (Laurent) fils de Jean II.
1659. 15 Mai, Libraire.
Dyarmentier (Jean).
1505. . . . . . Libraire.

Edme voyez Rapenot.
Edouard (Jacques).
1706. 26 Janv. Libraire.
1762. . . . mort.
Edouard (N. Ve de Jacques).
1762. . . . Libraire.
1768. . . . morte avant.
Ellézart (Antoine).
1627. . . . Libraire-Juré.
Emery (Antoine).
1651. 29 Nov. Libraire.
1679. . . . mort.
Emery (N. Ve d'Antoine).
1679 . . . Libraire.
1714. . . . morte avant.

EMERY (Pierre) fils d'Antoine.
1683. 9 Sept. Libraire.
1701. 10 Sept. Adjoint.
1703. 2 Oct. Syndic.
1739. . . . mort.
¶ Moyreau a gravé son Portrait
in folio.
Emery (N. Ve de Pierre).
1730. . . . Libraire.
1737. . . . morte avant.
EMERY (Pierre-Fr.) fils de Pierre.
1699. 30 Mars, Libraire.
1704. 8 Oct. Imprimeur.
1712. 8 Août, Adjoint.
1735. 29 Janv. Consul.
1743. 11 Juillet, s'étoit démis de
son Imprimerie.
1756. . . . mort avant.
Emery (Marie-Térèse, fille de
Pierre) voyez Saugrain (Ve de
Claude-Marin I.) 1750.
Emery (Pierre-Charles) fils de
Pierre-François, Mᵉ ès Arts en
l'Université de Paris.
1731. 16 Févr. Libraire.
1732. fait imprimer l'Explication
de la Genèse, 2 vol. in 12
de Frédéric-Maurice Foy-
nard. Quelques idées sin-
gulières, hazardées sur le
sens spirituel, firent sup-
primer ce livre; le jeune
Libraire se dégoûta de la
Librairie, & embrassa l'é-
tat Ecclésiastique; il est
mort le 21 Décembre 1775,
rue des Martyrs-Mont-
Martre, & inhumé le len-
demain dans l'Eglise de
Notre-Dame de Lorette,
succursale de S.-Pierre de
Mont-Martre. Il étoit Prêtre
du Diocèse de Paris; &
Licencié ès Loix de la
Faculté de cette même ville.
Emmerez (Catherine-Elisabeth,
fille de N.) voyez Dehansy,
(Claude III.) 1715.

Eschard ou Eschart (*André*).
1590. . . . . Libraire.
1627. . . . . exerçoit.
Eschard (*Claude I.*) 1er fils d'*André*.
1627. 14 Oct. Libraire.
Eschard(*Sébastien I*)2e fils d'*André*.
1628. 24 Févr. Libraire.
1694. . . . . mort avant.
Eschard (*Sébastien II.*) 1er fils
de *Sébastien I.*
1657. 5 Avril, Libraire.
Eschard (*Claude II.*) 2d fils de
Sébastien I.
1657. 5 Avril , Libraire.
1694. . . . mort avant.
Eschard (*François*) 3me fils de
Sébastien I.
1665. 20 Août , Libraire.
1694. . . . mort avant.
Esclassan (*Pierre*).
1666. 1 Mars, Libraire.
1667. 17 Juillet, Associé avec la
Ve de Cl. Thiboust.
1718. 19 Déc. meurt, & est
inhumé à S.-Benoît.
¶ C'est à cette famille que l'Eglise
de S.-Benoît est redevable de
l'Arche qui sert à la Procession
de la Fête Dieu. Pièce sculptée
qui fut admirée dans son temps.
Esprit (*Jacques*).
1773. 12 Févr. Libraire.
1782. 20 Déc. meurt, rue S.
Thomas du Louvre, Par.
S.-Germain-l'Auxerrois.
Esprit (D^lle *N. Servet* , Ve de
Jacques).
1782. 20 Déc. Libraire.
1788. . . . au Palais-Royal.
[1ere FAMILLE.]
Estienne (*Henri I.*) Etudiant en
Droit, à Paris.
1500. . . . . Libr. & Impr.
1521. 30 Avril, mort avant.
¶ Il est le chef de cette famille
qui a tant illustré la France
Littéraire.

Estienne (*N.* , Ve de *Henri I.*)
1521. 30 Avr. Libr. & Impr.
152 . épouse Simon De Colines.
Estienne (*Robert I.*) 2me fils de
Henri I.
1503. . . . naît à Paris.
1525. . . . . . Libr. & Impr.
1539. . . . Imprimeur du Roi.
1550, environ, se retire à Genève.
1559. 7 Sept. y meurt.
¶ C'est cet *Estienne*, que
François I. honora de sa visite.
Nous avons son portrait
gravé par Desrochers, in 8o &
in-4o par Coster, avec ces
vers au bas.
Robertum cernis Stephanum quem
Gallicus orbis
Miratur. Primus calcographum,
Stephanus,
Qui, pius & doctus, procudit scripta
piorum;
Sorbona hinc non vult impie
ferre virum.
Estienne (*Perrette Bade*, Ve de
Robert I.)
1559. 7 Sept. Libr. & Impr.
Estienne (*Charles*) 3me fils de
Henri I., Docteur en Médecine.
1536. . . . . . . Libr. & Imprim.
1538. . . . . Imprimeur du Roi.
1564. . . . . mort à Paris,
dans les prisons du Châtelet.
Estienne (*François I.*) 1er fils de
Henri I.
1537. . . . Libraire-Juré & Impr.
1550. . . . . mort à Paris.
Estienne (*Henri II.*), sieur de
Grière, 1er fils de *Robert I.*
1528. . . . . naît à Paris.
1554. . . . . Libr. & Impr.
1598. . Mars, meurt à l'Hôpital
de Lyon.
Estienne (*Robert II.*) 2me fils
de *Robert I.*
1550. . . . . Libr. & Impr.
1561. . . . . Impr. du Roi.
1571. 11 Sept. meurt.

Estienne (Denyse *Barbé* , V.e de *Robert* II.)
1572. 11 Sept. Libr. & Impr.
1580. se remarie à M. Patisson.

Estienne (*François* II.) 3.me fils de *Robert* I.
1562. . . . Libr. & Impr.
1582. . . se retire à Genève.

Estienne (*Jean*) 4.me fils de *Robert* I.
1543. 23 Juill. naît à Paris.
1563. . . . Libraire.
156 — se retire à Genève.

Estienne (*Simon*) 5.me fils de *Robert* I.
1546. 21 Août, naît à Paris.
1566. . . . Libraire.
156 — se retire à Genève.

Estienne (*Robert* III) 1.er fils de *Robert* II.
1572. . . . . Libr. & Imprim.
1574. . . . . Imprim. du Roi.
1644. . . . . . mort à Paris.

Estienne (*Paul*) 1.er fils de *Henri* II.
1566. . . . naît à Paris,
1599. . . . Libr. & Impr.
1626. . . . se retire à Genève.
1627. . . . y meurt.

Estienne (*Gervais*) 1.er fils de *François* II.
1610. . . . se marie.
1612. . . . Libr. & Impr.
1627. . . . exerçoit.

ESTIENNE (*Antoine*) 1.er fils de *Paul*.
1594. . . . naît à Genève.
1614. . . . Imprim. du Roi & du Clergé de France.
1618. 26 Oct. reçu à la Chambre.
1626. 2 Juill. Adjoint.
1674. . . . mort à Paris, dans un Hôpital.

Estienne (*Adrien*) 2.d fils de *François* II.
1614. . . . . . . Libraire.
1616. . . . . . . Imprimeur.
1617. . . . . . . se marie.
1627. . . . . . . exerçoit.

Estienne (*Henri* III.) 3.me fils de *Robert* II. Thrésorier des Bâtimens du Roi , & son Interprète ès Langues Grecque & Latine.
1615. . . . Libr. & Impr.

Estienne (*Joseph*) 2.d fils de *Paul*.
1628. . . . . . . Libraire.
1629. 5 Juin, Imprim. du Roi à la Rochelle.
1629. . . Oct. y meurt de la peste.

Estienne (*Robert* IV.) 2.d fils de *Henri* III. Avocat au Parlement & Bailli de S.-Marcel.
1630. . . . . Libr. & Imprim.
1635. . . . . exerçoit.

Estienne (*Pierre*) 1.er fils d'*Adrien*.
1618. 21 Août, naît à Paris.
1638. . . . . . Libr. & Imprim.

Estienne (*Jean-Jacques*) 1.er fils d'*Antoine*.
1622. 16 Juill. naît à Paris.
1642. . . . . . Libr. & Imprim.

Estienne *Henri* IV. 2.d fils d'*Antoine*.
1631. 9 Févr. naît à Paris.
1646. 23 Févr. Libr. & Imprim.
1661. 6 Oct. meurt à Paris, (ebrietate).

Estienne (*François* IV.) 2.d fils d'*Antoine*.
1647. . . . . . Libr. & Imprim.

Estienne (*Jérôme*) 2.d fils d'*Adrien*.
1630. 10 Sept. naît à Paris.
1657. 29 Nov. Libr. & Imprim.

Estienne (*N.* fille d'*Adrien*) femme de Palfart (*Jacques*) 1636.

¶ Cette célèbre famille, éteinte depuis 127 ans, pour la Typographie de France existe, par les descendans de *Robert* IV. Imprimeur-Libraire en 1630, Avocat au Parlement , & Bailli de S.-Marcel ; M.e l'Abbé *Estienne* (*Antoine* , V.e du nom) , résidant en cette Cpitale , a pour aïeul , au 5.me degré ce *Robert* IV.

[IIeme FAMILLE.].

Estienne (.Jacques I.) fils de Nicolas & de Charlotte Desterne, & gendre 1º de N. Bernache, 2º de N. Guyard, par Marie-Anne, qu'il épousa veuve de N. Pochard.
1668. 22 Janv. naît à Champigny près de S.-Maur.
1699. 3 Août, Libraire.
1725. 1 Janv. Marguillier de S.-Severin.
1731, 8 Mai, meurt P. S. Severin.

Estienne (Marie-Anne Guyard, Ve on 1res nôces de N. Pochard, & en secondes, de Jacques I.)
1731. 1 Mai, Libraire.
1753. 15 Mars, meurt, Paroisse S. Severin.

ESTIENNE (Jacques II.) 1er fils de Mr Jacques I. & gendre de Mr Antoine Manceau, par Dlle N.
1740. 2 Janv. Libraire.
1755. 22 Sept. Adjoint.
1788. . . . . rue S.-Jacques.

ESTIENNE (Robert) 2d fils de Mr Jacques I. né en 1723.
1746. 15 Oct. Libraire.
1762. 15 Juin, Adjoint. mort en 1794.
1780. 30 Janv. Consul. 1794.
1788. . . . . rue S.-Jacques.

Estienne (Dlle Marie-Nicole, fille de Mr Jacques I.) voyez Hérissant (Ve de Jean-Thomas I.) 1772.

Estienne (Dlle N.) fille de Mr Jacques II.) femme de Mr Simon (Claude II.) 1766.

Estienne (Dlle Sophie) fille de Mr Jacques II.) femme de Mr Savoye (Nicolas) 1772.

Estoc (Laurent).
1606. . . . Libraire.
1612. . . . exerçoit.

Estoc (Thomas).
1610. . . . Libraire.
1612. . . . exerçoit.

Estoc (Antoine).
1611, . . . Libr. & Imprim.
1623. . . . exerçoit.

Eve (Nicolas) frère aîné de Clovis, & gend. de N. Guéreau par Jeanne.
1578. . . . . . Libraire.
1610. . . . . . exerçoit.

Eve (Clovis I.) frère puîné de Nicolas, Relieur ordinaire du Roi (HENRI IV.)
1578. . . . . . Libraire.
1617. . . . . . exerçoit.

Eve (Clovis II.) fils de Nicolas.
1602. . . . . Libraire.
1618. . . . . exerçoit.

Eussienne (Gilles).
1610. . . . . Libraire.

Eustace voyez Eustache.

Eustache (Guillaume).
1493. . . . Libraire du Roi.
1520. . . . exerçoir.

Exaltier (Louise-Françoise, fille de N.) voyez Hérissant (Ve de Jean) 1716, & femme en 2des nôces de Claude-Jean-Baptiste I.

F

Fabon (Philippe) voyez Leclerc, (Ve de David II.) 1683.

Fabre (Mr Jean).
1786. 12 Déc. Libraire, comme ayant épousé la Ve de Laurent-François Guillaume.
1788. — Place du Pont S. Michel.

Faucher (Raimond).
1612. . . . . Libraire.

Fayret (Robert).
1691. . . . Libraire.
1694. . . . mort avant.

Febvrier (Jean).
1579. . . . Libraire.
1594. 25 Juin, Libraire Juré.

Febvrier (Pierre-Louis) fils de Jean.
1600. . . . Libraire.
1627. . . . mort.

Febvrier (N. Ve de Pierre-Louis).
1627. . . . Libraire.

Febvrier (Simon) fils de Pierre-Louis.
1633. 14 Avril, Libraire.

Febvrier (*François*).
1702. 16 Déc.   Libraire.
1727.   mort avant.
Férant (*Pierre* I.)
1610. . . . . . Libraire.
1618. . . . . . exerçoit,
Férant (*Pierre* II.) fils de *Pierre* I.
1635. 28 Juin , Libraire.
1691.   mort.
Férant (N. Vᵉ de *Pierre* II.)
1691. . . . . . Libraire.
1692. . . . . . exerçoit.
Féranᴛ (*Claude*).
1691. . . . . . Libraire.
1692. . . . . . exerçoit.
Férant (*Jean-Alexis*).
1691. . . . . Libraire.
1694.   morte avant.
Ferrat (Dᴵˡᵉ *Marie-Géneviéve* ,
   fille de N.) femme de Mr Quillau (*François-Augustin*) 1763.
Férault (*Antoine* I.)
1633. 16 Juin , Libraire.
1679. . . . . . . mort.
Férault (N. Vᵉ d'*Antoine* I.)
1679. . . . . Libraire.
1692. . . . . . exerçoit.
Férault (*Antoine* II.) fils d'Ant. I.
1666. 13 Mai , Libraire.
1714. . . . . mort avant.
Ferrebolle (*Jacques*).
1514. . . . . . Libr. & Imprim.
Ferrier (*Pierre*).
1633. 12 Mai , Libraire.
Fétil (*Michel*)
1679. . . . . . . Libraire.
1655. . . . . . morte avant.
Fétil (*Jacques*).
1691. . . . . . Libraire.
1694. . . . . . mort avant.
Fétil (*François*) cousin de Jean
   Hérissant.
1710. 7 Févr. Libraire.
1717. . . . . . mort.
Fétil (N. Vᵉ de *François*).
1717. . . . . . Libraire.
1762. . . . . . . morte avant.

Fétil (*Marie-Jeanne* , fille de N.)
   voyez Betton (Vᵉ de *Gabriel-*
   Charles) 1757.
Fétil (Mr *René-François*).
1767. 4 Octob. Libraire.
1788. . . . . . Cloître S.-Benoît.
FEUGÉ (*Robert* I.) frère aîné de
   Louis.
1618. . . . . Libraire.
1630. 15 Juill. Adjoint.
1644. 13 Sept. mort avant.
FEUGÉ (*Louis*) frère puîné de
   Robert I.
1624. 18 Janv. Libraire.
1631. 22 Déc. Adjoint.
Feugé (*Robert* II.) fils de *Robert* I.
1644. 13 Sept. Libraire.
Feugé (*Françoise* , fille de *Robert* I.)
   2me femme de De la Caille ,
   (*Jean* I.) 1641.
FEUGÉ (*Sébastien*) neveu de
   Robert I. , & de *Louis*.
1645. 26 Janv. Libraire.
1652. 14 Mai , Adjoint.
Feuquère (*Robert*).
1634. 9 Mars , Libraire.
1659. 20 Févr. exerçoit.
Feuquère (N. , fille de *Robert*)
   femme de Hubert (*Jacques*)
   1659.
Février , voyez Febvrier.
Fézandat (*Michel*).
1541. . . . . Libr. & Impr.
1552. . . . . . exerçoit.
Filassier (*Louise*) v. Prudhomme ,
   Vᵉ de *Claude* II.) 1737.
Filleau (*Pierre* I.)
1698. 13 Févr. Libraire.
1701. 20 Déc. mort avant.
Filleau (*Pierre* II.) fils de *Pierre* I.
1701. 20 Déc. Libraire.
1748. . . . . . morte avant.
Filliet (*Nicolas* I.)
1622. 17 Nov. Libraire.
1627. . . . . . exerçoit.
Filliet (*Nicolas* II. fils de *Nicolas* I.
1651. 11 Mai , Libraire.

Filliet

Filliet (*Jérôme.*)
1691. . . . Libraire.
1694. . . . mort ayant.
Flahaut (*François*).
1723. 12 Août, Libraire.
1752. . . . mort ayant.
Flamant (*Nicolas*).
1612. . . . . Libraire.
1627. . . . . exerçoit.
Flamant (*Jean.*) fils de *Nicolas.*
1632. 5 Août, Libraire.
Foillet (*Robert*).
1607. . . . . Libraire.
Fontaine (*Louis*).
1635. 30 Mars, Libraire.
Fosse (*Claude*) Professeur Septénaire en l'Université de Paris,
& gendre de Marc *Bordelet.*
1753. 2 Juill. Libraire.
1766. 30 Juillet, meurt Professeur
Emérite, en l'Université
de Paris, au Collége de la
Marche, Paroisse S. Etienne-
du-Mont.
Fosse (*N.* fille de Marc *Bordelet*,
Ve de *Claude*).
1766. 30 Juill. Libraire
1788. . , Mars, meurt, rue S.
Jean de-Beauvais, Paroisse
S. Etienne-du-Mont.
Fosset (*Charles*) gendre de Claude
Groult.
1661. 10 Mars, Libraire.
1697. . . . . mort.
Fosset (*N.* fille de Claude *Groult*,
Ve de *Charles*).
1697. . . . . Libraire.
1719. . . . . mort avant.
Fosset (*Claude-Michelle*, fille de
Charles) femme de D'Hotelfort,
(*Jacques-Louis*) 1719.
Foucault (*Eustache*) frère aîné
de *Pierre.*
1604. . . . Libraire.
1627. . . . . exerçoit.
Foucault (*Pierre*) frère puîné
d'*Eustache.*
1606. . . . Libraire.

Foucault (*Denys*).
1628. 6 Octobr. Libraire.
Foucault (*Nicolas*).
1649. 4 Nov. Libraire.
1680. . . . exerçoit.
Foucault (*Damien*) d'Orléans,
gendre de Claude *Bonjean*, &
petit-gendre de Pierre *Rocolet.*
1652. 7 Mars, Libraire.
1675. . . . mort.
Foucault (*Ame*, fille de Claude
Bonjean, Ve de *Damien*).
1675. . . . . Libraire.
1714. . . . . morte avant.
FOUCAULT (*Hilaire*) fils de
Damien.
1686. 16 Sept. Libraire.
1712. 5 Sept. Adjoint.
1717. 1 Janv. Marguillier de
S. Severin.
1713. . . . mort.
Foucault (*N.* Ve d'*Hilaire*).
1723. . . . Libraire.
1737. . . . morte avant
Foucher (*Jean I.*) *Foucherius*,
frère aîné de *Jean II.*
1539. . . . Libraire-Juré.
1551. . . . exerçoit.
Foucher (*Jean II.*) frère puîné
de *Jean I.*
1562. . . . Libraire.
Foucherius, voyez Foucher.
FOUET (*Robert*).
1597. . . . Libraire-Juré.
1613. . . . Marguillier de
S. Benoît.
1626. 2 Juill. Syndic.
1642. 24 Août, meurt, Paroisse
S. Benoît.

¶ Il avoit pour marque le Temps
& l'Occasion.

Fouet (*Jean*).
1610. . . . Libraire.
1627. . . . exerçoit.
Fouet (*François*) fils de *Robert.*
1635. 21 Juin, Libraire.
Fournet (*Florent*).
1659. 20 Janv. Libraire.

i

Fournier (*François*) arrière petit-
　gendre de Jacques *le Mercier* ,
　par *Gabrielle* , épouse de Jean
　Mouſſot , M^d Orſévre.
1708. 13 Janv.　Libraire.
1741. . . Déc.　meurt.
FOURNIER (Mr *Antoine*) gendre
　de Mr *N. Benoît.*
1761. 16 Juin ,　Libraire.
1780. 18 Mai ,　Adjoint.
1788. — rue neuve Notre-Dame.
Fournier (Mr *Jean-Baptiſte*).
1773. 31 Août ; Libraire.
1788. — rue Haute-Feuille.
Fournil (*Jean*) gendre de Jacques
　Bauche.
1703. 9 Févr.　Libraire.
1719. . . . .　mort.
Fournil (*N.* , fille de Jacques
　Bauche , V^e de *Jean*)
1719. . . . .　Libraire.
1725. . . .　morte avant.
Fournoᷓ (*Antoine*)
1698. 9 Juin , Libr. & Imprim.
　Il ſe qualifioit Imprimeur-
　Ordinaire du Roi , & de-
　meuroit (au moins en 1698)
　Pont S.-Michel , près du
　Marché-Neuf , à l'Ecreviſſe.
Fourquoyère (*Laurent*).
1643. . . . .　Libraire.
Fradin (*Conſtant*).
1513. . . . .　Libr. & Imprim.
1521. . . . .　exerçoit.
Framery (*Louis* I.)
1627. . . . .　Libraire.
1654. 30 Avril, mort après.
Framery (*Louis* II.) 1er fils de
　Louis I.
1651. 19 Oct.　Libraire.
Framery (*Sébaſtien*) 2me fils de
　Louis I.
1654. 30 Avril, Libraire.
Framery (*N.* fille de *Louis* I.) fem-
　me de Leſſelin (*Alexandre*) 1644.
François (*Matthieu*).
1633. 15 Déc.　Libraire.
1644. 4 Déc.　mort avant.

François (*Pierre*) 1er fils de *Matth.*
1661. 28 Avril ,　Libraire.
1680. . . . . .　exerçoit.
François (*Antoine*) 2me fils de
　Matthieu.
1664. 4 Déc.　Libraire.
1679. . . . . .　mort.
François (*N.* V^e d'*Antoine*).
1679. . . . . .　Libraire.
1680. . . . . .　exerçoit.
François (*Jacques*).
1665. 22 Mars ,　Libraire.
Frellon (*Jean*).
1508. . . . . .　Libraire.
1513. . . . . .　s'établit à Lyon.
Frémin (*Claude*).
1554. . . . . .　Libraire.
1562. . . . . .　exerçoit.
Frémin (*Simon*) gendre de Jean
　Michelin.
1646. 5 Juillet ; Libraire.
1694. . . . .　mort avant.
FRÉMIOT (*Nicolas*).
1618. . . . . .　Libraire.
1643. 2 Oct.　Adjoint.
1659. 6 Févr.　mort après.
Frémiot (*N.* , fille de *Nicolas*)
　voyez le Sourd , (V^e de *Simon*)
　1669.
Frémiot (*Louis*).
1643. 24 Nov.　Libraire.
1663. 25 Oct.　mort après.
Frémiot (*Paſquier*) fils de *Louis.*
1663. 25 Oct.　Libraire.
Frémiot (*N.* fille de *Louis*) femme
　de Maugras (*Marin*) 1663.
Frémont (*Jean*).
1606. . . . . .　Libraire.
1627. . . . . .　exerçoit.
Frémont (*Pierre*).
1626. 17 Sept.　Libraire.
1627. . . . . .　exerçoit.
Frémy (*Claude*).
1553. . . . . .　Libraire.
Friburger ou de Columbaria ou de la
　Colombière (*Michel*) de Colmar.
1470. . . . . .　Libr. & Impr.
1477. . . . . .　quitte Paris.

Froment (*Pierre*).
1619. . . . . Libraire.
Froullé (Mr *Jacques - François*),
de Paris, gendre 1º de N. *Caillou*,
par Dlle *Catherine*, morte le
14 Mai 1773, Pont N.-D., Par.
S. Gervais, laissant Dll *N.* sa fille,
2º de N. *Duru*, par Dlle *Marie-
Marguerite*, morte le 12 Janvier
1788, Quai des Augst. Paroisse
S.-André, laissant des enfans.
1771. 23 Déc. Libraire.
1788. . . . Quai des Augustins.
Fuitte (*Pierre*).
1618. . . . . Libraire.
Fusy (*Jean*).
1606. . . . . . . Libraire.
1627. . . . . . . exerçoit.
Fuzellier (*Marie-Charlotte*, fille
de N.) *voyez* De Bure (Ve de
Guillaume I.) 1748.

G adoulleau (*Michel*) gendre
de Nicolas *Du Chemin*, par
Jeanne.
1579. . . . Libraire.
1614. 19 Juin, meurt.
Gadoulleau (*Jeanne*, fille de Nic.
Du Chemin, Ve de *Michel*).
1614. 19 Juin, Libraire.
1617. 8 Nov. meurt.
Gaillard (*Pierre I.*)
1606. . . . Libraire.
Gaillard (*Guillaume*).
1635. 9 Août, Libraire.
Gaillard (*Jean*) 1er fils de *Pierre* I,
1639 13 Oct. Libraire.
1691. . . . mort.
Gaillard (*N.* Ve de *Jean*)
1691. . . . Libraire.
1703. . . . . . . morte avant.
Gaillard (*Pierre* II.) 2e fils de
Pierre I,
1661. 14 Juill. Libraire.
Gaillard (*Charles*).
1691 . . . . . . Libraire.
1694. . . . . . mort avant.

Gaillard (*Louis*).
1691. . . . . . Libraire.
1694. . . . . . . mort avant.
Gainin (*Claude*).
1599. . . . . Libraire.
Galimar (*Augustin*).
1691. . . . Libraire.
1694. . . . . . mort avant.
Gallet (*Louise*, fille de N.) *voyez*
Ganeau (*Louis-Etienne*) 1735.
Gallien (Dlle *Géneviéve-Félicité-
Perpétue*, fille de Mr N.) femme
de Mr Morin (*Benoît*) 1772.
Gallois (*Thomas*) gendre de Jacques *Mergeon*.
1661. 7 Avril, Libraire.
Gallot (*Nicolas*) gendre de Pierre
Grignon.
1651. 7 Déc. Libraire.
1680. . . . exerçoit.
Galterus *voyez* Gaultier.
Gamère (*Magdeleine*, fille de N.)
voyez Valleyre (Ve de *Guillaume-
Amable I.*) 1737.
Gamet (*Jean*).
1691. . . . . . Libraire.
1694. . . . . . mort avant.
Gamet (*Jeanne*, fille de N.)
voyez De Heuqueville (Ve
d'*Antoine*) 1744.
Gandouin (*Léger*).
1629. . . . Libraire.
Gandouin (*Jean*) fils de *Léger*,
& gendre d'Antoine I. *Robinot*.
1649. 18 Sept. Libraire.
Gandouin (*Julien*) gendre de
Gervais *Clousier*.
1683. 10 Sept. Libraire.
1686. . . . . . Imprimeur.
1614. . . . mort.
Gandouin (*N.* fille de Gervais
Clousier, Ve de *Julien*).
1714. . . . Libr. & Imprim.
1728. . . . . . morte avant.
Gandouin (*Antoine*) 1er fils de
Julien.
1697. 2 Janv. Libraire.
1752. . . . mort avant.

GANDOUIN (*Pierre* I.) 4me fils de
Julien.
1697. 15 Oct.   Libraire.
1731. 8 Mai ,   Adjoint.
1744. . . .   mort.
Gandouin (*N.* Ve de *Pierre* I.)
1744. . . .   Libraire.
1762. . . .   non inscrite.
Gandouin (*Julien-Michel*) 3e fils
de *Julien* , & gendre de *N. De-*
laulae , par *Marie* , morte le
11 Septembre 1750, Quai Conti,
Paroisse S.-André.
1704. 9 Déc.   Libraire.
1759. . . .   mort avant.
Gandouin (*Geoffroy - Pierre*) ,
fils de *Pierre* I.
1720. 5 Mars , Libraire.
1755. . . . . .   mort.
Gandouin (*N.* Ve de *Geoffroi-*
Pierre).
1755. . . . . . . Libraire.
1777. . . . . . non inscrite.
Gandouin (*Pierre* II.) fils d'*An-*
toine.
1731. 18 Sept.   Libraire.
1755. . . . : . morte avant.
Gandouin (*Marie* , fille de *N.*
Charpentier , Ve de *Pierre* II)
1759. . . . . . . Libraire.
17 . . . : se remarie à J.-B.
Gibert , l'aîné.
1763. 31 Mars , meurt.
Gandouin (*Louise - Charlotte* ,
fille de *N.*) *voyez* Tabary (Ve
de *Jean-François*) 1751.
GANEAU (*Etienne*) fils de *N.* ,
Huissier-Audiencier au Châtelet
de Paris.
1695. 4 Févr.   Libraire.
1725. 8 Mai ,   Adjoint.
1737. . . . . mort avant.
Ganeau (Marie *Rubat*, Ve d'*Etienne*)
1737. . . .   Libraire.
1758. 5 Oct.   meurt , âgée de
74 ans , rue de la Harpe ,
Paroisse S.-Severin.

GANEAU (*Louis - Etienne*) fils
d'*Etienne* , & gendre 1º de Jacques I. *Estienne*; 2º de *N. Gallet*,
par *Louise* , morte le 23 Sept.
1750 , rue & Par. S.-Severin.
1735. 4 Mars , Libraire.
1746. 23 Nov.   Adjoint.
1761. 29 Janv.   Consul.
1766. 4 Juin ,   Syndic.
1777. 7 Févr.   meurt , rue des
Noyers , Paroisse S. Benoît.
Garamond (*Claude*) , le plus célébre Graveur & Fondeur de
caractères d'Imprimerie.
1510. . . .   exerce.
1545. . . .   Libraire.
1561. . Déc. .   meurt.
¶ Les Poincons & Matrices de
ses caractères grecs, que Louis XIII
avoit fait racheter à Genève ,
étoient restés longtemps inconnus
à la Chambre des Comptes ; mais
ils sont déposés à l'Imprimerie-
Royale , au Louvre.]
Garnier (*Jean-Michel*) fils & petit-
fils de Libraires - Imprimeurs de
Rennes , comme ayant épousé
la Ve d'Etienne *Chardon* ,
1718. 16 Mars , Libraire.
1723. . . . . . mort.
Garnier (*N.* Ve de *Jean-Michel*).
1723. . . . . . . Libraire.
1737. . . . . . . morte avant.
Garnier de la Heusse (*Jean-Baptiste*)
neveu de Pierre-Paul *Garnier* ,
Ve de Raimond *Mazières*.
1723. 26 Févr.   Libraire.
1763. 7 Avril , meurt.
Garnier de la Heusse (*N.* fille de
N. Bénard , Banquier , Ve de
Jean - Baptiste). . . .
1763. 7 Avril , Libraire.
1775. 20 Févr.   meurt.
Garnier (*Pierre-Paul*) *voyez* Mazieres (Ve de *Raimond*) 1715.
Gartache (*Barthélemi*).
1627. . . . : . . Libraire.

Gaſſe (*Jean*).
1636. 5 Juin, Libraire.
GASSE (*Nicolas*).
1625. 6 Févr. Libraire.
1633. 18 Juill. Adjoint.
1639. . . . . exerçoit.
Gaſſe (*Antoine* I.)
1627. . . . Libraire.
Gaſſe (*Louis*) fils de *Nicolas*.
1653. 27 Mars, Libraire.
1686. . . . mort.
Gaſſe (*N*. . . . . , Vᵉ de *Louis*).
1686. . . . Libraire.
Gaſſe (*Clément*). . . .
1661. 7 Avril, Libraire.
1686. . . . . mort.
Gaſſe (*N*. , Vᵉ de *Clément*).
1686. . . . Libraire,
1710. . . . . . morte avant.
Gaſſe (*Claude*) fils de *Clément*.
1689. 7 Juin , Libraire.
1723. . . . . . mort.
Gaſſe (*N*. Vᵉ de *Claude*).
1723. . . . . Libraire.
1737. . . . . morte avant.
Gaſſe (*N*. fille de *Clément*) voyez
Jollet (Vᵉ de *Daniel*) 1723.
Gaſſe (*Antoine* II.) fils de *Louis*.
1701. 13 Déc. Libraire.
1714. . . . . . mort avant.
Gaſtelier (Mᵉ *André-Médard*).
1783. 19 Août , Libraire.
1788. . rue neuve Notre Dame.
Gattey (Mᵉ *François-Charles*).
1784. 7 Déc. Libraire.
1788. . . . au Palais-Royal.
Gaudoul (*Pierre*).
1518. . . . . . Libraire.
1534. . . . . exerçoit.
Gaudreau (*Etienne*).
1649. 29 Oct. Libraire.
Gaudreau (*Pierre*).
1691. . . . . Libraire.
1694. . . . mort avant.
Gauglin (*Jean*) gendre de Jean
Michelin.
1652. 27 Juin , Libraire.
1680. . . . . exerçoit.

Gauguery (Mᵉ *Pierre*).
1767. 4 Oct. Libraire.
1788. . . . rue S. Benoît.
Gaultherot (*Vivant*).
1534. . . . Libraire-Juré.
1553. . . . . exerçoit.
Gaultier (*Jean*).
1511. . . . . . . Libr. & Impr.
Gaultier (*Pierre*).
1545. . . . . Libr. & Impr.
1556. . . . . exerçoit.
Gaultier (*Rolin*).
1565. . . . . Libraire.
Gaultier (*Claude*).
1571. . . . . Libraire.
1582. . . . . exerçoit.
Gaultier (*Philippe*)
1625. 9 Janv. Libr. & Impr.
1630. . . . exerçoit.
Caultier (*Barnabé*).
1627. . . . . Libraire.
Gauthier (*Jean*).
1786. 11 Août , Libraire.
1786. 16 Nov. meurt.
Gauthier (Dlle *N*. , Vᵉ de *Jean*).
1786. 16 Nov. Libraire.
1788. Paſſage S.-Th. du Louvre.
Gaygnot (*Denys*).
1534. . . . Libraire.
Gazeau ou Gazel. (*Jacques*). +
1542. . . . Libraire.
1549. . . . mort.
Gazeau (Catherine *Barbé* , veuve
de *Jacques*).
1549. . . . . . Libraire.
Gazel *voyez* Gazeau.
Gazellus *voyez* Gazeau.
Géneteau (*Pierre*).
1627. . . . . Libraire.
Genneau (*Jean-Louis*) gendre
de Jacques I. *Rollin*.
1718. 5 Oct. Libraire.
1755. 26 Oct. meurt âgé de 66 ans,
rue & Paroiſſe S.-André.
Genneau (*N*. , fille de Jacques I.
Rollin, Vᵉ de *Jean-Louis*).
1759. 26 Oct. Libraire.
1776. 24 Janv. meurt. . . . .

+ à l'enſeigne de Cologne (Colonia Agrippin
Rue St. Jacques

Genneau (*Michel*) fils de *Jean-Louis*, & gendre de *N. Mairesse*, par *Marguerite-Victoire*, morte le 11 Mai 1773 ; cour de Lamoignon, Paroisse S, Barthélemi.

1768..19 Avril,   Libraire.

1777. . . . .   non inscrit.

Gentil (*Jean*).

1556. . . . . .   Libraire.

George (*Pierre*).

1627. . . .   Libraire.

Gérard, *voyez* Vérard.

Géring (*Ulric* (de Constance, en Allemagne.

1470. . . Libraire & Imprimeur, dans la Maison même de Sorbonne, dont il devint Commensal.

1510. 23 Août ; meurt rue de Sorbonne, & est inhumé à S.-Benoît.

Gerlerius, *voyez* Gerlier.

Gerlier (*Durand* I.)

1489. . . . . Libr.-Juré-Impr.

1529. . . . . exerçoit.

Gerlier (*Durand* II.) fils de *Durand* I.

1559. . . . Libr. & Impr.

1560. . . . . exerçoit.

Germain (*Marie-Anne*, fille de *N*.) *voyez* Valleyre (*Gabriel*) 1713.

Germon (*Jean*).

1627. 29 Juill.   Libraire.

Gesselin (*Jean* I.)

1606. . . . . . . Libraire.

1629. . . . . . exerçoit.

Gesselin (*Thomas*) 1er fils de Jean I.

1621. 22 Avril,   Libraire.

Gesselin (*Jean* II.) 2d fils de Jean I.

1628. 2 Mars, Libraire.

Gibault (*Jean-François*).

1705. 16 Oct.   Libr. & Imprim.

1716. 20 Mars, mort avant.

Gibault (*François*) fils de *Jean-Fr.*

1716. 20 Mars,   Libr. & Impr.

1724. 16 Oct.   s'étoit démis de son Imprimerie.

1740 . . . . . . mort avant.

Gibert (*Jean-Baptiste*) frère aîné de *Simon*, & gendre de *N. Charpentier*, par *Marie*, Ve de Pierre II. *Gandouin*.

1761. 7 Avril,   Libraire.

1784. 12 Déc.   meurt, rue d'Enfer, Par. S. Severin, *voyez* Gandouin (Ve de *Pierre* II.)

Gibert (Me *Simon*) frère puîné de *Jean-Baptiste*.

1763. 17 Sept.   Libraire.

1788. . . . . rue de Sévre.

Gibier (*Eloi*).

1563. . . . . . Libraire.

Giffard (*Guido*).

1595. . . . . . Libraire.

Giffard (*Georges*) 1er fils de *Guido*.

1617. . . . . . Libraire.

1627. . . . . . . exerçoit.

Giffard (*René*) 2d fils de *Guido*.

1618. 17 Sept.   Libr. & Impr.

1625. 28 Oct.   m. Par. S. Benoît, est inhumé à S. Etienne-du-Mont.

Giffard (*Louis*) 3me fils de *Guido*.

1618. 17 Sept.   Libraire & Impr.

Giffard (*Pierre*) fils de *Georges*, de l'Acad. Royale de Peinture.

1687. 10 Déc.   Libraire.

1723. . . . . mort avant.

Giffard (*François*).

1691. . . . . Libraire.

1696. . . . . exerçoit.

GIFFARD (*Pierre - François*) fils de *Pierre*.

1714. 21 Juin,   Libraire.

1733. 1 Janv. Marguillier de S. Severin.

1733. 19 Juin,   Adjoint.

1758. 24 Avril,   meurt, âgé de 82 ans, rue S. Jacques, Paroisse S. Severin.

Giffard (*Pierre - Laurent*) fils de *Pierre-François*.

1743. 20 Déc.   Libraire.

1764. 29 Août,   meurt, rue S. Jacques, Paroisse. S. Severin.

Gilbert (*Claude*) *voyez* Ruelle, (Ve de *René*) 1625. . . . . .

Gillemont (*Maturin*).
.1627. . . . . . . Libraire.
Gillerde (*N.*) beau-père de Florimond *Badier*.
1615. . . . . . . Libraire.
Gilles (*Nicolas* I.) frère aîné de *Gilles*.
1539. . . . . . Libraire.
1572. . . . . . exerçoit.
Gilles (*Gilles*) frère puîné de *Nicolas* I.
1558. . . . . . Libraire-Juré.
1559. . . . . . exerçoit.
Gilles (*Nicolas* II.) 1er fils de *Gilles*.
1588. . . . . . Libraire.
Gilles (*Nicolas* III) 2d fils de *Gilles*.
1588. . . . . . Libr. & Impr.
Gilles (*David* I.) fils de *Nicolas* II.
1610. . . . . . Libraire.
1627. . . . . . exerçoit.
Gilles (*David* II.). fils de *David* I.
1634. 23 Févr. Libraire.
1652. 18 Août, meurt, Paroisse S. Benoît.
Gillius voyez Gilles.
Gillot (*Jean*)
1627. . . . . . Libraire.
Girard (*Guillaume*).
1565. . . . . . Libr. & Imprim.
Girard (*Claude* I.) gendre d'Hubert *Velut*.
1628. 6 Oct. Libraire.
Girard (*Théodore*) gendre de Henri *Le Gras*.
1661. 14 Juill. Libraire.
1697. . . . . . mort.
Girard (*N.* Ve de *Théodore*).
1697. . . . . . Libraire.
1714. . . . . . morte avant.
Girard (*Claude* II.)
1727. 21 Nov. Libraire.
1786. . . . . . mort avant.
Girard (*Charlotte*, fille de *N.*) voyez Coignard (Ve de *Jean Baptiste* II.) 1737.
Girault (*Ambroise*).
1527. . . . . . Libraire-Juré.
1546. . . . . . meurt.

Girault (*Denyse* fille de *Jean* I. *De Marnef*, veuve d'*Ambroise*).
1546. . . . . . Libraire.
1554. . . . . . exerçoit.
Girault (*François*).
1547. . . . . . Libraire & Impr.
1542. . . . . . exerçoit.
Girin (*Barthélemi*) fils de *Jean*, Libraire à Lyon.
1695. 28 Juin, Libraire.
1725. . . . . . mort avant.
Gissey (*Pierre*).
1702. 23 Juin, Libr. & Imprim.
1708. . . . . . mort avant.
GISSEY (*Henri-Simon-Pierre*) fils de *Pierre*, & gendre de *N. Valleyre*, par *Charlotte*, morte le 21 Juillet 1755, rue de la vieille Bouclerie, Par. S. Severin.
1720. 18 Juin, Libraire.
1723. 20 Déc. Imprimeur.
1739. 14 Nov. Adjoint.
1751. . Avr. Marg. de S. Severin.
1761. 29 Janv. s'étoit démis de son Imprimerie.
1761. 20 Janv. meurt, rue de la vieille Bouclerie, Par. S. Severin.
Gobert (*Jean* I.)
1614. . . . . . Libraire.
1627. . . . . . exerçoit.
Gobert (*Martin*)
1614. . . . . . Libr. & Imprim.
1627. . . . . . exerçoit.
Gobert (*Nicolas*).
1633. 28 Avril, Libraire.
Gobert (*Jean* II.) fils de *Jean* I.
1644. 22 Déc. Libraire.
1661. 2 Août, m. Par. S. Benoît, & est inhumé aux Gr. Carmes.
Gobert (*N.* fille de *Jean*) voyez Seigneur (*Etienne*) 1655.
Gobreau (Mr *Jean-Baptiste*)
1774. 15 Avril, Libraire.
1788. . . . . . rue de Condé.
Godard (*Guillaume*).
1524. . . . . . Libr. & Impr.
Godec (*Prigent*).
1572. . . . . . Libraire.

Godefroi (Mr Louis-Fr. André).
1787. 29 Déc.   Libraire.
1788. . .   Quai des Augustins.
Godefroy (Jean-Baptiste).
1720. 19 Juin,   Libraire-Juré.
1716.   4 Mai, reçu à la Chambre.
1737.   mort avant.
Gogué (Jean-Baptiste).
1761.   8 Juin,   Libraire.
1777   3 Juill.   Adjoint.
1786. 27 Nov. meurt, rue S. An-
        toine, Par. S. Paul.
Gogué (Dlle Louise Anne Gogué,
   Ve de Jean-Baptiste).
1786. 27 Nov.   Libraire.
1788. . . .   rue S. Antoine.
Gonichon (Jean-Baptiste) gendre
   de Guill.-Amable I. Valleyre,
   par Génevieve, morte le 8 Jui'l.
   1750, rue Clopin, Paroisse
   S. Etienne-du-Mont.
1720. 18 Juin,   Libraire.
1737. 19 Févr.   Imprimeur.
1754. 28 Juin,   s'étoit démis de
        son Imprimerie.
1755. 27 Juillet, meurt âgé de 70
   ans, rue de la Parcheminerie,
   Paroisse S. Severin.
Contier (Louis) gendre de Nicolas
   Bessin.
1649. 26 Août,   Libraire.
1679. . . .   mort.
Gontier (N. , fille de Nicolas
   Bessin, Ve de Louis).
1679. . . .   Libraire.
1693. . . .   exerçoit.
Gorbin (Gilles).
1555. . . .   Libraire-Juré.
1590. . . .   mort.
Gormontius voyez De Gourmont.
Gorrant (Charles).
1662. 16 Mars,   Libraire.
Gosselin (Nicolas).
1698.   8 Juin,   Libraire.
1713.   2 Juill.   Imprimeur.
1728. 22 Mars,   s'étoit démis de
        son Imprimerie.

1755. 11 Mars, meurt, âgé de
   80 ans, rue du Four, Paroisse S. Eustache.
Gosset (Toussaint).
1627. . . .   Libraire.
Goubar (Jean).
1642. 20 Mars,   Libraire.
1680. . . .   exerçoit.
Goulas (Sébastien).
1627. . . .   Libraire.
Goult (Jean).
1537. . . .   Libraire.
Gourault (Claude) gendre de
   Michel Dauplet.
1633. 1 Déc.   Libraire.
Gourault (Gilles) 1er fils de Claude.
1647. 14 Févr.   Libraire.
1679. . . .   mort.
Gourault (N. Ve de Gilles).
1679. . . .   Libraire.
1692. . . .   exerçoit.
Gourault (N. , fille de Gilles)
   voyez Nivelle (François I.) 1683.
Gourault (Pierre) 2d fils de Claude.
1648.   2 Mars,   Libraire.
1693. . . .   mort avant.
Gourmont (Gilles de) voyez De
   Gourmont, mais ajoutez: Il fut
   le premier qui imprima à Paris
   des livres Grecs (1507) & Hé-
   breux (1508) sous la conduite
   de François Tissard, d'Amboise.
Grandjean (Edme) gendre de
   Louis IV. Sévestre, par Marie-Cl.
1714.   2 Oct.   Libraire.
Grandin (Louis).
1542. . . .   Libr. & Imprim.
1553. . . .   exerçoit.
Grandjon (Jean) frère aîné de
   Robert.
1506. . . .   Libraire.
1551. . . .   exerçoit.
Grandjon (Robert) frère puîné
   de Jean, Graveur-Fondeur de
   caractères.
1523. . . .   Libraire.
1573. . . .   exerçoit.
            Grangé

Grangé (*François*) frère aîné de *Jean-François*).
1708. 24 Févr. Libraire.
1725. . . . . mort.
Grangé (Marie-Jeanne *de Chartres*, Vᵉ de *François*).
1725. . . . . . Libraire.
1777. 3 Févr. meurt.
Grangé (*Jean-François*) frère puîné de *François*.
1711. 20 Juin , Libraire.
1727. . . . . mort.
Grangé (*N.* Vᵉ de *Jean-François*)
1727. . . . . Libraire.
1730. . . . morte avant.
Grangé (Mʳ *Jean-Augustin*) fils de *Jean-François* , & gendre de *N. Martin* , célèbre Vernisseur du Roi.
1730. 8 Août , Libraire.
1754. 28 Juin , Imprimeur.
1788. Rue de la Parcheminerie , Imprimeur Ordinaire de la Petite-Poste de Paris , Sous-Doyen de la Communauté.
Grangé (Mʳ *Julien-Augustin*) fils de Mʳ *Jean-Augustin*.
1777. 13 Juin , Libraire.
1788. rue de la Parcheminerie.
Grégoire (*Gabriel*) beau-frère de Jean L'*Escalier*.
1538. . . . Libr. & Impr.
Grégoire (*Arnoult*) fils de *Gabriel*.
1561. . . . . Libraire.
Grégoire (*Jacques*).
1589. . . . Libraire & Impr.
Grégoire (*François*).
1606. . . . . Libraire.
1627. . . . . exerçoit.
Grégoire (*Robert*) fils de *François*.
1624. 3 Octobr. Libraire.
Grégoire (*Georges*).
1627. . . . . Libraire.
Grégoire (Mʳ *Jean*).
1787. 18 Mai , Libraire.
1788. rue du Coq-S. Honoré.
Grenet (*Lazare*).
1550. . . . . . Libraire.

Grétry (Dlle *N.* fille de Mʳ *N.*) femme de Mʳ Lacombé *Jacques*)
1765.
Grignon (*Pierre*).
1628. 20 Avril , Libraire.
Grignon (*N.* fille de *Pierre*) femme de Gallot (*Nicolas*) 1680.
Grimault (*Antoine*).
1619. 17 Oct. Libraire.
Griset (*Claude*).
1631. 4 Sept. Libraire.
1633. . . . . exerçoit.
Gromors (*Pierre*).
1516. . . . Libr. & Imprim.
1544. . . . . exerçoit.
Gromors (*Anne*) voyez De Harsy (Vᵉ d'*Olivier*) 1584.
Grou (*Jacques* I.) gendre de Jean *Rivière*.
1659. 13 Févr. Libraire.
1703. . . . . mort.
Grou (*N.* fille de Jean *Rivière*, Vᵉ de *Jacques* I.)
1703. . . . . Libraire.
1712. . . . . morte avant.
Grou (*Jacques* II.) 1ᵉʳ fils de *Jacq.* I.
1696. 12 Avril , Libr. & Impr.
1703. . . . . mort.
Grou (*N.* Vᵉ de *Jacques* II.)
1703. . . . . Libraire.
1727. . . . . morte avant.
Grou (*Jacques François*) 2d fils de *Jacques* I.
1710. 29 Août , Libraire.
1713. 2 Déc. Imprimeur.
1714. 14 Mars , d. chu de son Impr.
1714. 7 Août , réintégré.
1714. 28 Août , reçu à la Chambre.
1745. 26 Déc. meurt rue de la Huchette , Par. S. Severin.
Grou (Catherine *Caillou de la Croix*, Vᵉ de *Jacques-François*).
1745. 26 Déc. Libr. & Imprim.
1758. 13 Oct. s'étoit démise de son Imprimerie.
1760. 22 Déc. meurt , âgée de ... ans , rue de la Huchette, Paroisse S. Severin.

Groulleau (*Etienne*).
1547. . . . Libr. & Impr.
1556. . . . . exerçoit.
Groult (*Claude*).
1621. 12 Juill. Libraire.
1661. 10 Mars , mort après.
Groult (*N.* fille de *Claude*) voyez
Fossé (V^e de *Charles*) 1697.
Gryphe (*François*) frère de *Sé-baftien*, Imprimeur de Lyon.
1532. . . . . Libr. & Impr.
1545. . . . . exerçoit.
Gryphius voyez Gryphe.
Guessier (*François* I.)
1582. . . . . Libraire.
1623. 14 Nov. meurt.
Guessier (Jacqueline *Lucas*, V^e
de *François* I.)
1623. 14 Nov. Libraire.
Guessier (*Pierre*).
1616. . . . . Libraire.
Guessier (*François* II.) fils de
François I.
1618. 17 Févr. Libraire.
Guessier (*Claude* I.) 2^d fils de
François I.
1628. 17 Févr. Libraire.
1630. 20 Avril , meurt.
Guessier (*Claude* II.) fils de *Claude* I.
1651. 5 Oct. Libraire.
1703. . . . . mort.
Guessier (*Claude-Pierre*) petit-fils
de *Claude* II. , & gendre de
Pierre-François-*Imbert* , par
Marie-Marguerite, morte le 12
Décembre 1761.
1691. 22 Avril , né à Paris.
1737. 26 Mars , Libraire.
1770. 28 Juin , meurt.
Guessier (D^{lle} *N. De Gaulle*, V^e
de *Claude-Pierre*).
1770. 28 Juin , Libraire.
1788. — Rue Gallande.
GUESSIER (Mr *Pierre-François*)
fils de *Claude-Pierre*, & gendre,
1° de *N. Patte* , par *Françoise-Elisabeth*, morte le 11 Juin 1759.

rue du Hurepoix , Par. S. André.
2e de M. *N. Chaftenet*, par D^{lle} *N.*
1758. 22 Août , Libraire.
1773. 18 Mai , Imprimeur.
1781. 8 Août , Adjoint.
1788. . . . . rue de la Harpe.
Guessier (*Richard-Simon*).
1774. 15 Avril , Libraire.
1774. 30 Oct. meurt.
Guessier (D^{lle} *N.* V^e de *Richard-Simon*).
1774. 30 Oct. Libraire.
1788. rue Croix des Petits-Champs.
Gueulard (*Jean*).
1553. . . . . Libraire.
Guenard de Monville (Mr *Antoine*)
gendre de Bernard *Bruhet* , par
D^{lle} *Angélique-Catherine*, morte
le 14 Août 1787 , rue Chriftine ,
Paroisse S. André-des-Arcs.
1769. 1 Sept. Libraire.
1774. 2 Août , Imprimeur.
1788 — Rue Chriftine, Imprimeur
de l'Académie Françoise.
Guénet (*Robert*).
1547. 18 Sept. Libraire.
Guénon (Henri).
1610. . . . . Libraire.
1634. . . . . exerçoit.
Guénon (*Pierre*) fils de *Henri.*
1647. 7 Févr. Libraire.
Guétard (*Nicolas*).
1621. 21 Janv. Libraire.
1656. 10 Mai , mort après.
Guérin, voyez De la Tour (*Claude*)
1606.
GUÉRIN (*Louis*) de Bray-sur-Seine.
1683. 7 Sept. Libraire.
1698. 11 Mai , Adjoint.
1705. 1 Janv. Marguillier de
S. Benoît.
1705. 17 Juin , Syndic.
1719. . . . . meurt, Par. S. Benoît.
Guérin (*N.* V^e de *Louis*).
1719. . . . . Libraire.
1727. . . . . non inscrite.

Guérin (*Hippolyte-Louis*) 1er fils de *Louis*, & gendre de *N*. Osmont, par Dlle *N*. morte avant lui.
1698. 14 Avril, naît à Paris.
1718. 21 Févr. Libraire.
1741. . Marguill. de S. Benoît.
1752. 18 Mars, Imprimeur.
1765. 7 Nov. meurt, dans sa 68me année, rue S. Jacques, Paroisse S. Benoît.
¶ Je lui dois tout ce que j'ai pu sçavoir de Bibliographie; aussi conservé-je précieusement ses cahiers.
Voyez ce qu'ont dit de ce vraiment célèbre Libraire-Imprimeur, Mr. l'Abbé Brottier, dans la Préface de son *Tacite*, pag. xxxiij ; M. Meunier de Querlon, dans ses *Annonces & Avis divers*, 1765. N° 46, pag. 184. M. Bruté, Curé de S. Benoît, dans sa *Chronologie des Curés de S. Benoît* ; & enfin l'Auteur du *Supplement au Dictionnaire historiq.* de l'Advocat, verbo G U É R I N.

GUÉRIN (*Jacques*) 2d fils de *Louis*.
1722. 13 Juill. Libraire.
1729. 26 Avril, Imprimeur.
1743. 5 Oct. Adjoint.
1752. 3 Janv. meurt, rue du Foin, Par. S. Severin. Il étoit Imprimeur de Mes Dames.
Guérin (*N*., fille aînée de *Louis*) femme de Rochard (*Fr.*) 1712.
Guérin (Dlle *N*. fille de Mr *Hippol.-Louis*) femme de M. De la Tour, (*Louis-François*) 1745, aujourd'hui Secrétaire du Roi.
[A U T R E   F A M I L L E.]
Guérin (Dlle *N*. fille de *N*.) femme de M. Bailly (*Guillaume-Luc*) 1768.
Guéroult (*Michel*).
1683. 10 Sept. Libraire.
1691. . . . . mort.

Guéroult (*N*. Ve de *Michel*).
1691. . . . . . Libraire.
Guerreau (*Joseph*).
1614. . . . . Libr. & Imprim.
Guesneteau (*Antoine*).
1627. . . . . . Libraire.
Guignard (*Jean* I.)
1635. 16 Oct. Libraire.
1676. 10 Avril, meurt.
GUIGNARD (*Jean* II.) 1er fils de *Jean* I.
1652. 14 Nov. Libraire.
1673. 15 Mai, Adjoint.
1719. . . . . mort avant.
Guignard (*René*) 2e fils de *Jean* I.
1664. 10 Juill. Libraire.
1694. . . . . mort avant.
GUIGNARD (*Michel*) fils de *Jean* II.
1686. 16 Sept. Libraire.
1715. 18 Oct. Adjoint.
1723. . . . . mort avant.
Guillain (*Jean* I.)
1636. 7 Août, Libraire.
Guillain (*Charles*) gendre d'Eustache De Latté.
1635. 10 Nov. Libraire.
1663. 6 Sept. mort avant.
Guillain (*Thomas*) fils de *Jean* I.
1660. 18 Oct. Libraire.
1708. . . . . mort.
Guillain (*N*. Ve de *Thomas*).
1708. . . . . Libraire.
1709. . . . . se retire.
Guillain (*N*. fille de *Jean* I.) femme de Derûnes (*Charles*) 1651.
Guillain (*N*. fille de *Jean* I.) femme de Dullo (*Claude*) 1650.
Guillain (*Jean* II.) fils de *Charles*.
1663. 6 Sept. Libraire.
Guillard (*Guillaume*).
1555. . . . . Libraire-Juré.
1562. . . . . exerçoit.
Guillard (*Alexandre*).
1567. . . . . Libraire.
Guillard (*Charlotte*, voyez Rembolt (Ve de *Bertholde*) 1542, & Chevallon (Ve de *Claude*) 1556.

Guillard (*Michelle*). *voyez* Des Bois. (V^e de *Guillaume* 1566.

Guillaume (*Charles* I.).
1795. 25 Sept. Libraire.
1723. mort.

Guillaume (*N.* V^e de *Charles* I.)
1723. Libraire.
1737. morte avant.

Guillaume (*Laurent-Charles*) fils de *Charles* I.
1728. 8 Avril, Libraire.
1778. 8 Déc. meurt.

Guillaume (D^{lle} *Marie Louise Courcelle*, V^e de *Laurent-Charl.*)
1778. 8 Déc. Libraire.
1788. — Quai le Pelletier.

Guillaume (Mr *Charles* II.) fils de *Laurent-Charles*, & gendre de Pierre-Jacques Bienvenu.
1768. 11 Oct. Libraire.
1788. Place du Pont S.-Michel.

Guillaume (*Laurent-François*) neveu de *Laurent-Charles*.
1771. 23 Déc. Libraire.
1778. 20 Févr. meurt.

Guillaume (D^{lle} *N.* V^e de *Laurent-François*).
1778. 20 Févr. Libraire.
17 - se remarie à Mr *Jean Fabre*.

Guillaume (Mr *Laurent-Matthieu*) fils de *Laurent-François*.
1785. 8 Nov. Libraire.
1788. au Palais de Justice.

Guillautiau (*Jean*).
1695. Libraire.
1694. mort avant.

Guillemot (*Daniel*) frère aîné de *Matthieu* I.
1582. Libr. & Imprim.
1627. exerçoit.

Guillemot (*Matthieu* I.) frère puîné de *Daniel*.
1585. Libraire.
1612. mort avant.

Guillemot (*Marie Le Voirier*, V^e de *Matthieu* I.)
1612. Libraire.
1618. exerçoit.

GUILLEMOT (*Matthieu* II.) 1er fils de *Daniel*.
1607. Libraire.
1649. 8 Mai, Syndic.

GUILLEMOT (*Jean*) 2me fils de *Daniel*.
1618. Libraire.
1637. 13 Juin, Adjoint.

Guillemot (*Pierre* I.) fils de *Matthieu* I.
1624. 18 Janv. Libraire.

Guillemot (*Matthieu* III.) 3me fils de *Daniel*.
1630. Libraire.

Guillemot (*Pierre* II.) fils de *Matthieu* II.
1647. 26 Sept. Libraire.

Guillemot (*Jeanne* fille de *N.*) voyez Thiboust (V^e de *Samuel*) 1636, & Libert (V^e de *Jean*) 1647.

Guillery (*Jacques*).
1644. 15 Mars, Libr. & Imprim.
1651. 23 Mai, mort avant.

Guillery (*N.* V^e de *Jacques*).
1651. 23 Mai, Libraire & Impr.
16 - se remarie à Ant. I. Chrétien.

Guillery (*Jean*) 1er fils de *Jacques*.
1662. 27 Juin, Libraire.

Guillery (*Charles*) 2d fils de *Jacques*.
1565. 22 Mars, Libr. & Imprim.
1703. mort.

Guillery (Elisabeth *Négo*, V^e de *Charles*).
1703. Libr. & Imprim.
1723. morte avant.

Guilletat (*Jean*) gendre de Maurice *Villery*.
1700. 30 Avril, Libraire.
1708. mort.

Guilletat (*N.*, fille de Maurice *Villery*, V^e de *Jean*.).
1708. Libraire.
1737. morte avant.

Guillot (Mr *Jean-François-Hubert*) fils de *Jean-Bapt.* Libr. à Verdun.
1782. 22 Janv. Libraire.
1788. rue S. Jacques, Libraire de Monsieur, frère du Roi.

Guillyn (*Pierre*) de Nemours , gendre 1º de *N. Berruyer* , par *Catherine* , morte le 8 Mars 1757; Quai des Augustins, Par. S. André. 2º de *N.* . . 3º de *N.* . . .
1742. 19 Janv. Libraire.
1781. 9 Juin , meurt à Mont-l'Héry.
Guillyn (D^{lle} *N.* V^e de *Pierre*)
1781. 9 Juin , Libraire.
1788. . . . rue des Marmousets.
Guinguant (*Nicolas*).
1542. . . . . . Libraire.
1551. . . . . . exerçoit.
Guiry (*Nicolas*).
1589. . . . Libr. & Impr.
Guiton (*Innocent*).
1610. . . . . Libraire.
Guyard (*Marie-Anne* , fille de *N.*)
voyez Estienne (V^e de *Jacques* I.)
1731.
Guyard (*Marie-Magdelène-Catherine* , fille de *N.*) voyez Brunet , (V^e d'*Augustin* II.) 1740.
Guymier (*Pierre*).
1552. . . . Libraire.
Guyot (*Etienne*).
1551. . . . Libraire.
Guyot (*Guillaume*).
1606. . . . Libraire.

H acquevile (*Léger*).
1610. . . . Libraire.
1617. . . . . exerçoit.
Hacqueville (*Noel*) fils de *Léger*.
1648. 17 Déc. Libraire.
1678. 11 Sept. m. Par. S. Benoît.
Hacqueville (*N.* V^e de *Noel*).
1678. 11 Sept. Libraire.
1703. . . . . morte avant.
Hadrot (*Simon*).
1528. . . . . Libraire.
Halé (*Etienne*) gendre de Denys Houssaie.
1639. 8 Nov. Libraire.
Hameau (*Nicolas*).
1613. . . . Libraire.

Hameau (*Bernard*).
1613. . . . . Libraire.
Hameau (*Jérome*).
1631. 21 Août , Libraire.
Hameson (*Hubert*).
1627. . . . . Libraire.
Hamoche (*Henri*).
1691. . . . . . Libraire.
1694. . . . . mort ayant.
Hamon (*Pierre*).
1561. . . . Libraire.
Hanoques (*Jean*).
1618. . . . Libraire.
1627. . . . . exerçoit.
Hanoques (*Claude*) fils de *Jean*.
1649. 16 Déc. Libraire.
Hatdivilliers (D^{lle} *N.* , fille de Mr *N.*) femme de M^r Le Gras , (*Gaspar-Théodore*) 1766.
Hardouin (M. *Robert-André*).
1774. 8 Janv. Libraire.
1788. — au Palais-Royal.
Hardouyn (*Germain*).
1505. . Libr. rue de la Barillerie.
Hardouyn (*Gilles ou Gillet*).
1509. . . Libr. & Imprim. rue de la Juiverie.
Hardouyn (*Guillaume*).
1515. . . . Libraire-Juré.
Hardy (*Guillaume-Ambroise*) gendre de *N. Nyon* , par *Marie-Elisabeth* , morte en 1760.
1702. 6 Déc. naît à Paris.
1730. 19 Janv. Libraire.
1780. 12 Juill. m. âgé de 78 ans.
HARDY (Mr *Siméon-Prosper*) de Paris , petit-fils de M. *Delaval* , Recteur de l'Université , neveu de *Guillaume-Ambroise* , & gendre de Mr Louis-Augustin *Du Bac* , par D^{lle} *Elisabeth*.
1755. 15 Mai , Libraire.
1757. 16 Août , épouse D^{lle} Duboc.
1771. 26 Juin , Adjoint.
1788. — rue S. Jacques.
Harel (*Jean*) gendre de Jacques I. Villery.
1647. 29 Août , Libraire.

Harmichon (*Jean*).
1627. . . . Libraire.
Haſte (*Gillette*) *voyez* Chaudière,
   (Vᵉ de *Guillaume* I.) 1610.
Havart (*Louiſe* , fille de N.) *voyez*
   Delaunay (Vᵉ de *Matthieu*) 1759.
Haultinus, *voyez* Hautin.
Hauqueville (*Jean*).
1615. . . . Libraire.
Hauteville (*Martin* I.)
1635. 29 Mars , Libraire.
1694. . . . mort avant.
Hauteville (*Martin* II.) fils de
   Martin I.
1659. 15 Mai , Libraire.
1708. . . . . mort avant.
Hautin (*Pierre*).
1549. . . Libraire , Graveur-
       Fondeur de Caractères.
Hébert (*Etienne*) frère aîné de
   François.
1633. 1 Déc. Libraire.
Hébert (*François*) frère puîné
   d'*Etienne*.
1634. 16 Nov. Libraire.
Hébert (*Augustin*) fils d'*Etienne*.
1697. 22 Mars , Libraire.
1708. . . . . mort avant.
Hélie (*Nicolas*).
1647. 11 Avril , Libraire.
Hélie (*Eloi*) fils de *Nicolas*.
1664. 8 Mai , Libraire.
Hélie (N. fille de *Nicolas*) femme
   de De Rome (*André*) 1660.
Héluy (*Jean*).
1618. 10 Févr. Libraire.
Hérault (*Maturin*).
1618. 6 Oct. Libr. & Imprim.
1631. 22 Déc. Adjoint.
1632. . . . exerçoit.
¶ Il avoit pour marque une Galére
   en mer, entre deux rochers,
   avec ces mots :
     Medio tutiſſimus ibis.
Hérault (*Jean*) fils de *Maturin*.
1635. 27 Sept. Libraire.
1661. 10 Juill. Adjoint.
1673. . . . mort, Par. S. Etienne.

Hénault (*N.* Vᵉ de *Jean*).
1673. . . . Libraire.
1695. . . . exerçoit.
Hénault (*N.* fille de *Maturin*)
   femme de Pavillon (*Jean*) 1635.
Hénault (*Géneviéve* fille de *Matur.*)
   femme de Moët (*Pierre*) 1649.
Hénault (*François*) fils de *Jean*.
1659. 15 Mai , Libraire.
¶ Son fils N. fut Fermier-Général ;
   & celui ci fut père de *Char-*
   les-Jean-François, né à Paris
   en 1685, mort dans la même
   Ville le 24 Novembre 1770,
   Préſident Honoraire au Par-
   lement ; Sur - Intendant des
   Finances , Domaines &
   Affaires de la feüe Reine, &
   l'un des XL. de l'Acad. Fr.,
   Auteur d'un *Abrégé chrono-*
   logique de l'Hiſtoire de Fran-
   ce , qui a fait ſa réputation.
Henneveaux (Dᵉˡˡᵉ *Marie-Perrette*)
   femme de Mʳ Leſclapart (*Claude-*
   Antoine) 1777.
Henti (*Worle*).
1731. . . . Libr. de la Prevôté.
1747 19 Oct. meurt , rue de la
   Grande Bretonnerie, Paroiſſe
   S. Benoît.
Henri (*Jeanne*) *voyez* Morel ,
   (Vᵉ de *Claude* I.)
Hérault (*Jean*).
1610. . . . Libraire.
Hérault (N. fille de *Jean*) femme
   de Caillou (*Gui*) 1641.
Hériſſant (*Claude* I.) gendre de
   François Dehanſy.
1654. 5 Févr. Libraire.
1689. 7 Juin , mort avant.
Hériſſant (N. fille de *François*
   Dehanſy , Vᵉ de *Claude* I.)
1689. 7 Juin , Libraire avant.
1692. . . . exerçoit.
Hériſſant (*Jacques*) 1ᵉʳ fils de Cl. I.
1683 7 Sept. Libraire.
1686. . . . Imprimeur.
1696. . . . . mort après.

Hériffant (*Claude* II.) 2me fils de *Claude* I.
1683. 9 Sept. Libraire.
1696. . . . exerçoit.
Hériffant (*Pierre*) 3 ne fils de *Claude* I.
1686. 24 Déc. Libraire.
1708. . . . mort.
Hériffant (*N.* Ve de *Pierre*).
1708. . . . . . Libraire.
1723. . . . . morte avant.
Hériffant (*Nicolas*) 4me fils de *Claude* I.
1689. 7 Juin, Libraire.
1703. . . . mort avant.
Hériffant (*Michel*) 5me fils de *Claude* I.
1690. 24 Oct. Libraire.
1741. . . . mort avant.
Hériffant (*Charles*) fils de *Jacques*,
1697. 24 Déc. Libraire.
1754. . . . mort avant.
Hériffant (*Jean*) coufin de *Pierre*,
& gendre de *N. Exaltier*, par *Louife-Françoife*.
1702. 27 Juin, Libraire.
1716. 3 Mai, meurt.
Hériffant (Louife-Franç. *Exaltier*, Ve de *Jean*).
1716. 3 Mai, Libraire.
17- . . . . fe remarie à Claude-Jean-Baptifte I. *Hériffant*.
1749. 24 Août, meurt à Ivri-lès-Paris, & y eft inhumée.
Hériffant (*Claude-Jean-Baptifte* I.) fils de *Pierre*, & gendre de *N. Exaltier*, par *Louife Françoife*, qu'il époufe, Ve de *Jean Hériffant*.
1714. 24 Avril, Libraire.
1723. 20 Déc. Imprimeur.
1757. 1 Févr. s'étoit démis de fon Imprimerie.
1761. 10 Juill. meurt, rue neuve N. D., Par. de la Magdeleine.
Hériffant (*Jean-François*).
1718. 22 Févr. Libraire.
1753. . . . . mort.

Hériffant (Marie - Anne *Barbe*, Ve de *Jean-François*).
1753. . . . . . . Libraire.
1775. . . . . . morte avant.
HÉRISSANT (*Jean-Thomas* I.) fils de *Jean* I. & gendre de Mr Eftienne (*Jacques* I.)
1726. 21 Mai, Libraire.
1750. 19 Nov. Adjoint.
1763. 3 Sept. Imprimeur.
1764. 28 Janv. Conful.
1764. . . . feul Imprimeur des Cabinet, Maifon & Bâtimens de S. M.
1770. 5 Juill. Syndic.
1772. 2 Août, meurt, rue S.-Jacques, Par. S. Severin.
Hériffant (Dlle *Marie-Nicole*, fille de Mr Jacques I. *Eftienne*, Ve de *Jean-Thomas* I.)
1772. 2 Août, Libraire & feule Imprimeur des Cabinet, Maifon & Bâtimens de S. M.
1788. — rue de la Parcheminerie, Imprimeur du Roi, & des Bâtimens de S. M.
Hériffant (*Claude-Jean-Baptifte* II.) fils de *Cl.-Jean-Baptifte* I. frère de mère de *Jean-Thomas* I., & gendre de Mr *N. Barbry*.
1740. 2 Janv. Libraire.
1757. 1 Févr. Imprimeur.
1775. 15 Sept. meurt, rue neuve N. - D., Par. de la Magdeleine. Il étoit Imprimeur du Chapitre de Paris.
Hériffant (Dlle Charlotte *Barbry*, Ve de *Claude-Jean-Baptifte* II.)
1775. 15 Sept. Libr. & Imprim.
1788. — rue neuve Notre-Dame, Imprimeur du Chapitre de l'Eglife de Paris.
Hériffant Dlle *Charlotte - Emée Françoife*, 2me fille de M *Claude-Jean-Baptifte* II.) femme de Mr Barrois, l'aîné, (*Louis François*) 1768.

Hérissant (D^le *Marguerite Antoinette-Sophie* , 3me fille de Mr *Claude-Jean-Bapriste* II) femme de Mr Barrois, le jeune (*Pierre-Théophile*) 1773.

Hérissant (Mr *Jean Thomas* II.) fils de *Jean-Thomas* I. & gendre de M. *N. Le Lièvre.*

1763. 3 Sept. Libraire.

1788. . . . . . rue S. Jacques.

Hermier (*Pierre*).

1538. . . . . . Libr. & Imprim.

Hérouf (*Jean*).

1525. . . . . . Libraire.

Hervieux (*Gilles*).

1627. Libraire.

Hesselin (*Jean*).

1609. Libraire.

Heude (*Jean*).

1633. 1 Déc. Libraire.

Heurtevan (*Louis*).

1663. 6 Mars, Libraire.

Hickman (*Damien*).

1521. . . . . Libr. & Imprim.

1522. . . . . . exerçoit.

Higman (*Jean*) Allemand.

1484. Libraire & Impr.

Hilaire (Mr *Jean*).

1777. 13 Juin, Libraire.

1788. — Rue Haute - Feuille.

Hittorpi (*Godefroi*).

1512. . . . . Libr. & Imprim.

1519. . . . . . exerçoit.

Hochereau (*Charles-Etienne*).

1710. 7 Oct. Libraire.

1745. . . . mort.

Hochereau (*N.* V^e de *Charles-Etienne*).

1745. . . . . . Libraire.

1747. . . . . . morte avant.

Hochereau (*Etienne*).

1712. 5 Avril, Libraire-Juré.

1726. 4 Mai, reçu à la Chambre.

1749. . . . mort.

Hochereau (Marie-Térèse *Crosar*, V^e d'*Etienne*).

1749. . . . . . Libraire.

1777. 24 Août, meurt.

Hochereau (*Charles - François*), 1er fils de *Charles-Etienne.*

1741. 13 Mai , Libraire.

1780. 11 Sept. meurt , quai de Conti ; Par. S. André.

Hochereau (Marguerite *Vellonné*, V^e de *Charles-François*).

1780. 11 Sept. Libraire.

1781. 9 Déc. meurt.

Hochereau (*Barthélemi-François*) 2me fils de *Charles-Etienne*, & gendre de Jacques *Clousier*, par *Cécile*, morte le 7 Novembre 1749 , Quai des Augustins ; Paroisse S. André.

1745. 14 Août , Libraire.

1782. 8 Mai , meurt.

Hocquet. D^lle *Marie - Françoise*, fille de *N.*) 1ere femme de Mr *Valleyre* (*Jean-B.-Paul*) 1749.

Hodet (*Claude*).

1627. . . . Libraire.

Hoffman (Mr *François - Ignace-Joseph*) ancien Bailli de Benfeld en Alsace , près de Strasbourg , & Mr *François-Antoine-Romain-Joseph*, son fils.

1786. 13 Janv. reçus ; à la Chambre , Imprimeurs Polytypes, en vertu d'un Arrêt du Conseil , du 5 Décembre 1785 ; ils exerçoient rue Favart.

1787. 1 Nov. Cette Imprimerie est supprimée par un Arrêt du Conseil.

Holtz (*Henri*) gendre de Saugrain, (Guillaume) par *Marie-Henriette.*

1719. 14 Mars , Libraire.

1723. . . . . . mort avant.

Homerville (*Guillaume*).

1691. . . . . Libraire.

1694. . . . . . meurt avant.

Honervogt (*Jacques*).

1654. 30 Avril, Libr. & Imprim.

1694. . . . . . mort.

Honervogt (*N.* V^e de *Jacques*).

1694. . . . . . Libraire.

1695. . . . . . exerçoit.

Hongot

Hongor (*Jean*).
1509. . . . Libraire.
Honorat (*Balthazar*).
1536. . . . Libraire.
Honorat (*François*) fils de *Balthazar*.
1556. . . . Libraire.
Honoré (*Sébastien*).
1571. . . . Libraire.
Hopyl (*Wolfgang*) Allemand.
1489. . . . Libr. & Imprim.
1517. . . . exerçoit.
Hornken (*Louis*).
1511. . . . Libr. & Impr.
1515. . . . mort avant.
Horthemels (*Daniel I.*) Hollandois, gendre d'Antoine *Cellier*, par *Marie-Anne* (& aïeul du célébre M. *Cochin*, Chevalier de l'Ordre du Roi, & Secrétaire perpétuel de l'Académie-Royale de Peinture & de Sculpture).
1686. 18 Sept. Libraire, après avoir abjuré le Calvinisme.
1691 8 Oct. m. Par. S. Benoît.
Horthemels (*Marie-Anne*, fille d'Ant. *Cellier*, Vᵉ de *Daniel I.*)
1691. 8 Oct. Libraire.
1727. . . . morte avant.
Horthemels (*Daniel II.*) 1ᵉʳ fils de *Daniel I.*
1701. 21 Juin, Libraire.
1737. . . . mort avant.
Horthemels (*Denys*) 2ᵐᵉ fils de *Daniel I.*
1718. 5 Avril, Libraire.
1749. 1 Sept. meurt, place de Sorbonne, Par. S. Severin.
Horthemels (*N.* Vᵉ de *Denys*).
1749. 1 Sept. Libraire.
1756. . . . morte avant.
Hotot (*Saturnin*).
1576. . . . Libraire.
Houdan (*Jean*).
1619. 12 Sept. Libraire,
1617. . . . exerçoit.
Houdan (*Rolland*) fils de *Jean*.
1660. 18 Août, Libraire.

Houic (*Antoine*).
1566. . . . Libraire.
1582. . . . exerçoit.
Hourdel (*Jean*).
1716. 31 Janv. Libraire.
1753. 18 Octobr. meurt, âgé de 73 ans, rue du Foin, Paroisse S. Severin.
Hourdel (*N.* Vᵉ de *Jean*).
1753. 18 Oct. Libraire.
1775. . . . morte avant.
Hourlier (*Claudine*) voyez Saugrain (Vᵉ de *Charles I.*) 1679.
Housé *ou* Houzé (*Jean I.*)
1581. . . . Libraire.
1594. 20 Juin, Libraire-Juré,
1617. . . . exerçoit.
Housé *ou* Houzé (*Jean II.*) fils de *Jean* I.
1631. . . . Libraire.
1632. . . . exerçoit.
Housé *ou* Houzé (*Jean III.*) fils de *Jean* II.
1652. 10 Mai, Libraire.
1653. . . . exerçoit.
Houssaye (*Denys*).
1628. 2 Mars, Libraire.
1661. 7 Avril, mort après.
Houssaye (*N.* fille de *Denys*) femme de Halé (*Etienne*) 1639.
Houssaye (*N.* fille de *Denys*) femme de Mile (*François*) 1639.
Houssaye (*N.* fille de *Denys*) femme de Lamy (*Maturin*) 1661.
Huart (*Jean*).
1649. 29 Oct. Libraire.
1681. . . . mort.
Huart (*N.* Vᵉ de *Jean*).
1681. . . . Libraire.
1682. . . . exerçoit.
Huart (*Gabriel*) fils de *Jean*.
1683. 9 Sept. Libraire,
1710. . . . mort.
Huart (*N.* Vᵉ de *Gabriel*).
1710. . . . Libraire.
1727. . . . morte avant.
Huart (*N.* fille de *Jean*) voyez Soubret (Vᵉ de *Henri*) 1710.

I

HUART (*Pierre-Michel*) frère aîné de *Charles*, & gendre de N. *Béruyer*, par *Marie-Anne*.
1717. 29 Janv. Libraire.
1717. 5 Juill. Adjoint.
1739. 28 Avril, Imprimeur de la Reine & de Mgr le Dauphin, sans exercice.
1753 1 Janv. Marguillier de S. Severin.
1754. 29 Mars, meurt, rue Gallande, Par. S. Severin.
HUART (*Marie-Anne Béruyer*, Vᵉ de *Pierre-Michel*).
1764. 29 Mars, Libraire.
1770. 16 Avril, meurt, rue Gallande, Par. S. Severin.
HUART (N. fille de *Pierre-Michel*) femme de *Moreau* (*Nicolas-François*) 1742.
HUART (*Charles*) frère puîné de *Pierre-Michel*)
1720. 10 Sept. Libraire.
1724. 11 Avril, Imprimeur.
1772. . . . . mort.
HUART N., Vᵉ de *Charles*)
1772. . . . . Libraire.
HUART (*Marguerite-Louise*, fille de N.) voyez Robustel (Vᵉ de *Claude*) 1749.
HUART (*Marie-Magdeleine*, fille de N.) voyez Langlois (Vᵉ de *Simon* II.) 1747.
HUBERSON (*Philippe*) gendre de *Simon Desprez*.
1697. 2 Janv. Libraire.
1714. . . . . mort.
HUBERSON (N., fille de *Simon Desprez*, Vᵉ de *Philippe*).
1714. . . . . Libraire.
1737. . . . . morte avant.
HUBERSON (N. fille de *Philippe*) femme de Piquet (*Jean*) 1764.
HUBERT (*Jacques*) gendre de Robert *Feuquere*.
1659. 20 Févr. Libraire.
1694. . . . . mort avant.

HUBERT (*Marie*, fille de *Jacques*) voyez De la Noue (Vᵉ de *Guillaume*) 1601.
HUBY (François I.)
1555. . . . Libr. & Impr.
HUBY (*François* II.), fils de *François* I.
1601. . . . Libraire.
HUDE (*Jean*).
1646. . . . Libraire.
1666. 13 Mai, mort après.
HUDE (*Nicolas*) fils de *Jean*.
1666. 13 Mai, Libraire.
1694. . . . morte avant.
HUET (*Pierre* I.)
1583. . . . Libraire.
HUET (*Pierre* II.).
1711. 21 Juill. Libraire.
1737. . . . mort avant.
HUGOT (*Nicolas*) gendre de Gervais *Alliot*.
1650. 20 Janv. Libraire.
HUGUELIN (*Jean*).
1516. . . . Libraire.
1542. . . . exerçoit.
(*Biblioth. Telleriana*, p. 211. col. 1.)
HUGUIER (*Charles*) fils de l'Avocat du Roi au Présidial de Meaux.
1707. 8 Févr. Libraire.
1711. 13 Mai, Imprimeur.
1723. 10 Sept., s'étoit démis de son Imprimerie.
1737. . . . mort.
HUGUIER (N. Vᵉ de *Charles*).
1737 . . . Libraire, ancien Imprimeur.
1744. . . . morte avant.
HUGUIER (*Henri-Charles*) fils de *Charles*.
1716. 29 Août, Libraire.
1723. . . . mort avant.
HUGUIER (*Perette-Antoinette*, fille de *Charles*) voyez Cailleau (Vᵉ d'*André*) 1751.
HULPEAU (*Jean*).
1555. . . . Libraire.
1617. . . . exerçoit.

Hulpeau (*Claude*).
1606. . . . . Libraire.
1627. . . . . exerçoit.
Hulpeau (*N.* fille de *Claude*) femme
de Bréquigny (*Jonas*) 1642.
Hulpeau (*Étienne*).
1610. . . . . Libraire.
1627. . . . . exerçoit.
Hulpeau (*Charles*).
1616. . . . Libraire.
1630. . . . . exerçoit.
Humaire (*Pierre*).
1764. 11 Sept. Libraire.
1776. 14 Mars , meurt, rue du
Marché-Palu , Par. S. Germain
le Vieil.
Humaire (Jeanne *Pontier* , Vᵉ en
1ʳᵉˢ nôces de M. Antoine *Souchet* ,
Mᵉ Relieur, & en 2 des de *Pierre*).
1776. 14 Mars , Libraire.
1786. 5 Mars , meurt , rue du
Marché-Palu , Par. S. Germain le Vieil.
HUMBLOT (Mʳ *Denys*) de Langres.
1759. 14 Févr. Libraire.
1774. 3 Août , Adjoint.
1788. . . . rue S. Jacques.
Hunger (*Jean*).
1624. 24 Oct. Libraire.
Hunot (*Hubert*).
1602. . . . Libraire.
1618. . . . exerçoit.
Huot (*Claude*).
1646. 25 Janv. Libraire.
Hurché (*Jean*).
1589. . . . Libr. & Impr.
HURÉ (*Sébastien* I.) gendre de
Jean I. *Corbon.*
1613. . . . Libraire.
1644. 21 Déc. Syndic.
1650. 26 Déc. m. Par. S. Benoît.
Il étoit Imprimeur du Roi &
du Clergé de France ; Associé
de Frédéric I. *Léonard*, & avoit
pour marque le *Cœur bon* ,
(qui avoit été celle de son
beau-père) avec ces mots : *Ego
dormio ; at cor meum vigilat.*

HURÉ (*Sébastien* II.) fils de
Sébastien I.
1646. 8 Févr. Libraire.
1663. 3 Juillet, Adjoint.
1678. 22 Nov. meurt.
Huré (*N.* Vᵉ de *Sébastien* I.)
1678. 22 Nov. Libraire.
1680. . . . exerçoit.
Huré (*Étienne*).
1683. 7 Sept. Libraire.
1712. . . . mort avant.
Hury (*Pierre*).
1585. . . . Libr. & Impr.
1627. . . . exerçoit.
Husson (*Robert*).
1666. . . . Libraire.
1686. 20 Déc. exerçoit.
Husson (*François*) fils de *Robert.*
1686. 20 Déc. Libraire.
1708. . . . exerçoit.

Imbert (Dlle *Marie-Marguerite* ,
fille de Mʳ *Pierre-François*)
femme de Mʳ Guessier (*Claude-
Pierre*) 1737.

IMPRIMERIES

Particulières , par ordr. chronologiq.

I. (1571.)

IMPRIMERIE du *Monastère*
de *S.-Denys.*

Elle étoit située , rue de l'*Amandier* (aujourd'hui , des *Amandiers* , près de S. Étienne-du-
Mont) ; il en sortit, cette année :
*Carmen de Arte Rhetoricâ , à
Francisco le Picard ; Paris. Typ.
Monaster. S. Dionysii à Prato,
via Amygdalinâ , ad Veritatis
insigne.*

II. (1631 , 11 Octobre).

IMPRIMERIE de la *Gazette*
de *France.*

En vertu de la Lettre du Roi, en
forme de Chartre, en faveur
de *Théophraste* Renaudor, du

11 Octobre 1631, la *Gazette de France* s'imprimoit & se débitoit à un Bureau d'Adresse, rue de la Calandre, sortant au Marché-neuf, au grand Coq. — En 1637, rue de la Calandre & rue de Harlai. — 1646, rue de la Calandre, & au Marché-neuf. — 1647, 29 Juin, rue S.-Honoré, près la rue du Tir[c]it, devant la rue du Four. — 1648, 16 Mai, aux Galeries du Louvre, devant la rue S.-Thomas. — Le Bureau de la Gazette de France étoit bien aux Galeries du Louvre, mais l'Imprimerie, avant que d'être fixée dans ces Galeries, étoit dans la maison faisant l'angle des rues des Orties & S. Thomas du Louvre, sous la direction du Propriétaire de la Gazette. Sous M. de Meslai, cette Imprimerie fut dirigée par M. de la Combe, ensuite par M. Constant, & enfin, en 1754, par feu M. Denys-Clément Couturier, reçu Libraire le 17 Mai 1764. Il eut cette direction jusqu'au 1er Janvier 1779, que l'impression de la Gazette fut confiée à l'Imprimerie Royale; mais, depuis le 2 Janvier 1787, cet ouvrage s'imprime chez M.ne V.e de Jean-Thomas I. Hérissant; la suscription de l'*Imprimerie du Cabinet* s'y lit du 2 Janvier au 31 Août 1787. — du 4 au 14 Septembre, *de l'Imprimerie des Bâtimens*, &, du 18 Septembre jusqu'à ce jour : de *l'Imprimerie de la Gazette de France*.

Ce corps d'ouvrage doit avoir 157 vol. Depuis 1762, on a fourni la Table de chaque vol. & en 1766, feu M. Edme-Jacques Genet, chef des Secrétaires-Interprètes du Roi aux Affaires Etrangères, publia en 3 vol *in-4.°* la Table générale des 135 vol. de cette Gazette, depuis 1631 jusqu'en 1765 inclusivement.

III. (1640.)

IMPRIMERIE ROYALE ou DU LOUVRE.

Voyez ce qui en est dit, 1ere Partie, pag. 101, & ajoutez :

Dépense de l'Imprimerie Royale.

Les sept premières années, cette Imprim. coûta au Roi 368,731 liv. 12 s. 4 d. Il n'y a point eu d'année où l'on y ait fait tant de dépense qu'en 1642, ni si peu qu'en 1647. L'an 1642, on y dépensa jusqu'à 120,185 liv. 3 s. 2 d. En 1647, il n'en coûta au Roi que 13,774 l. 19 s. 6 d. Il paroît qu'aujourd'hui l'état de la Dépense en est porté à 90,000 l. environ, ainsi que le présente le *Compte rendu au Roi*, en *Mars* 1788, & publié par ses ordres; en voici le Tableau :

Appointemens du Directeur...	1,400
Au Correcteur d'Epreuves....	300
Impressions pour le Département de la Finance environ....	60,000
Pour le Département de la Maison du Roi....	24,000
Frais de Gravures... 2,000 }	4,300
Frais de Reliures. ... 2,300 }	
Total.	90,000.

Le Département de la Guerre & de la Marine payent leurs impressions.

IV. (1640.)

IMPRIMERIE en caractères imitant l'Ecriture Bâtarde.

Voyez ce qui en est dit, 1ere Partie, pag. 102.

V. (vers 1680.)
IMPRIMERIE DE LA GRANDE CHARTREUSE.

EXTRAIT d'une Lettre de Dom Hilarion ROBINET, Général des Chartreux, datée de la Grande-Chartreuse, le 6 Mars, 1779.

M., Je voudrois pouvoir vous donner sur notre Imprimerie les éclaircissemens que vous désirez ; mais le malheur que cette Maison a eu d'être incendiée nombre de fois, lui a fait perdre tous ses titres, & des richesses en littérature, dont la perte est irréparable. Nous n'avons (en ce qui concerne notre Imprimerie) que des Lettres-Patentes renouvellées de temps en temps, dont les dernières sont de 1757. Ces Lettres-Patentes nous permettent de faire imprimer pour notre compte tous les livres d'Eglise à notre usage, dans le lieu le plus commode & le plus proche de notre Maison, en sorte que l'usage de notre Imprimerie est restreint à nos Breviaire, Missel, Livres de chant, &c., & ne peut, par conséquent, donner aucun ombrage. Nous étant même apperçus qu'il nous en coûtoit beaucoup plus de faire imprimer par nous-mêmes, que de recourir aux Imprimeurs ordinaires, & que l'ouvrage n'étoit pas si bien exécuté, la Maison a renoncé, depuis plus de vingt ans, à son Imprimerie, qui, comme vous le jugez bien, est actuellement en fort mauvais état, & fait tout imprimer à Grenoble aux presses de M. Faure. J'ai l'honneur d'être, &c.

NOTE manuscrite de Dom NICOLAS, Chartreux de Paris, du 10 Août 1787.

Notre Imprimerie de la Grande Chartreuse est d'institution assez récente. Elle n'a été établie que par le Révérend Père Dom le Masson, un de nos Généraux, vers l'an 1680, à l'occasion de quelques changemens qu'il fit dans l'Ordre, & qui donnèrent lieu à une nouvelle édition de nos *Statuts*, de notre *Missel*, du *Pseautier*, distribué à notre usage, & de quelques autres ouvrages (*). Depuis l'invention de l'Imprimerie jusqu'à ce moment, nous-nous étions toujours servis de presses séculières. Par exemple : En 1510, nous fimes imprimer à Bâle nos *Statuts* & nos *Priviléges* en caractères gothiques ; & c'est, à ce qui paroît, la première fois qu'on fit imprimer quelque chose à notre usage ; jusques-là, nous ne nous étions servis que de Manuscrits. Il y eut, en 1520, une édition de notre *Missel* à Paris. Une autre du même, en 1541, Gothique. En 1582, il y eut aussi à Paris une édition de nos *Statuts*. En 1585, l'unique édition de nos *Homéliaires*, à Lyon ; édition qui n'est point encore épuisée. En 1588, une édition des *Hymnes* à notre usage, à Grenoble. En 1603, nouvelle édition du *Missel*, à Paris ; une autre à Lyon en 1627. En 1612, l'unique édition de notre gros *Antiphonier*, pour les Ma-

(*) Ces Editions portoient pour suscription: *Correriæ*, (Bâtiment dépendant de la grande Chartreuse) *per Laurentium Gilibert, Typographum juratum apud Grationopolim.*

tines , à Pavie : & , comme cette édition eſt épuiſée , pour y ſuppléer , nous ſommes obligés de l'imprimer à la main , avec des plaques de cuivre. ▭ En 1674, édition de notre *Graduel* , à Lyon ; il y en a eu une autre édition Gothique , que je n'ai pu recouvrer pour en prendre la date.

VI, 1683 , environ).

Iᵉʳ Etabliſſement Typographique à Verſailles.

IMPRIMERIE de *François* MUGUET , à Verſailles , rue de l'Orangerie , Hôtel de Seignelay. Cette Imprimerie exiſta au moins juſqu'en 1696. Nous voyons le fils reçu Imprimeur le 16 Juillet 1691 , par Arrêt du Conſeil du 12 , *pour exercer concurremént avec ſon père , qui a une Imprimerie à Verſailles.* Il ſortit de cette Imprimerie, en 1684: *Diſſertation ſur douze Médailles des Jeux Séculaires de l'Empereur Domitien , par Rainſſant* , in-4º ▭ En 1696 , *Conſeil-Privé de Louis XIV, aſſemblé pour trouver les moyens , par de nouveaux impôts , de continuer la guerre contre les hauts Alliés* , pet. in-12.

VII. 1757.)

IMPRIMERIE de la *Loterie Royale* de *l'Ecole Militaire.*

Elle s'établit (d'après l'Arrêt du Conſeil du 15 Octobre 1757) rue Mont-Martre , vis-à-vis S. Joſeph ; — depuis (en 1776) ſous le titre d'*Imprimerie de la Loterie Royale de France* , d'après l'Arrêt du Conſeil du 30 Juin 1776 ; elle eſt ſituée , rue neuve des Petits-Champs ; Hôtel de l'ancienne Compagnie des Indes.

VIII. (1768.)

IIeme Etabliſſement Typographique à Verſailles.

IMPRIMERIE *élevée dans l'Hôtel de la Guerre.*

Le 1ᵉʳ Janvier 1768, ſortit de cette Imprimerie , le Réglement lur cet Etabliſſement , Réglement ſigné le Duc de Choiſeul & le Duc de Praſlin. — Le Roi approuve qu'il ſoit établi , dans l'Hôtel de la Guerre, une Imprimerie en Lettres , *uniquement* pour le ſervice des Bureaux des Départemens de la Guerre , de la Marine & des Affaires Etrangères. Le nombre des Ouvriers attachés à demeure à ladite Imprimerie eſt fixé à ſix. Un Imprimeur ayant l'inſpection à 3000 liv. d'appointemens par an ; un Compoſiteur à 1500 liv. deux Preſſiers à 1200 liv. chacun ; deux Garçons pour couper , brocher , étendre le papier, à 550 liv. chacun.

La *Gazette de France* du 20 Juillet 1772 , article *de Paris* , fait mention de cette Imprimerie.

Quoique cette Imprimerie fût levée *uniquement* pour le ſervice des Bureaux des Départemens de la Guerre , de la Marine & des Affaires Etrangères , on en a vu ſortir , & ſans regret , les ouvrages ſuivans : — En 1773 , *Leçons de Morale , de Politique & de Droit public , puiſées dans l'hiſtoire de notre Monarchie , ou Nouveau Plan d'Etude de l'hiſtoire de France ; rédigé par les ordres , & d'après les vues de feu Monſeigneur le Dauphin , pour l'Inſtruction des Princes ſes Enfans , par M. Moreau* , in 8º. *Paris* , *Mouiard* , Quai des Auguſtins ; & en 1775 ; *Les De-*

voirs d'un *Prince* réduits à un *seul Principe*, ou *Discours sur la Justice*, dédié *au Roi*, par le même *Auteur*, même format, & chez le même *Libraire*. Cette Imprimerie fut supprimée en Juin 1775, après une durée de sept ans & demi.

¶ Le feu Roi, Louis XV, visitant la petite Imprimerie qu'il avoit laissé établir à Versailles, à l'Hôtel de la Guerre, sous la direction du Sr Bertier, trouva sur la presse une paire de lunettes dont la beauté le frappa, & un petit papier imprimé. Il saisit les lunettes; &, pour les essayer, il prit, le petit papier, qui se trouva contenir un éloge aussi grand que délicat de Sa Majesté; surquoi, le Roi, retirant les lunettes, dit: *Ah! elles sont trop fortes; elles grossissent trop les objets.*

IX. (1786, 23 Janvier *).

IMPRIMERIE *Polytype.*

La Typographie dont on a fait, depuis qu'elle est en mouvement, un usage si noble, & un abus si odieux, doit son origine à l'art de graver en bois. Le premier Mortel qui imagina des types isolés en fonte, fut regardé comme un Dieu; & ce n'est qu'à cette époque qu'on peut placer la naissance de l'Imprimerie. Qui eût cru qu'au bout de trois siècles, on essayeroit de faire

rétrograder l'Art, en prenant toutefois, pour base, ses premiers principes? C'est ce qu'osa tenter un Orfèvre (Guillaume Ged, d'Edimbourg) qui se crut inventeur d'une nouvelle Typographie, en substituant aux lettres mobiles, la fusion de pages entières, composées avec des caractères mobiles. L'Imprimerie de Paris pouvoit lui revendiquer cette invention, si c'en est une. Dès la fin du XVIIe siècle, on avoit, dans cette Capitale, imaginé de fondre d'un seul jet en cuivre un *Calendrier*, essai peu important, mais suffisant pour assurer à la France l'antériorité de la découverte. Ged ne s'en tint pas à de simples tentatives. Il eut le courage de donner, en 1744, par son procédé, une édition du *Salluste* latin; à la fin duquel il déposa, *ad perpetuam rei memoriam*, le certificat authentique de la prétendue invention: *Non typis mobilibus, ut vulgo fieri solet, sed tabellis seu laminis fusis exudebat.* Ged ne fit aucun tort à la Typographie Angloise, qui continua à travailler *ut vulgo fieri solet.* — En France, un homme de Loix, & réellement intelligent, Allemand de naissance, arrive à Paris avec ce secret, dont il se dit l'Inventeur, & auquel il donne le titre d'*Imprimerie Polytype*, obtient un Privilège exclusif, jette périodiquement dans le Public un Ouvrage imprimé par ce procédé secret, & qu'il décore du nom de *Journal Polytype*. Un Arrêt du Conseil du 5 Décembre 1785, avoit consenti l'existence de cette nouvelle Typographie; un autre Arrêt du Conseil du 1er Novembre 1787, en a prononcé la suppression.

(*) Date de l'Enregistrement de l'Arrêt du Conseil en la Chambre Syndicale, en présence des MM. Hoffmann.

X. (1786.)

IMPRIMERIE des Enfans Aveugles.

Parmi les objets d'occupation que M. Haüy, Interprète du Roi, & Instituteur des *Enfans Aveugles*, a livrés à cette classe précieuse d'infortunés qu'il rend à l'Etat & à eux mêmes; il a, sous le bon plaisir du Gouvernement, admis l'Art de l'Imprimerie.
— Dans la Séance, que le Roi voulut bien qu'ils tinssent devant lui, le 26 Décembre 1786, à Versailles, ces jeunes Elèves présentèrent à LL. MM. & à la Famille Royale, un Livre composé & imprimé par eux. (*Essai sur l'Education des Aveugles*) avec une *Ode*, composée par le Sr Huard, l'un d'eux, & suivi des Modèles de tous les petits Ouvrages d'imprimerie qu'ils avoient exécutés, d'après les soins & l'instruction de M. *Clousier*; l'un des 36 Imprimeurs-Libraires de cette Capitale, jaloux de seconder avec le plus grand désintéressement le zèle si pur & si actif de M. Haüy. —
Depuis le 10 Janvier 1787, cette Imprimerie travaille rue Notre-Dame des Victoires, & toujours sous la direction de M. *Clousier*, Imprimeur Ordinaire du Roi. Ce qui en est sorti de plus considérable est l'*Eloge historique de M. Phélipeaux Archevêque de Bourges*, composé & présenté au Roi, par M. *Blin de Sainmore*, Historiographe de ses Ordres, vol. in-8e de 53 pages; 1788.

XI. (1787.)

IIIe *Etablissement Typographique à Versailles.*

IMPRIMERIE de M. Pierres.

Le Roi ayant résolu de communiquer à une Assemblée de Notables de son Royaume, les grandes vues dont S. M. s'occupoit pour le bien de son Etat & le soulagement de ses Sujets, l'Administration voulut avoir sous sa main les secours de l'imprimerie, pour donner au Public une connoissance & plus prompte & plus multipliée des importans résultats de cette Assemblée. — Ce fut sans doute un beau moment pour la Typographie Françoise, & en particulier pour la Typographie de la Capitale, d'avoir à offrir à la Nation, représentée par l'*Assemblée des Notables*, un genre de service qui avoit manqué aux Etats-généraux de 1355 & 1458. Mr Pierres, Ier Imprimeur du Roi, qui avoit présenté à S. M. le modèle d'une nouvelle Presse de son invention, fut choisi pour faire les impressions relatives à l'Assemblée. — Mais cet honneur ne fut point passager; & la confiance du Gouvernement ne se borna pas, à son égard, à la tenue de l'Assemblée des Notables. Le 31 Août 1787, il fut rendu un Arrêt du Conseil d'Etat du Roi, portant en sa faveur, établissement d'une Imprimerie (à demeure) dans la ville de Versailles, S. M. désirant (dit l'Arrêt) donner audit sieur un témoignage de la satisfaction qu'Elle a eue de ses services, *notamment* du zèle & de l'intelligence avec lesquels il a exécuté les différens travaux relatifs à l'Assemblée des Notables,

IMPRIMERIES

IMPRIMERIES *plus particulières,
& qui n'ont eu qu'une existence
très-passagère.*

I. (1600.)

Le Cardinal du Perron avoit une Imprimerie dans sa Maison de Campagne à Bagnolet ; il y faisoit imprimer ses Ouvrages ; & étoit lui-même son Correcteur. Il faisoit toujours deux éditions de ses Ecrits, la première pour un petit nombre de juges éclairés, dont il recueilloit les avis, & la seconde qu'il livroit au Public, après avoir profité de leurs lumières.

(*Hist. de l'Académ. Franç. par Pélisson*, pag. 47 & 48. 1ere Edit. 1653. in-8°.)

II. (1640.)

Le Cardinal de Richelieu, après avoir établi l'Imprimerie Royale au Louvre, fut curieux d'en lever une dans son Château de Richelieu. Elle travailla même après sa mort ; puisqu'elle produisit :

En 1653. *Les Morales d'Epictéte, de Socrate, de Plutarque & de Sénéque*, par J. Desmarets. Au Château de Richelieu, 1653. in 8°.

En 1654. *Le Combat Spirituel, ou de la perfection de la Vie Chétienne*, traduit en vers par J. Demarets. Au Château de Richelieu. petit in-12. 1654.

III. (1660.)

Le célèbre Sur-Intendant des Finances, Fouquet, avoit une Imprimerie dans sa maison de Campagne à Saint-Mandé ; aucun Ouvrage sorti de ces presses, n'est venu à ma connoissance.

IV. (1718.)

IMPRIMERIE de *Louis XV*, aïeul de S. M., dans son Palais des Tuileries, à Paris.

Il en sortit :

Cours des pricipaux Fleuves & Rivières de l'Europe, composé & imprimé par *Louis XV*, en 1718. Paris, dans l'Imprimerie du Cabinet de S. M., dirigée par J. Collombat, 1718. in-8°.

V. (1720.)

L'immortel Chancelier *Daguesseau* avoit, dans son Château de Fresne, une petite Imprimerie, d'où il ne sortit que le petit nombre d'exemplaires d'un Ouvrage qu'il destinoit à ses Enfans. C'étoit un *Discours sur la vie & la mort, le caractère & les mœurs de M. Daguesseau, Conseiller d'Etat*, par M. *Daguesseau, Chancelier de France, son fils.*

VI. (1727.)

M. le Marquis de Lassay avoit une Imprimerie dans son Château de Lassay, dont on vit sortir : *Recueil de différentes choses*, commençant vers l'an 1663, & finissant au mois d'Octobre 1726. Imprimé au Château de Lassay, le 15 Juin 1727. in 4°.

(Catalogue de Pompadour. N°. 2266.)

VII. (1758.)

IMPRIMERIE de *Madame la Dauphine, Mère de S. M.* au Château de Versailles.

Il en sortit :

Elévations de cœur à N. S. J. C., par rapport à la sainte Communion, imprimé de la main de Mme la Dauphine, 1758. in-16.

m

¶ Cette petite Impreffion fe fit fous la direction de Charles-Jean-Baptifte Delefpine, ancien Imprimeur du Roi, lors Huiffier du Cabinet de cette Princeffe.

VIII. (1760.)

IMPRIMERIE de Monfeigneur le Duc de Bourgogne, frère aîné de S. M., au Château de Verfailles.

Il en fortit:

Prières à l'ufage des Enfans de France: Verfailles, de l'Imprimerie de Monfeigneur le Duc de Bourgogne, dirigée par Vincent. 1760. in-12.

IX. (1760.)

Mme la Marquife de Pompadour, Dame du Palais de la Reine, avoit, dans fon appartement à Verfailles, une petite Imprimerie.

Il y fut imprimé:

Rodogune, Princeffe des Parthes, Tragédie (de Pierre Corneille) *Au Nord. 1760, in 4°.*

¶ Cette Dame grava elle-même, d'après le deffin de M. Boucher, une Eftampe, pour mettre à la tête de cette Edition, faite fous fes yeux.

(Catalogue de Pompadour: N° 890).

X. (1766.)

IMPRIMERIE de Monfeigneur le Dauphin (aujourd'hui S. M. LOUIS XVI.) au Château de Verfailles.

Il en fortit:

Maximes morales & politiques, tirées de Télémaque: imprimées par Louis-Augufte, Dauphin.

A Verfailles, de l'Imprimerie de Monfeigneur le Dauphin, dirigée par A. M. Lottin, Libraire & Imprimeur de Monfeigneur le Dauphin. 1766. petit in-8°.

IMPRIMERIES fuppofées, & qui n'ont pas exifté.

On fe tromperoit fort fi l'on croyoit que l'Imprimerie a exercé fon art dans tous les lieux indiqués par des frontifpices de Livres. Par exemple: dans la chaleur des difputes du Calvinifme, quantité de livres indiquoient pour lieu de leur naiffance, *Quévilly*, Bourg de Normandie, *Charenton*, Bourg de l'Ifle de France, & même le *Déſert*, où jamais il n'y eut d'Imprimeries. Il en eft de même de certains Romans, qui veulent n'avoir été imprimés que dans des lieux romanefques.

IMPRIMERIES Clandeftines.

La liberté de la Preffe n'ayant jamais été admife en France, il n'eft pas étonnant que, dans les grands mouvemens de l'Etat, il fe foit élevé quelques *Imprimeries Clandeftines*.

On n'en vit pourtant point dans le temps de la Ligue, où, le Thrône étant offufqué par de trop puiffans Perfonnages dont les fentimens exaltés fe communiquoient aux Citoyens, les Imprimeurs ne rougiffoient pas de mettre leurs noms à des Libelles qui attaquoient & le Gouvernement & la perfonne même du Souverain. Eh ! comment fe feroient-ils fait fcrupule de confier à leurs Preffes ce que débitoient dans la chaire de

Vérité leurs propres Pasteurs (*). Ils s'intituloient, *Imprimeurs de la Sainte-Union.* Ce scandale cessa enfin ; & , lorsque l'Imprimerie travailla contre les ministères de Richelieu & de Mazarin , les Imprimeurs prirent le masque de l'Anonyme , ou des noms supposés.

Voici la notice des *Imprimeries Clandestines* que mes Recherches m'ont fait connoître.

I. [1614.]

Il paroît que les Jésuites du Collège de Clermont avoient une *Imprimerie Clandestine* chez eux, puisque , le 6 Octobre de cette année , le Châtelet rend une Sentence , par laquelle défenses sont faites au P. Loriot, & aux Prêtres & Ecoliers du Collège de Clermont, de tenir aucune Presse, caractères & ustensiles de Librairie , *Imprimerie & Reliure* , ni d'entreprendre *à l'avenir* sur l'Art & fonctions des Imprimeurs, Libraires & Relieurs de Livres, à peine de confiscation & de trois mille livres d'amende.

I I. [1663.]

Gui Patin, dans sa Lettre du 13 Février de cette année, écrit : « Le Roi a fait saisir quelques » Libelles qui s'imprimoient à » deux lieues d'ici , dans un » village nommé *Montreuil* , » (sous Vincennes) pour M. » Fouquet , par le soin de ses » parens ».

¶ Fouquet , Sur-Intendant des Finances , étoit pour lors au Château de la Bastille , après avoir été arrêté à Nantes , le 5 Septembre 1661.

III. [1728.]

IMPRIMERIE *des Nouvelles Ecclesiastiques.*

C'est cette année qu'elle commença à donner par semaine , une demi-feuille *in-4°* , sous le titre de *Mémoires pour servir à l'Histoire Ecclésiastique* ; & elle n'a pas discontinué depuis. Voilà tout ce que nous en sçavons.

I V. [1733.]

On pouvoit s'attendre que les Auteurs des *Mémoires pour servir à l'Histoire Ecclésiastique* trouveroient quelques Ecrivains qui fourniroient de contredits , & c'est ce qui arriva. Dès le 15 Juin 1733 , on vit sortir , sinon d'une *Imprimerie Clandestine* , au moins d'une Imprimerie anonyme, des Feuilles intitulées : *Supplément des Nouvelles-Ecclésiastiques.* Il commença à avoir un cours réglé , au mois de Janvier 1734 , paroissant tous les dix jours : & il a cessé au 24 Décembre 1758. On les attribua alors aux PP. de la Compagnie de Jésus ; mais nous n'avons là-dessus aucune certitude.

V. [1731.]

4 *Juin* , Le Sr Regnard , l'aîné , Commissaire au Châtelet , saisit une *Imprimerie Clandestine* , dans la rue des Oiseaux , au Marais.

9 *Juin* , Le Sr Dubois , Commissaire au Châtelet , en saisit une autre , rue du Plâtre-Ste-Avoie.

____

(*) Entr'autres les Curés de S. Benoît & de S. André , qui réunissoient , au XVIe siècle , dans leurs districts , la presque totalité des Imprimeurs de la Capitale.

On imprimoit dans ces deux Imprimeries des Opuscules sur les matières ecclésiastiques du temps.

VI. [1756.]

Il fut, en cette année, découvert une *Imprimerie Clandestine* à Arcueil, où s'imprimoient des Ouvrages, tant de matières ecclésiastiques, que de matières rien moins qu'ecclésiastiques. L'Imprimerie fut saisie : les Imprimeurs arrêtés ; le délit porté en justice ; & il intervint un jugement qui condamna les Ouvriers-Imprimeurs, pris en flagrant délit.

IMPRIMEURS

Du Roi,
de la Reine,
du Dauphin,
de la Dauphine,
de Monsieur,
de Madame,
de quelques Princes,
du Clergé de France,
du Parlement,
de la Chambre des Comptes,
de la Cour des Aides,
de la Cour des Monnoies,
du Châtelet,
de la Police,
de la Prevôté,
de la Ville,
de l'Université,
des Académies Française,
— des Inscriptions ;
— des Sciences ;
de l'Archevêque, &c.

Enfin des différens Ordres Ecclésiastiques, Réguliers, Séculiers. . . Compagnies & Corps. Mes Notes sur ces objets n'étant pas assez complettes, je me ferois scrupule de les présenter dans ce moment.

Italorum (Collegium) *voyez* Collegium.

Italorum (Scholæ) *voyez* Scholæ.

Jacquard (*Nicolas*).
1645. 16 Juill.   Libraire.
1669. . . . . s'établit à Clermont-Ferrand.

Jacques (*Antoinette*, fille de *N.*) femme de Dehansy (*François*)
1621.

JACQUIN (*François*).
1598. . . . . Libr. & Imprim.
1624. 6 Sept.   Adjoint.

JACQUIN (*Julien I.*)
1614. . . .   Libraire.
1636. 28 Juin,   Adjoint.
1651. 19 Oct.   exerçoit.

Jacquin (*Jacques*) fils de *François*.
1624. 2 Mai,   Libraire.
1632. . . .   exerçoit.

Jacquin (*Julien* II.) fils de *Julien* I.
1651. 19 Octob. Libraire.

Jacquin (*Laurent*).
1654. 15 Janv.   Libraire.
1673. . . .   mort.

Jacquin (*N.* Vᵉ de *Laurent*).
1673. . . .   Libraire.

Jammar (*Claude.*)
1494. . . .   Libr. & Imprim.

Janon (*Jean*).
1607. . . .   Libr. & Impr.
1618. . . .   exerçoit.

Janot (*Denys* I.)
1484. . . .   Libr. & Impr.
1545. . . .   mort.

Janot (Jeanne *de Marnef*, Vᵉ de *Denys* I.)
1545. . . .   Libr. & Impr.
1548. . . .   exerçoit.

Janot (*Etienne*).
1495. . . .   Libr. & Impr.

Janot (*Denys* II.) fils de *Denys* I.
1536. . . .   Libr. & Impr.
1545. . . .   exerçoit.

Janot (*Gabriel-Joseph*).
1712. 5 Juill.   Libraire.
1724. 13 Nov.   Imprimeur.
1729. 18 Févr.   s'étoit démis de son Imprimerie.
1742. . . .   mort.

Janot (Anne-Marguerite *Michelin*, Vᵉ de *Gabriel-Joseph*).

1742. . . . . . Libraire & ancien Imprimeur.

1747. 13 Juin, meurt, rue S.-Jacques, Paroiſſe S. Severin.

Jarconvillart *dit* La Varenne (*Jean*).

1627. . . . . Libraire.

Jean (*Marie-Jeanne*, fille de *N.*) *voyez* Des Hayes (Vᵉ d'*Ant.*) 1736.

Jehanot *voyez* Janot.

Joallin (*Jean-Antoine*).

1606. . . . Libraire.

1627. . . . . exerçoit.

Joban (*Jeanne*, fille de *N.*) & Vᵉ de *N. Boudet*, Libraire à Lyon, femme de Coignard (*Jean-Baptiſte* III.) 1713.

JOFFU (*Lucas*) prétendu Libraire, rue des Farces, à l'enſeigne de la Bouteille, 1623, chez le quel ſe trouvoient les Arrêts admirables & authentiques du Sʳ Tabarin, prononcés en la place Dauphine, in-8°.

[*Je ne cite ce nom, qu'afin qu'on ne l'inſere pas un jour comme un être réel dans la liſte des Libraires, & ce fur la foi d'un Catalogue.*]

Jollain (*François & non Jean*).

1702. 30 Juin, Libraire.

1704. 20 Mai, mort avant.

Jollain (*N.* Vᵉ de *François*).

1704. 20 Mai, Libraire avant.

Jollain (*Gérard-François*) fils de *François*.

1704. 20 Mai, Libraire.

1744. . . . . mort.

Jollain (N. Vᵉ de *Gérard-François*).

1744. . . . . Libraire.

1748. . . . . . morte avant.

Jollet (*Daniel*) gendre de Clément Gaſſe.

1687. 18 Févr. Libraire.

1700. 17 Mars, Imprimeur.

1723. . . . . mort.

Jollet (*N.* fille de Clément *Gaſſe*, Vᵉ de *Daniel*).

1723. . . . Libr. & Impr.

1737. . . . . morte avant.

JOLY (*Thomas*) gendre de Jacques *Dallin*.

1648. 13 Févr. Libraire.

1664. 12 Août, Adjoint.

Joly-bois (*Nicolas*), gendre de René *Mazuel*.

1658. 7 Nov. Libraire.

Jombert (*Jean* I.) gendre de Jean D'Houry.

1686. 18 Sept. Libraire.

1706. . . . . mort.

Jombert(N. fille de Jean D'Houry, Vᵉ de *Jean* I.)

1706. . . . Libraire.

1727. . . . . morte avant.

Jombert (*Cl.*) 1ᵉʳ fils de *Jean* I.

1700. 31 Déc. Libraire.

1723. . . . Marguillier de S. Benoît.

1733. meurt, Paroiſſe S. Benoît.

Jombert (*Michel*) 2ᵉ fils de *Jean* I.

1706. 16 Mars, Libraire.

1758. . . . . mort.

Jombert (Elifabeth *Villery*, Vᵉ de *Michel*)

1758. . . . . . Libraire.

1759. 27 Avril, meurt, rue S.-Antoine, Paroiſſe S. Paul.

Jombert (*Jean* II.) 3ᵉ fils de *Jean* I.

1719. 23 Mai, Libraire.

1762. . . . . mort.

Jombert (*N.* Vᵉ de *Jean* II.)

1762. . . . . Libraire.

1763. ſe retire à S. Clair ſur Epte.

JOMBERT (*Charles-Antoine*) fils de *Claude*.

1736. 27 Juill. Libraire.

1753. 13 Juill. Adjoint.

1754. 30 Janv. Imprimeur.

1760. 11 Mars, s'étoit démis de ſon Imprimerie.

1771. 20 Août, Syndic.

1784. 30 Juill. meurt à S. Germain en laye. Il avoit été Libraire du Roi pour l'Artillerie & le Génie. Son Portrait a été gravé par St-Aubin, d'après Cochin.

Jombert (*Claude-Antoine*) 1ᵉʳ fils
  de *Charles - Antoine* , & gendre
  de *N. Defchamps* , par *Marie-*
  Magdeleine , morte le 24 Juin ,
  1780.
    1769. 15 Juin , Libraire.
    1788. 18 Mars , meurt, rue Dau-
      phine , Paroiſſe S. André
      des Arcs. Il étoit Libraire
      du Roi , pour l'Artillerie
      & le Génie.
Jombert (Mʳ *Louis-Alexandre*)
  2ᵉ fils de *Charles-Antoine* , &
  depuis gendre de Mʳ François-
  Ambroiſe *Didot*.
    1772. 13 Oct. Libraire.
    1788. . . . . rue Dauphine,
Joron (*François* I.)
    1627. . . . Libraire.
Joron (*François* II.) fils de *Fr.* I.
    1649. 21 Oct. Libraire.
Joron (*N.* fille de *François* I.)
  femme de Vaugon (*Michel* I.)
  1654.
Jorry (*Sébaſtien*).
    1727. 2 Juill. Libraire.
    1744. 4 Avril , Imprimeur.
    1772. 17 Mars , s'étoit démis de
      ſon Imprimerie.
    1774. 12 Sept. meurt.
Jorry (Marie-Marguerite *Le Févre*,
  Vᵉ de *Sébaſtien*).
    1774. 12 Sept. Libr. & anc. Impr.
    1778. 23 Août , meurt à Ville-
      d'Avré , près de S Cloud.
Jorry (Mʳ *Louis*) fils de *Sébaſtien*,
  & depuis gendre de Gabriel
  Valleyre , par Dˡˡᵉ *N.*
    1771. 17 Déc. Libraire.
    1772. 17 Mars , Imprimeur.
    178 - . Impr. de M. le Dauphin
      & des Enfans de France.
    1788. . . . . rue de la Huchette.
JOSSE (*Georges* I.) gendre de
  Jean de *Heuqueville*.
    1627. 4 Sept. Libraire.
    1645. . Marguillier de S. Benoît.
    1650. 9 Mai , Adjoint.

1659. 13 Juin , Syndic.
1678. meurt , Paroiſſe S. Benoît.
  ¶ Sa marque étoit une Couronne
  d'épines , avec ces mots : *In ſpinis*
  collige roſas.
Joſſe (*Denyſe* , fille de Jean De
  Heuqueville , Vᵉ de *Georges* I.)
    1678. . . . Libraire.
    1693. . . . . morte avant.
Joſſe (*Pierre* I.)
    1649. 27 Mai , Libraire.
    1694. . . . . . mort avant.
JOSSE (*Claude*) 1ᵉʳ fils de *Georges* I.
    1652. 2 Mai , Libraire.
      ſuccéde au Fonds de *Queſnel*,
    1668. 4 Juin , Adjoint.
    1670. . . . . . meurt.
Joſſe (*Pierre* II.)
    1661. 14 Juill. Libraire.
Joſſe (*Georges* II.) 2ᵈ fils de
  Georges I.
    1686. 13 Sept. Libraire.
    1693. . Marguillier de S. Benoît.
    1694. 1 Nov. meurt , Paroiſſe
             S. Benoît.
JOSSE (*Louis*) 3ᵉ fils de *Georges* I.
  & gendre d'Elie *Joſſet*.
    1686. 13 Sept. Libraire.
    1694. 1 Nov. Marguillier de
             S. Benoît.
    1702. 19 Août , Adjoint.
    1711. 9 Nov. Syndic.
    1739. 24 Févr. meurt , rue S.-
      Jacques, Paroiſſe S. Benoît,
      Doyen des Marguilliers
      de cette Egliſe , où il eſt
      inhumé.
Joſſe (*N.* fille d'Elie *Joſſet* , Vᵉ
  de *Louis*).
    1739. 24 Févr. Libraire.
    1742. . . . . morte avant.
JOSSE (*Jacques*) fils de *Pierre* II.
    1697. 13 Août , Libr. & Impr.
    1710. 22 Août , Adjoint.
    1737. . . . . mort.
Joſſe (*N.* Vᵉ de *Jacques*).
    1737. . . . Libr. & Impr.
    1749. . . . morte avant.

Josse (*Jean-François*) fils de *Louis.*
1719. 27 Juin, Libraire.
1738. . Marguillier de S. Benoît.
1741. 16 Mai, Adjoint.
1779. 7 Juin, meurt ; Intéressé
    dans les Affaires du Roi.
Josse (*René*) fils de *Jacques.*
1722. 16 Juill. Libraire.
1782. 30 Janv. meurt.
Josset (*Elie*).
1660. 11 Mars, Libraire.
1686. Imprimeur.
1689. 1 Janv. Marguillier de
    S. Severin.
1696. 30 Mai ; Adjoint.
1712. mort.
Josset (*N.* Vᵉ d'*Elie*).
1712. Libraire.
1730. morte avant.
Josset (*N.* fille d'*Elie*) *voyez* Josse,
  (Vᵉ de *Louis*) 1739.
Jost (*Jean* I.)
1628. 27 Janv. Libraire.
1641. 1 Oct. Adjoint.
1652. Marguillier de
    S. Benoît.
1652. 18 Nov. meurt ; Paroisse
    S. Benoît.
Jost (*Jean* II.) gendre de Sébastien I. *Martin.*
1663. 23 Août, Libraire.
1680. exerçoit.
Jouah (*Timothée*).
1583. Libraire.
Jouannin (*Marguerite*, fille de *N.*)
  femme de Dessain junior (*Jean-
  Baptiste*) 1761.
Jouenne (*François*).
1715. 18 Janv. Libraire.
1741. mort avant.
Jouenne (*François*) *voyez* Durand
  (*Laurent*).
Jouin (*Michel*).
1589. Libraire.
Journel (*Christophe*).
1653. 27 Nov. Libr. & Impr.
1675. 17 Juin, Adjoint.
1705. mort.

Journel (*N.* Vᵉ de *Christophe*).
1705. Libr. & Impr.
1723. morte avant.
Joussault (*Nicolas*).
1627. Libraire.
Jouvenel (*Florent*).
1633. 28 Avr. Libraire.
Jouvenel (*Martin*) fils de *Florent.*
1561. 3 Août, Libraire.
1708. mort avant.
Jouvenel (*Georges*) fils de *Martin*,
  & gendre d'Etienne *Chardon.*
1695. 2 Janv. Libraire.
1706. 8 Nov. Imprimeur.
1723. mort.
Jouvenel (*N.* fille d'Etienne *Chardon*, Vᵉ de *Georges*).
1723. Libraire.
1740. morte avant.
Jouvenel (*Martin-Georges*) fils
  de *Georges.*
1718. 22 Mars, Libraire.
1723. 29 Avril, Imprimeur.
1737. mort avant.
Jouvenel (*Jeanne-Françoise*, fille
  de *Martin-Georges*) femme de
  Lamesle (*Gilles* II.) 1737.
Judet (*Jean*).
1536. Libraire.
1559. exerçoit.
Julian   }
Julianus } *voyez* Julien.
Julien (*Michel* I.) frère aîné de
  Guillaume.
1550. Libraire.
1567. 12 Déc. Libraire-Juré ; à
  la place d'Oudin *Petit*, dé-
  possédé pour Protestantisme.
1606. mort.
Julien (*Françoise Petit*, Vᵉ de
  Michel I.)
1606. Libraire-Juré.
Julien (*Guillaume*) frère puîné
  de *Michel* I.
1553. Libr. Juré & Impr.
1580. exerçoit.
Julien (*Alard*).
1574. Libraire.

Julien (*Louis* I.)
1619. . . . Libr. & Imprim.
1641. . . . exerçoit.
Julien (*Michel* II.) 1er fils de
   Louis I.
1643. . . . Libraire.
Julien (*Louis* II.) 2e fils de *Louis* I.
1644. . . . Libraire.
Julien (*François*) 3e fils de *Louis* I.
1647. 15 Mars, Libr. & Imprim.
1680. . . . exerçoit.
Julien (*Jean*).
1649. 22 Avril , Libraire.
Julien (*Antoine*).
1691. . . . Libraire.
1692. . . . exerçoit.
JULLIOT (*François*).
1606. . . . Libr.-Juré Impr.
1619. 8 Mai , Adjoint.
1627. . . . exerçoit.
Juriani (*Antoine*)
1543. . . . Libr. & Impr.
1545. . . . exerçoit.
Juvénis *voyez* Le Jeune.

Kées (*Thomas*) de Wésel , en
   Westphalie.
1507. . . . Libr. & Imprim.
1513. . . . exerçoit.
Kerbriant (*Jean*).
1517. . . . Libr. & Imprim.
1537. . . . exerçoit.
Kergonnou de S. Laurent (Dlle N.)
femme de Mr Delalain (*Nicolas-*
Augustin) 1764.
Kerver (*Thielman* I.) Allemand.
1498. . . . Libr.-Juré & Impr.
1522. 24 Nov. meurt , Paroisse
   S. Benoît. C'est lui qui a fait
   faire , dans cette Eglise , le
   grand vitreau de la Chapelle
   des Fonts , où se lisent encore les lettres *T. Y. K.*
Kerver (Yolande *Bonhomme*, Ve
   de *Thielman* I.)
1522. 24 Nov. Libr.-Juré Impr.
1551. . . . exerçoit.

Kerver (*Jean*) 1er fils de *Thielman* I.
1521. . . . Libraire.
1584. . . . mort.
Kerver (*Thielman* II.) 2d fils de
   Thielman I.
1530. . . . Libr. & Imprim.
1547. . . . exerçoit.
Kerver (*Jacques* I.) 3me fils de
   Thielman I.
1535. . . . Libraire.
1568. 16 Août , Echevin.
1583
ou   meurt, Paroisse S. Benoît.
1590.
   ¶ Ce fut le premier qui obtint
des Papes Pie V. & Grégoire XIII.
avec le bon plaisir du Roi Charles IX, le Privilége , en date du
13 Avril 1572 , pour les Usages
réformés selon le Décret du
Concile de Trente. Il avoit pour
marque une Licorne , avec ces
mots du Psalmiste : *Dilectus*
quemadmodùm filius unicornium ;
& quelquefois aussi deux Coqs.
Kerver (Blanche *Marentin* , Ve de
   Jacques I.)
1583 ou 1590. . . Libraire.
Kerver (*Jacques* II.) fils de
   Thielman II.
1574. . . . Libraire.
1590. . . . mort.
Kerver (N. Ve de *Jacques* II.)
1590. . . . Libraire.
1604. . . Mai , meurt.
Knapen (*Jean François*) de Cin-
trou, près de Malines , dans les
Pays-Bas Autrichiens , gendre de
Claude *Négo* ; par *Marie Mar-*
guerite.
1705. 15 Oct. Libr. & Impr.
1729. 3 Sept. meurt.
Knapen (*Marie-Marguerite* , fille
   de Claude *Négo*, Ve de *Jean-Fr.*)
1729. 3 Sept. Libr. & Imprim.
1746. 16 Mai , meurt , rue S.
   André , Paroisse
   S. Séverin.
                Knapen

Knapen (*André*) fils de *Jean-Fr.*
1723. 14 Sept.   Libraire.
1723. 20 Nov.   Imprimeur.
1732. 21 Oct.   meurt.
Knapen (Marguerite *Van Anderat*,
   V^e d'*André*).
1732. 21 Oct   Libr. & Impr.
1749. 18 Juill.   s'étoit démise
         de son Imprimerie.
1749. 29 Août , meurt, rue S.-
         André, Paroisse
         S. Severin.
Knapen (*Anne-Barbe* fille de *N.*)
voyez Saugrain (V^e de *Guillau-*
me II) 1733. & Rouy (V^e de
Jean) 1749.
KNAPEN (Mr *André-François*)
fils d'*André* , & gendre de M^r
Denys *Mouchet* , par D^lle *Ca-*
therine-Magdeléne , morte le
2 Avril 1776 , rue S. André ,
Paroisse S Severin.
1747. 17 Oct.   Libraire.
1749. 18 Juill.   Imprimeur.
1768. 15 Juin ,   Adjoint.
1786. 11 Sept.   Syndic.
1787. 3c Janv.   Consul.
1788. rue S. André des Arcs; il est
         Imprimeur de la Cour
         des Aides.
Knapen (Mr *Achilles-Maximin-*
Philogone) fils de Mr *André-Fr.*
1777. 21 Mars , Libraire.
17 - . . . . Libraire de la
         Grande-Prevôté.
1783. 18 Fév.   Imprimeur , concurremment avec M^r son père.
1788. — rue S. André des Arcs ,
   Imprimeur de la Cour des
   Aides , avec M^r son père.
Knapen (D^lle *N.* fille de Mr *André-*
François) *voyez* Delaguette , V^e
de Mr *Pierre Méri*) 1768.
Krantz , *voyez* Crantz.
Kuich (*Burchard*). . . .
1608. . . . . Libraire.
1610. . . . . exerçoit.

Labottière (*Claude*) de Bordeaux,
   gendre de Jean *Boudot* , par
   Marie-Marguerite.
1723. 12 Janv.   Libraire.
1728. . . . . mort.
Labottière (Marie - Marguerite
   Boudot , V^e de *Claude*)
1728. . . . Libraire.
1776. 6 Avril , meurt.
La Bourse (*Bernard*).
1691. . . . Libraire.
1694. . . . mort avant.
La Chapelle (*Antoine*).
1627. . . . . . Libraire.
La Cloye (Mr *Louis-Jean*).
1775. 15 Sept.   Libraire.
1788. rue du Monceau-S.-Gervais.
La Combe (Mr *Jacques*) Avocat
   au Parl. gendre de Mr *N. Grétry*.
1765. 23 Nov.   Libraire.
1788. rue de Bourbon-ville-Neuve.
La Combe (D^lle *Jeanne*, fille de *N.*)
voyez Dehansy (V^e de *Théodore*)
1771.
La Grange (Mr *Jean*).
1786. 12 Déc.   Libraire.
1788. — rue S.-Honoré.
La Grive (*Barthélemi*).
1606. ., ... Libraire.
1612. . . . . exerçoit.
La Grive (*Jean*).
1618. . . . Libraire.
La Grive (*Guillaume*) fils de *Jean*.
1647. 13 Juin ,   Libraire.
La Grive (*Pierre*). . .
1691. . . . Libraire.
1694. . . . . mort avant.
Laisné (*Thomas*).
1518. . . . . Libraire.
Laisné (*Jacques*).
1648. 13 Févr.   Libraire.
1691. . . . . mort.
Laisné (*N.* V^e de *Jacques*)
1691. . . . Libraire.
1695. . . . exerçoit.

Laisné (*Séraphin*) fils de *Jacques*.
1683. 11 Sept.   Libraire.
1703. . . .   mort.
Laisné (*N.* Ve de *Séraphin*).
1703. . . . Libraire.
1742. . . . morte avant.
Laisné (*Marie-Elisabeth*) voyez
D'Houry (Ve de *Charles-Mau-*
rice) 1755.
Laisnel (*Barthélemi*) comme ayant
épousé Magdeléne - Michelle
Alexandre , Ve de Louis *Colin*.
1716. 5 Mai,   Libr. & Imprim.
1726. 9 Mars , Libraire-Juré.
1737. . . . . mort avant.
Lallemant de Sancières (Mr *Louis-*
Nicolas-Victor).
1786. 25 Juill.   Libraire.
1788. — rue S.-Honoré.
L'Allouette (*Nicolas*).
1606. . . . Libraire.
Lalyseau (*Raoul*).
1501. . . . Libraire.
Lalyseau (*Jean*).
1511. . . . . Libr. & Imprim.
Lambert (*Jean*).
1493. . . . . Libr. & Imprim.
1514. . . . . exerçoit.
Lambert (*Pascal* ou *Paschase*).
1517. . . . Libr. & Imprim.
Lambert (*Florentin*).
1645. 30 Mars , Libraire.
1694. . . . mort avant.
Lambert (*Jacques*).
1735. 2 Oct.   Libraire.
1742. . . . . mort ayant.
Lambert (Dlle *N.* fille de *Jacques*)
femme de Mr Durand (*Pierre-*
Etienne-Germain) 1761.
LAMBERT (*Michel*) de la Charité
sur Loire, gendre , 1° de Mr
Pierre - Augustin *Baudouin* , par
Dlle *Marie- Nicole* , morte le
21 Déc. 1755 ; rue des Fossés S.
Germain , Par. S. Sulpice. 2° de
Mr *N. Ogée* ; par Dlle *N.* 3° de
Mr *N. Barbreux* , par Dlle *N.*
1742. 5 Avril , Libraire.

1758. 13 Oct.   Imprimeur.
1774. 3 Août , Adjoint.
1787. 31 Juill. meurt rue de la
Harpe , Paroisse S. Côme.
Lambert (Dlle *N. Barbreux*) Ve
de *Michel*).
1787. 31 Juill.   Libr. & Imprim.
1788. — rue de la Harpe.
Lambin (*Christophe*) gendre de
Jerôme *Blageart*.
1641. 19 Juill.   Libr. & Imprim.
1681. 14 Sept.   exerçoit.
Lambin (*Antoine*) 1er fils de
Christophe , & gendre de *N.*
Chartier , par *Marie*.
1664. 8 Oct.   Libraire.
1687. 10 Mai , Imprimeur.
1699. 19 Oct. meurt , rue S.-
Jacques, Paroisse S. Severin. Il
étoit Imprimeur de la Prevôté
de l'Hôtel : son Enseigne étoit
le Miroir.
Lambin (Marie *Chartier* , Ve
d'*Antoine*).
1699. 19 Oct.   Libr. & Imprim.
1724. 10 Avril , s'étoit démise de
son Imprimerie.
1728. 18 Févr. meurt dans sa
82me année, rue S. Jacques,
Paroisse S. Severin. Elle
étoit Imprimeur de la Prevôté de l'Hôtel. Son Imprimerie , d'après la prisée de
MM. Jacques. Quillau &
Jacques , Vincent , Imprimeurs , montoit le 16 Mai
1724 à 12,940. liv. 19 sols :
elle étoit composée de six
presses , des caractères &
ustensiles à proportion.
Lambin (*Henri*) 2e fils de *Chri-*
stophe , & gendre de *N. Carlu* ,
par *Marie*.
1695. 24 Janv.   Libr. Imprim.
1703. . . . . mort.
Lambin (Marie *Carlu*, Ve de *Henri*).
1703. . . . . . Libr. & Impr.
1711. se remarie à Charles *Caillou*.

Lambin (*Marguerite* , fille d'*An-toine*) *voyez* Le Mercier (Vᵉ de *Piere-Augustin*) 1734.

Lamesle (*Gilles* I).

1699. 3 Août , Libraire.

1705. 16 Oct. Imprimeur.

1723. . . . . mort.

Lamesle (*N*. Vᵉ de *Gilles* I.)

1723. . . . . . Libr. & Imprim.

1727. . . . morte avant.

LAMESLE (*Jean-Baptiste*) 1er fils de *Gilles* I.

1713. 17 Févr. Libraire.

1717. 31 Mars ; Imprimeur.

1731. 25 Juin , Adjoint.

1741. . . . mort.

Lamesle (Jeanne - Marguerite *Cu-quel* , Vᵉ de *Jean-Baptiste*).

1742. . . . . . Libr. & Impr.

1764. 1 Mars , s'étoit démise de son Imprimerie.

1772. 19 Août , meurt.

Lamesle (*Jean*) 2ᵉ fils de *Gilles* I.

1714. 1 Févr. Libraire.

1726. 16 Juill. Imprimeur.

1773. 24 Mai , s'étoit démis de son Imprimerie.

1774. 13 Nov. meurt , âgé de 85 ans, Officier-Juré-Crieur, Pont - S.-Michel , Paroisse S. Barthélemi.

Lamesle (*Anne Marguerite* , fille de *N*.) *voyez* Delormel (Vᵉ de *Pierre* I.) 1730.

Lamesle (Mr *Gilles* II) 1er fils de *Jean-Baptiste* I. & gendre de *N. Jouvenel* , par Dⁱˡˡᵉ *Jeanne-Françoise* , morte le 5 Mai 1760, rue, Isle & Paroisse S. Louis.

1737. 30 Juill. Libraire.

1739. 6 Févr. Imprimeur.

1788. — Isle S. Louis , rue & Hôtel de Bretonvilliers ; il est Imprimeur des Fermes.

Lamesle (Mr *Claude*) 2d fils de *Jean-Baptiste* I. , & gendre de Gabriel - François *Quillau* , par *Nicole-Agathe* , morte le 13 Févr.

1750 , rue des Rats ; Paroisse S. Etienne du Mont.

1745. 18 Déc. Libraire & Graveur-Fondeur de Caractères.

1759. . . . se retire à Avignon.

1788. — à Avignon.

Lamesle (Dⁱˡˡᵉ *N*. fille de Mr *Gilles* II.) femme de Mr Valleyre, (*Nicolas-François*) 1763.

La Motte (*Rodolphe*).

1560. . . . Libr. & Imprim.

L'Amoureux (*Pierre*).

1653. 27 Mars ; Libraire.

Lamy (*Pierre*).

1625. 9 Déc. Libraire.

1661. . . . . mort ; il demeuroit rue neuve Notre-Dame, & au Palais , au 2ᵐᵉ Pilier de la grand'Salle du Palais de Justice , au grand César.

Lamy (*N*. Vᵉ de *Pierre*).

1661. . . . Libraire.

1662. se remarie à Louis *Billaine*.

Lamy (*Maturin*) gendre de Denys *Houssaye*.

1661. 7 Avril , Libraire.

Lamy (Mr *Pierre-Michel*).

1777. 30 Mai , Libraire.

1788. — rue du Hurepoix.

L'Angelier (*Arnould*) frère aîné de *Charles*.

1535. . . . . . Libraire.

1543. . . . . . exerçoit.

L'Angelier (*Charles*) frère puîné d'*Arnould*.

1535. . . . Libraire.

1555. . . . . exerçoit.

L'Angelier (*Abel*) fils d'*Arnould*.

1584. . . . Libraire Juré.

1610. . . Janv. meurt. Il demeuroit au premier Pilier de la Grand'Salle du Palais de Justice.

L'Angelier (Françoise *De Louvain*) Vᵉ d'*Abel*).

1610. . . Janv. Libraire-Juré.

1620. . . . . . exerçoit.

Langlois (*Jean*).

1552. . . . . Libraire.

Langlois (*Denys* I.) fils de *Jean*.

1607. . . . . Libraire & Impr.

1644, 22 Déc. meurt avant.

Langlois (*Charles*) 1er fils de *Den.* I.

1612. . . . . Libraire.

1632. 22 Janv. meurt, Paroisse S. Barthélemi, & est transporté à S. Benoît.

LANGLOIS (*Jacques* I.) 2d fils de *Denys* I.

1632. 12 Mai, Libr. & Impr.

1643. 2 Octobr. Adjoint.

1678. 2 Août, meurt.

Langlois (*N.* Ve de *Jacques* I.)

1678. 2 Août, Libraire.

1695. . . . exerçoit.

Langlois (*François*) dit *de Chartres*, gendre de *N. Collemont*, par *Magdeléne*.

1634. 26 Oct. Libraire.

1655. 29 Juill. mort avant.
Pesne a gravé, d'après Vendyck, son portrait; il y est représenté jouant de la Musette, parce qu'il en jouoit supérieurement. Il étoit connoisseur en Tableaux, Desseins & Estampes dont il faisoit grand commerce; &, sous ces raports, il jouissoit de la confiance du Roi d'Angleterre, Charles I. C'est de lui que Pierre-Jean Mariette, neveu de son gendre hérita de son goût pour les Desseins & Estampes, en même temps que de sa marque, qui étoit les colonnes d'Hercule, avec cette devise: *Non plus ultra*.

Langlois (*N.*, fille de *François*) femme de Mariette (*Denys*)

1693.

Langlois (*Denys* II.) 3e fils de *Denys* I.

1644. 22 Déc. Libr. & Impr.

1657. 22 Mars, exerçoit.

Langlois (*Simon* I.) 4me fils de *Denys* I.

1644. 22 Déc. Libr. & Impr.

1676. 20 Janv. m. Par. S. Benoît.

Langlois (*Emmanuel*) 1er fils de *Jacques* I.

1652. 21 Nov. Libraire.

1683. 19 Sept. mort après.

Langlois (*N.* fille d'*Emmanuel*) voyez Du Bois (Ve de *Jean-François*) 1714.

Langlois (*Jacques* II.) 2e fils de *Jacques* I.

1652. 21 Nov. Libraire.

1697. . . . mort.

Langlois (*N.* Ve de *Jacques* II.)

1697. . . . . Libraire.

1703. . . . morte avant.

Langlois (*Nicolas* I.) fils de *Franç.*

1655. 29 Juill. Libraire.

1686. . . . . . Imprimeur.

1705. . . . mort.

Langlois (*N.* Ve de *Nicolas* I.)

1705. . . . . . Libraire.

1714. . . . . . morte avant.

Langlois (*Denys* III.) fils de *Denys* II.

1657. 22 Mars, Libraire.

1687. . . . mort.

Langlois (*N.* Ve de *Denys* III.)

1687. . . . Libraire.

1708. . . . morte avant.

LANGLOIS (*Simon* II.) fils de *Denys* III.

1687. 10 Déc. Libraire.

1694. 8 Juin, Imprimeur.

1707. 10 Sept. Adjoint.

1737. 5 Juill. Syndic.

1742. 22 Déc. s'étoit démis de son Imprimerie.

1747. . . . . mort.

Langlois (Marie-Magdeléne *Huart*, Ve de *Simon* II.)

1747. Libr. — ancien Imprim.

1753. 7 Mars, meurt, rue Porte-Foin, Paroisse. S. Nicolas des Champs.

Langlois (*Jean-Baptiste*)
1688. 27 Janv. Libraire.
1705. . . . . . mort.
Langlois (N. V^e de *Jean-Baptiste*)
1705. . . . . . . Libraire
1708. . . . . . morte ayant.
Langlois (*Nicolas* II.) fils de
Nicolas I. . . . .
1696. 15 Mai, Libraire.
1708. . . . . . . mort avant.
Langlois (*Marie-Térése*, fille de
N.) *voyez* Prignard (V^e de
Claude) 1717 & femme de Bullot
(*Joseph*) 1727.
Langlois (*Jacques* III.) gendre de
N. . . Libraire.
1727. 22 Avril, Libraire.
1737. . . . . . mort avant.
Langlois (Dlle *Françoise-Marie*,
fille de Mr N.) 2e femme de
Mr Valleyre (*Jean-Baptiste-Paul*)
1749.

[AUTRE FAMILLE.]

Langlois (*Jean-Baptiste*).
1747. 18 Nov. Libraire.
1771. 12 Oct. meurt, âgé de
79 ans, rue du Petit-Pont,
Paroisse S. Severin.
Langlois (Mr *Philippe-Denys*) fils
de Jean-Baptiste. . . . .
1756. 14 Août, Libraire.
1785. — rue du Petit-Pont,
Langlois (Mr *Jacques-Denys*) fils
de Mr *Philippe-Denys*.
1783. 29 Avril, Libraire.
1788. . . . rue du Marché-Palu.
Langronne (*Simon*).
1686. 8 Oct. Libraire.
1723. . . . . mort avant.
La Porte (Mr *Antoine-Louis-Guillaume-Catherine*) de Toulouse.
1776. 7 Juin, Libraire.
1783, 26 Sept. Imprimeur.
1788. — rue des Noyers.
Laquehay (*Jean*).
1610. † . . . Libraire & Impr.
1634. . . . . . exerçoit.

Larmeffin (*Nicolas*).
1633. 29 Déc. Libraire.
1655. 18 Mars, mort après.
Larmeffin (*Jean*).
1691. . . . Libraire.
1694. . . . mort avant.
Lafnier (*Martin*).
1619. 23 Mars, Libraire.
1627. . . . . mort après.
La Varenne *voyez* Jarconvillart.
LAUDY *ou* LODY (*Adrien*).
1606. . . . . . Libraire.
1625. 4 Mars, Adjoint.
1627. . . . . exerçoit.
Laureau (Mr. *Pierre-Alexandre*)
gendre de Jean-Baptiste-Louis
Le Gras.
1762. 23 Sept. Libraire.
1764. . . . . s'établit à Arras.
1788. . . . . à Arras.
Laurent (Me *Matthieu*).
1785. 11 Nov. Libraire.
1788. — rue de Tournon.
Le Bé (*Guillaume* I.)
1539. . . . . Libraire ; Graveur,
. . . Fondeur de Caractères.
1598. . . . . . mort.
¶ Le Roi François I. l'avoit
choisi pour graver tous les Caractères de langues orientales dont
se servoit Robert Eſtienne. Philippe II. Roi d'Espagne lui fit le
même honneur, pour les Caractères de sa Bible, qui devoit
s'imprimer à ses dépens à Anvers,
par Balthazar Plantin.
Le Bé, (*Henri*) gendre de N.
Gervais, par Marie.
1581. . . . . Libraire.
1583. . . . . exerçoit.
Le Bé (*Lucrèce* fille de N) *voyez*
Ballard (V^e de *Robert* I.) 1606.
Le Bé (*Jacques*).
1610. . . . . . Libraire.
Le Bé (*Pierre*) fils de *Henri*.
1583. 25 Sept. naît à Paris.
1623. . . . . Libraire.

au mont St Hilaire dans la cour d'Albret

Le Bé (*Guillaume* II.) fils de Guillaume I., & gendre de Jean *Le Clerc.*

1615. 15 Sept. Libraire, Graveur-Fondeur & Imprimeur.

1680. . . . exerçoit.

Le Bé (*Guillaume* III.) fils de Guillaume II.

1636. 8 Mai , Libr. , Graveur & Fondeur.

1685. 9 Sept. meurt, Paroisse S. Etienne du Mont.

¶ Il étoit de la Compagnie de la Grande-Navire , & des Usages (réformés ; & avoit pour marque un *B* , faisant allusion à son nom.

Le Bé (*N.* Vᵉ de *Guillaume* III.)

1685. 9 Sept. Libr. Grav. & Fond.

1708. . . morte avant.

Le Beau (*Claude*).

1642. 20 Mars , Libraire.

Le Bégue (*Jean*):

1604. 27 Déc. Libraire.

1617. 11 Mai , meurt.

Le Bégue (*Claude*).

1617. . . . Libraire.

Le Ber (*Pierre*).

1550. . . . Libraire.

1553. . . . exerçoit.

Leber. . . . (*N*). fils de *Pierre.*

1550. . . . Libraire.

Le Blanc (*Jean* I.) frère aîné de Jean II.

1557. . . . Libr. & Impr.

1591. . . . exerçoit.

Le Blanc (*Jean* II.) frère puîné de Jean I.

1578. . . . Libr. & Impr.

1582. . . . exerçoit.

Le Blanc (*Antoine*).

1589. . . . Libr. & Imprim.

Le Blanc (*Matthieu*).

1616. . . . Libraire.

Le Blanc (*Nicolas*).

1627. 4 Févr. Libr. Grav. & Fond.

Le Blanc (*Etienne*) gendre de Jean *Pétrinal.*

1635. 11 Oct. Libraire.

Le Blé (*Henri*).

1578. . . . Libraire.

Le Bouc (*Hilaire*).

1579. . . . Libraire.

1596. 12 Sept. meurt.

Le Bouc (*Jean* I.) frère aîné de *Pierre.*

1582. . . . Libraire.

1599. 30 Janv. Libraire-Juré.

1627. . . . exerçoit.

Le Bouc (*Pierre*) frère puîné de *Jean* I.

1582. . . . Libraire.

Le Bouc (*Jacques* I.)

1606. . . . . Libraire.

1618. . . . exerçoit.

Le Bouc (*Jean* II.) fils de Jean I.

1610. . . . Libraire.

1627. . . . exerçoit.

Le Bouc (*André*) 1er fils de *Jacques.*

1633. 18 Août , Libraire.

Le Bouc (*Gilbert*) 2d fils de *Jacques.*

1639. 10 Nov. Libraire.

1647. . . . mort.

Le Bouc (*N.* Vᵉ de *Gilbert*).

1647. . . . . . Libraire.

Le Bouc (*Jacques* II.) gendre de Jean *Mayeur.*

1654. 19 Mars , Libraire.

1680. . . . exerçoit.

Le Boucher (Mᵉ *Michel*) de Rouen.

1770. 3 Juill. Libraire.

1788. — dans une des Salles du Châtelet, & rue du Marché-Palu. Il est Libraire du Châtelet.

Le Brasseur (*François*).

1623. 11 Mai , Libraire.

1627. . . . exerçoit.

Le Bret (*Guillaume*).

1517. . . . Libraire.

¶ Il demeuroit au Clos Bruneau, à la Corne de Cerf.

Le Bret (*Pierre* I.)

1548. . . . Libr. & Impr.

Le Bret (*Pierre* II.) 1er fils de *Pierre* I.

1604. . . . Libraire.

1627. . . . exerçoit.

Le Bret (*Iſaac*) 2d fils de *Pierre* II.
1629. 20 Déc. Libraire.

Le Breton (*Guillaume*).
1600. 29 Déc. Libraire.
1617. 12 Mai, meurt, Paroiſſe
S. Benoît.

Le Breton (*François* I.)
1690. . . . Libraire.
1696. . . . exerçoit.

Le Breton (*François* II.) 1er fils de
François I.
1703. 24 Mars, Libraire.
1742. . . . mort avant.

Le Breton (*Nicolas - François*)
2d fils de *François* I.
1705. 16 Juin, Libraire.
1746. . . . mort.

Le Breton (*N.* Ve de *Nicolas-Fr.*)
1746. . . . Libraire.
1748. . . . morte avant.

Le Breton (*Géneviéve*, fille de *N.*)
voyez Bergnié *ou* Beunier, (Ve
de *Damien*) 1723, & Paulus
Dumeſnil (Ve de *Pierre - Auguſtin*) 1757.

LE BRETON (*André - François*)
petit - fils maternel de Laurent
D'*Houry.*
1733. 1 Sepr. Libraire.
1746. 5 Mars, Imprimeur.
1747. 29 Août, Adjoint.
1761. 15 Juin, Syndic.
1767. 29 Janv. Conſul.
1770. 29 Janv. Juge-Conſul.
1773. 13 Août, s'étoit démis de
ſon Imprimerie.
1779. 4 Oct. meurt, Imprim.
Ordinaire du Roi, Doyen
des Syndics , rue Haute-
Feuille, Paroiſſe S. Severin.

Le Breton (*Marguerité Vaux*,
Ve d'*André-François*).
1779. 4 Oct. Libraire & ancien
Imprimeur.
1785. 25 Oct. meurt, rue Haute-
Feuille, Paroiſſe S.-Severin.

Le Brodeux (*Pierre*).
1525. . . . Libraire.

Le Brun (*Jean*) gendre de Jean II.
Moreau.
1639. 8 Nov. Libraire.

Le Camus (*Charles*), comme
ayant épouſé la Ve de Martin
Couſtellier.
1686. 18 Sept. Libraire.
1694. . . . mort avant.

Le Camus (*N.* Ve en 1res hôces de
Martin *Couſtelier*, & en ſecondes
de *Charles*).
1694. . . . . . . Libraire.
1712. . . . . . . morte avant.

Le Chaſſeur (*Thiéri*).
1653. 6 Mars, Libraire.

Léché (*Marin*).
1649. 4 Mai, Libraire.

Le Clerc (*Antoine*).
1547. . . . Libraire.
1566. . . . exerçoit.

Le Clerc (*Jean* I.)
1573. . . . Libraire.
1627. . . . mort.

Le Clerc (*N.* Ve de *Jean* I.)
1627. . . . Libraire.

Le Clerc (*David* I.) 1er fils de
Jean I.
1587. . . . Libr. & Impr.
1613. . . . exerçoit.

Le Clerc. (*David* II.) 2d fils de
Jean I.
1605. . . . Libraire.
1613. . . . mort.

Le Clerc (Philippe *Fabon*, Ve de
David II)
1613. . . . . . Libraire.

Le Clerc (*Jean* II.) 3e fils de *Jean* I.
1618. . . . Libraire.
1621. . . . exerçoir.

Le Clerc (*N.* fille de *Jean* I.)
voyez De Sanlecque (*Jacques* I.)
1606.

[F A M I L L E exiſtante.]

Le Clerc (*Nicolas*).
1687. 30 Avril, Libraire.
1742. . . . mort.

Le Clerc (Magdeléne *Le Comte*, Vᵉ de *Nicolas*).

1742. . . . . . . Libraire.

1748. 15 Janv. meurt, Pensionnaire au Monaſtère des Hoſpitalières du faubourg S.-Marceau , & eſt inhumée à S. Médard.

Le Clerc (*Charles*) neveu de *Nicol.*

1703. 12 Oct. Libraire.

1765. 2 Sept. meurt.

Le Clerc (*Jacques-Nicolas*) fils de *Nicolas.*

1722. 16 Juill. Libraire.

1754. 17 Juin , mort avant.

LE CLERC (Mʳ *Charles-Guillaume*) fils de *Charles* , & gendre de Jean-Baptiſte-Louis *Le Gras* , par *Marie-Anne-Térèſe* , morte le 17 Mars 1784 , quai des Auguſtins , Paroiſſe S. André.

1741. 16 Déc. Libraire.

1762. 15 Juin , Adjoint.

1764. 17 Mai , Archiviſte de la Chambre Syndicale.

1773. 29 Janv. Conſul.

1780. 18 Mai , Syndic.

1784. 29 Janv. Juge-Conſul.

1788. . . . Quai des Auguſtins. ¶ M. Séguier, Avocat Général, parloit ainſi de Mʳ *Le Clerc.* « Nous avons une connoiſſance » perſonnelle des talens , du » mérite & de la probité du ſieur » *Le Clerc* ; nous n'héſitons pas » à lui rendre la juſtice qui lui eſt » due. » (*Compte rendu aux Chambres aſſemblées, en 1778 , des Arrêts du Conſeil ſur la Librairie*). Voilà tout ce qu'il eſt permis de dire ici , du vivant de Mʳ le Clerc. Un jour, on ſera libre de rendre public ſon éloge motivé , renfermé dans les Régiſtres de la Chambre Syndicale au 20 Mai 1779. Article de la Réception de M. Raucour, ſon gendre.

Le Clerc (Dⁱˡᵉ *N.* fille de *Charles*) femme de Mʳ Laureau (*Pierre-Alexandre.*). 1762.

Le Clerc(Dⁱˡᵉ *N.* fille de Mʳ *Charles-Guillaume*) femme de Mʳ Raucour (*Jean-Baptiſte-François*) 1780.

LE CLERC (Mʳ *Laurent-François*) fils de *Jacques-Nicolas.*

1754. 17 Juin , Libraire.

1770. 5 Juill. Adjoint.

1788. . . Quai de l'Horloge.

Le Clerc (Mʳ *François-Auguſtin*) du Bourg de Marſeille , dans le Beauvoiſis.

1786. 9 Déc. Libraire.

1788. — rue S. Martin.

LE COINTE (*François*).

1650. 27 Janv. Libraire.

1662. 3 Juill. Adjoint.

1694. . . . mort avant.

Le Comte (*Marguerite*) voyez Regnoul (Vᵉ de *Jean*). 1614.

Le Comte (*N.* fille de *Charles*) femme de Deſpilly (*Robert-Marc I.*) 1717.

Le Comte (*Magdeleine* , fille de *N.*) voyez Le Clerc (Vᵉ de *Nicolas*) 1742.

Le Comte (Mʳ *Hubert-Michel*).

1786. 11 Août , Libraire

1788. — rue S. André des Arcs.

Le Conte (*Jacques*).

1653. 6 Mars , Libraire.

1693. . . . . mort avant.

Le Conte (*Laurent*) beau-frère de Guillaume I. *Debure.*

1708. 16 Mars , Libraire.

1737. . . . . mort.

Le Conte (Jeanne *Debure*, Vᵉ de *Laurent*).

1737. . . . . Libraire.

1747. 27 Août , meurt, Paroiſſe S. André des Arcs.

Le Coq (*Noel*).

1571. . . . . Libraire.

1578. . . . . exerçoit.

Le Court

Le Court (*Pierre*).
1612. . . . . Libraire.

Le Croux (*Mahier*).
1572. . . . . Libraire.

Le Cuirot (*Dominique*).
1623. . . . . Libraire.

L'Ecuyer (*Denys*).
1538. . . . . Libraire.

L'Ecuyer (*Nicolas*).
1600. . . . . Libraire.
1627. . . . . exerçoit.

L'Ecuyer (*Claude*) 1er fils de
Nicolas.
1609. . . . . Libraire.

L'Ecuyer (*Sébastien*) 2d fils de
Nicolas.
1610. . . . . Libraire.
1627. . . . . exerçoit.

Le Doux (*Jacques*).
1635. 28 Juin, Libraire.
1655. 16 Sept. exerçoit.

Le Dru (*Pierre*).
1494. . . . . Libr. & Impr.
1509. . . . . exerçoit.

Le Duc (*Michel*).
1578. . . . . Libraire.

Le Duc (*Jean*).
1612. . . . . Libraire.
1618. . . . . exerçoit.

Le Duc (*Rollet*) fils de *Michel*.
1643. 24 Nov. Libraire.

Le Faucheur (*Pierre*).
1618. . Oct. se présente pour
être reçu Libraire.
1619. . . . . exerce.
1627. . . . . mort après.

Le Faucheur (Etienne *Roffet* dit)
voyez Roffet.

Le Febvre (*Edmond*).
1515. . . . . Libr. & Imprim.
1535. . . . . exerçoit.

Le Febvre (*Abraham*).
1606. . . . . Libraire.
1615. . . . . exerçoit.

Le Febvre (*Simon*).
1614. . . . . Libraire.
1627. . . . . exerçoit.

2

Le Febvre (*Matthieu*.)
1636. 24 Juill. Libraire.
1703. . . . . mort

Le Febvre (N. Vᵉ de *Matthieu*).
1703. . . . . Libraire.
1708. . . . . morte avant.

Le Febvre (*Daniel*).
1646. 1 Févr. Libraire.

LE FEBVRE (*Jacques*) gendre de
Nicolas *Pépingué*.
1686. 18 Sept. Libraire.
1694. 8 Juin, Imprimeur.
1705. 17 Juin, Adjoint.
1714. . . . . mort.

Le Febvre (N. fille de Nicolas
Pépingué, Vᵉ de *Jacques*).
1714. . . . . Libr. & Imprim.
1724. 26 Janv. s'étoit démise de
son Imprimerie.
1725. . . . . morte avant.

Le Febvre (*Antoine*).
1701. 13 Déc. Libraire.
1725. . . . . mort avant.

Le Febvre (*Louis-François*) gendre
de Nicolas *Belley*.
1706. 3 Déc. Libraire.
1725. . . . . mort avant.

Le Févre , voyez (au cas de besoin)
Le Febvre.

Le Févre (*Marie-Marguerite*)
voyez Jorry (Vᵉ de *Sébastien*)
1774.

Le Févre-Sordet (Mr *Antoine*).
1787. 29 Janv. Libraire.
1788. rue neuve des Bons-Enfans.

Le Févre (Dᴵˡᵉ N. fille de Mr N.
Libraire à Versailles) femme de
Mᵉ *Mérigot* (Jean-Gabr.) 1765.

Le Fillatre (*Robert*) gendre de
Jacques *Compaing*.
1655 9 Sept. Libraire.

La Fizelier (*Robert*) gendre de N.
Picart, par *Magdeléne*.
1582. . . . . Libraire-Juré.
1602. 24 Août, meurt, Paroisse
S. Benoît. Son enseigne étoit
la *Bible* d'or. Il fut, dans son
malheureux temps, Ligueur.

O

Le Franc (*Barthélemi*).
1597. . . . . Libraire.
(*Catalogue du Duc de la Vallière*, n° 3817.)
Le Franc (*Pierre*)
1610. . . . . Libraire.
1627. . . . . exerçoit.
Le Franc (*Denys*) fils de *Pierre*.
1644. 13 Sept. Libraire.
Le Gentil (*Jean*) frère aîné de *Jacques*.
1649. . . . . Libraire.
1679. . . . . mort.
Le Gentil (*N.* V° de *Jean*).
1679. . . . . Libraire.
1680. . . . . exerçoit.
Le Gentil (*Jacques*) frère puîné
de *Jean*.
1652. 7 Mars, Libraire.
1679. . . . . mort.
Le Gentil (*N.* V° de *Jacques*).
1679. . . . . Libraire.
1695. . . . . exerçoit.
Le Gentil (*Thomas*) fils de *Jacques*.
1656. 7 Oct. Libraire.
1692. . . . . exerçoit.
Le Glou (*Jean*).
1691. . . . . Libraire.
1694. . . . . mort avant.
Le Grand (*Anne*, fille de *N*) femme
de Sonnius (*Laurent*) 1590.
Le Gras (*Henri*).
1629. 25 Oct. Libraire.
1662. . . . . mort.
Le Gras (*Jacques* I.) 1er fils de *Henri*.
1648. 29 Août, Libraire.
1691. . . . . mort.
Le Gras (*N.* V° de *Jacques* I.)
1691. . . . . Libraire.
1705. . . . . morte avant.
Le Gras (*Nicolas*) 2 fils de *Henri*.
1656. 19 Oct. Libraire.
1698. 26 Août, étoit ancien
Marguillier de S.
Germain-le-Vieil.
1723. . . . . mort.
Le Gras (*N,* V° de *Nicolas*).
1723. . . . . Libraire.
1715. . . . . morte avant.

Le Gras (*N.* fille de *Henri*) femme
de Girard (*Théodore*) 1661.
Le Gras (*Jacques* II.) fils de
Jacques I.
1683. 10 Sept. Libraire.
LE GRAS (*Théodore* I.) fils de
Nicolas, & gendre, 1° de *N.*
Jéson, par *Marguerite*, morte
en 1712. (de Mars à Décembre)
2° de Michel III. *Brunet*, par
D.lle *N.*
1699. 22 Mai, Libraire.
1719. 4 Juin, Adjoint.
1749. 27 Oct. Syndic.
1759. 16 Juill. meurt, Doyen
de la Communauté, &
ancien Marguillier de S.
Germain le Vieil, cour du
Palais, Paroisse de la Basse-
Sainte Chapelle, laissant une
fille unique, mariée à M.
Miller, Notaire.
Le Gras (*N.* fille de Michel III.
Brunet, V° de *Théodore* I.)
1759 16 Juill. Libraire.
1772. . . . . non inscrite.
Le Gras *Marie - Magdeléne*, fille
de *Nicolas*), *voyez* Delaulne,
(V° de *Florentin*) 1723.
Le Gras (*Marie-Anne*, fille de *N.*)
voyez Dehansy (V° de *Claude* II.)
1715.
Le Gras (*Théodore* II.) fils de
Jacques II., & gendre de *N.*
Langlet, par *Marie-Anne*.
1700. 16 Avril, Libraire.
1748. 6 Avril, meurt, rue &
Par. S Jacques du Haut-Pas.
Le Gras (*Marie Anne*, fille de
N. Langlet, V° de *Théodore* II.)
1748. 6 Avril, Libraire.
1766. . . . . non inscrite.
Le Gras (*Jean-Baptiste-Louis*) fils
de *Théodore* II.
1737. 19 Févr. Libraire.
1749. 28 Janv. meurt, rue de
la Calandre, Paroisse
S. Germain le Vieil.

Le Gras (Marie-Magdelène *Loudi-not*) V^e de *Jean Baptiste-Louis.*
1749. 28 Janv. Libraire.
1780. 8 Mai, meurt, quai des Augustins, Par. S. André.
Le Gras (Mr *Gaspar-Théodore*) fils de *J.-B.-L.* & gendre de Mr *N. Hardivilliers,* par D^{lle} *N.*
1766. 27 Mai, Libraire.
1788. — quai de Conty.
Le Gras (*Marie-Anne-Thérèse,* fille de *J.-B-L.*) femme de M^r Le Clerc (*Charles-Guillaume*) 1741.
Le Gras (D^{lle} *N.* fille de *J.-B.-L.*) femme de Mr *Laurent* (*Pierre Alexandre,* 1762.
Le Guédois (*Antoine*).
1634. 17 Août, Libraire.
Le Guérier (*Augustin*).
1690. 17 Mars, Libraire.
1708. . . . . mort avant.
Le Jay (Mr *Edme-Jean*) gendre, 1° de *N. Caron,* par D^{lle} *Marie-Florence,* morte, rue S. Jacques, Paroisse S. Benoît ; 2° de *N.,* par D^{lle} *N.*
1767. Déc. Libraire.
1788. rue neuve des Petits-Champs.
Le Jay (Mr *Louis-Laurent-Edme*) fils de Mr *Edme-Jean.*
1785. 26 Juill. Libraire.
1788. — rue de l'Echelle.
Le Jeune (*Martin*).
1549. . . . . . . Libr. & Impr.
Il demeuroit en 1580, rue S. Jean-de-Latran, à l'enseigne du Serpent.
Le Jeune (*Matthieu*).
1568. . . . . Libraire.
Le Jeune (*François*).
1588. . . . . Libr. & Imprim.
Le Liévre (D^{lle} *N.* fille de Mr *N.*) femme de Mr *Hérissant* (*Jean-Thomas II.*) 1763.
Le Long (*Pierre*).
1618. . . . . Libraire.
1646. 12 Juill. mort avant.
Le Long (*Jacques*).
1634. 30 Mars, Libraire.

Le Long (*N.* fille de *Jacques*) femme de Delaunay (*Nicolas II.*) 1646.
Le Long (*François*) fils de *Pierre.*
1646. 12 Juill. Libr. & Imprim.
Le Loup (*Jean-Noël*).
1749. 10 Janv. Libraire.
1784. . . . . mort.
Le Loup (*N.* V^e de *Jean-Noël*).
1784. . . . . Libraire.
1785. . . . . morte.
Le Maire (*Pierre*).
1623. 11 Mai, Libraire.
1653. 6 Févr. mort avant.
Le Maire (*N.* fille de *Pierre*) femme de Du Bois (*Etienne*).
1653.
Le Maitre (*Matthieu*).
1606. . . . . Libraire.
Le Mangnier ou Le Manier (*Robert*).
1572. . . . . Libr. & Impr.
1582. . . . . exerçoit.
Il demeuroit, au Palais de Justice, dans la Grand'Salle.
Le Mangnier ou Le Manier (*Félix*).
1582. . . . . Libraire-Juré.
1594. . . Juin, meurt.
Le Manier *voyez* Le Mangnier.
Le Masuyer (*René*).
1614. . . . . Libraire.
Le Mercier (*Pierre I.*)
1585. . . . . Libr. & Impr.
1623. . . . . exerçoit.
Le Mercier (*Jacques*) fils de *Pierre I.*
1628. 27 Janv. Libraire.
1679. . . . . mort.
Le Mercier (*N.* V^e de *Jacques*).
1679. . . . . Libraire.
1692. . . . . exerçoit.
LE MERCIER (*Pierre II.*) fils de *Jacques,* & gendre d'Etienne *Chamault,* par *Anne.*
1656. 28 Sept. Libr. & Impr.
1678. 20 Juill. Adjoint.
1693. . . . . mort.
Il demeuroit rue Froid-Mantel, près du Puits Certain, à l'Enseigne du *Petit Corbeil* ; Paroisse S. Estienne du Mont.

Le Mercier (*Anne*, fille d'Etienne *Chemault*, V^e de *Pierre* II.)
1693. . . . Libr, & Impr.
1750. 23 Avril, meurt.

Le Mercier (*Gabrielle*, fille de *Jacques*) *voyez* Fournier(*Franç.*)

LE MERCIER (*Pierre-Augustin*) fils de *Pierre* II, & gendre d'Antoine *Lambin*, par *Marguerite*.
1665. . . . naît à Paris.
1687. 22 Janv. Libraire.
1694. 8 Juin, Imprimeur.
1703. 2 Oct. Adjoint.
1721. 1 Janv. Marg. de S. Severin.
1725. 4 Juin, Syndic.
1734. 9. Janv. meurt, âgé de 68 ans, rue S. Jacques, Paroisse S. Severin. Il étoit Imprimeur Ordinaire de la Ville. Dans un Privilège qui lui fut accordé le 21 Mars 1732, S. M. s'exprime ainsi: « Voulant reconnoître en sa » personne les services qu'il » Nous a rendus, & ceux » qu'il Nous rend encore, » (il étoit Syndic) en lui » donnant les moyens de » Nous les continuer, &c. en conséquence le dit Privilège a *trente* années de longueur. Il demeuroit, rue S. Jacques, vis-à-vis de S. Yves, à l'enseigne de *S. Ambroise*, Daullé a gravé son Portrait *in-folio*, d'après L. Vanloo. Au bas de quelques exemplaires, on lit, écrit à la main, ce Quatrain composé par l'Abbé *Molinier*, célèbre Prédicateur, mort en 1745 :

La Nature avoit peint, de ses traits les plus doux,
Celui dont le burin rendit ici la figure ;
Obligeant, ami vif, bon père, tendre époux,
On le voit ; mais quels traits auroient peint sa droiture !

Le Mercier (*Marguerite*, fille d'Antoine *Lambin*, V^e de *Pierre-Augustin*).
1734. 9 Janv. Libr. & Impr.
1739. . . vend son Imprimerie, quitte le Commerce & la Paroisse S. Severin, pour demeurer Par. S. Benoît, où,
1739. 5 Septembre elle meurt; son corps est présenté à S. Benoît, puis rapporté à S. Severin. M. Bruté, Curé de la première Paroisse, fait l'éloge de la défunte en latin, en présentant le corps à M. Pinel, Curé de S. Severin, le Dimanche 6.

Le Mercier (*Jeanne*, fille de *Pierre* II.) *voyez* Cochart (V^e de *Jean* II.) 1697.

Le Mercier (*Magdelène*, fille de *Pierre* II.) *voyez* Paulus du Mesnil (V^e de *Gilles*) 1687.

LE MERCIER (*Pierre-Gilles*) fils de *Pierre-Augustin*, & gendre d'Antoine *Boudet*, Libraire de Lyon, par *Elisabeth*.
1698. 16 Mai, naît à Paris.
1718. 22 Févr. Libraire.
1724. 11 Avril, Imprimeur.
1728. 16 Nov. Impr. Libr. Ordinaire de la Ville, par Brevet.
1732. 25 Nov. épouse D^{lle} *Boudet*.
1738. 12 Août, Adjoint.
1750. 29 Janv. Consul.
1756. 15 Sept. Syndic.
1768. 15 Juill. s'étoit démis de son Imprimerie,
1773. 28 Déc. meurt dans la 75ème année de son âge, rue S. Jacques, Paroisse S. Severin. Il avoit été Imprimeur Ordinaire du Grand-Conseil. Son enseigne étoit le *Livre d'or*.

Le Mercier (*Elisabeth*, fille d'Antoine *Boudet*, V^e de *Pierre-Gilles*).
1714. 7 Févr. naît à Lyon.

1732. 25 Nov. épouse Pierre-Gilles Le Mercier.

1773. 28 Déc. Libr. ancien Impr.

1786. 6 Janv. meurt dans la 72me année de son âge, Sous-Doyenne des Veuves, rue S.-Jacques, Paroisse S. Severin, laissant après elle, pour gendres, M. le Comte *de Messimy*, ancien Procureur-Général du Parlement de Dombes, & M. *Bioche*, Grand-Audiencier de France; pour petit-Fils, M. *Bioche de l'Isle*, Conseiller au Châtelet; pour petit-gendre, M. le Comte *de Romanet*, & pour frère M. *Boudet*, Libraire, Imprimeur-Ordinaire du Roi.

Le Mercier (*Marie-Marguerite*, fille de *Pierre-Augustin*) voyez Lottin (V^e de *Philippe-Nicolas*) 1751.

Le Mercier (*Anne-Françoise*, fille de *Pierre-Augustin*) voyez Morin (V^e de *Jean-André*) 1758.

Le Meslé (*Marie*) voyez Beys, (V^e d'*Adrien*) 1612.

Le Messier (*Jacques*).

1507. . . . Libr. & Imprim.

1532. . . . . exerçoit.

Le Mire (*Jean*).

1630. 19 Sept. Libraire.

1667. 29 Mars, m. Par. S. Benoît.

Le Mire (*N.* V^e de *Jean*).

1667. 29 Mars, Libraire.

1708. . . . . . morte avant.

Le Moine (*Simon*).

1634. 1 Juin, Libraire.

1658. 29 Janv. meurt.

Le Moine (Me *Étienne*) gendre de Gabriel *Amaulry*.

1768. 29 Mars, Libraire.

1788. — Port-au-Blé.

Le Moyne (*Jean*) gendre de Jean *Pasquier*.

1655. 18 Mars, Libraire.

LE MUR (*Pierre*).

1606. . . . Libr.-Juré & Impr.

1618. 17 Juill. Adjoint. (1)

1628. . . . . . exerçoit.

Le Noble (*Daniel*) gendre de Nicolas II. *Bessin*.

1720. 19 Sept. Libraire.

1723. . . . mort.

Le Noble (*N.* fille de Nicolas II. *Bessin*, V^e de *Daniel*).

1723. . . . Libraire.

1737. . . . . morte avant.

Le Noir (*Michel*) de Paris.

1489. . . . Libr. & Imprim.

1520. 28 Sept. meurt, & est inhumé à S. Benoît, avec Epitaphe.

Il mettoit à ses livres ce Quatrain:

C'est mon désir
De Dieu servir,
Pour acquérir
Son doux plaisir.

Le Noir (*Philippe*) fils de *Michel*.

1514. . . . Libr. & Impr.

1531. . . . exerçoit.

Le Noir (*Guillaume I.*) fils de *Philippe*.

1551. . . . Libraire.

1582. . . . exerçoit.

Le Noir (*Guillaume II.*) fils de *Guillaume I.*

1605. . . . Libraire.

1627. . . . exerçoit.

Le Normand (*Vincent*).

1565. . . . Libraire.

1573. . . . exerçoit.

Le Normand (*Jean*).

1581. . . . Libraire.

Le Normand (*Michel*).

1610. . . . Libraire.

1627. . . . exerçoit.

Léon (*Simon*).

1617. . . . . Libraire.

1627. . . . . exerçoit.

LÉONARD (*Frédéric I.*) de Bruxelles, gendre de *N. Bernard*, par *Elisabeth*.

(1) en 1646, il était mort

1653. 27 Févr. Libr. & Imprim.
1666. 3 Août, Adjoint.
1672. . Marguillier de S. Benoît.
1678. . . . Imprim. Ord. du Roi.
1712. 23 Nov. mort avant.
¶ Nous avons deux Portraits de ce célèbre Imprimeur, gravés, l'un in-folio, par Edelinck d'après Rigaud, l'autre in-4° par Vermeulen, d'après le même Peintre.

Léonard (*Frédéric* II.), fils de *Frédéric* I., & gendre de Jean *Des-Essarts*, par *Marie*, morte le 27 Août 1706, âgée de 36 ans, & inhumée à S. Benoît, avec Mausolée & Epitaphe. (*)
1688. 17 Août, Libraire.
1696. 27 Mai, Enregistrement, à la Chambre, des Lettres-Patentes du 22 Février, enregistrées au Parlement le 26 Mai, portant survivance du fils au père.
1698. . . Marguill. de S. Benoît.
1699. 19 Févr. Imprimeur en survivance de son père.
1712. 23 Nov. reçu à la Chambre, à la place vacante par la mort de son père.
1713. . . . Imprim. Ord. du Roi.
1714. 18 Août, avoit vendu ses presses, pour se retirer en Angleterre.
1723. . Il meurt dans cette Isle, laissant entr'autres enfans, *Martin-Augustin*, Prêtre, mort en 1768, âgé de 72 ans, Auteur de deux Ouvrages sur l'Ecriture sainte,

(*) Au lieu de l'Urne qui est actuellement sur l'Epitaphe, on y avoit mis son buste : il y a resté long-temps : mais, sur les représentations de M. de la Marre, Curé de S. Benoît (de 1702 à 1732) la famille Léonard l'a fait ôter. Ce Buste étoit du ciseau de Vancléve, sur le dessin d'Oppenot. Madame Léonard étoit d'une beauté frappante : & on lisoit au bas du Buste : *Fuit.*

& *Marc-Antoine*, surnommé de *Malpeines*, mort en 1768, âgé de 68 ans, Conseiller au Châtelet, Auteur d'une Traduction de l'*Essai sur les Heroglyphes de Varburton.*

Le Page (*Daniel*).
1691. . . . . . . Libraire.
1694. . . . . . mort avant.

Le Page (*Jean*)
1691. . . . . Libraire.
1694. . . . mort avant.

Le Parfait (*Nicolas-Julien*)
1719. 7 Mars, Libraire-Juré.
1726. 4 Mai, reçu à la Chambre.
1752. . . . . mort.

Le Parfait (*N. Ve de Nic.-Julien*).
1752. . . . Libraire.
1753. . . . morte ou retirée.

LE PETIT (*Pierre*) gendre de Jean *Camusat*, par *Denyse*.
1642. 20 Mars, Libr. & Imprim.
1643. . . . Impr. de l'Acad. Fr.
1647. 27 Janv. Impr. Ord. du Roi.
1660. 22 Juin, Adjoint.
1661. . . . Marguill. de S. Benoît.
1686. 25 Sept. meurt, âgé de 69 ans, Paroisse S. Benoît, pour l'Eglise de laquelle il avoit fait plusieurs dépenses considérables. Il avoit pour marque la Croix d'or, avec ces mots : *In hoc Signo vinces.*

Le Petit (*Michel*) fils de *Pierre.*
1660. 8 Janv. Libraire.
1679. . . . . Secrétaire du Roi.
¶ Il avoit pour marque à ses Livres la *Toison d'or.*

L'Epicié (*Claude*).
1633. . . . . Libraire.

L'Epicié (*Jean*) fils de *Claude.*
1653. 18 Déc. Libraire.
1694. . . . mort avant.

L'Epicié (*Nicolas*).
1655. 18 Mars, Libraire.

Le Prest (*François*).
1630. 11 Déc. Libraire.
1691. . . . . mort.

Le Prest N. Vᵉ de *François.*
1691. . . . . Libraire.
1692. . . . exerçoit.
LE PREST (*Martin*) fils de
François.
1645. 6 Juill. Libr. & Impr.
1678. 20 Juill. Adjoint.
1693. . . . mort avant.
Le Preux (*Poncet*).
1448. . . . Libraire.
1556. . . . exerçoit.
Le Preux (*Jean*) fils de *Poncet.*
1561. . . . Libr. & Imprim.
Le Prieur (*Eléonore* fille de *N.*)
voyez-Vandive (Vᵉ de *Guillaume*) 1705. & Simart (femme
de *Nicolas*) 1706.
LE PRIEUR (Mʳ *Pierre Alexandre*) neveu de Jean-Baptiste II. *Coignard*, & gendre
1º de *Jacques-Philippe-Charles
Osmont*, par Dˡˡᵉ *Marie Anne*,
Vᵉ de Mʳ François *Delaguette*,
morte, âgée de 39 ans, le 5 Déc.
1762, rue S. Jacques, Paroisse
S. Severin ; 2º de Mʳ N., par
Dˡˡᵉ *N.*
1747. 20 Avril, Libraire.
1749. 2 Juin, Imprimeur.
1759. . . épouse Dˡˡᵉ *Osmont*
Vᵉ *Delaguette.*
1766. 2 Juin, Adjoint.
1767. 14 Juill. se remarie à Dˡˡᵉ N.
1773. 27 Mai, s'étoit démis de
son Imprimerie.
1776. 30 Janv. Consul.
1785. 25 Oct. Secrétaire du Roi.
¶ Il avoit été Imprimeur-Ordinaire du Roi.
Lépy Dˡˡᵉ *Elisabeth-Victoire*, fille
de *N.*) femme de Mʳ Jean-François-Louis *Chardon*, 1758.
Le Rat (*Jean*)
1647. 15 Mars, Libraire.
Le Riche (*Nicolas*).
1540. . . . Libr. & Impr.
1548. . . . exerçoit.

Le Roi (*Pierre I.*)
1517. . . . Libr. & Impr.
Le Roi (*Adrien*).
1551. . . . Libr. & Impr.
1582. . . . exerçoit.
Le Roi (*Jacques I.*)
1599. . . . Libraire.
1616. 10 Avril, meurt.
Le Roi (Marie *Ranot*, Vᵉ de
Jacques I.
1616. 10 Avril, Libraire.
1672. . . . exerçoit.
Le Roi (*Victor*).
1619. . . . Libraire.
1627. . . . exerçoit.
Le Roi (*Nicolas*).
1621. 21 Avril, Libraire.
Le Roi (*Jean I.*)
1627. . . . Libraire.
1694. . . . mort avant.
Le Roi (*Thomas*) 1ᵉʳ fils de *Jacques I.*
1628. 20 Juill. Libraire.
Le Roi (*N.* fille de *Thomas*)
femme de Breton (*François*)
1654.
Le Roi (*Pierre II.*) 2ᵈ fils de
Jacques I.
1634. 2 Mars, Libraire.
Le Roi (*Claude*) 3ᵉ fils de *Jacques I.*
1643. 29 Déc. Libraire.
1686. . . . Imprimeur.
1698. 26 Août, étoit ancien
Marguillier de S. Germain
le Vieil.
Le Roi (*N.* fille de *Claude*) femme de Plucquet (*Pierre*) 1697.
Le Roi (*David I.*)
1644. 18 Mars, Libraire.
Le Roi (*Jacques II.*)
1644. 18 Mars, Libraire.
Le Roi (*David II.*)
1645. 26 Janv. Libraire.
Le Roi (*Charles*) 4ᵉ fils de *Jacques I.*
1653. 6 Févr. Libraire.
1708. 2 Mars, mort avant.
Le Roi (*Jean II.*) fils de *Thomas.*
1654. 16 Sept. Libraire.

Le Roi (*Barthélemi*) fils de *Charles.*
1708. 2 Mars, Libraire.
1723. . . . . . mort.
Le Roi (*N.* V⁰ de *Barthélemi*).
1723. . . . Libraire.
1740. . . . . morte avant.
Le Rond (*Georges*).
1621. 29 Juill. Libraire.
1663. 21 Mai, exerçoit.
Le Rond (*Jean*) gendre de Jean I.
Du Hamel.
1647. 11 Avr. Libraire.
1654. . . . mort avant.
Le Rond (*Jeanne*, fille de *Jean*)
voyez Remy (V⁰ de *Christophe* I.)
1705.
Le Rond (*Antoine*) fils de *Georges.*
1632. 17 Oct. Libraire.
Le Rond (*N.* fille de *Georges*)
femme de Remy (*Guillaume* I.)
1665.
Le Rouge (*Pierre*).
1487. . . . . . Libr. & Imprim.
1490. . . . . exerçoit.
Le Rouge (*Guillaume*).
1512. . . . . Libr. & Imprim.
1517. . . . . exerçoit.
Le Roy (M⁰ *Pierre*).
1785. 30 Déc. Libraire.
1788. — rue S. Jacques.
Le Royer (*Jean*).
1561. . . Libraire & Imprimeur
Ordinaire du Roi.
1581. . . . . exerçoit.
Le Savetier (*Nicolas*).
1525. . . . . Libr. & Impr.
1531. . . . exerçoit.
Le Savetier (*Jean*) fils de *Nicolas.*
1553. . . . . Libr. & Imprim.
1559. . . . . exerçoit.
L'Escallier (*Jean*).
1555. . . . . Libr. & Imprim.
L'Escallier (*N.*, sœur de *Jean*
L'Escallier*) femme de Grégoire
(*Gabriel*) 1538.
Lesclapart (*Pierre* I.).
1662. 23 Mars, Libraire.
1705. . . . mort.

Lesclapart (*N.* V⁰ de *Pierre* I.)
1705. . . . . . Libraire.
1708. . . . . . morte avant.
Lesclapart (*Nicolas*).
1666. 1 Mars, Libraire.
1680. . . . mort.
Lesclapart (*N.* V⁰ de *Nicolas.*
1680. . . . Libraire.
1692. . . . exerçoit.
Lesclapart (*François*).
1679. . . . Libraire.
1680. . . . exerçoit.
Lesclapart (*Jean*) 1ᵉʳ fils de *Pierre.*
1700. 11 Mai, Libraire.
1763. 1 Déc, meurt, âgé de
93 ans, Doyen de la Communauté, rue & Paroisse S. André
des Arcs.
L'Esclapart (*Antoine-Pierre*) 2ᵐᵉ
fils de *Pierre.*
1700. 30 Juill. Libraire.
1749. 2 Mars, meurt, rue des
Marmousets, Paroisse S. Pierre-
aux-Bœufs.
L'Esclapart (*Marie Pégany*, V⁰
d'*Antoine-Pierre*).
1749. 2 Mars, Libraire.
1755. 31 Juill, meurt, âgée de
81 ans, rue des Sept-Voies,
Paroisse S. Etienne-du-Mont.
L'Esclapart (*Pierre* II.) fils de *Jean.*
1719. 18 Juill. Libraire.
1777. . . . . mort avant.
Lesclapart (*Richard-Antoine*) fils
d'*Antoine-Pierre.*
1750. 4 Août, Libraire.
1779. 29 Déc. meurt.
Lesclapart (D⁰ᵉ *N. Chappé*, V⁰ de
Richard-Antoine).
1779. 29 Déc. Libraire.
1788. — rue de la Barillerie.
Lesclapart (M⁰ *Claude-Antoine*)
fils de *Richard-Antoine*, &
gendre de M⁰ *N. Henneveux*,
par D⁰ᵉ *Marie-Perrette.*
1777. 21 Juill. Libraire.
1788. — rue du Roule ; il est
Libr. de Monsieur, frère du Roi.
Lesclenchet

Lefclenchet (*Michel*)
1516. . . . . . Libraire & Impr.
1520. . . . . . exerçoit.
Lefcuriot (*Dominique*).
1627. . . . . . Libraire.
Lefguillon (*Thomas*).
1654. 30 Avril, Libraire.
1663. . . . . . mort.
Lefguillon (*N.* Ve de *Thomas*).
1663. . . . . . Libraire.
Lefguillon (*Jacques*).
1663. 13 Mars, Libraire.
1691. . . . . mort.
Lefguillon (*N.* Ve de *Jacques*).
1691. . . . . Libraire.
1692. . . . . exerçoit.
Le Sourd (*Simon*) gendre de Nicolas *Frémiot*.
1659. 6 Févr. . Libraire.
1668. . . . . . mort.
Le Sourd (*N.*, fille de Nicolas *Frémiot*, Ve de *Simon*).
1668. . . . . Libraire.
1680. . . . . morte avant.
L'Efpine (*Flacre*).
1582. . . . . . Libraire.
Leffelin (*Alexandre*) gendre de Louis *Framery*.
1644. 20 Juillet, Libraire.
Le Sueur (*Liénard*).
1544. . . . . . Libraire.
1574. . . . . . exerçoit.
Le Sueur (*Jean I.*)
1551. . . . . . Libraire.
Le Sueur (*Michel*).
1606. . . . . Libraire.
1618. . . . . exerçoit.
Le Sueur (*Nicolas*).
1608. . . . . Libraire.
1612. . . . . exerçoit.
Le Sueur [*Jean II.*]
1610. . . . . exerçant.
1616. 30 Avril, reçu à la Chambre.
Le Sueur (*Guillaume*) fils de *Nicol.*
1635. 9 Août, Libraire.
Le Tellier (*Pasquier*).
1546. . . . . Libr. & Imprim.

Le Tellier (*Françoise*) voyez De Nully (Ve de *Jean*) 1723.
Le Tellier (Me *Daniel-Michel*).
1786. 9 Déc. Libraire.
1788. — rue du Hurepoix.
Le Tilleur (*Claude*), gendre de Jean *Badier*.
1791. 13 Déc. Libraire.
1719. . . . . mort.
Le Tilleur (*N.* fille de Jean *Badier*, Ve de *Claude*).
1719. . . . . Libraire.
1750. . . . . morte avant.
Le Vasseur (*Eloi*).
1636. 15 Mai, Libraire.
1696. . . . . exerçoit.
Le Vasseur (*Geneviève*) femme de Morel (*Léonard-Marie*) 1764.
Le Veau (*Gilbert*).
1610. . . . . Libraire.
1627. . . . . exerçoit.
L'Evêque (*Guillaume*).
1618. 17 Sept. Libraire.
1619. . . . . exerçoit.
Lévet (*Pierre*).
1485. . . . . Libr. & Imprim.
1499. . . . . exerçoit.
Le Voirier (*Pierre*).
1575. . . . . Libr. & Imprim. du Roi pour les Mathématiques.
1584. . . . . exerçoit.
Le Voirier (*Marie*) voyez Guillemot (Ve de *Matthieu I.*) 1612.
L'Héritier (*Nicolas*).
1542. . . . . Libraire.
L'Héritier (*Catherine*) voyez De la Porte (Ve de *Maurice*) 1548.
L'Hermite (*François I.*)
1606. . . . . Libraire.
1627. . . . . exerçoit.
L'Hermite (*François II.*) fils de *François I.*
1633. 27 Sept. Libraire.
1697. . . . . mort.
L'Hermite (*N.* Ve de *François II.*)
1697. . . . . Libraire.
1712. . . . . morte avant.

P

[AUTRE FAMILLE,]
à ce qu'on nous assure.

L'Hermite (François-Guillaume)
1689. 29 Sept. naît.
1724. 22 Juill. exerçant la Librairie comme Professeur Septénaire.
1726. 4 Mai, reçu à la Chambre. (*)
1778. 23 Déc. meurt dans sa 90e année, Professeur Emérite en l'Université de Paris, au Collége de Harcour, Doyen de la Nation de Normandie ; & de la Faculté des Arts, rue S. Hyacinthe, Paroisse S. Côme, laissant un neveu, de son nom, occupant une Chaire au Collége de Harcour.

(*) En vertu des Lettres de Septennaire, délivrées par M. le Recteur en la forme suivante. « Nos, Rector » Universi Parisiensis Studii testamur » quibus libuerit, aut quorum poterit » interesse, Magistrum Franciscum- » Guillelmum L'Hermite, Baccalau- » reum Theologum, Humanarum » Litterarum quondàm in Harcuriano » Collegio Professorem, nunc Librario- » Typographum Universitatis Juratum, » per decem annos docuisse dictas Lit- » teras cum laude, & ideò locum » tenere inter Librario-Typographos » Parisienses unum ex tribus Professo- » ribus Septenariis de quibus mentio » est in articulo nono Decreti con- » sistoriani, lati die decimâ Mensis » Decembris nuper elapsi ; Datum in » Ædibus nostris Marchianis, die tertiâ » mensis Maii, Ann. R. S. 1726. »
J, COUVILLARD DELAVAL.

L'Homme (Martin).
1558. . . . . Libraire.
1559. . . . . exerçoit.
L'Huillier (Pierre I.)
1566. . . . Libr. & Impr.
1588. . . . exerçoit.
L'Huillier (Pierre II.) fils de Pierre I.
1610. . Libr. & Imprim. du Roi.
LIBERT (Jean).
1605. . . . . . Libraire.
1634. 19 Janv. Syndic.
1647. . . . . . meurt.

Libert (Jeanne Guillemot, veuve en 1res nôces de Samuel Thiboust, & en 2mes de Jean).
1647. . . . Libraire.
1652. . . . . . mort.

LIBRAIRIE.

Dans le Compte rendu au Roi au mois de Mars 1788, & publié par ses ordres, on trouve la Dépense de la LIBRAIRIE portée, (pag. 138.)
à . . . . 12,000 liv.

Limons (Jacques).
1594. . . . . . Libraire-Juré.
1596. . . Mars, meurt.
Limons (N. veuve de Jacques).
1596. . . Mars, Libraire.
Limousin (Jean-Joachim).
1764. 7 Févr. Libraire.
1772. . . . . . mort.
Limousin (Dlle N., Ve de Jean-Joachim).
1772. . . . . . Libraire.
1788. — au Palais-Royal.
Loqueneux (Marc).
1574. . . . . Libraire.
1582. . . . . exerçoit.
Locqueneux (Barthél.) fils de Marc.
1604. . . . . . Libraire.
Lodoicus voyez Louis ou Loys.
Lody voyez Laudy.
Lombard (Georges).
1603. . . . Libraire.
1610. . . . . exerçoit.
Lombards (Collége des) voyez Collegium Italorum.
Loncle (Marie-Jeanne) voyez Musier (Ve de Jean-Fr.) 1777.
Longis (Jean).
1528. . . . . Libraire.
1549. . . . . . exerçoit.
Lorge (Barthélemi).
1640. . . . . Libraire.
Lotrian (Alain).
1518. . . . . Libraire.
1539. . exerçoit, rue neuve N. D. à l'Écu de France.

Lottin (*Philippe-Nicolas*) fils de *Martin* , Marchand au Bourg de Gamaches, en Picardie, Diocèse d'Amiens, (Bourg où naquit le fçavant Vatable à la fin du XVe fiécle) & depuis gendre de Pierre - Augustin *Le Mercier*, par *Marie-Marguerite*;
1685. 17 Oct. naît à Gamaches.
1717. 1 Juin, Libraire.
1718. 11 Oct. fe marie.
1724. 19 Juill. Imprimeur.
1737. 1 Janv. Marg. de S. Sev.
1751. 6 Juin, meurt dans fa 66e année, à S.-Cloud, où il eit inhumé, avec une Epitaphe latine par l'Abbé Goujet.*

APRÈS avoir quitté l'état Eccléfiaftique, que fes parens lui avoient fait embraffer, dans l'intention de le faire fuccéder à une Cure, qui depuis un demi-fiécle étoit dans fa famille maternelle, il fe décida pour la Librairie, & fit fon apprentiffage chez MM. Léonard, Defprez & Coignard. Dès qu'il fut établi Libraire-Imprimeur, il prit pour Enfeigne la VÉRITÉ; & l'on peut dire qu'il lui voua fans réferve, fon commerce, fa profeffion & fa vie.

Sa piété (éclairée par une faine Théologie, dont il avoit fait le cours avec un grand fuccès), le mit à portée, non feulement de rejetter les Ouvrages d'un mérité équivoque, mais de choifir parmi les Traités de dévotion qui lui étoient offerts, ceux qu'il trouvoit compofés d'après les vrais Principes. Pour faire ce religieux difcernement, il avoit la modeftie de ne pas s'en rapporter à lui feul, & recouroit fouvent aux lumières des plus célébres Théologiens du temps, qui furent toujours autant fes amis que fes guides. Il porta dans toutes fes Entreprifes la même délicateffe. Auffi, après avoir vécu fans reproche, mourut-il fans remords; laiffant pour toute fortune (fruit d'un commerce laborieux de 33 ans) de grands exemples, à une Epoufe digne de lui, & à fept Enfans qui reftoient alors de 14. Sa confolation fut d'en voir un engagé dans la Milice fainte, quatre dans fa Librairie, & deux dans des profeffions d'Arts honorables (Gravure & Architecture).

---

* HIC RESURRECTIONEM EXPECTAT
PHILIPPUS-NICOLAUS LOTTIN,
TYPOGRAPHUS PARISINUS.
Quàm amplexus eft Artem.
Indefeffo labore, probitate incorruptâ,
Per triginta & tres annnos
EXERCUIT;
Iunumeris propè Libris,
Ad informandos præfertim Mores,
Veramque ac genuinam Fidem ftabiliendam
Utiliffimis
NOBILITAVIT.
Iu iis edendis
Alieno magis quàm fuo confulens commodo,
Ecclefiam ditare maluit quàm Familiam,
Vetus ipfe Moribus ac Fide Ecclefiæ filius.
Hunc repentina, non improvifa, mors
Hoc in Vico,
E vivis eripuit, Cœlo maturum,
Die Dominicâ Trinitatis, 6 *Junii, anno* MDCCLI, *Ætatis verò ejus ferè* 66.
Hoc optimo Parenti Monumentum pofuere Nati.

Lottin (*Marie - Marguerite* , fille de Pierre-Augustin *Le Merci-r* , Vᵉ de M. *Philippe-Nicolas*).

1697. 1 Mars , naît à Paris.

1731. 5 Juin , Libraire.

1738. 28 Août , s'étoit démise de son Imprimerie.

1759. 21 Mai , meurt dans sa 62ᵐ année, à Paris, rue S.-Jacques, Paroisse S, Severin. *Panem otiosa non comedit.* Próv. XXXI. 27.

Lottin (M· *Augustin-Martin*) 1ᵉʳ fils de M. *Philippe-Nicolas*, & gendre de M. *Louis Boullanger*, par Dⁱˡᵉ *Catherine Françoise*.

1726. 8 Août , naît à Paris , rue S. Jacques , Par. S. Severin.

1746. 9 Févr. Libraire.

1752. 3 Août , Imprimeur.

1760. 10 Sept. Imprim.-Libraire Ord de Mgr le Duc de Berry , par Brevet , signé Duc *De la Vauguyon.*

1765. 30 Déc. Impr. Libr. Ord. de M.ʳ le Dauphin , par Brevet , signé Duc *De la Vauguyon.*

1766. { du 9 } Mars , a l'honneur { au 21 } d'enseigner à M.ʳ le Dauphin , (aujourd'hui LOUIS XVI.) l'exercice des principes de l'Art Typographique , *voyez ci-devant*, pag. 99. col. 1

1768. 1 Mars , Imprim.-Libraire Ordinaire de la Ville , par Brevet.

1775. 18 Sept. Imprim.-Libraire du Roi , par Brevet, signé Louis , & contre signé *de Lamoignon.*

1788. — rue S. André des Arcs.

LOTTIN (M· *Antoine-Prosper*) 3ᵐᵉ fils de M. *Philippe-Nicolas.*

1758. 28 Avril , Libraire.

1773. 30 Juin , Adjoint.

1788. — rue de la Bourbe.

Lottin (Dⁱˡᵉ *Marie - Marguerite* , 1 fille de M· *Philippe-Nicolas*) voyez Pierres (Vᵉ de *Denys-Antoine*) 1759.

Lottin (Dⁱˡᵉ *Julie* , 3 ᵐᵉ fille de Mʳ *Philippe-Nicolas*) femme de Mʳ Butard (*Jacques - Hubert*) 1740. morte à S.-Cloud, le 3 Juill. 1786, & y inhumée auprès de son père.

Lottin de S. Germain (M· *Jean-Roch*) fils de M. *Jean*, de S. Germain en Laye , gendre de M. *Antoine Dumas*, par D· *Alexandrine-Térèse-Victoire*, & cousin des six précédens & du suivant.

1784. 7 Mai , Libraire.

1784. 3 Août , Imprimeur, pour exercer concurremment avec M· Aug. Martin *Lottin.*

1784. 20 Août , Imprim.-Libraire Ordinaire de la Ville , pour exercer de même avec le même.

1788. — rue S. André des Arcs.

Lottin (M· *André - Augustin*) fils de M· *Augustin-Martin.*

1787. 15 Mai , Libraire.

1788. — rue neuve Notre Dame.

Lottin (D· *Marie-Sophie*, fille de M· *Augustin-Martin*) , 1 re femme de M· Onfroy (*Eugéne*)1771.

Loudinot (*Marie-Magdeléne*) voyez Le Gras (Vᵉ de *Jean-Baptiste-Louis*) 1749.

Louette (M· *André*).

1786. 10 Févr. Libraire.

1788. . . . . . Cloître S. Germain-l'Auxerrois.

Louis ou Loys (*Jean*) Tiletain ou Tiletan , c'est-à-dire , de Tielt en Gueldre.

1535. . . . . Libraire.

Louvre (Imprimerie du) *voyez* Imprimerie Royale.

Loys voyez Louis.

LOYSON (*Guillaume*).

1618. . . . Libraire.

1631. 22 Déc. Adjoint.

1655. 23 Oct. mort avant.

Loyson (*Jean-Baptiste* I.) 1e fils
de *Guillaume.*
1639. 20 Oct. Libraire.
1694. . . . . mort avant.
LOYSON (*Etienne*) 2e fils de *Guill.*
165c. 21 Oct. Libraire.
1670. 9 Juin, Adjoint.
1708. . . . . mort.
Loyson (N. Ve d'*Etienne*).
1708. . . . . Libraire.
1712. . . . . morte avant.
Loyson (*Henri*) fils de *Jean-B.* I.
1664. 8 Oct. Libraire.
1694. . . . . mort avant.
Loyson (N. fille de *Jean-Bapt.* I.)
femme de Pillon (*Auguft n*) 1683.
Loyson (*Jean-Baptiste* II) fils
de *Henri*, & gendre d'*Etienne*
Du Caftin.
1701. 12 Juill. Libraire.
1737. . . . . morte avant.
Loyson (N. fille d'Etienne *Du Caftin*,
Ve de *Jean-Baptiste* II.)
1737. . . . . Libraire.
1748. . . . . morte avant.
Loyson *Jean-Baptiste* III.)
1726. 9 Mars, Libraire-Juré.
Loyson (*Françoise*, fille de N.)
voyez David (Ve de *Michel*
Etienne I.) 1756.
Lozet (*Thomas*).
1639. 10 Nov. Libraire.
Lucas (*Jacques*).
1610. . . . . Libraire.
1617. . . . . exerçoit.
Lucas (*Etienne*) fils de *Jacques.*
1644. 7 Sept. Libraire.
1686. 17 Sept. meurt après.
Lucas (*Jacqueline*, fille de *Jacques*.)
voyez Gueffier (Ve de *François* I.)
1623.
Lucas (*Louis*) fils d'*Etienne.*
1686. 17 Sept. Libraire.
1703. . . . . mort.
Lucas (N. Ve de *Louis*).
1703. . . . . Libraire.
1712. . . . . morte avant.

Litnet (*Toussaint*).
1627. . . . . Libraire.
Lullerius, voyez L'Huilliet.
Lynocier (*Guillaume*).
1585. . . . . Libraire.
Lyon (*Simon*).
1630. . . . . Libraire.

Mabre-CRAMOISY (*Sébastien*)
petit-fils maternel de Sébastien II.
Cramoisy.
1659. 6 Mars, Libraire.
1677. 25 Juin, Adjoint.
1678. . Marguillier de S. Benoît.
1687. 10 Juin, meurt, Directeur
de l'Imprimerie Royale)
Vermeulen a gravé son Portrait *in-4°.*
Mabre - Cramoisy (N. fille de
. Sébastien II. *Cramoisy*, Ve de
Sébaft en).
1687. 19 Juin, Libraire & Directrice de l'Imprim. Royale
au Louvre.
1696. . . . . morte avant.
Macault (*Antoine*).
1535. . . . . Libraire.
Macé (*Robinet*).
1486. . . . . Libr. & Impr.
Macé (*Jean*) frère aîné de *Jacques.*
1537. . . . . Libraire.
1582. . . . . exerçoit.
Il mourut Paroisse S. Hilaire.
Macé (*Jacques*) frère puîné de
Jean.
1564. . . . . . . Libraire.
Il mourut, Paroisse S. Hilaire.
Macé (*Charles*) fils de *Jacques.*
1571. . . . . Libraire.
1606. 4 Sept. meurt, Paroisse
S. Hilaire.
Macé (N. Ve de *Charles*).
1606. 4 Sept. Libraire.
1627. . . . . exerçoit.
Elle mourut, Paroisse
S. Hilaire.

Macé (*Barthélemi*) fils de *Jean*.
1587. . . . . . Libraire-Juré.
1617. 20 Janv. meurt, Paroisse
      S. Hilaire.
Macé (*Guillaume* I.) fils de *Charles*.
1610. . . . . . . Libraire .
1643. . Marguillier de S. Benoît.
1644. . mort après, Par. S. Benoît.
Macé (*Guillaume* II.) fils de
  Guillaume I.
1655. 30 Sept. Libraire.
1694. . mort, Par. S. Hilaire.
Macé (*N.* Vᵉ de *Guillaume* II.)
1694. . . . Libraire.
1708. . . . morte avant.
Maleu (*Didier*).
1519. . . . Libraire.
1527. . . . exerçoit.
Maleu (*Jean*).
1542. . . . Libr. & Imprim.
Maillard (*Olivier*).
1538. . Libr. & Impr. du Roi.
1543. . . . . . exerçoit.
Maillet (*Jacques*). à *lyon*
1490. . . . Libraire.
1491. . . . exerçoit.
Maillet (*Pierre*)
1716. 31 Janv. Libraire.
1728. . . . mort.
Maillet (*N.* Vᵉ de *Pierre*).
1728. . . . Libraire.
1740. . . . morte avant.
Mainard (*Pierre*).
1627. . . . Libraire.
Maitresse (*Marguerite - Victoire*,
  fille de *N.*) femme de Genneau
  Michel) 1768.
Mallard (*Jean*).
1540. . . . Libraire & Impr.
1552. . . . exerçoit.
Mallard (*Thomas*).
1598. . . . . Libraire.
Malot (*Gervais*).
1570. . . . Libraire-Juré.
1582. . . . . exerçoit.
Mamarel (*Antoine*).
1660. . . . . . Libraire.

Manceau (Dˡˡᵉ *N.* fille de Mʳ *Antoine*) femme de Mʳ Estienne
(*Jacques* II.) 1740.
Maucelet (*Jean*).
1581. . . . . Libraire.
Manchon (*Marie*) voyez De Sanlecque (Vᵉ de *Jacques* III.) 1648.
Mangeant (*Catherine*) voyez Desprez (Vᵉ de *Guillaume* I.) 1708.
Mansan (*Paul*).
1614. . . . . . Libraire.
1619. . . . . . exerçoit.
Minsion (*Robert*).
1621. . . . . . Libraire.
1627. . . . . . exerçoit.
Maradan (Mʳ *Claude-François*).
1787. 22 Déc. Libraire.
1788. — rue des Noyers.
Marchand (*Pierre*).
1481. . . . Libraire & Impr.
  (*Biblioth. Telleriana* , pag. 156.
   col. 1. lign. 6.
Marchand (*Gui*).
1483. . . . . Libr. & Imprim.
1502. . . . . exerçoit.
Marchand (*Jean*).
1505. . . . . . Libr. & Impr.
1511. . . . . . exerçoit.
Marchand (*Prosper*) de Guyse.
1698. 1 Août, Libraire.
1711. . . établi en Hollande,
  fait paroître le *Cymbalum
  Mundi.*
1756. 14 Juin ; meurt , après
  avoir donné une *Histoire
  de l'Imprimerie* , & un *Dictionnaire historique* estimé.
Marchand (*Jacques*).
1767. 4 Oct. Libraire.
1787. 14 Mars ; meurt , Paroisse
  S. Eustache.
Marchand (Dˡˡᵉ *N.* Vᵉ de *Jacques*)
1787. 14 Mars , Libraire.
1788. — rue de la Barillerie.
Marchenoir (*François*).
1721. 16 Déc. Libraire.
1770. 5 Avril , meurt.

Marcher (*Geoffroy*).
1655. 2 Mars , Libraire.
1680. . . . exerçoit.
Maréchal (*Jacques*).
1517. . . . Libraire.
Maréchal (*Guillaume*).
1615. 15 Sept. Libraire.
1659. 10 Juill. exerçoit.
Maréchal (*N.* fille de *Guillaume*)
femme de Bura (*Claude*) 1659.
Maréchal (*N.* fille de *Guillaume*)
voyez Bussiere (V^e de *Jean*) 1693.
Mareidrot (*N.*) *voyez* Cot (V^e
de *Pierre*) 1712.
Marentin (*Blanche*) *voyez* Kerver,
(V^e de *Jacques* I.) 1584.
Marette (*Guillaume*).
1606. . . . Libraire.
1613. . . . exerçoit.
Marette (*Claude*).
1609. . . . Libr. & Imprim.
1643. . . . . . exerçoit.
Margat (*Pierre* I.)
1618. . . . Libraire.
1627. . . . . exerçoit.
Margat (*Pierre* II.) fils de *Pierre* I.
1649. 30 Sept. Libraire.
Marié (*Antoine*).
1597. . . . Libr. & Imprim.
MARIETTE (*Denys*) fils de
Pierre, Graveur & M^d d'Estampes, inhumé à S. Benoît, le 19
Décembre 1657 , gendre de
François *Langlois* dit de *Chartres*,
& frère aîné de *Jean*.
1693. 6 Mars , Libraire.
1713. 8 Nov. Adjoint.
1708. . . . Marguillier de
S. Benoît.
1726. 10 Mai , Syndic.
1741. 17 Sept. meurt, Paroisse
S. Benoît.
Mariette (*Justine Abonnenc* , V^e
de *Denys*)
1741. 17 Sept. Libraire.
1753. 8 Juin , meurt, quai S.
Bernard , Par. S. Nicolas
du Chardonnet.

MARIETTE (*Jean*) frère puîné de
Denys , & gendre de Jean - Baptiste II. *Coignard* , par *Claude-Génevieve*.
1701. 27 Juin , Libraire.
1717. . . . . Marguillier de
S. Benoît.
1725. 8 Mai , Adjoint.
1742. 19 Sept. meurt dans sa
82e année , Trésorier de
l'Assemblée de MM. de la
Charité de S. Benoît , laissant 10,000 liv. aux Pauvres
de cette Paroisse. Il est inhumé à S. Benoît. Son Portrait a été gravé *in-folio* par
Daullé , d'après Pesne.
Mariette (*Claude-Génevieve* , fille
de Jean-Baptiste II. *Coignard* ,
V^e de *Jean*).
1742. 19 Sept. Libraire.
1749. 19 Mai , m. Par. S. Benoît.
Mariette (*Marie* , fille de *Pierre*)
voyez Du Puis (V^e de *Maurin* IV.)
1653.
Mariette (*Génevieve-Hélène* , fille
de *N.*) femme de Delespine
(*Jean-Baptiste-Alexandre*) 1700.
MARIETTE (*Pierre - Jean*) fils de
Jean.
1714. 20 Avril , Libraire.
1722. 14 Avril , Imprimeur.
1732. 25 Juin , Adjoint.
1735. . Marguillier de S. Benoît.
1750. 16 Nov. s'étoit démis de
son Imprimerie.
1752. . . . . Secrétaire du Roi ,
Contrôleur-Général en la grande
Chancellerie de France, Associé
honoraire de l'Académie Royale
de Peinture & de Sculpture, &
de l'Académie de Florence.
1774. 11 Sept. meurt , rue S.
Jacques , Paroisse S. Benoît. Il
est Auteur d'un *Traité des Pierres gravées* , 2 vol. in-fol. ;
ouvrage intéressant & très estimé. Nous avons deux Portraits

de cet homme célèbre, gravés ;
In-8°, fur les deffins de M.
Cochin, l'un par M. de S.-Au-
bin, l'autre par M. Choffard.
Ce dernier eft en bufte, & au
pied font l'Hiftoire, le Deffin,
le Goût & l'Etude ; Gravure
faite pour le Catalogue des
Eftampes de fon cabinet ; l'un
des plus complets qu'il y ait eu.
Voyez Dict. Hift. de l'Advocat
Verbo, MARIETTE, & Chro-
nologie hiftorique de MM. les
Curés de S. Benoît, par M.
Bruté, pag. 79.

M. Mariette a laiffé pour Ve
Dlle Doyen, & pour enfans :
1° Mr N. Confeiller à la Cour
des Aides dès 1751 :
2° Mr N. Correcteur des Comptes dès 1751, & Maître des
Comptes en 1775.
3° Dlle N. époufe de Mr N.
Brochant, depuis Secrétaire
du Roi.
4° Dlle N., mariée à M. le
Bègue, Secrétaire du Roi, dès
1744, qui l'avoit époufée veuve
de M Geoffroy, de l'Académie
des Sciences.

Marquan (*Simon*).
1489. . . . Libr. & Imprim.
Marreft (*Claude*) gendre de Pierre
Chiconeau.
1665. 1 Oct. Libraire.
Martin (*Maturin*).
1573. . . . . Libraire.
MARTIN (*Edme I*) de Chateau-
Villain en Champagne ; Apprenti
des Morels.
1510. . . . Libr. Impr. Juré.
1518. 17 Juill. Adjoint.
1537. . Marguillier de S. Benoît.
1545. 25 Sept. meurt, Paroiffe
S. Benoît.
Martin (*N.* Ve d'*Edme I.*)
1645. 25 Sept. Libraire-Juré.
1693. . . . . exerçoit.

Martin (*Michel*).
1610. . . . Libraire.
1618. . . . exerçoit.
Martin (*Nicolas*).
1614. . . . Libraire.
1627. . . . exerçoit.
Martin (*Bertrand*).
1618. . . . Libr. & Imprim.
1627. . . . exerçoit.
Martin (*Jean*), gendre de Jean
Berjon.
1623. . . Libr. & Impr.
1624. 3 Oct. reçu à la Chambre.
1655. 20 Mai, mort avant.
MARTIN (*Edme II.*) fils d'Edme I.
1642. 3 Oct. Libr. & Impr.
1649. 8 Mai, Adjoint.
1663. 3 Juill. Syndic.
1664. . Marguillier de S. Benoît.
1670. 12 Mai, meurt, Paroiffe
S. Benoît.
Martin (*N.*) . . Ve d'*Edme II.*
1670. 12 Mai, Libr. & Imprim.
MARTIN (*Sébaftien I.*) gendre
de François Piot.
1648. 2 Août, Libraire.
1658. 8 Mai, Adjoint.
1681. 11 Août, meurt, Paroiffe
S. Benoît.
Martin (*N.* fille de François *Piot*,
Ve de *Sébaftien I.*)
1582. 11 Août, Libraire.
1692. . . . . exerçoit.
Martin (*N.* fille de *Sébaftien I.*)
femme de Joft (*Jean II.*) .66?.
Martin (*Pierre*) fils de Jean.
1655. 29 Mai, Libraire.
Martin (*Sébaftien II.*) gendre
d'Antoine *De Cay.*
1659. 18 Sept. Libraire.
Martin(*Gabriel I.*)1er fils d'*Edme II.*
1677. 15 Juin, Libraire.
1684. Marguillier de S. Benoît.
1686. . . . . Imprimeur.
1692. . Mai, meurt, Par. S. Benoît.
Martin (*N.*), 2e fille d'*Edme II.*
1580. . . . Libraire.

Martin

Martin le Jeune à l'Enseigne de St Christophe
1555

Martin (*Etienne*) 3ᵉ fils d'*Edme* II.
1686. 17 Sept.   Libraire.
1703. . . . . .   mort avant.
MARTIN (*Gabriel* II.) fils de
    Gabriel I. & gendre de *N. Vil-*
    lery , par *Louise-Géneviéve.*
1700. 17 Mars ,   Libraire.
1715. 18 Oct.   Adjoint.
1732. 25 Juin ,   Syndic.
1761. 2 Févr.   meurt , âgé de
    83 ans, rue S. Jacques, Paroisse
    S. Severin. Il étoit Doyen de la
    Communauté. Ses Catalogues
    font toujours recherchés dans
    les ventes publiques. Il en avoit
    dreffé , depuis 1705 , 148 , dont
    22 avec Table d'Auteurs. Il avoit
    fait, avec un ami, la vérification
    de cette notice intéreffante , le
    matin du jour que lui arriva
    l'accident qui termina fa car-
    rière.   Son fystême bibliogra-
    phique, étoit celui du P. Jean
    Garnier , Jéfuite , mais perfe-
    ctionné. Voyez fon éloge dans la
    feuille des Affiches de Province
    du 11 Février 1761, par M. Meu-
    nier de Querlon.
Martin (*Louise-Géneviéve Villery*,
    Vᵉ de *Gabriel* II.)
1761. 2 Févr.   Libraire.
1764. 20 Mars , meurt , âgée de
    82 ans, rue du Foin,
    . . . . . . Paroiffe S. Severin.
Martin (Mᵉ *Claude*) fils de *Gabr.* II.
1722. 17 Oct.   Libraire.
1786. 15 Avril , Doyen , de la
    Communauté , par la
    mort de Mᵉ *Jean De Bure.*
1788. — rue S. Jacques.
¶ M. Martin , dernier rejetton
    de cette ancienne famille, a fort
    aidé fon père dans les excellens
    Catalogues que le Public lui doit;
    on lui en attribue même quelques-
    uns : & ce ne font pas les moins
    eftimés.

[AUTRE FAMILLE.]
Martin (*Pierre-Alexandre*), frère
    du célèbre *Martin* des Gobelins.
1716. 14 Nov.   Libraire.
1744. . . . .   mort avant.
Martin (Dᵉ N. fille de M N.)
    femme de M Grange (*Jean-Au-*
    gustin) 1739.
Martineau (*Louis*).
1483. . . . .   Libr. & Impr.
1497. . . . .   exerçoit.
Maffelin (*Robert*).
1510. . . . .   Libr. & Imprim.
1553. . . . .   exerçoit.
Maffelin (*Marin*).
1554. . . . .   Libr. & Imprim.
MATHEY (*François*) fils de *Fran-*
    çois , Bourgeois de Paris.
1721. 16 Déc.   Libraire.
1744. 12 Août ,   Adjoint.
1764. 9 Janv.   meurt , âgé de
    88 ans, maifon de M. Guil-
    laume-Nicolas *Deprez* , qui
    l'avoit recueilli chez lui,
    rue S. Jacques, Par. S. Benoît.
    Il avoit été établi dans
    cette rue & même Paroiffe.
MAUCROY (*Etienne*).
1646. 6 Avril ,   Libraire.
1659. 13 Juin ,   Adjoint.
1679. . . . .   mort.
Maucroy (N. Vᵉ d'*Etienne*).
1679. . . . .   Libraire.
1692. . . . .   exerçoit.
Maudemay (*Jacques*).
1627. . . . .   Libraire.
Mauduit (*Marie-Anne*) voyez Ra-
    venel (Vᵉ de *Claude-Sébaftien*).
Mauger (*Pierre*).
1655. 4 Mars ,   Libraire.
Mauger (*François*).
1660. 29 Mai ,   Libraire.
1697. . . . .   mort.
Mauger (N. Vᵉ de *François*).
1697. . . . .   Libraire.
1714. . . . .   morte avant.

q

Maugier (*Gilles*).
1579. . . . . . Libraire.
1582. . . . . . exerçoit.
Maugras (*Marin*) gendre de
Louis Frémiot.
1685. 15 Oct.   Libraire.
1694. . . . . . mort avant.
Maugras (*Louis*) fils de *Marin*.
1691. . . . . . Libraire.
1694. . . . . . mort avant.
Maupercier (*Matarin*).
1614. . . . . . Libraire.
1610. . . . . . exerçoit.
Mautrand (*Jean*).
1493. . . . . Libr. & Imprim.
1500. . . . . exerçoit.
Maurice (*François*) gendre de
François I. Tarpu.
1653. 18 Juill. Libraire.
1696. . . . . mort avant.
Maurice (*Marguerite*, fille de
François) voyez Auroy, (V^e
d'*Amable*) 1708.
Maurice (N. fille de *François*),
voyez De Billy (V^e d'*Antoine*)
1740.
Mayeur (*Jean*).
1634. 9 Août, Libraire.
Mayeur (*Olivier*) 1er fils de *Jean*.
1654. 19 Mars, Libraire.
Mayeur (*Claude*) 2me fils de *Jean*.
1660. 29 Mai, Libraire.
1664 . . . . . mort avant.
Mayeur (N. fille de *Jean*) femme
de Le Bouc (*Jacques* II.) 1654.
Maynial (*Guillaume*).
1480. . . . . Libr. & Impr.
Mazières (*Raimond*).
1702. 4 Juill. Libraire.
1715. . . . . mort.
(*cf* Mazières (Pierre-Paul Garnier,
Jean Baptiste V^e de *Raimond*)
garnier 1715. . . . . . Libraire.
1748. 9 Sept. meurt, avec le
titre d'Imprimeur de la
Reine & de la Dauphine,
(sans exercice) rue S. Jacques, Paroisse S. Severin.

Mazuel (*René*).
1638. 20 Mai,   Libraire.
1683. 11 Sept.   exerçoit.
MAZUEL (*Nicolas*) 1er fils de
René,&gendre de N. Charpentier,
par Marie.
1658. 7 Nov.   Libraire.
1680. 11 Juin,   Adjoint.
1703. . . . . . mort.
Mazuel (*Marie Charpentier*, V^e
de *Nicolas*).
1703. . . . . . Libraire.
1733. 15 Déc.   prend d'après sa
Déclaration à la Chambre Synd.
l'exercice de l'Imprimerie de
Laurent, son 3me fils, absent.
1737. . . . . . morte avant.
Mazuel (*Claude*) 2.] fils de *René*.
1683. 11 Sept. Libr. & Impr.
1703. . . . . . mort.
Mazuel (N. V^e de *Claude*).
1703. . . . . . Libraire.
1737. . . . . . morte avant.
Mazuel (N., fille de *René*) femme
de Jolybois (*Nicolas* (1658.
Mazuel (*Thomas-Nicolas*) 1er fils
de *Nicolas*.
1696. 31 Juill. Libraire.
1748. . . . . . mort avant.
Mazuel (*Jean-Baptiste*) 2e fils
de *Nicolas*.
1711. 10 Nov.   Libraire.
1759. . . . . . mort.
Mazuel (N. V^e de *Jean-Baptiste*).
1759. . . . . . Libraire.
1772. . . . . . morte avant.
Mazuel (*Laurent*) 3e fils de *Nicolas*.
1715. 14 Mai, Libraire.
1716. 24 Sept. Imprimeur.
1737. . . . . . mort avant.
Méjat (*Jean*).
1616. . . . . . Libr. & Impr.
Méleine (*Guillaume*).
1602. . . . . . Libraire.
1627. . . . . . exerçoit.
Mélin (*Marie-Anne*, fille de N.)
1re femme de Méquignon,
(*Charles*) 1735.

Ménard (Jean).
1492. . . . . . Libr. & Imprim.
Ménard (Thomas).
1589. . . . . . Libr. & Imprim.
Ménard (André).
1606. . . . Libraire.
Ménard (Pierre).
1624. 3 Oct. Libraire.
Ménard (Matthieu) fils de Pierre.
1652. 14 Nov. Libraire.
Ménier voyez Mesnier.
Ménier (Maurice).
1545. . . . . . . Libr. & Imprim.
1568. . . . . . . exerçoit.
Ménier (Pierre I.) fils de Maurice.
1588. . . . . Libr. & Imprim.
Ménier (Pierre II.)
1606. . . . . Libr. & Impr.
1643. 24 Nov. morte avant.
Ménier (Isaac) fils de Pierre I.
1615. . . . . . Libraire.
1631. . . . . . exerçoit.
Ménier (Adrien) fils de Pierre II.
1643. 24 Nov. Libr. & Impr.
Méquignon (Charles), gendre
1° de N. Mélin, par Marie Anne,
morte le 15 Octobre 1749 , rue
de la Pelleterie , Paroisse S. Jacques de la Boucherie : 2° de N.
— Bridel , par Claude.
1735. 4 Oct. Libraire.
1663. 30 Mars , meurt, rue de la
Pelleterie , Par. S. Jacques
de la Boucherie.
Méquignon (Claude Bridel , Ve
de Charles).
1763. 30 Mars , Libraire.
1782. 2 Août , meurt, rue de
la Juiverie, Paroisse S. Pierre-
des-Arcis.
Méquignon (Mr Nicolas-Toussaint)
1er fils de Charles.
1777. 16 Mai , Libraire.
1788. — rue des Cordeliers.
Méquignon (Mr Claude-Charles)
2d fils de Charles.
1774. 8 Janv. Libraire.
1788. — au Palais de Justice.

Méquignon (Mr Paul - Denys)
3e fils de Charles.
1777. 16 Mai , Libraire.
1788. — rue de la Harpe.
Mérault (Jean I.)
1499. . . . . . . Libraire.
(Catalogue de la Vallière ,
n°. 2643.)
Mérault (Jean II.)
1637. 19 Nov. Libraire.
Mérault (Rolin) fils de Jean II.
1664. 8 Mai , Libraire.
Mercator voyez Marchand.
Merenger (Sulpice).
1548. . . . . Libr. & Impr.
Mergé (Pierre), gendre de N.
De la Caille , par Françoise.
1716. 10 Sept. Libr. & Impr.
1716. . . . . . moir.
Mergé (Françoise , fille de N.
De la Caille , Ve de Pierre).
1716. . . . . Libr. & Impr.
1753. 22 Janv. meurt, rue S. Jacques , Par. S. Severin, laissant
pour petite-fille , Dlle Aga-
the-Marie-Françoise Gras ,
moite le 25 Juin 1758 , au
moment d'épouser Mr A. M.
Lorrin.
Méricux (Laurent).
1627. . . . . Libraire.
1632. . . . . exerçoit.
Méricux (Antoine) fils de Laurent.
1652. 4 Juill. Libraire.
1653. . . . . exerçoit.
Méricux (N. , fille de Laurent)
femme de De Louviers (Charles)
1654.
Mérigot (Marie , fille de N.)
voyez Coustelier (Ve d'Antoine-
Urbain I.) 1724.
Mérigot (François-Gabriel).
1730. 19 Janv. Libraire.
1784. 3 Janv. meurt , rue du
Hurepoix , Paroisse S. André.
Mérigot (Marie-Anne , fille de N.
voyez De la Tour (Ve de Louis-
Denys) 1737.

Mérigot (Mr *Jacques*) 1.er fil de
François Gabriel.
1749. 31 Déc.   Libraire.
1788 — Boullevard S Martin.
MÉRIGOT (Mr *Jean Gabriel*) 2.d
fils de *François Gabriel*, & gendre de Mr *N. L fèvre*, Libraire
de Versailles, par Dlle *N.*
1765. 17 Déc.   Libraire.
1786 11 Sept.   Adjoint.
1788 — Quai des Augustins.
Merlin (*Guillaume*) gendre de
Guillaume *Godard*, Libraire.
1538.   Libr. Juré & Impr.
1570.   exerçoit.
Merlin (*Joseph*).
1764. 22 Juin,   Libraire, par
Arrêt du Conseil
1783. 8 Mars, meurt.
Merville (*Pierre*).
1654. 30 Avr.   Libraire.
Mesnard *voyez* Ménard.
Mesnier (*Alexis Xavier-René*)
gendre de N. *Mouton*, par
Marie, morte le 21 Oct. 1748,
rue & Paroisse S. Severin.
1723. 15 Déc.   Libraire.
1724. 26 Janv.   Imprimeur.
1750 8 Mai, s'étoit démis de
son Imprimérie.
1757. 17 Mai, meurt, quai de
la Tournelle, Paroisse S.
Nicolas du Chardonnet.
Mesnier (*Marie*, fille de N.
Mouton, Ve d' *Alexis-Xavier-
René*).
1757. 18 Mai,   Libraire.
1766.   morte avant.
Mesnier *voyez* Ménier.
Messager (*Thomas*).
1606.   Libraire.
1612.   exerçoit.
Messager (*Jean*).
1606.   Libraire.
1618.   exerçoit.
Mestais (*Jean*).
1618.   Libr. & Impr.
1627.   exerçoit.

Mestayer *voyez* Mettayer.
Mesvière (*Etienne*).
1545.   Libraire.
Mettayer (*Jean*) frère aîné de
Jamet & de *Pierre*.
1573.   Libr. & Imprim.
Ordinaire du Roi.
1599.   exerçoit.
Mettayer (*Jamet*) 1er frère puîné
de *Jean*.
1586.   Libraire & Im-
primeur Ordinaire du Roi.
1602.   exerçoit.
Mettayer (*Pierre*) frère puîné de
Jean & de *Jamet*.
1601.   Libr. & Imprim.
Ordinaire du Roi.
1639. 3 Janv. meurt, Paroisse
S. Benoît. Il avoit pour
marque la *Fleur de Lis.*
Mettayer, *peut être* Maittaire :
[*Catalogue de Hoym*, par Ga-
briel Martin, No 1709.]
Méturas (*Gaspar I.*)
1619. 11 Sept.   Libraire.
1680.   exerçoit.
Méturas (*Gaspar II.*) fils de
Gaspar I.
1662. 26 Janv.   Libraire.
1688.   mort.
Meusnier (*Isaac*).
1627.   Libraire.
Meusnier (*Marguerite*) *voyez* De
Heuqueville (Ve de *Jean*) 1629.
Meuzier *voyez* Musier.
Micard (*Claude I.*).
1558.   Libraire.
Micard (*Claude II.*) 1er fils de
Claude I.
1598.   Libraire.
Micard (*Jean*) 2e fils de *Claude I.*
1605.   Libraire.
Michalet (*Etienne*).
1671.   exerçoit la Li-
brairie & l'Imprimerie.
1676. 27 Oct. reçu à la Chambre.
1697. 1 Janv. Marg. de S. Severin.
1703.   mort avant.

[note manuscrite en bas de page :] Messier (Denys) libraire à Paris rue de la Harpe au pilier vert (feuille au calendrier ... De 1488 ...

Michault (D^{lle} N. fille de M. N.)
femme de M. Defaint (Jean-
Charles.) 1776.
Michel (Pierre).
1610. . . . Libraire.
1612. . . . exerçoit.
Michel (Michel).
1627. . . . Libraire.
Michelin (Jean).
1622. 20 Sept. Libraire.
1679. . . . mort.
Michelin (N. Ve de Jean).
1679. . . . Libraire.
1680. . . . exerçoit.
Michelin (Nicolas) fils de Jean.
1653. 27 Mars, Libraire.
1703. . . . mort.
Michelin (N. Ve de Nicolas).
1703. . . . Libraire.
1727. . . . morte avant.
Michelin (N. fille de Jean) femme
de Frémin (Simon) 1646.
Michelin (N. fille de Jean) femme
de Gauglin (Jean) 1651.
Michelin (Anne-Marguerite, fille
de N.) voyez Janot (V^e de
Gabriel-Joseph) 1742.
Michon (François I.
1594. . . . Libraire.
1627. . . . exerçoit.
Michon (Félix).
1612. . . . Libraire.
1627. . . . exerçoit.
Michon (François II.) 1er fils de
François I.
1633. 28 Avril, Libraire.
Michon (Etienne) 2d fils de
François I.
1633. 28 Avril, Libraire.
1684. 8 Oct. exerçoit.
Michon (Guillaume) 3me fils de
François I.
1639. 13 Octob. Libraire.
Michon (Pierre).
1664. 18 Déc. Libraire.
Michon(Franço s III.)fils d'Etienne.
1686. 8 Oct. Libraire.
1713. . . . mort avant.

Mile (François) gendre de Denys
Houffaie.
1639. 8 Nov. Libraire.
Miles, voyez Soldat.
Milêtre ou Milette (Frémin).
1606. . . . Libraire.
1612. . . . exerçoit.
Millanois de la Thibaudière (D^{lle}
N. fille de M^r) voyez Vatard (V^e
de Jacques-Julien) 1777.
Millon (Généviève) voyez Moët,
(Ve de Thomas) 1710.
Millet (Didier) Ligueur.
1587. . . . Libr. & Imprim.
1588. . . . exerçoit.
Millot (Jean) fils de Didier.
1606. . . . Libraire.
1655. . . . exerçoit.
¶ Il demeuroit (au moins en
1611.) rue & devant S.
Barthélemi, aux III. Couronnes, & fur les dégrés de la
grande Salle du Palais.
Mingot (Marin).
1606. . . . Libraire.
1612. . . . exerçoit.
Miquelin (Pierre I.)
1693. 27 Août, Libraire.
Miquelin (Pierre II.)
1726. 9 Mars, Libraire-Juré.
Mirault (Antoine).
1596. . . . Libraire.
1643. 29 Déc. morte avant.
Mirault (Jean I.)
1606. . . . Libraire.
1679. . . . mort.
Mirault (N. Ve de Jean I.)
1679. . . . Libraire.
1680. . . . exerçoit.
Mirault (Etienne) 1er fils d'Antoine.
1643. 29 Déc. Libraire.
1680. . . . exerçoit.
Mirault (Jean II.) 2d fils d'Antoine.
1655. 18 Mars, Libraire.
1656. . . . exerçoit.
Mitrelhus (Georges).
1484. . . . Libr. & Impr.
1500. . . . exerçoit.

Mobillion (*Antoine*).
1611. . . . . Libraire.
1627. . . . . exerçoit.
Moët & depuis Moette (*Pierre*)
fils de *Thomas*, Libraire à Soif-
fons, & de Magdeléne *Pinchard*,
de Reims , depuis gendre de
Maturin *Hénault*, par *Géneviéve*.
1649. 18 Sept.   Libraire.
1659. 2 Oct.   mort avant.
Moët (*Thomas*) fils de *Pierre*.
1655. 2 Oct.   Libraire.
1701. 1 Janv. Mar. de S. Severin.
1710. 17 Mars ; meurt.
Moët (Géneviéve *Milion* , Ve de
Thomas).
1710. 17 Mars ; Libraire.
1728. . . . .   exerçoit.
Moët (*François*) 1er fils de *Thomas*.
1691. . . . .   Libraire.
1694. . . . fe retire à Cambridge
en Angleterre, & y meurt.
MOËT & MOETTE (*Charles*)
2d fils de *Thomas*, & gendre de
N. *Raillard* , par *Marguerite* ,
morte le 11 Janvier 1754 ; rue
S.-Jacques, Paroiffe S. Severin.
1672. 7 Juin , naît à Paris.
1693. 26 Juin, Libraire.
1711. 8 Mai,   Adjoint.
1754. 28 Févr. meurt , âgé de
82 ans, rue S. Jacques, paroiffe
S. Severin. Il étoit grand Bi-
bliographe.
Moët (*Jacques-Thomas*) fils de
Charles.
1713. 14 Avril, Libraire.
1716. 6 Nov.   meurt.
Moire (*Jean*).
1619. . . . . Libraire.
Moire (*Jacques*) fils de *Jean*.
1619. 8 Nov. Libraire.
Molini (M. *Jean Claude*) Italien,
1756. 2 Mai ; Libraire.
1788. , rue Mignon.
Momoro (M. *Antoine François*).
1787. 15 Déc. Libraire.
1788. , rue de la Harpe.

Monder (*Guillaume*).
1542. . . . . . Libraire.
Mondiète (*Melchior*).
1612. . . . . . Libraire.
1645. . . . . . exerçoit.
Monet (*Simon*) gendre de Nicolas
Boiffet , Libraire.
1654. 30 Avril, Libraire.
Mongobert (*Pierre*).
1691. . . . . Libraire.
1694. . . . . mort avant.
Monnier (*Pierre*).
1634. 7 Sept. Libraire.
1656. 2 Mars , exerçoit.
Monnier (*Jacques*).
1635. 27 Sept. Libraire.
Monnier (*Claude*) 1er fils de
Jacques.
1661. 15 Déc.   Libraire.
1694. . . . .   mort avant.
Monnier (*Jean*) 2e fils de *Jacques*.
1661. 15 Déc.   Libraire.
1694. . . . .   mort avant.
Monnier (*Louis*).
1691. . . . . . Libraire.
1694. . . . . . mort avant.
Monnoyer (*Antoine*).
1618. 19 Nov. Libraire.
1627. . . . .   exerçoit.
Monori (M. *François-Hubert*).
1770. 26 Oct.   Libraire.
1788. , rue des Foffes S. - Germain-des-Prés.
Montalant (*François*) gendre de
de Laurent *Le Conte*.
1708. 4 Mai , Libraire.
1724. 13 Nov.   Imprimeur.
1754. 9 Sept. meurt , âgé de
79 ans , quai des Augu-
ftins, Paroiffe S. André.
Montmiral (*Nicolas*).
1627. . . . . . Libraire.
Montmiral (*Sébastien*) 1er fils de
Nicolas.
1646. 30 Août , Libraire.
Montmiral (*Marin*) 2d fils de
Nicolas.
1646. 30 Août , Libraire.

MORAND (*Claude*).
1641. . . . Libraire.
1660. 24 Juin, Adjoint.
Morautin (*Nicolas*).
1614. . . . Libraire.
1618. . . . exerçoit.
Moreau (*Jean I.*) frère aîné de
François.
1559. . . . Libr. & Imprim.
Moreau (*François*) frère puîné
de Jean I.
1560. . . . Libraire.
Moreau (*Silveſtre*).
1606. . . . Libraire.
Moreau (*Jean II.*)
1610. . . . Libraire.
1638. . . . mort.
Moreau (*N.* Vᵉ de *Jean II.*).
1638. . . . Libraire.
MOREAU (*Denys I.*) beau-frère
d'Antoine *Eſtienne* , & gendre
de Jean I. *Le Clerc.*
1618. . . . Libraire.
1628. 8 Juin, Adjoint.
1631. . Marguillier de S. Benoît.
1647. 29 Août, mort avant.
Moreau (*Adrien*) fils de Jean II.
1638. 11 Mars, Libraire.
1639. . . . . exerçoit.
Moreau (*N.* , fille de *N.*) voyez
Le Brun (*Jean*). 1639.
Moreau (*Pierre*) Ecrivain - Juré ,
inventeur d'une ſorte de caractères Typographiques , imitant
l'Ecriture Bâtarde.
1640. . . . Libr. & Imprim.
dans le genre de ſon invention.
1647. . . . . . exerçoit , rue
S. Barthélemi , devant l'Horloge du Palais. Il prenoit la
qualité d'Ecrivain à Paris , &
Imprimeur Ordinaire du Roi.
1648. . . . . mort.
(*Voyez* 1ʳᵉ partie , pag. 192.)
MOREAU (*N.* , Vᵉ de (*Pierre*).
1648. . . . Libr. & Impr.
Moreau (*Denys II.*) fils de *Denys I.*
1647. 29 Août ; Libraire.

Moreau (*N.* fille de *Denys I.*) voyez
Couteſot (Vᵉ d'*Edme I.*) 1687.
Moreau (*Jean III.*).
1698. 6 Juin , Libr. & Imprim.
1703. 24 Avril , interdit.
1708. { 4 Janv.
{ 2 Mars , } rétabli,
{ 18 . . . . confirmé.
1715. . . . . mort.
Moreau (*N.* Vᵉ de *Jean III.*).
1715. . . . Libr. & Impr.
1732. 30 Déc. morte avant.
MOREAU (*Jean-François*) fils de
Jean III.
1715. 15 Févr. Libraire.
1732. 30 Déc. Imprimeur.
1741. 16 Mai , Adjoint.
1751. 12 Août , meurt , rue
Gallande , Paroiſſe S. Severin.
Moreau (Catherine-Françoiſe Pépie,
Vᵉ de *Jean-François*).
1751. 12 Août , Libr. & Impr.
1751. 10 Nov. s'ôtok demiſe
de ſon Imprimerie.
1765. 5 Avril , meurt.
MOREAU (*Nicolas-François*) fils
de *Jean-François* , & gendre de
Pierre-Michel *Huart* , Libraire.
1742. 27 Janv. Libraire.
1751. 10 Nov. Imprimeur.
1759. 26 Avril , Adjoint.
1773. 2 Mars , meurt.
Morel (*Jean*).
1537. . . . Libraire.
1559. . . . exerçoit.
Morel (*Balcazar*).
1580. . . . Libraire.

[AUTRE FAMILLE].

Morel (*Guillaume*) de Normandie.
1548. . . . Libr. & Imprim.
Royal pour le Grec.
1564. . . . mort.
Morel (*N.* , Vᵉ de *Guillaume*).
1564. . . . Libraire & Imprimeur Royal pour le Grec.
1564. . . . ſe remarie à Jean
Bien-né , Libraire.

[AUTRE FAMILLE].

Morel (*Fédéric* ou *Frédéric* I.) de Champagne , Interpréte du Roi ès Langues , gendre & héritier de Michel *Vascosan* , & neveu de Robert II. *Eſtienne* , demeurant , rue S. Jean-de-Beauvais , au fauc. Mûrier (*vico Bellovaço , ad urbanam Morum.*

1557. . . . . Libr. & Imprim.
1571. 4 Mars , Imprimeur Ordinaire du Roi.
1581. 2 Nov. ſe demet de ſon titre d'Imprimeur du Roi.
1583. 17 Juill. meurt , âgé de 60 ans , & eſt inhumé à S. Benoît avec Epitaphe.

Morel (*Fédéric* ou *Frédéric* II.) 1er fils de *Frédéric* I. , Interpréte du Roi ès Langues.

1580. . . . . Libraire.
1581. 2 Nov. Imprimeur Ordinaire du Roi , par la démiſſion de ſon père.
1618. . . . Marg. de S. Benoît.
1630. 27 Juin , meurt Doyen des Profeſſeurs Royaux , & eſt inhumé à S. Benoît. Lorſque ſa femme ſe mouroit , on vint pour l'arracher de ſon Bureau ; il ne voulut pas quitter la plume , qu'il n'eût achevé la phraſe qu'il avoit commencée. Elle n'étoit pas encore finie , qu'on vint lui annoncer que ſa femme étoit morte. « J'en ſuis bien » marri , répondit il ; c'étoit » une bonne femme. Son portrait fut gravé *in-8°* en 1617.

Morel (*Claude* I.) 2d fils de *Frédéric* I.

1579. . . . . Libraire.
1616. 16 Nov. meurt , & eſt inhumé à S. Benoît , avec Epitaphe.

Morel (*Jeanne Henri* , Ve de *Claude* I.)

1616. 16 Nov. Libraire.
1627. . . . . . exerçoit.

Morel (*Charles*) 1er fils de *Claude* I.

1617. 29 Juill. Libraire.
1635. 29 Janv. Imprimeur Ordinaire du Roi.
1640. environ , Secrétaire du Roi.

Morel (*Claude* II.) 2 fils de *Cl.* I.

1627. . . . . Libraire.
1634. 14 Juin , meurt.

Morel (*Gilles*) 3e fils de *Claude* I.

1639. 18 Sept. Libr. & Imprim. Ordinaire du Roi.
1640. 19 Avr. reçu à la Chambre.
1643. . . . . exerçoit.
1650. environ , Conſeiller au Grand'Conſeil , & Auteur des *Morels* , depuis long-temps diſtingués dans la Robe.

[IVme FAMILLE].

Morel (*Jacques*) de Paris.

1683. 9 Sept. Libraire.
1708. . . . . mort.

Morel (*N.* Ve de *Jacques*).

1708. . . . Libraire.
1712. . . . . mort avant.

Morel (*Jean-Raoul*) fils de *Jacques*.

1705. 27 Oct. Libraire.
1757. 11 Oct. meurt , rue S. Eloi , Paroiſſe S. Pierre des Arcis.

Morel (*Marie-Éliſabeth Caboche* , Ve de *Jean-Raoul*).

1757. 11 Oct. Libraire.
1775. 30 Août , meurt , rue Pirouette , Par. S. Euſtache.

Morel (*Léonard-Marie*) fils de *Jacques* , & gendre de *N. Le Vaſſeur* , par *Généviéve*.

1716. 21 Août , Libraire.
1764. 23 Sept. meurt , âgé de 74 ans , rue de la Calandre , Paroiſſe S. Germain-le-Vieil.

Morel

Morel (Généviéve *Le Vasseur*, Vᵉ de *Léonard-Marie*).
1764. 23 Sept. . Libraire.
1768. . . morte avant.
Morellius *voyez* Morel.
Morice (*Julie Marthe*) *voyez* Robinot, (Vᵉ de *Fr.-Et.*) 1756.
Morin *ou* Morini (*Michel*),
1495. . . . Libraire.
Morin *Martin*).
1514. . . . Libraire.
(*Catalogue de la Valliere, nᵒ 544.*)
Motin (*Jan*).
1537. . . . Libraire.
(*Catalogue de de Boze, nᵒ 2437.*)
[AUTRE FAMILLE].
Morin (*Jean André*)
1721. 16 Déc. . Libraire.
1758. 31 Janv. . meurt.
Morin (Anne-Françoise *Le Mercier*, Vᵉ de *Jean-André*).
1758. 31 Janv. . Libraire.
1773. 30 Juin , meurt.
Morin (Mr *Benoît*) fils de *J.-André*, & gendre de Mr *N. Gallien*, par Dlle *Généviéve-Félicité-Perpétue*.
1772. 5 Nov. . (Libraire.
1775. 27 Janv. . Imprimeur.
1785. 26 Sept. . s'étoit démis de . . son Imprimerie.
1788. — rue S. Jacques.
[AUTRE FAMILLE].
Morin (Mr *François*).
1787. 18 Sept. . Libraire.
1788. — au Palais-Royal.
Morini , *voyez* Morin.
Morinion , *voyez* Dongois.
Morisset (*Pierre*) gendre, 1ᵒ d'Urbain *Coustelier*, par *Elisabeth*: 2ᵒ de *N. Pampreau*, par *Marie Anne*.
1711. 11 Juill. . Libraire.
1737. . . . mort.
Morisset (Marie-Anne *Pampreau*, Vᵉ de *Pierre*).
1737. . . . Libraire.
1759. 7 Nov. . meurt.

Morisset (*Jean-François*) fils de *Pierre*.
1740. 23 Févr. . Libraire.
1775. . . . mort avant.
Morlot (*Claude*).
1618. 4 Oct. . Libr. & Imprim.
1649. . Juill. . est condamné à . . perdre la vie , pour avoir . . imprimé une Satyre contre . . la Reine ; mais il est sauvé . . par le Peuple. *Voyez* le . . *supplément , du Dict. hist. . . de l'Advocat.*
Morthius , *voyez* Morrhy.
Morrhy (*Gérard*) où *Des Champs* (*Campensis*).
1530. . . . Libr. & Imprim.
1532. . . . exerçoit , dans . . la maison de Sorbonne , au . . même lieu où avoient été les . . presses des trois Allemands . . qui apportèrent d'Allemagne . . à Paris l'Art de l'Imprimerie.
MOUCHET (*Denys*).
1711. 10 Mars . Libraire.
1737. 5 Juill. . Adjoint.
1755. 27 Juill. . meurt , rue aux . . Fèves , Paroisse S. Pierre- . . des-Arcis.
Mouchet (Catherine *de Canville*, Vᵉ de *Denys*).
1755. 27 Juill. . Libraire.
1768. 6 Juin . meurt , âgé de . . 84 ans , rue aux Fèves , Pa- . . roisse S. Pierre-des-Arcis.
Mouchet (*Catherine-Magdeléne*, fille de *Denys*) femme de Mr *André-François Knapen*, 1747.
Moulin *Sébastien*).
1584. . . . Libraire.
Moulin (*Guillaume*).
1691. . . . Libraire.
Moureau (Mr *Venant Roch*).
1777. 10 Mars . Libraire.
1788. — Quai des Augustins.
Moussai (Dlle *Reine*, fille de Mr *N.*) . femme de M. *Quillau* (*Jacques-François*) 1742.

R

Mouſſot (*N.* fille de *N.*) femme de Fournier (*François*) 1708.

Moutard (Mr *Nicolas-Léger*) fils de Mr N. , & de Marie Légère *De Bure* , morte le 2 Janvier 1778 , & gendre, 1º. de Mr *N. Aubert*, par Dlle *Henriette-Roſe*, morte le 20 Avril 1773 , quai des Auguſtins, Paroiſſe S. André ; 2d de M. *N. Thocqueſne* , par Dlle *N.*

1765. 2 Mai . Libraire.

1777. 28 Janv. . Imprimeur.

1788. — rue des Maturins , Hôtel de Cluny. Imprim. de la Reine.

Moutard (*Marie-Eſmée* , fille de N.) 1re. femme de Mr Didot , *Pierre-François*) 1753.

Mouton (*Marie* , fille de *N.*) voyez Meſnier (*Alexis-Xavier-René*) 1723.

MUGUET (*François*) de Lyon , gendre de Jean *Pilé*, par Cather.

1558. 22 Août . Libr. & Impr.

1561. 15 Nov. . Imprimeur Ord. du Roi, par Brevet de retenue.

1563. 29 Avril , eſt décrété de priſe de corps par le Parlement, pour avoir imprimé une Bulle , publiée dans le Lit de Juſtice de ce jour. L'Arrêt qui le décrète, défend de publier des Bulles , ſi elles ne ſont revêtues de Lettres-Patentes enregiſtrées en la Cour.

1571. 8 Mai . Adjoint.

1571. 11 Nov. . Imprimeur Ord. du Roi , par *Lettres* en conſéquence du *Brevet* précédent.

1581. 7 Janv. . Marguillier de S. Severin.

1683. . établit une Imprimerie à Verſailles.

1686. remet ſes Lettres d'Imprimeur Ordinaire du Roi, pour être pourvu de celles de feu Pierre *Le Petit* ; aux mêmes gages & appointemens de 225

livres touchées ſur l'Etat.

1702. 9 Fév. , meurt, rüe de la Harpe , Par. S. Severin ; Il prenoit la qualité de I. Imprimeur du Roi, & étoit Impr. du Clergé de France. Son Portrait a été gravé *in-fol.* par Thomaſſin , d'après Dequoy.

Muguet (*Catherine* , fille de Jean *Pilé* , Ve de François).

1702. 9 Fév. . Libr. & Imprim.

1713. . morte avant.

Muguet (*Théodore*) 1er fils de *François*.

1686. 14 Sept. . Libraire.

1723. . mort avant.

Muguet (*François-Hubert*) 2d fils de *François*.

1690. 13 Juin . Libraire.

1691. 16 Juill. . Imprimeur, poſt exercer concurremment avec ſon père ; qui a une Imprimerie à Verſailles.

1742. 6 Déc. . mort avant , avec la qualité de 1er Imprim. du Roi ; il demeuroit, rue neuve N. D. à la *Croix d'or*.

Muguet (*Henri*) 3e fils de *François*.

1698. 5 Août . Libraire.

1700. 5 Août . Imprimeur.

1705. . non inſcrit.

Muſar (*Jean*).

1590. . Libraire.

1618. . exerçoit.

Muſier ou Meuzier (*François* Ic)

1610. . Libraire.

1627. . exerçoit.

Muſier (*Jérôme*) 1er fils de Fr. I.

1639. 20 Oct. . Libraire.

Muſier (*François* II.) 2d fils de *François* I.

1641. 19 Juill. . Libraire.

Muſier (*Jean*) fils de *Jérôme*.

1661. 15 Déc. . Libraire.

1689. 28 Août , mort avant.

Muſier (*Jean-Baptiſte*) fils de Jean.

1689. 28 Août , . Libraire.

1737. . mort.

Mufier (Catherine-Généviéve Ref-
saire , Ve de Jean-Baptiste).
1737.   Libraire.
1749. 24 Janv.   meurt , rue du
  Hurepoix , Paroiffe S. André
  des Arcs.
Mufier (Jean-François) fils de
Jean-Baptiste.
1721. 12 Sept.   Libraire.
1777. 22 Avril, meurt , rue du
  Foin , Paroiffe S. Severin.
Mufier (Marie-Jeanne Loncle , V^e
de Jean-François).
1777. 22 Avril, Libraire.
1777. 16 Déc.   meurt , quai
  des Augustins , Paroiffe S.
  André-des-Arcs.
Mufier (Mr Jean-Baptiste-Guillaume) fils de Jean-François ,
& gendre , 1° de Michel Damonneville , par Eléonore ; morte le
16 Mars 1764 , quai des Augustins, Paroiffe S. André , 2°
de Jacques Boullanger , par
Louise-Marguerite , morte le
5 Janvier 1774 , quai des Augustins , Paroiffe S. André.
1756. 18 Juin , Libraire.
1788. — rue Pavée-S.-André.
Mufnier (Nicolas)
1582. . . . . . . Libraire.
1606. . . . . . . exerçoit.
Mufnier (François)
1612. . . . . . Libraire.
1613. . . . . . exerçoit.
Mufnier (Pierre).
1627. . . . . . Libraire.
1628. . . . . . exerçoit.
Mufnier (André).
1639. 10 Nov.   Libraire.
1648. . . . . . mort.
Mufnier (N. V^e d'André).
1648. . . . . . Libraire.
1649. . . . . . exerçoit.
Mutel (Simon).
1691. . . . . . Libraire.
1694. . . . . . mort avant.

Née de la Rochelle (Mr Jean-
Baptiste-François) beau-fils de
feu M. Jean-Baptiste Gogué.
1773. 31 Déc.   Libraire.
1788. — rue du Hurepoix, Libr.
de la Grande-Prévôté.
Négo (Jean-Baptiste)
1654. 5 Mars , Libr. & Imprim.
1702. . . . . .   mort.
Négo (Claude) fils de Jean-Bapt.
1665. 10 Déc. Libr. & Imprim.
1710. 10 Janv.   mort avant.
Négo (Elizabeth , fille de Jean-
Baptiste.) voyez Guillery (V^e de
Charles) 1703.
Négo (Marie-Marguerite , fille
de Claude) voyez Knapen (V^e
de Jean-François) 1729.
Néobar (Conrard)
1538. 17 Janv.   Libraire-Juré &
  Imprimeur Royal en Grec.
1540. . . . . .   mort.
Néobar (Emée-Tufan V^e de
Conrard.
1540. . . . . .   Libraire-Jurée
  & Imprimeur Royal en Grec.
1550. . . . . .   exerçoit.
Néra (D'lle N. , fille de Mr N.)
voyez D'Houry (Ve de Laurent-
Charles) 1786.
Nicod (Antoine).
1611. . . . . . Libraire.
1627. . . . . . exerçoit.
Nicod (Claude) fils d'Antoine.
1649. 18 Sept.   Libraire.
1679. . . . . .   mort.
Nicod (N. Ve de Claude).
1679. . . . . . Libraire.
1695. . . . . . exerçoit.
Nicole (Jacques).
1588. . . . . . Libraire.
Nigaud (Jean).
1606. . . . . . Libraire.
1612. . . . . . exerçoit.
Niger , voyez Le Noir.

Ninin(*Laurent*, gendre de J. *Brunet*).
1649. 2 Sept.   Libraire.
Nimin (*Gilles*).
1617. 15 Mars, Libraire.
1696. . . . .   mort avant.
Nivelle (*Sébastien*) gendre de N.
  Baudeau, par *Magdeléne*.
1550. . . . . Libr.-Juré & Impr.
1603. 19 Nov. * meurt, après
  avoir vécu 80 ans, dont 55
  avec sa femme. Il est inhumé
  à S. Benoît avec une Epitaphe
  qui le qualifie la *Perle des*
  Libraires de la France. Il avoit
  pris pour devise ces mots : *Ho-*
  nora Patrem tuum & Matrem
  tuam ut sis longævus super
  terram.

  * *L'Etoile* dit que ce fut le Mardi,
  & alors ce seroit le 18. La *Chronologie*
  des Curés de S. Benoît met le 18. Ce sont
  deux erreurs que l'Epitaphe redresse.

Nivelle (Magdeléne *Baudeau*, Vᵉ
  de *Sébastien*).
1603. 19 Nov. Libraire-Jurée.
1611. 9 Mai, meurt, après
  avoir vécu 78 ans, dont 55
  avec son mari. Elle est inhumée à S. Benoît avec son mari,
  & avec une Epitaphe commune.
Nivelle (*Nicolas*) 1er fils de Sébastien, & Associé de Guillaume
  Chaudière
1583. . . . . Libraire-Juré.
1589. . . . . . Imprimeur de la
              Sainte-Union.
1594. 20 Juin, . inhumé à S.
  Benoît, dans la sépulture
  de ses père & mère.
Nivelle (*Robert*) 2d fils de *Sébastien*.
1590. . . . . . Libraire.
1598. 25 Sept. meurt, & est
  inhumé à S. Benoît. Il
  avoit pris, pour marque
  deux Colonnes entrelacées,
  avec ces mots : *Pietate &*
  justitiâ, qui faisoient la
  devise de Charles IX.

Nivelle (*N.* fille de *Sébastien*)
  femme de Cramoisy (*Sébastien* I.)
1589.
Nivelle (*Michel*).
1606. . . . Libraire.
1627. . . . exerçoit.
  Il avoit pour marque deux
  Cygnes, avec ces mots :
  Sine sorde laborant.
Nivelle (*François* I.) gendre de
  Gilles *Gourault.*
1683. 10 Sept.   Libraire.
1701. 8 Janv. mort avant.
Nivelle (*François* II.) fils de
  François I.
1701. 8 Janv.   Libraire.
1705. . . .   mort avant.
Nivellius voyez Nivelle.
Noel (*François*).
1643. 24 Nov.   Libraire.
1656. 28 Sept. exerçoit.
Noyau (*Julien*).
1583. . . . . Libr. & Imprim.
Nyon (*Guillaume*) frère aîné de
  Michel.   *père*
1580. . . . Libraire. *fils*
Nyon (*Michel*) frère puîné de
  Guillaume.
1610. . . . . . Libraire.
1612. . . . . exerçoit.
Nyon (*Jean*) 1er fils de *Guillaume.*
1635. 29 Mars, Libraire.
Nyon (*Geoffroi*) 1er fils de *Jean.*
1662. 9 Nov. Libraire.
1695. . . . . exerçoit.
Nyon (*Denys*) 2 fils de *Jean.*
1662. 9 Nov. Libraire.
1691. . . . . . mort.
Nyon (*N.* Vᵉ de *Denys*). (1)
1691. . . . . Libraire.
1703. . . .   morte avant.
Nyon (*Jean-Geoffroi*).
1695. 2 Janv. Libraire.
1716. 12 Nov. Adjoint.
1737. . . . . mort avant.
Nyon (Dlle *Marie-Elisabeth*) fille
  de Mr N.) femme de Mr Hardy
  (*Guillaume-Ambroise*) 1730.

(1) Elizabeth Prosne.

Denis

Nyon (*Jean-Luc* I.) fils de *Denys*, & gendre de N. *Didot*, par *Marie-Anne*, morte le 19 Septembre 1747, Place de Conti, Paroisse S. Sulpice.
1698. 12 Mai, Libraire.
1754. 14 Déc. meurt, âgé de 80 ans, rue Pavée, Paroisse S. André des Arcs.

Nyon (*Etienne*) fils de *Jean-Geoffroi*.
1713. 28 Mars, Libraire.
1714. . . . mort ou retiré.

NYON (Mr *Jean-Luc* II.) fils de *Jean-Luc* I.
1722. 12 Juin, Libraire.
1749. 27 Oct. Adjoint.
1768. 24 Juill. meurt, rue du Hurepoix, Paroisse S. André des Arcs.

Nyon (Dlle *Marie-Magdelène Béruyer*, Ve de *Jean-Luc* II.)
1768. 24 Juill. Libraire.
1788. — rue Mignon.

NYON (Mr *Jean-Luc* III.) 1er fils de *Jean-Luc* II. & depuis gendre de Charles *Saillant*.
1765. 21 Mars, Libraire.
1785. 23 Juill. Adjoint.
1788. — rue du Jardinet.

Nyon (Mr *Pierre-Michel*) 2d fils de *Jean-Luc* II. & depuis gendre de Denys-Jean *Aumont*.
1773. 5 Mars, Libraire.
1788. — Pavillon des IV. Nations.

Nyon (Mr *Nicolas-Henri*) 3e fils de feu *Jean-Luc* II. depuis gendre de M Charles-François *Du Pé*, Garde du Corps de la Bonneterie en 1773, par D e *Cécile-Victoire*, sa fille aînée.
1775. 5 Sept. Libraire.
1782. 31 Août, Imprimeur.
1788. — rue Mignon. — Imprimeur du Parlem., du Bailliage du Palais, de la Connétablie, de l'Amirauté, & des Eaux & Forêts de France, &c., &c.

Nyon (Mr *Marie-Jean-Luc*, fils de Mr *Jean-Luc* III.
1787. 13 Déc. Libraire.
1788. — rue du Jardinet.

Nyverd (*Guillaume* I.)
1516. . . . . Libraire.

Nyverd (*Jacques*).
1521. . . . . Libr. & Imprim.
1535. . . . exerçoit.

Nyverd (*Guillaume* II,)
1561. . . . . . Libr. & Imprim. Ordinaire du Roi.

Nyverd (*Charlotte*, fille de *Guillaume* II.) voyez De Montr'œil, (Ve de *Claude*) 1610.

Oget (*Magdelène-Thérèse*, fille de N.) 2me femme de Lambert (*Michel*.) 1749.

Olivier (*Jean*).
1521. . . . . Libr. & Imprim.
1527. . . . . exerçoit.

Onfroy (Mr *Eugène*) fils de Mr *Philippe*, depuis gendre, 1o de Mr Augustin-Martin *Lottin*, par Dlle *Marie-Sophie*, qu'il épouse le 6 Juin 1773, morte le 19 Novembre 1779. 2o de Mr N. *Scot*, par Dlle *Anne-Rosalie*, qu'il épouse le 12 Février 1781.
1772. 13 Mars, Libraire.
1788. — rue S. Victor: Libraire de la Grande-Prévôté.

Orient (*Geneviève*, fille de N.) voyez De Bats (Ve de *Pierre* II.) 1730.

Orry (*Marc*) gendre de N. *Métayer*, par *Jeanne*.
1588. 27 Juin, Libraire-Juré & Imprimeur.
1610. 26 Juin, meurt, & est inhumé à S. Benoît. Il avoit pour marque un Lion rampant, regardant les étoiles, avec ces paroles: Ad astra per aspera Virtus. Heureux présage de la fortune de sa postérité.

c'eſt de ce Libraire-Imprimeur que ſont deſcendus Philbert Orry, Contrôleur Général des Finances, (de Mars 1730 à Décembre 1745) ; & Jean-Louis Orry de Fulvy, ſon frère, Intendant des Finances (de 1737 à 1744) leſquels ont conſervé dans leur blazon la marque Bibliographique de leur Auteur.

Orry (Jeanne *Mettayer*, Vᵉ de *Marc*.)
   1610. 25 Juin, Libr-Juré & Impr.
   1618. . . . . . exerçoit.

Orry (Jean), fils de *Marc*.
   1610. . . . . Libraire.
   1618. . . . . exerçoit.

Oſmont (*Jacques*).
   1618. . . . . Libraire.
   1627. . . . . . exerçoit.

Oſmont (*Charles* I.). gendre de Jacques *Compaing*.
   1686. 18 Sept. Libraire,
   1690. . . . . . mort.

Oſmont (*N.*, fille de Jacques *Compaing*, Vᵉ de *Charles* I.)
   1690. . . . Libraire.
   1703. . . . morte avant.

OSMONT (*Charles* II.) fils de *Charles* I.
   1688. 17 Août, Libraire.
   1707. 1 Janv. Marg. de S. Severin.
   1713. 8 Nov. Adjoint.
   1730. . . . mort avant.

Oſmont (*N* fille de *N.*) femme de Guérin (*Hippolyte - Louis*)
   1718.

Oſmont (*Jacques-Philippe-Charles*) 1er fils de *Charles* II. & gendre de *N. De la Roue*, par *Marie-Anne*, morte le 16 Mai 1747, rue S. Jacques, Par. S. Severin.
   1715. 30 Avril, Libraire.
   1722. 4 Avril, Imprimeur.
   1748. 14 Juin, s'étoit démis de ſon Imprimerie.
   1754. . . . . . . non inſcrit.

Oſmont (*N.* fille de *N.*) voyez Clouſier (*Jacques*) 1727.

Oſmont (*Marie-Anne*, fille de *Jacques-Philippe-Charles*) voyez Delaguette (Vᵉ de *François*) 1756.

Oſmont (*Jean - Baptiſte*) 2d fils de *Charles* II.
   1720. 16 Janv. Libraire.
   1775. . . . . mort ou retiré.

Oſmont (*Françoiſe - Gabrielle-Monique*, fille de *N.*) voyez Damonneville (Vᵉ de *Michel*) 1758.

Oſmont (*Abraham-Louis*) 3ᵉ fils de *Charles* II.
   1722. 13 Juill. Libraire.
   1762. . . . mort ou retiré.

Oudan (*Rolland*).
   1679. . . . Libraire.
   1680. . . . exerçoit.

Oudot (*Nicolas*) gendre de Jean I. Promé.
   1665. 29 Janv. Libraire.
   1697. . . . . mort.

Oudot (*N.* fille de Jean I. Promé, Vᵉ de *Nicolas*).
   1697. . . . . Libraire.
   1723. . . . morte avant.

Paçard (*Abraham*).
   1611. . . . . Libraire.
   1618. . . . . exerçoit.

Pacquet (*Jean*).
   1610. . . . . Libraire.
   1618. . . . . exerçoit.

Pageois (*Gaſpar*).
   1665. 21 Mai, Libraire.

Palfart (*Jacques*) gendre de François II. *Eſtienne*, par *Adrienne*.
   1636. 3 Avril, Libraire.

Palfart (*N.*, fille de *Jacques*) voyez Caevier (Vᵉ de *Denys*) 1686.

Paliot (*Jean*).
   1541. . . . . Libraire.

Panckoucke (Mr Charles-Joseph) fils de Mr N. , Libraire à Lille en Flandre , & gendre de Mr N. Couret de Villeneuve , Imprimeur-Libraire à Orléans ; par Dlle N.
1762. 2 Sept. Libraire.
1788. — rue des Poitevins, Hôtel de Thou.
Panelier (N.) voyez De la Guette (V^e d'André) 1742.
Pannelier (Dlle Henriette-Elisabeth, fille de Mr N.) femme de Mr Desprez (Guillaume-Nicolas)
1741.
Papillon (Etienne).
1708. 13 Août, Libraire.
1716. mort.
Papillon (Marie-Marguerite Rivet, V^e d'Etienne).
1716. Libraire.
17 - se remarie à Michel Morenne de Laubinier, Avocat.
1727. meurt.
Paquot (Henri).
1535. Libraire.
1549. exerçoit.
Paquot (Gilles).
1542. Libraire.
Parant & non Parent (Jean).
1579. Libraire.
1585. exerçoit, rue S. Jacques.
Par-dessus (Adam).
1625. (Libraire.
1664. 20 Mars , mort avant.
Par-dessus (Jean I.).
1617. Libraire.
Pardessus (Nicolas) 1er fils d'Adam.
1647. Déc. Libraire.
Pardessus (Jean II.) 2^d fils d'Adam.
1664. 20 Mars , Libraire.
Pariselle (Anne) voyez Bessin , (Ve de Charles) 1708. & Tautin, (Ve de Nicolas.) 1710.
Pas-de-loup (Antoine).
1633. 27 Janv. Libraire.
1679. mort.

Pas-de-loup (N. V^e d'Antoine).
1679. Libraire.
1680. exerçoit.
Pas-de-loup. (Nicolas) fils d'Antoine.
1665. 25 Févr. Libraire.
1694. mort avant.
Pas-de-loup (N. , fille d'Antoine) femme de Warin (Antoine)
1664.
Pas-de-loup (Michel).
1691. Libraire.
1694. mort avant.
Pas-de-loup (Philippe).
1691. Libraire.
1694. mort avant.
Paslé (Jean).
1640. 14 Janv. Libr. & Imprim.
1658. exerçoit.
Pasquier (Jean).
1627. Libraire.
Pasquier (N. fille de Jean) femme de Le Moyne (Jean) 1655.
Passy (Pierre).
1627. Libraire.
Patelé (Abel).
1620. 11 Août, Libraire.
Patisson (Mamert) d'Orléans.
1568. Libr. & Imprim.
1579. étoit Imprimeur du Roi.
1602. mort.
Patisson (Denyse-Barbe , Ve de Robert II. Estienne , & ensuite de Mamert).
1602. Libr. & Imprim.
1606. morte avant.
Patisson (Philippe) fils de Mamert.
1606. Libr. & Imprim.
Patry (Jacques-Philippe).
1717. 30 Juill. Libraire.
1742. mort avant.
Patté (Dlle Françoise-Elisabeth , fille de Mr N.) 1re femme de Mr Guessier (Pierre-François)
1738. ; décédée le 21 Juin 1759.
Pavillon (Jean) gendre de Maturin Hénault.
1635. 27 Sept. Libraire.

Paulin (*Etienne*).
1615. . . . . Libraire.
Paulin (*Eloi*).
1627. . . . Libraire.
PAULUS - DU - MESNIL (*Gilles*)
gendre de Pierre II. Le Mercier,
par *Magdeléne*.
1587. 22 Janv. Libraire.
1594. 8 Juin, Imprimeur.
1704. 19 Juill. Adjoint.
1720. 25 Déc. meurt.
Paulus - du - Mesnil (*Magdeléne*,
fille de Pierre II. *Le Mercier*,
Vᵉ de *Gilles*).
1720. 25 Déc. .Libr. & Imprim.
1739. 31 Août, morte avant.
PAULUS - DU MESNIL (*Pierre-
Augustin*) fils de *Gilles*.
1706. 28 Juill. . Libr. & Imprim.
1730. 17 Mai, Adjoint.
1757. 26 Déc. meurt, Doyen des
Imprimeurs, rue de la vieille
Draperie, Paroisse Sᵗᵉ-Croix.
Paulus-du Mesnil (*Génevieve Le
Breton*, Vᵉ en ¹ʳᵉˢ nôces de
Damien *Beunié*, & en 2des de
Pierre-Augustin).
1757. 26 Déc. Libr. & Imprim.
1758. 11 Août, s'étoit démise
de son Imprimerie.
1759. . . . . se remarie à Au-
gustin-Amable *Sibire*, Notaire.
1760. 12 Sept. meurt âgée de
83 ans, rue S. Denys,
Paroisse S. Sauveur.
Paulus-du - Mesnil (*Marie-Anne-
Génevieve*, fille de *Gilles*.)
voyez Ballard (Vᵉ de *Christophe-
Jean-François*) 1765.
Paulus du Mesnil (Dᵉ *Génevieve-
Gillenne*, fille de *Pierre-Augustin*)
voyez De Nully, Vᵉ de *Jean-
Jacques*) 1761.
Pauronnier (*Pierre*).
1581. . . Libr. & Impr. du Roi.
Pecquet (*Charles*).
1749. 16 Déc. Libraire.
1753. . . . . mort avant.

Pégany (*Marie*, fille de N.)
voyez Lesclapart (Vᵉ d'*Antoine-
Pierre*) 1749.
Pelé (*Guillaume*).
1618. 6 Avril, Libraire.
1644. 22 Juin, morte avant.
Pelé (*Claude*) fils de *Guillaume*.
1641. . . . . . Libraire.
Pelé (N. fille de *Guillaume*) voyez
Du Val (Jean II.) 1644.
Pelé (*Nicolas*).
1646. 9 Août, Libraire.
Pelé (*Denys*).
1650. 10 Févr. Libraire.
1680. . . . mort.
Pelé (N. Vᵉ de *Denys*).
1680. . . . Libraire.
1691. . . . morte avant.
Pélecier (*Nicolas*).
1560. . . . Libraire,
Pellican (*François*).
1622. 31 Juill. Libraire.
1638. . . . . exerçoit.
Pelu (*Charles*).
1627. . . . Libraire.
Pépie (*Robert*) frère aîné de *Denys*.
1683. 7 Sept. Libraire.
1703. . . . morte avant.
Pépie (*Nicolas*) fils de *Robert*.
1694. 9 Févr. Libraire.
1741. . . . morte.
Pépie (N. Vᵉ de *Nicolas*).
1742. . . . Libraire.
1753. . . . morte avant.
Pépie (*Denys*) frère puîné de
Robert.
1699. 14 Avril, Libraire.
1712. . . . mort avant.
Pépie *Catherine-Françoise*, fille de
N.) voyez Moreau (Vᵉ de
Jean-François) 1751.
Pépingué (*Théodore*).
1613. . . . . Libraire.
Pépingué (*Edme*) 1ᵉʳ fils de *Théod*.
1643 1ᵉʳ Déc. Libraire.
Pépingué (*Etienne*) 2d fils de *Théod*.
1650. 27 Oct. Libraire.
1679. . . . mort.

Pépingué

Pépingué (*N.* Vᵉ d'*Etienne*).
1679. . . . . . Libraire.
1696. . . . . exerçoit.
PÉPINGUÉ (*Nicolas*) 3ᵐᵉ fils de
Théodore.
1650. 27 Octobr. Libraire.
1668. 4 Juin, Adjoint.
1681. . . . . mort.
Pépingué (*N.* Vᵉ de *Nicolas*).
1681. . . . . Libraire.
1708. . . . . morte avant.
Pépingué (*N.* fille de *Nicolas*)
voyez Le Febvre (Vᵉ de *Jacques*)
1714.
Pépingué (*André*) fils d'*Etienne.*
1688. 8 Oct. Libraire.
1723. . . . . mort.
Pépingué (*N.* Vᵉ d'*André*).
1723. . . . . . Libraire.
1737. . . . . . morte avant.
Pépingué (*Jean*) fils d'*André.*
1701. 13 Déc. Libraire.
1745. 20 Déc. meurt , rue
Dauphine , Paroisse S. André.
Pépingué (*N.* Vᵉ de *Jean*).
1745. 20 Déc. Libraire.
1753. . . . . morte avant.
Péqueux (*Jean*) gendre de *N.* Libr.
1639. 27 Oct. Libraire.
1655. 18 Mars, exerçoit.
Péqueux (*N.* fille de *Jean*) femme
de Du Bourg (*Charles*) 1655.
Péraud (*Jean François*).
1707. 11 Oct. Libraire-Juré.
1726. 4 Mai, reçu à la Chambre
1737. . . . mort avant.
Percheron (*Claude*).
1610. . . . . Libr. & Impr.
1627. . . . . exerçoit.
Périer (*Charles*).
1550. . . . . Libraire.
1557. . . . . exerçoit.
Périer (*Thomas*).
1580. . . . . Libraire.
1586. . . . . exerçoit.
Périer (*Adrien*).
1586. . . . . Libraire.
1629. 22 Févr. mort avant.

Périer (*Jérémie*).
1597. . . . . Libraire.
1618. . . . . exerçoit.
Périer (*Christophe*) 1ᵉʳ fils de
Jérémie.
1613. 19 Oct. Libraire.
1627. . . . . exerçoit.
Périer (*Michel*) 2ᵉ fils de *Jérémie.*
1624. 29 Févr. Libraire.
1627. . . . . exerçoit.
Périer (*Louis*).
1624. 7 Nov. Libraire.
1632. . . . . exerçoit.
Périer (*Simon*) fils d'*Adrien.*
1629. 22 Févr. Libraire.
Périer (*Nicolas*) fils de *Louis.*
1645. 28 Mars, Libraire.
1654. 30 Jany. meurt.
Périer (*Samuel*).
1651. 30 Mars, Libraire.
1680. . . . . exerçoit.
Périnet (*Jean*).
1589. . . . . Libr. & Impr.
Périsse (Mʳ *Louis-Henri*) de Lyon.
1783. 25 Nov. Libraire.
1788. — Pont S. Michel.
Perrin (*Etienne*).
1610. . . . . Libr. & Impr.
1627. . . . . exerçoit.
PETIT (*Jean* I.) frère aîné de
Pierre.
1495. . . . . Libraire.
1516. . . . . Syndic ou Garde.
1530. 22 Mai, Libraire-Juré &
Imprimeur de l'Université.
1541 . . . mort après : il entre-
tenoit les presses de plus de
vingt Imprimeries. Étant
Garde de la Communauté,
il obtint du Roi François I,
le 20 Octobre 1516 ; la con-
firmation des Priviléges &
Exemptions que Louis XII
avoit accordés aux Libraires
& Imprimeurs.
Petit (*Pierre*) frère puîné de *Jean* I.
1533. . . . . Libraire.
1536. . . . . exerçoit.

S

Petit (*Etienne*).

1541. . . . . Libraire-Juré.

1568. . . . . exerçoit.

Petit (*Oudin*).

1541. . . . . Libraire-Juré.

1567. 12 Déc. privé de son Office
pour cause de Protestantisme.

1606. . . exerçoit la Librairie.

Petit (*Jean* II.)

1614. . . . . Libraire.

1621. . . . . exerçoit.

Petit (*Charles*).

1617. . . . . Libraire.

Petit (*Samuel*).

1633. . . . . Libraire.

1637. . . . . exerçoit.

Petit (*Louis*).

1637. 17 Déc. Libraire.

Petit (*Pierre*).

1679. . . . . Libraire.

1653. . . . . mort avant.

Petit (*Denys*) fils de *Louis*.

1695. 2 Janv. Libraire.

1737. . . . . mort avant.

Petit (*N*. fille de *Denys*) femme
de Crévier (*Simon*) 1707.

Petit (Mr *Vincent*).

1785. 26 Août, Libraire.

1788 — au Palais-Royal.

Petit-Jean (Dlle *Marie-Louise-
Françoise* fille de Mr *Pierre*)
femme de Mr Dehansy (*Honoré-
Clément*) 1763.

PETIT-PAS (*Jean*).

1606. . . . Libraire.

1618. 8 Juin, Adjoint.

1643. 15 Déc. mort avant.

Petit-Pas (*André*) fils de *Jean*.

1643. 15 Déc. Libr. & Imprim.

Pétri (*Jean*).

1532. . . . . Libraire.

Pétrinal (*Jean*).

1628. 14 Déc. Libraire.

Pétrinal (*N*. fille de *Jean*) femme
de Le Blanc (*Etienne*) 1635.

Philippe (*Gaspar*).

1502. . . . Libr. & Imprim.

1506. . . . . exerçoit.

Philippi (*Nicolas*) de Strasbourg,

1481. . . . . Libr. & Imprim.

Philippi (*Jean*) de Cruczennach,
en Allemagne,

1494. . . . Libr. & Imprim.

1512. . . . . exerçoit.

Pica (de) *voyez* Seurre.

Picard (*Jean* I.).

1581. . . . . Libraire.

1618. . . . . exerçoit.

Picard (*Bernard*).

1626. . . . Libraire.

1666. 26 Août, exerçoit.

Picard (*Jean* II.) 1er fils de *Jean* I.

1632. 15 Juill. Libraire.

1694. . . . . mort avant.

Picard (*Jérôme*) 2d fils de *Jean* I.

1633. 28 Avril, Libraire.

1634. . . . . exerçoit.

Picard (*Etienne*) fils de *Bernard*.

1666. 26 Août, Libraire.

1723. . . . . mort avant.

Pichard (Mr *Jean-Louis*) de Normandie, près de Caen.

1787. 23 Nov. Libraire.

1788. — quai des Théatins.

Picquet (*Claude*).

1557. . . . . Libraire.

Picquet (*Pierre*).

1610. . . . . Libraire.

1618. . . . . exerçoit.

Picquet (*Sébastien*) gendre de N.
Libraire.

1639. 27 Oct. Libraire.

1643. . . . . exerçoit.

Pierre *voyez* Pétri.

Pierres (*Denys-Antoine*) de Paris,
depuis gendre de Philippe-Nicolas
Lottin, par *Marie-Marguerite*,

1739. 13 Mars, Libraire.

1739. 7 Avril, se marie.

1741. 31 Mai, meurt, rue S.-
Jacques, Paroisse S. Severin.

Pierres (Dlle *Marie-Marguerite
Lottin*, Ve de *Denys-Antoine*).

1741. 31 Mai, Libraire.

1788. — rue Moufferard : Sous-
Doyenne des Veuves.

Pierres (Mr *Philippe-Denys*) de Paris, fils posthume de Mr *Denys-Antoine* , & depuis gendre de Mr *N. Chéry* , de Rouen, par Dlle *Adélaïde*.

1763. 10 *Mai* , Libraire.
1768. 15 *Juill.* Imprimeur.
1769. . . . Imprimeur du Grand-Conseil.
1779. 7 *Octobr.* obtient des Provisions d'*Imprimeur-Ordinaire du Roi* , signées, LOUIS , & sur le repli *Amelot* , & scellées le 20.
1780. 15 *Janv.* prête serment en la Grand'Chambre du Parlement de Paris.
1782. 3 *Juin.* Reçoit du Roi de Pologne une Médaille d'or , représentant d'un côté le portrait de S. M. Polonoise , & de l'autre un trophée de lauriers , avec cette légende *Merentibus.*
1784. 7 *Mai* , a l'honneur de présenter au Roi le modéle d'une nouvelle Presse de son invention. S. M. , qui saisit à l'instant le jeu de cette Méchanique , en fait Elle-même l'essai, imprime quelques feuilles, & lui ordonne d'en exécuter une en grand.
1784. 16 *Nov.* M. le Baron de Breteuil , Ministre, & M. le Noir , Lieut-Gal de Police, viennent visiter sa nouvelle Presse.
1785. . . . *Août* , Il obtient de nouvelles Provisions pour la charge de *Premier Imprimeur Ordinaire du Roi.*
1786. . . . *Mai* , Il a l'honneur de présenter au Roi la *Description* de sa nouvelle Presse , approuvée par l'Académie des Sciences , & imprimée sous son Privilége.

1787. . . . *Janv.* Il est choisi pour monter à Versailles une Imprimerie ; pour le service de l'Assemblée des Notables (*voyez ci-devant* , pag. 88.)
1788. 31 *Août* , Il obtient un Arrêt du Conseil , portant établissement d'une Imprimerie à demeure à Versailles : (*voyez ci-devant* , pag. 88.) [Extrait de l'*Année littéraire* , *Gazette* & *Mercure de France. Journal de Paris* & *des Sçavans* ; & autres Papiers publics.]
1788. demeure *à Paris* , rue S. Jacques, &, à *Versailles* , Hôtel des Menus, — Il est Imprimeur de la Police , de l'Administration des Postes, du Collége-Royal de France , des Chanoines Réguliers de la Congrégation de France , des Bénédictins de la Congrégation de S. Maur , des États de Provence , & de la Société royale de Médecine.

PIGET (*Siméon*).
1639. 30 *Juin* , Libraire.
1652. 14 *Mai* , Adjoint.
1660. . . Marguill. de S. Benoît.
1665. 9 *Sept.* Syndic.
1668. 6 *Mars* , meurt , Paroisse S. Benoît.

Piget (*N. Vve de Siméon*).
1668. 6 *Mars* , Libraire.
1705. . . . . morte avant.

Piget (*Jacques I.*) 1er fils de *Siméon*.
1656. 23 *Déc.* Libraire.
1693. . . . . . mort avant.

Piget (*Robert*) 2d fils de *Siméon*.
1689. . . . . . Libraire.

Piget (*N. fille de Siméon*) femme de De la Caille (*Jean II.*) 1664.

Piget (*Jacques II.*) fils de *Robert*.
1711. 2 *Mai* , Libraire.
1719. . . . . . mort.

Piget (Marie *Charpentier* , V^e de *Jacques* II.)

1719. . . . . . . Libraire.

1726. se remarie à Pierre II. Gandouin.

17 . - se remarie à J.B. *Gibert.*

1763. 31 Mars, meurt.

Piget (*Jacques François*) 1er fils de *Jacques* II.

1711. 9 Mars, Libraire.

1728. . . . . . . mort avant.

Piget (*Pierre*) 2e fils de *Jacques* II.

1733. 24 Avril, Libraire.

1747. 25 Nov. meurt, quai des Augustins, Paroisse S. André des Arcs.

Piget (D^{lle} *Térèse de Raysouche-de-Montet* , V^e de Mr *Pierre*).

1747. 25 Nov. Libraire.

1751. . . se remarie à Mr Davidts (*Rombaut*).

Pigcreau (*Salvien*).

1606. . . . . . . Libraire.

1635. . . . . . . exerçoit.

Pigouchet (*Philippe*).

1489. . . . . . Libr. & Impr.

1512. . . . . . . exerçoit.

Pilé (*Jean*).

1611. 7 Juill. Libraire.

1638. . . . . . exerçoit.

Pilé (*Catherine*, fille de *Jean*) voyez Muguet (V^e de *François*) 1702.

Pillou (*Julien*).

1606. . . . . . . Libraire.

Pillon (*Nicolas*).

1610. . . . . . . Libraire.

1652. . . . . . . exerçoit.

Pillon (*N.* fille de *Nicolas*) femme de Plavy (*Jean*) 1662.

Pillon *N.* fille de *Nicolas*) voyez de la Tour (V^e de *Louis*) 1691.

Pillon (*August.n*) gendre de Jean Baptiste I. *Loyson.*

1683. 11 Sept. Libraire.

1723. . . . . . mort avant.

Pillot (Mr *Jean-Pierre*).

1758. 1 Févr. Libraire.

1788. — à Villiers-le-Bel.

Pilorget (*Blaise*) gendre de Nicolas *Guérard* , par *Françoise.*

1656. 10 Mai, Libraire.

1694. . . . . . . mort avant.

Pilorget (*Louis*) fils de *Blaise.*

1687. 21 Oct. Libraire.

1737. . . . . . . mort.

Pilorget (*N.* V^e de *Louis*).

1737. . . . . . . Libraire.

1742. . . . . . . morte avant.

Pinart (*Jean*).

1578. . . . . . . Libraire.

1580. . . . . . . exerçoit.

PIOT (*François*).

1625. 6 Oct. Libraire.

1650. 9 Mai, Adjoint.

Piot (*Jean* I.) 1er fils de *François.*

1644. 22 Déc. Libraire.

1654. . . . . . . exerçoit.

Piot (*Louis*) 2e fils de *François.*

1649. 30 Sept. Libraire.

Piot (*Jean* II.) 3e fils de *François.*

1652. 2 Mai, Libraire.

Piot (*N.* fille de *François*) femme de Martin, (*Sébastien* I.) 1646.

Piquet (*Pierre*).

1627. . . . . . . Libraire.

Piquet (*Jean*) gendre de Philippe *Huberson.*

1704. 12 Déc. Libraire.

1756. . . . . . . mort avant.

Pillot (*Noël*).

1712. 15 Juill. Libraire.

1728. . . . . . . mort.

Pissot (*Catherine Bauchon* , V^e de *Noël*).

1728. . . . . . . Libraire.

1753. 3 Mai, meurt, quai de Conti, Paroisse S. André des Arcs.

Pissot (Mr *Noël-Jacques*) fils de Mr *Noël* , & gendre de *N. Carbonier* , par D^{lle} *Cécile* , morte le 15 Décembre 1758 , quai de Conti, Par. S. André des Arcs.

1747. 29 Juill. Libraire.

1766. 4 Juin, Adjoint.

1788. — rue de Hurepoix.

Piſſot (Mr *Laurent-Noël*) fils de
  Mr *Noël-Jacques.*
  1768. 19 Avril , Libraire.
  1788. — rue du Hurepoix.
Planche (Mr *Pierre*).
  1787. 29 Déc. Libraire.
  1788. — rue de Richelieu-Sorb.
Planchon (*Jacques*)
  1610. . . . . Libraire.
  1627. . . . . . exerçoit.
Plantin (*Magdeléne*) voyez Beys,
  (Ve de *Gilles*) 1595.
Plaſſan (Mr *Pierre*).
  1785. 14 Juin , Libraire.
  1788. — rue des Poitevins , Hôtel
    de Thou.
Plavy (*Jean*) gendre de Nicolas
  Pillon.
  1662. 26 Janv. Libraire.
  1694 . . . mort avant.
Pleau (*Nicolas*).
  1574. . . . . Libraire.
Plicot (*Jean*).
  1652. 7 Mars , Libraire.
Plucquet (*Pierre*) gendre de Claude
  Le Roi.
  1691. 27 Nov. Libraire.
  1697. . . . mort.
Plucquet (*N.* , fille de Claude
  Le Roi , Ve de *Pierre*).
  1697. . . . Libraire.
  1713. . . . morte avant.
Plumion (*François*).
  1587. . . . Libraire.
  1588. . . . mort.
Plumion (*N.* Ve de *François*).
  1588. . . . Libraire.
Pluquet (*Louiſe* , fille de *N.*) voyez
  Barrois (Ve de *François*) 1747.
Pochard (*Marie - Anne*) voyez
  Briaſſon (Ve d'*Antoine-Claude*)
  1775.
Pochet (*Gervais*).
  1655. 20 Mai , Libraire.
Pocquet (*Jean* I.).
  1647. 15 Mars , Libraire.
  1679. . . . mort.

Pocquet (*N.* Ve de *Jean* I.)
  1679. . . . Libraire.
  1693. . . . exerçoit.
Pocquet (*Jean* II.) fils de *Jean* I.
  1686. 17 Sept. Libraire.
Pohier (*Jean*) gendre de Claude
  Audinet.
  1686. 18 Sept. Libraire.
  1696. . . . . exerçoit.
Poinçot (Mr *Claude*).
  1785. 29 Juill. Libraire.
  1788. — rue de la Harpe.
Poinſot (*Samuel.*).
  1621. 7 Juill. Libraire.
  1627. . . . exerçoit.
Poirée (*Pierre*).
  1767. 4 Oct. Libraire.
  1778. 30 Déc. meurt.
Poirée (Dle *N.* Ve de *Pierre*).
  1778 30 Déc. Libraire.
  1788. — au Palais de Justice.
Poirion (*Nicolas*).
  1642. 20 Mars , Libraire.
  1688. . . . exerçoit.
Poirion (*Louis*) fils de *Nicolas.*
  1688. 13 Févr. Libraire.
  1737. . . . mort.
Poirion (*N.* Ve de *Louis*).
  1737. . . . . Libraire.
  1742. . . . . morte avant.
Poirion (*Charles-Nicolas*) fils de
  Louis.
  1729. 8 Févr. Libraire.
  1762. 4 Juin , . meurt , rue S.-
    Jacques , Paroiſſe S. Severin.
Poiſſonnier (*Jean*).
  1627. . . . . Libraire.
Poitevin (*Jean*).
  1498 . . . Libraire.
POMERAY (*François*).
  1612. . . . Libr. & Imprim.
  1625. 4 Mars , Adjoint.
Pommier (*Aimée Catherine-Ange-*
  lique , fille de *N.*). femme de
  Mr Prevoſt (*Louis-Nicolas*) 1756.
Prompteau (*Marie-Anne* , fille de
  N.) voyez Moriſſet (Ve de
  Pierre) 1711. . . . .

Ponthis (*Maturin*).
1656. 2 Mars, Libraire.
Pont'er (*Jeanne*) voyez Humaire,
(Vᵉ de *Pierre*) 1776.
Portier (*Pierre*).
1606. . . . . . Libraire.
1627. . . . . . exerçoit.
Portier (*Nicolas*) fils de *Pierre*.
1644. 22 Déc. Libraire.
1680. . . . mort.
Porrier (*N.* Vᵉ de *Nicolas*)
1680. . . . Libraire.
1692. . . . exerçoit.
Pouchin (*Jacques*).
1514. . . . . . Libr. & Impr.
Poujet (Dˡᵉ *Anne-Angélique-Marguerite-Nicole*, fille de Mʳ *Jean-Henri*) 1ᵉʳᵉ femme de Mʳ Quillau (*Jacques-François*) 1742.
Poujet (Dˡˡᵉ *M. E.*, fille de Mʳ *Jean-Henri*) voyez Tilliard (Vᵉ de Mʳ *Nicolas-Martin*) 1747.
Pouillac (*Pierre*).
1455. . . . . Libr. & Imprim.
Poullart (*Jacques*).
1634. 7 Sept. Libr. & Impr.
Poupie ou Poupy (*Jean*).
1574. . . . Libraire.
Pourel (Dˡˡᵉ *N.*) femme de *N.* Anisson.
Pousset (*Adam*).
1620. 27 Août, Libraire.
Pousset (*Louis*) 1ᵉʳ fils d'*Adam*.
1644. 30 Juin, Libraire.
Pousset (*François*) 2 fils d'*Adam*.
1647. 12 Sept. Libraire.
Pously (*Jean*).
1580. . . . . . Libraire.
Prævostæus voyez Prevôteau.
Prævotius voyez Prevôt.
Pralard (*André*) gendre d'Antoine *Chrestien*.
1669. 13 Août, Libraire.
1699. Marguillier de S. Severin.
1723. . . . . mort avant.
Pralard (*François*) 1ᵉʳ fils d'*André*
1691. 13 Mars, Libraire.
1798. . . . . . mort.

Pralard *N.* Vᵉ de *François*).
1708. . . . Libraire.
1737. . . . morte avant.
Pralard (*René*) 2ᵉ fils d'*André*.
1700. 31 Déc. Libraire.
1725. . . . mort avant.
PRALARD (*Jacques-Henri*) 3ᵉ fils d'*André*
1713. 7 Nov. Libraire.
1738. 12 Août, Adjoint.
1749. 29 Mars, meurt, rue de Biévre, Paroisse S. Etienne du Mont.
Pratensis voyez Du Pré.
Pratis (à ou de) voyez Des Prés.
Prato (à ou de) voyez Du Pré.
Prault (*Pierre*) de Bourges, gendre de *N.* Saugrain, par *Françoise*, morte le 29 Avril 1749, quai de Gêvres, Paroisse S. Jacques-la-Boucherie.
1711. 22 Sept. Libraire.
1723. 10 Sept. Imprimeur.
1758. 1 Sépt. s'étoit démis de son Imprimerie.
1768. 7 Juill. meurt, âgé de 83 ans, quai de Gêvres, Par. S. Jacques-la-Boucherie. Il avoit été Imprimeur des Fermes & Droits du Roi. Son Portrait a été gravé in-8° par Cars d'après le dessin de Cochin.
PRAULT (*Laurent-François* I.) 1ᵉʳ fils de *Pierre*, gendre de *N.* des *Febves*, par *Cl.-Françoise*, morte le 12 Décembre 1746, quai de Conti, Paroisse S. André des Arcs.
1733. 24 Avril, Libraire.
1758. 1 Sept. Imprimeur.
1772. 20 Août, Adjoint.
1780. 15 Sept. meurt, Imprimeur Ordinaire du Roi, quai de Gêvres, Paroisse S. Jacques-là-Boucherie : son Portrait a été gravé in-8° par Cathelin, d'après le dessin de Cochin.

Prault (*Pierre-Henri*) 2d fils de *Pierre*.

1751. 5 Mars , Libraire.

1773. 15 Janv. meurt.

Prault (*Laurent*) 3e fils de *Pierre*.

1752. 23 Mars , Libraire.

1773. . . . . . mort.

Prault (Dlle *N.* Ve de *Laurent*).

1773. . . . Libraire.

1788. — quai des Augustins.

Prault (Mr *Louis-François*) 1er fils de *Laurent-François*.

1753. 12 Oct. Libraire.

1781. 13 Févr. Imprimeur

1788. — quai des Augustins : Imprimeur Ordinaire du Roi.

Prault de S. Germain (Mr *Marcel*) 2d fils de *Laurent-François*.

1763. 10 Mai , Libraire.

1788. — rue Traversine-S. Honoré.

Prault (Mr *Guillaume-Pascal*) 4me fils de *Pierre*.

1766. 17 Oct. Libraire.

1788.

Prault (*Pierre-Laurent*) fils de *Laurent*.

1777. 15 Juin , Libraire.

1788. — quai des Augustins.

Prault de S.-Martin (*Laurent-François* II.) 3me fils de *Laurent-François* I.

1783. 11 Avril , Libraire.

1788.

Prével (*Jean*).

1519. . . . . . . Libraire.

1528. . . . . . exerçoit.

Prevost (*Nicolas*).

1527. . . . Libraire.

1529. . . . . exerçoit.

Prevost (*Benoît*) frère aîné de *Maturin*.

1545. . . Libr. & Impr.

1557. . . exerçoit.

Prevost (*Maturin*) frère puîné de *Benoît*.

1565. . . . Libraire.

Prevost (*Fleuri*).

1567. . . . . Libr. & Imprim.

Prevost (*Claude*).

1629. . . . Libr. & Impr. du Roi.

1639. . . . . . exerçoit.

Prevost (*Gilles*).

1633. 28 Avril , Libraire.

Prevost (*Nicolas*).

1721. 16 Déc. Libraire.

1737. . . . . . mort.

Prevost (*N.* Ve de *Nicolas*).

1737. . . . Libraire.

1755. . . . . morte avant.

Prevost (*Louis-Nicolas*) fils de *Nicolas* , & gendre de *N. Pommier* , par *Aimée-Catherine-Angélique*, morte, rue des Grands-Augustins , Paroisse S. André.

1756. 27 Août , Libraire.

1788. — rue du Hurepoix.

[AUTRE FAMILLE.]

Prevost (Mr *Antoine*).

1768. 23 Août , Libraire.

1788. — rue de la Harpe , vis-à-vis du Passage des Dominicains.

Prévosteau (*Etienne*).

1581. . . . Libr. & Impr.

1619. . . . exerçoit.

PREUVERAY (*François*).

1639. 10 Nov. Libraire.

1644. 3 Nov. Adjoint.

Preuveray (*Jacques*) fils de *François*.

1649. 30 Sept. Libr. & Imprim.

Prieur (*Etienne*).

1627. . . . Libraire.

Prignard (*Louis*) gendre de François De Hansy , par *Louise*.

1659. 15 Mai , Libraire.

1686. . . . . mort.

Prignard (*Louise* 1ere fille de François De Hansy, Ve de Louis).

1686. . . . . Libraire.

1712. . . . . . morte avant

PRIGNARD (*Claude*) fils de Louis & gendre de *N. Langlois* , par *Marie-Térèse*.

1686. 19 Sept. Libraire.

1694. 8 Juin , Imprimeur

1711. 9 Nov. Adjoint.

1717. 11 Août , meurt.

Prignard (*Marie-Térèse*, fille de *N. Langlois* , V^e de *Claude*).
1717. 11 Août , Libr. & Imprim.
1717. — ſe remarie à Joſeph *Bullot.*
Probus *voyez* Le Preux.
Promé (*Jean I.*)
   1623. 6 Mai , Libraire.
   1665. . . . mort.
Promé (*N.* V^e de *Jean I.*)
   1665. . . . Libraire.
   1680. . . . . exerçoit.
Promé (*Jean II.*)
   1644 30 Juin , Libraire.
   1691. . . . mort.
Promé (*N.* V^e de *Jean II.*)
   1691. . . . Libraire.
   1652. . . . . exerçoit.
Promé (*Pierre*) 1er fils de *Jean I.* & gendre de Rolin *De la Haie.*
   1664. 8 Mai , Libraire.
   1679. . . . mort.
Promé (*N.* , fille de Rolin *De la Haie* , V^e de *Pierre*).
   1679. . . . Libraire.
   1680. . . . . exerçoit.
Promé (*François*) 2e fils de *Jean I.*
   1664. 8 Oct. Libraire.
   1696. . . . . mort.
Promé (*N.* V^e de *François*).
   1696. . . . . Libraire.
Promé (*N.* fille de *Jean I.*) *voyez* Oudot (V^e de *Nicolas*) 1697.
Prudhomme (*Claude I.*)
   1635. 29 Nov. Libraire.
   1638. . . . . exerçoit.
PRUDHOMME (*Claude II.*) neveu de Charles de *Sercy* , & gendre de *N. Filaſſier* , par *Louiſe.*
   1700. 8 Oct. Libraire.
   1726. 19 Déc. Adjoint.
   1737. . . . mort.
Prudhomme (*Louiſe* , fille de *N. Fillaſſier* , V^e de *Claude II.*).
   1737. . . . . . Libraire.
   1756. . . . . morte avant.
Prudhomme (*Anne-Généviéve* , fille de *N.*) *voyez* Saugrain (*Guil-laume-Claude*) 1724.

Prudhomme (*Généviéve* , fille de *Claude II.*) *voyez* Saugrain (V^e de *Joſeph II.*) 1751.
Puteanus *voyez* Du Puis.
Pychore (*Jean*).
   1503. . . . . . Libraire.
Pyre (Mr *Jacques-François*).
   1767. 4 Oct. Libraire.
   1788. — rue de la Harpe.

Q

Quec (*Alain*).
   1617. . . . . . Libraire.
   1633. . . . . . exerçoit.
Quec (*Pierre*) fils d'*Alain.*
   1653. 2 Mai , Libraire.
Quenet (*Robert*).
   1628. . . . . Libraire.
Quenet (*Antoine*) fils de *Robert.*
   1653. 6 Mars , Libraire.
   1691. . . . . mort.
Quenet (*N.* V^e d'*Antoine*).
   1691. . . . Libraire.
   1692. . . . . exerçoit.
Quenet (*Gabriel*) fils d'*Antoine* , & gendre de *N. Cochot* , par *Anne.*
   1655. 29 Juill. Libraire.
   1694. . . . . mort.
Quenet (*Anne* , fille de *N. Cochot* , V^e de *Gabriel*).
   1654. . . . . . Libraire.
   1701. . . . . . morte.
QUESNEL (*Jacques*) fils de *François* , Gentilhomme Ecoſſois , 1er Peintre du Roi Henri III. & gendre de *N. Baullery* , par *Généviéve.*
   1618. . . . . Libraire.
   1637. . . . . Adjoint.
   1639. . . . Marg. de S. Benoît.
   1663. . . . . meurt , rue S. Jacques , Paroiſſe S. Benoît : il prennoit pour marque de ſes livres deux Colombes , avec ces mots : *Concordia gignit amorem.* Preſque tout ſon commerce étoit en livres

de

de Piété. En 1654, il donna le jour au célèbre Oratorien, *Pasquier Quesnel*, qui fut baptisé en l'Eglise de S. Benoît, & mourut à Amsterdam, le 2 Décembre 1719 à 86 ans. *Voyez* son éloge dans l'*Histoire de l'Imprimerie & de la Librairie*, par La Caille : Paris 1689.

Le *Catalogue de la Bibliothèque de De Thou*, a été donné au Public en 1679, par un Joseph Quesnel, qui ne fut point Libraire, mais il étoit cousin de *Pasquier* (*Jugemens des Sçavans*, tom. II. pag. 145.)

Quétier (*Barnabé*).
1623. . . . . . Libraire.
Quétier (*Jacques*) fils de *Barnabé*.
1643. 11 Déc. Libraire.
1654. 5 Févr. mort avant.
Quétier (*N. Vve de Jacques*).
1654. 5 Févr. Libraire, s'étoit remariée à Jean *De Tunes*, Libraire.
Quillau d'abord Quilleau (*Pierre*).
1660. 19 Juill. Libraire.
Quillau (*Jacques*) petit-fils de *Pierre*.
1702. 20 Juin. Libr. & Imprim.
1728. . . . . . mort avant.
Quillau (*Gabriel-François*) fils de *Jacques*.
1720. 14 Mai. Libraire-Juré.
1724. 12 Janv. Imprimeur.
1742. 31 Juill. Adjoint.
1752. 27 Août, meurt, presque subitement, à Gentilly-les-Paris, où il est inhumé.
Quillau (Dlle *Agathe*, sœur de Mr *Laurent Cars*, célèbre Graveur de Paris, Vve de *Gabriel-Fr.*)
1752. 27 Août, Libr. & Impr.
1764. 3 Juill. s'étoit démise de son Imprimerie,
1764. 29 Août, meurt, rue du Fouarre, Paroisse S. Etienne du Mont.

Quillau (Mr *Jacques-François*) 1er fils de *Gabriel-François*, gendre, 1° de Mr *Jean-Henri Pouget*, par Dlle *Anne-Angélique-Marguerite-Nicole*, morte le 4 Oct. 1754, Paroisse S. Benoît, 2° de Mr *N. Moussai*, par Dlle *Reine*, morte le 23 Juillet 178?, rue Christine, Paroisse S. André.
1742. 18 Déc. Libraire.
1788. rue Christine. Il a le premier (en 1761) établi un *Cabinet Littéraire*, où se rassemblent des Lecteurs, idée accueillie par le Public.
Quillau (Mr *François-Augustin*) autre fils de Mr *Gabriel-François*, & gendre de Mr *N. Petrat*, par Dlle *Marie-Geneviève*, morte le 18 Août 1781, en sa maison de campagne, rue Maillet, inhumée dans l'Eglise de S. Jacques-du-Haut-Pas, avec Epitaphe.
1763. 30 Avril. Libraire.
1764. 3 Juill. Imprimeur.
1779. 24 Mars. Adjoint.
1788. rue du Fouarre, Imprim. de S. A. S. Mgr le Prince de Conti, & de la Faculté de Médecine.
Quillau (*Nicole-Agathe*, fille de Mr *Gabriel-François*) femme de Mr *Lamesle* (*Claude*) 1745.
Quillau (Dlle *Marie-Susanne*, fille de Mr *Gabriel-François*) femme de Mr *Babuty* (*François-Joachim*) 1750.
Quinet (*Nicolas*).
1619. Libraire.
Quinet (*Toussaint I.*) 1er fils de *Nicolas*.
1617. 7 Sept. Libraire.
Quinet (*Barthélemi*) 2d fils de *Nicolas*.
1638. 15 Mai. Libraire.
Quinet (*Toussaint II.*) fils de *Toussaint I.*
1651. 19 Oct. Libraire.

Raguin (*Elisabeth* , fille de N.)
voyez Thierry (V^e de *Denys* II.)
1712.

Raillard (*Marguerite* , fille de N.)
femme de Moette (*Charles*)1693.

Ramier (*Pierre* I.) gendre de Jacques I. *Bogard.*
1560. . . . . . . Libraire.
1627. . . . . . . exerçoit.

Ramier (*Pierre* II.) fils de *Pierre* I.
1587. . . . . Libr. & Imprim.
1616. . . . . . . exerçoit.

Ranot (*Marie*) voyez Le Roi (V^e
de *Jacques* I.) 1616.

Rapenot (*Edme*) depuis gendre
de Hugues-Daniel *Chaubert.*
1768. 25 Nov. Libraire.
1778. 13 Oct. meurt.

Rapenot (Dlle *N.* , fille de Hugues-
Daniel *Chaubert* , V^e d' *Edme*).
1778. 13 Oct. Libraire.

Rathoite (*Pierre*).
1551. . . . . Libr. & Imprim.

Raucour (Mr *Jean-Baptiste-Fr.*)
Libr.-Imprimeur à Charleville,
gendre de Mr Charles-Guillaume
Le Clerc , par Dlle *Sophie* , du
25 Mai, 1778.
1780. 12 Sept. Libraire de Paris.
1788. . . . . . à Charleville.

Ravenau & *non* Ravignot *Laurens*).
1660. 11 Mars , Libraire.
1668. . . . . . exerçoit.
demeurant , rue & Porte
S. Victor.

Ravenel (*Claude-Sébastien*) gendre
de N. *Mauduit* , par *Marie-Anne.*
1711. 16 Déc. Libraire.
1756. . Févr. meurt.

Ravenel (*Marie-Anne* , fille de N.
Mauduit , V^e de *Claude-Sébast.*)
1756. . Févr. Libraire.
1787. 17 Nov. meurt , rue des
Fossés S. Jacques, Par. S. Benoît.

Ravenel (*Marguerite*) voyez
Didot (V^e de *François*) 1757.

Ravignot, voyez Raveneau.

Réal (*Jean*).
1518. . . . . . Libr. & Imprim.
1551. . . . . . exerçoit.

Réal (*Marie-Anne*) voyez Babuty
V^e de *François*) 1768.

Rébuffé (*Jacques*).
1624. 19 Sept. Libraire.
1663. . . Avril , meurt.

Rébuffé (N. V^e de *Jacques*).
1663. . . Avril , Libraire.
1680. . . . . . exerçoit.

Rébuffé (*Pierre*) frère aîné de
Maurice , & cousin de Pierre
Giffard.
1689. 28 Juin , Libr. & Imprim.
1706. 27 Oct. mort avant.

Rébuffé (*Maurice*) frère puîné
de *Pierre.*
1689. 28 Juin , Libr. & Imprim.
1708. 6 Juill. Adjoint.
1727. . . . . . mort.

Rébuffé (N. V^e de *Maurice*).
1727. . . . . . Libraire & Imprim.
1740. . . . . . morte avant.

Redouté (*Edme*).
1653. 27 Nov. Libraire.
1654. . . . . . exerçoit.

Regnard (*Antoine-Louis*) ancien
Avocat au Parlement.
1763. 10 Mai , Libraire.
1763. 3 Sept. Imprimeur.
1767. 1 Juill. meurt, rue basse
des Ursins , Paroisse S. Landri.
Il étoit Imprimeur de l'Académie Françoise.

Regnard (Marie-Catherine-Angél.
Regnard , veuve en 1res nôces de
Bernard Brunet , & en 2 des d' *Antoine-Louis*).
1767. 1er Juill. Libr. & Imprim.
1772. . . . . . s'étoit démise de
son Imprimerie.
1774. 3 Mars , meurt, rue basse
des Ursins , Par. S. Landri.
Elle étoit Imprimeur de
l'Académie Françoise.

Regnauldin (*N.*) voyez David
(V^e de *Michel-Antoine*) 1769.

fil de Sebastien R.

Regnault (*François*) frère aîné de *Jacques* & *Robert*.
1481. . . . . . Libr.-Juré-Impr.
1552. . . . . . meurt.
Regnault (Magdeléne *Bourselle*, Vᵉ de *François*).
1552. . . . . Libraire-Juré-Impr.
1556. . . . . . exerçoit.
Regnault (*Pierre*) fils de *François*.
1496. . . . Libr. & Impr.
1543. . . . . exerçoit.
Regnault (*Jacques*) frère puîné de *François*.
1542. . . . . Libraire.
Regnault (*Robert*) frère puîné de *François* & de *Jacques*.
1543. . . . Libraire.
Regnault (*Barbe*).
1518. . . . . Libraire.
1559. . . . . . exerçoit.

[A U T R E   F A M I L L E].

Regnault (Mr *Louis-Emmanuel*) de Paris.
1782. 16 Avril, Libraire.
1788. — rue S. Jacques.
Regnoul (*Jean*).
1606. . . . . Libr. & Impr.
1614. . . . . mort.
Regnoul (Marguerite *Le Comte*, Vᵉ de *Jean*).
1614. . . . . Libraire.
1617. . . . . exerçoit.
Reinhard ou Reinhardi (*Marc*), de Strasbourg. (*Périzand dit que c'est une erreur*)
1481. . . . . . Libr. & Imprim.
1482. . . . . exerçoit.
Rembolt (*Bertholde*) de Strasbourg.
1491. . . . . Libr. & Imprim.
1518. . . . . mort.
Son enseigne étoit le *Soleil d'or*.
Rembolt (Charlotte *Guillard*, Vᵉ de *Bertholde*).
1518. . . . Libraire & Impr.
1520. se remarie à Cl. *Chevallon*.
Remichen (*Jean*) gendre de *N.* Libraire.
1626. 30 Avril, Libraire.

Remy (*Claude*).
1571. . . . . . Libraire.
Remy (*Jean I.*)
1606. . . . . . Libraire.
1627. . . . . . exerçoit.
Remy (*Jean II.*) fils de *Jean I.*
1639. 13 Oct. Libraire.
Remy (*Christophe I.*) gendre de *Jean Le Rond*, par *Jeanne*.
1663. 20 Sept. Libraire.
1705. . . . . mort.
Remy (*Jeanne*, fille de *Jean Le Rond*, Vᵉ de *Christophe I.*)
1705. . . . . Libraire.
1719. . . . morte avant.
Remy (*Guillaume I.*) gendre de *Georges Le Rond*.
1665. 21 Mai, Libraire.
1692. . . . . exerçoit.
Remy (*Christophe II.*) fils de *Christophe I.*
1698. 12 Mai, Libraire.
1708. . . . . . mort avant.
Remy (*Jean III.*) fils de *Christ. I.*
1711. 5 Juin, Libraire.
1754. . . . . mort avant.
Remy (*Guillaume II.*) petit-fils de *Guillaume I.*
1727. 8 Juill. Libraire.
1737. . . . . mort.
Remy N. Vᵉ de *Guillaume II.*
1737. . . . . . Libraire.
1753. . . . . morte avant.
Resch (*Conrard I.*)
1519. . . . . Libraire-Juré.
1523. . . . . exerçoit.
Resch (*Conrard II.*) fils de *Conrard I.*
1584. . . . . Libraire.
Ressaire (*Catherine Géneviève*, fille de *N.*) voyez *Mussel*. (Vᵉ de *Jean-Bapte* 1737.
Rétoré (*Louis*).
1632. 5 Août, Libraire.
Rézé (*Robert*).
1582. . . . . Libraire.
Rézé (*Jacques*).
1599. . . . . Libraire.

T 2

Rézé (*Pierre*).
1604. . . . . Libraire.
1610. . . . . exerçoit.
Rézé (*François*).
1606. . . . . Libraire.
1618. . . . . exerçoit.
Ribau.t (*Claude*).
1632. 22 Janv. Libraire.
1635. . . . . exerçoit.
Ribou (*Pierre* I.).
1646. 15 Fév. Libraire.
1679. . . . . mort.
Ribou (*N*. V.e de *Pierre* I.)
1679. . . . . Libraire.
1680. . . . . exerçoit.
Ribou (*Jean*) gendre de Pierre
David.
1653. 6 Mars. Libraire.
1696. . . . . exerçoit.
Ribou (*Pierre* II.) fils de *Jean*.
1697. 17 Août, Libraire.
1720. . . . . mort.
Ribou (*N*. V.e de *Pierre* II.)
1720. . . . . Libraire.
1737. . . . . morte avant.
Ribou (*Jacques* I.) 1.er fils de
Pierre II.
1710. 16 Sept. Libraire.
1750. . . . . non inscrit.
Ribou (*Jacques* II.) 2.d fils de
Pierre II.
1720. 14 Mai, Libraire.
1737. . . . . non inscrit.
Ribou (*Jacques-Pierre*), 3.me fils
de Pierre II.
1729. 14 Déc. Libraire.
1751. . . . . non inscrit.
Richard (*Jean*).
1497. . . . . Libr. & Impr.
1510. . . . . exerçoit.
Richard (*Guillaume*).
1533. . . . . Libraire.
1545. . . . . exerçoit.
Richard (*Thomas*).
1547. . . . . Libraire.
1557. . . . . exerçoit.
Richard (*Pierre*).
1559. . . . . Libraire.

Richard (*Emmanuel*).
1578. . . . . Libraire.
1582. . . . . exerçoit.
Richer (*Jean* I.) frère aîné
de *Etienne* I.
1573. . . . . Libraire Juré.
1594. . . . . exerçoit.
Il demeuroit en 1584, rue
S. Jean de Latran, à l'enseï-
gne de l'Arbre verdoyant,
entouré d'une banderole
portant ces mots : *Assez à*
qui se contente. Ce Libraire
étoit fort versé dans les Belles-
Lettres ; c'est à lui qu'on
doit les premiers volumes
du *Mercure François*. Il fut
un des Libraires-Imprimeurs
qui suivirent le Roi Henri IV.
à Tours.
Richer (*Etienne* I.) frère puîné de J. I.
1586. . . . . Libraire.
Richer (*Jean* II.) 1.er fils de Jean I.
1606. . . . . Libr. & Impr.
1621. . . . . Libraire Juré.
1627. . . . . exerçoit.
Richer (*Etienne* II.) 2.d fils de Jean I.
1618. . . . . Libr. & Imprim.
1654. 19 Mars, exerçoit.
Richer (*Marin*).
1629. 11 Janv. Libraire.
Ricœur (*François*).
1671. . . . . Libraire.
1691. 2 Mai, mort avant.
Ricœur (*Jean*) fils de *François*.
1691. 2 Mai, Libraire.
1705. . . . . mort.
Ricœur (*N*. V.e de *Jean*).
1705. . . . . Libraire.
1712. . . . . morte avant.
Ricouard (*Jean*).
1568. . . . . Libraire-Juré.
1569. . . . . se trouvant Me-
sureur & Marchand de charbon, le Tribunal de l'Université lui enjoint d'opter entre le
commerce de livres & celui de
charbon. (*Hist. de l'Univers*.)

Rigaud & non Rigault (*Claude I.*)
1606. . . . . Libraire.
1615. . . . va s'établir à Lyon.
Rigaud (*Claude II.*) de Lyon,
beau-frère de Jean *Anisson.*
1698. 3 Oct. Libraire.
1705. . . . Directeur de
l'Imprimerie Royale.
1707. 18 Juin, avoit abdiqué
l'Imprimerie.
1723. . . . cède à Louis-Laurent
Anisson son beau-neveu.
Rimien (*Thomas*).
1577. . . . . Libraire.
Rithoue (*Philippe*).
1554. . . . . Libraire.
Rithoueus ou Rithoveus , voyez
Rithoue.
Rivet (*Marie-Marguerite*) voyez
Papillon (V.e d' *Etienne*) 1716.
Rivière (*Jean*).
1641. 19 Juill. Libraire.
1680. . . . . exerçoit.
Rivière (*Nicolas*) fils de *Jean,*
1666. 7 Octobr. Libraire.
Rivière (*N. fille de Jean*) voyez
Grou (V.e de *Jacques I.* 1703.
Rivière (*François I.*) fils de *Nicolas.*
1705. 30 Juin, Libraire.
1746. 18 Avril , meurt , rue du
Jour, Paroisse S. Eustache.
Rivière (*François II.*)
1715. 22 Janv. Libraire.
1772. . . Déc. meurt.
Robert (*Vincent*).
1691. . . . . Libraire.
1695. . . . . exerçoit.
Robin (*Yves*).
1610. . . . . Libraire.
1627. . . . . exerçoit.
Robin (*Jean I.*)
1612. . . . . Libraire.
Robin (*Pierre*) gendre de *N.* Libr.
1616. 30 Avril , Libraire.
1627. . . . . exerçoit.
Robin (*Jean II.*) fils de *Pierre.*
1657. 14 Mars , Libraire.

Robin (*Etienne-Vincent*).
1764. 17 Mai , Libraire.
1784. 13 Mars , meurt , passage
du Saumon, Par. S. Eustache.
Robin (ville *N.* V.e d' *Etienne-Vincent*).
1784. 13 Mars , Libraire.
1788. — Passage du Saumon.
Robinot (*Gilles I.*).
1554. . . . . Libraire.
1555. . . . . exerçoit.
Robinot (*Gilles II.*) fils de *Gilles I.*
1582. . . . . Libraire.
1627. . . . . exerçoit.
Robinot (*Antoine I.*) fils de *Gilles II.*
1618. . . . . Libr. & Impr.
1694. . . . . mort avant.
Robinot (*Antoine II.*) fils d' *Antoine I.*
1660. 18 Août , Libraire.
1686. . . . . Imprimeur.
1695. . . . . exerçoit.
Robinot (*N. fille d' Antoine I.*)
femme de Gandouin (*Jean*) 1649.
Robinot (*Etienne*) fils d' *Antoine II.*
1695. 4 Févr. Libraire.
1717. . . . . mort.
Robinot (*N.* V.e d' *Etienne*).
1717. . . . . Libraire.
1740. . . . . morte avant.
Robinot (*Jean-Antoine*) 1er fils
d' *Etienne.*
1716. 16 Sept. Libraire.
1747. . . . . mort avant.
Robinot (*Marie Jeanne Fitré,*
V.e de *Jean Antoine*).
1747. . . . . Libraire.
1764. 11 Déc. meurt.
Robinot (*François-Etienne*) 2.e fils
d' *Etienne.*
1717. 18 Juill. Libraire.
1756. 8 Nov. meurt , rue
Dauphine, Paroisse S. André.
Robinot (*Julie-Marthe Marice*
V.e de *François-Etienne*).
1756. 8 Nov. Libraire.
1776. 9 Mai , meurt.

ROBUSTEL (*Charles* I.).
1689. 18 Janv. Libraire.
1705. 1re Janv. Marguillier de
S. Severin.
1705. 17 Juin , Adjoint.
1713. 8. Nov. Syndic.
1737. . . . . mort ayant.
ROBUSTEL (*Claude*).
1703. 23 Janv. Libraire.
1723. 2 Juill. Imprimeur.
1714. 2 Déc. Adjoint.
1740. . . . mort.
Robustel (Marguerite-Louise *Huart*,
Ve de *Claude*)
1740. . . . . Libr. & Impr.
1741. 28 Sept. s'étoit démise
de son Imprimerie.
1749. 19 Juill. meurt , rue S -
Jacques , Par. S. Severin.
Robustel (*Jean-François*) 1er fils
de *Claude*.
1740. 10 Sept. Libraire.
1741. 28 Sept. Imprimeur.
1749. 18 Juill. s'étoit démis de
son Imprimerie.
1755. 15 Mars , meurt , rue de
la Parcheminerie , Paroisse
S. Severin.
Robustel (Marie-Jeanne *De Cour-
rade* , Ve de *Jean-François*).
1755. 15 Mars, Libraire.
1776. 31 Janv. meurt.
Robustel (Mr *Charles* II.) 2d fils
de *Claude*.
1742. 20 Nov. Libraire.
1788. — rue S -Jacques.
Rocart (*David*).
1610. . . . . . Libraire.
1642. . . . . . exerçoit.
Roce ou Rosse (*Denys*).
1490. . . . . Libraire.
1518. . . . exerçoit.
Rochard (*François*) depuis gendre
de Louis *Guérin* , par N. sa fille
aînée.
1712. 31 Déc. Libraire.
1713. . . . . mort ayant.

ROCOLET (*Pierre*).
1610. . . . Libr. & Imprim.
1635. 14 Avril , Imprimeur Ordinaire du Roi.
1636. 28 Juin , Adjoint.
1646. 2 Oct. Syndic.
1662. 18 Janv. meurt, Paroisse
de S. Pierre des Arcis ; il est
inhumé dans cette Eglise avec
Epitaphe. Il avoit donné pendant les Guerres de Paris des
témoignages si publics de sa
fidélité envers le Roi , que S. M.
l'honora d'une médaille &
d'une chaîne d'or , que M. de
Saintot , Maître des Cérémo-
nies lui apporta le 5 Octobre
1641 , avec un Brevet , signé
Louis , contresigné de *Guéne-
gaud*. A la qualité d'Imprimeur
Ordinaire du Roi , il joignoit
celle d'Imprimeur Ordinaire
de la Ville ; & ces deux char-
ges passèrent avec son fonds à
Damien *Foucault* , en épousant
Anne *Bonjan* , sa petite fille.
Le petit-fils de Damien *Foucault*
fut Notaire . & donna sa fille
en mariage à M. *Hazon* , mort
Notaire à Paris.
Rocolet (*N.* fille de *Pierre*) femme
de Bonjan (*Claude*) 1637.
Roffet (*Pierre*).
1528. . . . . Libraire.
1537. . . . . exerçoit.
Roffet (*Etienne*) dit *Le Faulcheur*.
1537. . . . . . Libraire.
1548. . . . . . exerçoit.
Roffet (*André*).
1543. . . . Libr. & Imprim.
1557. . . . . exerçoit.
Roffet (*Ponce*).
1543. . . . Libr. & Impr.
1548. . . . exerçoit.
Roffet (*Nicolas*).
1572. . . . . Libraire.
1606. . . . . mort.

Roffet (N. . . . , Vᵉ de Nicolas).
1606 . . . . . . Libraire.
Rogard (Jacques).
1545. . . . Libr. & Impr.
Roger (Charles).
1581 . . . . . Libr. & Impr.
ROGER (Jean) fils de Charles.
1639. 10 Nov. Libraire.
1651. 23 Mai, Adjoint.
ROGER (Jacques) fils de Jean.
1652. 2 Mai, Libraire.
1664. 12 Août, Adjoint.
Roigny (Jean).
1529. . . . . Libr.-Juré & Impr.
1561. . . . . exerçoit.
Roigny (Michel) fils de Jean.
1565. . . . . Libraire-Juré.
1591. . . . . meurt.
Rolin. . . . . (N.) Ligueur.
1589. . . . . exerçoit.
Rolland (Guillaume).
1543 . . . . . Libraire.
Rolland ou Roulland (Lambert)
gendre de Jean Sujet.
1663. 21 Juin, Libraire.
1686. . . . . Imprimeur.
1694. . . . . mort.
Rolland (N. fille de Jean Sujet,
Vᵉ de Lambert).
1694. . . . . Libraire.
1719. . . . . morte avant.
Rolland ou Roulland (Louis) fils
de Lambert.
1687. 20 Août, Libraire.
1723. . . . . mort.
Rolland (N. Vᵉ de Louis).
1723. . . . . Libraire.
1737. . . . . morte avant.
Rollin (Jacques I.)
1654. 5 Mars, Libraire.
1696. . . . . mort avant.
Rollin N. fille de Jacques I.) voyez
Genneau (Vᵉ de Jean-Louis) 1759.
ROLLIN Jacques II.)
1700. 26 Mars, Libraire.
1719. 4 Juin, Adjoint.
1751. 10 Oct. meurt, rue du
Hurepoix, Paroisse S. André.

Rollin (Jacques III) fils de Jacq. II.
1720. 5 Mars, Libraire.
1768. 23 Déc. meurt.
RONDET (Laurent I.) originaire
d'Angleterre.
1655. 4 Mars, Libr. & Impr.
1665. 9 Sept. Adjoint.
1684. . . . . mort.
Rondet (Anne Bourdon, Vᵉ de
Laurent I.)
1684. . . . . Libr. & Imprim.
1732. . . . . morte.
RONDET (Laurent II.) fils de
Laurent I.
1707. 21 Juin, Libr. & Imprim.
1714. 8 Mai, Adjoint.
1726. 21 Nov. meurt.
Lorsque Mr le Recteur de l'Université, au désir de l'Arrêt du
Conseil du 10 Décembre 1725,
se rendit à la Chambre Syndicale des Libraires-Imprim.
le 9 Mars 1726, pour recevoir
le serment de tous les Libraires
& Imprimeurs, Mr Rondet
Adjoint en charge, harangua
M. le Recteur, & il le fit en
latin, & en très-bons termes.
Il fut père de Mr Laurent-
Etienne, né le 6 Mai 1717,
& mort le 5 Avril 1785, 2
connu par de sçavans Ouvrages
comme par son talent particulier pour la rédaction & la
révision des Livres liturgiques.
Sa mort fut une calamité pour
l'Imprimerie de Paris.
Rondet (Edmée-Jeanne-Françoise
Boudot, Vᵉ de Laurent II.)
1726. 21 Nov. Libr. & Imprim.
1749. 10 Janv. s'étoit démise
de son imprimerie.
1760. 18 Août, meurt, âgée de
71 ans, rue des Maçons,
Paroisse S. Severin.
Rosse, voyez Roce.
Rosset (Marin).
1617. . . . . Libraire.

Roüan (*Charles*) frère aîné de *Jean* , depuis gendre de Christophe I. *David* , par *Andrée-Hélène*.
1719. 27 Sept.   Libraire.
1749. . . .   mort.
Roüan (*Andrée-Hélène* , fille de Christophe I. *David* , Ve de *Charles*.)
1740. . . .   Libraire.
1763. 25 Mai ; meurt , âgée de 75 ans, rue Dauphine , Paroisse S. André des Arcs.
Roüan (*Jean*) frère puîné de *Charles*.
1719. 19 Juin, Libraire-Juré.
1726. 4 Mai , reçu à la Chambre.
1750. . . . mort.
Roüan (N. Ve de *Jean*).
1750. . . . Libraire.
1759. . . . morte ayant
Rouillard (*Charles*).
1627. 1 Juill. Libraire.
1634. . . . exerçoit.
Rouillé (*Philippe I.*)
1634. 9 Mars. Libraire.
1680. . . . exerçoit.
Rouillé (*Philippe II.*) fils de Philippe I.
1665. 10 Déc. Libraire.
1693. . . . mort.
Rouillé (N. Ve de *Philippe II.*)
1693. . . . Libraire.
1695. . . . exerçoit.
Roullard, *voyez* Rolland.
Rousseau (*René*) gendre de Louis I. Vendôme.
1657. 15 Mars , Libraire.
1658. . . . exerçoit.
Roussel (*Nicolas*).
1583. . . . Libraire.
1637. . . . exerçoit.
Rousselet (*François*).
1610. . . . Libraire.
1627. . . . exerçoit.
Roussel (*Antoine*) frère aîné de *Nicolas*.
1581. . . . Libr. & Impr.
1618. . . . exerçoit.

Roussel (*Nicolas*) frère puîné d'*Antoine*.
1605. . . . Libr. & Impr.
1626. . . . exerçoit.
Rouvelin (*F.*)
1643. . . . Libraire.
Roux (*Richard*).
1556. . . . Libr. & Impr.
1562. . . . exerçoit.
Rouy (*Jean*).
1735. 8 Nov. Libraire.
1749. 24 Nov. meurt , cour du Palais , & est inhumé à S. Barthélémi.
Rouy (Anne-Barbe *Knapen* , Ve en 1es nôces de (N. *Alary*) , Apothicaire, en 2es de Guillaume II. *Saugrain* , & en 3es de *Jean* le
1749. 24 Nov. (Libraire.
1768. 27 Janvr. meurt.
Royez (Mr *Jean-François*).
1786. 24 Nov. Libraire.
1788. . . . quai des Augustins.
Rozet (*Benoît*) de Lyon.
1761. 15 Sept. Libraire.
1788. . . . rue S. Sauveur.
Ruart *Jacques*).
1630. . . . Libraire.
Ruault (Mr *Nicolas*).
1771. 17 Juin. Libraire.
1788. . . . vieille rue du Temple.
Rubat (*Marie* , fille de N.) *voyez* Ganeau (Ve d'*Etienne*) 1737.
Rubeus , *voyez* Le Rouge.
Ruelle (*Jean I.*) gendre de N. Boisset , par *Geneviève*.
1544. . . . Libraire.
1574. 15 Mars, meurt.
Ruelle (Geneviève *Boisset* , Ve de *Jean I.*)
1571. 15 Mars, Libraire.
1613. 15 Déc. meurt.
Ruelle (*Jean II.*) le fils de Jean I.
1571. . . . Libraire.
1606. . . . mort.
Ruelle (N. Ve de *Jean II.*)
1606. . . . Libraire.
1612. . . . exerçoit.

Ruelle

Ruelle (*René*) 2ᵉ fils de Jean I.
1606. . . . . Libraire.
1625. 20 Nov. meurt.
Ruelle(Claude *Gilbert*, Vᵉ de *René*).
1625. 20 Nov. Libraire.
1626. 26 Juin, meurt.
Ruette (*Macé*).
1606. . . . . Libraire.
Ruette (*Antoine*) fils de *Macé*.
1637. 9 Juillet, Libraire.
Ruffin (*Henri*) gendre de Jérôme
Blageart.
1635. 22 Mars, Libr. & Imprim.

Sabon (*Sulpice*).
1545. . . . . Libraire.
SAILLANT (*Charles*) de Paris ,
fils de *Jacques*, Contrôleur des
Rentes , & depuis gendre de
Mr Jacques *Vincent*, par Dlle
Genev.éve , morte à 52 ans , le
25 Déc. 1774 , rue S. Jean-de-
Beauva's , Paroisse S. Etienne.
1716. 21 Sept. naît à Paris.
1740 14 Janv. Libraire.
1757. 8 Août , Adjoint.
1769. 28 Janv. Consul.
1774. 8 Août , Syndic,
1779. 28 Janv. Juge Consul,
1786. 16 Janv. meurt , rue du
Jardinet , Paroisse S. Côme ,
ancien Marg. de la Paroisse S.
Etienne , Administrateur des
Petites-Maisons & de la Tri-
nité, & Trésorier des Pauvres
de S. Côme ; laissant pour
enfans Mr *Saillant* , Doct.
en Médec. , Dlle *N.* femme
de Mr *Nyon* l'aîné , Libraire,
Dlle *N.* femme de Mr *Dosne*,
Notaire , & pour petit-fils
Mr *le Roux*, fils de celle-ci.
Saillant(Dlle *N.* fille de Mr *Charles*)
v. *Nyon* (Mr *Jean-Luc* III.) 1765.
Saint-Denys (*Jean*).
1521. . . . . Libraire.
Sainte-Marie (*Laurent*) gendre de
Charles Deslouviers.
1663. 19 Avril, Libraire.

1708. . . . . mort.
Sainte-Marie (*N.* fille de Charles
Deslouviers , Vᵉ de *Laurent*).
1708. . . . . Libraire.
Salis (*Dominique*).
1596. . . . . Libraire.
Salis (*François*).
1610. . . . . Libraire.
Samson (*Jean-Baptiste*).
1720. 5 Mars, Libraire.
1742. . . . . mort.
Samson (Marie- Anne *Bienfait* ,
Vᵉ de *Jean-Baptiste*).
1742. . . . . Libraire.
1755. . . Juin , meurt.
SAMSON (Mr *Jean-Jacques*) fils de
Jean - Baptiste , & gendre de
François *Didot* , par Dlle *Magdelène-Victoire*, morte le 10
Septembre 1762 , rue du Hurepoix, Paroisse S. André des Arcs.
1756. 1 Mars, Libraire.
1772 20 Août, Adjoint.
1788. — rue du Hurepoix.
Santus (Mr *Antoine*).
1773. 31 Août , Libraire.
1788. — quai des Augustins.
Santus (Mr *Jacques - Philibert*)
fils de Mr *Antoine*.
1777. 16 Mai , Libraire.
1788. — quai des Augustins.
Sara (*Jean*).
1614. . . . . Libraire.
Sara (*Henri*).
1621. 26 Août , Libr. & Imprim.
Il étoit Imprimeur de MONSIEUR.
SARA (*Robert*).
1629. 26 Avril , Libr. & Imprim.
1646. 2 Oct. Adjoint.
Saradin (*François*).
1634. 23 Févr. Libr. & Imprim.
Sassier (*Guillaume*).
1643. 24 Nov. Libr. & Imprim.
1685. 9 Juill. meurt.
Sassier (*N.* fille de *Guillaume*)
femme de Colin (*Pierre*) 1655.
Saucie (*Etienne*).
1610. . . . . Libraire.

V

Saudie (*N.* fille d'*Etienne*) voyez
David (V^e de *Denys*) 1686.
Saugrain (*Abraham*) de Lyon,
1596. . . . Libraire.
1612. 22 Avril, meurt.
Saugrain (*Espérance Cellier,* V^e
d'*Abraham*).
1622. 22 Avril, Libraire.
1640. 8 Déc. meurt.
Saugrain (*Charles I.*) fils d'*A-
braham.*
1644. 3 Août, Libraire.
1679. 13 Nov. meurt.
Saugrain (Claudine *Hourlier,* V^e
de *Charles I.*)
1679. 13 Nov. Libraire.
1709. 26 Mars, meurt.
Saugrain (*Charles II.*) 1er fils de
Charles I.
1683. 28 Juin, Libraire.
1718. 22 Févr. meurt.
Saugrain (*Guillaume I.*) 2e. fils
de *Charles I.*
1683. 10 Sept. Libraire.
1686. . . . Imprimeur.
1708. 30 Sept. meurt.
Saugrain (*P. Charpentier,* V^e de
Guillaume I.)
1708. 30 Sept. Libraire.
1734. 21 Juin, meurt.
Saugrain (*Charles III.*) fils de
Charles II.
1696. 31 Juill. Libraire.
1698. 29 Juin, Carme-Déchaussé.
1739. 27 Oct. meurt.
SAUGRAIN *Claude-Marin I.*)
Fils de *Guillaume I.*
1700. 31 Déc. Libraire.
1726. 19 Déc. Adjoint.
1730. 31 Janv. Consul.
1737. 19 Janv. Juge-Consul.
1739. 14 Nov. Syndic.
1750. 2 Févr. meurt, rue de
Savoye, Paroisse S. André.
Quoiqu'il n'ait pas été du
nombre des Censeurs-Royaux,
M. le Chancelier Daguesseau
lui confia la censure de l'Ou-

vrage de Martin - Dominique
Fertel, imprimeur-Libraire à
S.-Omer, intitulé: *La Science
Pratique de l'Imprimerie:* son
Approbation est du 11 Mai
1740. C'est à ce Libraire qu'on
doit le *Code de la Librairie,*
qui parut en 1744, d'après la
Censure d'un ancien Syndic
& de deux anciens Adjoints,
nommés *ad hoc* par le même
Chancelier.
Saugrain (Marie - Térèse *Emery,*
V^e de *Claude-Marin I.*)
1750. 2 Févr. Libraire.
1761. 10 Août, meurt, rue de
Savoie, Paroisse S. André.
Saugrain (*Françoise,* fille de *N.*)
femme de Prault (*Pierre*) 1711.
Saugrain (*Joseph I.*) 2e fils de
Guillaume I.
1709. 14 Mai, Libraire.
1724. 25 Mai, meurt.
Saugrain (Jeanne *Thoury,* V^e de
Joseph I)
1724. 25 Mai, Libraire.
1728. 30 Juill. meurt.
Saugrain (*Guillaume II.*) 3e fils
de *Guillaume I.*
1710. 23 Juin, Libraire.
1755. 22 Juill. meurt.
Saugrain (Anne-Barbe *Knapen,*
V^e en 1 nôces de *N. Alary,*
Apothicaire, & en 2 des de *Guillaume II.*)
1733. 22 Juill. Libraire.
17 - se remarie à *Jean Rouy.*
Saugrain (*Marie-Henriette,* fille
de *Guillaume II.*) femme de
Holtz (*Henri*) 1719.
Saugrain (*Thomas*) 4e fils de
Guillaume I.
1719. 25 Juin, Libraire.
1714. mort avant.
SAUGRAIN (*Guillaume-Claude*)
fils de *Claude-Marin I.* &
gendre de *N. Prudhomme,* par
Anne-Génevieve, . . . le

7 Novembre 1747, rue de la Calandre, Paroiſſe de S. Germain le Viel.

1724. 26 Juin, Libraire.
1743. 1 Oct. Adjoint.
1759. 26 Avril, Syndic.
1762. 27 Avril, meurt en charge, rue de Savoie, Paroiſſe S. André des Arcs. Son portrait a été gravé, format in-12 par Fiquet.

Saugrain (Joſeph II.) fils de Joſeph I.
1739. 25 Févr. Libraire.
1743. 12 Juill. Imprimeur.
1749. 10 Janv. s'étoit démis de ſon Imprimerie.
1751. . . . mort.

Saugrain (Géneviéve Prudhomme, Vᵉ de Joſeph II.)
1751. . . . Libraire.
1751. 15 Mai, meurt, rue de la Calandre, Paroiſſe S. Germain-le Viel.

Saugrain (Mʳ Antoine-Claude) 1er fils de Guillaume-Claude, & depuis gendre de Mr N. Brunel, par Dᶥˡᵉ Marie.
1748. 28 Mai, Libraire.
1788. — rue du Jardinet.

Saugrain (Mʳ Claude-Marin II.) 2ᵈ fils de Guillaume-Claude, & depuis gendre de Mr Pierre Guillyn, par Dᶥˡᵉ N.
1759. 18 Mai, Libraire.
1788. — rue Pavée-S.-André.
Il eſt Garde de la Bibliothéque de S. A. R. Mgr, Comte d'Artois.
¶ Il exiſte une Tableau généalogique de cette Famille, qui mérite de ſervir de Modéle à toutes celles de la Librairie un peu étendues.

Savignan (Jean).
1624. 29 Févr. Libraire.

Saunier (Adam).
1541. . . . Libr. & Imprim.
1543. . . . exerçoit.

Saunier (Jean I.) frère aîné de Jean II.
1594. . . . Libraire.
1628. 17 Févr. mort avant.

Saunier (Jean II.) frère puîné de Jean I.
1594. . . . Libraire.
1627. . . . exerçoit.

Saunier (François).
1614. . . . Libraire.
1644. 22 Déc. morte avant.

Saunier (Laurent) fils de Jean I.
1625. . . . Libraire.
1628. 17 Févr. reçu à la Chambre.
1666. 26 Août, mort après.

Saunier (Pierre) fils de François.
1644. 22 Déc. Libraire.
1691. . . . mort.

Sauhier (N. Vᵉ de Pierre).
1691. . . . Libraire.
1692. . . . exerçoit.

Saunier (Gabriel) fils de Laurent.
1666. 26 Août, Libraire.
1680. . . . exerçoit.

SAVOYE (Etienne-François) de Reims, gendre d'Antoine Des Hayes, par Marie-Catherine.
1734. 19 Nov. Libraire.
1755. 22 Sept. Adjoint.
1763. 1 Janv. Marguillier de S. Severin.
1764. 31 Juill. meurt, rue S.-Jacques, Paroiſſe S. Severin.

Savoye (Marie-Catherine Des Hayes, Vᵉ d'Etienne-François).
1764. 11 Juill. Libraire.
1781. 12 Juill. meurt, rue de Biévre, Paroiſſe S. Etienne du Mont.

Savoye (Mʳ Nicolas) fils d'Etienne-François, & depuis gendre de Mr Jacques II. Etienne, par Dᶥˡᵉ Sophie.
1772. 13 Oct. Libraire.
1788. — rue S. Jacques.

Sauſſier (Etienne).
1627. . . . Libraire.
1628. . . . exerçoit.

V 2

Sauvage (*Etienne*) gendre de
Pierre *Viné.*
1654. 15 Janv.   Libraire.
Sauvage (*Jean*).
1691. . . . . Libraire.
1694. . . . . mort avant.
Sauvage (*Michel*). . .
1691. . . . . Libraire.
Savreux (*Charles*).
1642. 20 Mars , Libraire.
1669. 22 Sept.   meurt, Sa boutique étoit au pied de la Tour
méridionale de N.-D. Tout
son commerce étoit en livres
de Piété.
Scabeler *ou* Wettenshire (*Jean*).
1510. . . . . Libraire.
Scholæ Italorum , *voyez* Collegium
Italorum , & Italorum Scholæ.
Scot (D[lle] *Anne-Rosalie* , fille de
M: *N.*) 2e femme de Mr Onfroy
(*Eugène*) 1772.
Ségaud (Mr *Robert*).
1767. 4 Oct.   Libraire.
Séguin (Mr *François*) , Libraire
à Avignon.
1788. 27 Mai , Libraire.
1788. — rue de la Parcheminerie.
Séguy de Sauveterre , *ou* Séguy-
Thiboust (Mr *Antoine*) gendre
de Claude-Charles *Thiboust.*
1787. 12 Juin , Libraire.
1787. 26 Juin , Imprimeur.
1788. — placé de Cambrai ; Imprimeur de l'Université.
Seigneur (*Jean*).
1610. . . . . Libraire.
Seigneur (*Etienne*) gendre de
Jean II. *Gobert.*
1655. 15 Sept.   Libraire.
Selle (D[lle] *N.* fille de Mr *Guil-
laume-Eléonor*) mort le 16 Juillet
1787. femme de Mr *Belin* , 1777.
Sénaut (*Olivier*).
1505. . . . . . Libraire.
Sénécar (*Eloi* I.)
1638. 5 Mai , Libraire.
1691. . . . . mort.

Sénécar (*N.* V[e] d'*Eloi* I.)
1691. . . . . Libraire.
1696. . . . . exerçoit.
Sénécar (*Eloi* II.) fils d'*Eloi* I.
1664. 8 Mai , Libraire.
1694. . . . . mort avant.
Seneuze (*Hugues*) gendre de
François *Beauplet.*
1649. 18 Sept.   Libraire.
1690. • Marguillier de S. Benoît.
1694. . . . . mort avant.
Seneuze (*Arnould*) fils de *Hugues.*
1664. 26 Juin , Libraire.
1723. . . . . non inscrit.
Seneuze *Laurent*) 1er fils d'*Arnould.*
1695. 2 Janv.   Libraire.
1747. . . . . non inscrit.
Seneuze (*Robert*) 2d fils d'*Arnould,*
1700. 31 Déc.   Libraire.
1742. . . . . non inscrit.
Seneuze (*Robert - Dominique*) fils
de *Robert.*
1733. 15 Sept.   Libraire.
1762. . . . . . mort.
Seneuze (*N.* V[e] de *Robert Domin.*)
1762. . . . . Libraire.
1766. . . . . morte avant.
¶ En 1781 , il y avoit, à Chalons-
sur - Marne , Mr Nicolas
Seneuze , Libraire & Imprimeur , qui descendoit d'un
Mr *Seneuze* de Paris.
Sepneton (*Claude*) de Lyon.
1565. . . . . Libr. & Impr.
Sensy (*François*).
1627. . . . . Libraire.
Sergent (*Pierre*).
1531. . . . . Libr. & Imprim.
1540. . . . . . exerçoit.
Setqueil (*Marie- Géneviève* , fille
de *N.*) femme de Mr Desaint
(*Jean*) 1720.
Serténas (*Vincent*).
1538. . . . . Libraire.
1554. . . . . exerçoit.
Serveron (Mr *Jean-Louis*).
1777. 13 Juin.   Libraire.
1788. — rue des Maturins.

Servet (Dlle *N.* fille de *N.*) voyez
Esprit (Ve de *Jacques*) 1782.

Servières (Mr *Jean*).
1782. 30 Mars , Libraire.
1788. — rue S. Jean de Beauvais.

Sével (*Denys*).
1654. 5 Mars , Libraire.

Severin (*Jean*).
1516. . . . Libraire.

Séveltre (*Pierre* I.) frère aîné de
Louis.
1583. . . . Libr. & Imprim.
1612. . . . exerçoit.

Séveltre (*Louis* I.) frère puîné de
Pierre I.
1584. . . . Libraire.
1643. 15 Déc. mort avant.

Séveltre (*Thomas* I.) fils de *Louis* I.
1693. . . . Libr. & Imprim.

Séveltre (*Charles* I.) 1er fils de
Thomas I.
1606. . . . Libr. & Imprim.
1627. . . . mort.

Séveltre (*N.* Ve de *Charles* I.)
1627. . . . Libraire.

Séveltre (*Gilles*) 2e fils de *Thomas* I.
1606. . . . Libraire.
1612. . . . exerçoit.

Séveltre (*Louis* II.) 3e. fils de
Thomas I.
1606. . . . Libraire.
1691. . . . mort.

Séveltre. (*N.* Ve de *Louis* II).
1691. . . . . . Libraire.
1695. . . . . exerçoit.

Séveltre (*François*) 1er fils de
Louis II.
1631. 16 Janv. Libraire.
1655. 4 Mars , exerçoit.

Séveltre (*Charles* II. 1er fils de
Charles I.
1633. 19 Mai , Libr. & Imprim.

SÉVESTRE (*Louis* III.) 2d fils
de *Louis* II.
1634. 23 Mars , Libr. & Impr.
1646. 8 Mai , Adjoint.
1670. 9 Juin , Syndic.
1696. . . . exerçoit.

Sévestre (*Thomas* II.) 2d fils de
Charles I.
1634. 26 Oct. Libr. & Imprim.

Sévestre (*Pierre* II.) 3me fils de
Louis II.
1643. 15 Déc. Libr. & Impr.

SÉVESTRE (*Louis* IV. fils de
Louis III.
1683. 11 Sept. Libr. & Impr.
1701. 10 Sept. Adjoint.
1707. 10 Sept. Syndic.
1734. 18 Mai , mort avant.

SÉVESTRE (*Louis-Anne*) 1er fils
de *Louis* IV.
1704. 8 Oct. Libr. & Imprim.
1728. 11 Mai , Adjoint.
1744. 4 Avril , mort avant.

Sévestre (*Antoine-Silveftre*) 2e fils
de *Louis* IV.
1718. 22. Févr. Libraire.
1753. . . . . . mort avant.

Sévestre (*Jean*) 3e fils de *Louis* IV.
1718. 22 Févr. Libraire.
1737. . . . mort avant.

Séveltre (*Jean-Florent*) 4me fils
de *Louis* IV.
1734. 18 Mai , Libr. & Imprim.

Sévestre (*Marie-Claude* , fille de
Louis IV.) femme de Grandjean
(*Edme*) 1714.

Seurre *ou* De Pica (*Jean*).
1503. . . . Libraire.

SIMART (*Nicolas*) comme ayant
épousé Léonore *Le Prieur* , Ve
de Guillaume *Vandive*, morte le
30 Avril 1749, rue de la Parcheminerie , Paroisse S. Severin.
1706. 20 Juill. Libraire.
1722. 8 Août , Adjoint.
1751. . . . mort avant.

[Iere FAMILLE].

SIMON (*Pierre*) fils de *N.* Mar-
chand-Tireur d'or , à Paris.
1721. 6 Févr. Libr. & Imprim.
1736. 11 Août , Adjoint.
1741. 29 Juin , meurt , rue de
la Harpe , Paroisse S. Severin.

Il étoit Imprimeur du Clergé de France , du Parlement & de l'Archevêque.

SIMON (*Pierre-Guillaume*) fils de *Pierre*, & gendre, 1º de Mr Louis-Denys *De la Tour* , par Dlle *Marie*, décédée le 15 Déc. 1758. 2º de Mr Charles *Du Pré* , par Dlle *Marie-Catherine* , décédée le 28 Mai 1768.

1722. 10 Avril , naît à Paris.

1735. . . . reçu Adjoint & en survivance de son père , Imprimeur du Parlement.

1738. 14 Févr. Libraire.

1741. 29 Juin , Imprimeur du Clergé de France & du Parlement (sans exercice).

1741. 28 Sept. Impr. en exercice.

1775. 19 Juill. Adjoint.

1787. 1er Févr. meurt dans la 65e année de son âge , Imprimeur du Parlement, rue S. Jacques, Paroisse S. Benoît.

¶ Son portrait se trouve gravé, format in-4º par Ingouf junior, d'après Pougin de S. Aubin ; il fut à peine achevé huit jours avant sa mort. Il sembloit, en le donnant à ses amis, leur faire ses derniers adieux, Quelques-uns d'entr'eux ont mis au bas ce Distique :

Du suprême Sénat il eut la confiance,
De ses égaux l'amour , de son Art la Science.

IIe FAMILLE.

Simon (*Claude I.*) apprenti de feu Antoine *Lambin* , & gendre de Mr N. *Talegrand* , par Dlle *Marie-Anne*.

1728. 14 Févr. Libraire.

1728. 17 Avril, Imprimeur.

1752. 31 Mars , meurt, rue des Maçons, Paroisse S. Severin. Il étoit Imprimeur de M. l'Archevêque de Paris (Msr

Christophe de Beaumont) qui dans sa jeunesse avoit connu & estimé ce vertueux Imprimeur.

Simon (Marie-Anne *Talegrand*) Ve de *Claude I.*)

1752. 31 Mars , Libr. & Imprim.

1753. 4 Juill. meurt , âgée de 83 ans , rue des Maçons , Paroisse S. Severin.

SIMON (*Claude-François*) fils de *Claude I.* , & gendre de Mr Antonin *Des Hayes* , par Dlle *Elisabeth*.

1738. 15 Févr. Libraire.

1738. 28 Mars , Imprimeur.

1756. 15 Sept. Adjoint.

1767. 19 Juill. meurt , âgé de 57 ans , rue des Maturins , Paroisse S. Severin, Imprimeur de la Reine , du Prince de Condé , de l'Archevêque & de la Faculté de Théologie. Il étoit Chevalier de l'Ordre de Christ , & de l'Académie des Arcades de Rome. Il a fait un *Traité complet de l'Imprimerie*, qui très-malheureusement reste en manuscrit.

Simon (*Elisabeth* , fille d'Antonin *Des Hayes* , Ve de *Claude-Fr.*)

1767. 19 Juill. Libr. & Imprim.

1772. 14 Avril , s'étoit demise de son Imprimerie.

1772. 20 Avril , meurt avec le titre d'*ancien* Imprimeur du Duc de Bourbon , réuni aux autres titres d'Imprimeur qu'avoit eus son mari.

Simon (Mr *Claude II.*) fils de Mr *Claude-François* , depuis gendre de Mr Jacques II. *Estienne* , par Dlle N.

1766. 13 Juin , Libraire.

1772. 14 Avril , Imprimeur.

1788. — rue S. Jacques , Maison de l'Université. Il est Imprimeur du Prince de Condé , du

Duc de Bourbon, de M. l'Archevêque, & de la Faculté / Théologie.

Sinson (*Jean*).
1614. . . . . Libraire.
1618. . . . exerçoit.

Sittart (*Arnould*) gendre de *N. Cavellat* par *Denyse*.
1583. . . . Libraire.
1613. . . . mort.

Sittard (*Denyse Cavellat*) (Ve d'*Arnould*).
1613. . . . Libraire.

Sittard (*André*).
1618. . . . Libraire.

Societas *voyez* Compagnie.

Soldat (*Guillaume*). A
1481. . . . Libr. & Imprim.
1482. . . . exerçoit.

Soldat (*Nicolas*)
1491. . . . Libraire.

Soly (*Martin*)
1618. . . . Libr. & Imprim.
1648. 19 Nov. meurt.

Soly (*Michel*)
1619. . . . Libraire.
1635. 8 Mai. Adjoint.
1641. Marguillier de S. Benoît.
1648. 1 Sept. mort avant Paroisse S. Benoît. Sa marque étoit un Pélican qui se brûle dans les flammes, avec cette devise : *Soli Æternitati*.

Soly (*Georges*) fils de *Michel* I.
1661. 1 Sept. Libraire.

Sonnius (*Michel* I.)
1566. Libraire-Juré & Imprim.
1591. . . . mort.

Sonnius (*Michel* II.) 1er fils de *Michel* I. & gendre de Guillaume *Bichon*, par *Marie*.
1582. . . . Libraire.
1599. . . . Marguillier de S. Benoît.
1630. meurt, Paroisse S. Benoît.

Sonnius (*Michel* III.) 2d fils de *Michel* I. & gendre de *N. Villette*, par *Gillette*.

1586. . . . Libraire.
1625. 1 Févr. Consul. *
1627. . . . mort après, Paroisse S. Benoît.

*C'est le premier Libraire nommé au Consulat, depuis 60 ans que la Jurisdiction étoit établie.

SONNIUS (*Laurent*) 3e fils de *Michel* I., & gendre de *N. Legrand*, par *Anne*, morte avant lui, & inhumée à S. Benoît.
1550. . . . Libraire.
1596. . . . Libraire Juré.
1606. Marguillier de S. Benoît.
1620. 4 Août, Syndic.
Il fut le premier d'élection, depuis la formation de la Communauté.
1628. 1 Nov. meurt, Paroisse S. Benoît.
Sa Marque étoit un Compas, avec cette devise : *Sua sapiens sic limite gaudet*.

Sonnius (*N.* fille de *Michel* I.) femme de Dupuis (*Jacques*) 1549.

Sonnius (*Jean*) 4e fils de *Michel* I.
1604. . . . Libraire.
1633. Marguillier de S. Benoît.

Sonnius (*François*).
1618. . . . Libraire.
1633. mort, Paroisse S. Benoît.

Sonnius (*Michel* IV.) fils de *Michel* II.
1621. Libr. Paroisse S. Benoît.

Sonnius (*Claude*) fils de *Jean*, & gendre de Nicolas *Buon*, par *Marie*.
1624. 1 Mai, Libraire.
1650. 4 Oct. meurt, Paroisse S. Benoît. Il fonda les Religieuses de l'Hôpital de Gentilly, transféré depuis à Paris, rue Mouffetard. Il avoit été l'un des Quartiniers de cette Capitale.

Souard (*Guichard*).
1422. . . . Libraire.

Sorel (*Antoine*).
1638. 28 Janv. Libraire.

Sorin (M. *Michel*).
1777. 27 Mai , Libraire.
1788. —rue des Grands-Augustins.
SOUBRET (*Remi*).
1639. . . . . Libraire.
1641. 19 Juill. Imprimeur.
1648. 8 Mai , Adjoint.
1651. 19 Juill. meurt.
Soubret (*Jean*).
1665. 22 Mars, Libraire.
Soubret (*Henri*) neveu de *N. Remi*,
& gendre de Jean *Huart.*
1689. 8 Févr. Libraire.
1710. . . . mort.
Soubret (*N.* fille de Jean *Huart* ,
Ve de *Henri*).
1710. . . . . Libraire.
1715. . . . morte avant.
Soubron (*Thomas*) gendre d'O-
livier III. *De Varennes* , par
Geneviève.
1601. . . . . Libraire.
1616. . . . mort.
Soubron (*Geneviève* , fille d'Olivier III. *De Varennes* , Ve de
Thomas).
1616. . . . . Libraire.
Soubron (*Claude*)
1605. . . . . Libraire.
1612. . . . . exerçoit.
Soubron (*Jean*).
1605. . . . . Libraire.
1627. . . . . exerçoit.
SOUBRON (*André*) fils de
Thomas.
1625. 16 Janv. Libraire.
1653. 13 Juin , Adjoint.
1663. 4 Juin , Syndic.
1684. 14 Oct. meurt.
Soubron (*N.* Ve d'*André*).
1684. 14 Oct. Libraire.
1693. . . . . exerçoit.
Soubron (*Jean-André*) fils d'*André.*
1658. 2 Mai , Libraire.
Soubron (*N.* fille d'*André*) femme
de Champoudry (*Louis*) 1648.
Souchet (*Nicolas*).
1654. 19 Mars , Libraire.

Souchet (*Jeanne Pontier* , Ve
d'*Antoine*) voyez Humaire (Ve
de *Pierre*) 1776.
Sourcy (*Claude*) voyez Du Carroy,
(Ve de *Jean*) 1617.
Sténer (*Man.*)
1497. . . . . Libraire.
Stephanus voyez Estienne.
Stol (*Jean*).
1473. . . . Libr. & Imprim.
Stornat (*Laurent*).
1636. 24 Janv. Libraire.
Stoupe (M. *Jean-Georges-Antoine*)
né à Laon , d'un Père né en
Saxe,
1772. 7 Avr. Libraire.
1773. 13 Août , Imprimeur.
1788. —rue de la Harpe.
Subjet (*Jean*).
1621. 12 Juill. Libraire.
1663. . . . . exerçoit.
Subjet (*N.* , fils de *Jean*) voyez
Rolland (Ve de *Lambert*) 1624.
Suisson (*Jean*).
1627. . . . . Libraire.
Sutor, voyez Le Savetier.
Sylvius , voyez Du Bois.
Syrach (*Agnan*).
1578. . . . Libr. & Imprim.

Tabart (*François*).
1582. . . . . Libraire.
1585. . . . . exerçoit.
Tabary (*Jean-François*) depuis
gendre de *N. Gandouin* , par
Louise-Charlotte.
1725. 24 Déc. Libraire.
1751. . . . . mort.
Tabary Louise-Charlotte , fille de
N. Gandouin , Ve de *Jean-Fr.*)
1751. . . . . Libraire.
1777. . . . morte avant.
Talegrand (*Marie-Anne* , fille de
N.) voyez Simon , (Ve de
Claude I.) 1752.
Talon (*Nicolas*).
1619. . . . . Libraire.
1643. . . . . exerçoit.

Talon (*Pierre*) fils de *Nicolas*.
1645. 6 Juill. Libraire.
Talon (*Jacques*).
1661. 17. Mars, Libraire.
1691. . . . . . mort.
Talon (*N*. Vᵉ de *Jacques*).
1691. . . . Libraire.
1719. . . . morte avant.
Targa (*François* I.)
1612. . . . . Libr. & Imprim.
1653. 10 Juill. mort avant.
Targa (*Pierre* I.)
1634. 23 Mars , Libr. & Imprim.
1661. 28 Avril, exerçoit.
Targa (*François* II.) 1ᵉʳ fils de
François I.
1653. 10 Juill. Libraire.
Targa (*Gabriel*) 2ᵉ fils de *François* I.
1653. 10 Juill. Libraire.
Targa (*N*. , fille de *François* I.)
femme de Maurice (*Franç*.) 1653.
Targa (*Pierre* II.) fils de *Pierre* I.
1661. 28 Avril , Libraire.
Tarlé (*Jacqueline* , fille de *N*.)
voyez Collombat (Vᵉ de *Jacques-*
François) 1751.
Tasset (*Etienne*).
1558. . . . Libraire.
Taupinart (*Augustin* I.)
1598. . . . . Libraire.
TAUPINART (*Adrien*) 1ᵉʳ fils
d'*Augustin* I.
1618. . . . Libraire.
1627. 30 Juin, Adjoint.
1645. . . . . exerçoit.
Taupinart (*Augustin* II.) 2ᵈ fils
d'*Augustin* I.
1625. 16 Oct. Libraire.
1635. . . . . exerçoit.
Tautin (*Nicolas*) comme ayant
épousé Anne *Pariselle* , Vᵉ de
Charles *Bessin*.
1710. 17 Oct. Libraire.
1752. . . . . mort.
Tautin (Anne *Pariselle* , Vᵉ en
1ᵉˢ nôces de Charles *Bessin* ,
& en 2ᵈᵉˢ de *Nicolas*).
1752. . . . Libraire.

1762. . . . morte avant.
Terpeau (*François*).
1558. . . . Libraire.
1559. . . . exerçoit.
Tessier (*Maturin*).
1618. . . . Libraire.
Theobusteus , voyez Thiboust.
Thévenin (*Michel*).
1619. . . . Libraire.
Thibault (*Guillaume*).
1556. . . . Libraire.
1557. . . . exerçoit.
Thibault (*Anne*) voyez Chardon ,
(Vᵉ de *Sébastien*) 1719.
Thiboust (*Guillaume*).
1544. . . . Libr. & Imprim. de
l'Université , & Graveur-
Fondeur de Caractères.
1550. . . . . exerçoit.
THIBOUST (*Samuel*) fils de
Guillaume , & gendre de *N*.
Guillemot , par *Jeanne*.
1612. . . . . Libr. & Imprim.
de l'Université , & Graveur-
Fondeur de Caractères.
1625. 4 Mars , Adjoint.
1636. . . . . . mort.
Thiboust (Jeanne *Guillemot* , Vᵉ
de *Samuel*).
1636. . . . . . Libr. & Imprim.
de l'Université , & Graveur-
Fondeur de Caractères.
16 - - se remarie à Jean *Libert*.
Thiboust (*Claude*) fils de *Samuel*,
& gendre de *N*. *Thévenon* , par
Magdelène.
1652. 21 Nov. Libr. & Imprim.
de l'Université , & Graveur-
Fondeur de Caractères.
1667. 16 Juill. meurt à Passy-
lès-Paris , & est rapporté à
S. Benoît où il est inhumé.
Thiboust (*Magdelène* , fille de *N*.
Thévenon , Vᵉ de *Claude*).
1667. 16 Juill. Libr. & Imprim.
de l'Université , & Graveur-
Fondeur de Caractères.
1719. . . . morte avant.

X

THIBOUST (*Claude-Louis*) fils posthume de *Claude*.

1667. 14 Nov. naît à Paris.

1685. . . . Maître-ès-Arts.

1694. 8 Juin, Libr. & Imprim. de l'Université, & Graveur-Fondeur de Caractères.

1709. 19 Juill. Adjoint.

1737. 21 Avril, meurt, âgé de 70 ans, Paroisse S. Benoît.

Il fit paroître en 1718, *in-8°*, un Poëme intitulé : *Typographiæ excellentia*, dont il avoit présenté le premier Essai *in 4°* dès 1699, à l'Académie des Sciences, en lui demandant, que les Typographes y fussent admis.

On voit à la Chambre Royale & Syndicale des Libraires & Imprimeurs, rue du Foin, à côté de la Salle où se fait la visite de tous les Livres qui entrent à Paris, ces quatre vers latins, de sa façon :

BIBLIOTHEORIA.

Quos hic præficiunt Prætores, Regia servant

Mandata, ut vigeat Relligionis amor.

Charta time prava, interdictave; Lydius aurum

Ut lapis, hæc libros sic Domus æqua probat.

Il existe, en une demi-feuille d'impression, le *Dessin* d'une Thèse dédiée à l'Université de Paris, le 8 Juillet 1685, par Cl.-L. Thiboust.

Son Portrait a été gravé *in-8°* par Jean *Daullé*.

THIBOUST (*Claude-Charles*) fils de *Claude-Louis*, & gendre de *N. de Maisonrouge*, par D^lle N. Graveur-Fondeur de Caractères, & Imprimeur de l'Université.

1735. 4 Mars, Libraire.

1737. 18 Juin, Imprimeur.

1744. . Marguillier de S. Benoît.

1746. 23 Nov. Adjoint.

1756. . . Imprimeur du Roi.

1757. 29 Mai, décédé au petit Bercy, Paroisse de Conflans-les-Carrières. Il y mourut d'une chûte qu'il avoit faite quinze jours avant dans la maison du jardin des Plantes de M. Chomel, Médecin Ord. du Roi, rue Notre-Dame-des-Champs.

Il étoit Syndic honoraire des Tontines de S. M.

Il a traduit, en prose françoise, le Poëme latin de son père sur l'Imprimerie, & a donné, en 1748, la *Liste des* (409) *Libraires & Imprimeurs, reçus depuis le 1er Avril 1689 jusqu'au 1er Janvier 1748*.

Il laissa une Veuve, un fils, (*Charles-Gaucher-Louis*, mort dans sa 26e année, le 25 Novembre 1773, rue de la Parcheminerie, Paroisse S. Severin) & une fille, mariée depuis à M. Séguy de Sauveterre, qui a pris le nom de *Séguy-Thiboust*.

L'éloge de M. Cl.-Ch. *Thiboust* se lit dans l'*Année littéraire* 1757. tom. V. page 133 à 141.

Thiboust (D^lle N. de *Maisonrouge*, V^e de *Claude-Charles*).

1757. 29 Mai. Libr. & Imprim. du Roi & de l'Université, & Graveur-Fondeur de Caractères.

1788. — Place de Cambrai.

Parmi les chansons de l'Abbé Lattaignant, on en trouve quelques-unes adressées à cette Dame.

En 1760, M. Robé lui dédie, sous le titre de *Chloë*, son *Odissée ou Journal de son retour de Saintonge*, *in-8°*.

Thibouſt (*N.*, fille de *Claude-Charles*) femme de M.ᵉ Séguy de Sauveterre (*Antoine*) 1787.

Thibouſt (*Antoine Séguy*) *voyez* Séguy. 1787.

Thierry (*Pierre I.*) de S. Fargeau, en Champagne.

1534. . . . Libraire.

Thierry (*Pierre II.¹*) fils de *Pierre* I.

1554. . . . Libraire.

1566. . . . exerçoit.

Thierry (*Henri*) fils de *Pierre* II.

1576. . . . Libr. & Impr.

1582. . . . exerçoit.

Thierry (*Rolin*) neveu de *Henri*, & gendre de *N. Leſmeré*, par *Thomaſſe*, morte le 2 Nov. 1619.

1588. . . . Libr. & Imprim.

1603. . . Marguill. de S. Benoît.

1623. 24 Avril, meurt, & eſt inhumé à S. Benoît.

Il avoit pour marque trois tiges de ris (faiſant alluſion à ſon nom, *Tiers-Ris*) avec cet hexamétre barbare :

Punitet æternhm mens non ter provida rité.

Il avoit été l'un des Imprimeurs de la *Sainte-Union*, par conſéquent grand Ligueur. En 1593, il fut conſtitué priſonnier, de l'Ordonnance de MM. de la Cour, pour le livre du *Manant* (*Mémoires de l'Eſtoile*, Tom. II. p. 163. édition de 1719. — *Satyre Ménippée*. Ratisbonne, 1752. in-8°, Tom. I. pag. 88.)

Thierry (*Denys I.*) fils de *Rolin*, & gendre de *N. Regnault*, par *Marie*.

1629. 10 Mai, Libraire.

1646. 8 Mai, Adjoint.

1657. 3 Juill. meurt, & eſt inhumé à S. Benoît.

Il avoit pour Enſeigne S. Denys, avec ces mots : *Sanctus Dionyſius, Galliarum Apoſtolus.*

Thierry (*Marie*, fille de *N. Regnault*, Vᵉ de *Denys* I.)

1657. 3 Juill. Libraire.

1693. . . . . morte avant.

THIERRY (*Denys* II.) fils de *Denys* I., & gendre de *N. Raguin*, par *Eliſabeth.*

1652. 10 Oct. Libr. & Imprim.

1665. 9 Sept. Adjoint.

1666. Marguillier de S. Benoît.

1671. 8 Mai, Syndic.

1676. 30 Janv. Conſul.

1682. . . . . l'Ambaſſadeur de Maroc viſite ſon Imprimerie.

1689. 29 Janv. Juge-Conſul.

1712. 12 Nov. meurt, & eſt inhumé à S. Benoît. Il étoit Doyen du Conſulat.

Ce Denys II. Thierry, étoit le Libraire de Boileau, qui dans ſon Epître X, parlant à ſes Vers, dit :

Vous irez . . . . .

Ou couvrir chez Thierry, d'une feuille encor neuve,

Les Méditations de Buſée & d'Hayneuve.

Ce même Poëte parle encore de lui dans ſa lettre à Broſſette, du 16 Juin 1708.

En 1689, il demeuroit rue S.-Jacques, devant la rue du Plâtre, & étoit Libraire & Imprimeur Ordinaire de l'Ordre de S. François.

Il avoit la *Ville de Paris* pour Enſeigne, & quelquefois celle de *Rolin* ſon grand-pere. Son Portrait a été gravé *in-folio* par Duflos, d'après Ferdinand, & d'après la Hire, par Landry, qui l'a regravé dans le Frontiſpice d'un Miſſel Franciſcain, *in-folio.*

Thierry (Elifabeth *Raguin*, Ve de
   Denys II).
.1711. 12 Nov. . Libr. & Imprim.
1734. . . . . . meurt , laiffant
   l'aîné de fes fils Confeiller
   de la Cour des Aydes de Paris , qui fut premier Marg.
   de S. Benoît, pour la feconde
   fois en 1751.
Thiouft (*François*).
1581. . . . . Libraire.
Thocquefne (Dlle *N.* fille de Mr *N.*)
   2de femme de Mr Moutard
   (*Nicolas-Léger*) 1765.
Thomas (*Jean* I.) gendre de *N.*
   Boucher, par *Catherine.*
1607. . . . . Libr. & Imprim.
1627. . . . . exerçoit.
Thomas (*Jean* II.) fils de *Jean* I.
1629 11 Janv. Libr. & Imprim.
Thomas (*François*) fils de *Jean* II.
1645. 6 Juill. Libr. & Imprim.
Thomelin (*Louis Antoine*).
1716. 7 Oct. Libraire-Juré.
1726. 4 Mai, reçu à la Chambre.
1764. . . . . mort avant.
¶ Son goût pour l'Orgue (car il
   étoit Organifte) lui fit imaginer
   de donner au Public l'*Alma-*
   nach des Orgues & des Orga-
   niftes de Paris. Mais ce livret
   n'eut pas de fuite.
Thoreau (*Jean*).
1634. 9 Août , Libraire.
Thoury (*Jeanne*) *voyez* Saugrain,
   (Ve de *Jofeph* I.) 1724.
Tifaine (*Adrien*).
1614. . . . . Libraire.
1627. . . . . exerçoit.
Tiletain *ou* Tiletan *voyez* Louis.
Tilliard (*Jeanne-Noëlle*, fille de *N.*)
   femme de De Bure (*Jean*) 1721.
TILLIARD (*Nicolas - Martin*)
   beau-frère de Jean *De Bure*,
   & gendre de Jean-Henri *Poujet.*
1747. 28 Août , Libraire.
1767. 17 Juin , Adjoint.

1773. 24 Sept. meurt , quai des
   Auguftins , Paroiffe S. André
   des Arcs , ancien Marguillier
   de cette Eglife.
Tilliard (Dlle M. . E. . (*Poujet*,
   Ve de *Nicolas-Martin.*)
1773. 24 Sept. Libraire.
1788. — rue de la Harpe, au coin
   de celle Pierre-Sarafin.
Tilliard (Mr *Nicolas-Noel-Henri*)
   fils de *Nicolas-Martin.*
1777. 27 Mai , Libraire.
1788. — rue de la Harpe , au coin
   de celle Pierre-Sarafin.
Tiquet (*Jean*).
1713. 2 Mai , Libraire.
1713. . . . . mort avant.
Tolofa (*Michel*).
1498. . . . . Libraire.
1499. . . . . exerçoit.
TOMPERE (*Jean* I.).
1612. . . . . Libr. & Impr.
1635. 8 Mai , Adjoint.
1644. 8 Juin , mort avant.
Tompère (*N.* fille de *Jean* I.) femme
   de Coignard (*Charles* I.). 1644.
Tompère (*Jean* II.) 1er fils de *Jean* I.
1644. 8 Juin , Libr. & Imprim.
Tompère (*Gilles*) 2e fils de
   Jean I.
1652. 29 Févr. Libr. & Imprim.
1681. . . . . mort.
Tompère (*N.* Ve de *Gilles*).
1681. . . . . Libr. & Imprim.
1693. . . . . exerçoit.
Tonnelier (*Claude*).
1644. 18 Mars , Libraire.
1680. . . . . exerçoit.
Torinus, *voyez* Tory.
Tory ou Toury (*Geoffr.*) de Bourge.
1512. . . . . Libraire Juré , &
   Graveur-Fondeur de Caractères.
1550. . . . . meurt.
On a de lui, *le Champ Fleury*,
   ou l'*Art & Science de la vraie*
   proportion des Lettres Attiques
   ou *Antiques* , 1529. in-4° &

1549. in-8°, voyez le Dict. Historique de l'Advocat verbo Tory.

Touchard (Christophe).
1606. . . . . Libraire.
1627. . . . . exerçoit.
Touchard (Pierre).
1621. 27 Oct. Libraire.
Tournelue (Jacques).
1612. . . . . Libraire.
1632. 14 Nov. meurt, Paroisse S. Benoît.
Toury , voyez Tory.
Tousan ou Toussain , voyez Tusan.
Touzart (Nicolas).
1610. . . . . Libraire.
1630. 17 Août , meurt.
Touzart (Rolland) fils de Nicolas.
1639. 13 Oct. Libraire.
1640. . . . . exerçoit.
Trabouillet (Nicolas I.)
1619. 13 Déc. Libraire.
1639. 9 Nov. meurt.
Trabouillet (N. Ve de Nicolas I.)
1639. 9 Nov. Libraire.
1693. . . . . morte avant.
Trabouillet (Nicolas II.) 1er fils de Nicolas I.
1653. 4 Déc. Libraire.
1671. 1 Sept. meurt.
Trabouillet (N. Ve de Nicolas II.)
1671 1 Sept. Libraire.
1680. . . . . . exerçoit.
TRABOUILLET (Pierre) 2e fils de Nicolas I.
1661. 1 Sept. Libraire.
1687. 22 Févr. Adjoint.
1701. 10 Sept. Syndic.
1708. . . . . mort , ancien Marguillier de S. Germain-le-Vieil.
Trabouillet (N. Ve de Pierre).
1708. . . . . Libraire.
1714. . . . . morte avant.
Trabouillet (Etienne) 1er fils de Pierre.
1688. 27 Janv. Libraire.
1714. . . . . mort avant.

Trabouillet (Jérôme) 2d fils de Pierre.
1701. 4 Janv. Libraire.
1740. . . . . . mort.
Trabouillet (N. Ve de Jérôme).
1740. . . . . Libraire.
1772. . . . . morte avant.
Travers (Jacques).
1625. 16 Juill. Libraire.
1627. . . . . exerçoit.
Travers (Dlle . . fille de Mr N.) 2de femme de Mr Didot (Pierre-François) 1753.
Tréperel (Jean).
1494. . . . . Libr. & Impr.
1502. . . . . mort.
Tréperel (N. Ve de Jean).
1502. . . . . Libr. & Imprim. rue neuve Notre - Dame , à l'Ecu de France.
Triboulet (Pierre).
1606. . . . . Libraire.
1610. . . . . mort.
Triboulet (N. Ve de Pierre).
1610. . . . . Libraire.
1612. . . . . exerçoit.
Trichard (Jacques).
1611. . . . . Libr. & Imprim.
1613. . . . . exerçoit.
Trichard (Pierre) fils de Jacques.
1634. 9 Févr. Libraire.
1694. . . . mort avant.
Trouard (Robert).
1582. . . . . Libraire.
1610. . . . . exerçoit.
Trouvain (Jean).
1594. . . . . . Libraire.
1627. . . . . mort.
Trouvain (N. Ve de Jean).
1627. . . . . Libraire.
Trouvain (Pierre) 1er fils de Jean.
1635. 28 Juin , Libraire.
1679. . . . . mort.
Trouvain (N. Ve de Pierre).
1679. . . . . Libraire.
1692. . . . . exerçoit.
Trouvain (N. fille de Pierre) voyez Coustelier (Ve de François) 1694.

Trouvain (*Simon*) 2 fils de *Jean*.
1642. 20 Mars , Libraire.
Trudon (*Nicolas*) gendre de
Denys *Crévier*.
1701. 11 Janv. Libraire.
1750. 8 Avril , meurt , rue de
Savoye , Paroisse S. André.
Trudon (*Jean-Geoffroi*) de Paris ,
fils de *Nicolas*.
1725. 19 Déc. Libraire.
1761. 23 Mars , meurt , rue de
Savoye, Par. S. André des Arcs.
Tuffe (*Jean*).
1582. . . . Libraire.
Turne-Beuf , *voyez* Turnébe.
Turnebus , *voyez* Turnébe.
Turnébe (*Adrien*) Professeur du
Roi en Langue Grecque (de 1547
à 1565) gendre de *N. Clément*,
par *Magdeléne*.
1512. . . . . naît à Andely , en
Normandie.
1552. Acquiert de la Ve Néobar , une Imprimerie , enri-
chie de Types Royaux pour
des Livres Grecs , & s'y associe
Guillaume *Morel*, auquel il
l'abandonna ensuite en entier
voyez ci - dessus , Morel ,
(*Guillaume*) pag. 127
1565. 12 *Juin* , meurt , âgé de
53 ans , & est inhumé au
Cimetière des pauvres Ecoliers,
près du Collége de Montaigu ,
comme il l'avoit ordonné
par son testament. Ce sçavant
homme n'exerça l'Art de
l'Imprimerie que par zèle pour
les Lettres. Il mettoit ordinai-
rement , à la première page des
Livres qu'il imprimoit, le passage d'Homère , qui signifie : *Bon
Roi , vaillant Soldat , sage pour
le conseil*. Il laissa trois enfans,
l'un , *Odet* , Avocat au Parlement , mort avec l'agrément
pour la charge de Premier-
Président de la Cour des Mon-

noies ; l'autre , *Adrien* , Auditeur des Comptes , & le troi-
siéme , *Etienne* , Conseiller au
Parlement.
Turrisan (*Bernardin*).
1555. . . . . Libraire.
1575. . . . . exerçoit.
Tusan (*Edmée*) , *voyez* Néobar,
(Ve de *Conrard*) 1540.
TYPOGRAPHIA REGIA , *voyez* Imprimerie Royale.

V al (*Jean*).
1621. 29 Juill. Libraire.
Valade (*Jacques-Fr.*) de Toulouse.
1773. 6 Avril , Libraire.
1778. 11 Déc. Imprimeur.
1784. 24 Juin , meurt , Libraire
de S. M. Suédoise,& Imprim. de
la Prevôté de l'Isle de France.
Il demeuroit rue des Noyers,
Paroisse S. Benoît. On a de
lui le *Catalogue de la Bibliothèque de Mgr le Garde des
Sceaux* (Hue de Miçoménil)
in-4o 1781 , & celui de M. le
Lieutenant Général de Police,
in-4o 1782. (Voir son éloge,
Journal de Paris, du 16 Mars
1784 , pag. 340. col. 1.
Le Roi de Suéde l'avoit gratifié
d'une belle Médaille d'or,
représentant la *Liberté* , &
frappée à l'occasion de la dernière Révolution (1773)
(*Journal de Paris* , du 26
Mars 1783 , pag. 357. col. 2.
Valade (Dlle *N.* Ve de *Jacq.-Fr.*)
1784. 24 Juin , Libr. & Imprim.
1788. — rue des Noyers, Imprim.
de la Prevôté de l'Isle de
France.
Valade (Mr *Jean-Jacques Denys*)
fils de *Jacques-François*.
1777. 6 Mai , Libraire.
1785. 13 Mai , Imprimeur, sans
exercice.
1788. — rue des Noyers.

Vallat-la-Chapelle (*Pierre*) né près de Saint-Flour, en Auvergne.

1759. 23 Févr. Libraire.

1772. 17 Déc. meurt, cour du Palais , & est inhumé dans l'Eglise de la Basse-Sainte-Chapelle.

Vallat-la-Chapelle (Dlle M.-C. *Bardé*) Ve de *Pierre*.

1772. 17 Déc. Libraire.

1782. — au Palais de Justice Grand-Salle.

Vallet (*Etienne*).

1582. . . . . Libraire.

1599. 20 Juin , Libraire-Juré.

Vallet (*Godefroy*) fils d'*Etienne*.

1605. . . . . Libraire.

1613. . . s'établit à Beauvais.

Vallet (*Cloude*).

1606. . . . Libraire.

1612. . . . exerçoit.

Vallet (*Jean*).

1610. . . . . . . Libraire.

1612. . . . . . exerçoit.

Valleyre (*Guillaume-Amable* I.) fils de Me *Etienne*, Procureur au Présidial de Riom , & de Louise *Charmat*, Maître-ès-Arts en Août 1682 , Professeur en l'Université de Paris, en Octobre de la même année, Apprenti de Gabriel I. *Martin* , Libraire & Imprimeur , en Janvier 1684 , Licencié en Droits en 1696.

1698. 9 Sept. Libraire.

1710. 27 Févr. Imprimeur.

1737. . . . morr.

Valleyre (Magdeléne *Gamère*, Ve de *Guillaume-Amable* I)

1737. . . . . . Libr. & Impr.

1750. 10 Mai, s'étoit démise de son Imprimerie.

1759. . . . . . morte avant.

Valleyre (*Charlotte* , fille de *N*.) femme de Giffey (*Henri-Simon-Pierre*) 1720.

VALLEYRE (*Gabriel*) 1er fils de *Guillaume-Amable* I. & gendre

de *N. Germain* , par *Marie-Anne* , morte dans sa 68e année , le 27 Mars 1771, rue & Paroisse S. Severin.

1693. . . Juillet. naît à Paris.

1713. 17 Oct. Libraire.

1725. 15 Déc. Imprimeur.

1749. 27 Oct. Adjoint.

1755. 1 Janv. Marguillier de S. Severin.

1772. 25 Mars, meurt , Doyen de la Communauté , rue & Paroisse S. Severin, laissant pour fils les deux suivans , & pour gendres MM. *Hennion*, *Cailleau*, *De Gaulle* & *Jorry*.

Valleyre (*Guillaume-Amable* II.) 2d fils de *Guillaume-Amable* I.

1716. 21 Avril, Libraire-Juré.

1726. 4 Mai , reçu à la Chambre.

1737. . . . . . mort.

Valleyre (*N*. . , Ve de *Guillaume-Amable* II.)

1737. . . . . . Libraire.

1772. . . . . . morte avant.

Valleyre (*Géneviève* , fille de *Guillaume-Amable* I.) femme de Gonichon (Mr *Jean-Baptiste*) 1720.

Valleyre (Mr *Jean-Baptiste-Paul*) 1er fils de *Gabriel* , & gendre : 1° de Mr *N. Hocquet* , par Dlle *Marie-Françoise* , morte le 13 Mars 1755. rue S Jacques , Paroisse S. Severin. 2° de Mr *N. Langlois*, par Dlle *Françoise-Marie* , morte le 3 Novembre 1756. rue S. Jacques , Paroisse S. Severin, 3° de Mr *N. Duclos*, par Dlle *Catherine* , morte le 9 Mars 1779. , rue de la vieille Bouclerie , Paroisse S. Severin ; elle avoit 42 ans : elle laissoit Dlle *Catherine-Gabrielle-Pauline*, qui mourut elle-même dans sa 20me année, le 5 Juillet 1781, rue de la vieille Bouclerie , Paroisse S. Severin.

1749. 31 Déc.   Libraire.
1761. 20 Janv.   Imprimeur.
1788. — rue de la Vieille-Bouclerie.
VALLEYRE (Mr Nicolas-François)
    2d fils de Gabriel, gendre de
    Mr Gilles II. Lamesle, par Dlle N.
1763. 10 Mai, Libraire.
1764. 1 Mars, Imprimeur.
1780. 18 Mai, Adjoint.
1788. — rue, & vis-à-vis du
        Portail S. Severin.
Valleyre (Dlle N. fille de Mr Ga-
    briel) femme de Mr Cailleau,
    (André-Charles) 1753.
Valleyre(Dlle N fille de Mr Gabriel)
    femme de M Jorry (Louis) 1771.
Van-Anderat (Marguerite, fille
    de N. voyez Knapen (Ve de Mr
    André) 1732.
Vaudive (Guillaume)
1701. 20 Déc.   Libraire.
1705. · · · · mort.
Vaudive (Léonore Le Prieur,
    Ve de Guillaume).
1705. · · · · · · Libraire.
1706. se remarie à Nicolas Simart.
Van-Lochom (Michel).
1638. · · · · Libraire.
Varangue (Jacques).
1582. · · · Libraire.
1618. · · · Libraire-Juré.
1654. 12 Févr. mort avant.
Varangue (Antoine) 1er fils de Jacq.
1653. 6 Mars, Libraire.
Varangue (Jean) 2d fils de Jacques.
1654. 12 Févr. Libraire.
1694. · · · · mort avant.
Varin (Mr Antoine-Louis-Agnès)
    de Compiègne, gendre de M. N.
    Beaugendre, par Dlle N.
1785. 12 Avril, Libraire.
1788. — rue du Petit-Pont.
VARIQUET (Pierre).
1645. 28 Mars, Libraire.
1668. 4 Juin, Adjoint.
1686. · · · · Imprimeur.
1686. 29 Avril, meurt, Paroisse
        S. Benoît.

Il demeuroit rue S. Jacques,
    & avoit pour Enseigne le Gril.
Vascosan (Michel) d'Amiens,
    gendre, 1° de Josse Bade, 2° de
    N. Coing.
1530. · · · Libraire-Juré, &
        Imprimeur du Roi.
1553. Il obtient un Privilége pour
    les livres qu'il imprimeroit
    par la suite.
1576. · · · · · mort & inhumé
        à S. Benoît, avec Epitaphe.
Vatar (Mr Jacques-Gabriel) gendre
    de Mr N. Bué, par Dlle Jeanne-
    Susanne, morte le 4 Août 1773,
    rue S. Hiacinthe, Par. S. Benoît.
1765. 12 Janv.   Libraire.
1788. — Passage des Jacobins.
Vatar (Mr Jean-Jacques) fils de
    Mr Jacques-Gabriel.
1788. 29 Juill.   Libraire.
1788. — passage des Jacobins.

[AUTRE BRANCHE.]

Vatar (Jacques-Julien) de Rennes.
1769. 15 Sept.   Libraire.
1770. · · · · s'établir à Rennes.
1776. · · · · s'établit à Lyon.
1777. 27 Avr. y meurt.
Vatar (Dlle N. Rose-Françoise,fille
    de Mr Aimé De la Roche, Ve
    de Jacques-Julien).
1777. 27 Avril, Libr. & Imprim.
        à Lyon.
17 · · · · se remarie au sieut
    Millanois de la Thibaudière.
Vatel (Jean).
1527. · · · · · · Libraire.
Vatel (Dominique-Louis).
1721. 30 Déc.   Libraire.
1773. 31 Janv. meurt,vieille rue
        du Temple, Paroisse S. Gervais.
Vatel (Dlle N. Ve de Dom.-Louis).
1773. 31 Janv.   Libraire.
1787. · · · · quai de Gêvres.
Vaterloës (Jean).
1510. · · · · · · Libr. & Imprim.
1511. · · · · · exerçoit.
                            Vauclin

Vauclin (*Pierre*) gendre de Jean Delaunay.

1660. 15 Juill. Libraire.

1694. . . . mort avant.

Vaudran (*Pierre*).

1640. 12 Janv. Libraire.

Vaugon (*Marin*) frère aîné de Nicolas.

1614. . . . exerçoit.

1627. 21 Oct. reçu à la Chambre.

Vaugon (*Nicolas* I.) frère puîné de *Marin*.

1635. 29 Nov. Libraire.

1663. 2 Août, meurt avant.

Vaugon (*Nicolas* II.) fils de Nicolas I.

1653. 2 Mai, Libraire.

1691. 14 Nov. meurt.

Vaugon (Marie *Bierry*, Vᵉ de Nicolas II.)

1691. 14 Nov. Libraire.

1706. 28 Mars, meurt.

Cette Veuve a fait une Fondation en l'Eglise de S. Hilaire, sa Paroisse (*voyez le Propre de S. Hilaire : Préface historique*, page 9.)

Vaugon (*Michel* I.) gendre de François *Joran*.

1654. 15 Janv. Libraire.

1696. . . . exerçoit.

Vaugon (*Louis* I.) fils de *Nicolas* I.

1663. 2 Août, Libraire.

1697. . . . mort.

Vaugon (N. Vᵉ de Louis I.)

1697. . . . Libraire.

1737. . . . morte avant.

Vaugon (*Louis* II.) 1er fils de *Michel* I.

1663. 2 Août, Libraire.

Vaugon (*Jean*) 2ᵉ fils de *Michel* I.

1666. 13 Mai, Libraire.

1693. . . . mort avant.

Vaugon (*Michel* II.) 3ᵐᵉ fils de *Michel* I.

1666. 13 Mai, Libraire.

1700. . . . mort.

Vaugon (N. Vᵉ de *Michel* II.)

1700. . . . Libraire.

1748. . . . exerçoit.

Vaux (*Marguerite*) voyez Le Breton (Vᵉ d'*André-François*) 1779.

Vellonne (*Marguerite*) voyez Hochereau (Vᵉ de *Charles-Fr.*) 1780.

Vélut (*Hubert*).

1606. . . . . Libraire.

1616. . . . . mort.

Vélut (N. . . . Vᵉ de *Hubert*).

1616. . . . . Libraire.

1627. . . . . exerçoit.

Vélut (N. fille d'*Hubert*) femme de Girard (*Claude* I.) 1628.

Vélut (*Charles*).

1618. . . . . Libraire.

Vendôme (*Louis* I.)

1627. 1 Juill. Libraire.

1679. . . . mort.

Gui Patin, dans sa lettre du 18 Juin 1649, écrivoit : « Le » livre des *Jésuites sur l'écha-* » *faud*, fait par le P. Jarrige, » a été ici imprimé par un » Libraire de la Religion » (*P. R.*) nommé *Vendôme*, » & s'y débite merveilleuse- » ment. »

Vendôme (N. Vᵉ de *Louis* I.)

1679. . . . Libraire.

1680. . . . exerçoit.

Vendôme (*Louis* II.) fils de *Louis* I.

1650. 2 Sept. Libraire.

1679. . . . mort.

Vendôme (N. fille de *Louis* I.) femme de Rousseau (*René*) 1657.

Vente (Mr *Pierre*).

Conseiller du Roi, Maire Royal & perpétuel de la Ville, Fauxbourgs & Banlieue de Verneuil au Perche, Libraire des Menus-Plaisirs du Roi & Imprimeur (sans exercice) de Monsieur, frère de S. M. — gendre de Mr N. *Théverard* par Dᶫᵉ *Catherine*, morte

y

le 5 Juin 1775, rue de la
Montagne Ste Géneviéve, Paroiſſe S. Etienne du Mont.
(Voyez l'Année Litteraire,
Mai 1775.)
1764. 17 Mai, Libraire.
1788. — rue des Anglois.
Vérard (Antoine).
1480. . . . Libr. & Impr.
1519. . . . exerçoit.
Ce Libraire a été un de ceux qui
ont le plus imprimé de ſon
temps, & particulièrement
des Romans, dont il y en a
plus de cent imprimés ſur
velin, ornés de très-belles
miniatures. — La Caille,
page 63.)
Vérard (Martin).
1606. . . . Libraire.
1612. . . . exerçoit.
Verdier (Gérard).
1610. . . . Libraire.
1612. . . . exerçoit.
Veron (François).
1618. . . . Libraire.
Verrier (Marguerite) voyez De
Las (Ve de Léger) 1605.
Verstel (Bernarde) voyez Co-
gnard (Ve de Pierr-Fr.) 1749.
Vérue (Martin).
1610. . . . Libr. & Imprim.
1614. . . . exerçoit.
Veyrat (Jean).
1602. . . . Libraire.
Vèze (Jacques).
1606. . . . Libraire.
Viala (Jean).
1589. . . . Libr. & Imprim.
1617. . . . exerçoit.
Viard (Dlle Marie-Géneviéve)
voyez Couturier (Ve de Denys-
Clément) 1786.
Viart (Pierre).
1513. . . . Libraire.
1522. . . . Libraire-Juré.
1515. . . . exerçoit.
Vidazus, voyez Vidoué.

Vidoüe ou Vidouyé (Pierre).
1510. . . . Libraire-Juré.
1528. . . . Imprimeur.
1544. . . . mort.
Viette (Claude).
1691. . . . Libraire.
1696. . . . exerçoit.
Vignon (Jean).
1606. . . . Libraire.
1617. . . . va s'établir à Genève.
Vigoureux (Charles).
1605. . . . Libraire.
1612. . . . exerçoit.
Vigoureux (Claude).
1606. . . . Libraire.
Villery (Jacques I.)
1623. . . . Libraire.
1677. . . . mort.
Villery (Charles) 1er fils de
Jacques I.
1651. 16 Nov. Libraire.
1694. . . . mort avant.
VILLERY (Jacques II.) 2e fils de
Jacques I.
1674. 17 Janv. Libr. & Imprim.
1698. 12 Mai, Adjoint.
1703. . . . mort.
Villery (N. Ve de Jacques II.)
1703. . . . Libr. & Imprim.
1723. . . . morte avant.
VILLERY (Maurice) 3me fils de
Jacques I.
1683. 7 Sept. Libraire.
1686. . . . Imprimeur.
1703. 4 Oct. Adjoint.
1710. . . . mort.
Villery (N. Ve de Maurice).
1710. . . . Libr. & Imprim.
1723. . . . morte avant.
Villery (N. fille de Jacques I.)
femme de Harel (Jean) 1647.
Villery (N. fille de Maurice) femme
de Guillerat (Jean) 1700.
Villery (N. fille de Maurice) femme
de De Maudouyt (Jean) 1706.
Villery (N. fille de Maurice) voyez
Douceur (Ve de Jacques II.)
1712.

Villery (*Elisabeth* , fille de *Maurice*) *voyez* Jombert (Vᵉ de *Michel*) 1758.

Villery (*Louise-Geneviève* , fille de *Maurice*) *voyez* Martin , (Vᵉ de *Gabriel* II.) 1761.

Villette (*Gillette* , fille de *N.*) *voyez* Sonnius (*Michel* III.) 1586.

Villette (*Jean* I.) gendre de Richard *Delaunay.*

1655. 8 Mars , Libraire.

1694. . . . . . mort.

Villette (*N.* fille de Richard *Delaunay,* Vᵉ de *Jean* I.)

1694. . . . . Libraire.

1703. . . . . morte avant.

VILLETTE (*Jean* II.) fils de *Jean* I.

1686. 17 Sept. Libraire.

1710. 22 Août , Adjoint.

1746. 15 Mars , meurt Doyen de la Communauté , rue S.-Jacques , Paroisse S. Benoît.

Villette (*N.* Vᵉ de *Jean* II.)

1746. 15 Mars , Libraire.

1753. . . . . morte avant.

VILLETTE (*Jean* III.) fils de *Jean* II. , & gendre de M. *N. Gérard* , par Dlle *Magdeléne-Françoise,* morte , âgée de 82 ans , le 12 Mars 1780 , rue du Plâtre , Paroisse S. Severin.

1700. 18 Déc. naît à Paris.

1720. 16 Janv. Libraire.

1742. 31 Juill. Adjoint.

1779. . . . . Doyen du Corps.

1786. . . Janv. meurt dans sa 86ᵉ année , à Lizy-sur-Ourcq.

Vimar (*Maurice*).

1614. . . . . Libraire.

1627. . . . . exerçoit.

Vimar (*Gui*).

1634. 9 Févr. Libraire.

Vimar (*Antoine*) fils de *Maurice.*

1649. 30 Déc. Libraire.

Vimont (*Claude*) frère aîné de *Maturin.*

1625. 3 Avril , Libraire.

Vimont (*Maturin*) frère puîné de *Claude.*

1625. 3 Avril , Libraire.

Vincent (*Simon*).

1518. . . . . Libraire.

Vincent (*Antoine*) de Lyon.

1541. . . . . Libraire.

1552. . . . . exerçoit.

Vincent (*Jacques*).

1606. . . . . Libraire.

1612. . . . . exerçoit.

[AUTRE FAMILLE.]

VINCENT (*Jacques*) du Mans.

1704. 8 Oct. Libr. & Imprim.

1726. 10 Mai , Adjoint.

1727. 1 Janv. Marguillier de S. Severin.

1744. 12 Août , Syndic.

1750. 8 Mai , s'étoit démis de son Imprimerie.

1760. 7 Mai , meurt dans sa 89ᵐᵉ année , rue & Paroisse S. Severin. Il avoit été Imprimeur des Etats de Languedoc. Son Portrait a été gravé *in-folio* par de Poilly , son gendre. Au bas de quelques exemplaires on lit ce Quatrain :

Aux mœurs de l'ancien temps il joignit la bonté,

Aux talens , aux succès l'exacte probité ;

Austère pour lui seul , il fut pour tous affable.

Citoyen , Epoux , Père , en tout inimitable.

¶ Il fut père de D. Jacques-Claude Vincent , Bénédictin , Religieux recommandable par sa piété & son sçavoir ; mort Bibliothécaire de l'Abbaye de S. Remi de Reims , le 21 Septembre 1777. Voyez l'*Histoire Littéraire de la Congrégation de S. Maur,* in-4°, pag. 738.

Vincent (Marie *de Bury* Vᵉ de *Jacques*).

1760. 7 Maî, Libraire & ancien Imprimeur.

1775. 11 Déc. meurt à 92 ans, à Auteuil, près de Paris. Son corps est rapporté en l'Eglise de S. Severin, & y est inhumé.

Elle laissoit pour fils Mʳ *Philippe*, Libraire - Imprimeur, Dom *Jacques-Claude*, Bénédictin ; pour gendres Mʳ *De Poilly*, Graveur, Mʳ *Petit*, Marchand-Epicier, & Mʳ *Saillant*, Libraire ; pour petits-fils, M. *Saillant*, Médecin, Mʳ *Nyon*, depuis Libraire, pour petite-fille, Dlle *N. de Poilly*, & pour petits-gendres Mʳ *Nyon*, Libraire, & *Dosne*, Notaire.

VINCENT (Mʳ *Philippe*) fils de *Jacques*, & gendre de Mʳ *Boulier de la Martinière*, par Dlle *N.*

1744. 1 Sept. Libraire.

1745. 26 Avril, Libraire de la Grande Prevôté.

1750. 8 Maî, Imprimeur.

1751. . . . . . . Imprimeur des Etats de Languedoc.

1759. 26 Avril, Adjoint.

1760. . . . . Imprimeur de Mgr le Duc de Bourgogne.

1763. . . Imprim. de Monsieur.

1779. 30 Mars, s'étoit démis de son Imprimerie.

1788. — rue des Fosseyeurs.

Vincent (Dlle *N.* fille de Mr *Jacques*) femme de M. Saillant (*Charles*) 1740.

Viné (*Pierre*).

1614. . . . . . Libraire.

1627. . . . . . . exerçoit.

Viné (*N.* fille de *Pierre*) femme de Sauvage (*Etienne*) 1654.

Visse (Mʳ *Pierre-Lucien*).

1786. 21 Avr. Libraire.

1788. — rue de la Harpe.

Vitray ou Vitré (*Pierre*).

1606. . . . . Libraire.

1610. . . . . mort.

Vitré (*N.* Vᵉ de *Pierre*).

1610. . . . . Libraire.

1612. . . . . exerçoit.

VITRÉ (*Antoine*) 1ᵉʳ fils de *Pierre.*

1610. . . . . Libr. & Impr.

1627. 30 Juin, Adjoint.

1635. . . Imprimeur du Clergé.

1639. 28 Sept. Syndic.

1659. 1 Janv. Marguillier de S. Severin.

1664. 31 Janv. Consul.

1674. 10 Juill. meurt, rue S. Jacques, Paroisse S. Severin.

Il étoit Imprimeur Ordin. du Roi ès Langues Orientales, & Directeur de l'Hôpital-Général ; fut le premier Libraire - Imprimeur revêtu de la charge de Marguillier de l'Eglise de S. Severin, où il a fait quelques Fondations Dans la Polyglotte de le Jay, qu'il imprima de 1628 à 1645, il ortographie son nom au frontispice *Vitray*, & à la fin *Vitré* ; il céda sans doute à l'usage du Public, comme les plus modestes adoptent, malgré eux les *de* & les *le* qu'on s'obstine à mettre devant leurs noms. Son Portrait se trouve gravé *in-folio* par Morin d'après Champagne, & *i.1-8°* par Moncornet.

[*Voyez* sur cet Imprimeur-Libraire, Vigneul-Marville, Tom. 2. de ses *Mélanges d'Histoire & de Littérature,* pag. 71. *Edit* de 1715. — La Caille, *Hist. de l'Imprimerie & de la Librairie,* pag. 241. — Chevillier : *L'Origine de*

l'Imprimerie de Paris , page 298 à 300. — Année Littéraire , Lettre de M. Gayet de Sanfale fur les MM. SS. de de Bréves. 1788 , 1er Juillet , page 47.)

Vitré (Barthélemi) 2me fils de Pierre, & gendre de N. Cahagne, par Marie.

1622. . . . . Libraire.

1683. 27 Sept. meurt , & est inhumé à S. Hilaire.

VITRÉ (Marin) fils de Barthélemi.

1637. 4 Janv. naît à Paris.

1662. 17 Mai, Libr. & Impr.

1667. . . . . exerçoit.

Vitry (Marie - Jeanne) voyez Robinot (Ve de Jean-Antoine) 1747.

Vive (Pierre).

1627. . . . Libraire.

Vivenay (Nicolas).

1646. 23 Août, Libraire.

1649. . . . exerçoit.

« UN petit Libraire du Palais , » grand vendeur de piéces » Mazarinesques, depuis notre » guerre , a été surpris distri- » buant quelques papiers dif- » famatoires contre ledit sieur » (d'Emeri, Surintendant.) Il » a été mis au Châtelet, où il » a été condamné aux Galères » pour cinq ans , fauf fon » Appel à la Cour, où il y a » apparence qu'il ne fera pas » fi rudement traité. Ce » pauvre Malheureux s'appel- » le Vivenet.

(Lettres de Gui Patin à Spon , Tom. I, pag. 250. du 16 Novembre 1649.)

« VIVENAY avoit fon Imprime- » rie dans l'Hôtel de Condé , » d'où est forti un grand nom- » bre de Piéces de ce tems-là.

(Bibliothéque Historique de la France , Tom. II. No 23297.)

Vivian (Thielman)

1539. . . . . Libraire.

Voisin (Dlle N. fille de Mr N.) femme de Mr Didot (François- Ambroise) 1753.

Volland (Mr Denys) neveu de Mr Denys Humblot.

1777. 15 Mars , Libraire.

1788. — rue du Hurepoix.

Vostre (Simon) gendre de N. Poil- levert , par Géneviève.

1491. . . . Libraire.

1500. . . . Imprimeur.

1528. . . . . mort.

Vostre (Nicole) N., Ve de N.

1528. . . . . Libr. & Imprim.

La Caille ne la cite pas autrement.

Walterius voyez Waultier.

Warencote (Amaury).

1560. . . . . . Libraire.

1562. . . . . . exerçoit.

Warin (Henri).

1627. . . . . Libraire.

Warin (Antoine) gendre d'An- toine Pas-de-Loup.

1664. 18 Sept. Libraire.

1723. . . . . . mort avant.

Warin (Pierre - Antoine) fils d'Antoine.

1698. 12 Mai , Libraire.

1703. . . . . . mort.

Warin (N. Ve de Pierre-Antoine).

1703. . . . . . Libraire.

1719. . . . . . morte avant.

Waterloës, voyez Vaterloës.

Waultier (Nicolas).

1500. . . . . Libraire Juré.

1514. . . . . Imprimeur.

Wéchel (Chrétien).

1522. . . . - Libr. & Impr.

1554. . . . . exerçoit.

Il demeuroit rue St. Jacques.

Wéchel (André) fils de Chrétien.

1535. . . . Libraire & Imprim.

1573. . . . fe retire à Francfort en Hanau.

1581. 1 Nov. meurt.

Ce Libraire fut fauvé du maffacre de la Saint-Barthélemy, par les foins d'Hubert Languet, Miniftre d'Etat de Saxe, qui fe trouvoit à Paris. (Voyez *Hub. Langueti Vit. Halla*, 1700, in-12, p. 63.

Ce fut fans doute le danger qu'il avoit couru en 1572, qui le fit retirer en 1573 à Francfort.

Wechel (les Héritiers d'*André*).

1581. 1 Nov. Libr. & Impr.

1619. . . . . exerçoient.

Wertenfhire, *voyez* Scabeler.

Witte (*Pierre*).

1700. 25 Mai , Libraire.

1742. . . . . . mort, rue S. Jacques, Paroiffe S. Severin.

Witte (*N*. Vᵉ de *Pierre*).

1742. . . . . Libraire.

Witte *Marie-Scholaftique* , fille de *Pierre*) voyez David (Vᵉ de *Michel-Antoine*) 1769.

Wolf (*Georges*) de Bade en Allemagne.

1489. . . . . Libr. & Imprim.

1500. . . . . . exerçoit.

Wolf (*Nicolas*) Allemand.

1500. . . . . Libraire.

1512. . . . . exerçoit.

Yvernel (*Jean*).

1536. . . . . Libraire.

1546. . . . . exerçoit.

Il demeuroit rue S. Jacques, à l'enfeigne de S. Martin.

ANONYMES,

Defignés par leur Enfeigne.

N. Libraire , à l'Enfeigne des CIGOGNES — *Sub Ciconiis.* 1552.

N. Libraire, aux trois COURONNES — A la Triple Couronne. — *Ad infigne Triplicis Corona.* 1546.

N. Libraire & Imprimeur , à l'Enfeigne de l'OURS , rue S. Jacques, près de S. Maturin, — *Vid S. Jacobi , ad infigne Urfi, prope S. Maturinum.* 1497.

N. , Libraire à l'Enfeigne du SAUVAGE — *Ad infigné hominis Sylveftris.* 1544.

N. Libraire & Imprimeur, à l'Enfeigne du SOUFFLET VERT, rue S. Jacques. — *Vid S. Jacobi, ad infigne viriilis Follis.* 1476, 1477, 1479.

ANONYMES

Defignés par leur Demeure.

N. Libraire & Imprimeur , Maifon du CHAMP-GAILLARD, derrière le Collège de Navarre. — *In Domo Campi-Gaillardi , retro Collegium Navarræ.* 1483.

N. Libraire , rue d'ECOSSE qui, perdant de la pefte fa femme & fes enfans, s'en va au coche d'Orléans.

(*Journal de Henri I V. Mai* 1604. Tom. II. pag. 51. *édit. de* 1732.

N. Place de HENRI IV. *vis-à-vis du Cheval de Bronze.* Ce prétendu Libraire fit paroître à Paris en 1739. des *Mémoires hiftoriques & fecrets concernant les Rois de France.* On fent bien que l'adreffe eût été plus aifée à découvrir que le Libraire ; mais fûrement on ne trouva , ni le Libraire ni le livre , vis-à-vis du cheval de bronze.

N. à l'enfeigne de la *Rofe blanche*, en la grant-rue S. JACQUES. On a de lui le *Vergier d'Honneur*, par *Octavien de S Gelais.*

N. Libraire & Imprimeur , rue de SORBONNE — *In vico Sorbonæ* , 1489.

FIN.

CATALOGUE
DES LIBRAIRES
ET
DES LIBRAIRES-IMPRIMEURS
DE PARIS,

Depuis l'an 1470, époque de l'établissement de l'Imprimerie dans cette Capitale, jusqu'à présent.

DISPOSÉ

Par l'ordre alphabétique de leurs Noms de Baptême.

¶ Ce Catalogue sera utile à quiconque voudra recommencer mon travail ; en déchiffrant dans les Registres de la Chambre de la fin du XVIᵉ & du commencement du XVIIᵉ siécles, les noms propres précédés de leurs noms de Baptême.

ABDIAS
Buzard, 1621.
ABEL
L'Angelier, 1584.
Patelé, 1520.
ABRAHAM
Dauvel, 1582.
De Meaux, 1606.
Du Chesne, 1611.
Du Fresne, 1610.

Le Févre, 1606.
Pacard, 1611.
Saugrain, 1596.
ABRAHAM-Louis
Osmont, 1722.
ACHILLES-Maximin-Philogone
Knapen, 1777.
ADAM
Pardessus, 1645.
Pousset, 1620.
Saunier, 1541.

ATALOGUE

ADRIEN
Bacot, 1618.
Béys, 1605.
Delévaque, 1767.
Du Mas, 1637.
Eſtienne, 1614.
Laudy, 1606.
Le Roi, 1551.
Ménier, 1643.
Moreau, 1438.
Périer, 1586.
Taupinart, 1618.
Tiſaine, 1614.
Turnébe, 1552.

AGATHE
Cars, 1752.
Deſprez, 1741.

AGATHE-*Marie-Françoiſe*
Grat, *voyez* Mergé.

AGNAN
Syrach, 1578.

AIMÉE-*Catherine-Angélique*
Pommier, 1756.

ALAIN
De Mathonière, 1565.
Lorrian, 1518.
Quec, 1627.

ALARD
Julien, 1574.

ALEXANDRE
Aliate, 1500.
Béchet, 1618.
Chouen, 1554.
Guillard, 1567.
Leſſelin, 1644.

ALEXANDRINE-*Térèſe-Victoire*
Dumas, 1784.

ALEXIS
De la Roche, 1699.

ALEXIS-*Xavier-René*
Meſnier, 1723.

AMABLE
Auroy, 1708.

AMAURY
Warencore, 1560.

AMBROISE
De la Porte, 1556.
Dreuart, 1583.
Girault, 1527.

ANDRÉ
Berthelin, 1538.
Bocard, 1496.
Boutonné, 1666.
Cailleau, 1708.
Chevalier, 1637.
Chouqueux, 1649.
Cramoiſy, 1655.
Croullebbis, 1786.
Cuſtode, 1546.
De Fer de Maiſon-Neuve, 1788.
De la Guette, 1739.
De Rome, 1660.
Eſchard, 1590.
Knapen, 1723.
Le Bouc, 1633.
Louette, 1786.
Ménard, 1606.
Muſnier, 1639.
Pépingué, 1688.
Petit-pas, 1643.
Pralard, 1669.
Roffet, 1543.
Sittard, 1618.
Soubron, 1625.
Wéchel, 1535.

ANDRÉ-*Auguſtin*
Lottin, 1787.

ANDRÉ-*Charles*
Cailleau, 1753.

ANDRÉ-*François*
Knapen, 1747.
Le Breton 1733.

ANDRÉ-*Georges*
Du Puis, 1769.

ANDRÉ-*Médard*
Gaſtelier, 1783.

ANDRÉ-*Pierre*
De la Guette, 1787.

ANDRÉE-*Hélène*
David, 1740.

ANGÉLIQUE-*Françoiſe-Nicole*
De Vaux, 1763.

ANNE
Bonjan, 1675.
Bourdon, 1692.
Chamault, 1693.
Cochot, 1694.

Gromors,

ANNE
Gromors, 1584.
Le Grand, 1590.
Le Mercier, 1758.
Pariselle, 1708.
Thibault, 1719.

ANNE-*Angélique-Marguer.-Nicole*
Poujet, 1742.

ANNE-*Antoinette*
Béville, 1737.

ANNE-*Barbe*
Knapen, 1733.

ANNE-*Françoise*
Le Mercier, 1758.

ANNE-*Génevieve*
Prudhomme, 1724.

ANNE-*Génevieve-Angélique*
Brunet, 1765.

ANNE-*Marguerite*
Lamesse, 1730.
Michelin, 1742.

ANNE-*Thérèse*
Le Gras, 1741.

ANNET
Brière, 1554.

ANTOINE
Allazett, 1621.
Augereau, 1531.
Auffurd, 1519.
Bénard, 1655.
Berrier, 1636.
Besse, 1582.
Binart, 1621.
Bonnemère, 1508.
Boudet, 1734.
Boullanger, 1647.
Bourlé, 1606.
Bourriquant (I.) 1611.
Bourriquant (II.) 1650.
Caillaut, 1483.
Cellier, 1636.
Champenois, 1614.
Chippier, 1715.
Chrestien (I.) 1551.
Chrestien (II.) 1688.
Clément, 1653.
Colmont, 1635.
Corret, 1591.

ANTOINE
Coulon, 1637.
Couteau, 1525.
Cramoify, 1679.
Damonneville, 1700.
De Billy, 1709.
De Bladis, 1531.
De Cay, 1625.
De Heuqueville, 1716.
De la Perrière, 1627.
De Nidel, 1497.
De Nogent, 1655.
De Raffié, 1661.
De S. Aubin, 1662.
De Sommaville (I.) 1600.
De Sommaville (II.) 1620.
Des Ventes de la Doué, 1765.
Dézallier, 1679.
Du Bourg, 1686.
Du Breuil, 1596.
Du Hamel, 1645.
Dumée, 1542.
Ellézard, 1627.
Emery, 1679.
Eftienne, 1614.
Eftoc, 1611.
Férault (I.) 1633.
Férault (II.) 1668.
Fournier, 1761.
Fournot, 1698.
François, 1664.
Gandouin, 1697.
Gasse (I.) 1627.
Gasse (II.) 1701.
Grimault, 1619.
Guenard de Monville, 1769.
Guesneteau, 1627.
Houic, 1566.
Julien, 1691.
Juriani, 1543.
La Cheppelle, 1627.
Lambin, 1664.
Le Blanc, 1589.
Le Clerc, 1547.
Le Febvre, 1701.
Le Fèvre-Sordet, 1787.
Le Guédois, 1634.
Le Rond, 1652.

Z

ANTOINE
  Macault, 1535.
  Mamarel, 1600.
  Marié, 1597.
  Mérieux, 1652.
  Mirault, 1596.
  Mobillion, 1611.
  Monnoyer, 1618.
  Niçod, 1611.
  Pas-de-Loup, 1633.
  Prevoſt, 1768.
  Quenet, 1653.
  Robinot (I.) 1618.
  Robinot (II.) 1660.
  Rouſſet, 1584.
  Ruette, 1637.
  Santus, 1773.
  Seguy-Thibouſt, 1787.
  Sorel, 1638.
  Varangue, 1653.
  Vérard, 1480.
  Vimar, 1649.
  Vincent, 1541.
  Vitré, 1610.
  Warin, 1664.

ANTOINE *Claude*
  Briaſſon, 1724.
  Saugrain, 1748.

ANTOINE-*François*
  Chippier, 1732.
  Momoro, 1787.

ANTOINE-*Louis*
  Regnard, 1765.

ANTOINE-*Louis-Agnès*
  Varin, 1785.

ANTOINE-*Louis-Guill.-Catherine*
  La Porte, 1776.

ANTOINE-*Pierre*
  Leſclapart, 1700.

ANTOINE-*Proſper*
  Lottin, 1758.

ANTOINE-*Silveſtre*
  Séveſtre, 1718.

ANTOINE-*Urbain*
  Couſtelier (I.) 1712.
  Couſtelier (II.) 1741.

ANTOINETTE
  Jacques, 1621.

ANTONIN
  Des Hayes, 1709.

ARNOLD
  Birkman, 1533.

ARNOULD
  Cottinet (I.) 1599.
  Cottinet (II.) 1637.
  Grégoire, 1567.
  L'Angelier, 1535.
  Seneuze, 1664.
  Sittard, 1583.

ASPAIS
  Bonhomme, 1474.

AUGUSTIN
  Beſongne, 1661.
  Brunet (I.) 1665.
  Brunet (II.) 1698.
  Courbé, 1623.
  Galimar, 1691.
  Hébert, 1657.
  Le Guérier, 1690.
  Pillon, 1683.
  Taupinart (I.) 1598.
  Taupinart (II.) 1625.

AUGUSTIN-*Jérôme*
  Brun, 1775.

AUGUSTIN-*Martin*
  Lottin, 1746.

BALTHAZAR
  Honorat, 1536.
  Morel, 1580.

BAPTISTE
  Durand, 1618.

BARBE
  Regnault, 1558.

BARNABÉ
  Gauſtier, 1627.
  Quétier, 1623.

BARTHÉLEMI
  Garrache, 1627.
  Girin, 1695.
  La Grive, 1606.
  Laiſnel, 1716.
  Le Franc, 1597.
  Le Roi, 1708.
  Locqueneux, 1604.
  Lorge, 1640.

BARTHÉLEMI
Macé, 1587.
Quinet, 1636.
Vitré, 1622.
BARTHÉLEMI-*François*
Hochereau, 1745.
BENOÎT
De Gourmont, 1559.
Morin, 1772.
Prevoft, 1545.
Rozet, 1761.
BERNARD
Aubry, 1517.
Bernache, 1691.
Brunet, 1738.
Hameau, 1617.
La Bourfe, 1691.
Picard, 1626.
BERNARDE
Verftel, 1749.
BERNARDIN
Turrifan, 1555.
BERTHOLDE
Rembolt, 1491.
BERTRAND
De Heuqueville, 1621.
Martin, 1618.
BLAISE
Pilorget, 1656.
BLANCHE
Marentin, 1584.
BURCHARD
Kuich, 1608.

CARDIN
Befongne, 1627.
CATHERINE
Bade, 1530.
Bauchon, 1728.
Boucher, 1607.
Caillou, 1745.
Caillou, 1771.
De Canville, 1755.
De Courbe, 1703.
L'Héritier, 1548.
Mangeant, 1708.
Pilé, 1702.

CATHERINE - *Elifabeth*
Defprez, 1726.
Emmerez, 1715.
CATHERINE-*Françoife*
Boullanger, 1746.
Pépie, 1751.
CATHERINE - *Géneviève*
Reffaire, 1737.
CATHERINE - *Magdeléne*
Mouchet, 1747.
CATHERINE - *Michelle*
Chauchat, 1771.
CÉCILE
Carbonnier, 1747.
Cloufier, 1745.
Connard, 1737.
CÉCILE - *Victoire*
Du Pré, 1775.
CHARLES
Abelly, 1637.
Angot, 1655.
Becqueret (I.) 1610.
Becqueret (II.) 1655.
Beffin, 1699.
Blocet, 1663.
Bourdon, 1691.
Bradel, 1691.
Brément, 1692.
Cabry, 1658.
Caillou 1686.
Cavelier, 1690.
Chapelain, 1615.
Charpentier, 1647.
Chaftelain (I.) 1606.
Chaftelain (II.) 1628.
Chénault (I.) 1641.
Chénault (II.) 1683.
Cloufiet, 1686.
Coignard (I.) 1644.
Coignard (II.) 1658.
De Brêche, 1629.
De la Barre, 1635.
De la Fontaine, 1691.
Delaunay, 1618.
De Louviers, 1644.
De Poilly, 1735.
De Setcy, 1649.
Detunes, 1651.

Z 2

CHARLES.
Du Bourg, 1655.
Du Breuil (I.) 1630.
Du Breuil (II.) 1696.
Du Carroy, 1623.
Dude, 1514.
Du Mesnil, 1643.
Du Pin, 1661.
Du Puis, 1679.
Estienne, 1536.
Follet, 1661.
Gaillard, 1691.
Gorrant, 1662.
Guillain, 1639.
Guillaume (I.) 1705.
Guillaume (II.) 1768.
Guillery, 1665.
Hérissant, 1697.
Huart, 1720.
Huguier, 1707.
Hupeau, 1626.
L'Angelier, 1535.
Langlois, 1612.
Le Camus, 1686.
Le Clerc, 1703.
Le Roi, 1653.
Macé, 1571.
Méquignon, 1735.
Moët, 1672.
Morel, 1627.
Osmont (I.) 1686.
Osmont (II.) 1688.
Pecquet, 1749.
Pélu, 1627.
Périer, 1550.
Petit, 1627.
Robustel (I.) 1689.
Robustel (II.) 1742.
Roger, 1581.
Roüan, 1719.
Rouillard, 1627.
Saillant, 1740.
Saugrain (I.) 1645.
Saugrain (II.) 1663.
Saugrain (III.) 1696.
Savreux, 1642.
Sevestre (I.) 1506.
Sevestre (II.) 1633.

Vélut, 1618.
Vigoureux, 1605.
Villery, 1651.
CHARLES - Antoine
Jombert, 1736.
CHARLES - Barthélemi
Chéron, 1748.
CHARLES - Etienne
Chénault, 1758.
Hochereau, 1710.
CHARLES - François
Cailla, 1787.
Hochereau, 1741.
CHARLES - Guillaume
Le Clerc, 1741.
CHARLES - Jean - Baptiste
Delespine, 1726.
CHARLES - Joseph
Panckoucke, 1762.
CHARLES - Maurice
D'Houry, 1717.
CHARLES - Nicolas
Poirion, 1729.
CHARLES - Pierre
Berton, 1763.
CHARLOTTE
Barbry, 1775.
De la Coste, 1641.
Girard, 1737.
Guillard, 1542.
Nyverd, 1610.
Valleyre, 1710.
CHARLOTTE - Emée - Françoise
Hérissant, 1768.
CHRÉTIEN
Wéchel, 1522.
CHRISTOPHE
Ballard, 1666.
Barrois, 1657.
Béys, 1606.
David (I.) 1687.
David (II) 1713.
De Sercy, 1683.
Journel, 1653.
Lambin, 1641.
Périer, 1623.
Remy (I.) 1663.
Remy (II.) 1698.
Touchard, 1606.

CHRISTOPHE-*Jean-François*
  Ballard, 1741.
CLAUDE
  Audinet, 1661.
  Baaleu, 1585.
  Banqueteau, 1629.
  Barbier, 1582.
  Barbin, 1654.
  Bauche (I.) 1624.
  Bauche (II.) 1688.
  Bazin, 1606.
  Beausergent, 1635.
  Bézard, 1562.
  Blageard, 1651.
  Bleuet, 1765.
  Blihart, 1563.
  Bonjan, 1637.
  Boré, 1700.
  Boudeville, 1650.
  Boudinet, 1624.
  Bouquet, 1627.
  Bridel, 1735.
  Brinon, 1651.
  Brosin, 1614.
  Bura, 1659.
  Calleville (I.) 1630.
  Calleville (II.) 1648.
  Cellier (I.) 1616.
  Cellier (II.) 1688.
  Chappellet, 1588.
  Chaudière, 1546.
  Chevallon, 1513.
  Cochon, 1648.
  Collet, 1606.
  Cosset, 1692.
  Cramoisy, 1618.
  Crépy, 1742.
  D'Andrénas (I.) 1606.
  Dandrénas (II.) 1606.
  D'Avoust, 1529.
  De Hansy (I.) 1659.
  De Hansy (II.) 1689.
  De Hansy (III.) 1715.
  De la Tour, 1606.
  Delaunay, 1679.
  De Monstreil, 1578.
  De Rome, 1663.
  Du Bois, 1719.

Du Bourg, 1711.
Du Breuil, 1600.
Du Flo, 1659.
Du Hamel, 1627.
Du Puis, 1569.
Du Serre, 1612.
Eschard (I.) 1627.
Eschard (II.) 1557.
Férant, 1691.
Fosse, 1753.
Frémin, 1554.
Frémy, 1553.
Gainin, 1599.
Garamond, 1510.
Gasse, 1689.
Gaultier, 1571.
Gilbert, 1625.
Girard (I.) 1628.
Girard (II.) 1727.
Gourault, 1633.
Griset, 1631.
Groult, 1625.
Gueffier (I.) 1628.
Gueffier (II.) 1651.
Hanocque, 1649.
Hérissant (I.) 1654.
Hérissant (II.) 1683.
Hodet, 1627.
Hulpeau, 1606.
Huot, 1646.
Jammar, 1494.
Jombert, 1700.
Josse, 1652.
Labottière, 1723.
Lamesle, 1745.
Le Beau, 1642.
Le Bègue, 1617.
L'Ecuyer, 1609.
L'Epicier, 1633.
Le Roi, 1643.
Le Tilleur, 1701.
Marette, 1609.
Marrest, 1665.
Martin, 1722.
Mayeur, 1660.
Mazuel, 1683.
Micard (I.) 1558.
Micard (II.) 1598.

CLAUDE
Monnier, 1661.
Morand, 1642.
Morel (I.) 1599.
Morel (II.) 1627.
Morlot, 1618.
Nézo, 1665.
Nicod, 1649.
Pelé, 1641.
Peicheron, 1610.
Picquer, 1557.
Poinçot, 1785.
Prevost, 1629.
Prignard, 1686.
Prudhomme (I.) 1635.
Prudhomme (II.) 1700.
Remy, 1571.
Ribault, 1632.
Rigaud (I.) 1606.
Rigaud (II.) 1698.
Robustel, 1703.
Semneton, 1565.
Simon (I.) 1728.
Simon (II.) 1766.
Sonnius, 1624.
Soubron, 1605.
Sourcy, 1617.
Thiboust, 1652.
Tonnelier, 1644.
Vallet, 1606.
Viette, 1691.
Vigoureux, 1606.
Vimont, 1625.
CLAUDE - Antoine
Jombert, 1769.
Lesclapart, 1777.
CLAUDE - Charles
Méquignon, 1774.
Thiboust, 1735.
CLAUDE - François
Maradan, 1787.
Simon, 1738.
CLAUDE - Françoise
Des Febves, 1733.
CLAUDE - Génevieve
Coignard, 1742.
CLAUDE - Jacques-Charles
Durand, 1771.

CLAUDE - Jean-Baptiste
Hérissant (I.) 1714.
Hérissant (II.) 1740.
CLAUDE - Louis
Thiboust, 1667.
CLAUDE - Marin
Saugrain (I.) 1700.
Saugrain (II.) 1759.
CLAUDE - Michelle
Fosset, 1717.
CLAUDE - Pierre
Guessier, 1737.
CLAUDE - Sébastien
Ravenel, 1721.
CLAUDINE
Hourlier, 1679.
CLÉMENT
Gasse, 1661.
CLOVIS
Cottard, 1628.
Eve (I.) 1578.
Eve (II.) 1602.
CONRAD
Bade, 1546.
Néobar, 1538.
Resch (I.) 1519.
Resch (II.) 1584.
CONSTANT
Fradin, 1513.

DAMIEN
Beugnier, 1699.
Foucault, 1652.
Hickman, 1521.
DANIEL
De la Ville, 1666.
Du Fresne, 1661.
Guillemot, 1582.
Horthemels (I.) 1686.
Horthemels (II.) 1702.
Jollet, 1687.
Le Fèvre, 1646.
Le Noble, 1710.
Le Page, 1691.
DANIEL - Michel
Le Tellier, 1786.

DAVID
  Beauplet, 1647.
  Chambelan, 1635.
  De Latte, 1653.
  Douceur, 1606.
  Gilles (I) 1610.
  Gilles (II.) 1634.
  Le Clerc (I.) 1587.
  Le Clerc (II.) 1605.
  Le Roi (I.) 1644.
  Le Roi (II.) 1645.
  Rocart, 1610.
DENYS
  Alan, 1639.
  Alexandre, 1654.
  Barrier, 1691.
  Béchet, 1632.
  Béys, 1640.
  Binet, 1589.
  Cavellat, 1606.
  Chenault, 1695.
  Cottinet, 1588.
  Crévier, 1658.
  Dappe, 1506.
  David, 1649.
  Dé Cay, 1627.
  De la Noue, 1606.
  De Marnef, 1550.
  Dengerville, 1693.
  Douceur, 1606.
  Du Pré, 1572.
  Du Puis, 1689.
  Du Val (I.) 1553.
  Du Val (II.) 1605.
  Du Val (III.) 1635.
  Foucault, 1628.
  Gaygnot, 1534.
  Horthemels, 1718.
  Houssaye, 1628.
  Humblot, 1759.
  Jannot (I.) 1484.
  Jannot (II.) 1536.
  Langlois (I.) 1607.
  Langlois (II.) 1644.
  Langlois (III.) 1657.
  L'Ecuyer, 1538.
  Le Franc, 1644.
  Mariette, 1693.

  Moreau (I.) 1618.
  Moreau (II.) 1647.
  Mouchet, 1711.
  Nyon, 1662.
  Pelé, 1656.
  Pépie, 1699.
  Petit, 1695.
  Roce, 1490.
  Sével, 1654.
  Thierry (I.) 1629.
  Thierry (II.) 1692.
  Volland, 1777.
DENYS - Antoine
  Pierres, 1739.
DENYS Clément
  Couturier, 1764.
DENYS - Jean
  Aumont, 1747.
DENYSE
  Barbé, 1571.
  Camusat, 1639.
  Cavellat, 1613.
  Courbé, 1639.
  De Heuqueville, 1578.
  De Marnef, 1547.
DIDIER
  Maheu, 1519.
  Millôt, 1587.
DOMINIQUE
  Le Cuirot, 1623.
  L'Escuriot, 1627.
  Salis, 1596.
DOMINIQUE - Louis
  Vatel, 1721.
DURAND
  Gerlier (I.) 1489.
  Gerlier (II.) 1559.

EDME
  Couterot (I.) 1649.
  Couterot (II.) 1687.
  Gandjean, 1714.
  Martin (I.) 1610.
  Martin (II.) 1642.
  Pépingué, 1643.
  Rapenot, 1768.
  Redouté, 1653.

EDME - *Gabriel*
  Cottin , 1714.
EDME - *Jean*
  Le Jay , 1787.
EDME - *Marie-Pierre*
  Défauges , 1774.
EDMÉE
  Tufan , 1540.
EDMÉE - *Jeanne-Françoife*
  Boudot , 1726.
EDMOND
  Barois (I.) 1628.
  Barois (II.) 1683.
  Le Febvre , 1511.
EDOUARD
  Chevalier , 1652.
ELÉONORE
  Damonneville , 1756.
  Le Prieur , 1705.
ELIE
  Joffet , 1660.
ELISABETH
  Boudet , 1773.
  Carbonier , 1763.
  Couftelier , 1711.
  Du Bois , 1745.
  Négo , 1703.
  Raguin , 1712.
  Villery , 1758.
ELISABETH - *Victoire*
  Lépy , 1758.
ELOI
  Gibier , 1563.
  Hélie , 1664.
  Le Vaffeur , 1636.
  Paulin , 1627.
  Sénécat (I.) 1638.
  Sénécat (II.) 1664.
EMMANUEL
  Langlois , 1652.
  Richard , 1578.
ENGUILBERT
  De Marnef (I.) 1491.
  De Marnef (II.) 1547.
ESPÉRANCE
  Cellier , 1622.
ESPRIT
  Billiot , 1696.

ETIENNE
  Anfray , 1522.
  Banqueteau , 1620.
  Bourdon , 1606.
  Brégon , 1610.
  Caveiller , 1537.
  Chardon , 1683.
  Colin , 1602.
  Daugui , 1642.
  Denyfe , 1556.
  Douceur , 1608.
  Du Bois , 1653.
  Du Caftin , 1686.
  Ganeau , 1695.
  Gaudreau , 1649.
  Groulleau , 1547.
  Guyot , 1551.
  Halé , 1639.
  Hébert , 1633.
  Hochereau , 1712.
  Hulpeau , 1610.
  Huré , 1683.
  Janot , 1495.
  Le Blanc , 1635.
  Le Moine , 1768.
  Loyfon , 1655.
  Lucas , 1644.
  Martin , 1686.
  Maucroy , 1646.
  Mefvière , 1545.
  Michalet , 1671.
  Michon , 1633.
  Mirault , 1643.
  Nyon , 1713.
  Papillon , 1708.
  Paulin , 1615.
  Pépingué , 1650.
  Perrin , 1610.
  Petit , 1541.
  Picard , 1666.
  Prévofteau , 1581.
  Prieur , 1627.
  Richer (I.) 1586.
  Richer (II.) 1618.
  Robinot , 1695.
  Roffet , 1537.
  Saucie , 1610.
  Sauffier , 1627.

Sauvage

Sauvage, 1654.
Seigneur, 1655.
Taffet, 1558.
Trabouillet, 1688.
Valler, 1582.
ETIENNE - *François*
Savoye, 1734.
ETIENNE - *Vincent*
Robin, 1764.
EUGÈNE
Onfroy, 1772.
EUSTACHE
Daubin, 1622.
De Brie, 1595.
De Latte, 1616.
Foucault, 1604.

FÉLIX
Baligaut, 1493.
Le Margnier, 1582.
Michon, 1612.
FIACRE
Dehors, 1631.
L'Espine, 1582.
FLEURI
Bourriquant, 1696.
Prevost, 1567.
FLORENT
Fournet, 1650.
Jouvenel.
FLORENTIN
Delaulne, 1686.
Lambert, 1645.
FLORIMOND
Badier, 1645.
FRANÇOIS
Auvray, 1555.
Baouty, 1712.
Barrois, 1711.
Barthélemi, 1554.
Beauplet, 1634.
Bélin (I.) 1777.
Bélin (II.) 1787.
Berrer, 1645.
Bigner, 1502.
Birkman, 1513.
Bonneaud, 1612.
Bordier, 1643.

Boullet, 1711.
Bretel, 1639.
Breton, 1654.
Bruneau, 1627.
Buisson, 1785.
Clousier (I.) 1631.
Clousier (II.) 1666.
Clousier (III.) 1689.
Coustelier, 1654.
Cuissart, 1711.
D'Aumale, 1581.
Dauplet, 1618.
De Bure, 1730.
De Colines, 1529.
De Gourmont, 1587.
De Hansy, 1621.
De Latte, 1645.
Delaulne, 1683.
De Monstr'œil, 1606.
Didot, 1713.
Drou, 1654.
Du Cardonnay, 1638.
Du Carroy, 1604.
Du Castin, 1666.
Du Chesne, 1598.
Du Mays (I.) 1606.
Du Mays (II.) 1624.
Du Puis, 1777.
Du Val, 1656.
Eschard, 1665.
Estienne (I.) 1537.
Estienne (II.) 1562.
Estienne (III.) 1647.
Febvrier, 1702.
Fétil, 1710.
Flahaut, 1723.
Fouet, 1635.
Fournier, 1708.
Gibault, 1716.
Giffard, 1691.
Girault, 1547.
Grangé, 1708.
Grégoire, 1606.
Gryphe, 1532.
Gueffier (I.) 1582.
Gueffier (II.) 1628.
Hébert, 1634.
Hénault, 1659.

a a

FRANÇOIS
Honorat, 1556.
Huby (I.) 1555.
Huby (II.) 1602.
Huffon, 1686.
Jacquin, 1598.
Jollain, 1702.
Joron (I.) 1627.
Joron (II.) 1649.
Jouenne, 1715.
Julien, 1647.
Juliot, 1606.
Langlois, 1634.
Le Brasseur, 1623.
Le Breton (I.) 1690.
Le Breton (II.) 1703.
Le Cointe, 1650.
Le Jeune, 1588.
Le Long, 1646.
Le Prest, 1630.
Lesclapart, 1679.
L'Hermite (I.) 1606.
L'Hermite (II.) 1635.
Matchenoir, 1721.
Mathéy, 1721.
Mauger, 1660.
Maurice, 1653.
Michon (I.) 1594.
Michon (II.) 1633.
Michon (III.) 1686.
Mile, 1639.
Moët, 1691.
Montalant, 1708.
Moreau, 1560.
Morin, 1787.
Muguet, 1658.
Musier (I.) 1610.
Musier (II.) 1641.
Musnier, 1612.
Nivelle (I.) 1683.
Nivelle (II.) 1701.
Noël, 1643.
Pellican, 1622.
Piot, 1625.
Plumion, 1587.
Pomeray, 1612.
Pousset, 1647.
Pralard, 1691.

Preuveray, 1639.
Promé, 1664.
Regnault, 1481.
Rézé, 1606.
Ricœur, 1671.
Rivière (I.) 1705.
Rivière (II.) 1715.
Rochard, 1712.
Rousselet, 1610.
Salis, 1610.
Saradin, 1634.
Saunier, 1614.
Seguyn, 1788.
Sensy, 1627.
Silvestre, 1631.
Sonnius, 1618.
Tabart, 1582.
Targa (I.) 1612.
Targa (II.) 1653.
Terpeau, 1558.
Thioust, 1582.
Thomas, 1645.
Véron, 1618.
FRANÇOIS-Ambroise
Didot, 1753.
FRANÇOIS-Antoine-Romain-Joseph
Hoffmann, 1786.
FRANÇOIS-Augustin
Le Clère, 1786.
Quillau, 1763.
FRANÇOIS-Charles
Gattey, 1784.
FRANÇOIS-Denys
Belley, 1710.
FRANÇOIS-Etienne
Robinot, 1717.
FRANÇOIS-Gabriel
Mérigot, 1730.
FRANÇOIS-Guillaume
Des Champs, 1764.
L'Hermite, 1724.
FRANÇOIS-Hubert
Monori, 1770.
Muguet, 1690.
FRANÇOIS-Ignace-Joseph
Hoffmann, 1786.
FRANÇOIS-Jean
Baudouin, 1777.

FRANÇOIS - *Jean-Noel*
De Bure, 1769.
FRANÇOIS - *Joachim*
Babuty, 1750.
FRANÇOISE
Blanvillain, 1633.
De la Caille, 1716.
De Louvain, 1618.
Feugé, 1641.
Le Tellier, 1723.
Loyfon, 1726.
Saugrain, 1711.
FRANÇOISE - *Elifabeth*
Patte, 1758.
FRANÇOISE - *Gabrielle-Monique*
Ofmont, 1758.
FRANÇOISE - *Marie*
Langlois, 1749.
FRÉDÉRIC
Léonard (I.) 1653.
Léonard (II.) 1688.
Morel (I.) 1557.
Morel (II.) 1580.
FRÉMIN
Milêtre, 1606.

GABRIEL
Amaulry, 1720.
Buon, 1558.
Capuchor, 1606.
Clopejau (I.) 1606.
Clopejau (II.) 1648.
Cramoify, 1629.
Creffonnet, 1626.
Grégoire, 1538.
Huart, 1683.
Martin, (I.) 1677.
Martin, (II.) 1700.
Quénet, 1694.
Saunier, 1666.
Targa, 1653.
Valleyre, 1713.
GABRIEL - *Charles*
Berton, 1718.
GABRIEL - *François*
Quillau, 1720.
GABRIEL - *Joseph*
Janot, 1712.

GABRIELLE
Le Mercier, 1708.
GALLIOT
Corrozet, 1578.
Du Pré (I.) 1512.
Du Pré (II.) 1561.
GASPAR
Méturas (I.) 1619.
Méturas (II.) 1662.
Pageois, 1665.
Philippe, 1502.
GASPAR - *Joseph*
Cuchet, 1784.
GASPAR - *Théodore*
Le Gras, 1766.
GÉNEVIÉVE
Boiffet, 1571.
Brulin, 1679.
De Varennes, 1616.
Du Caftin, 1737.
Hénault, 1649.
Le Breton, 1757.
Le Vaffeur, 1764.
Millon, 1710.
Orient, 1730.
Prudhomme, 1751.
Valleyre, 1720.
GÉNEVIÉVE - *Félicité-Perpétue*
Gallien, 1772.
GÉNEVIÉVE - *Gillène*
Paulus du Mefnil, 1761.
GÉNEVIÉVE - *Hélène*
Mariette, 1700.
GEOFFROI
Collier, 1582.
Cordier (I.) 1606.
Cordier (II.) 1623.
De Marnef, 1481.
Marcher, 1656.
Nyon, 1662.
Toury, 1512.
GEOFFROI - *Pierre*
Gandouin, 1720.
GEORGES
Angot, 1681.
Bélier, 1606.
Biermant, 1511.
Du Caftin, 1691.

a a 2

GEORGES
  Durand, 1696.
  Giffard, 1617.
  Grégoire, 1627.
  Josse (I.) 1627.
  Josse (II.) 1686.
  Jouvenel, 1706.
  Le Rond, 1611.
  Lombard, 1603.
  Mittelhus, 1484.
  Soly, 1661.
  Wolf, 1489.
GÉRARD
  Morrhy, 1530.
  Verdier, 1610.
GÉRARD - François
  Jollain, 1704.
GERMAIN
  Charpentier, 1781.
  Hardouyn, 1505.
GERVAIS
  Alliot, 1621.
  Barrois, 1606.
  Chevallon, 1538.
  Clousier, 1634.
  De la Dent, 1627.
  Du Mesnil, 1626.
  Etienne, 1610.
  Malot, 1570.
  Pochet, 1655.
GILBERT
  Charpentier, 1627.
  Le Bouc, 1639.
  Le Veau, 1610.
GILLES
  Alliot, 1662.
  André, 1649.
  Bauder, 1610.
  Béys, 1577.
  Blaise, 1573.
  Blaisot (I.) 1610.
  Blaisot (II.) 1659.
  Boulingre, 1639.
  Chicoyneau, 1649.
  ✗ Corrozet (I.) 1555.
  Corrozet (II.) 1636.
  Courbin, 1573.
  Couteau, 1492.

De Courbe, 1645.
De Gourmont, 1507.
Du Bois, 1628.
Eustienne, 1610.
Gilles, 1558.
Gorbin, 1555.
Gourault, 1647.
Gourmont, voyez de Gourmont.
Hardouyn, 1509.
Hervieux, 1627.
Lamesle (I) 1699.
Lamesle (II.) 1737.
Maugier, 1579.
Morel, 1639.
Ninin, 1657.
Paquot, 1542.
Paulus du Mesnil, 1687.
Prevost, 1633.
Robinot (I.) 1554.
Robinot (II.) 1582.
Sévestre, 1605.
Tompère, 1652.
GILLES - Joseph
  Bichois, 1787.
GILLETTE
  Haste, 1610.
  Villette, 1586.
GIRARD
  Boucher, 1561.
GODEFROY
  Hittorpi, 1512.
  Vallet, 1605.
GRÉGOIRE
  Desenne, 1788.
  Du Puis, 1696.
GRÉGOIRE - Antoine
  Du Puis, 1719.
GUI
  Caillou, 1641.
  Marchand, 1483.
  Vimar, 1634.
GUICHARD
  Soquand, 1522.
GUIDO
  Giffard, 1595.
GUILLAUME
  Adam, 1658.
  Anabat, 1505.

Auvray , 1575.
Barbé , 1559.
Barbier , 1614.
Barrie , 1633.
Baudry , 1628.
Bénard , 1629.
Bernard , 1627.
Bichon , 1588.
Bonnemère , 1560.
Boucher , 1496.
Boullé , 1530.
Branchu , 1649.
Buneau , 1649.
Caron , 1489.
Caron (I.) 1489.
Caron (II.) 1617.
Cavelier (I.) 1657.
Cavelier (II.) 1683.
Cavelier (III.) 1703.
Cavelier (IV.) 1748.
Cavellat , 1551.
Chaudière (I.) 1570.
Chaudière (II.) 1622.
Cisterne , 1620.
Corbran , 1627.
Cousin , 1566.
Crévier , 1686.
Davoust , 1533.
De Bosiczel , 1519.
De Bure, (I.) 1703.
De Bure (II). 1759.
De la Motte , 1542.
De la Noue , 1573.
De la Rivière , 1617.
De Luynes , 1651.
Des Bois , 1549.
Des Planis , 1520.
Desprez (I.) 1651.
Desprez (II.) 1706.
Des Ruet , 1596.
De Vaux , 1633.
Drouart (I.) 1540.
Drouart (II.) 1609.
Du Pré , 1639.
Eustache , 1493.
Gaillard , 1635.
Girard , 1565.
Godard , 1524.

Guillard , 1555.
Guyot , 1606.
Hardouyn, 1515.
Homerville , 1691.
Julien , 1553.
La Grive , 1647.
Le Bé (I.) 1539.
Le Bé (II.) 1625.
Le Bé (III.) 1636.
Le Bret , 1517.
Le Breton , 1600.
Le Noir (I.) 1551.
Le Noir (II.) 1603.
Le Rouge , 1512.
Le Sueur , 1635.
L'Evêque , 1518.
Loyson , 1618.
Lynocier , 1585.
Macé (I.) 1610.
Macé (II.) 1655.
Maréchal , 1615.
Marette , 1606.
Mayniard , 1480.
Méleine , 1602.
Merlin , 1538.
Michon , 1639.
Mondet , 1542.
Morel , 1548.
Moulin , 1691.
Nyon , 1580.
Nyverd (I.) 1516.
Nyverd (II.) 1561.
Pelé , 1628.
Remy (I.) 1665.
Remy (II.) 1727.
Richard , 1533.
Rolland , 1543.
Sassier , 1643.
Saugrain (I.) 1683.
Saugrain (II.) 1710.
Soldat , 1481.
Thibault , 1556.
Thiboust , 1544.
Vandive , 1701.
GUILLAUME - *Amable*
Valleyre (I.) 1698.
Valleyre (II.) 1716.

GUILLAUME - *Ambroise*
Hardy, 1730.
GUILLAUME - *Claude*
Saugrain, 1724.
GUILLAUME - *Denys*
David, 1720.
GUILLAUME - *François*
De Bure, 1753.
GUILLAUME - *Luc*
Bailly, 1768.
GUILLAUME - *Nicolas*
Aubert, 1707.
Desprez, 1741.
GUILLAUME - *Pascal*
Prault, 1766.
GUILLAUME - *Philippe*
Cottin, 1714.
GYRANDE,
Du Bray, 1648.

HENRI
Charpentier, 1683.
Coypel, 1586.
Daupier, 1610.
Du Mesnil, 1632.
Estienne (I.) 1500.
Estienne (II.) 1554.
Estienne (III.) 1615.
Estienne (IV.) 1646.
Guénon, 1610.
Hamoche, 1691.
Holtz, 1719.
Lambin, 1695.
Le Bé, 1581.
Le Blé, 1578.
Le Gras, 1629.
Loyson, 1664.
Muguet, 1698.
Paquot, 1535.
Ruffin, 1659.
Sara, 1621.
Soubret, 1689.
Thierry, 1576.
Warin, 1627.
HENRI - *Charles*
Huguier, 1715.
HENRI - *Laurent*
Crescend, 1787.

HENRI - *Simon-Pierre*
Gisley, 1720.
HENRIETTE
Collot, 1723.
HENRIETTE - *Elisabeth*
Pannelier, 1741.
HENRIETTE - *Rose*
Aubert, 1765.
HERVÉ
Du Mesnil, 1606.
HEUREUX
Blanvillain, 1606.
HILAIRE
Foucault, 1686.
Le Bouc, 1579.
HIPPOLYTE - *Louis*
Guérin, 1718.
HONORÉ
Brosse, 1622.
HONORÉ - *Clément*
De Hansy, 1763.
HUBERT
Amesson, 1618.
Asures, 1606.
Couterot, 1677.
Hameson, 1627.
Hunot, 1602.
Vélut, 1606.
HUBERT - *Michel*
Le Comte, 1786.
HUGUES
Seneuze, 1649.
HUGUES - *Daniel*
Chaubert, 1724.

IMBERT
De Bats, 1695.
INNOCENT
Guiton, 1610.
ISAAC
D'Agrénat, 1620.
Le Bret, 1629.
Ménier, 1615.
Meüsnier, 1627.

JACOB
Chevalier, 1635.
Du Val, 1610.

JACQUELINE
  Lucas, 1623.
  Tarlé, 1751.
JACQUES
  Auvrai (I.) 1646.
  Auvrai (II.) 1657.
  Bailly, 1683.
  Barrois (I.) 1627.
  Barois (II.) 1630.
  Batillot, 1691.
  Bauche, 1651.
  Belley (I.) 1637.
  Belley (II.) 1715.
  Beffin (I.) 1610.
  Beffin (II.) 1635.
  Beffin (III.) 1687.
  Bogard (I.) 1541.
  Bogard (II.) 1567.
  Boiffe, 1627.
  Bonil, 1636.
  Bordier, 1666.
  Bouchet, 1522.
  Bouillerot, 1653.
  Briffet, 1639.
  Briffon, 1612.
  Callius, 1547.
  Camufat, 1648.
  Chardon, 1712.
  Chaftelain, 1633.
  Chemifeur, 1627.
  Clergeon, 1624.
  Cloufier, 1727.
  Cochart, 1626.
  Collombat, 1695.
  Compaing, 1625.
  Cottin, 1636.
  Cottinet, 1651.
  Dallin, 1626.
  Dampierre, 1633.
  De Courbe, 1665.
  De la Carrière, 1622.
  De Laize, 1666.
  De Luffeux, 1715.
  De Sanlecque (I.) 1606.
  De Sanlecque (II.) 1625.
  De Sanlecque (III.) 1637.
  Defray, 1787.
  Douceur (I.) 1665.

Douceur (II.) 1709.
Du Breuil (I.) 1635.
Du Breuil (II.) 1661.
Du Clou, 1606.
Du Gas, 1626.
Du Puis, 1545.
Edouard, 1706.
Esprit, 1773.
Eftienne (I.) 1699.
Eftienne (II.) 1740.
Ferreboue, 1514.
Fétil, 1691.
François, 1665.
Gazeau, 1542.
Grégoire, 1589.
Grou (I.) 1659.
Grou (II.) 1696.
Guérin, 1727.
Guillery, 1644.
Hériffant, 1683.
Honervogt, 1654.
Hubert, 1659.
Jacquin, 1624.
Joffe, 1697.
Kerver (I) 1535.
Kerver (II.) 1574.
La Combe, 1765.
Laifné, 1648.
Lambert, 1731.
Langlois (I.) 1633.
Langlois (II.) 1652.
Langlois (III.) 1727.
Le Bé, 1610.
Le Bouc (I.) 1606.
Le Bouc (II) 1654.
Le Conte, 1653.
Le Doux, 1635.
Le Févre, 1686.
Le Gentil, 1652.
Le Gras (I.) 1648.
Le Gras (II.) 1683.
Le Long, 1634.
Le Mercier, 1628.
Le Meffier, 1507.
Le Roi (I.) 1599.
Le Roi (II.) 1644.
Lefguillon, 1663.
Limons, 1594.

Bade, 1517.
Badier, 1701.
Baillet (I.) 1602.
Baillet (II.) 1658.
Baillet (III.) 1665.
Bailleul, 1581.
Balagny, 1606.
Ballin, 1579.
Barbé, 1545.
Barbe- d'orge, 1537.
Barbier, 1505.
Barbote, 1628.
Bazin, 1649.
Bélin, 1489.
Bellien, 1627.
Béquet, 1582.
Bérault, 1606.
Berjon, 1608.
Bertet, 1665.
Berthaule (I.) 1617.
Berthault (II.) 1706.
Bessault, 1588.
Bessin, 1621.
Bienaise, 1514.
Bien-né, 1566.
Bignon, 1535.
Bilaine, 1629.
Bonfons, 1548.
Bonhomme (I.) 1486.
Bonhomme (II.) 1551.
Borel, 1567.
Boucher (I.) 1537.
Boucher (I.) 1612.
Boucher (III.) 1645.
Boudot (I.) 1683.
Boudot (II.) 1706.
Bouhours, 1643.
Bouillette, 1626.
Boullard, 1656.
Boullé, 1530.
Bourdes, 1610.
Bouret, 1618.
Bourgeois (I.) 1606.
Bourgeois (II.) 1610.
Bourriquant, 1615.
Bouyer, 1495.
Branchu, 1635.
Brayer, 1611.

Bridier, 1556.
Brière, 1610.
Brocas, 1747.
Bruneau, 1664.
Brunet, 1614.
Bussière, 1654.
Cabiller, 1508.
Camusat, 1621.
Cannivet, 1569.
Carchagni, 1487.
Cavcillet, 1553.
Chardon, 1666.
Charmot, 1659.
Charron (I.) 1567.
Charron (II.) 1586.
Chastagnon, 1662.
Chéradame, 1529.
Clérevet, 1511.
Cobelens, 1495.
Cochart, (I.) 1621.
Cochart (II.) 1651.
Cochart (III.) 1687.
Colin, 1665.
Collet, 1652.
Coquerel, 1570.
Corbon (I.) 1545.
Corbon (II.) 1589.
Cornilleau, 1521.
Corrozet, 1606.
Cot, 1703.
Cousin, 1619.
Couterot, 1664.
Crispin, 1563.
Cussac, 1785.
Cusson (I.) 1630.
Cusson (II.) 1659.
Dallier, 1545.
David, 1621.
D'Aumale, 1606.
De Bially, 1528.
De Borde, 1610.
De Bordeaux, 1569.
De Bourbe, 1610.
De Brailly, 1540.
De Bréda, 1525.
De Brie, 1512.
De Brouilly, 1543.
De Bure, 1721.

b b

JEAN

De Courbe, 1625.
Dédin, 1641.
De Fréval, 1618.
De Gourmont (I.) 1508.
De Gourmont (II.) 1581.
De Heuqueville, 1579.
Dehors, 1701.
De la Benne, 1610.
De la Caille (I.) 1641.
De la Caille (II.) 1664.
De la Carrière, 1655.
De la Coste, 1630.
De la Fontaine, 1660.
De la Garde, 1514.
De la Haie (I.) 1606.
De la Haie (II.) 1626.
De la Porte, 1508.
De la Roche, 1512.
De la Ruelle, 1645.
Delastre, 1582.
De la Tourette (I.) 1634.
De la Tourette (II.) 1650.
De la Vigne, 1672.
Delaulne, 1683.
Delaunay, 1639.
De Louviers, 1691.
De Marnef (I.) 1510.
De Marnef (II.) 1546.
De Maudouyt, 1706.
De Mauroy, 1619.
De Moniet, 1637.
De Nully, 1694.
Denys (I.) 1627.
Denys (II.) 1632.
Denys (III.) 1649.
Defaint, 1720.
De Saint-Aubin, 1687.
De Sanlecque, 1688.
Deseffartz, 1707.
De Strasbourg, 1512.
Detunes, 1654.
D'Houry, 1649.
Dincourt, 1651.
D'Ongois, 1574.
Dony, 1626.
D'Orange, 1617.
Douyet, 1679.

Driard, 1498.
Du Bourg, 1693.
Du Bray, 1636.
Du Breuil, 1622.
Du Carroy, 1577.
Du Hamel (I.) 1610.
Du Hamel (II.) 1663.
Du May, 1627.
Dun, 1548.
Du Pré, 1486.
Du Puis, 1633.
Du Taurroy, 1578.
Du Val (I.) 1608.
Du Val (II.) 1644.
Dyamentier, 1500.
Eftienne, 1563.
Fabre, 1786.
Febvrier, 1579.
Flamant, 1632.
Foucher (I.) 1539.
Foucher (II.) 1562.
Fouet, 1610.
Fournil, 1703.
Frellon, 1508.
Frémont, 1606.
Fufy, 1606.
Gaillard, 1639.
Gamet, 1691.
Gandouin, 1649.
Garfe, 1636.
Gauglin, 1652.
Gaultier, 1511.
Gauthier, 1786.
Gentil, 1556.
Germon, 1627.
Geffelin (I.) 1606.
Geffelin (II.) 1628.
Gillot, 1627.
Gobert (I.) 1614.
Gobert (II.) 1644.
Goubat, 1642.
Goult, 1537.
Grandjon, 1506.
Grégoire, 1787.
Gueulard, 1553.
Guignard (I.) 1625.
Guignard (II.) 1652.
Guillain (I.) 1636.

Guillain (II.) 1663.
Guillautiau, 1691.
Guillemot, 1618.
Guillery, 1662.
Guilletat, 1700.
Hanocque, 1618.
Hatel, 1547.
Harmichon, 1627.
Hauqueville, 1615.
Hélouy, 1628.
Hénault, 1635.
Hérault, 1610.
Hériffant, 1702.
Hérouffe, 1525.
Heffelin, 1609.
Heude, 1633.
Higman, 1484.
Hilaire, 1777.
Hongot, 1509.
Houdan, 1619.
Hourdel, 1716.
Houfé (I.) 1581.
Houfé (II.) 1631.
Houfé (III.) 1652.
Huart, 1649.
Hude, 1646.
Huguelin, 1516.
Hulpeau, 1555.
Hunger, 1624.
Hurché, 1589.
Janon, 1607.
Jarconvillart, 1627.
Jombert (I.) 1686.
Jombert (II.) 1719.
Joft (I.) 1628.
Joft (II.) 1663.
Judet, 1536.
Julien, 1649.
Kerbriant, 1517.
Kervor, 1521.
La Grange, 1786.
La Grive, 1618.
Lalyfeau, 1515.
Lambert, 1493.
Lamefle, 1714.
Langlois, 1552.
Laquehay, 1610.
Larmeffin, 1691.

Le Bègue, 1604.
Le Blanc (I) 1557.
Le Blanc (II) 1578.
Le Bouc (I.) 1582.
Le Bouc (II.) 1610.
Le Brun, 1639.
Le Clerc (I.) 1573.
Le Clerc (II.) 1618.
Le Duc, 1612.
Le Gentil, 1649.
Le Glou, 1691.
Le Mire, 1630.
Le Moyne, 1655.
Le Normand, 1582.
Le Page, 1691.
L'Epicié, 1653.
Le Preux, 1561.
Le Rat, 1647.
Le Roi (I.) 1627.
Le Roi (II.) 1654.
Le Rond, 1647.
Le Royer, 1561.
Le Savetier, 1553.
L'Efcallier, 1555.
Lefclapart, 1700.
Le Sueur (I.) 1551.
Le Sueur (II.) 1610.
Libert, 1606.
Longis, 1528.
Louis, 1535.
Macé, 1537.
Maheu, 1542.
Mallard, 1540.
Mancelet, 1581.
Marchand, 1505.
Mariette, 1702.
Martin, 1623.
Maurand, 1493.
Mayeur, 1634.
Méjat, 1636.
Ménard, 1492.
Mérault (I.) 1499.
Mérault (II.) 1637.
Meffager, 1606.
Meftais, 1618.
Mettayer, 1573.
Micard, 1603.
Michelin, 1622.

bb 2

JEAN

Millot, 1606.	Pouple, 1574,
Mirault (I.) 1606.	Pouſſy, 1580,
Mirault (II.) 1655,	Prével, 1519.
Molre, 1619.	Promé (I.) 1623.
Monnier, 1661.	Promé (II.) 1644.
Moreau (I.) 1559.	Pychore, 1503.
Moreau (II.) 1610,	Réal, 1518.
Moreau (III) 1698.	Regnoul, 1605.
Morel, 1537.	Rémichon, 1526.
Morin, 1537.	Remy (I.) 1606.
Muſar, 1590.	Remy (II) 1627.
Muſier, 1661.	Remy (III.) 1731.
Nigaud, 1606.	Ribou, 1653.
Nyon, 1635.	Richard, 1497,
Olivier, 1521.	Richer (I.) 1573.
Orry, 1610.	Richer (II.) 1606.
Pacquet, 1610.	Ricœur, 1691.
Palier, 1543.	Ricouard, 1568.
Parant, 1579.	Rivière, 1681.
Par-deſſus (I.) 1627.	Robin (I.) 1612.
Par-deſſus (II.) 1664.	Robin (II.) 1657.
Paſſé, 1640.	Roger, 1639.
Paſquier, 1627.	Roigny, 1529.
Pavillon, 1635.	Roüan, 1720.
Pépingué, 1701,	Rouy, 1755.
Péqueux, 1639.	Ruelle (I.) 1544.
Périnet, 1589.	Ruelle (II.) 1571.
Petit (I.) 1493.	Saint-Denys, 1521,
Petit (II.) 1614.	Sara, 1611.
Peptitpas, 1606.	Savignan, 1624.
Pétri, 1532.	Saunier (I.) 1594.
Pétrinal, 1628.	Saunier (II.) 1594.
Philippi, 1494.	Sauvage, 1691,
Picard (I.) 1581.	Scabeler, 1510.
Picard (II.) 1632.	Seigneur, 1610.
Pilé, 1622.	Servières, 1782.
Pinard, 1578.	Severin, 1516.
Piot (I.) 1644.	Séveſtre, 1718.
Piot (II.) 1652.	Seurre, 1503.
Piquet, 1704.	Sinſon, 1614.
Plavy, 1662.	Sonnius, 1604.
Plicot, 1651.	Soubret, 1665.
Pocquet (I.) 1647.	Soubron, 1606,
Pocquet (II.) 1686.	Stol, 1473.
Pohier, 1686.	Subjet, 1621.
Poiſſonnier, 1627,	Suiſſon, 1627.
Poitevin, 1498.	Thomas (I.) 1607.
	Thomas (II.) 1629.

Thoreal, 1634.
Tiquet, 1713.
Tompère (I.) 1612.
Tompère (II.) 1644.
Tréperel, 1494.
Trouvain, 1594.
Tuffe, 1582.
Val, 1621.
Vallet, 1610.
Varangue, 1654.
Vatel, 1521.
Vaterloës, 1510.
Vaugon, 1666.
Veyrat, 1602.
Viala, 1589.
Vignon, 1606.
Villette (I.) 1655.
Villette (II.) 1686.
Villette (III.) 1720.
Yvernel, 1536.
JEAN - *Alexis*
Férant, 1691.
JEAN - *André*
Blanchon, 1787.
Morin, 1721.
Soubron, 1658.
JEAN - *Antoine*
Bleuet, 1777.
Joallin, 1606.
Robinot, 1710.
JEAN - *Augustin*
Durand du Fresnoy, 1772.
Grangé, 1730.
JEAN - *Barthélemi*
Alix, 1729.
JEAN - *Charles*
Colombier, 1773.
Desaint, 1776.
JEAN - *Claude*
Molini, 1766.
JEAN - *Didier*
Dorez, 1774.
JEAN - *Eustache-Louis*
De Sanlecque, 1718.
JEAN - *Florent*
Sévestre, 1734.
JEAN - *François*
Colas, 1773.

Crévier, 1716.
De Bure de S. Fauxbin, 1765.
Du Bois, 1683.
Gibault, 1705.
Grangé, 1711.
Hérissant, 1718.
Josse, 1719.
Knapen, 1705.
Moreau, 1715.
Morisset, 1740.
Musier, 1721.
Péraud, 1707.
Robustel, 1740.
Royez, 1786.
Tabary, 1725.
JEAN - *François-Hubert*
Guillot, 1782.
JEAN - *François-Louis*
Chardon, 1758.
JEAN - *François-Robert*
Colombet, 1582.
JEAN - *Gabriel*
Cressonnier, 1779.
Mérigot, 1765.
JEAN - *Geoffroi*
Nyon, 1695.
Trudon, 1725.
JEAN - *Georges-Antoine*
Sroupe, 1772.
JEAN - *Henri*
De Courbe, 1730.
JEAN - *Jacques*
Bertrand, 1658.
De la Roche, 1739.
De Nully, 1728.
De Véria, 1785.
Durand, 1702.
Estienne, 1642.
Samson, 1756.
Vatar, 1788.
JEAN - *Jacques-Denys*
Valade, 1777.
JEAN - *Jacques-Etienne*
Collombat, 1752.
JEAN - *Joachim*
Limousin, 1764.
JEAN - *Joseph*
Barbou, 1704.

JEAN - *Louis*
Aliouel, 1737.
De la Ville, 1693.
Genneau, 1718.
Pichard, 1787.
Serveron, 1777.
JEAN - *Luc*
Nyon (I.) 1698.
Nyon (II.) 1727.
Nyon (III) 1765.
JEAN - *Michel*
Garnier, 1718.
JEAN - *Nicolas*
Dubosc, 1786.
Duchesne, 1787.
JEAN - *Noël*
Le Loup, 1749.
JEAN - *Pierre*
Auclou, 1718.
Costard, 1768.
Pillot, 1768.
JEAN - *Raoul*
Morel, 1705.
JEAN - *Roch*
Lottin de S.-Germain, 1784.
JEAN - *Thomas*
Hérissant (I.) 1726.
Hérissant (II.) 1763.
JEANNE
Bessin, 1727.
Bruneau, 1567.
De Bure, 1737.
De Marnef, 1545.
Du Chemin, 1614.
Gamet, 1744.
Guillemot, 1647.
Henri, 1626.
Joban, 1713.
Lacombe, 1771.
Le Mercier, 1651.
Le Rond, 1705.
Pontier, 1776.
Thoury, 1724.
JEANNE - *Christine*
De Bure, 1748.
JEANNE - *Françoise*
Jouvenel, 1737.

JEANNE - *Magdeléne-Victoire*
Chévremont, 1774.
JEANNE - *Marguerite*
Cuquel, 1742.
JEANNE - *Noelle*
Tilliard, 1721.
JEAN - BAPTISTE
Angot, 1773.
Bastien, 1771.
Brocas, 1702.
Brunet, 1672.
Coignard (I.) 1658.
Coignard (II.) 1687.
Coignard (III.) 1713.
Cusson, 1686.
Du Puis, 1586.
Despilly, 1743.
Dessain, 1761.
Fournier, 1773.
Garnier, 1723.
Gibert, 1761.
Gobreau, 1774.
Godefroy, 1720.
Gogué, 1761.
Gonichon, 1720.
Lamesle, 1713.
Langlois (I.) 1683.
Langlois (II.) 1747.
Loyson (I.) 1639.
Loyson (II.) 1701.
Loyson (III.) 1726.
Mazuel, 1712.
Musier, 1689.
Négo, 1654.
Osmont, 1720.
Samson, 1720.
JEAN-BAPTISTE-*Alexandre*
Delespine, 1700.
JEAN BAPTISTE-*Christophe*
Ballard, 1694.
JEAN-BAPTISTE-*Claude*
Bauche (I.) 1700.
Bauche (II.) 1737.
JEAN-BAPTISTE-*François*
Née de la Rochelle, 1773.
Raucour, 1780.
JEAN-BAPTISTE-*Guillaume*
Musier, 1756.

JEAN-BAPTISTE - *Louis*
Le Gras, 1737.
JEAN-BAPTISTE - *Nicolas*
Crapart, 1781.
JEAN-BAPTISTE - *Paul*
Valleyre, 1749.
JEAN-BAPTISTE - *Théodore*
De Hanfy, 1748.
JÉRÉMIE
Bouillerot (I.) 1638.
Bouillerot (II.) 1686.
Bouillerot (III.) 1698.
Périer, 1597.
JÉRÔME
Blageart, 1619.
Bobin, 1683.
De Gourmont, 1524.
De la Fontaine, 1610.
De Marnef, 1547.
Drouart, 1603.
Eftienne, 1657.
Filliet, 1691.
Hameau, 1631.
Mufier, 1639.
Picard, 1633.
Trabouillet, 1701.
JONAS
Brequigny, 1641.
JOSEPH
Barbou, 1717.
Bérthier, 1734.
Bertier, 1683.
Bouillerot, 1614.
Briffet, 1664.
Bullot, 1727.
Cautereau, 1627.
Cottereau, 1606.
Eftienne, 1628.
Guerreau, 1614
Merlin, 1764.
Saugrain (I.) 1709.
Saugrain (II.) 1739.
JOSEPH - *Gérard*
Barbou, 1746.
JOSSE
Bade, 1498.
JOSUÉ
Chemin, 1618.

JULIE
Loitin, 1740.
JULIE - *Marthe*
Morice, 1756.
JULIEN
Allard, 1574.
Allart, 1679.
Berthault, 1606.
Gandouin, 1683.
Jacquin (I) 1614.
Jacquin (II.) 1651.
Noyau, 1583.
Pillon, 1606.
JULIEN - *Auguftin*
Grangé, 1777.
JULIEN - *Michel*
Gandouin, 1704.
JULIEN - *Nicolas*
Du Frefne, 1787.
JUSTINE
Abonnenc, 1741.

LAMBERT
Coffin, 1724.
Dodu, 1551.
Rolland, 1663.
LAURENT
Bernardin, 1606.
Boucher, 1661.
Chancelier, 1564.
Cottereau, 1638.
D'Houry, 1678.
Du Coudret, 1586.
Durand, 1738.
Du Val, 1659.
Eftoc, 1606.
Fourquoyère, 1643.
Jacquin, 1654.
Le Conte, 1708.
Mazuel, 1715.
Mérieux, 1627.
Ninin, 1649.
Prault, 1752.
Raveneau, 1660.
Rondet (I.) 1655.
Rondet (II.) 1707.
Sainte-Marie, 1663.
Saunier, 1615.

LAURENT
  Seneuze, 1695.
  Sonnius, 1590.
  Stornat, 1636.
LAURENT - *Charles*
  D'Houry, 1741.
  Guillaume, 1728.
LAURENT - *François*
  Guillaume, 1771.
  Le Clerc, 1754.
  Prault (I.) 1733.
  Prault (II.) 1783.
LAURENT - *Louis-Edme* (& non
  Louis-Laurent-Edme)
  Le Jay 1785.
LAURENT - *Matthieu*
  Guillaume, 1785.
LAURENT - *Nicolas*
  D'Houry, 1768.
LAURENT - *Noël*
  Piflot, 1768.
LAZARE
  Cugnot, 1726.
  Grenet, 1550.
LÉGER
  De Las, 1588.
  Gandouin, 1629.
  Hacqueville, 1610.
LÉON
  Cavellat, 1578.
  Delaulne (I.) 1645.
  Delaulne (II.) 1663.
LÉONARD
  Cuiffart, 1743.
LÉONARD - *Marie*
  Motel, 1716.
LÉNARD
  Le Sueur, 1544.
LOUIS
  Adam, 1652.
  Baudijon, 1637.
  Bégat, 1549.
  Bellanger, 1610.
  Bertault, 1622.
  Bilaine, 1652.
  Blaublom, 1529.
  Boullanger (I.) 1610.
  Boullanger (II.) 1648.

Cellot, 1756.
Chamhoudry, 1648.
Cloufier, 1686.
Coignard, 1700.
Colin, 1695.
D'Aumale, 1644.
De Banville, 1557.
De Colines, 1535.
De Hacqueville, 1488.
De Heuqueville (I.) 1629.
De Heuqueville (II.) 1664.
De la Fofle, 1635.
De la Motte, 1606.
De la Tour, 1648.
Dengerville, 1690.
De Rome, 1691.
De Sanlecque, 1661.
De Villac, 1611.
Deniel, 1610.
Du Puis, 1734.
Feugé, 1624.
Fontaine, 1635.
Framery (I.) 1627.
Framery (II.) 1651.
Frémiot, 1643.
Gaillard, 1691.
Gaffe, 1653.
Giffard, 1618.
Gontier, 1649.
Grandin, 1542.
Guérin, 1683.
Heurtevan, 1653.
Hornken, 1511.
Jotry, 1771.
Joffe, 1686.
Julien (I.) 1619.
Julien (II.) 1644.
Lucas, 1686.
Martineau, 1483.
Maugras, 1691.
Monnier, 1691.
Périer, 1624.
Petit, 1637.
Pilorget, 1687.
Piot, 1649.
Poirion, 1688.
Pouffet, 1644.)
Prignard, 1659.

Rétoré,

Rétoré , 1632.

Rolland , 1687.

Sevestre (I.) 1584.

Sevestre (II.) 1606.

Sevestre (III.) 1634.

Sevestre (IV.) 1683.

Vaugon (I.) 1663.

Vaugon (II.) 1663.

Vendôme (I.) 1627.

Vendôme (II.) 1650.

LOUIS - *Alexandre*

Delalain , 1777.

Jombert , 1772.

LOUIS - *Anne*

Sevestre , 1704.

LOUIS - *Antoine*

Bienfait , 1725.

De Heuqueville , 1731.

Thomelin , 1716.

LOUIS - *Charles*

Desnos , 1767.

LOUIS - *Denys*

De la Tour 1688.

LOUIS - *Emmanuel*

Regnault , 1781.

LOUIS - *Etienne*

Ganeau , 1735.

LOUIS - *François*

Barrois , 1768.

De la Tour , 1745.

Le Febvre , 1706.

Prault , 1753.

LOUIS - *François-André*

Godefroi , 1787.

LOUIS - *Guillaume*

De Hansy , 1760.

LOUIS - *Henri*

De Trémolet de S. Germain, 1727.

Périsse , 1783.

LOUIS - *Jacques*

D'Hotelfort , 1717.

LOUIS - *Jean*

La Cloye , 1775.

LOUIS - *Laurent*

Anisson , 1723.

LOUIS - *Marie*

Cellot , 1786.

LOUIS - *Nicolas*

Prevost , 1756.

LOUIS - *Nicolas-Victor*

Lallemant de Sancières , 1786.

LOUIS - *Philippe*

De Heuqueville , 1729.

LOUIS - *Pierre*

Bradel , 1777.

LOUISE

De Hansy , 1686.

De la Main , 1736.

Filassier , 1737.

Gallet , 1735.

Havart , 1759.

Pluquet , 1747.

LOUISE - *Charlotte*

Gandouin , 1731.

LOUISE - *Françoise*

Exaltier , 1716.

LOUISE - *Geneviève*

Villery , 1761.

LOUISE - *Marguerite*

Boullanger , 1755.

LUC

Challonneau , 1541.

LUC - *Antoine*

Boyer , 1691.

LUCAS

Brayer , 1567.

Bruneau , 1627.

LUCRÈCE

Le Bé , 1606.

MAOR

Bonhomme , 1614.

Bouillette , 1644.

Ruette , 1606.

MAGDELÉNE

Baudeau , 1603.

Bobin , 1751.

Bourselle , 1552.

Chauveau , 1714.

Gamère , 1737.

Le Comte , 1742.

Le Mercier , 1687.

Plantin , 1595.

C c

MAGDELÉNE-*Michelle*
  Alexandre, 1716.
MAGDELÉNE-*Térèse*
  Oger, 1749.
MAGDELÉNE-*Victoire*
  Didot, 1756.
MAHIER
  Le Croux, 1572.
MAMERT
  Patisson, 1568.
MARC
  Bordelet, 1730.
  Locqueneux, 1574.
  Orry, 1588.
  Reinhard, 1481.
MARCEL
  Prault, 1763.
MARGUERITE
  Blageart, 1663.
  De Favau, 1708.
  De Hansy, 1682.
  Jouannin, 1761.
  Lambin, 1734.
  Le Comte, 1614.
  Le Mercier, 1734.
  Maurice, 1708.
  Meusnier, 1619.
  Raillard, 1693.
  Ravenel, 1757.
  Van Anderat, 1732.
  Vaux, 1779.
  Vellonne, 1780.
  Verrier, 1605.
MARGUERITE-*Antoinette-Sophie*
  Hérissant, 1773.
MARGUERITE-*Louise*
  Huart, 1740.
MARGUERITE-*Térèse*
  Bignot, 1774.
MARGUERITE-*Victoire*
  Mairesse, 1768.
MARIE
  Beys, 1623.
  Bichon, 1566.
  Bierry, 1691.
  Buon 1624.
  Carlu, 1703.
  Charpentier (I.) 1703.

Charpentier (II.) 1719.
Charpentier (III.) 1759.
Charlier, 1699.
De Bure, 1760.
Del, 1778.
De la Tour, 1738.
Delaulne, 1704.
Hubert, 1601.
Le Meslé, 1612.
Le Voirier, 1612.
Manchon, 1648.
Mariette, 1653.
Mérigot, 1724.
Mouton, 1723.
Pégany, 1749.
Ranot, 1616.
Rubat, 1737.
MARIE-*Ambroise*
  Carlu, 1727.
MARIE-*Anne*
  Barbe, 1753.
  Béruyer, 1764.
  Bienfait, 1742.
  Cornillier, 1706.
  De la Roue, 1715.
  De la Ville, 1742.
  De May, 1753.
  Didot, 1698.
  Germain, 1713.
  Guyard, 1731.
  Le Gras, 1715.
  Mauduit, 1766.
  Mélin, 1735.
  Mérigot, 1737.
  Osmont, 1756.
  Pochard, 1775.
  Pompreau, 1737.
  Réal, 1768.
  Talegrand, 1752.
MARIE-*Anne-Géneviéve*
  Paulus du Mesnil, 1765.
MARIE-*Catherine*
  Des Haies, 1764.
  Du Pré, 1738.
MARIE-*Charlotte*
  Fuzellier, 1748.
MARIE-*Claude*
  Sevestre, 1714.

MARIE - *Edmée*
Moutard , 1753.
MARIE - *Elifabeth*
Caboche , 1757.
Laifné , 1755.
Nyon , 1730.
MARIE - *Félicité*
Dorigny , 1765.
MARIE - *Florence*
Caron , 1767.
MARIE - *Françoife*
Hocquet , 1749.
MARIE - *Généviéve*
Ferrat , 1763.
Serqueil , 1720.
Viard , 1786.
MARIE - *Henriette*
Saugrain , 1719.
MARIE - *Jacques*
Barrois , 1734.
MARIE - *Jean - Luc*
Nyon , 1787.
MARIE - *Jeanne*
De Courcade , 1755.
Fétil , 1757.
Jean , 1736.
Loncle , 1777.
Vitry , 1747.
MARIE - *Louife*
Courcelle , 1778.
MARIE - *Louife-Françoife*
Petit-Jean , 1763.
MARIE - *Magdeléne*
Des Champs , 1769.
Huart , 1747.
Le Gras , 1723.
Loudinot , 1749.
MARIE - *Magdeléne-Catherine*
Guyard , 1740.
MARIE - *Marguerite*
Boudot , 1728.
Didot , 1769.
Duru , 1771.
Imbert , 1737.
Le Févre , 1771.
Le Mercier , 1755.
Lottin , 1759.
Négo , 1729.

Rivet , 1716.
MARIE - *Nicole*
Eftienne , 1772.
MARIE - *Pérette*
Henneveux , 1777.
MARIE - *Scholaftique*
Witte , 1769.
MARIE - *Sophie*
Lottin , 1772.
MARIE - *Térèfe*
Crofat , 1749.
Emery , 1750.
Langlois , 1727.
MARIN
Boulingüe , 1654.
Bradel , 1588.
Clergeon , 1653.
Léché , 1649.
Maffelin , 1554.
Maugras , 1663.
Mingot , 1606.
Montmiral , 1646.
Richer , 1629.
Roffet , 1627.
Vaugon , 1614.
Vitré , 1662.
MARTIN
Bonnelier , 1610.
Boucher , 1618.
Chaftelain , 1614.
Collet , 1619.
Couftelier , 1665.
Crantz , 1470.
Du Breuil , 1620.
Durand , 1612.
Gobert , 1614.
Hauteville (I.) 1635.
Hauteville (II.) 1659.
Jouvenel , 1652.
Lafnier , 1619.
Le Jeune , 1549.
Le Preft , 1645.
L'Homme , 1558.
Morin , 1514.
Soly , 1618.
Vérard , 1606.
Vérue , 1610.

MARTIN. *Georges*
  Jouvenel, 1718.
MARTIN *Silveſtre*
  Boullard, 1787.
MATTHIEU
  Bolſec, 1512.
  Boudinet, 1650.
  Chreſtien, 16:7.
  Colombet, 1627.
  David, 1544.
  Delaunay, 1709.
  Denys, 1622.
  François, 1633.
  Guillemot (I.) 1585.
  Guillemot (II.) 1607.
  Guillemot (III.) 1630.
  Laurent, 1785.
  Le Blanc, 1616.
  Le Févre, 1636.
  Le Jeune, 1568.
  Le Maître, 1606.
  Ménard, 1652.
MATURIN
  Biefmont, 1627.
  Breuille, 1561.
  Challange. 1573.
  Chaſtelain, 1643.
  Denys, 1614.
  Defpencier, 1621.
  Dupuis (I.) 1539.
  Dupuis (II.) 1565.
  Dupuis (III.) 1571.
  Dupuis (IV.) 1628.
  Gillemont, 1627.
  Hénault, 1618.
  Lamy, 1661.
  Martin, 1573.
  Maupertier, 1614.
  Ponthis, 1656.
  Prevoſt, 1565.
  Teſſier, 1618.
  Vimont, 1625.
MAURICE
  De la Porte, 1524.
  Ménier, 1545.
  Rébuffé, 1689.
  Villery, 1683.
  Vimar, 1614.

MÉDARD - *Michel*
  Brunet, 1697.
MELCHIOR
  Mondière, 1612.
MICHEL
  Balagny (I.) 1606
  Balagny (II.) 1638.
  Blageart, 1631.
  Bobin, 1638.
  Bonnet, 1691.
  Brunet (I.) 1635.
  Brunet (II.) 1662.
  Brunet (III.) 1692.
  Buffet, 1570.
  Carré, 1629.
  Champ-d'Avoine, 1635.
  Clopejau, 1581.
  Clouſier, 1695.
  Conrad, 1518.
  Damonneville, 1738.
  Daniel, 1614.
  David, 1686.
  Dauplet, 1624.
  De la Guierche, 1543.
  Du Han, 1646.
  Fétil, 1679.
  Fézandat, 1541.
  Friburger, 1470.
  Gadoulleau, 1579.
  Genneau, 1768.
  Guéroult, 1683.
  Guignard, 1686.
  Hériſſant, 1690.
  Jombert, 1706.
  Jouin, 1589.
  Julien, (I.) 1550
  Julien (II.) 1643.
  Lambert, 1749.
  Le Boucher, 1770.
  Le Duc, 1578.
  Le Noir, 1489.
  Le Normand, 1619.
  Le Petit, 1660.
  Lefclencher, 1516.
  Le Sueur, 1600.
  Martin, 1610
  Michel, 1627.
  Morin, 1485.

Nivelle, 1606.
Nyon, 1610.
Pas-de-Loup, 1691.
Périer, 1624.
Roigny, 1565.
Sauvage, 1691.
Soly, 1619.
Sonnius (I.) 1566.
Sonnius (II.) 1582.
Sonnius (III.) 1586.
Sonnius (IV.) 1622.
Sorin, 1777.
Thévenin, 1619.
Tolofa, 1498.
Van Lochom, 1638.
Vafcofan, 1530.
Vaugon (I.) 1654.
Vaugon (II.) 1666.
MICHEL - *Antoine*
David, 1732.
MICHEL - *Etienne*
David (I.) 1700.
David (II.) 1742.
MICHELLE
Guillard, 1566.
MILLE
De Beaujeu, 1656.

Nicolas
Adam, 1606.
Alexandre, 1590.
Affeline, 1656.
Barbon, 1541.
Barbotte, 1609.
Belley (I.) 1662.
Belley (II.) 1687.
Beffin (I.) 1641.
Beffin (II.) 1653.
Bieftkens, 1650.
Billequo, 1541.
Boiffet, 1644.
Bonfons, 1575.
Boucher, 1544.
Bourdin, 1606.
Brûlé, 1570.
Bruneau, 1634.
Buffet, 1553.
Buon, 1600.

Caillou, 1686.
Callemont, 1622.
Carré, 1625.
Cavelier, 1626.
Chaffard, 1619.
Chaftelain, 1691.
Chefneau (I.) 1556.
Chefneau (II.) 1572.
Chevalier, 1658.
Chreftien, 1547.
Clopejau, 1648.
Comitis, 1494.
Couftelier, 1695.
Couteau, 1524.
Couterot, 1697.
Crapart, 1765.
Crifpin, 1507.
D'Allemagne, 1610.
De Bure (I.) 1660.
De Bure (II.) 1704.
De Burges, 1543.
De Forge, 1626.
De la Barre, 1500.
De la Caille, 1612.
De la Cofte, 1628.
De la Marre, 1636.
De la Vigne, 1620.
Delaulne, 1636.
Delaunay (I.) 1645.
Delaunay (II.) 1646.
De Louvain, 1599.
De Mathonière, 1606.
De Monftrœil, 1610.
Defaint, 1759.
De Sercy, 1641.
Des Foffés, 1582.
Defprez, 1508.
De Vaux, 1699.
Dou, 1582.
Du Bays, 1637.
Du Bois, 1614.
Du Chemin, 1541.
Du Foffé, 1582.
Du Four, 1627.
Du Mont, 1570.
Du Pin, 1654.
Eve, 1578.
Fillier (I.) 1622.

NICOLAS
  Fillier (II.) 1651.
  Flament , 1612,
  Foucault , 1649.
  Frémiot , 1618.
  Gallot , 1651.
  Gaffe , 1625.
  Gilles (I.) 1539.
  Gilles (II.) 1588.
  Gilles (III.) 1588.
  Gobert , 1633.
  Goffelin , 1698.
  Guérard , 1621.
  Guinguant , 1542.
  Guiry , 1589.
  Hameau , 1613.
  Hélie , 1647.
  Hériffant , 1689.
  Hude , 1666.
  Hugot , 1650.
  Jacquard , 1646.
  Jolybois , 1658.
  Jouffault , 1627.
  L'Allouette , 1606.
  Langlois (I.) 1655.
  Langlois (II.) 1696.
  Larmeffin , 1633.
  Le Blanc , 1627.
  Le Clerc , 1687.
  L'Ecuyer , 1600.
  Le Gras , 1656.
  L'Epicié , 1655.
  Le Riche , 1540.
  Le Roi , 1621.
  Le Savetier , 1525.
  Lefclapart , 1666.
  Le Sueur , 1606.
  I Héritier , 1542.
  Martin , 1614.
  Mazuel , 1658.
  Michelin , 1653.
  Montmiral , 1627.
  Morantin , 1614.
  Mufnier , 1582.
  Nivelle , 1583.
  Oudot , 1665.
  Par-deffus , 1647.
  Pas-de-Loup , 1666.

  Pelé , 1646.
  Péletier , 1560.
  Pépie , 1694.
  Pépingué , 1650.
  Périer , 1645.
  Philippi , 1481.
  Pillon , 1610.
  Pléau , 1574.
  Poirion , 1642.
  Portier , 1644.
  Prevoft (I.) 1527.
  Prevoft (II.) 1721.
  Quinet , 1619.
  Rivière , 1666.
  Roffet , 1572.
  Rouffel , 1513.
  Rouffet , 1605.
  Ruault , 1772.
  Savoie , 1772.
  Simart , 1706.
  Soldat , 1491.
  Souchet , 1654.
  Talon , 1610.
  Tautin , 1710.
  Touzart , 1610.
  Trabouillet (I.) 1629.
  Trabouillet (II.) 1653.
  Trudon , 1701.
  Vaugon (I.) 1635.
  Vaugon (II.) 1653.
  Vivenay , 1646.
  Waultier , 1500.
  Wolf , 1500.
NICOLAS-*Amable-Germain*
  De Bray , 1787.
NICOLAS-*Augustin*
  Delalain , 1764.
NICOLAS-*Bonaventure*
  Du Chefne , 1751.
NICOLAS-*François*
  De Bure , 1716.
  Le Breton , 1795.
  Moreau , 1742.
  Valleyre , 1763.
NICOLAS-*Henri*
  Nyon , 1775.
NICOLAS-*Julien*
  Le Parfait , 1719.

NICOLAS - *Leger*
Moutard , 1765.
NICOLAS - *Martin*
Tilliard , 1747.
NICOLAS *Noël-Henri*
Tilliard , 1777.
NICOLAS - *Toussaint*
Méquignon , 1777.
NICOLE
Vostre , 1528.
NICOLE - *Agathe*
Quillau , 1745.
NOEL
Bordier , 1623.
Buquaille , 1634.
Charles , 1623.
Davergne , 1597.
Hacquèville , 1648,
Le Coq , 1571.
Pissot , 1712.
NOEL - *Jacques.*
Pissot , 1747.

OLIVIER
Barbier , 1618.
Codoré , 1572.
De Harsy , 1556.
De Varennes (I.) 1604.
De Varennes (II.) 1625.
De Varennes (III.) 1656.
Maillard , 1538.
Mayeur , 1654.
Sénant , 1605.
OUDIN
Petit , 1741.

PASCAL
Lambert , 1517.
PASQUIER
Bonhomme , 1478.
Frémiot , 1663.
Le Tellier , 1546.
PAUL
Chevrol , 1658.
Estienne , 1599.
Mansan , 1514.

PAUL - *Denys*
Brocas , 1754.
Méquignon , 1777.
PÉRETTE
Bade , 1559.
PÉRETTE - *Antoinette*
Huguier , 1751.
PHILIBERT
Bourdon , 1612.
Charpentier , 1627.
PHILIPPE
Carré , 1606.
Cottin , 1663.
D'Anstie , 1558.
Dorelis , 1640.
Du Pré , 1596.
Fabon , 1613.
Gaultier , 1625.
Henri , 1788.
Huberson , 1697.
Le Noir , 1514.
Pas-de-Loup , 1691.
Patisson , 1606.
Pigouchet , 1489.
Rithoue , 1554.
Rouillié (I.) 1634.
Rouillié (II.) 1665.
Vincent , 1744.
PHILIPPE - *Denys*
Langlois , 1756.
Pierres , 1763.
PHILIPPE - *Gautier*
De Rouille , 1562.
PHILIPPE - *Nicolas*
Lottin , 1717.
PIERRE
Attaignant , 1541.
Aublé , 1719.
Aboüyn (I.) 1637.
Aboüyn (II.) 1666.
Auvrai (I.) 1614.
Auvrai (II.) 1661.
Bacquelier , 1506.
Baillet , 1601.
Ballard (I.) 1608.
Ballard (II.) 1694.
Banqueteau , 1606.
Bardin , 1514.

PIERRE
Baudouyn (I.) 1650.
Baudouyn (II.) 1653.
Berrault, 1594.
Beffin (I.) 1649.
Beffin (II.) 1663.
Bienfait, 1660.
Bilaine, 1614.
Blaife, 1634.
Bonfons, 1598.
Bonillerot, 1653.
Boullanger, 1618.
Boullon, 1612.
Bouquet, 1606.
Boutin, 1610.
Bradel, 1661.
Bréguin, 1555.
Beray, 1614.
Calleville, 1656.
Cappel, 1606.
Caron, 1474.
Cavellat (I.) 1577.
Cavellat (II.) 1627.
Céfaris, 1473.
Champenois (I.) 1626.
Champenois (II.) 1633.
Charpentier (I) 1606.
Charpentier (II.) 1653.
Chaftelain, 1659.
Chaudière, 1633.
Chénault, 1622.
Chevalier (I.) 1599.
Chevalier (II.) 1607.
Chevillot, 1579.
Ciconeau, 1630.
Clément, 1729.
Cloufier, 1656.
Colin, 1659.
Coller, 1651.
Compaing, 1661.
Cot, 1703.
Cottard, 1658.
Coufin, 1535.
Darbife, 1679.
David, 1631.
De Bats (I.) 1662.
De Bats (II.) 1691.
De Brefche (I.) 1606.

De Brefche (II.) 1647.
De Face, 1627.
De Forge, 1614.
Dehors, 1649.
De la Carrière 1665.
De la Haie (I.) 1619.
De la Haie (II.) 1639.
De Langres, 1565.
De Laftre, 1575.
Delaulne (I.) 1660.
Delaulne (II.) 1683.
Delaulne (III.) 1689.
Delaunay, 1683.
Delon, 1614.
Delormel, 1711.
De Mongobert, 1634.
Des Hayes (I.) 1574.
Des Hayes (II.) 1614.
Didot, 1785.
Dorguille, 1649.
Douceur, 1618.
Drouart, 1541.
Du Four, 1761.
Du Pont, 1648.
Du Pré, 1561.
Dupuis, 1621.
Durand, 1612.
Emery, 1683.
Efclaffan, 1666.
Eftienne, 1638.
Férant (I.) 1610.
Férant (II.) 1635.
Ferrier, 1633.
Filleau (I.) 1698.
Filleau (II.) 1701.
Foucault, 1606.
François, 1661.
Frémont, 1626.
Froment, 1619.
Fuitte, 1618.
Gaillard (I.) 1606.
Gaillard (II.) 1661.
Gandouin (I.) 1697.
Gandouin (II.) 1731.
Gaudoul, 1518.
Gaudreau, 1698.
Gauguery, 1767.
Gaultier, 1545.

Géneteau,

Géneteau , 1627.
Georges , 1627.
Germain , 1788.
Giffard , 1687.
Gisley , 1702.
Gourault , 1648.
Grignon , 1628.
Gromars , 1516.
Gueffier , 1616.
Guénon , 1647.
Guillemot (I.) 1624.
Guillemot (II.) 1647.
Guillyn , 1742.
Guynier , 1552.
Hamon , 1561.
Hautin , 1549.
Hérissant , 1686.
Hermier , 1538.
Huet , 1583.
Huet , 1711.
Humaire , 1764.
Hury , 1585.
Josse (I.) 1649.
Josse (II.) 1661.
La Grive , 1691.
L'Amoureux , 1653.
Lamy , 1625.
Le Bé , 1583.
Le Ber , 1530.
Le Bouc , 1582.
Le Bret (I.) 1548.
Le Bret (II.) 1604.
Le Brodeux , 1525.
Le Court , 1612.
Le Dru , 1494.
Le Faucheur , 1618.
Le Franc , 1610.
Le Long , 1618.
Le Maire , 1623.
Le Mercier (I.) 1589.
Le Mercier (II.) 1656.
Le Mur , 1606.
Le Petit , 1642.
Le Roi (I.) 1517.
Le Roi (II.) 1634.
Le Rouge , 1487.
Le Roy , 1785.
Lesclapart (I.) 1662.

Lesclapart (II.) 1739.
Levet , 1485.
Le Voirier , 1575.
L'Huillier (I.) 1566.
L'Huillier (II.) 1610.
Maillet , 1716.
Mainard , 1627.
Marchand , 1482.
Margat (I.) 1618.
Margat (II.) 1649.
Martin , 1655.
Mauger , 1655.
Ménard , 1624.
Ménier (I.) 1588.
Ménier (II.) 1606.
Mergé , 1706.
Merville , 1654.
Mettayer , 1602.
Michel , 1610.
Michon , 1664.
Miquelin (I.) 1693.
Miquelin (II.) 1726.
Moët , 1649.
Mongobert , 1691.
Monnier , 1634.
Musnier , 1627.
Passy , 1627.
Pautonnier , 1581.
Petit (I.) 1513.
Petit (II.) 1672.
Picquet , 1610.
Piget , 1733.
Piquet , 1627.
Planche , 1787.
Plassan , 1785.
Plucquet , 1691.
Poirée , 1767.
Portier , 1606.
Pouillac , 1495.
Prault , 1711.
Promé , 1664.
Quee , 1653.
Quillau , 1660.
Ramier (I.) 1560.
Ramier (II.) 1587.
Rathoire , 1551.
Rébuffé , 1689.
Regnault , 1496.

d d

PIERRE
Rézé, 1606.
Ribou (I.) 1646.
Ribou (II.) 1697.
Richard, 1559.
Robin, 1626.
Rocolet, 1610.
Roffet, 1528.
Saunier, 1644.
Sergent, 1531.
Séveftre (I.) 1583.
Séveftre (II) 1643.
Talon, 1645.
Targa (I.) 1634.
Targa (II.) 1661.
Thierry (I.) 1534.
Thierry (II.) 1554.
Touchard, 1621.
Trabouillet 1661.
Triboulet, 1606.
Trouvain, 1635.
Vallat la Chapelle, 1759.
Variquet, 1645.
Vauclin, 1660.
Vaudran, 1640.
Vente, 1754.
Viert, 1513.
Vidoue, 1510.
Viné, 1614.
Vitray ou Vitré, 1606.
Vive, 1627.
Witte, 1700.
PIERRE-Alexandre
Laureau, 1762.
Le Prieur, 1747.
Martin, 1716.
PIERRE-André
De Bats, 1741.
PIERRE-Antoine
Warin, 1698.
PIERRE-Auguftin
Le Mercier, 1687.
Paulus-du-Mefnil, 1706.
PIERRE César
Briand, 1787.
PIERRE-Charles
Emery, 1738.

PIERRE-Denys
Couturier, 1764.
PIERRE-Etienne
Du Bois (I.) 1767.
Du Bois (II.) 1773.
PIERRE-Etienne-Germain
Durand, 1761.
PIERRE-François
Bleuet, 1784.
Coignard, 1722.
Didot, 1753.
Durand, 1766.
Emery, 1699.
Giffard, 1714.
Gueffier, 1758.
PIERRE-Gilles
Le Mercier, 1718.
PIERRE-Guillaume
Cavelier, 1741.
Simon, 1738.
PIERRE-Henri
Prault, 1751.
PIERRE-Jacques
Bienfait, 1692.
Bienvenu, 1717.
Duplain, 1784.
Trichard, 1634.
PIERRE-Jean
Mariette, 1714.
PIERRE-Jérôme
Douffin, 1729.
PIERRE-Laurens
Giffard, 1743.
Prault, 1777.
PIERRE-Louis
Febvrier, 1600.
PIERRE-Lucien
Viffe, 1786.
PIERRE-Méri
De la Guette, 1768.
PIERRE-Michel
Brunet, 1722.
Clouffier, 1730.
Huart, 1717.
Lamy, 1777.
Nyon, 1773.
PIERRE-Nicolas
Delormel, 1743.

PIERRE - *Noël.*
  Durand, 1787.
PIERRE - *Paul*
  Garnier, 1715.
PIERRE - *Prudence*
  Brunet, 1774.
PIERRE - *Robert.*
  Ballard, 1767.
PIERRE - *Théophile*
  Barrois, 1773.
PONCE
  Roffet, 1543.
PONCET
  Le Preux, 1498.
PRIGENT
  Calvarin, 1524.
  Godec, 1572.
PROSPER
  Marchand, 1698.

RAIMOND
  Clergeon, 1644.
  Faucher, 1622.
  Mazières, 1702.
RAOUL
  Lalyseau, 1501.
REGNAULT
  Chaudière (I.) 1516.
  Chaudière (II.) 1603.
REINE
  Moussai, 1742.
REMI
  Dallin, 1614.
  Delaistre, 1503.
  Durand, 1610.
  Soubret, 1639.
RENÉ
  Avril, 1544.
  Aymart, 1636.
  Baudry, 1641.
  Bretel, 1606.
  Du Pré, 1650.
  Giffard, 1618.
  Guignard, 1664.
  Josse, 1712.
  Le Masuyer, 1614.
  Mazuel, 1638.
  Pralard, 1700.

Rousseau, 1657.
Ruelle, 1606.
RENÉ - *François*
  Fétil, 1767.
RICHARD
  Breton, 1551.
  Charlemagne, 1628.
  Delaunay, 1618.
  Du Hamel, 1536.
  Roux, 1556.
RICHARD - *Antoine*
  Lesclapart, 1750.
RICHARD - *Simon*
  Gueffier, 1774.
ROBERT
  Adam, 1612.
  Ballard (I.) 1551.
  Ballard (II.) 1640.
  Belley, 1709.
  Bertault, 1621.
  Chevillion, 1663.
  Colombet, 1578.
  Daufresne, 1618.
  De Goutmont, 1502.
  De la Carrière, 1655.
  De Louviers, 1691.
  Denain, 1642.
  De Ninville (I.) 1635.
  De Ninville (II.) 1655.
  Didier, 1691.
  Du Castin (I.) 1649.
  Du Castin (II.) 1708.
  Estienne (I.) 1525.
  Estienne (II.) 1555.
  Estienne (III.) 1572.
  Estienne (IV.) 1630.
  Estienne (*) 1746.
  Fayret, 1691.
  Feugé (I.) 1618.
  Feugé (II.) 1644.
  Feuquère, 1634.
  Foillet, 1607.
  Fouet, 1597.
  Grandjon, 1523.
  Grégoire, 1624.
  Guénet, 1647.
  Husson, 1666.
  Le Fillatre, 1655.

ROBERT
Le Fizelier, 1582.
Le Mangnier, 1572.
Manſion, 1621.
Maſſelin, 1550.
Nivelle, 1590.
Pépie, 1683.
Piget, 1689.
Quénet, 1628.
Regnault, 1543.
Rézé, 1582.
Sara, 1629.
Ségaud, 1767.
Seneuze, 1700.
Trouard, 1582.
ROBERT-*André*
Hardouin, 1774.
ROBERT-*Dominique*
Seneuze, 1733.
ROBERT-*Jean-Baptiſte*
De la Caille, 1664.
ROBERT-*Marc*
Deſpilly (I.) 1717.
Deſpilly (II.) 1766.
ROBINE
Coing, 1530.
ROBINET
Macé, 1486.
RODOLPHE
La Motte, 1560.
ROGER
Augrain, 1502.
ROLET
Boutonné, 1610.
Durand, 1652.
Le Duc, 1643.
ROLIN
Baragues, 1614.
De la Haie, 1634.
Gaultier, 1565.
Mérault, 1664.
Thierry, 1588.
ROLLAND
Houdan, 1660.
Oudan, 1679.
Touzard, 1639.
ROMAIN
Beauvais.

ROMBAUT
Davidts, 1751.

SALOMON
De la Foſſe, 1634.
SALVIEN
Pigoreau, 1606.
SAMUEL
Célérier, 1621.
Périer, 1651.
Petit, 1633.
Poinſot, 1622.
Thibouſt, 1612.
SATURNIN
Hotot, 1576.
SÉBASTIEN
Aubray, 1605.
Chappellet, 1614.
Chardon, 1711.
Cramoiſy (I.) 1589.
Cramoiſy (II.) 1602.
Cramoiſy (III.) 1663.
Cramoiſy (IV.) 1688.
Durand, 1626.
Eſchard (I.) 1618.
Eſchard (II.) 1657.
Feugé, 1645.
Framery, 1654.
Goulas, 1627.
Honoré, 1571.
Huré (I.) 1613.
Huré (II.) 1646.
Jorry, 1727.
L'Ecuyer, 1610.
Mabre Cramoiſy, 1655.
Martin (I.) 1646.
Martin (II.) 1659.
Montmiral, 1646.
Moulin, 1584.
Nivelle, 1550.
Picquet, 1639.
SÉRAPHIN
Laiſné, 1683.
SILVAIN
Brunet, 1697.
SILVESTRE
Moreau, 1606.

SIMÉON
  Bacot, 1786.
  Piget, 1639.
SIMÉON - *Prosper*
  Hardy, 1755.
SIMON
  Aubrai, 1605.
  Bénard (I.) 1659.
  Bénard (II.) 1691.
  Benoist, 1606.
  Berteau, 1635.
  Calvarin, 1553.
  Crévier, 1707.
  De Colines, 1520.
  De Louviers, 1658.
  De Sommaville, 1582.
  Desprez, 1666.
  Du Bois, 1525.
  Estienne, 1566.
  Febvrier, 1632.
  Frémin, 1646.
  Gibert, 1763.
  Hadrot, 1528.
  Langlois (I.) 1644.
  Langlois (II.) 1687.
  Langronne, 1686.
  Le Febvre, 1614.
  Le Moyne, 1634.
  Léon, 1617.
  Le Sourd, 1659.
  Lyon, 1630.
  Marquan, 1589.
  Monet, 1654.
  Mutel, 1691.
  Périer, 1629.
  Trouvain, 1642.
  Vincent, 1518.
  Vostre, 1491.
SOPHIE
  Estienne, 1772.
SULPICE
  Mérenget, 1548.
  Sabon, 1545.
SUSANNE
  Du Bois, 1705.

THÉODORE
  Billiot, 1676.
  De Hansy, 1726.
  Girard, 1661.
  Le Gras (I.) 1699.
  Le Gras (II.) 1700.
  Muguet, 1686.
  Pépingué, 1613.
THÉRÈSE
  De Raysouche de Montet, 1747.
THIBAULT,
  Bessault, 1565.
  Charron, 1541.
  Du Val, 1609.
THIELMAN
  Kerver (I.) 1498.
  Kerver (II.) 1530.
  Vivian, 1539.
THIÉRI
  Le Chasseur, 1653.
THOMAS
  Bélot, 1565.
  Blaise, 1606.
  Bourriquant, 1625.
  Brumen, 1582.
  Brunet, 1777.
  Charpentier, 1703.
  Chesneau, 1564.
  De la Carrière, 1646.
  De la Ruelle, 1606.
  De Ninville, 1618.
  De Villiers, 1529.
  De Guernier, 1508.
  Du Puis, 1646.
  Estoc, 1610.
  Gallois, 1661.
  Gesselin, 1621.
  Guillain, 1660.
  Joly, 1648.
  Kées, 1507.
  Laisné, 1518.
  Le Gentil, 1666.
  Le Roi, 1628.
  Lesguillon, 1654.

THOMAS
  Lozet, 1639.
  Millard, 1598.
  Ménard, 1589.
  Mestager, 1606.
  Moët, 1659.
  Périer, 1580.
  Richard, 1547.
  Rimien, 1577.
  Sergrain, 1710.
  Sévestre (I) 1603.
  Sévestre (II.) 1634.
  Soubron, 1602.
THOMAS - Jacques
  Charpentier, 1690.
THOMAS - Nicolas
  Mazuel, 1696.
TIMOTHÉE
  Jehan, 1583.
TOUSSAINT
  Boullanger, 1634.
  Bouteiller, 1605.
  De Montzay, 1496.
  Denys, 1515.
  Du Bray, 1605.
  Gollet, 1627.
  Luinet, 1627.
  Quinet (I.) 1625.
  Quinet (II.) 1651.

ULRIC.
  Géring, 1470.

URBAIN
  Coustelier, 1683.

VENANT - Roch
  Moureau, 1777.
VICTOR
  Desenne, 1776.
  Le Roi, 1619.
VINCENT
  Du Moutier, 1663.
  Le Normand, 1565.
  Petit, 1785.
  Robert, 1691.
  Serténas, 1538.
VIVANT
  Gaultherot, 1534.

WOLFGANGE
  Hopyl, 1489.
WORLE
  Henri, 1731.

YOLANDE
  Bonhomme, 1522.
YVES
  Boulay, 1620.
  De la Croix, 1627.
  Delaistre, 1627.
  D'Englibert, 1522.
  Robin, 1610.

ON peut observer que, sur les 3131 individus énoncés dans ce Catalogue, il y en a

481. nommés Jean	93. nommés Louis	36. nommés Gilles
279. . . . . Pierre	91. . . . . Charles	34. . . . . Laurent
160. . . . . Nicolas	89. . . . . Marie	32. . . . . André
159. . . . Jacques	64. . . . . Michel	32. . . . . Simon
146. . . . François	52. . . . . Robert	26. . . . . Henri
142. . . . . Claude	50. . . . . Denys	25. . . . . Sébastien
105. . . . . Antoine	40. . . . . Jean-Bapt.	22. . . . . Martin
103. . . . Guillaume	37. . . . . Thomas	21. . . . . Philippe

TABLEAU

DES XXXVI.

IMPRIMEURS DE PARIS,

Avec la Chronologie de leurs prédécesseurs,

C'est-à-dire, depuis l'Édit d'Août 1686 qui les fixe
à ce nombre, jusqu'à la présente année 1788.

TABLEAU.

TABLEAU

DES XXXVI.

IMPRIMEURS DE PARIS,

Avec la Chronologie de leurs prédécesseurs ;

C'est-à-dire, depuis l'Édit d'Août 1686 qui les fixe à ce nombre, jusqu'à la présente année 1788.

NOTE.

AVANT l'introduction de l'Art de l'Imprimerie dans Paris, le commerce de la Librairie consistant à transcrire des Ouvrages & à les vendre, il étoit naturel que les Particuliers agréés par l'Université pour faire ce commerce, profitassent du nouveau procédé, qui non seulement remplaçoit l'art d'écrire les Livres, mais encore en multiplioit les copies avec une merveilleuse célérité.

Mais, comme des types & des presses coûtoient plus que des plumes, les Ateliers du nouvel Art ne se formèrent que lentement. Ce ne fut donc qu'après un long espace de temps, que Paris compta un nombre d'Imprimeurs ; jusqu'à ce qu'enfin (au bout de deux siécles) les Imprimeries se trouvèrent multipliées à un tel point, qu'en 1686, le Gouvernement jugea qu'il étoit de sa sagesse, de ne plus laisser recevoir d'Imprimeurs jusqu'à leur réduction à *trente-six*. Tous ceux qui tenoient des Imprimeries eurent la faculté de continuer cette profession ; (en 1697, il y en avoit encore 57) ; mais aucun Libraire ne put lever une Imprimerie, sans un Arrêt du Conseil-d'État ; & c'est ce qui s'est toujours observé depuis.

e e

❧ I. ☙

1) *Thierry* (Denys II.)
1652. 10 Oct. Imprim.
1712. 17 Nov. , meurt
après un exercice de 60
ans.

2) *Thierry* (Élisabeth
Raguin, Ve de Denys II)
1712. 12 Nov. Imprim.
par le décès de son
mari.
1712. 9 Déc. , s'étoit
démise , après un exer-
cice d'un mois.

3) *Chardon* (Jacques).
1712. 9 Déc. Imprimeur
par la démission de la
Ve Thierry.
1752. 26 Juin , s'étoit
démis , après un exer-
cice de 49 ans & demi.

4) *CHARDON* (Mr Jean-
François-Louis).
1752. 26 Juin , Imprim.
par la démission de Mr
son père.
1788. . . . . dans sa 27e
année d'exercice.

[Xeme du Tableau].

❧ II. ☙

1) *Léonard*) Fréd. I.)
1653. 27 Févr. Imprim.
1712. 23 Nov. étoit mort
après un exercice de
59 ans.

2) *Léonard* (Fréd. II.)
1712. 23 Nov. Imprim.
par le décès de son
père.
1714. 28 Août , s'étoit
retiré après un exercice
de deux ans environ.

3) *Grou* (Jacques-Fr.)
1714. 28 Août, Imprim.
par la retraite de Fré-
déric II. *Léonard.*
1745. 26 Déc. , meurt
après un exercice de
31 ans 4 mois.

4) *Le Breton* (André-
François).
1746. 5 Mars , Imprim.
par le décès de Jacques-
François *Grou.*
1773. 13 Août , s'étoit
démis , après un exer-
cice de 27 ans & demi.

5) *STOUPE* (Mr Jean-
Georges-Antoine).
1773. 13 Août , Imprim.
par la démission d'An-
dré-Fr. *Le Breton.*
1788. . . . . dans sa 16e
année d'exercice. ,

[XIXeme du Tableau].

❧ I II. ☙

1) *Léonard* (Frédéric I.)
1653. 27 Févr. Imprim.
1712. 23 Nov. étoit mort
après un exercice de
59 ans.

2) *Léonard* (Frédéric II.)
1712. 23 Nov. Imprim.
par le décès de son
père.
1714. 28 Août , s'étoit
retiré après un exercice
de deux ans environ.

3) *Grou* (Jacques-Fr.)
1714. 28 Août, Imprim.
par la retraite de Fré-
deric II. *Léonard.*
1745. 26 Déc. , meurt
après un exercice de
31 ans 4 mois.

4) *Grou* (Catherine
Caillou de la Croix,
Ve de Jacques-Franç.)
1745. 26 Déc. Imprim.
par le décès de son mar
1758. 13 Oct. , s'étoit
démise , après un exer-
cice de près de 13 ans.

5) *Lambert* (Michel.)
1758. 13 Oct. Imprim.
par la démission de la
Ve *Grou.*
1787. 31 Juill. meurt ,
après un exercice de
près de 29 ans. . .

6) *BAUDOUIN* (Mr François-Jean).
1782. 8 Févr. Imprim.
adjoint à Mr *Lambert,*
son oncle.
1787. 31 Juill. exerce
seul , par le décès dudit
sieur
1788. Dans sa 6e année
de co-exercice , & sa
2e d'exercice plein.

[XXVe du Tableau].

❧ IV. ✦

1) *Cramoisy* (André).
1655. 21 Janv, Imprim.
1712. 3 Mai , s'étoit
démis , après un exer-
cice de 57 ans.

2) *Cot* (Pierre).
1712. 3 Mai , Imprim.
par la démission d'An-
dré *Cramoisy.*
1712. 15 Nov. , s'étoit
démis , après un exer-
cice de 6 mois & demi.

3) *D'Houry* (Laurent).
1712. 15 Nov. Imprim.
par la démission de
Pierre *Cot.*
1725. . . Novemb. étoit
mort, après un exercice
de 13 ans.

4) *D'Houry* (Elisabeth
du *Bois* Ve de Laur.)
1725. . . Nov. Imprim.
par le décès de son
mari.
1726. 15 Janv. , s'étoit
démise, après un exer-
cice de 2 mois.

5) *D'Houry* (Charles-
Maurice).
1726. 15 Janv. Imprim.
par la démission de sa
mère.
1755. 11 Déc. meurt,
après un exercice de
près de 30 ans.

6) *D'Houry* (Marie-Elis.
Laisné , Ve de Ch.-M.
D'Houry).
1755. 11 Déc. Imprim.
par le décès de son
mari.
1777. 28 Janv. , s'étoit
démise après un exer-
cice de 21 ans.

7) *MOUTARD* (Mr
Nicolas-Léger).
1777. 28 Janv. Imprim.
par la démission de la
Ve *D'Houry.*
1788. . . . . . dans sa
11e année d'exercice.

[XXIe du Tableau].

❧ V. ✦

1) *Négo* (Claude).
1665. 10 Déc. Imprim.
1710. 13 Janv, meurt,
après un exercice de
44 ans.

2) *Valleyre* (Guillaume-
Amable I.)
1710. 27 Févr. Imprim.
à la place de Cl. *Négo.*
1737. 19 Févr. , s'étoit
démis, après un exer-
cice de 27 ans.

3) *Gonichon* (Jean-Bapt.
1737. 19 Févr. Imprim.
par la démission de
G.-A. *Valleyre.*
1754. 28 Juin , s'étoit
démis , après un exer-
cice de 17 ans 4 mois.

4) *GRANGÉ* (Mr Jean-
Augustin).
1754. 28 Juin , Imprim.
par la démission de
J.-B. *Gonichon.*
1788. . . . . . dans sa
38e année d'exercice.

[VIe du Tableau].

❧ VI. ✦

1) *Chénault* (Charles II.)
1683. 11 Sept. Imprim.
1717. 31 Mars , étoit
mort dans sa 34e année
d'exercice.

2) *Lamesle* (Jean-Bapt.)
1717. 31 Mars , Imprim.
à la place de Charles
Chénault.
1742. . . . . meurt dans
sa 25e année d'exercice.

3) *LAMESLE* (Mr Gil-
les II.)
1739. 6 Févr. , Imprim.
en survivance de Mr
son père, avec pouvoir
d'exercer à l'instant ,
sans tirer à consé-
quence.
1788. . . . . . Imprimeur
Jubilé , & DOYEN
des Imprimeurs.

[Ier du Tableau].

❧ VII. ❧

1) *Chénault* (Charles N.)
1683. 11 Sept. Imprim.
1717. 31 Mars, étoit
mort dans sa 34e année
d'exercice.

2) *Lamesle* (Jean-Bapt.)
1717. 31 Mars, Imprim.
à la place de Charles
Chénault.
1742 . . . . meurt dans
sa 25 année d'exercice.

3) *Lamesle*, (Jeanne-
Marguerite *Cuquel*, 2de
femme, & Vᵉ de J.-B.)
1742 . . . . . . Imprim.
par le décès de son
mari.
1764. 1 Mars, s'étoit
démise, après un exer-
cice de 22 ans.

4) *VALLEYRE* (Mr
Nicolas-François).
1764. 1 Mars, Imprim.
par la démission de la
Vᵉ de J.-B. *Lamesle*,
son oncle.
1788 . . . . . dans sa
25e année d'exercice.

[XI. du Tableau].

❧ VIII. ❧

1) *Lambin* (Antoine).
1687. 20 Mai, Imprim.
1699. 19 Oct. meurt,
après un exercice de
12 ans & demi environ.

2) *Lambin* (Marie Chér-
tier , Vᵉ d'Antoine).
1699. 19 Oct. Imprim.
par le décès de son
mari.
1724. 11 Avril, s'étoit
démise, après un exer-
cice de 24 ans & demi.

3) *Le Mercier* (Pierre-
Gilles).
1724. 11 Avril , Im-
primeur , par la dé-
mission de la Vᵉ *Lam-
bin* , son aïeule.
1768. 15 Juill. , s'étoit
démis, après un exer-
cice de plus de 44 ans.

4) *PIERRES* (Mr Phi-
lippe-Denys).
1768. 15 Juill, Imprim.
par la démission de
P.-G. *Le Mercier* , son
grand-oncle.
1788. . . . . . dans sa
21e année d'exercice.

[XIIIe du Tableau].

❧ IX. ❧

1) *Muguet* (François-
Hubert).
1691. 16 Juill. Imprim.
par A. d. C. du 12 Juin
précédent.
1742. 6 Déc. étoit mort
après un exercice de
près de 51 ans & demi.

2) *Ballard* (Christophe-
Jean-François).
1742. 6 Déc. , Imprim.
à la place de Fr.-H.
Muguet.
1765. 5 Sept. meurt
après un exercice de
près de 23 ans.

3) *BALLARD* (Dlle
Marie-Anne-Geneviève
Paulus du Mesnil , Vᵉ
de Chr.-J.-Fr.).
1765. 5 Sept. Imprim.
par le décès de son
mari.
1788. . . . . dans sa
24e année d'exercice.

BALLARD (Mr Pierre-
Robert-Christophe (.
1779. 24 Sept. Imprim.
par A. d. c. du 6 dudit
mois , pour exercer
concurrement avec la
Dame sa mère.
1788. . . . . . dans sa
10e année de co-exer-
cice.

X.

1) *Le Fèvre* (Jacques).
1694. 8 Juin , Imprim.
1714. . . . . meurt après
un exercice de 20 ans.

2) *Le Fèvre* (N. *Pépingué*, Ve de Jacques).
1714. . . . . , Imprim.
par le décès de son
mari.
1724. 26 Janv. , s'étoit
démise après un exer-
cice de 10 ans.

3) *Mesnier* , (Alexis-
Xavier - René).
1724. 26 Janv. Imprim.
par la démission de la
Ve *Le Fèvre*.
1750. 8 Mai, s'étoit dé-
mis , après un exer-
cice de 26 ans & plus.

4) *D'Houry* (Laurent-
Charles).
1750. 8 Mai , Imprim.
par la démission d'Al.-
Xav.-R. *Mesnier*.
1786. 8 Octobr. meurt ,
après un exercice de
près de 36 ans & demi.

5) *D'HOURY* (Dlle N.
Néra, Ve de Mr L. Ch.)
1786. 8 Octobr. Imprim.
par le décès de son
mari.
1788. . . . . , dans sa
3e année d'exercice.

DE BURE (Mr Fran-
çois-Jean-Noel).
1786. 1 Déc. Imprim.
pour exercer concur-
remment avec Mme Ve
D'Houry, sa belle-mère.
1788. . . . . , dans sa
3e année de co-exercice.

XI.

1) *Langlois* (Simon II.)
1694, 8 Juin , Imprim.
1742. 22 Déc. s'étoit
démis, après un exer-
cice de 48 ans & demi.

2) *Boudet* (Antoine).
1742. 22 Déc. Imprim.
par la démission de
Simon *Langlois*.
1779. 30 Mars, s'étoit
démis, après un exer-
cice de plus de 36 ans.

3) *DESAINT* (Mr Jean-
Charles).
1779. 30 Mars, Imprim.
à la place d'Antoine
Boudet.
1788. . . . . dans sa
onzième année d'exer-
cice.

[XXIIIe du Tableau].

XII.

1) *Cusson* (Jean-Bapt.)
1694. 8 Juin , Imprim.
1711. 13 Mai , s'étoit
retiré à Nanci , après
un exercice de 17 ans.

2) *Huguier* (Charles).
1711. 13 Mai , Imprim.
à la place de Jean-
Baptiste *Cusson*.
1723. 10 Sept. , s'étoit
démis, après un exer-
cice de près de 12 ans
& demi.

3) *Prault* (Pierre).
1723. 10 Sept. Imprim.
par la démission de
Ch. *Huguier*.
1758. 1 Sept. , s'étoit
démis, après un exer-
cice de 35 ans.

4) *Prault* (Laurent-Fr. I.)
1758. 1 Sept. Imprim.
par la démission de son
père.
1780. 15 Sept. meurt ,
après un exercice de
22 ans.

5) *PRAULT* (Mr Louis-
François).
1781. 13 Fév. Imprim.
à la place de Mr son
père.
1788. . . . . , dans sa
8e année d'exercice.

[XXIVe du Tableau].

XIII.

1) *Thibouſt* (Cl.-Louis).
1694. 8 Juin , Imprim.
1737. 22 Avril , meurt
après un exercice de
près de 43 ans.

2) *Thibouſt* (Cl.-Charles).
1737. 18 Juin, Imprim.
par le décès de ſon père.
1757. 22 Mai , meurt,
après un exercice de
près de ſ ans.

3) *Thibouſt* (Dlle N.
de Maiſonrouge , Ve
de Claude-Charles).
1757. 22 Mai , Imprim.
par le décès de ſon mari.
1787. 27 Juin , s'étoit
démiſe , après un exer-
cice de 30 ans.

4) *SEGUY - Thibouſt*,
(Mr Antoine.)
1787. 27 Juin , Imprim.
par la démiſſion de
Mme Ve Thibouſt, ſa
belle-mère.
1788. . . . . . , dans ſa
2e année d'exercice.

[XXIXe du Tableau].

XIV.

1) *Chreſtien* (Antoine II.)
1694. 8 Juin , Imprim.
1706. 23 Nov. étoit
mort, après un exer-
cice de 12 ans & demi.

2) *Deſprez* (Guillau-
me I.)
1706. 23 Nov. Imprim.
à la place d'Antoine
Chreſtien.
1708. ſ Juill. meurt,
après un exercice de
19 mois & demi.

3) *Deſprez* (Guillaume II.)
1708. ſ Juill. meurt,
par le décès de ſon père.
1743. 10 Déc., s'étoit
démis , après un exer-
cice de près de 35 ans
& demi.

4) *DESPREZ* (Mr
Guillaume-Nicolas).
1743. 10 Déc. Imprim.
par la démiſſion de
Mr ſon père.
1788. . . . . . dans ſa
46e année d'exercice.

[IIe du Tableau].

XV.

1) *Prignard* (Claude).
1694. 8 Juin , Imprim.
1717. 11 Août , meurt,
après un exercice de
23 ans & plus.

2) *Coignard* (Jean-Ba-
ptiſte III.)
1717. 11 Août , Imprim.
à la place de Claude
Prignard.
1752. 3 Août , s'étoit
démis, après un exer-
cice de 35 ans.

3) *LOTTIN* (Mr Au-
guſtin-Martin).
1752. 3 Août , Imprim.
par la démiſſion de
J.-B. III. *Coignard.*
1788. . . . . , dans ſa
37e année d'exercice.

[Ve du Tableau].

LOTTIN-de-S.-Germain,
(Mr Jean- Roch).
1784. 3 Août , Imprim.
pour exercer concurre-
ment avec Mr Aug.-
Mart. *Lottin.*
1788. . . . . ., dans ſa
5e année de co-exer-
cice.

❧ XVI. ☙

1) *Prignard* (Claude).
1694. 8 Juin, Imprim.
1717. 14 Août, meurt,
après un exercice de
23 ans & plus.

2) *Prignard* (Marie-
Térèse *Langlois*, Ve
de Claude).
1717. 11 Août, Imprim.
par le décès de son
mari.
1727. 11 Juill. s'étoit
démise, après un exer-
cice de près de 10 ans.

3) *Bullot* (Joseph).
1727. 11 Juill. Imprim.
par la démission de la
Ve *Prignard* , qu'il
épouse.
1754. 30 Janv. s'étoit
démis, après un exer-
cice de 26 ans & demi.

4) *Jombert* (Charles-
Antoine).
1754. 30 Janv. Imprim.
par la démission de
Joseph *Bullot*.
1760. 11 Mars, s'étoit
démis, après un exer-
cice de plus de 6 ans.

5) *Cellot* (Mr Louis).
1760. 11 Mars, imprim.
par la démission de
Ch.-Ant. *Jombert* ,
son beau-Père.
1788. 1 Avril , s'étoit
démis, après un exer-
cice de 28 ans.

6) *CELLOT* (Mr Louis-
Marie).
1788. 1 Avril, Imprim.
par la démission de Mr
son père.
1788. . . . . , dans sa
1re année d'exercice.

[XXXe du Tableau].

❧ XVII. ☙

1) *Colin* (Louis).
1695. 2 Janv. Imprim.
1706. 24 Mai , meurt ,
après un exercice de
près de 11 ans & demi.

2) *Paulus - du - Mesnil*
(Pierre-Augustin).
1706 28 Juill. Imprim.
à la place de L. *Colin*.
1757. 26 Déc. meurt,
après un exercice de
près de 51 ans & demi.

3) *Paulus - du — Mesnil*
(Génevieve Le Breton,
Ve de P. A.).
1757. 26 Déc. Imprim.
par le décès de son
mari.
1758. 11 Août , s'étoit
démise, après un exer-
cice de 7 mois.

4) *Chénault* (Charles-
Etienne).
1758. 11 Août, Imprim.
par la démission de la
Ve *Paulus-du-Mesnil*.
1773. 15 Mars, meurt,
après un exercice de
plus de 14 ans & demi.

5) *GUEFFIER* (Mr
Pierre-François).
1773. 18 Mai , imprim.
à la place de Ch.-Et.
Chénault.
1788. . . . . . . dans sa
16 année d'exercice.

[XVIIe du Tableau].

❧ XVIII. ☙

1) *Moreau* (Jean III.)
1698. 6 Juin , Imprim.
1715 . . . . . . meurt ,
après un exercice de
17 ans, suspendu toute-
fois pendant 5.

2) *Moreau* (N. Ve de
Jean III.)
1715. . . . . Imprim.
par le décès de son
mari.
1732. 30 Déc. , étoit
morte , après un exer-
cice de 17 ans.

3) *Moreau* (Jean-Fr.)
1732. 30 Déc. Imprim.
par le décès de sa
mère.
1751. 12 Août, meurt,
après un exercice de
plus de 18 ans & demi.

4) *Moreau* (Catherine-
Françoise *Pépie* , Ve
de Jean-François).
1751. 12 Août, Imprim.
par le décès de son
mari.
1751. 10 Nov. s'étoit
démise, après un exer-
cice de 3 mois.

5) *Moreau* (Nicolas-Fr.)
1751. 10 Nov. Imprim.
par la démission de sa
mère.
1773. 2 Mars, meurt,
après un exercice de
près de 21 ans & demi.

6) *Couturier* (Denys-
Clément).
1773. 3 Juin , Imprim.
à la place de N. - Fr.
Moreau.
1782. 15 Juillet, s'étoit
démis, après un exer-
cice de 9 ans & plus.

7) *COUTURIER* (Mr
Pierre-Denys).
1782. 15 Juill. Imprim.
par la démission de
Mr son père.
1788. . . . . . dans sa
7e année d'exercice.

[XXVIe du Tableau].

XIX.

1) *Coignard* (Louis).
1702. 7 Janv. Imprim.
1738. 28 Mars, s'étoit
démis, après un exer-
cice de plus de 36 ans.

2) *Simon* (Claude-Fr.)
1738. 28 Mars, Imprim.
à la place de Louis
Coignard.
1767. 19 Juillet, meurt,
après un exercice de
plus de 29 ans.

3) *Simon* (Elisabeth *des*
Hayes, Ve de Cl.-Fr.)
1767. 19 Juill. Imprim.
par le décès de son
mari.
1772. 14 Avril, s'étoit
démise, après un exer-
cice de plus de 4 ans.
& demi.

4) *SIMON* (Claude II.)
1772. 14 Avr. Imprim.
par la démission de Me
sa mère.
1788. . . . . . . dans sa
17e année d'exercice.

[XVe du Tableau].

XX

1) *Delespine* (Jean-
Baptiste-Alexandre).
1702. 7 Janv. Imprim.
1741. 10 Mars, s'étoit
démis, après un exer-
cice de plus de 39 ans.

2) *Delespine* (Charles-
Jean-Baptiste).
1741. 10 Mars, Imprim.
par la démission de
son père.
1749. 2 Juin, s'étoit dé-
mis, après un exercice
de plus de 8 ans.

3) *Le Prieur* (Mr Pierre-
Alexandre).
1749. 2 Juin, Imprim.
à la place de Ch.-J.-B.
Delespine.
1773. 27 Mai, s'étoit
démis, après un exer-
cice de 24 ans.

4) *CLOUSIER* (Mr
Jacques-Gabriel).
1773. 27 Mai, Imprim.
à la place de Mr P.-A.
Le Prieur.
1788. . . . . . . dans sa
16e année d'exercice.

[XVIIIe du Tableau].

XXI.

1) *Sévestre* (Louis-Anne).
1704. 8 Oct. Imprim.
par A. d. C., du 29
Sept. précédent.
1744. 4 Avr. étoit mort,
après un exercice de
39 ans & demi.

2) *Jorry* (Sébastien).
1744. 4 Avril, Imprim.
à la place de L. A.
Sévestre.
1777. 17 Mars, s'étoit
démis, après un exer-
cice de 28 ans.

3) *JORRY* (M. Louis).
1772. 17 Mars, Imprim.
par la démission de
Mr son père.
1788. . . . . . . dans sa
7e année d'exercice.

[XIVe du Tableau].

XXII.

⚜ XXII. ⚜

1) *Emery* (Pierre-Fr.)
1704. 8 Oct. Imprim.
par A. d. C. du 25 Sept.
précédent.
1743. 12 Juill. s'étoit
démis après un exer-
cice d'environ 39 ans.

2) *Saugrain* (Joseph II.)
1743. 12 Juill. Imprim.
à la place de P.-F. *Emery*.
1749. 10 Janv. s'étoit
démis, après un exer-
cice de 5 ans & demi.

3) *Brunet* (Bernard).
1749. 10 Janv. Imprim.
à la place de Joseph
Saugrain.
1760. 30 Sept. meurt,
après un exercice de
près de 12 ans.

4) *Brunet* (M.-C.-A.
Regnard, Ve de *Brunet*)
1760. 30 Sept. Imprim.
par le décès de son
mari.
1763. 3 Sept. s'étoit
démise, après un exer-
cice de 3 ans.

5) *Regnard* (Antoine-Louis.)
1763. 3 Sept. Imprim. à la place
de la Ve *Brunet*, qu'il épouse.
1767. 1 Juill. meurt, après un
exercice de 4 ans & plus.

6) *Regnard* (Marie-Cath.-Angélique
Regnard, Ve d'Antoine-Louis.)
1767. 1 Juill. Imprim. par la mort
de son second mari.
1772. 27 Mars, s'étoit démise, après
un second exercice de plus de 4 ans
& demi.

7) *Brunet* (Jacques-Bernard).
1772. 27 Mars, Imprim. par la démission de sa mère.
1774. 2 Août, s'étoit démis, après un
exercice de près de 2 ans & demi.

8) *GUENARD DE MONVILLE*,
(Mr Antoine.)
1774. 2 Août, Imprim. par la démission de J.-B. *Brunet*, son beau-
frère.
1788 . . . . dans sa 15e année
d'exercice.

[XXe du Tableau.]

⚜ XXIII. ⚜

1) *Vincent* (Jacques).
1704. 8 Oct. Imprim.
par A. d. C. du 29 Sept.
précédent.
1750. 8 Mai, s'étoit
démis, après un exer-
cice de plus de 45 ans
& demi.

2) *Vincent* (Mr Philippe.)
1750. 8 Mai, Imprim.
par la démission de Mr
son père.
1779. 30 Mars, s'étoit
démis, après un exer-
cice de près de 22 ans.

3) *DIDOT* (Mr Pierre-
François).
1779. 30 Mars, Imprim.
par la démission de Mr
Philippe *Vincent*.
1788 . . . . . dans sa
10e année d'exercice.

[XXIIe du Tableau].

⚜ XXIV. ⚜

1) *Cellier* (Claude II.)
1705. 16 Oct. Imprim.
par A. d. C. du 14 Sept.
précédent.
1716. 18 Févr. étoit dé-
chu, après un exercice
de près de 5 ans & demi.

2) *Collombat* (Jacques.)
1716. 18 Févr. Imprim.
à la place de Cl. *Cellier*.
1744 . . . . . meurt,
après un exercice de
34 ans.

3) *Collombat* (N. *Dehansy*,
Ve de Jacques.)
1744 . . . . . Imprim. par
le décès de son mari.
1744. 26 Juin, s'étoit
démise, après un court
exercice.

4) *Collombat* (Jacques-
François.)
1744. 26 Juin, Imprim.
par la démission de sa
mère.
1751. 1 Juin, étoit
mort, après un exer-
cice d'un an.

5) *Collombat* (Jacqueline *Tarlé*, Ve
de Jacques-François.)
1751. 1 Juin, Imprim. par le décès
de son mari.
1752. 2 Févr. meurt, après un
exercice de 8 mois.

6) *Collombat* (Jean-Jacques-Etienne.
1752. 5 Août, Imprim. par le décès
de ses père & mère.
1763. 3 Septembr. s'étoit retiré, après
un exercice de 11 ans.

7) *Hérissant* (Jean-Th. I.)
1763. 3 Sept. Imprim. à la place de
Jean-Jacques-Etienne *Collombat*.
1773. 2 Août, meurt, après un
exercice de près de 9 ans.

8) *HÉRISSANT* (Dlle Marie-Nicole
Estienne, Ve de Jean-Thomas.)
1772. 2 Août, Imprim. par le décès
de son mari.
1788 . . . . . . dans sa 17e année
d'exercice.

f f

XXV.

1) *Simon* (Pierre.)
1721. 6 Févr. Imprim.
par Arrêt du Conseil,
du 20 Mai 1719.
1741. 19 Juin , meurt ,
après un exercice de
près de 20 ans & demi.

2) *Simon* (Pierre-Guill.)
1741. 28 Sept. Imprim.
à la place de son père.
1787. 1 Février , meurt,
après un exercice de
près de 45 ans & demi.

3) *HYON* (Mr Nicolas-
Henri.)
1782. 31 Août , Imprim.
pour exercer concurrem-
ment avec P.-G. *Simon.*
1787. 1 Févr. Imprim.
en plein exercice , par
le décès de P.-G. *Simon.*
1788. . . . . . dans sa
septième année de re-
ception, & sa 2e de plein
exercice.

[X X V IIe du T ableau].

XXVI.

1) *Osmont* (Jacques-
Philippe-Charles.)
1722. 4 Avr. Imprimeur,
par Arrêt du Conseil
de la veille.
1748. 14 Juin , s'étoit
démis , après un exer-
cice de plus de 26 ans.

2) *Delaguette* (François)
1748. 14 Juin , Imprim.
par la démission de J.-
Ph. - Ch. *Osmont*, son
beau-père.
1756. 10 Août , meurt ,
après un exercice de
plus de 8 ans.

3) *Delaguette* (Marie-
Anne *Osmont*, Ve de
François.)
1756. 10 Août , Imprim.
par le décès de son
mari.
1759. 24 Avril , s'étoit
démise , après un exer-
cice de près de 3 ans,
pour se remarier à Mr
Pierre-Al. *Le Prieur* ,
Imprimeur du Roi.

4) *DELORMEL* (Mr
Pierre-Nicolas.)
1759. 24 Avril , Imprim.
à la place de la Ve
Delaguette.
1788. . . . . . dans sa
30e année d'exercice.

[V I IIe du Tableau.].

XXVII.

1) *Mariette* (Pierre-Jean.)
1722. 14 Avril , Imprim.
par Arrêt du Conseil
de la surveille.
1750. 16 Nov. s'étoit
démis , après un exer-
cice de plus de 28 ans
& demi.

2) *De la Tour* (Mr
Louis-François.)
1750. 16 Nov. Imprim,
à la place de Pierre-
Jean *Mariette.*
1778. 11 Déc. s'étoit
démis , après un exer-
cice de plus de 28 ans.

3) *Valade* (Mr Jacques-
François).
1778. 11 Déc. Imprim,
à la place de M. L.-Fr.
De la Tour.
1784. 24 Juin , meurt,
après un exercice de
plus de 5 ans & demi.

4) *VALADE* (Dlle *N.* ,
Ve de M. J.-Fr.)
1784. 24 Juin , Imprim,
par le décès de son
mari.
1788. . . . . . dans sa 5e
année d'exercice.

XXVIII.

1) *Gosselin* (Nicolas)
1723. 2 Juillet, Imprim.
par Arrêt du Conseil
du 22 Juin précédent.
1728. 17 Avr, s'étoit dé-
mis , après un exer-
cice de près de 5 ans.

2) *Simon* (Claude I.)
1728. 17 Avr. Imprim. à
la place de N. *Gosselin*.
1752. 31 Mars , étoit
mort, après un exer-
cice de près de 24 ans.

3) *Simon* (Marie–Anne
Talegrand, Ve de Cl.)
1752. 31 Mars , Impr.
par le décès de son
mari.
1753. 4 Juill. meurt ,
après un exercice de
15 mois.

4) *Didot* (François.)
1754. 30 Janv. Imprim.
à la place de la Ve
Simon.
1757. 1 Juillet, s'étoit
démis , après un exer-
cice de près de 3 ans
& demi.

5) *DIDOT* (Mr François-
Ambroise.)
1757. 1 Juillet, Imprim.
par la démission de Mr
son père.
1788. . . . . . dans sa
32e année d'exercice.

[VIIe du Tableau].

XXIX.

1) *Barbou* (Joseph).
1723. 2 Juillet, Imprim.
par Arrêt du Conseil ,
du 22 Juin précédent.
1737. . . . meurt, après
un exercice de 14 ans.

2) *Barbou* (Anne-An-
toinette *Béville* , Ve
de Joseph.)
1737. . . . . Imprimeur
par le décès de son
mari.
1750. 6 Octobr. s'étoit
démise, après un exer-
cice de 13 ans.

3) *BARBOU* (Mr Joseph-
Gérard).
1750. 6 Oct. Imprim
à la place de Mme Ve
Barbou , sa tante.
1788. . . . . . dans sa
38e année d'exercice.

[IVe du Tableau].

XXX.

1) *Knapen* (André) fils
de *Jean-François* , reçu
Imprimeur le 16 Oct.
1705 , & arrière petit-
fils maternel de Jean-
Baptiste *Nego* , Imprim-
eur en 1654.
1723. 20 Nov. Imprim.
en une place créée par
Arrêt du Conseil , du
15 du présent mois.
1732. 21 Octobr. meurt,
après un exercice de
près de 9 ans.

2) *Knapen* (Marguerite
Van - Anderat , Ve
d'André.)
1732. 21 Oct. Imprim.
par le décès de son
mari.
1749. 18 Juillet, s'étoit
démise , après un exer-
cice de près de 17 ans.

3) *KNAPEN* (Mr André-
François) Syndic en
charge.
1749. 18 Juill. Imprim.
par Arrêt du Conseil
du 13 du présent mois,
en la place vacante ,
par la démission de Dlle
Marguer. *Van-Anderat*,
sa mère , & celle de
Jean-Franç. *Robustel*.
1788. . . . . . dans sa
40e année d'exercice.

[III. du Tableau].

KNAPEN (Mr Achille-
Maximin-Philogone.)
1783. 18 Févr. Imprim.
pour exercer concur-
remment avec Mr son
père.
1788. . . . . dans
sa 6e année de co-exer-
cice.

❧ XXXI. ✦	❧ XXXII. ✦	❧ XXXIII. ✦

XXXI.

1) *Hériffant* (Claude-Jean-Baptiste I.)
1723, 20 Déc. Imprim. par Arrêt du Conseil du 13 du préfent mois.
1757. 1 Février , s'étoit démis, après un exercice de plus de 33 ans.

2) *Hériffant* (Claude-Jean-Baptiste II.)
1757. 1 Févr. Imprim. par la démiffion de fon père.
1775. 15 Sept. meurt, après un exercice de plus de 18 ans & demi.

3) *FÉRISSANT* (Dlle Charlotte *Barbry* , Ve de Cl.-J.-B.)
1775. 15 Sept. Imprim. par le décès de fon mari.
1788. . . . . . dans fa 14e année d'exercice.

XXXII.

1) *Giffey* (Henri-Simon-Pierre.)
1723. 20 Déc. Imprim. par Arrêt du Conseil, du 13 du préfent mois.
1761. 20 Janv. s'étoit démis, après un exercice de plus de 38 ans.

2) *VALLEYRE* (Mr Jean-Baptifte-Paul.)
1761. 20 Janv. Imprim. par fa démiffion de Mr Henri - Simon - Pierre *Giffey* , fon Oncle.
1788. . . . . . dans fa 28e année d'exercice.

[IXe du Tableau].

XXXIII.

1). *Quillau* (Gabriel-François.)
1724. 12 Janv. Imprim. par Arrêt du Conseil du 5 du préfent mois.
1752. 27 Août , meurt , après un exercice de plus de 28 ans & demi.

2) *Quillau* (Agathe *Cars*, Ve de Gabriel-Fr.)
1752. 27 Août , Imprim. par le décès de fon mari.
1764. 3 Juill. s'étoit démife, après un exercice de près de 12 ans.

3 (*QUILLAU* (Mr François-Auguftin.)
1764. 3 Juill. Imprim. par la démiffion de Mme fa mère.
1788. . . . . . dans fa 25e année d'exercice.

[XIIe du Tableau].

❧ XXXIV. ❧

1) *Lottin* (Philippe-Nicolas.)
1724. 19 Juill. Imprim. par Arrêt du Conseil, du 11 dudit mois.
1751. 6 Juin, meurt, après un exercice de près de 27 ans.

2) *Lottin* (Marie-Marguerite *Le Mercier*, Ve de Ph.-N.)
1751. 6 Juin. Imprim. par le décès de son mari.
1758. 28 Août, s'étoit démise, après un exercice de plus de 7 ans.

3) *Butard* (Mr Jacques-Hubert.)
1758. 28 Août, Imprim. par la démission de la Ve Lottin, sa belle-mère.
1775. 27 Janv. s'étoit démis, après un exercice de près de 16 ans & demi.

4) *Morin* (Mr Benoît.)
1775. 27 Janv. Imprim. par la démission de Mr Butard, son beau-cousin.
1783. 26 Sept. s'étoit démis, après un exercice de plus de 8 ans & demi.

5) *LAPORTE* (Mr Antoine-Louis-Guillaume-Catherine.)
1783. 26 Sept. Imprim. par la démission de Mr B. Morin.
1788. . . . . . . dans sa 6e année d'exercice.

[XXVIIIe du Tableau].

❧ XXXV. ❧

1) *Valleyre* (Gabriel.)
1725. 15. Déc. Imprim. par Arrêt du Conseil, du 15 Oct. précédent.
1772. 25 Mars, meurt, après un exercice de plus de 46 ans.

2) *CAILLEAU* (Mr André-Charles.)
1772. 19 Mai, Imprim. à la place de Mr Gabriel *Valleyre*, son beau-père.
1788. . . . . . dans sa 17e année d'exercice.

[XVIe du Tableau].

❧ XXXVI. ❧

1) *Lamesle* (Jean.)
1726. 16 Juill. Imprim. par Arrêt du Conseil, du 26 Juin précédent.
1773. 24 Mai, s'étoit démis, après un exercice de près de 47 ans.

2) *De la Guette* (Mr Pierre-Méri.)
1773. 24 Mai, Imprim. à la place de Jean Lamesle.
1788. 11 Mars, meurt, après un exercice de près de 15 ans.

3) *DE LA GUETTE* (Dlle Marie-Cathr. *Knapen*, Ve de M. Pierre-Méri.)
1788. 11 Mars, Imprim. par le décès de Mr son mari.
1788. . . . . . . dans sa 1ere année d'exercice.

SURNUMÉRAIRE SANS EXERCICE.

VALADE (Mr Jean-Jacques-Denys).
1785. 13 Mai, reçu Imprimeur, par Arrêt du Conseil, du 5 Avril précédent, pour n'exercer que lorsqu'il y aura une place vacante.
1788. . . . . . dans sa 4e année d'expectative.

CATALOGUE ALPHABÉTIQUE

DES XXXVI. IMPRIMEURS de Paris.

MESSIEURS.	Colonne.
Ballard (Vᵉ de Chriſtophe-Jean-François . . } Ballard { Pierre-Robert-Chriſtophe, adjoint. * }	IX.
Barbou (Joſeph-Gérard)	XXIX.
Baudouin (François-Jean)	III.
Cailleau (André-Charles)	XXXV.
Cellot (Louis-Marie)	XVI.
Chardon Jean-François)	I.
Clouſier (Jacques-Gabriel)	XX.
Couturier (Pierre-Denys)	XVIII.
De Bure , voyez D'Houry.	
Delaguette (Vᵉ de Pierre-Méri)	XXXVI.
Delormel (Pierre-Nicolas)	XXVI.
Deſaint (Jean-Charles)	XI.
Deſprez (Guillaume-Nicolas)	XIV.
D'Houry (Vᵉ de Laurent-Charles. . . } De Bure (François-Jean-Noel, adjoint.	X.
Didot (François-Ambroiſe)	XXVIII.
Didot (Pierre-François)	XXIII.
Grangé (Jean-Auguſtin)	V.
Gueffier (Pierre-François)	XVII.
Guenard de Monville (Antoine)	XXII.
Hériſſant (Vᵉ de Jean-Thomas I.)	XXIV.
Hériſſant (Vᵉ de Claude-Jean-Baptiſte II.)	XXXI.
Jorry (Louis)	XXI.
Knapen (André-François . . . } Knapen (Ach.-Max.-Phil. , adjoint. }	XXX.
Lameſle (Gilles II.)	VI.
Laporte (Antoine-Louis-Guillaume-Catherine)	XXXIV.
Lottin , l'aîné (Auguſtin-Martin) } Lottin-de-S.-Germain (Jean-Roch) adjoint. }	XV.
Moutard (Nicolas-Leger)	IV.
Nyon (Nicolas-Henri)	XXV.
Pierres (Philippe-Denys)	VIII.
Prault (Louis-François)	XII.
Quillau (François-Auguſtin)	XXXIII.
Séguy-Thibouſt (Antoine).	XIII.
Simon (Claude II.)	XIX.
Stoupe (Jean-Georges-Antoine)	II.
Valade (Vᵉ de Jacques-François)	XXVII.
Valleyre (Jean-Baptiſte-Paul)	XXXII.
Valleyre (Nicolas-François)	VII.

* C'eſt-à-dire , ayant le droit d'exercer concurremment.

NOTICE

CHRONOLOGIQUE

Des Libraires , Libraires-Imprimeurs & des Artiftes qui fe font occupés de la Gravure & de la Fonte des Caractères typographiques depuis l'établiffement de l'Imprimerie jufqu'à préfent.

TABLEAU

TABLE ALPHABÉTIQUE
Des 150 Imprimeurs, depuis l'Édit de 1686 jusqu'à présent.

Il n'y a, à Paris, que 36 *Imprimeries*, & il s'y trouve actuellement 41 *Imprimeurs*;

SÇAVOIR { Titulaires. . . . . 36 }
{ Co-Imprimeurs. . . . . . . 4 } 41.
{ Surnuméraire, sans exercice. 1 }

Ces 41 Imprimeurs sont ici distingués par de petites capitales.

II. *Part.*   ff 4

NOTICE

NOTICE

CHRONOLOGIQUE

DES LIBRAIRES, IMPRIMEURS & ARTISTES qui se sont occupés de la GRAVURE & de la FONTE des Caractères Typographiques, depuis l'établissement de l'IMPRIMERIE à Paris, jusqu'à présent.

DANS le méchanisme de l'Art d'écrire, la *Plume* est l'instrument nécessaire pour celui qui veut peindre sa pensée ou celle d'autrui, mais la beauté du Caractère est toute dans l'habileté de la *Main*.

L'ART Typographique a de même, pour remplir son objet, deux parties nécessaires, les *Types* & la *Presse*.

DE ces deux parties, la plus essentielle sans doute est la création des *Types*; &, pour exister, elle exige deux Arts; la *Gravure* des Poinçons & la *Fonte* des Caractères.

NOTRE petit Ouvrage auroit donc été incomplet, s'il n'eût été terminé par une *Notice chronologique* de ceux qui se sont occupés, dans la Capitale, soit à graver, soit à fondre des CARACTÈRES: opérations à la perfection desquelles la Typographie Parisienne doit son degré de supériorité sur toutes les Typographies de l'Europe.

De 1498 à 1535.

BADE (*Josse*) Libraire-Imprimeur. L'Histoire ne dit point en termes formels qu'il fût Graveur de Poinçons & Fondeur de caractères d'Imprimerie; mais on voit qu'il quitta la ville de Lyon pour rétablir à Paris l'Art de l'Imprimerie qui commençoit à décliner, étant tombé dans le Gothique; qu'il le rétablit en effet, & imprima en beaux caractères ronds & parfaits. Ces considérations m'ont fait placer cet Artiste parmi ceux qui ont bien mérité de l'Art, dans la partie de Types. (*Pour le surplus*, voyez ci-dev. I^e part. p. 23. IIe part. p. 4.

g g

De 1510 à 1561.

Garamond (*Claude*) Libraire.
(*Voyez ce qui en a été dit* , I^e
partie, pag. 28. & IIe pag. 68.)

De 1512 à 1550.

Tory (*Geoffroi*) Libraire.
Il est cité pour avoir mis à leur
dernière perfection les caractères
que Josse *Bade* avoit déja per-
fectionnés. Il écrivit même un
Traité sur cet objet. (*voyez ci-*
devant I^e *part. pag. 17. & IIe*
pag. 164.)

De 1520 à 1550.

De Colines (*Simon*) Libr.-Impr.
Il fut un des premiers qui s'adonna
à tailler des poinçons, & à frapper des matrices pour les caractères d'Imprimerie (*voyez Part.*
I^e, *pag. 20. Part. II. pag. 38.*)

De 1523 à 1573.

Grandjon (*Robert*) Libraire.
Il étoit habile Tailleur de Poinçons, & Fondeur de caractères,
particulièrement pour les lettres
italiques qu'il avoit (pour son
temps) mises dans leur perfection. Il fit, aux dépens du
Pape, & à ses gages, le voyage
de Rome, pour dessiner, frapper
& fondre des lettres majus-
cules & capitales de l'Alphabet
Grec. (*voyez Partie I. pag. 22.*
& part. II. pag. 72.)

De 1541 à 1554.

Du Chemin (*Nicolas*) Libraire
& Imprimeur.
Il sçut graver habilement des
Poinçons, particulièrement pour
la Musique & le Plainchant :
& il prouva son sçavoir-faire par
diverses impressions qu'il fit en
ces deux genres. (*voyez Part.* I^e
pag. 27. Partie II. pag. 56.)

De 1549 à 15 . .

Hautin (*Pierre*) Libraire.
Il fit des poinçons & frappa des
matrices pour la langue Gréque,
& pour les petits caractères ro-
mains. (*voyez Partie I. pag. 32*
& Partie II. pag. 78.)

De 1551 à 1606.

Ballard (*Robert* I.) Libr. & Imprim.
Il n'obtint des Lettres de *Seul*
Imprimeur du Roi pour la Mu-
sique , que parce qu'il s'étoit
donné principalement aux matrices & poinçons de Musique ;
partie qui n'est point sortie de
cette famille, & qu'elle a fait
valoir pour le service de la Cour ;
s'adressant à un Fondeur pour la
partie méchanique de la fonte.

De 1552 à 1598.

Le Bé (*Guillaume* I.) Libraire.
(*Voyez ce qui en est dit ci-dev.*
Part. I. p. 27. Part. II. p. 102.)

De 1596 à 1625.

De Sanlecque (*Jacques* I.) Libr.
Il fut Elève de Guillaume I. Le
Bé, pour y apprendre l'art de
graver les Poinçons, frapper
les matrices, & fondre les caractères servant à l'Imprimerie.
Il a été un de ceux qui ont le
mieux imité les vraies écritures
des langues Syriaque, Samari-
taine, Arménienne, Chaldéenne
& Arabe, comme il paroit par
les caractères qu'il a gravés &
fondus pour la grande Bible
Royale de le Jay. (*Voyez les*
Mélanges de Vigneul-Marville,
Tome I. & ci-devant , *Part. I.*
pag. 62. & Part. II. pag. 49.

De 1598 à 1636.

Le Bé (*Guillaume* II.) Libraire
& Imprimeur. A son habileté

dans l'art de la fonte des caractères, il joignoit la science dans les langues Orientales. (*voyez ci-devant , Partie I. pag. 81. & Partie II. pag. 102.*)

De 1625 à 1648.

De Sanlecque (*Jacques II.*) Libraire & Imprimeur.
Pour son sçavoir & son intelligence des Langues Grecque & Latine, il fut mis au rang des Hommes illustres dans les Arts : (*voyez ci-devant , Part. I. p. 81. Part. II. pag. 49.*)

De 1627 à 16 ..

Le Blanc (*Nicolas*) Libraire.
La Caille le cite seulement comme Fondeur de caractères d'Imprimerie. (*voyez ci-devant , Part. I. p. 84. & Part. II. pag. 102.*)

De 1636 à 1685.

Le Bé (*Guillaume III.*) Libraire.
Il continua de perfectionner les poinçons & les matrices qu'il avoit hérités de ses père & grand-père , & à fondre dans la dernière perfection toutes sortes de caractères , même ceux des langues Orientales, dans lesquelles il étoit très-entendu , & souvent consulté. Sa Fonderie étoit une des plus considérables de Paris. Tel est le témoignage qu'en rend La Caille , son contemporain : (*voyez ci-devant , Partie I. pag. 97. & Partie II. pag. 102.*)

De 1640 à 1646.

Moreau (*Pierre*) Libraire-Imprim. (*Voyez ce qui en est dit ci-devant, Part. I. pag. 102. & Part. II. pag. 127.*)

De 1646 à 1652.

Thierry (*Denys I.*) Libraire.

Il acheta la Fonderie de Pierre *Moreau* , dont celui-ci fut obligé de se défaire par Jugement, après une contestation Judiciaire entre lui & la Communauté des Libraires & Imprimeurs : (*voyez ci-devant , Partie I. pag. 89. & Part. II. pag. 163.*)

De 1648 à 1688.

De Sanlecque (*Louis*) Libraire & Imprimeur.
Il reçut la Fonderie de ses père & grand-père , & la fit valoir avec honneur : (*voyez ci-devant Partie I. pag. 126. & Partie II. pag. 49.*)

De 1652 à 1712.

Thierry (*Denys II.*) Libraire & Imprimeur.
Il hérita de son père de la Fonderie de Pierre *Moreau* , & la fit valoir jusqu'à sa mort (*voyez ci-devant , Part. I. pag. 115. & Part. II. pag. 163.*)

De 1668 à 1719.

Esclassan (*Pierre*) Libraire, & Associé de la Vᵉ de *Claude Thiboust* , Imprimeur.
Il rassembla quelques Frappes , Poinçons & Matrices, avec lesquelles il forma une petite Fonderie pour le service de l'Imprimerie de la veuve de Claude *Thiboust* , dont il étoit l'Associé pour le commerce de Librairie : (*voyez ci-devant , Partie I. pag. 131. Partie II. pag. 61.*)

De 1670 à 1708.

Cot (*Jean.*) depuis Libraire.
Il acheta plusieurs petites Fonderies de différens Imprimeurs,& en forma une seule plus complète : (*voyez ci-devant , Partie I. pag. 163. Part. II. pag. 39.*

De 1685 à 1707.

Le Bé [*N.* V^e de *Guillaume* III.) Libraire.

La Caille difoit, en 1689, que cette Veuve rempliſſoit avec réputation l'exercice de la Fonderie que lui avoit laiſſée ſon mari, mort en 1685 : (*voyez ci-devant Part.* I. *pag.* 145. *& Part.* II. *pag.* 102.)

De 1688 à 1718.

De Sanlecque (*N* V^e de *Louis*) Libraire & Imprimeur.

Cette veuve continua l'exercice de la Fonderie de ſon mari.

De 1700 à 1725.

Grandjean (*Philippe*) premier Graveur du Roi en titre, pour ſon Imprimerie du Louvre.

Cet habile Artiſte exécuta les nouveaux caractères que Louis XIV. avoit ordonné (vers 1693) être gravés d'après MM. *Jaugeon, Desbillettes* & le ſieur *Sébaſtien Truchet,* choiſis par l'Académie des Sciences, qui avoit été conſultée à cet effet.

Il eut la garde de cette Fonderie dans les différens endroits qu'il occupa juſqu'en 1725, qu'elle fut tranſportée au Louvre, & réunie à l'Imprimerie Royale. M. *Philippe Grandjean,* étoit père de M. *Jean-Paul Grandjean de Fouchy,* Auditeur des Comptes, qui a occupé long-temps la place de Secrétaire perpétuel de l'Académie Royale des Sciences, & qui vient de mourir cette année.

De 1707 à 1730.

Le Bé (les quatre filles de *Guillaume* III.) Artiſtes.

Continuèrent l'exercice de la fonderie de leur père, ſous la direction de *Jean-Cl.* Fournier, chef des célébres Graveurs & Fondeurs dont on va parler.

De 1708 à 1712.

Cot (*Pierre*) Libraire-Imprimeur. Il étoit fils de *Jean,* &, à la fonderie de ſon père, il en réunit pluſieurs autres moins conſidérables. Voyant les lenteurs de l'Académie des Sciences à publier la *Deſcription des Arts* qu'elle avoit annoncée, il entreprit en 1710 une *Hiſtoire générale de la Fonderie des Lettres & de l'Imprimerie,* qui devoit former un volume *in*-4° ; mais la mort le ſurprit lorſqu'il n'y avoit que ſept feuilles de cet Ouvrage d'imprimées. Il prenoit ſur le Proſpectus de cette *Hiſtoire,* les titres de *Fondeur, & Imprimeur-Libraire Ordinaire de l'Académie Royale des Inſcriptions & Médailles :* A ſa mort, ſa Fonderie revint à ſa mère. (*voyez ci-devant, Partie* I. *p.* 163. *& Part.* II. *p.* 30.)

De 1710 à 1736.

Gando (*Jean-Louis*) Artiſte. Graveur de caractères à Bâle, il fut, vers 1705, attiré au Louvre par M. *Grandjean,* premier Graveur du Roi en titre pour l'Imprimerie Royale. Il s'établit enſuite dans cette Capitale, avec la fonderie qu'il avoit à Bâle & qu'il augmenta beaucoup. *Nicolas,* ſon neveu & ſon Eléve, après avoir travaillé long-temps chez lui, forma un établiſſement à Genève, par l'acquiſition qu'il fit d'une Fonderie. *Jean-Louis,* déſirant finir ſes jours dans ſa Patrie, propoſa à *Nicolas* ſa Fonderie à Paris, en prenant la ſienne à Genève ; & l'échange eut lieu en 1736.

De 1712 à 1737.

Cot (*N.* Ve de *Jean*) Libraire.
Elle fit valoir la Fonderie de son mari & de son fils ; & la laissa à sa mort, en 1737, à deux de ses filles.

De 1712 à 1744.

Collombat (*Jacques*) Libraire & Imprimeur.
Il acquit de Denys II. *Thierry* sa Fonderie, formée principalement de celle de Pierre *Moreau*, avec les augmentations qu'avoient pu y faire Denys I. & Denys II. *Thierry.*

De 1714 à 1746.

Cottin (*Edme-Gabriel*) Libraire.
Il joignit au commerce de Librairie, l'Art de la fonte des caractères.

De 1714 à 1762.

Cottin (*Guillaume-Philippe*) Libr.
Frère du précédent, & peut-être son Associé ; il ne s'occupa que de la fonte des caractères d'Imprimerie;

De 1718 à 1778.

De Sanleque (*Jean-Eustache-Louis*) Libraire.
Il n'eut de Libraire que le titre, & employa son temps & ses fonds à faire valoir la Fonderie de ses ayeux.
On a de lui :
Epreuves des caractères du fond des Sanlecques, Paris, 1757, *in-12.*

De 1719 à 1737.

Thiboust (*Claude-Louis*) Libraire & Imprimeur.
Il conserva pour le service particulier de son Imprimerie, la Fonderie qu'avoit formée Pierre *Esclaffan,* Associé de sa mère.

De 1720 à 17 . .

Briquet (*N.*) Artiste.
Nous n'avons d'autre renseignement sur ce Fondeur de caractères, sinon qu'il fut Associé avec *Loyson,* & laissa à sa mort une Veuve & une Fonderie, qui passèrent entre les mains de *Loyson,* comme nous allons le voir.
On a de ces deux Associés :
Epreuves des caractères de la Fonderie de Loyson & Briquet, Paris, 1751, *in-4°.*

De 1725 à 1740.

Alexandre (*N.*) deuxième Graveur du Roi en titre, pour son Imprimerie du Louvre.
Il succeda à *Philippe Grandjean.*

De 1725 à 1727.

Briquet (*N.* Ve de *N.*) Artiste.
Elle fit valoir la Fonderie que lui laissoit son mari à sa mort.

De 1727 à 1751.

Loyson (*N.*) Artiste.
Après avoir été Eléve de *N.* Briquet, il épousa sa veuve.
On a de lui :
Epreuves des caractères d'Imprimerie, de la Fonderie de Loyson, 1728, petit *in-8°.*

De 1730 à 1783.

Fournier (*Jean - Pierre*) l'aîné, Artiste.
Il naquit à Paris en 1706: acquit, vers 1730, les poinçons & matrices des le Bé ; & soutint, par ses talens, la réputation de cette célèbre Fonderie, joignant l'Art de la Gravure des caractères à celui de la fonte. C'est le témoignage que lui rend son frère puîné, dans un de ses Ouvrages, & tout le monde est du même avis. Il étoit fils de

Jean - Claude , qui pendant trente ans eut sous sa direction la Fonderie des Demoiselles Le Bé ; la veuve de celui-ci (*Anne-Catherine* Guyou) mourut le 13 Avril 1772 , rue Contrescarpe, Paroisse S.-Etienne-du-Mont. *Jean-Pierre* avoit épousé *Charlotte-Magdeléne* Pichault, (sœur de M. *Pichault* , mort Général des Maturins, & de M. *Pichault*, Banquier). Elle mourut en 1764, place de l'Estrapade , Paroisse S-Benoît , & lui le 13 Juin 1783, au village de Mongé , près de Dammartin , dans la 77ᵉ année de son âge : *Homo antiquæ Fidei.* On a de cet Artiste , sur son Art : *Lettre à l'Auteur du Mercure* , 1756, *Mai , pag.* 121 — 126 IIᵉ Lettre au même , 1757. *pag.* 85 à 95. Je ne connois de cet Artiste aucun volume de Modéles de ses caractères.

De 1735 à 1757.

Thiboust (*Claude-Charles*) Libraire & Imprimeur.

Il garda pour le service de son Imprimerie la Fonderie que son père tenoit de *Pierre* Esclassan.

De 1736 à 1768.

Fournier (*Pierre-Simon*) le jeune, Artiste.

Il naquit à Paris le 15 Sept. 1712. En moins de trente ans il forma une Fonderie, entièrement l'ouvrage de ses mains, ayant lui même gravé les Poinçons, frappé & justifié les Matrices , & fabriqué une partie des Moules , tous ceux entr'autres qui sont de son invention. Il n'y a point depuis l'origine de l'Imprimerie d'exemple, qu'une Fonderie complette ait été faite par un seul Artiste. C'est ce que M. Fournier le jeune dit de lui-même dans un de ses

Ouvrages imprimés ; & aucun Imprimeur de ce siécle ne peut lui contester l'exacte vérité de ce témoignage, puisqu'on a été témoin de ses travaux & de ses succès progressifs. Ses italiques, ses notes de Musique & de plainchant, ses lettres ornées & ornemens de fonte lui ont acquis une juste célébrité, éternisée par ses Ecrits sur toutes les parties de son Art, dans lesquels il semble avoir épuisé la matière. Il mourut le 8 Octobre 1768, rue des Postes, Paroisse S-Etienne-du-Mont, laissant une Veuve & deux fils, MM. *Simon-Pierre* & *Antoine*. Voir le *Nécrologe des Hommes célébres* ; année 1770.

Ouvrages de M. Fournier, le jeune.

Caractères de l'Imprimerie , nouvellement gravés par *Simon-Pierre Fournier* le jeune. 1742 , *in-*18. Modeles des caractères de l'Imprimerie, & des autres choses nécessaires audit Art, nouvellement gravés par *S.-P. Fournier*, avec un Abrégé historique des principaux Graveurs François : Paris, 1742, *in-*4°, oblong. Dissertation sur l'origine & les progrès de l'Art de graver en bois 1758, *in-*8°. De l'origine & des productions de l'Imprimerie primitive, en Taille de bois 1759, *in-*8°. Lettre à l'Auteur du Mercure, Janvier 1759, *pag.* 179 à 188. Observations sur un ouvrage intitulé, *Vindiciæ Typographicæ*, 1760. *in-*8°. Remarques sur un Ouvrage intitulé : *Lettre sur l'origine de l'Imprimerie*, 1761. *in-*8°. Les caractères de l'Imprimerie, par Fournier le jeune , Paris, 1764. *pet. in-*8°. Traité historique & critique sur

l'origine & les progrès des caractères de fonte pour l'impression de la Musique ; Paris, Barbou, 1765, *in-4°*.

Manuel Typographique, utile aux gens de Lettres, & à ceux qui exercent les différentes parties de l'Art de l'Imprimerie, 1754 à 1766, 2 vol. *in 8°*.

De 1736 à 1756.

Gando (*Nicolas*) l'aîné, Artiste. Après avoir cédé à son Oncle, *Jean-Louis*, dont il avoit été l'Eléve, la Fonderie qu'il avoit à Genève, vint à Paris s'établir avec celle de cet Oncle, à laquelle il fit beaucoup d'augmentations. En 1758, il y joignit celle de *Claude* Lamesle, qui provenoit de *Jean & Pierre* Cot.

On a de lui :

Epreuves des caractères de la Fonderie de *Nicolas* Gando ; Paris, 1745, *in-4°*.

En 1760, il étoit associé avec son fils ; car on vit paroître :

Epreuves des caractères de la Fonderie de Gando, père & fils. Paris, 1760. *in-4°*.

Observations sur le *Traité historique & critique* de M. Fournier le jeune, *sur l'origine & les progrès des caractères de fonte pour l'impression de la Musique*, par MM. Gando père & fils, Paris. Moreau, 1766, *in-4°*.

1737.

Lamesle (Mr. *Claude*) Libraire. Il acquiert la Fonderie des Cot, père, mère & fils, & en 1758, il la vend à *Nicolas Gando*, & se retire à Avignon, où il en léve une nouvelle.

On a de lui :

Epreuves générales des caractères qui se trouvent chez Claude Lamesle, Fondeur de caractères d'imprimerie. Paris, 1742, *in-4°*.

De 1740 à 1770.

Luce (*Louis*) troisième Graveur du Roi en titre, pour son Imprimerie du Louvre.

Il devint le gendre de *N. Alexandre* deuxième Graveur du Roi en titre, pour son Imprimerie du Louvre. On peut juger des efforts qu'il a faits dans l'Art de la Gravure, en citant son Caractère, nommé *la Perle*, qui est le plus petit caractère qui ait jamais été gravé & fondu ; on en voit le modèle dans l'Ouvrage intitulé :

Essai d'une nouvelle Typographie, (c. à d. caractères d'Imprimerie) ornée de vignettes, fleurons, &c. inventés, dessinés & exécutés par Luce, Graveur du Roi, pour son Imprimerie Royale : commencé en 1740 & fini en 1770. Paris, Barbou. 1771, *in-4°*.

De 1741 à 17..

Mozet (*Claude*) Artiste. Nous ne sçavons rien de particulier de ce Fondeur, sinon que sa Fonderie passa entre les mains de M. Hémery, comme nous le verrons ci-après.

On a de lui :

Epreuves des caractères de la Fonderie de Claude Mozet, Fondeur & Graveur de caractères d'Imprimerie, Paris, 1743, *in-4°*.

De 1744 à 1751.

Collombat (*Jacques-François*) Libraire & Imprimeur. Il garda & entretint la Fonderie qu'il avoit reçue de son père.

De 1751 à 1758.

Briquet (*N.*) le fils, beau-fils & Associé de Loyson, Artiste. Il fit valoir la Fonderie formée par son père, entretenue par sa mère, & *N.* Loyson son beau-père : il fut quelque temps Asso-

cié de celui-ci, comme le prouve le Volume intitulé :
Epreuve des caractères de la Fonderie de Loyson & Briquet. Paris, 1751 , in-4°.
Et , après la mort de Loison ; Epreuves des caractères de la Fonderie de Briquet , 1757, in-4°.

De 1751 à 1752.

Collombat (*N.* Vᵉ de *Jacques-François*) Libraire & Imprimeur.
Sa Fonderie ne fit gueres que passer entre ses mains , pour aller en celles de son fils.

De 1752 à 1763.

Collombat (*Jean-Jacques-Etienne*) Libraire & Imprimeur,
Ce jeune Imprimeur étant mineur lors de la mort de ses père & mère , & son Imprimerie n'ayant de mouvement que sous l'inspection des Officiers de la Chambre Syndicale, la Fonderie ne fit que l'entretenir jusqu'au moment où elle passa entre les mains de *Jean-Thomas* l. *Hérissant,* lorsqu'il fit l'acquisition de l'Imprimerie & du fonds de Librairie des feû Sᵗ & Dᵉ Collombat.

De 1753 à 1755.

Chanoine } Associés, Artistes.
Chardon }
Nous ne sçavons rien autre chose de ces deux Fondeurs , sinon , qu'ils étoient Associés , & demeuroient rue Galande.

De 1753 à 1762.

Jéresme (*N.*) Artiste.
Il demeuroit carré Sᵗᵉ-Géneviéve : en 1762, il vendit sa Fonderie, rue Neuve Sᵗᵉ Géneviéve.

De 1754 à 1764.

Gando (*François*) le jeune, Artiste.

Comme son frère aîné *Nicolas ;* il étoit neveu & élève de *Jean-Louis.* Il alla en 1736 s'établir Fondeur à Lille en Flandre : il y étoit encore en Novembre 1753, puisqu'il y publia des Epreuves de quelques caractères & d'ornemens. Au bout de dix-huit ans (en 1754) il vint se fixer à Paris. En 1760, il vendit sa Fonderie à M. *Grangé,* Imprimeur-Libraire. En 1763 , il travailloit à en lever une nouvelle , lorsque la mort le surprit, le 22 Novembre 1764 , rue du Foin , Paroisse S -Séverin , où il fut inhumé , laissant une fille, qui se maria après sa mort , à Jean François *Fournier ,* fils de M. Jean-Pierre *Fournier* l'aîné.
On a de cet Artiste :
Lettre à l'Auteur du Mercure 1757 Mai, 85 à 88.
Autre au même , 1758 Juillet, 175 à 182.
—La même imprimée séparement, avec quelques changemens, 12 pages in-12.
Caractères d'Imprimerie, nouvellement gravés par François Gando le jeune , Graveur & Fondeur de caractères d'Imprimerie ; Paris 1763 , in-4°.

1757.

Gando (Mr *Pierre-François*) fils de *Nicolas* , Artiste.
Trois ans après son inscription à la Chambre Syndicale , son Père se l'associa ; à la mort de celui-ci, il a gardé la Fonderie, & l'on peut dire qu'elle n'a pas dégénéré dans ses mains.

De 1757 à 1787.

Thiboust (Dlle *N.* de *Maisonrouge,* Vᵉ de *Claude-Charles*) Libraire & Imprimeur.
Cette Dame a gardé la Fonderie de son mari pour le service de son Imprimerie.

De

De 1758 à 1783.

Cappon (*Vincent-Denys*) Artiste.
Il étoit né à Carrières sous Conflans ; après avoir été Eléve de MM. Loyon & Briquet, il acquit la Fonderie de celui ci, qu'il fit valoir jusqu'à sa mort, arrivée le 16 Février 1783 ; Cloître S. Benoît. Il a laissé une veuve & un fils. Il ne prenoit que le titre de *Fondeur en caractères.*

De 1760 à 1787.

Grangé (Mr *Jean-Augustin*) le père, Libraire & Imprimeur.
M. Grangé désirant réunir l'exercice de la Fonderie à celui de l'Imprimerie, qu'il faisoit valoir depuis six ans, achéta les Frappes, Matrices & Poinçons de M. François Gando le jeune.

De 1760 à 17 • •

Hémery (*N.*) Artiste.
Après avoir été pendant plus de 30 ans Directeur des Fonderies des *Fournier*, l'aîné & le jeune, il fit l'acquisition de celle de *Mozet*. Il demeuroit place de l'Estrapade.

De 1763 à 1772.

Hérissant (*Jean-Thomas* I.) Libr. & Imprimeur.
Il acquit la Fonderie, avec l'Imprimerie & le fonds de Librairie des Collombat.

De 1767 à 1786.

Fournier (*Jean-François*) fils de Jean-Pierre Fournier l'aîné, Artiste, & gendre de François *Gando* le jeune, par Dlle Marie-Elisabeth.
On a de lui :
Epreuves des Caractères à l'usage de l'Imprimerie, avec différentes sortes de Vignettes. Paris, Fournier, fils, 1767, in-8°. Il est mort le 27 Novembre 1786, avec la qualité de Graveur-Fondeur

du Roi. Après sa mort, sa Fonderie a été acquise, partie par M. Momoro, son gendre, Libraire ; partie, par M. Hæner, Imprimeur du Roi, à Nanci.

1768.

Gillé (Mr *Joseph*) Artiste.
En 1774, il présente au Roi son livre de Modèles de caractères, (*Gazette de France, du 24 Janv.* 1774). En 1777, il est nommé Graveur & Fondeur de S. M. pour les caractères d'imprimerie de la Loterie Royale de France, par Brevet (*Gazette de France, du* 15 Septembre 1777). Il demeure place de l'Estrapade.
On a de lui :
Epreuves des caractères de la Fonderie de Joseph Gillé, Graveur & Fondeur : Paris 1764, in-4°.
Epreuves des caractères de la Fonderie de Joseph Gillé, Graveur-Fondeur des caractères d'Imprimerie. Paris, 1773, *in-4°.*
Caractères de la Fonderie de J. Gillé, Graveur & Fondeur du Roi, &c. Paris, 1778, in-8°.

1768.

Delormel (Mr *Pierre-Nicolas*) Libraire & Imprimeur.
Après avoir exercé pendant neuf ans l'Imprimerie, M. Delormel a voulu y joindre celui de la Fonderie.

De 1768 à 1775.

Fournier (Marie-Magdelène *Courcs de Villeneuve*, Ve. de *Pierre-Simon*) le jeune, Artiste.
Cette Veuve continua de faire valoir sa belle Fonderie de son mari jusqu'au 5 Avril 1775, jour où elle est décédée, rue de Postes, Paroisse S. Etienne du Mont. Elle a laissé pour enfans MM. *Simon-Pierre* & *Antoine*

h h

De 1768 à 17..

Loiseau (N.) Artiste.

En 1764 , il essaya de troubler le Sr *Ballard* dans sa possession d'*Imprimeur du Roi pour la Musique* : mais , d'après un Mémoire de M. Trumeau, Avocat , & sur le Rapport de M. l'Abbé Farjonel, est intervenu Arrêt de la Cour le 27 Juillet, qui maintient le Sr *Ballard* en possession d'imprimer *seul* pour le Roi , & accorde aux autres Imprimeurs la faculté d'imprimer de la Musique.

1771.

Fagnon (Mr N.) quatrième Graveur du Roi en titre , pour son Imprimerie du Louvre. Ce Graveur a succédé à *Louis* Luce.

1772.

Hérissant (Dlle Marie - Nicole *Estienne*, Ve de *Jean-Thomas* I.) Libraire & Imprimeur.

Cette Dame , Veuve , en continuant l'exercice de l'Imprimerie qu'avoit son mari , a continué également celui de sa Fonderie. On a d'elle : Epreuves des caractères de la Fonderie de la Ve Hérissant , Imprimeur du Cabinet. Paris ; 1772 , grand *in-8°.*

1775.

Fournier (Mr Simon-Pierre) fi's de *Pierre-Simon*, & gendre, 1°, de M. *N. de Beaulieu*, de Chartres, par Dlle *Marguerite-Anne,* décédée le 10 Octobre 1786 , rue des Postes, Paroisse S. Etienne-du-Mont, qui lui laissa un fils & une fille; 2° de M. *N. Bruant*, aussi de Chartres, par Dlle *Marie-Anne,* morte le 5 Septembre 1788 , mêmes rue & Paroisse , sans laisser de progéniture.

Il continue, avec honneur, l'art & le commerce que lui ont laissé ses père & mère.

1775.

Joannis (Mr Jacques-Louis) Artiste. On a de lui : Epreuves des caractères de la Fonderie de Jacques L. Joannis, Paris 1776 , *in-8°.*

De 1778 à 1784.

De Sanlecque (Marie Del, Ve de *Jean Eustache-Louis*) Artiste. Cette Veuve continua tant qu'elle vécut, l'art & le commerce de son mari ; mais après sa mort, en 1785, sa Fonderie fut vendue par Mlles ses filles à M. *Henri Haener*, Imprimeur du Roi à Nancy, fils puîné de M. *Jean-Jacques* Haener, ancien Imprimeur du Roi en ladite Ville; (âgé de 85 ans, en 1788.)

1777.

Guyon (Mr Nicolas) Artiste. Apprenti de M. Nicolas Gando, Graveur & Fondeur; il s'établit en 1777, après avoir obtenu de M. Berthier, Gouverneur des Hôtels de la Guerre, de la Marine & des Affaires Etrangères, un Certificat, qui témoigne que ledit sieur Graveur & Fondeur en caractères d'Imprimerie , étoit attaché en cette qualité à l'Imprimerie du Roi , établie auxdits Hôtels , à l'époque de la réunion de cette Imprimerie à l'Imprimerie Royale; qu'il a occupé cette place pendant le peu de temps qu'il y est resté, avec autant d'intelligence que de distinction , ayant toujours opéré sous les yeux dudit sieur Gouverneur , & qu'il s'est comporté honnêtement dans tout ce qu'il a été chargé de faire. Ce Certificat est du 6 Janv. 1777

1789.

{ Didot, M. *François-Ambroise*, l'aîné, Libraire & Imprim. }
{ Didot (M. *Pierre-François*) le jeune, Libr. & Imprim. }

Ces deux Frères, sans être Associés, se distinguent à l'envi par une heureuse émulation pour les progrès de l'Art Typographique. Tous deux ont saisi, avec le même empressement, chacun des moyens qui tendent à la perfection de l'Imprimerie; & les éditions qu'ils ont données avec les nouveaux Caractères, dessinés chez eux & sous leurs yeux, assûrent leur goût dans cette partie.

Ces deux Imprimeurs n'ayant pas encore publié les *Epreuves des caractères de leurs Fonderies*, voici, pour y suppléer, la Notice des Ouvrages qu'ils ont imprimés avec leurs nouveaux Caractères.

OUVRAGES

IMPRIMÉS PAR M. DIDOT, L'AÎNÉ, *avec ses nouveaux caractères.*

Biliorum sacrorum vulgatæ versionis editio, 2 *vol. in-*4°. — La même, *in-*8°, 8 vol. — Biblior. sacr. vulg. vers. editio, Clero Gallic. dicata, 2 vol. in-4°. — La même, *in-*8°, 8 vol. — Discours sur l'Histoire universelle, par Bossuet, *in-*4°. — Le même, *in-*8°, 2 *vol.* — Le même, *in-*18, 4 *vol.* — Œuvres de Fénelon, *in-*4°, 4 *vol.* — Aventures de Télémaque, par Fénelon, *in-*4°. — Les mêmes, *in-*8°, 2 vol. — Les mêmes, *in-*18, 4 *vol.* — Œuvres de Racine, *in-*4°, 3 vol. — Les mêmes, *in-*8°, 3 vol. — Les mêmes, *in*-18, 5 *vol.* — Fables de La Fontaine, *in-*4°. — Les mêmes, *in-*18, 2 vol. — La vie de Henri IV, par Péréfixe,

traduite en Anglois, 1 vol. *in-*8°.
— Épître sur les progrès de l'Imprimerie, précédée d'un Essai de Fables nouvelles, dédiées au Roi, par Didot fils aîné, *in-*12.
Manuel d'Épictète, *in-*18.
Morale de Confucius, *in-*18.
— de divers Chinois, *in-*18
— de Sénéque, *in-*18. 3 *vol.*
— d'Isocrate, *in-*18
— de Cicéron, *in-*18
Caractères de Théophraste, *in-*18. — Sentences de Théognis, *in-*18. — Morale de Socrate, *in-*18. 2 *vol.* — Morale de J. C. & des Apôtres, tirée du nouveau Testament, *in*-18. 2 vol.
Voyage dans les deux Siciles, traduit de l'Anglois de M. Swinburne, *in*-8°, 4 vol. grand papier.
— du même en Espagne, 1 vol.
— en Sicile, de M. de Non, *in-*8°.
Histoire secrète de Marie de Bourgogne, par Mlle de la Force, *in-*12. 3 vol.
— de Marguerite de Valois, Reine de Navarre, par Mlle de la Force, 6 vol. *in-*12.
— du grand Alcandre, ou les amours de Henri IV, par Mlle de Guise, 2 vol. *in-*12.
Traduction d'Homère, par M. Gin, 8 vol. *in-*4°. — Divers Poëmes, imités de l'Anglois, 1 *vol. in-*18.
— Louisa, ou la Chaumière, traduction de l'Anglois, 2 partie.
— Essai sur l'Histoire chronologique de plus de 80 peuples de l'Antiquité, par M. de la Borde, *in-*4°.

Livres annoncés en 1784 devoir être imprimés par M. DIDOT le jeune, avec ses nouveaux Caractères.

Les Aventures de Télémaque, par M. de Fénelon, 2 vol. grand *in-*4°.
La Gerusalemme liberata, di Torquato Tasso, 2 vol. *in-*4°.

P. Virgilii Maronis Opera, varietate lectionis, & perpetuâ annotatione illustrata à Chr. Gottl. Heyne. 3 *vol. in-4°.*

Les Journaux de 1788 ont annoncé, sortie des mêmes presses,

Une Imitation de J.-C. en latin, format *in 4°.* & les Œuvres de M. Palissot, 4 vol. *in 8°.*

De 1783 à 1785.

Cappon (Dlle *N.* Ve de *Vincent-Denys*) Artiste.

Cette Dame, Veuve, a continué la Fonderie de son mari, Cloître S.-Benoît 1785.

1783.

Fournier (Dlles *Elisabeth-Françoise, Marie & Adélaïde*, filles de *Jean-Pierre*) l'aîné, Artistes, continuent l'exercice de la Fonderie de Mr leur père.

De 1786 à 1787.

Fournier (Dlle *Marie-Elisabeth*, fille de François *Gando* le jeune, & Ve de *Jean-François*) Artiste.

Cette Dame s'est retirée.

1787.

Vafflard (Mr *Pierre-Louis*) Artiste.

Il a été Apprenti de M. Gillé pour la Fonderie; & a acquis en 1785 le fonds de M. Cappon. Les Epreuves qu'il a données des différens caractères qu'il a gravés jusqu'ici, prouvent un talent décidé pour cet Art. Il demeure cloître S.-Benoît.

1787.

Joly (Mr *Maurice-Prosper*) Artiste.

Il demeure Place de l'Estrapade.

1787.

Rouqué (Mr *Bernard-Noel*) Artiste.

Il demeure rue de Bièvre.

1787.

Gando (Mr *Nicolas-Pierre*) fils de Mr *Pierre François*, Artiste.

Il est associé avec M. son père, Cloître S. Julien le Pauvre.

1787.

De Mailly (Mr *N.*) Artiste.

En 1787, il a acquis la Fonderie de M. Grangé, & demeure rue du Plâtre.

1787.

Ségui-Thiboust (Mr *Antoine*) Libraire & Imprimeur.

Cet Imprimeur en prenant l'Imprimerie de Me Ve Thiboust sa belle-mère, a pris sa Fonderie, formée par Esclassan en 1668, & amplifiée & perfectionnée par MM. Thiboust depuis 120 ans.

1787.

Didot (Mr *Firmin*) fils de Mr Didot, l'aîné, Artiste.

Didot (Mr *Henri*) fils de Mr Didot le jeune, Artiste.

Ces deux jeunes Artistes, dignes de leur pères, sous les yeux desquels chacun travaille, acquièrent, de jour en jour, des droits à l'estime publique.

1788.

Momoro (Mr *Antoine-François*) Libraire, gendre & successeur du sieur Jean-François *Fournier* le fils.

On a de lui:

Epreuve d'une partie des caractères de la Fonderie d'Antoine-Franç. Momoro, gendre & successeur du sieur Fournier fils; Fondeur & Graveur du Roi en caractères d'Imprimerie : Paris, rue S.-Victor, au Chariot d'or 1787. *in-16.*

Il demeure rue de la Harpe.

¶ En 1767. Jean-François Fournier fit paroître des Epreuves de caractères Grecs de la Taille de quatre Graveurs. On y voit nommés un *Nicolas de Villiers* & un *Jean Picart*, sur lesquels nous n'avons aucun renseignement.

TABLE ALPHABÉTIQUE

Defdits Graveurs - Fondeurs.

ADDITITIONS et CORRECTIONS.

PREMIERE PARTIE.

Pag. 2. 1470. Crantz , *ajoutez* ou Krantz.

. . . . . . Géring, Allemand. *mettez* de Constance en Allemagne

➤ 4. 1481. de Marnef , *ajoutez* frère aîné d'Enguilbert I. & de Jean I.

. . . . . . Regnault, *ajoutez* frère aîné de Jacques & Robert.

➤ 10. 1493. Jean Petit , *mettez* Jean I. Petit, frère aîné de Pierre.

➤ 12. 1499. Jean Mérault, *mettez* Jean I.

➤ 14. 1507. Kées de Wé , *mettez* de Wésel.

➤ 16. 1510. de Marnef *ajoutez* frère puîné de Geoffroi & d'Enguilbert I.

➤ Entre de Marnef & Scabeler , *mettez* Claude *Garamond*, , Libraire, Graveur & Fondeur.

➤ 1512. de Strasbourg , *ajoutez* ou Argentoratensis.

➤ 17. 1512. Tory, Libraire Juré, *ajoutez* & Graveur - Fondeur de caractères.

➤ 1513. Petit , Libraire , *ajoutez* frère puîné de Jean I.

➤ 24. 1528. de Bially , *ajoutez* ou Billy.

➤ 1530. Morrhy , *ajoutez* ou des Champs (Campensis).

➤ 25. 1535. Arnoul Langelier , frère puîné , *lisez* aîné.

➤ Charles Langelier , *effacez* de Charles &

Macault , *lisez* Macault.

➤ 26. 1536. Estienne , *ajoutez* Docteur en Médecine.

➤ 27. 1540. Tusan Libraire , *ajoutez* Juré.

1541. Duchemin , *ajoutez* & Graveur Fondeur de caractères.

1542. Guillard , Ve , *ajoutez* en 1518 de Berthod Rembolt , & actuellement

Pag. 28. 1544. Thibouft, Imprimeur, *ajoutez* de l'Université , & Graveur Fondeur de caractères.

➤ 1545. *effacez* Garamond , *qui doit être à l'an 1510.*

➤ 28 1546. de Marnef , *ajoutez* Ier fils d'Enguilbert I.

1547. Enguilbert II. de Marnef *ajoutez* 2d fils d'Enguilbert I. Jérôme de Marnef , *ajoutez* Associé de Denys.

➤ 30. 1549. Dupuis . . . frère, *lisez* Dupuis Ier frère.

➤ 32. 1549. Hautin , *ajoutez* & Graveur-Fondeur de caractères.

➤ 1550. de Marnef , *ajoutez* Associé de Jérôme.

➤ Julien , Libraire - Juré , *lisez* Libraire , depuis Juré.

➤ 1551. *après* Rathoire , *mettez* Florent Yvernel , Libraire.

➤ 1552 Jean I. Langlois , *effacez* le chiffre I.

➤ Regnault , *ajoutez* Juré & Impr.

➤ 34 1554. Estienne , *ajoutez* sieur de Grière.

➤ 35. 1557. Le Blanc l'aîné , *lisez* frère aîné de Jean II.

➤ Morel , *lisez* Libraire , depuis Imprimeur Ordinaire du Roi.

➤ 36. 1560. Jacques Bogard , *lisez* Jacques I.

➤ 38. 1561. Du Pré fils , *lisez* Ier fils.

➤ 44. 1571. Chesneau... Nicolas I. *ajoutez* & de Thomas.

Pag. 46. 1571. *mettez, après Boiffet*, Imprimerie du Monaſtère de St-Denys, rue de l'Amandier.

— 1573. Jean Mettayer, *ajoutez* frère aîné de Jamet & Pierre.

— Jean 1. Richer, *ajoutez* frère aîné d'Etienne I.

— 50. 1578. Clovis, *ajoutez* I. *& à la fin*, Relieur Ordinaire du Roi, Henri IV.

— Le Blanc, *ajoutez* & Imprimeur.

— 1580. Frédéric II. Morel, Libraire &, *ajoutez* depuis Imprim. Ordinaire du Roi.

— Nyon, *ajoutez* frère aîné de Michel.

— 1581. Clopejau... Gabriel *aj.* I.

— 52. 1582. Guillemot, *ajoutez* frère aîné de Matthieu I.

— 53. 1582. Varangue, *ajoutez* depuis Libraire Juré.

— 1583. Nivelle.... Libraire, *ajoutez* Juré & depuis

— Séveftre, *ajoutez* frère aîné de Louis.

1584. *avant* Ve Kerver, *mettez* Blanche Marentin.

— 54. 1586. Mettayer, *liſez* Imprimeur Ordinaire du Roi.

.... 1588. *après de Lás, mettez* Denyſe Barbé, Ve de Robert II. Eftienne, Libraire & Imprimeur.

— 56. 1590. *effacez* Blanche Marentin *& mettez* N.

— 58. 1594. Berthault, *ajoutez* du 10 Juin.

.... 1596. du Breuil, *ajoutez* frère aîné de Claude.

— 60. 1604. Foucault, *ajoutez* frère aîné de Pierre.

le Bègue, *ajoutez* du 27 Déc.

— 61. 1605. David I. le Clerc 1er *liſez* David II. le Clerc 2d

— 62. 1606. de Sanlecque, *ajoutez* Graveur & Fondeur.

— 64. 1606. Rigaud, *liſez* Cl. I.

.... Vitré, *ajoutez* ou Vitray.

1607. Thomas, *ajoutez* gendre

de N. Boucher, par Catherine.

Pag. 67. Blaifot, *mettez* Gilles I.

— 68. Jean III. Fouët, *rayez* III.

— 69. verſo Mettayer, Ve Orry, Libraire, *ajoutez* Jurée & Impr.

— Vitré .... Libraire, *ajoutez* & depuis Imprimeur du Roi & du Clergé.

— 70. 1612. Lody, *effacez* la ligne, ſe trouvant à l'année 1606.

— Thibouft... Libraire, *ajoutez* Imprimeur de l'Univerſité, & Graveur-Fondeur de caractères d'Imprimerie.

— 71. 1614. Jeanne du Chemin, *mettez* Jeanne, fille de Nicolas.

— 72. 1616. Ranot, Ve de Jacques, *ajoutez* I.

1617. de Sourcy, *effacez* de

— 73. 1618. Le Clerc, *effacez* le jeune.

— 76. 1618. après Antoine Eſtienne *mettez* Pierre Le Faucheur, Libr. & Imprimeur.

— 78. 1621. Gervais I. Alliot, *effacez* I.

— 79. 1621. Camuſat, Libraire, *ajoutez* Juré.

1622. Compagnie de *aj.* V.

— 80. 1623. après le Cuirot, *mettez* Jean Martin, gendre de Jean Berjon, Libraire & Imprimeur.

— 81. 1624. Jean Martin, *ajoutez* gendre de Jean Berjon, Imprim.

— 82. 1625. Lody 1612, *mettez* Laudy 1612.

1625. De Sanlecque, *ajoutez* gendre de Touffaint du Bray, Libr.-Imprim. & Grav.-Fondeur de caractères.

— 83. 1625. après Boutriquant, *mettez* N. Gillerde, beau-père de Florimond Badier.

— 84. 1626. Du Gas *ajoutez* ou Du Guaſt.

1627. Le Blanc, *mettez* Graveur — avant Fondeur.

— 85. 1627. Morel, *ajoutez* &,

&, depuis, Imprimeur Ordinaire du Rôl.

— Bellier, *corrigez* Bellien.

Pag. 86. Jean Denys, *ajoutez* I. après Jean.

— 87. 1528 Saunier, *ajoutez* qui exerçoit dès 1625.

— 88. 1628. Girard, *ajoutez*, gendre d'Hubert *Vélut*.

De la Coste, *ajoutez* frère aîné de Jean.

— 89. 1628. *effacez* N. Ve de Robert III. Estienne, &c. & *mettez à la place* Claude I. Gueffier, 2d fils de François I.

— 90. 1529. de Heuqueville, fils de Jean, *ajoutez* Libraire.

1630. FRUGÉ *corrigez* FRUGÉ.

— 91. 1630. De la Coste, *ajoutez* frère puîné de Nicolas.

Robert IV. Estienne, *ajoutez* Avocat au Parlement, & Bailli de S.-Marcel.

Après Simon Lyon, *ajoutez* Jacques Ruart, Libraire.

1631. Chevalier, *ajoutez*, gendre d'Augustin Courbé.

Clousier, *ajoutez* frère aîné de Gervais.

Calmot, *corrigez* Callemot, Libraire & Imprimeur du Roi.

— 92. 1633. Blanvillain, Libraire, *ajoutez* & Imprimeur.

— 93 1633. GASSE .... 1625, *corrigez* 1627.

Hébert, *ajoutez* frère aîné de François.

— 95. 1 Août, Toussaint Boulanger, *corrigez* 17

Gervais Clousier, *mettez avant* 17 & *après*, frère puîné de François I.

— 97. 1636. Delaulne frère, *ajoutez* aîné.

Le Bé, *ajoutez* & Graveur-Fondeur de caractères.

— 98 1636. Jeanne Guillemot, Libraire, *ajoutez* Imprimeur de

l'Université, & Graveur-Fondeur de caractères.

Pag. 98. 1637. au lieu de Jacques II. de Sanlecque, fils de Jacques I. *corrigez* Jacques III. de Sanlecque, fils de Jacques II, Libr.-Imprim. & Graveur-Fondeur de caractères.

Bellay *corrigez* Belley.

Pierre Aubouyn, *mettez* Pierre I.

— 99. 1638. du Cardonnai, *ajoutez* ou Cardonet.

— 100. 3e ligne, Adjoint en 1626, *lisez* 1627.

1639. Musier fils, *corr.* 1er fils.

— 101. 1640. Morel, *ajoutez* Imprimeur Ordinaire du Roi, dès le 18 Septembre 1639.

— 102. 1641. Musier fils, *mettez* 2d fils.

Soubret, *ajoutez*, reçu Imprim. dès 1639.

De Sercy, *ajoutez* frère aîné de Charles.

Baudry, *ajoutez* fils de Guillaume.

— 103. 1642. au lieu de Nicolas Bessin, 2d fils de Jacques, *lisez* Nicolas I. Bessin, 2d fils de Jacques I. & gendre d'Adrien Bacot, Libraire & Imprimeur

Le Petit, *ajoutez* gendre d'Augustin Courbé.

— 105. *verso* 1643. Du Mesnil... Libraire, *ajoutez* Juré.

Gervais II. Alliot d *effacer.*

Daumalle, *corrigez* d'Aumale.

— 106. 1644. Baisset, *corr.* Boisset.

Frémery, *corrigez* Framery.

— 107. 1645. Feugé..., Louis & Robert I. *lisez* Robert I. & Louis.

Du Hamel, *effacez* 1er.

Martin Libraire, *ajoutez* Juré.

— 108. 1646. 1e ligne, 15 Janv. *corrigez* 25.

après le Long, *mettez* Jacques I.

Auvrai, 1er fils de feu Pierre I.

Monmiral, l'aîné, *lisez* 1er.

Monmiral, le jeune, *lisez* 2d.

I i

Pag. 109. 1647. Jean Pocquet , *corrigez* Jean I.

Le Rond ... Jean du Hamel *corrigez* Jean I.

Hatel..... Jacques Villery , *corrigez* Jacques I.

— 110. 1648. au lieu de *N.* Vᵉ de Jacques I. de Sanlecque , *corrigez* Gyrande du Bray, Vᵉ de Jacques II. de Sanlecque , Libraire Imprimeur & Graveur-Fondeur de caractères.

De la Tour ... gendre , *lisez* & gendre.

— 112. 1649. Gandouin .... de Robinot , *corrigez* d'Antoine I.

Le Gentil , *ajoutez* frère aîné de Jacques.

— 113. 1651. Desprez , *ajoutez* frère aîné de Simon.

— 114. 1651. Cottinet, fils d'Arnoult , *ajoutez* I.

1652. Foucault , *ajoutez* d'Orléans, gendre de Claude Bonjan, & petit-gendre de Pierre Rocolet.

Le Gentil , *ajoutez* frère puîné de Jean.

— 115. 1652. Thierry , Libraire , *ajoutez* & Imprimeur.

Claude I Thiboust , *effacez* I. & *ajoutez* & Imprimeur de l'Université , & Graveur-Fondeur de caractères.

— 117. 1653. Bessin 2ᵈ fils, *effacez* 2d

— 118. 1654. Jacques Rollin, *mettez* Jacques I.

— 119. 1655. Cramoisy .... Libraire, *ajoutez* & Imprimeur.

— 120. 1655. Nicolas Langlois , *mettez* Nicolas I.

— 121. *dernière ligne* , Estienne , fils d'Adrien, *lisez* de François II.

— 122. 1658. Muguet .... Pilé , *ajoutez* par Catherine , & depuis Imprimeur Ordinaire du Roi.

Adam , Libraire , *ajoutez* & Imprimeur.

— 123. 1659. Mâbre, *aj.* Cramoisy.

Pag. 124. 1659. Thomas I. Moët , *effacez* I.

Manchon , Libraire , *ajoutez* Imprimeur & Graveur-Fondeur de caractères.

— 125. 1660. Vauclin , *effacez* la Veuve de

De Rome .... Hély , *corrigez* Hélie.

— 126. 1661. De Sanlecque , Jacques II. *lisez* Jacques III. Libraire-Imprimeur, & Graveur-Fondeur de caractères.

— 128. 1663. Guillin, *lisez* Guillain.

— 129 1664. Jean Pardessus, *corr.* Jean II.

— 131. 1665. Coustelier I , fils *lisez* Coustelier , 1er fils.

Négo. .... Libraire , *ajoutez* & Imprimeur.

1666. Després , *lisez* Desprez.

— 132. 1666. Piget fils , *lisez* 1er fils.

1667. Vᵉ de Claude I. Thiboust, *effacez* I , & *ajoutez* Imprimeur de l'Université, & Grav.-Fondeur de caractères.

— 137. 1671. *après* Ricœur , *mettez* Etienne Michalet , Libr.-Imprim.

— 140. 1678. N. Vᵉ de Josse, *lisez* Denyse, fille de Jean de Heuqueville , Vᵉ de ....

— 141. 1679. De la Vigne , Libr. *ajoutez* & Imprimeur.

— 145. 1685. Le Bé , Libraire , *ajoutez* & Graveur-Fondeur de caractères.

— 146. 1686. Louis Josse , Libr. *ajoutez* & Imprimeur.

— 148. 1687. *après* Pierre Giffard, *mettez* N. Vᵉ de Denys III. Langlois , Libraire.

— 149. 1688. De Sanlecque .... Jacques II. Libraire , *corrigez* Jacques III. Libraire , & Graveur-Fondeur de caractères.

— 151. 1690. Hubert Muguet , *mettez* François Hubert.

Pag. 152. 1691. Hubert-Muguet, *mettez* François-Hubert.

— 159. 1698. Rigault, *lisez* Rigaud.
1700. Martin , *ajoutez* , & gendre de *N.* Villery.

— 162. 1702. Mariette , *ajoutez* frère puîné de Denys.
dernière ligne Delaulne, Libr. *ajoutez* & Imprimeur.

— 163. 1703. Cot. Libr. ancien , *effacez* ancien, & *mettez* Graveur.

— 164. 1704. Barbou , *ajoutez* frère aîné de Joseph.

— 173. 1710. Charles Hochereau , *corrigez* Charles-Etienne.

— 174. 1712. *après* Babuty, *mettez* N. V.^e d'Urbain Coustelier , Libr. Antoine Coustelier , *corrigez* Antoine-Urbain I.

— 175. 1712. Raguin , Libraire, *ajoutez* & Imprimeur.

— 178. 1714. Marie Mouton , *effacez* & *mettez* N. fille de Nicolas Pépingué.

— 181. 1716. Léonard Morel , *lisez* Léonard-Marie.
François de la Caille , *lisez* Françoise.

— 186. 1721. Morin , *ajoutez* depuis gendre de Pierre Augustin Le Mercier, par Anne-Françoise.

— 187. 1722. Nicolas - Jacques , *lisez* Jacques-Nicolas.

— 191. 1724. *ligne* 7 Marie Mouton, *mettez à la place* N. Pépingué, *ligne* 26 , Coustelier en 1721 , *corrigez* 1712.

— 194. 1726. *ligne* 21 , *mettez* Séance de M. le Recteur à la Chambre Syndicale, où M. Rondet , Adjoint , le harangue en latin.

— 206. 1737. Jean-Baptiste Théodore, *corrigez* Jean-Baptiste-Louis.

— 209. 1739. Lamesle , *ajoutez* avec la faculté d'exercer sur l'heure, sans tirer à conséquence.

Pag. 221. 1749. *effacez les dix derniers mots de la page.*

— 226. 1753. *ligne* 22 , *effacez* feu.

— 227. 1755. *avant* M. Hardy , *mettez* 15 Mars , Marie-Jeanne de Courade , Libraire & ancien Imprimeur , par la mort de Jean-François Robustel , son Mari.

— 228. 1755. *effacez les lignes* 11 , 12 , 13.

— 230. 1757. *avant* 1758 , *mettez* Etablissement de la Loterie Royale de l'Ecole Militaire.

— 235. 1762. *deuxième ligne* , *au lieu de* Charles Le Clerc , *mettez* Jean-B.-Louis Le Gras.

— 240. 1768. *mettez* Etablissement d'une Imprimerie dans l'Hôtel de la Guerre.

— 249. 1ere *colonne des Censeurs*, *lisez* : Lallemant , de 1742 au moins au 12 Novembre 1782 qu'il décéda.
3e *col.* Le Tourneur , *lisez* de 1771 au 24 Janvier 1788 qu'il décéda.

— 3e *col. après* M. Le Bègue , *mettez* : Commis à la délivrance des Lettres de Privilège & Lettres du Sceau pour les livres , le Sr Gérard.

— 257. *col.* 2e *Procureur-Génér. lisez* Mre Guillaume François-Louis Joli de Fleuri , du 12 Déc. 1740 , au 15 Déc. 1787 , jour de son décès.
Trois lignes après , *au lieu de* fils, *mettez* neveu .... en exercice le 15 Décembre 1787.

— 261. 1ere *col.* Adhenet : *lisez* Charles Adhenet , de Paris, Docteur de la Maison & Société & Bibliothécaire de Sorbonne, Chanoine de l'Eglise & Bibliothécaire du Chapitre de Paris , de 1767 , au 22 Mars 1787 qu'il est décédé.

Pag. 263. 4̃ *col.* Lallemand, *lifez* Lallemant, de 1742 au moins au 12 Nov. 1782 qu'il décéda.

fix lignes après, Picquet, *lifez* Christophe Picquet, de 1752 au 23 Janvier 1779 qu'il décéda.

— 265. 2̃ *col.* le Tourneur, *lifez* de 1771 au 24 Janv. 1788, jour de fon décès.

— 267. 1̃ *col.* Collet, *lifez* de 1784 au 12 Mars 1787 qu'il décéda.

Boyer, *lifez* de 1784 à 1788 qu'il exerce.

3̃ *col.* Infpecteur de la Librairie, *lifez* M. Joseph D'Héméry, Chevalier de S. Louis, ancien Infpecteur Commandant des Brigades détachées de la Maréchaussée de l'Ifle de France, & Commandant du Bataillon d'Invalides.

Même colonne, *après M. Le Bègue* : *mettez*, Commis à la délivrance des Permiffions & Lettres du Sceau pour les Livres, Le St Gérard, rué Pavée S.-André-des-Arcs.

S E C O N D E   P A R T I E.

Pag. 3. *col.* 1, Aniffon du Perron, *après la* 3̃ *ligne*, *mettez* : 1788. 25 Sept. meurt, à Paris, rue des Orties, & eft inhumé, le 26, à S. Germain-l'Auxerois.

— 3. *col.* 1. 4̃ *ligne*, *au lieu de* Anifon (Mr *N.*) fils de Jacques, *lifez* Aniffon du Perron (Mr *Alexandre - Etienne - Jacques*) Seigneur de Ris, fils de M. Jacques, &c.

— 4. *col.* 2. Bade d'Afc, *ajoutez* & gendre de Jean *Trechfel*, par *Thélie*.

— 5. *col.* 2. Ballard (*Pierre I.*) fils de Robert I. *ajoutez* & gendre de N. *Mondine*, par Françoise.

— 7. *col.* 1. Barbou (Mr *Joseph-Gérard*) *ajoutez à fon Artile* : Il eft un des trois Typographes Parifiens vivans, cités par l'Editeur du Catalogue de la célèbre Bibliothéque de *Pinelli*, de Venife, comme ayant donné des Editions, dont la collection eft précieuse.

— *col.* 2. Baftien (Mr *Jean-Bapt.*) *ajoutez à fon Article* : « Eftimable Libraire, conftament animé

» pour la gloire des Lettres, » & au zèle de qui l'on doit » plufieurs Editions foignées » dont il a été l'Editeur. » (M. l'Abbé Aubert : *Annonces diverfes, feuille du 23 Nov.* 1788.)

— 13. *col.* 1. Blanchon (Mr *Jean-André.*) *ajoutez à fon article* : rue S. André-des-Arcs.

— 17. *col.* 2. Briand (Mr *Pierre-César.*), *mettez* rue Pavée, S. André, *Hôtel de Villiers.*

— 19. *col.* 1. Buiffon (Mr *François*) *ajoutez* : de Grenoble : & au lieu de rue des Poitevins, *mettez*, rue Haute - Feuille.

— 20 *col.* 1 Cailleau. (Mr *André-Charles*) *mettez à la fin* Imprimeur de l'Académie de Richemond, Capitale de la Virginie, (*Gaz. de Fr.* du 31 Oct. 1788.) Cailleau (Mr *François-Paul-Valère*) fils de Mr *André-Charles*, 1788. 4 Nov. Libraire.

— 22. *col.* 2. Cellot (Mr *Louis-Marie*) *finiffez par* 1888. 1 Avril, Imprimeur.

— 28. *col.* 2. Coignard (J.-B. III.) *ajoutez à fon hiftorique* : Il laiffa, par Teftament, fon cabinet de

Livres au Couvent des PP. Tiercaires de Picpus.

Pag. 29. *col.* 1. Collet (*Martin*) *ajoutez* : il demeuroit au Palais de Justice dans la Galerie des Libraires.

— 31. *col.* 1e Cot (*Pierre*) *après la* 1e *ligne* , *ajoutez* avec le titre de Fondeur & Imprimeur-Libr. Ordinaire de l'Académie Royale des Inscriptions & Belles-Lettres.

— 32. *col.* 2. Couturier (Ve) *lisez à la fin* : 1788. 23 Août, meurt à Chaillot, & y est inhumée.

— 33. *col.* 1, Cramoisy (*Sebastien* II.) *corrigez* 1640. . . . premier Directeur.

— 38. *col.* 1. De Bure (*Mr Guillaume* II.) *effacez* Libraire de l'Académie des Sciences, & *mettez* Libraire de l'Académie Royale des Inscriptions & Belles-Lettres.

— 38. *col.* 2. De Colines (*Simon*) *mettez* 1520. . . . Libr.-Imprim. & Graveur-Fondeur de caractères.

— 49. *col.* 1. De Sanlecque, (*Jacques* I.) *corrigez* 1606. . . . Libraire & Graveur-Fondeur de caractères.

De Sanlecque (*Jacques* II.) *corrigez* 1648. 20 Nov. meurt Calviniste, âgé de 90 ans.

— *col.* 2. De Sanlecque *Jacques* III.) *corrigez* 1659. 23 Déc. , meurt à 46 ans , laissant entr'autres enfans *Louis* , Chanoine Régulier de la Congrégation de France, né en 1670, & mort en 1714, avec quelque réputation pour la Poësie.

Pag. 50. *col.* 1ere , Desenne (*Mr Victor*) *mettez à la fin* : Libr. de Mgr Comte d'Artois.

— 53. *col.* 2 Didot (. . . . Ve de (*François*) 1766. 12 Février, meurt , *ajoutez* , laissant deux fils Libraires (Mrs *François-Ambroise* & *Pierre-François*) & quatre filles mariées , dont

deux à des Libraires (MM. Marie-Jacques *Barrois* & Jean-Jacques *Samson*) & deux à des Huissiers du Roi en sa Cour de Parlement (MM. *N. Charlier* & Florent *Doberseq*).

— 53. *col.* 2. Didot (Mr *François-Ambroise*) *ajoutez à son Article* : Il est un des trois Typographes Parisiens vivans , cités par l'Editeur du Catalogue de la célèbre Bibliothèque de *Pinelli* de Venise, comme ayant donné des Éditions dont la collection est précieuse.

Didot (Mr *Pierre-François.*) *ajoutez à son Article* : Il est un des trois Typographes Parisiens vivans , &c. *comme ci-devant.*

— 53. *col.* 2. Didot (Pierre) *ajoutez à son article* : Il a donné au Public, en vers, une *Epître sur les progrès de l'Imprimerie* (1784.) & un Recueil de *Fables* (1786.) qui lui ont valu ces jolis Vers :

J'ai lu, *Didot* , ton Poëme charmant ,
Sur quoi je dis , sans verbeux compliment ,
Sans encensoir , sans trop chercher la rime :
» *Tu fais des Vers comme ton père imprime.*

— — —

Ami du simple & du beau ;
Sans trop boire à l'Hypocrène ,
Il préféra le ruisseau
Où s'abreuvoit La Fontaine.

M. *De la Place* : Recueil de Quatrains. Quatrains 36e & 92e.

Ces Fables , cher *Didot* , que ton père imprima ,
Imprima sur des caractères
Gravés par le plus tendre & le plus cher des frères ;
Ces Fables où la Muse en riant exprima
La Morale de ta Famille ,
Et du Père & du Fils , de la Mère & la Fille ,

Je les lis , pour les lire encor plus d'une fois ;
C'est pourtant vin du crû, mais c'est crû Champenois.

(Par M. l'Abbé *Le Monier*, *Journal de Paris* 1785 , du 14 *Février*, N° 45 , pag. 181.
Ce jeune Libraire vient encore de donner tout nouvellement en vers : *L'Ami des jeunes Demoiselles* , *suivi d'une Epître aux Célibataires*, vol. in-16. voiez le compte avantageux qu'en rend M. l'Abbé Aubert, dans sa feuille du 8 Décembre 1788. *pag.* 3397 à 3399.

Pag. 59. *col.* 2. Durand (Mr *Pierre-Noël*) *corrigez* fils de Mr *Pierre-Etienne Germain.*

— 61. *col.* 1. Esclassan (*Pierre*) *corrigez*
1666. 1. Mars , Libraire & Fondeur de caractères.

— 69. *col.* 1. Gastelier (Mr (*André-Médard*) *ajoutez* depuis gendre de Mr *N.* De la Chévardière par Dlle *N.*

— 69. *col.* 1. Gattey , *ajoutez à la fin de son article* : Libraire de Mme la Duchesse d'Orléans.

— 70. *col.* 1. *avant* Germon *mettez* Germain (Mr *Pierre*) Professeur Emérite , en l'Université , 1788 , 29 Juillet , Libraire , en vertu de ses Lettres de Septennaire.

— 74. *col.* 1. Gueffier (*François II.*) *corrigez* 1er fils.

— *col.* 2. *avant* Guélard , *mettez* : Gueffier (Mr *Pierre-Charles-Augustin*) parent des précédens.
1788. 2 Décembre , Libraire.
1788. — rue du Hurepoix.

— 78. *col.* 2. *avant* Hérault *mettez* Henry (Mr *Philippe.*)
1788. 22. Juillet , Libraire.

— 86. *col.* 1. Imprimerie de la Grande Chartreuse , finit cet Article par cette notice. — En 1681. *Nova Collectio Statutorum*

Ordinis Carthusiensis. Correria, in-8° (Catalogue de Soubise , N° 2044.)

— 88. *col.* 1. Imprimerie des Enfans Aveugles , *après ces mots*, sous la direction de Mr Clousier, &c. *corrigez ainsi* : Les deux Ouvrages qu'on peut citer de ces presses particulières sont, 1° *Essai sur l'Education des Aveugles* , par M. Haüy 1786 , in-4°, 2° l'*Eloge* , &c. & *terminez l'Article par ce qui suit* :
Tout homme curieux des découvertes & de la pratique des Arts, ne pourra que voir avec un intérêt mêlé d'attendrissement , les procédés de ces jeunes Elèves dans les divers exercices auxquels on les applique.
Je me borne à l'Art de l'Imprimerie. L'usage de la vue dont ils sont privés , ne peut être remplacé chez eux que par l'Ouïe & le Tact. Si le discours qu'ils ont à imprimer est de peu de suite, on leur dicte les mots , & la levée de la lettre suit assez promptement la prononciation du lecteur : si , au contraire , c'est un discours suivi , la copie est écrite avec des caractères en relief , & les doigts éprouvent ce que les yeux font chez les clair-voyans. Du reste , connoissant parfaitement leur câsse , ils replacent dans chaque câssetin chaque lettre du discours qu'ils distribuent.

— 89. *col.* 1. *après l'Article coté* I, 1600 , *mettez*
II. 1617 environ.
Jean , Vicomte de Lugny , fit faire dans son Château de Lugny, près d'Autun , une édition des *Mémoires de Gaspar & de Guillaume de Saulx de Tavannes*, son père & son frère aîné , in-fol. estimant que la franchise qui y régnoit , demandoit cette clan-

deſtinité. (*Supplément au Dict.* *Hiſtorique de l'Advocat.* — *Ca-* *talogue de Soubiſe* , N° 6877. — *Bibliothèque* de la France , par de Fontette , N° 18217.

III. 1630. environ.

Il y eut, au Château de Sully, dans l'Orléanois , une Edition des Œconomies Royales , 2 vol. infol. (*Catalogue de Soubiſe* , N° 6943.)

— 89. col. 2, lig. 12. Cette date de 1720, eſt celle de la com-poſition de l'ouvrage, par le Chancelier Daguesſeau , ainſi que le dit M. le Directeur de l'Acad. Françoiſe , dans ſon diſcours à la reception de M. Daguesſeau , petit-fils du Chancelier , mais quant à celle de l'impreſſion , il faut la reporter à l'année 1768. Elle fut faite à Freſnes , par M. B. d. S. Pr. à M. conjointe-ment avec la Dame ſon épouſe ; il n'en fut tiré que douze exem-plaires. Ce volume in-8° , qui formoit le N° 1731 du *Catalogue* *des livres de M. Rigoley de* *Juvigny* , par Mérigot le jeune, n'avoit paru dans aucune vente ; & a été vendue dans celle-ci , le Mercredi 26 Novembre 1788 : cent trente livres.

Pag. 90. col. 1. *après les cinq* *premières lignes, mettez*

XIII. 1782.

Petite Imprimerie de M. Franklin, (1) à Paſſy , où il avoit une Maiſon de campagne ; il en ſortit, *Petit Code de la Raiſon Humaine,* &c. par M. B. d. B. (2) 1782. *in-24,* de 118 *pag.* avec le Texte.

_____

(1) Fils d'Imprimeur , & Imprimeur lui-même.
(2) Barbeu du Bourg, Médecin de la Faculté de Paris.

Cet Ouvrage eſt dédié à Mr B. F. (3).

— 93. col. 2. Jolybois (*Nicolas*) ajoutez En 1679 , il étoit Im-primeur de la Bazoche du Palais, rue de la Huchette , chez un Coutelier , à l'*Echarpe blanche,* vis-à-vis l'Annonciation.

— 95. col. 1. Journel (*Chriſtophe*) ajoutez cette Anecdote : Lorſque Ménage fit imprimer (en 1684) ſes *Origines de la Langue Fran-* *çoiſe* , vol. in 4° , *Journel,* ſon Imprimeur, refuſa de mettre ſous preſſe ce qui regardoit la *Badau-* *derie* de Paris « A Dieu ne » plaiſe, diſoit-il , que j'imprime » rien contre ma Patrie » ! Cette naïveté inſpira ces quatre vers à Ménage :

De peur d'offenſer ſa Patrie ,
Journel, mon Imprimeur, digne enfant de Paris ,
Ne veut rien imprimer ſur la *Badau-* *derie,*
Journel eſt bien de ſon Pays.

Il faut avouer que ce Journel étoit un brave Patriote. (*Année Littéraire* 1788. Tom. VIII. pag. 186 & 187.)

— 95. col. 2. Jouvenel (Vᵉ de *Georges*) ajoutez , Elle étoit Imprimeur des Fermes du Roi.

— 97. col. 1. Knapen (Mr *André* *François*) après, il eſt Imprimeur de la Cour des Aides, ajoutez, de l'Election & de la Juriſdiction Conſulaire. Son Portrait a été gravé par Quénédey.

(M. *Achille*) mettez 1779. Libr. de la Grande Prévôté.

— 99. col. 1. Lameſle (Jeanne-Marguerite *Cuquel* , ajoutez ſeconde femme &

_____

(3) Benjamin Franklin.

— 102. col. 1. Le Ber (Pierre) corrigez
1533 . . . . . . exerçoit.

— 104. col. 1. ajoutez à la fin de son Article, & au 4 Novembre 1788. Article de la Réception de Mr son fils.
Le Clerc (Mr Antoine) fils de M. Charles-Guillaume, 1738. 11 Novembr. Libraire.
1788. . . . . quai des Augustins.

— 116. col. 1. Lottin (M. Antoine-Prosper) 3e fils de M. Philippe-Nicolas, ajoutez & gendre de feu Mre Pierre-Martin Loin, Ecuyer, par Dlle Louise.

— 121. col. 2. après Masselin mettez Masson (Mr Etienne.)
1788. 14. Novembr. Libraire.
1788. . . . . . rue S.-Denys, vis-à-vis de S.-Leu.

— 124. col. 1. Mesnier (Marie, fille de N. Mouton, à effacet & mettez N. seconde femme &

— 126. col. 1. Molini (Mr Jean-Claude) effacez Italien & mettez de Livourne en Toscane.
Momoro (Mr Antoine-François) ajoutez
gendre de Jean-Fr. Fournier.
1787. 29 Décembre Libraire & Fondeur de caractères.

— 126. col. 2. Monori (Mr) ajoutez Libraire de S. A. S. Mgr le Prince de Condé.

— 130. col. 1. Moutard, ajoutez Imprimeur de Madame, de Mme Comtesse d'Artois, & de l'Académie Royale des Sciences

— 131. col. 2. Née de la Rochelle, mettez 1779. Libr. de la Grande Prévôté.

— 132. col. 2. après Noël (François) mettez
Normant voyez Le Normand, & ajoutez, il tenoit sa boutique au Palais, en la Galerie par où on va à la Chancelerie; il fit impri-

met en 1573, Histoire de très-vaillant & redouté Seigneur Dom Florès de Grèce, surnommé le Chevalier des Cygnes, second fils d'Espladian, Empereur de Constantinople, mise en François par le Seigneur des Essars, Nicolas de Herberay, &c. in-8°. Il avoit pour marque deux mains, tenant des flèches, & pour devise, Vincenti non Victo gloria, faisant allusion à son nom de Baptême, Vincent.

— 133. col. 2. Onfroy (M. Eugène) mettez 1779. Libraire de la Grande Prévôté.

— 148. col. 1. Richard (Thomas) effacez
1557. exerçoit & mettez
1565. exerçoit, vis-à-vis du Collége de Rheims, à la Bible d'or.

— 162. col. 2. Thiboust (Claude-Charles) ajoutez à son historique:
Après être né à Paris en 1706, il étoit entré au Noviciat des Chartreux de Paris: ce qui lui avoit donné lieu de traduire en françois les vers latins qui accompagnent la vie de S. Bruno, peinte par le Sueur, dans le petit Cloître de ces Religieux; il les fit imprimer en 1756, in-4°. Il travailloit à une traduction d'Horace quand la mort le surprit. (Supplément au Dictionnaire Historique de l'Advocat verbo, Thiboust.)

— 170. col. 1. Viart (Pierre) ajoutez à la fin de son Article: il donna le 1 Septembre 1520 une édition latine des Instituts de Justinien, imprimée en rouge & noir.

— 174. col. 2 lig. 32, concernant les Rois de France, corrigez, concernant les amours des Rois de France.

F I N.

APPROBATION

DERNIÈRES ADDITIONS & CORRECTIONS.

AVERTISSEMENT.

Pag. j, lig. 22, Librairie en ce que
lisez Librairie, en ce que
— iij, ligne 12 *de la Note*.
Ouvage, *lisez* Ouvrage.
— vij, lig. 3 de la note (7)
des Recteurs = *lisez* des Recteurs !

Pag. xiij. *Note* (14) *ajoutez*, M. *Le*
Boucher à MM. *De Bure & Née*
de la Rochelle.
Pag. xiv. lig. 3, reconnoître les
défunts, *lisez* reconnoître distin-
ctement les défunts.

SECONDE PARTIE.

Page 10. col. 1.
BERTON (Mr *Charles-Pierre*)
Finissez son Article ainsi :
1788. 12 Décembre, meurt rue
S. Victor, Paroisse S. Etienne-
du-Mont. Son enseigne étoit le
Soleil levant ; il venoit de vendre
son fonds à Mr Onfroy.
Berton (Dlle N. *Goddée*, veuve
de M. *Charles-Pierre*)
1788. 12 Décembre, Libraire, par
le décès de son mari.
— 31. col. 2. *avant* Coustelier
mettez Cousteau, *voyez* Couteau.
— 38. c. 1. De Bure (Mr *Guil-*
laume II.) *ajoutez à ses qualités*
celle de Libraire de MONSIEUR.
— 42. col. 2. Delalain (M. *Louis-*
Alexandre) *ajoutez* : gendre en
secondes nôces de M. Charles-
Guillaume *Le Clerc*.
— 55. col. 1. Dubois (Mr *Pierre*
Etienne I.) *ajoutez* : meurt le
27 Janvi. 1789, rue S. Jacques,
Paroisse S. Jacques du Haut-
Pas, à 81 ans.
— 59. c. 2. Durand (M. *Pierre-*
Noël) *ajoutez*
Le Public doit déjà à ce jeune
Libraire la traduction, d'après
l'Anglois, des *Lettres de Milady*
Craven à son fils. Voici ce qu'en
dit M. Varon dans la Préface de
ses *Etrennes du Parnasse*, 1789.

« La traduction de ces Lettres,
» qu'on attribue à M. Durand,
» fils, lui fait d'autant plus
» d'honneur, qu'il débute en
» même temps comme *Auteur*
» & comme *Libraire*. Combien
» ne seroit-il pas à souhaiter que
» le commerce des Livres n'occu-
» pât que des hommes en état
» de les juger !

Pag. 63, c. 1. ESTIENNE (*Robert*)
corrigez ainsi :

ESTIENNE (Mr *Robert.*)
1789. 29 Janvier, Juge-Consul ;
& *ajoutez à la fin de son Article* :
Il est Auteur, Traducteur & Édi-
teur de différens Ouvrages qui
tous ont été bien accueillis du
Public, quoiqu'il leur ait con-
stamment refusé son nom (*voyez*
ce que M. l'Abbé Aubert dit de
ses *Etrennes de la Vertu*, dans
sa *Feuille* du 25 Décembre 1788,
& M. l'Abbé de Fontenai, dans
son *Journal général de France*,
feuille du 5 Janvier 1789.)
J'oserois dire : — C'est bien là
la Production qui mériteroit le
titre de *Délices du Sentiment* ;
puisqu'elle attendrit par la Vérité
& non par l'Imagination.
— 79. c. 2. Hérissant (Dlle *Estienne*
V^e de *Jean-Thomas I.*)

II. Part.

k k

Corrigez la fin de son article ainsi :
Imprimeur ordinaire du Roi , des
Bâtimens de S. M. , Jardins ,
Arts & Manufactures Royales ,
de l'Académie de Peinture & de
Sculpture , de la Prevôté de
l'Hôtel du Roi & de la Gazette de
France , rue de la Parcheminerie.
— Hérissant (Dlle *Chart.* Barbry ,
Ve de *Claude-Jean-Baptiste* II.)
Corrigez ainsi (Dlle *Marie-*
Charlotte-Marguerite.)
— 8ç. col. 2. *dernière ligne de la*
note (*).
Grationapolim *lisez* Gratianopolim.
Pag. 89 col. 1. Péron *lisez* Petron ;
& , *après l'Imprimerie du Cardinal*
du Perron , mettez :

II. (1615.)

M. Savary de Bréves , Ambas-
sadeur à la Porte , fit graver à
Constantinople des poinçons arabes,
turcs , syriaques , &c. Arrivé de
cette Ambassade , il fut envoyé
presqu'aussitôt à Rome , où il fit
imprimer deux Ouvrages en arabe.
En revenant à Paris , il amena un
Imprimeur de Rome , nommé
Paulin , qui imprima , en françois & en turc , le *Traité fait*
entre Henri I V & le Sultan
Achmed. Paulin retourna ensuite à
Rome , après avoir formé des Ouvriers dans la connoissance & la
composition des caractères orien-
taux. De cette Imprimerie particulière , qui s'intituloit *Typographia*
Savariana , sont sortis quelques
Ouvrages , dont : *Gabrielis Sionitæ*
Hesronitæ Grammatica Arabico-
Maronita : 1616. *in fol.* (*Cata-*
logue de Soubise , Nº 4354) *voyez*
le Supplément au Dictionaire de
l'Advocat , verbo SAVARY.
— 97. col. 1. Knapen (Mr *Achilles-*
Maximin-Philogone.)
Terminez son article ainsi :
On trouve des Petites Pièces de

vers de sa façon , dans plusieurs
Journaux & Recueils de Poësie.
Pag. 104. c. 1. Le Clerc (Mr *Charles-*
Guillaume.)
Ajoutez à son Article :
On lui doit une nouvelle édition
de l'*Instruction sur les Affaires*
contentieuses des Négocians ,
qu'il a améliorée en l'augmentant
(*Affiches de Paris : feuille du*
11 *Janvier* 1789.) & le *Supplé-*
ment au Dictionnaire historique
de l'Advocat, qui vient de paroître (*Journal général de France ,*
du 3 *Janvier* 1789.) On a aussi de
lui d'excellens *Catalogues* , entr'autres celui de *Soubise* , dont la
Bibliothèque est dans ce moment
en vente.
— 108. c. 1. lig. 45. Le Mercier ,
(*Pierre-Augustin.*)
Rendit ici , *lisez* rend ici.
— 126. col 1. Momoro (Mr *Anti-*
Fr.) *ajoutez :* Il vient de mettre
au jour le *Manuel des Impo-*
sitions , vol. in-12 de 34 Pages,
avec 23 Planches en taille-douce,
représentant 72 Impositions.
— 130. col. 1. Moutard (Dlle
Adélaïde Thosquesne , 2me
épouse de M. *Nicolas-Léger.*)
Voyez une jolie Charade adressée
à cette Dame , par M. le Grand ,
Directeur de l'Imprimerie de
son mari (*Mercure de France ,*
du 20 *Décembre* 1788.)
— 131. c. 1. Musier (Mr *J.-B.-Guill.*)
Ajoutez à son Article :
On lui doit plusieurs bons Catalogues de Bibliothèques, dont celui
de Jean-François de Sénicourt ,
Avocat au Parlement, 1766 ,
in-8º avec Table d'Auteurs.
— 132. col. 2. Nyon (*Jean-*
Geoffroy) ajoutez , 1er fils de
Denys.
— 133. col 1. Nyon (*Jean-Luc* I.)
ajoutez, 2d fils de *Denys.*

Pag. 135. col. 1. Panckoucke (M. *Charles-Joseph.*)

Ajoutez à son Article :

On lui doit entr'autres une Traduction de la *Jérusalem délivrée* du Tasse ; cette Traduction a cela de particulier, que chaque *Octave* de la Traduction est placée à côté du Texte , & le plus souvent n'occupe pas plus de place (*Journal de Paris,* du 3 Mars 1785.)

— 139. c. L. Pierres (Mr *Phil. Denys*) *Terminez ainsi son Article :*

Son Imprimerie de Versailles y est actuellement rue S. Honoré , au coin de la rue S. Louis , N° 23.

Pag. 162. col. 2. Thibouil (Ve de Cl. Ch) *corrigez ainsi :* Dlle Marie - Charlotte *Le Picard de Maison rouge* , décédée le 23 Janvier 1789 à Passy , & y inhumée le 25.

— 165. c. 1. *avant* Tournebuc *mettez* Tournebœuf, *voyez* Turnèbe.

— 166. col. 1. lign. 15. *effacez* Tournebœuf, *voyez* Turnèbe.

APPROBATION du Censeur Royal.

J'AI LU, par ordre de Monseigneur le Garde des Sceaux , un Manuscrit ayant pour titre : *Catalogue chronologique des Libraires & des Libraires-Imprimeurs de Paris ,* &c depuis l'an 1470. , époque de l'établissement de l'Imprimerie dans cette Capitale , jusqu'à présent ; par M. Lottin , l'aîné , Imprimeur-Libraire. Cet Ouvrage , rempli de Recherches & de Notions précieuses pour les Bibliophiles , ne peut manquer d'être très-favorablement accueilli , principalement par tout le Corps de la Librairie de Paris , qu'il intéresse d'une manière particulière. Je n'y ai rien trouvé qui doive en empêcher l'impression. A la Bibliothéque du Roi, ce 31 Décembre 1788.

Signé, l'Abbé CAPPERONNIER,

PRIVILÉGE GÉNÉRAL.

LOUIS, PAR LA GRACE DE DIEU, ROI DE FRANCE ET DE NAVARRE, A nos amés & féaux Conseillers les Gens tenans nos Cours de Parlement, Maîtres des Requêtes ordinaires de notre Hôtel, Grand-Conseil, Prévôt de Paris, Baillifs, Sénéchaux , leurs Lieutenans Civils & autres nos Justiciers qu'il appartiendra : SALUT. Notre bien âmé le Sieur LOTTIN, l'aîné, l'un de Nos Imprimeurs-Libraire, Nous a fait exposer qu'il désireroit faire imprimer & donner au Public un Ouvrage de sa composition , intitulé : *Catalogue des Libraires, & des Libraires-Imprimeurs depuis* 1470, époque de l'origine de l'Imprimerie à Paris , jusqu'à la présente année 1783 , s'il Nous plaisoit lui accorder nos Lettres de Privilége à ce nécessaires, A CES CAUSES, voulant favorablement traiter l'Exposant , Nous lui avons permis & permettons , par ces Présentes, de

faire imprimer ledit Ouvrage autant de fois que bon lui semblera, & de le vendre, faire vendre & débiter par tout notre Royaume. Voulons qu'il jouisse de l'effet du présent Privilége, pour lui & ses hoirs à perpétuité, pourvû qu'il ne le rétrocéde à personne; &, si cependant il jugeoit à propos d'en faire une cession, l'Acte qui la contiendra sera enregistré en la Chambre Syndicale de Paris, à peine de nullité, tant du Privilége que de la cession; & alors, par le fait seul de la cession enregistrée, la durée du présent Privilége sera réduite à celle de la vie de l'Exposant, ou à celle de dix années à compter de ce jour, si l'Exposant décede avant l'expiration desdites dix années. Le tout conformément aux articles IV & V de l'Arrêt du Conseil du 30 Août 1777, portant Réglement sur la durée des Priviléges en Librairie. FAISONS défenses à tous Imprimeurs, Libraires, & autres personnes de quelque qualité & condition qu'elles soient, d'en introduire d'impression étrangère dans aucun lieu de notre obéissance; comme aussi d'imprimer ou faire imprimer, faire vendre, débiter, ni contrefaire ledit Ouvrage, sous quelque prétexte que ce puisse être, sans la permission expresse & par écrit dudit Exposant, ou de celui qui le représentera; à peine de saisie & de confiscation des Exemplaires contrefaits, de six mille livres d'amende, qui ne pourra être modérée, pour la première fois: de pareille amende & de déchéance d'état en cas de récidive, & de tous dépens, dommages & intérêts; conformément à l'Arrêt du Conseil du 30 Août 1777, concernant les Contrefaçons. A la charge que ces Présentes seront enregistrées tout au long sur le Registre de la Communauté des Imprimeurs & Libraires de Paris, &c. COMMANDONS au premier notre Huissier, sur ce requis, de faire, pour l'exécution d'icelle, tous Actes requis & nécessaires, sans demander autre permission, & nonobstant clameur de Haro, Charte Normande, & Lettres à ce contraires. CAR tel est notre plaisir. DONNÉ à Fontainebleau le vingt-neuviéme jour d'Octobre, l'an de Grâce mil sept-cent quatre-vingt-trois, & de notre Régne le dixiéme. Par le Roi en son Conseil.

Signé, LE BEGUE.

Registré sur le Registre XXI. de la Chambre Royale & Syndicale des Libraires & Imprimeurs de Paris, N° 3073. fol. 569. conformément aux dispositions énoncées dans le présent Privilége, & à la charge de remettre à ladite Chambre les huit exemplaires prescrits par l'Article CVIII. du Réglement de 1723 le 7 Novembre 1783.

LECLERC, *Syndic.*

Achevé d'imprimer, le 31 Janvier 1789, Chez LOTTIN, l'aîné & LOTTIN de S. Germain, rue S. André, N° 17.

www.ingramcontent.com/pod-product-compliance
Lightning Source LLC
Chambersburg PA
CBHW071143270326
41929CB00012B/1862